사르트르와 카뮈

사르트르와 카뮈

우정과 투쟁

로널드 애런슨 지음

변광배 · 김용석 옮김

연암서가

이 책은 미국의 사르트르 전문가인 로널드 애런슨Ronald Aronson이 2004년에 시카고대학 출판사에서 출간한 *Camus and Sartre : The Story of a Friendship and the Quarrel that ended it*을 우리말로 옮긴 것이다. 역자들이 프랑스 문학을 전공했기 때문에 번역을 하면서 프랑스어 번역본인 *Camus et Sartre : amitiés et combat*(Daniel B. Roche, Dominique Letellier 번역, Alvik출판사, 2005)를 주로 참고했음을 밝힌다.

이 책의 주요 내용은 제목을 통해 짐작할 수 있듯이 20세기 프랑스 지성계의 두 거인 사르트르와 카뮈, 카뮈와 사르트르의 우정과 결렬 과정에 대한 재탐사이다. 여기서 재탐사란 표현을 사용한 것은, 이 책이 이 두 사람의 관계를 다룬 첫 번째 저서가 아니기 때문이다. 프랑스는 물론이거니와 미국에서도 그들의 관계를 다룬 책이 없지 않다. 아니 벌써 두껍고 얇은 몇 권의 책이 이미 나와 있는 실정이다. 그렇다면 애런슨은 그들의 관계를 재탐사할 만한 특별한 이유라도 가지고 있는 것일까?

이 물음에 대한 답은 이 책의 원제목, 보다 더 정확하게는 두 거인의 이름을 나열하는 순서에 잘 나타나 있다고 할 수 있다. 실제로 이 두 사람의 이름은 거의 항상 같이 붙어 다닌다고 해도 과언이 아니다. 한 가지 흥미로운 점은, 두 사람 중 이름이 먼저 불리는 사람이 더 높이 평가되는 듯한 묘한 인상을 준다는 것이다. 물론 알파벳 순서로 하면 'C'로 시작하는 카뮈의 이름이 'S'로 시작하는 사르트르의 그것보다 먼저 불리는 것이 당연해 보인다. 하지만 이 두 사람이 함께 거론되는 경우 이 책이 출간되기 전까지는 '사르트르'와 '카뮈'의 순서대로 호칭하는 것이 거의 관례로 굳어진 듯하다. 그런데 애런슨은 이 책에서 이 같은 관례를 깨고 있다. 영어본은 물론이거니와 프랑스어본 역시 '카뮈'의 이름이 '사르트르'의 이름 앞에 놓여 있다. 그리고 '사르트르'와 '카뮈'의 이름 순서를 바꾸는 것, 이것이 바로 애런슨이 이 두 거인의 우정과 결렬을 재탐사하고자 하는 핵심 요인에 해당한다고 할 수 있다.

지금까지 이 두 거인의 관계에 대한 논의에서 누가 옳고 그른가에 대해서는 정답이라고 할 수 있는 견해를 제시할 수는 없지만, 대체로 사르트르의 손을 들어 주는 쪽으로 것이 기울고 있었다고 할 수 있다. 하지만 애런슨은 이 책에서 이 같은 견해를 뒤집고자 하는 것으로 보인다. 실제로 사르트르와 카뮈가 처음으로 만난 것은 1943년으로 알려져 있다. 물론 그 이전에도 그들 각자는 지중해를 사이에 두고 서로의 작품에 대해 서평을 쓴 바 있다. 카뮈는『구토』와『벽』에 대해, 사르트르는『이방인』에 대해 각각 서평을 썼다. 그리고 1943년에 사르트르의 극작품『파리떼』의 공연 때 그들은 처음으로 만나 인사를 했다. 그 뒤로 그들 사이의 우정은 점점 돈독해졌다. 그들의 관계는 적어도 카뮈의『반항적 인간』의 출간 해인 1951년까지는 별 문제 없이 그대로 유지되었다. 비록 그 사이에 한 사람이 다른 사람보다 더 큰 존재감을 보여 준 경우도 없지 않았지만 말이다. 예컨대 제2차 세계대전이 한창 진행 중일 때 카뮈는『콩바』지를 운영하면서 포로수용소에 갇혀 있던 사르트르보다 더 적극적으로 레지스탕스 운동을 하기도 했다. 사르트르도 1945년 해방 이후 이른바 '실존주의의 교황' 칭호를 들으며 카뮈보다 더 적극적으로 프랑스 지성계에서 활동을 하기도 했다.

이처럼 선의의 경쟁을 하면서도 돈독한 우정을 유지했던 사르트르와 카뮈는 1951년『반항적 인간』의 출간을 계기로 급격히 파국으로 접어들게 된다. 그 주된 요인은 그들 각자의 이념적 성향이었다고 할 수 있다. 프랑스의 해방 이후 줄곧 반공산주의를 표방하면서 '정의'와 '중용'을 추구했던 카뮈와 한때 공산주의 동반자가 되어 '폭력'과 '혁명'을 주창했던 사르트르 사이에는 이미 상당한 틈이 벌어져 있었던 것이다. 그리고 이 틈이 있다는 사실은『반항적 인간』의 출간을 계기로 분명하게 확인되었으며, 그 이후 냉전시대를 거치는 과정에서 그 틈은 점차 메울 수 없는 것으로 드러나게 되었다. 그러다가 냉전이 한창이던 1960년에 카뮈가 교통사고로 갑작스럽게 세상을 떠나면서 그와 사르트르 사이의 모든 관계는 종결되고 만다.

하지만 사르트르와 카뮈의 관계가 외관적으로 종결되었다고 해서 그들 사이의 관계가 완전히 청산된 것은 아니었다. 죽은 자인 카뮈는 말이 없고, 살아남은 사르트르는 카뮈에 대한 추도사를 쓰는 작업을 시작으로 그 뒤로 여러 차례에 걸쳐 카뮈와의 관계에 대해 일방적인 의견을 쏟아내게 된다. 정확히 그런 이유로, 그리고 특히 냉전시대의 지속과 더불어 카뮈에 비해 사르트르의 정치, 사회적 사유가 현실에 더 가까웠다는 평가를 받게 되었다. 그러나 구舊소련의 몰락과 더불어 시작된 동유럽의 민주화로 인해 사르트르와 카뮈의 관계에 대한 기존의 입장을 재검토할 필요성이 제기되었다. 에런슨은 정확히 이 같은 필요성에 입각해 미국과 서구 유럽이 추구했던 민주주의 이념이 잠정적으로 승리를 거둔 것으로 판명된 시기에 그들의 관계를 재검토하고 있다. 그리고 그 과정에서 '카뮈'의 이름을 '사르트르'의 이름보다 먼저 부르면서 이 책의 제목을 '카뮈와 사르트르'로 정한 것으로 보인다. 다시 말해 애런슨은 이 책이 출간된 시기인 2004년을 기준으로 볼 때, 카뮈의 정치, 사회적 사유가 사르트르의 그것보다 오히려 더 현실에 가깝다고 판단하고 있는 것이다. 요컨대 애런슨은 사르트르와 카뮈의 관계에 대해 수정주의적 입장을 취하고 있다고 할 수 있다.

앞에서 이 책의 원본이 2004년에 출간되었다는 점을 지적했다. 물론 미국에서이다. 그리고 2005년에는 프랑스에서 프랑스어로 번역되어 출간되었다. 그런데 2005년은 사르트르의 입장에서 보면 중요한 의미를 갖는 해이다. 왜냐하면 2005년은 사르트르의 탄생 100주년이 되는 해이기 때문이다. 따라서 미국에서 사르트르 전문가로 널리 알려진 애런슨이 사르트르 탄생 100주년이 되는 해인 2005년에 이 책을 출간했다는 것은 결코 우연의 일치로만 볼 수 없다. 오히려 이것은 역사적 진실이라고 하는 거시적 차원에서 사르트르와 카뮈의 관계를 올바르게 평가하기 위해 애런슨이 택한 전략이 반영된 결과로 보인다. 그리고 이 같은 전략은 어느 정도 성공을 거두었다고 할 수 있을 것이다. 그도 그럴 것이 카뮈 사망 50주년을 기념하는 2010년에 개최되었던 국내외의 크고 작은 학술대회에서 이구동성으로 사르트르와의 관계에서 카뮈의 입장이 재조명되면서 이른바 '카뮈 복권復權 운동'이 활발하게 이루어졌기 때문이다.

그런데 그로부터 채 1년이 지나지 않은 2011년에 기묘한 상황이 발생했다. 지구상에서 아직 민주주의 이념이 덜 개화되었다고 여겨져 왔던 북부아프리카와 중동 지방의 여러 나라, 예컨대 이집트, 튀니지, 리비아, 예멘, 시리아 등에서 불어닥친 민주화의 바람이 그것이다. 곧 '재스민 혁명'의 물결이 그것이다. 우리는 이 상황을 멀리서 지켜보면서 이 책에서 원제목과 프랑스어본 제목과는 달리 '사르트르'의 이름을 '카뮈'의 이름보다 앞에 놓기로 결정했다. 그것은 크게 다음과 같은 이유에서이다. 이 책의 저자인 애런슨의 노력에도 불구하고, 또 2010년에 있었던 카뮈의 복권 노력에도 불구하고, 전체주의, 전제주의, 군사독재주의 등과 같은 폭력적 정치제도에 의해 통치되는 나라가 이 지구상에서 사라지지 않은 한 '사르트르'의 이름은 '카뮈'의 이름보다 항상 앞에 놓일 것이기 때문이다.

이 책이 우리말로 옮기는 과정에서 많은 사람들의 도움이 있었다. 우선 '시지프'의 여러 회원들에게 고맙다는 말을 전한다. 그 다음으로 이 책의 출간을 결정해 준 '연암서가'에 감사의 말씀을 드린다. 또한 이 책을 우리말로 옮기는 동안 좋은 일이 하나 있었다. 이 책을 같이 번역한 김용석 선생이 카뮈의 『이방인』 번역 연구로 박사학위를 받은 일이 그것이다. 이 자리를 빌려 축하의 인사를 전한다. 그리고 변함없이 성원을 보내 준 익수와 윤지에게도 고맙다는 말을 전한다.

2011년 6월
'시지프' 연구실에서
변광배

프롤로그

친애하는 카뮈,

우리의 우정은 쉽지는 않았지만, 그래도 그것을 잃어버리게 되면 나는 많이 아쉬워 하게 될 것입니다. 당신이 그 우정을 오늘에 와서 파기해 버리는 것을 보면, 아마도 그 우정은 깨져야 마땅했던 모양입니다. 우리를 서로 가깝게 해준 사건들은 많았고, 우리를 갈라 놓은 사건들은 얼마 되지 않았습니다. 그러나 그 얼마 안 되는 사건들도 여전히 지나치게 많았던 모양입니다. 우정 또한 전체주의적이 되어 가는 경향이 있나 봅니다. 매사에 의견의 일치를 보든가, 아니면 사이가 틀어져야 하고, 정당에 가입하지 않은 사람들도 정체 모를 상상의 정당에 가입한 투사처럼 행동해야 하니 말입니다. 재차 거론하지 않겠습니다. 그렇게 하는 것이 당연한 일이겠지요. 그러나 정확히 바로 그렇기 때문에 나는 우리의 현재 논쟁이 근본적이기를 바라며, 거기에 그 어떤 상처 입은 허영심의 흔적 따위가 개입되지 않기를 바라는 바입니다. 누가 그렇게 말했을까요? 누가 그렇게 생각했을까요? 우리들의 관계에서 당신은 트리소탱Trissotin*의 역할을 맡고, 내가 바디우스Vadius** 의 역할을 맡게 될 투쟁으로 끝나게 될 것이라고 말입니다.[1]

잊을 수 없는 이 말들! 아주 개인적이지만 공식적이며, 아주 진실되지만 자기기만으로 가득 차 있는 이 말들은 이중의 선회를 예고하고 있다. 개인 관계의 종말과 한 시대의 역사적 종말이 그것이다. 알베르 카뮈Albert Camus와 장 폴 사르트르Jean-Paul Sartre 사이의 우정은 1945년 프랑스의 해방 직후 정점에 달하게 된다. 두 사람의 우정은 전쟁 직후의 무한한 낙관주의를 반영하고 있었다. 몇 년 동안 계속해서 악화되던 대립에도 불구하고, 그들은 우정을 통해 전후의 숙청, 식민지 전쟁, 구태의연한 정치로의 회귀, 그리고 특히 이념적으로 대립하고 있던 미·소 두 진영 사이에서 한 진영을 선택하도록 강요하는 냉전시대의 충격을 잘 견뎌냈다. 그러나 한국전쟁의 발발로 이어지는 미국과 소련 사이의 갈등이 악화됨에 따라, 그들은 그때까지 별다른 탈 없이 유지해 온 우정에서 회복할 수 있는 타협의 여지를 완전히 잃게 된다. 그들이 헤어지게 된 것은 단지 각자가 서로 대립하는 진영에 합세했기 때문이 아니었다. 그보다는 오히려 그들 각자가 도덕적으로 그리고 지적으로 두 진영을 대표하는 상징적 인물이었기 때문이었다.

철학적 차원에서는 아주 맹렬했고, 인간적 차원에서는 아주 격렬했던 논쟁 속에서 전후 프랑스 지식인들의 삶을 대표하는 이 두 거물의

---

* 몰리에르의 『학식을 뽐내는 여자들Femmes savantes』에 나오는 인물로 '바보'를 지칭함.
** 몰리에르의 『학식을 뽐내는 여자들』에 나오는 인물로 '학자'를 지칭함.

목소리는, 10년 이상 지속된 우정을 공개적으로 일거에 백지화하는 결과를 낳았다. 물론 그들이 처음에 헤어지는 것을 망설이거나 신중하게 행동하지 않았던 것은 아니다. 그러나 통제할 수 없을 정도의 흥분 상태에서, 그들은 함께 공유했던 정치 성향을 버리고, 과거의 공동 계획, 가령 독립된 좌파를 건설한다는 계획 등의 모든 흔적을 일소하게 된다.

카뮈와 사르트르의 불화라는 이 중요한 역사적 비극은 전혀 예기치 못한 상황에서 전개되었다. 그 당시에 1만 부 정도의 판매 부수를 자랑하던 한 잡지가 시발점이 되었다. 1952년 8월호『현대*Les Temps modernes*』지가 뭇사람들의 쟁탈 대상이 되었다. 곧 2쇄가 인쇄되었으나, 이것 역시 곧장 동이 났다. 그 동안 카뮈와 사르트르 사이에 교환된 편지가, 벌써 카뮈가 경영을 맡고 있던『콩바*Combat*』지의 두 면을 장식했다. 『누벨 옵세르바퇴르*Nouvel Observateur*』지의 전신인『콩바』지는 이 두 작가가 주고받았던 편지들의 발췌문을 공개했다. 그 당시 파리에서는 두 사람의 불화만이 사람들의 입에 회자되었을 뿐이었다. 12개 이상의 잡지와 일간지에 그들의 불화를 다루는 기사가 집중적으로 실렸다. 당시 굵직한 기사의 제목은, "사르트르-카뮈의 결렬이 이루어지다"(『삼므디 수아르*Samedi Soir*』),[2] 또는 "사르트르 대對 카뮈"(『프랑스 일뤼스트라시옹*France Illustration*』)[3] 등이었다. 이 두 명의 적대자들뿐 아니라 추종하는 자들 역시 다음과 같은 견해에 동의하고 있었다. 즉 그들의 불화에는 그 당시『반항적 인간*L'Homme révolté*』에 대한 서평에서 프랑시스 장송*Francis Jeanson*이 "우리 시대의 화급한 문제들"[4]이라고 불렀던 문제가 포함되어 있었다는 견해가 그것이다. 사르트르의 절친한 친구였던 레이몽 아롱*Raymond Aron*이 강조하고 있는 것처럼, "그 기사들 속에 나타난 대립은 곧장 나라 전체를 휩쓰는 논쟁의 성격을 띠게 되었다."[5] 장송과 사르트르를 비난했던 카뮈의 답신이 공개된 후, 사르트르와 장송—특히 그의 비난은 계속 이어졌는데—이 격렬하게 대응했으며, 그 뒤로 카뮈와 사르트르는 더 이상 말을 주고받지 않게 되었다.

*　　*　　*

　카뮈와 사르트르의 관계는, 카뮈의 입장에서 보면 1938년에, 사르트르의 입장에서 보면 1942년에 시작된다. 각자가 펴낸 작품들에 대한 열광적인 발견을 통해서였다. 두 사람은 1943년에 처음으로 만나게 되며, 곧바로 친구가 된다. 철학적으로, 정치적으로 가까웠던 그들은 비슷한 야망을 품고 있었으며, 심지어는 서로 다른 형태의 협력을 생각하기까지 했다. 해방 직후 실존주의가 대유행했던 시기에 그들은 가장 인기 있는 작가들이었으며, 두 사람의 이름은 항상 나란히 실리곤 했다. 사르트르의 이름을 빛내는 조연 역할을 원하지 않았던 카뮈는 종종 실존주의자라는 칭호를 거부했다. 하지만 사르트르는 카뮈를 자신의 새로운 참여이론의 모델로 내세웠다. 그들 두 사람 모두 유사한 길을 걸어온 지식인 투사이기도 했다. 카뮈는 당시 파리의 유력 일간지가 된 레지스탕스 기관지 『콩바』의 편집장이었으며, 사르트르는 전후 프랑스 정치, 문화 분야의 잡지계에서 곧 두각을 나타나게 될 잡지 『현대』의 편집장으로서 길을 가게 된다.

　두 사람의 우정이 깊어 가는 동안 점점 그들의 정치적 선택은 특히 중도 좌파 진영에서 동·서 대립 초기에 시험대에 오르게 된다. 동·서 진영의 분열은 1946년 초에 "철의 장막"을 언급한 처칠 수상의 연설에 의해 공식화되었다. 동·서 진영의 분열은 같은 해 가을 영국 작가 아서 케슬러Arthur Koestler가 파리에 입성한 것과 더불어 카뮈와 사르트르가 각자 속했던 진영에서 격렬한 토의의 대상이 되었다. 작가이자 투철한 반공산주의자였던 케슬러는 프랑스에서 『요가수행자와 경찰Le Yogi et le Commissaire』, 『영과 무한Le Zéro et l'Infini』(1945년과 1955년 사이에 프랑스에서 베스트셀러가 된 저서)이라는 두 권의 소설을 펴냈다. 그의 사상과 인격은 카뮈로 하여금 공산주의와 자본주의 사이에서 선택을 강요하는 압력으로 작용했다.

1946년 이후 발생한 여러 사건들과 더불어 강화될 이 압력은 카뮈와 사르트르의 저서들뿐 아니라 정치 노선의 변화에도 커다란 영향을 미치게 된다. 과거와 마찬가지로 아직 두 사람의 대화는 각자의 저서들에서 감지될 수 있었다. 이처럼 그들은 의도적으로 서로의 이름을 거명하지도 않으면서 서로의 생각에 화답을 했던 것이다. 서로 반대 방향으로 나아갔음에도 불구하고 여전히 친구였던 그들 두 사람은, 오랜 동안 미국과 소련의 두 진영으로부터 독립된 "제3세력"을 규합하기 위해 노력했다. 그리고 그들의 노력은 냉전시대에 발생한 긴장으로 인해 각각 한 진영에 합세할 수밖에 없을 때까지 계속되었다. 그들은 마지막 순간, 즉 우정이 깨져 공중분해되는 순간까지 우정을 지키려고 했다. 결국 헤어지긴 했지만, 그래도 그들은 카뮈가 불의의 사고로 세상을 떠날 때까지 각자의 저서들을 통해 여전히 논쟁을 계속했다.

카뮈와 사르트르의 우정의 역사는 흥미진진하다. 그런데 왜 이 역사의 전모는 지금까지 완전하게 드러나지 않았을까? 물론 그들의 관계를 소개하고 있는 글들이나 그 관계를 다루고 있는 사람들이 없는 것은 아니다.[6] 그러나 그들 가운데 어느 누구도 두 사람의 우정의 역사를 상세하게 다루고 있지 못하고 있는 실정이다. 그러니까 완결판을 내놓고 있지 못하고 있는 것이다. 대체 사태가 발생한 지 50년이 지난 지금 왜 또 한 권의 저서가 필요한 것일까?

첫 번째 이유는, 이제야 비로소 두 사람 사이에 정립된 우정의 역사를 다루는 저서다운 저서를 쓰는 작업이 가능해졌다는 점이다. 오늘날 이용 가능한 모든 자료들―전기, 비평적 판본들, 기존의 텍스트들에 대한 비판적 독서, 텍스트들에 대해서와 마찬가지로 많은 전기적 문제들에 대한 심화된 연구 등―은 결국 카뮈와 사르트르 두 사람 사이에 실제 발생했던 사건들에 대해 보다 섬세한 해석을 가능케 해주고 있다. 이제 그들의 관계를 반성적 입장에서 조사, 검토하고, 나아가 그들이 직접 드리웠고, 따라서 지금까지 그들에 대한 평전을 쓴 대부분의 전기 작가들이 답습했던 장막을 헤칠 수 있는 것으로 보인다.

우리는 무엇보다도 카뮈와 사르트르가 서로에게 이끌린 매력이 어떤 종류의 것이었는지를 살펴보고자 한다. 그리고 각자의 지적 여정에서 그들 사이의 의견 교환이 어느 정도로 긴밀했고 풍부했는지를 살펴보게 될 것이다. 또한 그들의 의견 교환이 자신들의 저서들에 대한 직접적인 해설이든, 아니면 간접적인 해설이든 간에 어떤 종류의 '글'의 형태를 취하게 되었는가를 살펴볼 것이다. 그리고 그들의 저서들이 서로가 서로에게 제기했던 여러 문제에 대한 각자의 대답이었다는 사실도 지적하게 될 것이다. 아울러 그들의 정치적, 문학적, 지적 기획들 가운데는 겹치는 부분이 많다는 점 역시 지적될 것이다. 여기에 더해 이두 작가가 어떤 과정을 거쳐 점차 대립하게 되었는가를 살펴보게 될 것이다. 마지막으로 결렬이 시작되고 난 뒤 그들이 구체적으로 어떻게 부딪쳤고, 서로에게 어떻게 도전하고 응수했는지를 살펴보게 될 것이다.

하지만 카뮈와 사르트르의 관계를 기술하는 일은 단지 많은 자료의 축적만으로 이루어지지 않는다. 그들의 관계에서 중요한 역할을 수행했던 '냉전'의 비밀을 드러내는 것을 방해하는 하나의 보다 근본적인 이유가 있다. 동시대인들에게도 '악'에 맞선 전투에서 '선'의 편을 들기를 강요하면서 카뮈와 사르트르에게도 독자적으로 한 진영을 선택하도록 강요했던 상황, 그들의 불화를 세련되지 못한 중세의 교훈극과 같은 우화로 축소시키는 경향이 바로 그것이다. 일반적으로 우화에서는 두 사람 가운데 한 명이 옳다면, 다른 한 명은 당연히 틀리게 되는 법이다. 하지만 그렇게 되면 그들의 관계의 역사는 아무런 뉘앙스도 갖지 못하게 된다. 결국 그 누구도 그들의 관계의 역사를 자세히 얘기하고픈 생각을 갖지 못하게 된다.

카뮈와 사르트르의 관계는 그것만으로도 동·서 양진영의 대립에 대한 완전한 또 하나의 일화를 구성할 수 있다. 그리고 이 관계에 대한 해석은 오랜 동안 파당을 짓는 정신으로 얼룩져 왔다. 한 예를 들어보자. 사르트르의 평생의 반려자였던 시몬 드 보부아르Simone de Beauvoir는 그들의 결렬 이후 카뮈를 입에 올리면서 항상 다음과 같은 판단을 내리고 있다. "『콩바』지에서 일했고, '거만하고 냉랭했던' 카뮈는 '경건한 분노'를 터트리는 경향, 따라서 '도덕주의'로 기우는 경향을 가지고 있었다. '타협을 할 줄 몰랐던' 그는 점차 '부르주아적 가치들'을 수호하는 챔피언으로 변해 갔다. 반공산주의라는 강박관념에 사로잡혔던 그는 의심스러운 '대원칙들'을 신봉하는 자가 되어 버렸다."[7]

만약 사르트르의 선택이 정당했으며 카뮈의 선택이 잘못되었다면, 결국—보부아르의 말을 액면 그대로 믿는다면—선량한 사람이 악당에게 승리한 꼴이 되고 만다. 그리고 이 같은 해석이 사르트르와 보부아르가 살아 있는 동안 우세했던 해석이기도 했다. 냉전의 종식과 더불어 발생한 변화와 함께 그와는 다른 해석이 나타났다. 공산주의의 몰락 이후 사르트르와 카뮈의 관계에 대한 재해석의 가능성은, 이제 역사의 판단을 뒤집고, 카뮈의 손을 들어 주며, 비난할 수 없는 그의 정치적 명석함을 높이 평가하게끔 해줄 것이다.

다만 하나의 문제가 남는다. 역사를 흑백논리적 우화처럼 체험하고 이해하는 것은, 이 역사의 모호성과 비극성을 체험하고 드러내는 것을 금지한다는 것이 그것이다. 이 '비극성'이라는 용어는 상처 깊은 패배를 암시한다. 우리는 카뮈와 사르트르의 역사가 인간적인 면에서와 마찬가지로 정치적인 면에서도 비극적으로 종결된다는 사실을 보게 될 것이다. 우정의 결렬로 인해 사르트르는 전혀 충격을 받지 않았던 것 같다는 사실을 부정하는 것이 중요한 것이 아니다. 또한 사르트르가 후일 카뮈와의 관계와 불화에 대해 직접 설명하고 있다는 사실을 부정하는 것도 중요하지 않다. 하지만 사르트르는 많은 정보를 제공하고 있는 인터뷰를 통해 카뮈에 대해 말하면서, "아마도 그는 나의 마지막 좋은 친구였던 것 같습니다."[8]라고 고백하고 있다. 우정이 싹텄을 때 공유했던 유사점, 전후 참여에 있어서의 협력과 조화, 그들이 함께 했던 행복한 시기에 대해서는 언급하지 않고 있다고 하더라도, 그들이 성격이나 출신 면에서의 차이점들을 쉽게 극복했던 사실 등을 고려한다면, 사르트르의 이 같은 선언은 그리 놀라운 것이 아니다. 어쨌든 카뮈와의 불화가 사르트르에게 어떤 대가를 치르게 했는지에 대해서는 추론할 길이 없다. 왜냐하면 그가 그 점에 대해서 직접 언급하고 있지 않기 때문이다. 이와는 달리 그가 카뮈에게 깊은 충격을 주었다는 사실은 명백하다. 어느 정도냐 하면 이 사태로 인해 카뮈는 침묵 속으로 완전히 가라앉아 버릴 정도였다. 그의 생의 말년에 먹구름이 드리워진 셈이었다. 카뮈는 그 자신의 고통, 배신당했다는 감정, 심지어는 결렬로 인해 입은 공개적인 수모 앞에서 몸소 겪었던 수치심이 가라앉기를 기다릴 수밖에 없었다. 그는 이 문제에 대해 『전락La Chute』에서 거의 강박관념을 가지고서 다루고 있다. 사르트르는 1960년 불의의 교통사고로 카뮈가 세상을 떠난 직후에 쓴 추도사에서 이 작품을 그의 모든 작품들 중에서 "어쩌면 가장 아름다우면서도 덜 타협적인"[9] 작품으로 규정하고 있다.

'비극성'이라는 용어를 사용함으로써 필자는, 카뮈와 사르트르 사이에 있었던 논쟁의 전모 파악에 영향을 주었던 냉전으로 인한 편파적 대립을 극복하려고 한다. 필자는 논쟁의 당사자들을 이해와 동정의 감정이 섞인 비판적 시각에서 기술하고자 한다. 이러한 태도는 당연히 서로 대립했던 두 입장이 지녔던 기본적인 정당성을 인정하고 시작한다는 사실을 내포하는 것이다. 그들의 결렬을 설명하기 위해 그들 두 사람의 성격을 들추는 것만으로는 충분치 않다. 사르트르의 마지막 증언에 따르자면, 불화의 원인은 그들 각자가 지난 세기에 대립했던 두 개의 이데올로기 사이에서 발생한 전全 세계사적 갈등을 구현하고 있었다는 점에 있다. 비록 카뮈가 자본주의 진영에 전적으로 가담하지 않았고, 또한 엄밀한 의미에서 사르트르가 공산주의자가 아니었다고 하더라도, 이 두 명의 논쟁 당사자는 종국적으로는 자신들이 각각 감당할 수 있었던 것보다 더 광범위한 세력을 대변하고 있었던 것이다.[10] 그들 두 사람은 여러 해에 걸쳐 집필을 계속하면서, 그리고 여러 사건들에 대해 점점 더 불화의 가능성을 높이는 방식으로 대응하면서, 이미 전조가 나타난 논쟁의 가능성에 대응했던 것이다. 그들의 분쟁에 토대를 제공해 주는 역사적 논리는 이미 존재하고 있었다. 물론 그들은 비생산적이면서도 타산적인 자기기만 속에서 공산주의와 자본주의에 익숙한 진부한 표현들을 사용하는 것을 피하기는 했다. 하지만 그들은 자유와 가장 광범위한 사회 정의에 헌신적이었던 사상가로서 공산주의를 지지하는 것을 선택하거나, 아니면 공산주의의 적이 되는 것을 선택하게 된 근본적인 이유들을 밝힐 수밖에 없는 입장에 놓이게 되었던 것이다.

   카뮈와 사르트르의 결렬 이후, 좌파 진영에서는 누구에 대해 "찬성이냐 반대냐" 하는 실망스러운 흑백론이 득세했다. 혁명 운동이나 혁명 정부를 지지하는 것은 자유에 대한 침해에 대해 모르는 체한다는 것을 의미하게 되었다. 하지만 자유를 수호하면서 자본주의를 전복시킬 수 있는 공산주의라는 단 하나의 기획에 반대하는 사람들도 있었다. 여기에서 고찰을 하지는 않지만, 우리가 환기시키고자 하는 것은, 바로 20세기에 좌파가 겪었던 실패와 좌절된 희망이다. 사회주의와 자유를 동시에 추구한다고 주장했던 세대의 기대는 결국 물거품으로 끝나고 만다. 카뮈와 사르트르의 동시대인들은 다음과 같은 딜레마에 직면하고 있었다. 사르트르적인 음울한 변증법적 현실주의를 옹호하는 입장(공산주의가 질적인 면에서의 변화를 향해 나아가는 유일한 노선이었으며, 이것은 이 같은 변화가 아무리 흉측한 모습으로 나타난다고 하더라도 그러했다는 입장)과 또 다른 좌파를 대표하는 카뮈의 공산주의에 대한 단호한 거부의 입장(그로 하여금 사회 변화를 위한 투쟁에서 그 어떤 세력과 자신을 동일시하는 것을 막아 주었던 입장) 사이의 딜레마가 그것이다. 카뮈와 사르트르는 반4-진리, 반-실수를 연발했으며, 종종 반-거짓말을 하기도 했다. 이 같은 사실로부터 후일 프랑스에서뿐 아니라 전 세계적으로 적어도 다음 세대의 입장에서 볼 때 좌파의 비극이 나타나게 된다.

카뮈의 『정의의 사람들*Les Justes*』이나 사르트르의 『악마와 선한 신*Le Diable et le bon Dieu*』이 잘 보여 주고 있는 바와 같이, 두 작가는 단 하나의 대안만이 있을 뿐이라고 주장한다. 카뮈가 주창하는 "반항적 인간", 아니면 사르트르가 내세우는 "혁명적 인간"이 그것이다. 그러나 공산주의 사회와 자본주의 사회를 대립시키면서, 그들은 서로 반대되는 진영을 선택했을 뿐만 아니라 부분적으로는 그들 각자를 부정하기도 했다. 이러한 선택을 하면서 비록 각자가 자기 나름의 방식대로 선택을 했다고 하더라도, 그리고 그에 대한 그들의 의견이 어떤 것이었던지 간에, 사르트르와 카뮈는 자신들이 속해 있던 세대와 더불어 서로가 서로를 배반했으며, 그 결과 그들은 자신들의 가장 소중한 가치를 폄하하는 데까지 이르렀던 것이다.

*   *   *

결렬 이후, 그리고 생의 마지막 순간까지 카뮈와 사르트르는 상대방을 각자 선택한 우화의 단순한 프리즘을 통해 바라보았다. 그들 각자가 유일하게 인정한 배신은 바로 상대방, 그러니까 옛 친구가 저지른 배신이었다. 카뮈에게 있어서 이 뜨거웠던 논쟁은 다음과 같은 두 가지 사실을 확인시켜 주었다. 사르트르가 절대로 친구가 아니었다는 사실이 그 하나이고, 정치적 차원에서 이 철학자와 그의 주변 사람들은 편짜기만을 선호했다는 사실이 또 다른 하나이다. 반면, 사르트르가 보기에, 카뮈는 성장하는 것을 멈추었으며, 그가 그 자신과 비슷한 출신인 민중들과 맺고 있었던 중요한 끈, 즉 전쟁을 전후해서 그를 그처럼 매혹적인 사람으로 변모시켜 주었던 그 끈을 놓아 버린 자였던 것이다. 요란했던 그들의 결렬 이후, 고통스러운 이혼에서 종종 볼 수 있는 것과 같이, 그들 각자는 자신의 삶에서 상대방을 완전히 제거해 버리기로 마음먹은 것처럼 보였다. 카뮈는 1960년에 세상을 떠나던 날까지, 그리고 사르트르도 1980년에 세상을 떠나던 날까지 그들은 두 명의 공모자처럼 우정의 흔적을 없애기 위해 노력했다.

게다가 카뮈와 사르트르의 전기 작가들과 전문가들은 그들의 공모자들이기도 했다. 그들 가운데 몇 명은 카뮈와 사르트르 사이에 맺어진 관계의 종말을 미리 예상함으로써 그 의미를 낮게 평가하기도 했다. 하지만 카뮈와 사르트르의 철학, 그들의 기질, 그들의 문학적 스타일, 그들의 출신을 고려해 보면, 그들의 결렬은 불가피했고, 우정은 오히려 우연적이지 않았을까? 이 같은 입장은 도리스 레싱Dorris Lessing이 기술한 바와 같이, "사건에 대한 사후적 분석"의 법칙에 합당한 것처럼 보인다. 그들의 관계가 마지막에 결렬로 끝난 이상, 우리는 처음부터 그 관계에서 작동하고 있었던 "와해의 법칙"에 관심을 집중시키게 될 것이다.[11] 그렇지 않으면 모든 것은 마치 파투가 난 결혼에서와 같이 진행될 것이다. 그러니까 마치 이 두 친구가 헤어지기로 처음부터 미리 예정되어 있었던 것처럼, 또한 마치 이러한 관점만이 중요한 것처럼, 우리도 이 저서에서 그들의 결렬의 논리에 휘둘릴 수 있는 위험이 없지 않은 것이다. 게다가 사르트르와 마찬가지로 카뮈도 자신들의 모든 존재를 그들의 관계를 불화로 유도하는 선택에 모든 것을 걸었다. 양쪽에서 서로 옳다고 주장하는 굳건한 의지가 그들의 관계에서 후일 발생하게 될 불화의 징조 이외의 다른 것을 분간해내지 못하게 해왔던 것이다. 냉전에 의해, 그리고 이 두 작가의 성향에 의해 즉각 부과된 지나치게 단호한 이원론적인 판단, 그리고 각각 이편과 저편에 위치한 자들의 판단은 완전히 이 같은 생각을 더욱 강화시키고 있다. 여기에 더해 이 문제에 대해 깊은 관심을 가졌던 전기 작가들과 대학 관계자들은 처음부터 카뮈와 사르트르 가운데 한 명을 비난하지 않고서는 그들의 관계를 연구한다는 것이 불가능하다는 것을 보여 주었다. 또한 우리는 다음과 같은 이야기들을 계속해서 들어 왔다. 즉 그들의 서로에 대한 비판적 판단, 정치적 참여의 변화, 또는 초기의 중요 저서들은 이미 그들의 깊은 본성상의 차이를 노정시키고 있다고 말이다.

그렇다면 카뮈와 사르트르의 결렬은 처음부터 내재되었던 것이라는 결론을 내려야만 할까? 두 사람이 후일 자신들의 우정을 어떤 시선으로 바라보았던 간에, 그들이 자신들의 결렬을 처음부터 각자의 본성에 내재되어 있다고 하는 생각을 완전히 떨쳐 버린 것은 분명하다. 더군다나 사르트르는 오랜 동안 이 같은 운명주의를 '자기기만'으로 규정하면서 받아들이지 않았다. 그들 두 사람의 저서들과 삶은 우리로 하여금 그들의 관계의 역사를 모든 면에서 개방된 것으로, 즉 그들 각자가 살아가면서 만들어 나갔던 것으로 여기면서 새로운 시각에서 검토할 것을 요구하고 있다. 따라서 그들의 관계를 진정으로 평가하기 위해서는 이 관계에 예견불가능성, 선택, 자유 그리고 비합리성이라는 방향 속에서 접근해야만 할 것이다.

카뮈와 사르트르의 관계에 대한 '공식적인 해석'—어쨌든 이것은 하나의 해석에 불과한 것이기는 하지만—이라고 할 수 있는 보부아르의 해석조차도 위와 같은 도식주의에서 크게 벗어나지 않는다. 물론 거기에는 그럴만한 이유가 있다. 왜냐하면 그녀 자신이 이 도식주의를 만들어낸 장본이기 때문이다. 하지만 실제 역사를 흥미롭지만 고통스러운 도구들을 가지고 탐사하면서 재구성하려고 한다면, 카뮈와 사르트르의 관계에 다시 한 번 커다란 중요성을 부여하지 않을 수 없게 된다. 물론 그들의 관계를 바르게 해석한다고 해서 기존의 해석과는 확연히 다른 새로운 관점들을 전제로 하는 것은 아니다. 하지만 우리는 이 관계가 생각하는 것 이상으로 더 복잡한 관계로 나타날 수도 있다는 사실을 처음부터 받아들인다. 카뮈와 사르트르는 서로에 대해 강한 매력을 느꼈고, 서로 깊은 영향을 주었으며, 마지막 논쟁까지, 서로의 사생활에까지 서로 혼합되어 있기도 하다. 또한 그들은 간접적으로 여러 저서들을 매개로 논쟁을 계속했으며, 결렬 이후에도 오랜 동안 서로 맞서면서 자신들의 입장에 얽매여 있었다. 사르트르가 후일 불화의 주인공이었던 옛 친구에게 바친 추도사에서 "불화, 그것은 아무것도 아니었습니다. 서로가 다시 만나지 못했다고 하더라도, 그것은 전혀 다른 방식으로 '함께' 살아가는 방식이었습니다."[12]라고 썼을 때, 이것은 단지 수사적인 표현에 불과한 것은 아니었다.

* * *

역설적으로 말해, 카뮈와 사르트르의 관계의 모든 역사를 그 누구의 편을 들지 않고 얘기한다는 사실만으로도 이 책은 벌써 하나의 '수정적réformiste'인 해석이라고 할 수 있다. 그들의 관계는 돈독했고, 그 범위는 넓었으며, 그 영향력은 컸지만, 냉전에 의해 변질되었다는 사실—다른 많은 것들과 마찬가지로—을 증명할 만한 많은 증거들이 있다. 그들 두 사람과 그들이 활동했던 시대를 이해하기 위해 필자는 카뮈가 운영했던 일간지 『콩바』, 공산주의 성향의 주간지였던 『악시옹

Action』, 그리고 공산당과 가까웠던 『레 레트르 프랑세즈*Les Lettres françaises*』지의 기록보관소를 샅샅이 뒤져야 했다. 공산당의 기관지인 『뤼마니테*L'Humanité*』와 『르 몽드*Le Monde*』의 기록보관소 역시 수시로 들락거려야 했다.

　오늘날 카뮈와 사르트르에 할애된 일곱 권의 평전이 있다. 그리고 이 평전들은 그들 두 사람의 삶과 관계에 대한 많은 자료에 의해 뒷받침되고 있기 때문에, 그들을 이해하는 데 있어 이 평전들을 참고하는 것이 필수적이라고 할 수 있다. 가령, 올리비에 토드Olivier Todd가 모았던 카뮈에 대한 수많은 자료들, 존 제라시John Gerrassi가 사르트르와 가졌던 인터뷰, 안니 코엔 솔랄Annie Cohen-Solal이 두 지식인 사이의 친화력을 보여 주면서 가졌던 혜안 등을 지적해야 할 것이다. 또한 보부아르의 증언들—그녀의 회고록, 인터뷰, 데어드르 베어Deirdre Bair의 평전에 포함된 정보들, 넬슨 알그렌Nelson Algren과 교환했던 서간문 등과 같은—을 참고하는 것 역시 그 편파성에도 불구하고 이 저서의 집필에 필수불가결했다.

　특히 전후의 시기에 대해서는 보부아르의 소설 『레 망다랭*Les Mandarins*』, 그녀가 보관하고 있던 그녀 자신과 사르트르의 서간문, 그녀가 1973~1975년에 그와 가졌던 인터뷰(『작별의 의식*La Cérémonie des adieux*』) 등에 대한 참고는 필수적이었다. 또한 사르트르와 미셸 콩타Michel Contat의 인터뷰, 콩타와 미셸 리발카Michel Rybalka가 수집했던 사르트르에 대한 수많은 자료들 역시 이 저서의 집필에 있어서 필요했을 뿐만 아니라 많은 사실을 밝혀 주었다. 필자는 또한 로제 키요Roger Quillot가 플레이야드Pléiade 총서의 카뮈 전집의 출판을 위해 충실하게 모았던 수많은 자료뿐 아니라 그의 세 권의 수첩, 스승이었던 장 그르니에 Jean Grenier에게 보냈던 서간문들 역시 참고했다.

하지만 아무리 필요불가결했다 하더라도 이 자료들이 카뮈와 사르트르 사이에 맺어진 관계의 역사에 대한 핵심적 해석을 제공해 주는 것은 아니다. 필자로 하여금 그들의 관계가 갖는 중요성에 대해 확신을 갖도록 해주었던 것은, 이 자료들에서 당사자들이나 보부아르가 직접 말하고 있는 내용이 아니었다. 필자는 오히려 지금까지 많이 이용되지 않은 일차 자료들, 즉 카뮈와 사르트르가 생전에 간행했던 저서들에 더 큰 관심을 가졌다. 필자는 여기에서 그들 각자의 저작에서 수차례에 걸쳐(약 24번 정도씩) 서로의 이름을 지적하고 있다는 사실, 또한 분명하게 이름을 지칭하지는 않지만 여러 곳에서 서로에게 말을 걸면서 수많은 중요한 문제에 대해 의견을 교환하고 있다는 사실 등을 지적하고자 한다.

카뮈와 사르트르의 직업은 글을 쓰는 것이었다. 그리고 그들이 썼던 저서들이 바로 그들의 관계의 역사를 밝힐 수 있는 주된 원천이라고 생각한다. 1938년에서 1960년까지 그들은 서로를 위해 글을 썼고, 서로에 대해 의견을 표명했으며, 서로에게 응답을 했다. 이 같은 그들의 보이지 않는 대화로부터 그들의 관계의 변화 과정을 이해하는 데 필수적인 몇몇 계기들이 도출된다. 우선 카뮈가 『구토La Nausée』와 『벽Le Mur』에 대해, 이어서 사르트르가 『이방인L'Etranger』과 『시시포스의 신화Le Mythe de Sisyphe』에 대해 서평을 썼다. 종종 그들은 약호화된 방식으로 글을 썼으며, 특히 결렬 이후에는 더욱 그러했다. 또한 그들은 종종 서로를 참고하기도 했다. 그 결과 우리는 약호화된 글들을 정확하게 해석하기 위해서는, 이 글들이 어떤 상황에서 씌어졌는지를 간파해야 할 필요성을 느끼게 된다.

카뮈와 사르트르의 결별이 이루어진 해인 1952년 이후, 카뮈는 종종 친공산주의 성향을 가진 좌파 지식인들을 공격하곤 했다. 그가 보기에 사르트르가 그 대표적 인물이었던 것이다. 반면, 사르트르는 1952년 이후부터 비폭력적 정치 전술의 추종자들을 비판했다. 그가 보기에 카뮈가 이 전술의 대변자로 보였던 것이다. 따라서 1952년까지 약 20여 년 동안 쓰어진 그들의 글들, 우호적이었다가 적대적으로 변하는 글들을 주의 깊게 읽으면서, 우리는 그들의 관계를 보다 더 깊이 이해할 수 있는 많은 자료들을 확보할 수 있게 될 것이다. 물론 많은 원전 자료들이 그들에 대한 평전을 쓰는 데 이미 사용되었다는 사실을 부정할 수는 없다. 그럼에도 우리는 지난 세기의 가장 위대한 지식인들인 그들 두 사람의 '육필'을 통해 직접 그들의 관계의 역사를 추적하려는 대장정에 오르려고 한다. 이제 그들의 육성을 직접 들어볼 시간이다.

제1장

첫 만남

카뮈와 사르트르는 희곡 『파리떼*Les Mouches*』가 처음 공연된 1943년 6월에 만나게 된다. 보부아르의 말에 따르면 구릿빛의 젊은 카뮈가 공연장에 있던 사르트르에게 다가와 자신을 소개했다. 한 해 전에 출간되었던 카뮈의 소설 『이방인』은 센세이션을 일으켰으며, 그의 철학적 에세이 『시시포스의 신화』는 그들의 만남이 있기 6개월 전에 출간되었다. 이 젊은 알제리 청년은 전쟁 때문에 꼼짝 못하고 프랑스에서 지내고 있었다. 당시 그는 한 요양기관에 머무르고 있었다. 그는 샹봉 Chambon 근처의 르 파늘리에Le Panelier에서 고질적으로 앓았던 결핵이 갑자기 악화되어 치료를 받고 있었다. 아주 치열하게 전개되고 있던 마지막 전투 때문에 카뮈는 부인과 떨어져 있었다. 연합군이 북아프리카를 점령했고, 그로 인해 급기야는 독일군이 자유지역zone libre*을 공

---

* 제2차 세계대전 때 독일군에 의해 점령되지 않았던 프랑스의 지역을 일컬음.

격하게 되었다.

카뮈는 소설가이자 철학자—또한 극작가—였던 사르트르를 만나고 싶어 했다. 그는 몇 년 전에 사르트르에 대해 이미 논문 한 편을 쓴 적이 있으며, 사르트르도 그의 작품에 대한 긴 글을 썼던 참이었다. 두 사람의 첫 만남은 짧았다. 그는 "제가 카뮈입니다."라고 말했다. 사르트르는 즉각 그를 "꽤 호감이 가는 사람"으로 생각했다.

그해 11월, 카뮈는 자기 책을 출판해 준 출판사이자 사르트르의 책을 내던 출판사이기도 한 갈리마르Gallimard에서 교정자로 일하기 위해 파리에 도착했다. 이렇게 해서 그들 두 사람의 진정한 우정이 시작된 것이다. 카페 드 플로르Café de Flore에서의 첫 번째 만남이 있었을 때—카페에서는 추위로 고생하지 않아도 되었기 때문에, 그리고 식사를 하고 친구들을 만날 수 있었기 때문에, 사르트르와 보부아르에게는 카페가 진짜 "집무실"이었다—셋이 나눈 대화는 약간 어색한 분위기에서 시작되었다. 카뮈와 사르트르는 곧 출간된 "작품들"에 대해 말하기 시작했고, 얼마 전에 간행된 프랑시스 퐁주Francis Ponge의 시집 『사물들의 편들기Le Parti pris des choses』에 대해 의견을 교환하기 시작했다. 그러나 보부아르의 증언에 따르면, "싸늘한 분위기를 깨도록" 해준 주제는 단연 카뮈의 연극에 대한 열정이었다. 그는 실제로 알제에서 아마추어 정치극단을 지도한 경험을 가지고 있었다. 보부아르는 사르트르의 『닫힌 방Huis clos』에 대해 이렇게 쓰고 있다. "사르트르는 카뮈에게 그의 새로운 극작품과 이 작품을 무대에 올릴 여러 조건에 대해 말했다. 사르트르는 그에게 이 작품의 남자 주인공 역할과 이 작품의 감독을 맡아 줄 것을 제안했다. 카뮈는 잠시 주저했다. 하지만 사르트르가 재차 권하자 그는 승낙했다."[1] 이렇게 해서 그들은 보부아르의 호텔 방에서 몇 차례 작품의 공연을 준비했으며, 후일 적은 예산으로 순회 공연을 할 계획을 세웠다. "카뮈가 이 모험에 신속하게 뛰어든 점, 그리고 그가 보여 주었던 친절함 등으로 인해 우리는 그와 우정을 맺게 되었다. 그가 파리에 온 지는 얼마 되지 않았다. 그는 결혼을 했지만, 부인은 북부아프리카에 머물고 있었다."[2] 사르트르는 카뮈의 가르생 Garcin* 연기에 대해 만족했다.[3] 하지만 사르트르의 주된 재정 지원자가 약속을 어겼다. 실제로 『닫힌 방』에서 역할을 맡은 그의 지원자의 부인이 레지스탕스에 가담했다는 의혹으로 인해 체포되는 사태가 벌어진 것이다. 그때 다른 사람들이 사르트르에게 그 작품을 프로 극단의 연출로 파리 무대에 올릴 수 있는 기회를 제공하게 되었다. 하지만 카뮈는 그 작품에서 멋지게 손을 뗄 기회를 갖게 된다. 그러나 벌써 사르트르와 카뮈 사이의 우정은 굳어진 상태였다. "그의 젊은 시절, 그의 독립성이 그를 우리와 가깝게 만들어 주었다. 우리들은 그 어떤 학연 관계도 없이 따로 성장했던 것이다."[4]

카뮈와 사르트르 사이에서 우정이 그처럼 아주 쉽게 맺어졌던 이유 가운데 하나는, 바로 그들이 카페 등지에서 맺을 수 있는 관계보다 훨씬 더 친근한 관계를 이미 맺고 있었다는 점이다. 욕심 많은 독자들이었고, 자신들의 생각과 스타일에 구체적 형태를 부여하기 위한 일에 푹 빠져 있던 그들 두 명의 젊은 작가들은, 서로 만나기 전에 이미 각자가 쓴 작품들을 읽었다. 그리고 오늘날 우리가 그 작품들에 대해 여전히 가장 흥미롭고 가장 열정적인 주해들을 발견하는 것은, 그들 각자가 젊었던 시절에 펴낸 텍스트들에 대한 그들 서로의 비판적 독서

---

* 사르트르의 극작품 『닫힌 방』의 남자 주인공의 이름임.

속에서이다. 비록 보관되어 있지는 않지만, 그 초창기 서평들에는 그들 관계의 토대가 되는 문학적, 철학적 유사성이 포함되어 있었다. 그 서평들을 통해 독자들은 또한 향후 20년간 지속될 그들의 우정에서 가장 중요한 매듭 가운데 하나가 될 것의 핵심을 들여다볼 수 있게 된다. 그들은 종종 직접적인 방식으로, 그리고 종종 모호한 방식으로 서로 편지를 주고받았다. 그들의 첫 만남 이후부터 그들이 교환하게 될 마지막 말들에 이르기까지, 우리가 가장 중요하고도 가장 밀도 있는 그들의 의견 교환을 발견하게 될 것도 바로 그들의 글 속에서이다.

카뮈는 1938년 10월에 『구토』를 통해 사르트르를 발견했다. 카뮈는 한 편의 글을 써 이 작품을 설명한 바 있다. 알제리 출신의 이 젊은 프랑스인은 당시 풋내기 리포터였고, 알제리의 한 좌파 성향의 일간지에서 "독서실"이라는 문학 코너를 담당하고 있었다. 그는 이미 『표리 L'Endroit et l'Envers』와 『결혼Noces』이라는 두 권의 작은 에세이를 내놓은 바 있었다. 그는 처녀작인 『최초의 인간Le Premier Homme』을 완성하지 못하고 내팽개친 이후 『이방인』의 집필을 시작한 터였다. 당시 그의 나이가 스물 몇 살에 불과했지만, 이 미래의 소설가는 놀라울 정도로 확신에 찬 글들과 파리의 문학계에 기대를 걸고 있는 다음과 같은 텍스트들에 대해 글을 쓰고 있었다. 지드의 『사전꾼들Les Faux-Monnayeurs』, 니장의 『음모La Conspiration』, 이그나지오 실로네Ignazio Silone의 『빵과 포도주Le Pain et le Vin』, 헉슬리의 『마리나 디 베자Marina di Vezza』, 호르헤 아마도Jorge Amado의 『바히아Bahia』, 그리고 사르트르의 『구토』와 『벽』 등이 그것이다. 『구토』에 대한 카뮈의 글은 엄격한 동시에 찬사를 보내는 것이었다. 카뮈가 그 자신의 의견을 표출한 것은, 현혹된 촌스러운 사람, 계몽주의 시대의 파리 스타일의 부자연스러움에 빠진 그런 사람으로서가 아니라, 마음 속 깊은 곳으로부터 사르트르의 목표를 공유하는 동등한 입장에서였다. 그는 사르트르에게 뜨거운 찬사를 보냈다. 하지만 동시에 사르트르의 초기 시절 최고 실패작으로 여겨졌던 『구토』 앞에서 그가 느낀 실망에 대해서도 단도직입적으로 지적했다.

『구토』는 앙투안 로캉탱Antoine Roquentin이 누리던 안정된 일상생활의 좌절에 대한 이야기이다. 이 소설의 주인공은 프랑스 북부의 작은 항구 도시에 머무르면서 혁명 시기의 한 귀족에 대한 전기를 쓰는 작업을 하고 있다. 로캉탱은 진부함에 의해 가려져 있는 실존의 부조리함 앞에서 구토를 느낀다. 그리고 그에게 그런 부조리함이 갖는 명증성은, 그의 삶이 해체됨에 따라 훨씬 더 노골적으로 비춰진다. 이 소설은 아주 놀랄 만한 사유의 경험을 보여 주고 있으며, 신기한 몇몇 성격 규정과 묘사를 담고 있다. 카뮈는 이 소설에 대한 비평을 쓰기 몇 달 전에 한 친구에게 자기와의 유사점을 강하게 느낀 이 소설에 대해 많은 생각을 했다는 사실을 털어놓은 바 있다. 카뮈는, 한 편의 소설은 "이미지로 표현된 철학" 이외의 다른 것이 아니라고 단정하면서 글을 시작하고 있다. 훌륭한 한 권의 소설에서는 철학과 이미지가 섞여 있다는 것이다. 우리는 이 비평을 읽으면서 소설가 사르트르가 1936년에 상상력에 대한 한 권의 저서를 출간했고, 또한 그 이듬해에 「자아의 초월성La Transcendance de l'Ego」이라는 긴 글을 쓴 철학자이기도 하다는 사실을 카뮈 자신이 알고 있는지의 여부를 말할 수는 없다. 카뮈에 대해서 말하자면, 그는 성 아우구스티누스와 플로티노스에 대한 논문을 써서 철학사 자격을 취득했다. 카뮈의 지적에 의하면, 사르트르는 그의 소설에서 이론과 삶 사이의 필연적 균형을 깨고 있다. 이 단절의 결과는 "소설가의 감동적인 선물과 가장 명석하고, 가장 잔인한 정신의 유희가 소설 속에서 넘쳐나고 낭비되고 있다."[5]는 것이다. 우선 넘쳐나고 있다. 왜냐하면 각 장에서 "쓸쓸함과 진리 속에서 일종의 완벽함에 이르고" 있기 때문이다. 이처럼 "명석함으로 인해 희망에 어떤 자리도 마련되지 않은" 부빌에서의 일상생활이 "확신에 찬 손을 통해 묘사되고" 있는 것이다. 그리고 시간에 대한 사르트르의 반성은 키르케고르로부터 하이데거에 이르기까지 여러 철학자들의 사유를 아주 멋지게 보여 주고 있는 것이기도 하다.

그 다음으로는 낭비되고 있다. 왜냐하면 이 소설의 두 "합체된 모습" ─ 묘사적이고 철학적인 ─ 은 "한 편의 예술작품을 이루지 못하고 있기 때문이다. 그 보다는 오히려 하나의 모습에서 다른 하나의 모습으로의 이행이 너무 빠르고, 너무 무상의 방식으로 이루어지고 있어서, 독자는 『구토』라는 소설의 핵심적 기교를 알아차릴 수 없기 때문이다."[6]

카뮈는 이어서 부조리, 로캉탱에게 실존의 일상적 틀의 붕괴에 대해 영감을 준 불안이라는 감정, 그리고 거기에서 기인하는 구토에 대한 사르트르의 묘사를 칭찬하고 있다. 사르트르가 하고 있는 기이하면서도 동시에 평범한 이 같은 주제의 전개를 통해 카프카와 같은 작가의 "힘과 확신"이 상기된다는 사실을 지적하고 있다. 하지만 정확히 그 점에서 사르트르는 카프카와 다르다. "우리는 그 어떤 거북함이 독자의 지지를 방해하는지에 대해서, 그리고 동의의 문턱에서 독자를 멈추게 하는지에 대해서는 알지 못한다." 카뮈는 이렇게 말함으로써 단지 사유들과 이미지들 사이의 불균형에 대해서만 암시를 하고 있는 것이 아니라 ─ 사유들에 대해서는 호의적이다 ─ 또한 사르트르적 부정성에 대해서도 암시하고 있는 것이다. 사르트르는 "인류의 몇몇 위대함

위에 절망하는 이유들을 정초하는 대신에" 인류의 비열한 특징들을 길게 늘어놓고 있다. 그리고 카뮈는 로캉탱의 마지막 시도—실제로 로캉탱은 예술에서 희망을 발견하고자 했다—가 갖는 "코믹"한 부적절성에 대해서는 거의 높이 평가하지 않는다고 덧붙이고 있다. 카뮈는 삶의 가장 아름다운 구원의 순간들 가운데 어떤 순간들과 비교해 볼 때, 예술은 "진부한" 것이라고 평가하고 있는 것이다.

하지만 이처럼 단호한 비평에도 불구하고 카뮈는 사르트르의 사유들을 높이 평가하고 있다. 그는 사르트르의 정직함과 새로운 길을 개척할 줄 하는 그의 능력을 음미하고 있는 것이다. 자신의 글의 결론에서 카뮈는 사르트르에 대한 찬사를 마음껏 펼치고 있다.

> 게다가 여기 우리가 많은 것을 기대할 수 있는 한 작가의 첫 번째 소설이 있다. 의식적인 자신의 사유를 극단에까지 유지할 수 있을 정도로 아주 자연스러운 유연성, 그토록 고통스러운 명석함은 한계를 모르는 하늘의 선물에 속하는 것이다. 우리가 『구토』를 독특하고 거침없는 한 정신의 첫 호소와도 같은 것으로 사랑하기 위해서는 이것으로도 충분하다. 우리는 그러한 사유의 소유자에게서 앞으로 나올 작품들과 교훈들을 조급한 마음으로 기대하는 것이다.[7]

그렇다면 이 같은 지적은, 단순히 호의적인 비평이 보여 주는 수사적 표현, 너무 혹독한 비평으로 보이지 않도록 하기 위해, 찬사와 유보를 균형 있게 만드는 방식에 불과한 것인가? 어쨌든 조바심 내는 카뮈는 오래 기다리지 않아도 되었다. 6개월이 채 지나지 않아 출간된 사르트르의 또 다른 작품이 그를 완전히 만족시켰기 때문이다. 1939년 2

월, 카뮈는 단편집 『벽』의 비평에서 사르트르의 명철함에 대해 열정적인 찬사를 보내고 있다. 그는 사르트르가 실존의 부조리성을 통해 그린 그림과 자신들의 자유를 행사하는 것이 불가능한 등장인물들에 대한 사르트르의 특징 부여에 대해서도 찬사를 보내고 있다. 등장인물들의 부정성은 분명 『구토』에서보다 『벽』에서 더 컸고, 혼란은 이전보다 그 정도가 미미했다. 자신들의 자유에 의해 난파당하고, 실존의 우여곡절로 인해 흔들린 인물들은, 비非의미를 극복할 수 있는 능력을 가지고 있지 못하다. 그들은 "집착도, 원칙도, 실마리도" 가지고 있지 않다. 왜냐하면 그들은 행동을 하지 않기 때문이다. "거기로부터 사르트르가 쓴 이야기들의 굉장한 이해관계와 동시에 그 이야기들에 대한 완벽한 조절이 기인하는 것이다."[8] 독자는 등장인물들이 다음 순간 무엇을 할 것인지를 알지 못한다. 그리고 "세세한 부분을 이야기하고, 가엾은 인물들의 단조로운 움직임을 따라가는 것이 바로 사르트르의 기교인 것이다."

　카뮈는 사르트르의 단편들을 읽으면서 처음부터 끝까지 마음이 조마조마했다고 고백하고 있다. 그에 의하면, 이 단편들은 독자에게 "인물들을 각각 종말로 이끄는 고차원적이고도 우스꽝스러운 자유"[9]를 보여 준다는 것이다. 이 자유는 이용 불가능한 자유이며, 바로 이 사실이 "종종 아연실색할 이 단편들의 감동과 잔인한 비장함"을 설명해 주고 있다는 것이다. 사르트르는 이 단편들에서 부조리할 수밖에 없는 인간 조건을 묘사하고 있지만, 그는 포기하는 것을 거부한다는 것이다. 그 결과 이제는 철학과 이미지 사이에 완벽한 균형이 잡혀 있다는 것이다. 카뮈는 사르트르의 『벽』에 대한 글의 결론에서 단지 사르트르에 대한 열광만을 보여 주는 것이 아니다. 그는 또한 "두 권의 소설 속에서 문제를 향해 똑바로 나아가고, 이 문제를 강박관념에 사로잡힌 인물들을 통해 체험하게 하는 방법을 알고 있는" 사르트르와 같은 목표를 추구한다는 감정을 보여 주기도 한다. 카뮈가 내리고 있는 결론은 이렇다. "한 명의 위대한 작가는 항상 자신과 더불어 자신만의 세계와 설명을 가져다주는 법이다. 사르트르의 설명은 무無로 변화되지만, 또한 명석함으로 바뀌기도 한다. 그리고 그가 인물들을 통해 영속화시키고 있는 삶의 폐허 위에 앉아 있는 한 인간의 이미지는, 이 작품의 위대함과 진리가 어떤 것인지를 잘 보여 주고 있다."[10]

"위대함과 진리." 사르트르가 자기에게 주어진 이 같은 경의를 읽었을 가능성이 있는가? 사르트르의 편에서 나오는 정보를 통해 우리가 알고 있는 한 가지 분명한 사실은, 1942년 가을에 카뮈와의 책을 통한 문학적 만남이 있었다는 사실이다. 이 같은 발견은 사르트르가 『존재와 무L'Être et le Néant』의 최종 원고를 편집자에게 넘긴 날로부터 몇 주 후에 발생한다. 사르트르는 『이방인』에서 아주 강한 인상을 받았다. 그는 이 소설에 대해 너그럽고도 깊이 있는(6천여 단어가 채 안 되는) 글을 쓰게 된다. 『카이에 뒤 쉬드Cahiers du Sud』에 실린 이 놀라운 글에서 사르트르는, 카뮈의 소설을 『시시포스의 신화』에 접근시키고 있다. 그러니까 그는 허구와 철학을 연관짓고 있는 것이다. 이제 사르트르의 독서를 따라 다양한 어조를 들어보자.

　　[……] 만약 우리가 인간과 세계를 별도로 취급한다면, 부조리는 인간 속에도 세계 속에도 있지 않다. 하지만 '세계-내-존재'가 인간의 본질적 특징인 것처럼, 결국 부조리도 인간의 조건과 하나를 이룰 뿐이다. 그러므로 우선 부조리는 우리에게 대상을 드러내 보여 주는 하

나의 유감스러운 조명이라는 식의 단순한 개념의 대상인 것은 아니다. '일어나서, 통근열차를 타고, 네 시간 일하고, 휴식을 취하고, 간간히 졸고. 그리고 월요일, 화요일, 수요일, 목요일, 금요일, 토요일이 항상 동일한 리듬으로……'[11]

여기에서 사르트르는 그 자신도 동의하고, 카뮈가 자신의 기본적인 중요한 사유들을 전개시킨 『시시포스의 신화』의 초반에 위치시킨 한 문장을 요약하고 또 인용하고 있다. 흥미롭게도 인용된 그 문장이 『구토』에 나오는 로캉탱의 경험과 유사하다는 것이다. 겉보기에는 카뮈에게 동의하는 모습을 보이면서 사르트르는 계속 이렇게 말하고 있다. "우리가 종교들이나 실존주의 철학들의 기만적인 도움을 거부할 수 있다면, 우리는 그때 다음과 같은 몇몇 본질적인 명증성을 취하는 것이다. 예컨대, 세계는 카오스이다. 세계는 '무정부 상태로부터 태어난 신적 균형'이다. 내일은 존재하지 않는다. 왜냐하면 인간들 모두는 죽기 때문이다. '갑자기 환영과 빛이 사라져 버린 우주 속에서 인간은 스스로를 이방인으로 느끼게 된다.'"

만약 우리가 『시시포스의 신화』 속에서 이 인용문과 관련된 문맥을 검토해 본다면, 만약 우리가 좀 더 이 글을 읽어본다면, 곧바로 『구토』의 추억이 나타나게 될 것이다. "어떤 거리 주변에서나 볼 수 있는 부조리의 감정은 그 어떤 사람의 면상이라도 후려칠 수 있다."[12] 그리고 『시시포스의 신화』의 이어지는 부분에서 우리는 일상적 습관들의 붕괴에 대한 매우 사르트르적으로 표현된 대목을 발견하게 된다. 사르트르는 이 부분도 역시 인용하고 있다. 조금 뒤에서 우리는 사르트르의 소설에 대한 분명한 언급을 발견할 수 있다. "오늘날 한 작가가 명명하고 있는 것과 같이 구토는 부조리이기도 하다."[13] 그러면 위의 인용문에서 들을 수 있는 목소리는 두 작가 가운데 누구의 것인가? 서로를 비추는 놀랄 만한 거울 효과 속에서 사르트르는 열광적으로 카뮈를 인용하고 있다. 따라서 이 목소리는 우리가 동시에 듣는 그들 두 사람의 목소리인 것이다.

이 같은 인접성을 넘어 사르트르는 카뮈를 그가 좋아하는 카프카와 헤밍웨이에 비교하고 있으며, 기교에 넘치는 『이방인』에 대해 찬사를 보내고 있다.

> 그 어떤 디테일도 불필요한 것이 없으며, 후일의 토론에 다시 재고되도록 배려되지 않은 것도 하나 없다. 책을 덮으면서 우리는 이 소설은 이렇게 시작되지 않고는 달리 어쩔 수가 없으며, 다른 결말을 가질 수도 없다는 것을 깨닫게 된다. 부조리한 것으로 소개하고자 했던 이 세계, 세심한 배려를 다하여 인과율을 제거한 이 세계 속에서는, 가장 조그만 사건조차도 그 나름의 가치를 가지고 있다. 모든 요소들 가운데서 주인공을 범죄와 사형 집행으로 몰고 가는 데 기여하지 않는 것이라고는 하나도 없다. 『이방인』은 부조리에 대해, 부조리에 반대해 창작된 고전적 작품, 질서 있는 작품이다.[14]

『구토』의 저자는 아주 분명하게 『이방인』이라는 작품이 가진 상상력의 힘에 찬사를 보내고 있다. 카뮈의 언어가 가진 강력한 단순함, 물리적 세계를 회상하는 그의 능력—잊을 수 없는 장례식장의 밤샘 장면 묘사, 그 다음날 아침에 있었던 장례 행렬, 뫼르소의 그날그날의 삶—이 당황케 하는, 거북살스러운 개념들과 결합되고 있다는 것이다.

주인공의 정상적인 인간 감정의 부재, 뫼르소가 아랍인에게 저지른 무상의 살해 행위, 자기 어머니의 죽음 앞에서 젊은 남자가 보인 무관심에 대한 검사의 분노, 선서한 증인들에 대한 그 젊은 남자가 내보이고 있는 경계심, 그의 소유에 대한 생각, 그리고 이슬람교를 믿는 한 알제리인을 살해한 백인 살해자의 처형에 대한 비개연성 등과 같은 모든 요소들이 알제리 출신 프랑스인의 위대한 소설에 기여하고 있다는 것이다. 하지만『존재와 무』의 저자는『시시포스의 신화』의 저자에게 어떻게 답하는가? 그 당시 사르트르는 20세기의 가장 독창적이고 심오한 철학 건축물 가운데 하나를 막 완성한 터였다. 그런 그가 철학적 에세이스트인 카뮈에게 경의를 표한 것이다. 즉 카뮈가 차가운 문체, 여러 에세이들의 주제를 통해 "앙들러Andler*가 정당하게 니체의 선구자들이라고 명명한 프랑스 도덕주의자들의 위대한 전통 속에 위치하고 있다."고 경의를 표한 것이다. "그의 추론 방식, 그의 사유가 갖는 명료성, 그의 에세이스트다운 문체의 양태, 그리고 음산하고도 정돈된 빛을 발하는 정서, 엄숙하고도 황량한 정서 등, 이 모든 것들이 한 명의 고전전인 인간, 지중해적 인간을 예고하고 있는 것이다."[15]

『이방인』이 소설적 차원에서『구토』가 도달하지 못했던 하나의 항 구성을 갖고 있었다는 것을 사르트르가 알아차린 것과 마찬가지로—게다가 카뮈도 그런 사실을 그보다 4년 전에 세련되게 언급할 줄 알았다—그에게서 다음과 같은 생각이 떠나질 않았다. 즉 사르트르 자신은『시시포스의 신화』에 대해 철학적 통속화를 시도한 작품으로서 매력을 느끼기는 했지만, 어쨌든 이 저서가 한 아마추어 철학자의 저서

---

* 프랑스의 니체 전문가임.

였지 철학 체계를 정립한 한 위대한 건축가의 작품은 아니었다는 생각이 그것이다. 카뮈는 야스퍼스, 하이데거 그리고 키르케고르와 같은 "실존주의자들"을 배제시킨다. 그 까닭은 그 무엇도 실존의 부조리에 승리를 거둘 수 없다는 것을 확인하려는 그의 의중에서였다. 하지만 사르트르는 하이데거와 후설의 현상학을 연구하기 위해 몇 해를 보냈으며, 『존재와 무』에서 볼 수 있는 성찰이 그런 연구의 종합적 결과인 것이다. 이 저서에서 사르트르는 존재의 본질 자체에 대한 탐색을 시도하고 있다. 데카르트적 자아에 대한 인식에서 출발해 사르트르는, 실존의 기본 구조들, 자기기만과 같은 인간의 특징적 행동 모델을 자세하게 기술하고 있다. 일단 이 저서의 집필을 끝내고 나자 사르트르는 자신의 철학적 주장들과 동반할 준비를 마친 것이다. 그러니까 그는 그 뒤로 몇 년 동안 일상생활, 정치학, 윤리학, 예술 창조나 인식의 본질 등과 같은 실존의 거의 모든 측면에서 그와 같은 동반을 실행에 옮기게 된다. 이와는 달리 『시시포스의 신화』에서 카뮈는, "삶의 의미란 가장 시급한 문제 가운데 하나이다."[16]라는 전제에서 출발한다. 그리고 그는 "현학적이고 고전적인 변증법"[17]에 의지하기보다는 불만을 품고서 경험에 의지하고 있다. 이처럼 『시시포스의 신화』와 『존재와 무』는 부조리에서 출발하고 있고, 또한 같은 시대의 정신을 보여 주고 있는 것은, 근본적으로 이 두 저서 사이에 그 만큼 눈에 띄는 커다란 차이가 없기 때문이다.

물론 사르트르가 "하지만"이라는 간단하지만 아주 뉘앙스가 강한 표현으로 암시하고 있는 형식상의 차이가 있기는 하다. "카뮈는 멋을 부리느라 야스퍼스, 하이데거, 키르케고르의 텍스트들을 인용하기도 하는데, 하지만 그 의미를 잘 이해하고 있는 것 같지는 않다."[18]

고등사범학교 출신이자 철학교수 자격시험에 합격한 사르트르가 알제리 대학 철학 학사 졸업장을 문제 삼고 있는 것이다. 카뮈는 아마도 이런 이유로 사르트르의 글에 대해 정말로 기쁜 모습을 보여 주지 않았을 것이다. 자신의 스승이자, 『카이에 뒤 쉬드』 같은 호에 사르트르와 같이 『이방인』에 대해 글을 썼던 그르니에에게 보낸 한 편지에서 카뮈는, 이 주제에 대해 다음과 같이 말하고 있다.

> 사르트르의 글은 '분해'의 전형을 보여 줍니다. 분명 저의 모든 창작에는 그가 고려하지 못한 본능적 요소가 있습니다. 지성은 그와 같은 아름다운 부분을 가지고 있지 않습니다. 그러나 비평에서 그것은 규칙이자, 항상 그렇게 진행됩니다. 왜냐하면 사르트르는 수차례에 걸쳐 제가 하고자 했던 바를 저에게 밝혀 주었습니다. 저는 또한 그의 대부분의 비평이 정당하다는 것을 알고 있습니다. 하지만 왜 그가 그처럼 신랄한 어조를 사용하는지를 알지 못합니다.[19]

결국 카뮈의 신랄함이 사르트르의 공격을 와해시키고 무너뜨리고 있다. 아마도 사르트르의 어조에 대한 이 같은 지적은, 단지 카뮈 자신이 해부되고 낱낱이 파헤쳐진 그의 저서를 보면서 모종의 거북스러움을 느꼈다는 것을 의미하는 것일 수도 있다. 어쨌든 한 가지 분명한 것은, 카뮈 자신이 사르트르의 현미경 아래 놓인 것을 좋아하지는 않았다는 점이다. 카뮈는 사르트르의 비평적 명료함에 대해 자신의 본능적인 창조성을 대립시키면서 스스로를 변호하고 있다. 물론 그러면서도 사르트르의 비평에 더 날카로운 지성이 포함되어 있다는 사실을 받아들이기는 한다.

사르트르의 악의적인 언행은, 어쩌면 『시시포스의 신화』에 나오는 한 구절에서 독자가 지적할 수도 있을 무례한 표현방식에 대한 일종의 논쟁을 원만하게 수습하는 대답이었을 수도 있다. 그 구절은 이렇다. "현재 활동 중인 한 작가가 말하고 있듯 이 구토 또한 부조리하다." 그 보다 3년 전에 카뮈는 소설과 단편소설의 저자인 사르트르를 환기하면서, 그에 대해 "위대한 작가"라고 평가한 바 있다. 반대로 카뮈는 니체, 쇼펜하우어 그리고 야스퍼스의 이름을 언급한 후에 『구토』의 사상을 검토할 때, 사르트르에 대해서는 단지 간접적으로만 언급하고 있다. 카뮈가 말한 "현재 활동 중인 한 작가"라는 익명의 작가, 즉 사르트르가 방금 언급된 다른 위대한 철학자들보다 더 낮게 취급되었던 것이다. 이에 대해 사르트르는 반박의 방식을 통해 자기보다 조금 더 재능을 가진 젊은 카뮈에 대한 그의 분석 능력과 혼쭐내 줄 수 있는 능력을 보여 주게 된 것이다. 더군다나 사르트르는 길고 관대한 글을 통해 카뮈를 문학과 사유에 있어서 위대한 자들 속에 주저 없이 위치시킴과 동시에 그와는 반대 입장을 표명하는 위험도 무릅썼던 것이다.[20]

이러한 지적들은 두 친구의 예민한 감수성을 드러내 줄 뿐 아니라 다음과 같은 사실 역시 환기시켜 주고 있다. 즉 두 사람의 유사성으로 인해 그들 사이의 차이를 망각하게 해서는 안 된다는 사실이 그것이다. 위에서 살펴본 텍스트들은 상호적인 찬사와 그들이 보여 주고 있는 의미를 넘어서, 카뮈와 사르트르 사이의 수많은 차이점들을 엿볼 수 있도록 해주고 있다. 인간의 본성과 인간 실재에 대해 그들이 취하고 있는 관점들은 동일하지 않다. 사르트르에게 있어서 그 관점은 좀 더 부정적이며, 카뮈에게 있어서는 좀 더 긍정적이다. 뫼르소가 가지고 있는 강한 인상을 주는 육체적 감수성과 육체적 현실에 대한 로캉탱의 그 유명한 혐오감 사이의 대조를 살펴보기 위해서는 『이방인』과 『구토』를 비교하는 것만으로도 충분하다. 카뮈는 북아프리카에 대한 감각적 세계 속에서 스스로를 드러내 보이고 있다. 게다가 『결혼』이 그것을 잘 증명해 준다. 그의 작품을 읽은 독자가 육체적 강렬함과 그의 작품에서 발산되는 쾌락에 대한 취향을 무시하는 것은 어려운 일일 것이다. 사르트르는 자신의 글에서 결코 자연 세계나 신체를 그렇게 직접적으로, 그렇게 자발적으로, 그리고 그렇게 기쁘게 껴안은 적이 없다. 그렇게 기쁘게 껴안는 방식은 전적으로 카뮈의 것이다. 사실을 말하자면, 카뮈 자신이 잘 알고 있는 바와 같이,[21] 현대 소설의 가장 놀라운 대조 가운데 하나는 바로 『구토』의 조그맣고 회색으로 물들었으며, 슬프고, 황량한 도시인 부빌Bouville과 해변과 멋들어진 주위 환경과 잘 어울린 『이방인』의 배경이 되고 있는 다채롭고도 빛나는 거대 항구도시 사이의 대조이다. 르 아브르Le Havre 지역과 알제 사이에는 상당한 차이가 있다. 카뮈와 사르트르가 서로 주고받은 비평을 보면 또 다른 결정적 차이가 두드러진다. 비록 두 작가가 중요한 철학적, 문학적 저작들을 우리에게 남겨 주고 있음에도, 또한 그들이 성공적으로 아주 다양한 문학 장르를 다루고 있음에도, 사르트르는 기질상 무엇보다도 철학 이론과 사유 일반 쪽으로 기울었던 반면, 카뮈는 무엇보다도 소설가였으며, 구체적 상황을 묘사하면서 더 편안함을 느꼈던 것이다.("지성"과 "본능적 요소"에 대한 카뮈의 구별을 상기하자.) 『구토』와 『존재와 무』 사이에 놓인 5년 동안, 젊고 뛰어난 철학자는 부조리를 출발점으로 삼아 점차 인간의 활동이 가공되지 않고 무의미한 실존을 바탕으로 풍부한 의미의 세계를 창조해 나가는 방식을 탐구해 나갔던 것이다. 반면, 소설가이자 때로는 철학자기도 했던 카뮈는 부조리가 인간 경험에 의해서는 극복 불가능하다는 직관에 기초한 하나의 완전한 세계관을 세웠던 것이다.

이 같은 차이에도 불구하고, 초창기에 서로에게 보여 주었던 찬사는 두 작가의 관점과 기획의 유사성으로부터 기인했다. 그들은 교육과 프랑스 문화의 서로 다른 분야에서 서로를 인정하고자 했던 것이다.[22] 그들 각자는 즉각적으로 상대방의 철학적, 문학적 재능을 포착했다. 그리고 그들은 어느 정도까지 자신들이 가까운지를 단번에 알아차렸다. 그들의 소설은 실존의 부조리함을 공통적으로 강조하기 위해 관습적이지 않은 줄거리와 겉보기에는 동기가 결여된 것처럼 보이는 등장인물들에 초점이 맞춰져 있다. 그들 서로는 솔직한 태도로, 통찰력 있는 태도로 이러한 부조리에 맞섰으며, 대부분의 존재들(철학자들을 포함해)이 공유하지 못하고 있는 하나의 소명이 갖는 특수성을 잘 의식하고 있었다. 결국 그들 둘 모두는 실존의 진정성에 커다란 중요성을 부여했던 것이다.

* * *

하지만 그들이 서로에게서 느낀 심오함, 개인적 매력의 힘은 정확하게 무엇인가? 그들이 만난 지 30년이 지난 후, 사르트르는 카뮈가 유쾌했다고, 아주 세련되지 않았지만 종종 아주 유쾌했다고 회상한 바 있다. "우리와 그를 연결시켰던 것은 알제리인으로서의 그의 기질이었다. 그는 남프랑스 지방의 억양과 흡사한 억양을 가지고 있었다. 그에게는 스페인계 친구들이 있었으며, 그들과의 우정의 근원은 스페인인들과 알제리인들이 맺은 관계들에 기초하고 있는 우정이었다."[23] 그리고 보부아르는 이렇게 덧붙이고 있다. "카뮈는 함께 있을 때 우리를 즐겁게 해주었던 사람이었으며, 그와 함께 우리는 잘 어울렸다. 우리는 꽤 자주 만났으며, 여러 잡다한 이야기들을 나누곤 했었다."[24] 우리는 이러한 회상을 통해 카뮈와 사르트르가 단교 이후 그들의 관계를 어느 정도까지 과소평가했었는지를 알 수 있다.[25]

그러나 카뮈와 사르트르가 서로에 대해 상당한 매력[26]을 느꼈다는 사실은 부정할 수 없다. 한동안 그렇게 비슷했던[27] 이 두 적대자 사이에는 분명한 감정적 연금술이 있었던 것이다. 사르트르는 이렇게 단언하고 있다. "카뮈는 나와는 정반대였다. 그는 잘 생겼고, 멋있었고, 합리주의자였다."[28]

카뮈는 키가 작고, 땅딸막하고, 말이 많고, 천재였던 사르트르의 외관 뒤에서 재치 있고, 강하고, 깊이 있고, 놀랄 만한 창조력을 가진 정신을 인정했다. 우정을 중요시하고 수수했던 사르트르 역시 즐거워할 줄 알았다. 안락한 부르주아지의 후손이었던 그와 보부아르에게서, 알제의 벨쿠르Belcourt 광장 청소부의 아들에게서는 낯선 고도의 지적 정교함과 사회적 편안함이 늘 숨 쉬고 있었다. 그리고 전쟁이 끝나갈 무렵의 몇 개월 동안 그들을 추종하는 무리가 점차 늘어남에 따라 상당수의 사람들을 포함할 수 있게 되었으며, 카뮈 역시 자연스럽게 그 무리에 합류하게 되었던 것이다. 사르트르가 자기를 높이 평가한다는 사실을 카뮈가 몰랐을 리가 없다.

사르트르는 카뮈보다는 훨씬 덜 인습적이었다. 게다가 사르트르는 모든 것에 대해, 그리고 아무것도 아닌 것을 이론화하기를 좋아했다. 이런 면에서 그는 친구인 카뮈를 화나게 하는 묘한 대조를 이루기도 했다. 그럼에도 사르트르가 말하는 것을 좋아했고, 앞으로 보게 되겠지만, 그 자신의 많은 실수들을 자진해서 인정했던 것은 사실이었다. 하지만 역설적이게도 그는 카뮈보다 상처받기 쉬운 내밀한 성격을 훨씬 덜 노출시켰다. 특히 유머나 항상 표출될 준비가 되어 있는 약점에서도 그러했다. 바로 이 같은 차이점들 속에서 두 사람은 상당한 기간 동안 서로를 보완했던 것이다.

『나이의 힘La Force de l'âge』에서 보부아르는 전쟁의 분위기에 대해 아주 흥미로운 증언을 해주고 있다. 그 당시에 카뮈와 유명하거나 혹은 유명해지기 시작한 새로 사귄 다른 친구들과 함께—그들 가운데 파블로 피카소Pablo Picasso, 미셸 레리스Michel Leiris, 조르주 바타유Georges Bataille, 그리고 레이몽 크노Raymond Queneau 등이 있었다—사르트르와 보부아르는 "파티"를 열고, 연극 작품들을 공연하기도 했다는 것이다. 아니면 단순히 저녁에 모여 술을 마시기도 했다는 것이다. "그리고 우리들 상당수를 짓누르고 있던 모든 위협에 대항하면서 우리는 승리를 축하했다."[29] 물론 저녁식사는 항상 간소했지만, 어쨌거나 보부아르는 종종 친구들과 나누어 먹을 약간의 고기를 구하는 데 성공했다. 카뮈는 "고기의 질이 좋은 것은 아니었다. 하지만 양은 충분했다."[30]라고 말하고 있다.

1944년 봄, 카뮈는 한 무리의 친구들 앞에서 피카소의 극작품(『꼬리에 사로잡힌 욕망Le Désir attrapé par la queue』)의 낭독을 주재한다. 배우들 가운데 한 명이었던 브라사이Brassaï는 사진을 한 장 찍었는데, 이 희귀한 사진에서 우리는 사이좋게 나란히 앉아 있는 카뮈와 사르트르의 모습을 볼 수 있다. 통행금지 시간 전에 서둘러 집으로 돌아가야만 했던 몇몇 초대객들이 떠난 후, 그 작품의 배우들은 몇 명의 친한 친구들과 함께 새벽 5시까지 축제를 계속했다. 보부아르는 다른 기회에 이렇게 말하고 있다.

우리들은 서투른 배우들, 사기꾼들, 익살꾼들, 구애 행동을 하는 자들
이 되어 완전히 난장판을 이루고 있었다. 도라 마르Dora Marr는 투우
경기를 흉내냈다. 사르트르는 벽장 속에서 오케스트라를 지휘했다. 랭
부르Limbour는 카니발의 노래들을 흥얼거리며 햄을 잘랐다. 크노와 바
타유는 칼 대신에 술병을 들고 결투를 했다. 카뮈, 르마르샹Lemarchand
은 쇠 냄비를 치며 군대행진 놀이를 했다. 노래를 부를 줄 알았던 자들
은 노래를 불렀고, 노래를 부를 줄 모르는 자들도 노래했다. 판토마임,
희극, 독설, 패러디, 독백, 고백, 즉흥시 등이 끊이지 않았으며, 그것들
은 열광적으로 환영 받았다. 우리는 음반을 올려놓았고, 춤을 췄고, 어
떤 이들은—올가, 완다, 카뮈—아주 잘 추었고, 다른 이들의 춤은 별
로였다.[31]

그들이 모두 느꼈던 기쁨의 강도에는, 전쟁 동안의 긴장, 모든 약탈
로 인해 발생한 긴장, 그리고 독일의 점령이 곧 끝나게 될 것이라는 각
자의 예감 등이 반영되어 있었다.
보부아르는 회상록에서 성공을 위해 시골에서 파리에 도착한 한 젊
은 지방 출신 청년과 같은 카뮈의 초상화를 그리고 있다. 이러한 그의
모습은 발자크의 『환멸Illusions perdues』에 나오는 라스티냐크Rastignac의
모습을 떠오르게 한다.

그는 성공과 명성을 아주 맛있게 받아들였다. 그는 그 사실을 숨기지
도 않았다. 그가 미각이 마비된 태도를 보였더라면 전혀 자연스럽지

않았을 것이다. 그는 종종 약간은 라스티냐크와 같은 모습을 내보이기도 했다. 하지만 그는 아주 신중하게 그러는 것 같지는 않았다. 그는 단순하고 쾌활했다. 성격이 좋았던 그는 가벼운 농담을 거들떠보지도 않았다. 그는 파스칼이라는 이름을 가졌던 카페 드 플로르의 종업원을 데카르트라고 부르기도 했다. 하지만 그는 그렇게 하도록 허락을 받아 냈던 것이다. 무사태평과 침착함이 적당히 섞인 가운데 나오는 매력은, 그를 저속함에서 지켜 주는 요소였다. 그에게서 특히 내 마음에 들었던 것은, 여러 사람들, 여러 사물들에 대해 거리를 두고 웃을 줄 아는 그의 태도였다. 그러면서도 그는 자기의 일, 자기의 쾌락, 자기의 우정에 완전히 몰두할 수 있었다.[32]

1963년에 출간된 보부아르의 회상록은, 1980년 사르트르가 세상을 떠난 후에 간행된 사르트르-보부아르 사이의 대담과 마찬가지로, 아주 정성을 다해 구축된 된 것이다.[33] 보부아르는 복잡하게 생각하지 않고 쉽게 삶을 살아가는 한 지방 출신자와의 아주 유쾌하지만 또한 아주 피상적인 우정을 묘사하려고 노력했다. 그럼에도 이 같은 이미지는, 그녀가 기억을 통해 카뮈에 대해서 하고 있는 수많은 지적들과는 어울리지 않는다는 것은 여전히 사실이다. 보부아르는 자신의 기억 속에서 오랜 친구의 의견들과 정치적이고 개인적인 면에서 변화에 대해 지나치게 관심을 두고 있었기 때문에, 그를 아주 가벼운 태도로 취급할 수 없었던 것이다. 그녀의 기억 속에서와 마찬가지로 현실 속에서도 카뮈는 소박한 사람이라는 것을 제외하고는 완벽했던 것이다.

만약 보부아르가 진솔한 이야기를 하고자 했다면, 그녀는 카뮈가 자신들, 즉 그녀와 사르트르에게는 그의 잡다한 삶과 인격을 감춘 채 아주 단순한 순박함을 가지고 있는 자로 보였다고 말했을 것이다. 실제로 카뮈는 이러한 복잡성을 종종 자기도 모르게 나오는 신랄한 아이러니라는 사유의 모습 아래에 감추면서도 드러내곤 했다. 후일 보부아르는 그의 이러한 자신감을 우아함과 동일시했던 것이다. 하지만 이것은 잘못된 것이다. 카뮈는 주기적으로 재발하곤 하는 아주 심각한 회의주의에 사로잡히곤 했다. 보부아르가 그에 대해 갖고 있던 판단을 더 복잡하게 하는 것은, 언젠가 그녀가 그에게 은근히 접근해서 그의 애인이 되겠다고 제안한 사실이다. 하지만 그는 이 제의를 거절했다.[34] 우리는 이 사실을 통해 보부아르가 사르트르-카뮈 관계에 있어서 단순한 관찰자가 아니었을 뿐 아니라, 그녀 또한 제3의 극極으로 그 관계 속에 깊이 연루되어 있었다는 것을 알 수 있다. 또한 그녀가 카뮈에 대해서 그녀만의 고유한 감정을 발전시켜나갔다는 사실 역시 알 수 있다. 그녀는 나중에 그에 대한 자신의 무례한 언행과 조바심의 재발에 대해 불평을 터트리게 된다. 그렇게 하면서 그녀는 지중해의 여자들에게 진정한 남자로 통했던 카뮈가 그녀를 매력이 없다고 생각했을 것이며, 그녀가 그와 지적으로 동등한 유희를 하는 것을 받아들일 수 없었을 것이라는 점을 가정하고 있다. 그러니까 그녀는 다음과 같은 사실을 알지 못했었다. 즉 카뮈가 케슬러 앞에서 그녀를 "유식한 체하는 여류작가"로 취급하면서 그녀의 마음을 상하게 하는 비난을 해댔다는 사실을 말이다. 어쨌든 카뮈와 보부아르는 중요한 문제들에 대해, 사르트르가 함께 있건, 아니면 단 둘이 있건 간에 많은 대화를 가졌던 것은 사실이다.[35]

보부아르의 추억은 아주 중요한 자료임에도 불구하고, 그녀의 편파성과 실망으로 인해 불가피하게 거짓이 섞인 것이기도 하다. 그녀의 추억은 그녀의 생의 중요한 부분을 차지했던 세 가지 목표에 의해 좌우되고 있다. 사르트르와의 관계를 유지하는 것, 그에 대한 긍정적 이미지를 제공하는 것, 그리고 사르트르 그 자체를 보호하는 것 등이 그것이다.[36] 그녀의 추억이 우리에게 비교적 최근까지 카뮈와 사르트르 사이의 우정에 대해 알고 있는 대다수의 정보를 제공해 주고 있다는 면에서, 우리는 그 추억을 아주 중요하게 생각하는 동시에, 가능하다면 매번 그것을 그녀가 다른 곳에서 말했고 또 쓴 것, 혹은 그들의 측근의 증언과 비교하게 될 것이다.

카뮈와 사르트르 사이에 맺어진 우정의 첫 단계에 대한 기술에서 보부아르 자신이 그녀의 추억 속에서 설명하는 것이 좋다고 판단했던 것에 두 가지 점을 덧붙이는 것이 필요할 듯하다. 우선, 사르트르는 그 당시 카뮈라고 하는 젊은 청년에 대해 커다란 매력을 느꼈다는 점이다. 그리고 카뮈가 그 당시 사르트르-보부아르의 삶에서 했던 역할은 꽤 컸다는 점이다.[37] 배우 보가트Bogart와 같은 남성미를 지녔던 카뮈는, 구리와 같은 단단함과 고독함을 풍겼으나, 실제로 그는 내적으로 아주 상처받기 쉬운 그런 사람이었다. 이러한 특징은 부분적으로 그의 삶에 있어서 커다란 영향을 미쳤던 결핵에서 기인한 것이었다. 그는 각혈을 하곤 했으며, 피곤에 지쳐 치료와 휴식을 취할 수밖에 없는 경우도 없지 않았다. 게다가 그는 군복무를 면제받기도 했다. 이처럼 실패와 공동체로부터 거부를 당했던 수치감을 씻어내야만 했던 이 사람 주위에는 항상 때 이른 죽음의 위협이 떠돌고 있었던 것이다. 그렇지만 그는 새로운 친구들에게 불안한 모습을 내보이지 않았다. 친구들과 함께 있을 때면 그는 자신의 아이러니와 고통을 마음껏 터뜨렸다. 하지만 결코 자기 자신에 대한 성찰이나 속내를 보이는 것에 빠져 만족해했던 것은 아니다.

　카뮈와 사르트르가 모두 세상을 떠난 이후, 보부아르는 말년에 자기가 이전에 했던 선언들을 문제시하는 이야기들을 했다. 그녀는 1943년 이후부터 유명해진 두 젊은 작가를 비교하는 소리를 들었고, 그 보다 한참이 지나서는 그녀 자신도 카뮈에게서 사르트르의 문학적 라이벌의 모습을 보았다고 인정하기도 했다. 카뮈라는 존재의 명성은, 그녀가 사랑했던 그 작고 흉한 천재를 압도할까 두려워했던 그대로였다는 것이다.[38] 두 남자가 만난 이후, 그녀는 사르트르를 위해 마치 카뮈와 경쟁하듯 글을 쓰게 된다. 노년에 접어들어 그녀는 카뮈와의 첫 만남 이후 사르트르가 그에게 완전히 빠져 있었던 그 강렬함으로 인해 불안감을 느꼈었다는 것을 인정했다. 사르트르는 자신이 사랑했던 여인을 부를 때 사용할 법한 말들로 카뮈에 대해 이야기하기도 했던 것이다. 보부아르가 알고 있었던 대로 사르트르가 "가장 이성애적인 남자"[39]였던 만큼, 그녀는 더욱 더 카뮈에 대한 그의 "심취"[40]가 당황스럽고 불안했던 것이다.

　그들 두 사람에 대한 관계에 대해 주목할 만한 또 다른 특징은 다음과 같다. 즉 카뮈는 사르트르보다 8세 연하였으며, 그를 파리 지성계에 소개한 장본인이 바로 사르트르였다는 점이다. 하지만 알제리 출신의 그 작가는 사르트르와 보부아르에 대해 거리를 유지하려고 노력했으며, 자신의 삶을 그 자신이 의도했던 대로 유지하려고 노력했다. 1930년대 중반 이후 사르트르와 보부아르는 재능 있고 매력적인 많은 젊은 여성들과 남성들의 마음을 사로잡고 있었다. 그들은 종종 사르트르와 보부아르의 옛 제자들이었다. 그 소그룹은 "식구"라고 불렸으며, 사르트르와 보부아르 커플은 이 학생들과 단순히 철학적이고 정치적인 관계뿐 아니라 애정 관계도 맺고 있었다. 그들이 젊은이들에게 재정적으로 도움을 주는 경우도 왕왕 있었다. 따라서 사람들은 이 새로운 젊은 남자, 즉 카뮈도 아주 자연스럽게 사르트르-보부아르 성운의 마지막 위성이 될 것이라고 예상할 수 있었다. 하지만 카뮈는 사르트르와 독립된 입장을 취했으며, 사람들이 그를 사르트르와 함께 연결시킬 때조차도 발끈 화를 낼 정도였다. 30년이 지난 후 사르트르와 친하게 지냈던 그 시기를 회상하면서 보부아르는 이렇게 말하고 있다. "제 생각으로는 사람들이 카뮈를 다소간 당신의 제자로 생각한다는 것이 특히 그의 역정을 돋우었던 것으로 같아요. 실제로 그는 아주 젊었고, 당신은 그에 비해 이미 유명해져 있었지요."[41] 따라서 해방 이후 카뮈가 실존주의 운동과 거리를 두려고 많은 노력을 했다는 것은 그리 놀랄 만한 것이 못된다. 이 점에 대해서는 뒤에서 다시 자세하게 살펴볼 것이다.

보부아르가 그리고 있는 그림에서 빠져 있는 또 다른 하나의 특징은 다음과 같은 것이다. 즉 그 두 위대한 지식인들은 대화를 나누는 중에 보통 철학적 사유에 대해서는 별다른 의견 교환을 하지 않았다는 점이 그것이다. 반대로 그들은 보통 여자들에 대해 많은 이야기를 나누었다. 물론 후일 카뮈의 연인이 된, 그리고 그 역시 충실했던 여배우 마리아 카사레스Maria Casarès에 대해서는 아닐 것이다. 그들은 또한 보부아르를 화제에 올리지도 않았다. 물론 거기에는 분명한 이유가 있다. 사르트르와 보부아르는 서로에 대한 "필연적 사랑"과 부차적인 사랑으로 남게 되는 "우연한 사랑"을 구별하면서 자신들의 수많은 감정적 관계를 이미 이론화시키고 있었던 것이다. 카뮈 자신은 카사레스와 부인 프랑신Fracine 사이에서 고민을 했으며, 따라서 수많은 다른 여자들과의 사랑의 모험을 생각할 수 없는 입장이었다. 이처럼 그는 자신의 실존의 중심이 되는 욕구불만의 끝까지 나아갈 수 없는 상황이었다. 결국 그들 두 사람의 에너지는 대부분의 경우 여성들을 유혹하는 데 이용되었으며, 그 결과 발생하는 복잡한 관계들을 정리하는 데 이용되었던 것이다. 그렇게 함으로써 그들의 삶에 있어서 이 같은 측면이 늘 그들 둘 사이에서 계속해서 반복되는 토의 주제가 될 정도였다.

그러면 카뮈와 사르트르는 경쟁 관계에 있었을까? 우리는 이미 그들이 각자의 초기 텍스트들을 읽고 나서 서로의 능력을 높이 평가하고 있었다는 사실을 지적한 바 있다. 하지만 카뮈의 서평들은 약간 비판적인 내용을 담고 있었다고 하더라도 경쟁적이라고 생각할 수 있는 그 어떤 대목도 보여 주지 않고 있다. 그리고 사르트르가 『이방인』을 분석하면서 이 작품을 『시시포스의 신화』에 접근시켰을 때, 카뮈는 의도적으로 사르트르에게서 자기 것보다 더 뛰어난 사르트르의 사유를 인정하면서 이른바 대결을 피하고 있다. 사르트르 역시 관대하게도 카뮈를 프랑스 문학 유산에 편입시켰다. 하지만 그 과정에서 그는 신전의 수호자임을 자처하게 된다. 그러니까 그는 가장 오래되고 가장 먼저 도달한 자의 권리를 차지하는 기능을 수행하게 된다. 그리고 실제로 그는 슬쩍 카뮈에게 신랄한 비판을 쏘아붙이면서 자신의 철학자로서의 우월성을 주저하지 않고 보여 주고 있다. 그럼에도 그는 갈리마르 출판사가 제정한 새로운 플레이아드 상賞의 심사위원으로 참석하도록 카뮈가 자신을 초대한 것에 대해 매우 기쁘게 생각한다는 점도 보여 준다. 보부아르로서는 사십 년이 지나 그 일에 대해서 말하면서도, 그 당시 문학적 지위를 가지고 있지 못한 카뮈가 사르트르와 같은 그런 "위대한 작가"[42]에게 그렇듯 명예스러운 제안을 했었다는 것에 대해서 여전히 화가 나 있다.

　보부아르는 나중에 카뮈에 대한 사르트르의 "가벼운 질투"[43]에 대해 말하게 된다. 하지만 그것은 작가로서의 질투가 아니다. 카뮈의 육체적 매력은 사르트르가 갖지 못한 이점을 주었으며, 사르트르는 그의 매력을 시샘했다는 것이다. 또한 사르트르는 "식구"의 일원이며, 그들의 관계를 소원하게 만들었던 네 가지 혹은 다섯 가지 요소 가운데 하나로서 완다 코사키에비치Wanda Kosakiewicz와 카뮈의 관계를 지적하고 있다. 그들의 우정의 초기 몇 달 동안, 즉 1944년 겨울 동안 사르트르는 휴가 중이던 보부아르에게 이런 내용의 편지를 보냈다.

　"카뮈의 뒤를 따라다니면서 완다는 무엇을 생각했을까요? 그녀가 그에게서 무엇을 원했을까요? 내가 더 낫지 않았던가? 그리고 더 친절하지 않았던가요? 그녀는 주의해야 할 것입니다."[44]

　비록 그 두 남자가 서로를 좋게 평가하는 것으로 시작했다고 할지라도, 그들의 문학적, 철학적 유사성들과 그들이 나중에 서로에게서 경험할 수 있었을 개인적 매력은, 이처럼 독학생—카뮈—과 재능이 뛰어난 철학자—사르트르—사이의 경쟁을 방해하는 경향이 있었던 것은 사실이다. 하지만 그들이 1943~1944년에 친구가 되었을 때조차도, 너무나 분명한 그들의 차이점들은 이미 잠재적 불화를 예고하고 있었다. 언젠가 술에 취한 사르트르가 카뮈에게 소리를 지른 적이 있다. "내가 당신보다 더 지적이오, 더 지적이라고!" 카뮈는 동의를 표시한다. 또 다른 기회에 카뮈는 한 젊은 여자 앞에서 으스대고 있는 사르트르를 보고 나서 그에게 질문을 던진다. "왜 당신은 스스로에게 그렇게 고통을 주는 겁니까? 사르트르가 응수한다. "당신은 내 꼴을 잘 알고 있지 않소?"

　카뮈보다 훨씬 더 비중 있는 사회적 지위와 사교적 지위를 누리고 있던 사르트르는 그들의 만남 이전부터 전도가 양양한 지식인이었다. 그가 카뮈의 초기 저작들에 대해 했던 해설은 카뮈의 여정에서 중요한 단계를 보여 준다. 글쓰기와 사유의 왕국에서 사르트르는 중요한 발걸음을 내디뎠으며, 물을 만난 물고기처럼 문학과 예술의 도시인 파리에서 자유자재로 돌아다니고 있었다. 그리고 그는 자신의 개인적 영역에서 끝이 없는 신뢰를 보여 주고 있었다. 비록 그가 카뮈에 대해 썼던 글들이 어느 정도까지 그가 문학 분야에서 대문호들의 이름과 같이 있을 때 편안함을 느끼는가를 보여 주었다고 해도, 그가 보기에 카뮈는 프랑스의 대사상가들이 묻혀 있는 팡테옹 광장보다 더 큰 매력을 가지고 있었다. 어쨌든 그들이 만났던 시기는 전쟁, 독일 점령, 레지스탕스의 시기였다. 사르트르는 그만의 세계에서 벗어나 세계에 닻을 내리기 위해 상당한 시간을 투자했다. 1930년대에 그는 보부아르와 함께 비정치적 태도로 일관했었고, 인민전선Front populaire에 앞선 1935년 7월 대규모 시위를 길가의 벤치에서 지켜볼 따름이었다. 출간된 몇몇 초기 텍스트들에서 그는 현실 세계와는 아무런 관계도 맺지 않고 있는 것처럼 자유와 자발성을 기술하곤 했었다. 『자유의 길Les Chemins de la liberté』에서 마티외라는 인물은 자유롭게 행동하기는 하지만, 그의 자유는 여전히 아무런 사용처를 발견하지 못한 상태로 있다. 사르트르 자신이 『존재와 무』에서 지적하고 있는 것처럼, "인간은 무용한 수난(une passion inutile)인 것이다."

　이와는 달리 자신의 육체 속에서 훨씬 더 편안함을 느꼈던 카뮈는 현실 세계에 참여하게 되고 위험을 무릅쓰게 된다. 게다가 그는 사르트르를 만난 지 얼마 되지 않아 강력한 레지스탕스에 깊이 참여하게 되었다. 보부아르는 "우리들처럼"이라고 말하고 있다. 하지만 이 "우리들처럼"이라는 말은 거짓말처럼 들린다. 레지스탕스에서는 카뮈가 사르트르보다 우위를 점하고 있었기 때문이다. 독일의 프랑스 점령, 레지스탕스 그리고 해방은, 우리가 곧 살펴보게 될 것처럼, 그 두 사람 각자에게 결정적 영향을 주었으며, 또한 그들이 서로에게 끼쳤던 매력과 그들의 문학적이고 철학적인 유사성들에 정치적인 차원을 부여해 주었다. 그들은 1952년에 정치 문제로 다시 한 번 갈라서게 된다. 하지만 1944년의 시각에서 보자면, 그들이 가까워진 것은 무엇보다도 그 정치 분야에서였다.

제2장

점령, 레지스탕스, 해방

카뮈와 사르트르가 『파리떼』의 첫 공연장에서 만나기 바로 전날, 한 독일 장교가 그 곳에서 백여 미터 떨어진 곳에서 살해당하는 사건이 발생했다. 레지스탕스가 활발했던 때였다. 공연 이전 주인 5월 27일에 파리에서 레지스탕스 국민연합위원회가 열렸다. 카뮈와 사르트르가 1944년 봄과 여름에 우정을 돈독히 해가던 동안, 독일 점령군에 대한 투쟁은 프랑스인들의 첫 번째 관심사가 되었다. 그리고 바로 그 몇 주 동안 우리가 앞 장章에서 기술한 관계는 역전된다. 그러니까 다양한 정치 투쟁의 베테랑인 카뮈는 아직 초보자라 할 수 있는 사르트르를 리드하는 역할을 하게 된다.

가장 거센 파리 봉기가 벌어졌던 1944년 8월 21일에 비밀 지하 신문인 『콩바』지가 수도에 배포되었다. 카뮈가 그 신문의 편집장이었다. 이 열에 들뜬 시기에 보부아르와 사르트르는 레지스탕스 국민연합위원회가 제공한 사무실에서 일하고 있는 카뮈를 방문했다. 카뮈는

『콩바』지와 마찬가지로 독일군이 완전히 철수하기 전에 발행하기로 결정된 다른 두 비밀 기관지들과 공간을 함께 사용하고 있었다.

보부아르는 『콩바』지가 제작되던 건물의 분위기를 기억하고 있다. "카뮈와 그의 젊은 친구들은 가까운 곳에 경기관총들을 비치해 놓고 있었으며, 굳게 닫힌 철제문 뒤에서 일을 하고 있었다. 독일군이 언제라도 들이닥칠 수 있었기 때문이었다.[1] 그 건물 내부 전체는 정리가 되어 있지 않았지만 즐거움으로 가득 차 있었다. 카뮈는 기뻐서 어쩔 줄 몰라 했다. 그는 사르트르에게 지난 며칠 동안에 벌어진 일들에 대한 기사를 써줄 것을 요청했다." 카뮈는 사르트르에게 뜻밖의 기회를 주었던 것이다. 이 일련의 기사를 통해 그때까지 험준한 세계에 어떻게 직접 뛰어들어야 하는가를 알지 못하고 있던 39세의 젊은 철학자이자 작가는 마침내 목하 형성 중인 역사의 흐름에 참여할 수 있게 되었다. 그는 길거리를 돌아다녔으며, 사태의 추이를 관찰했고, 많은 독자들에 설명했다.

결국 수도를 해방시킨 파리 시민들의 봉기에 대해 현장에서 직접 확인한 일련의 증언이, 사르트르의 이름으로 「봉기한 파리 횡단Une promenande dans Pars insurgé」이라는 제목 하에 실렸다. 8월 28일자 첫 번째 기사에서는 봉기를 일으키기 직전의 시민들의 반응이 묘사되고 있다. 그리고 일주일 후의 마지막 기사에서는 드골 장군과 지하에서 투쟁했던 투사들이 선도한 자유프랑스군의 행진과 프랑스의 해방을 반기는 인파에 대한 묘사 등이 포함되어 있다.

사르트르는 『콩바』지에 그의 이름으로 서명된 기사들을 실은 첫 번째 작가였다. 실제로 그의 이름은 매 호마다 일면의 상단 부분에 아주 큰 활자로 인쇄되었다. 하지만 보부아르는 3년 후에 넬슨 알그렌에게 다음과 같이 쓰고 있다. "사르트르와 나는 사태의 추이를 관찰하고 기사를 쓰기 위해 파리를 돌아다녔죠. 우리는 그 기사를 카뮈에게 넘겨 주었어요. 물론 대단한 일을 한 것은 아니었지만 그래도 위험하다는 생각이 들기는 했죠. 길거리 여기저기에서 여전히 사격이 이루어지고 있었기 때문이었죠."[2] 사르트르의 전기 작가 가운데 한 명[3]에 따르면, 위의 편지에서 볼 수 있는 "우리"라는 인칭의 사용은, 문제가 되는 기사를 보부아르가 사르트르의 감독 하에서 쓰는 임무를 맡았다는 사실을 의미한다. 사르트르가 세상을 떠난 후, 보부아르는 그녀의 전기 작가에게『콩바』지에 실렸던 파리 봉기에 대한 그 유명한 기사를 그녀 혼자 썼으며, 사르트르는 그 기사에 아무런 기여도 하지 않았다는 사실을 털어놓았다. 그리고 그녀가 그 일을 맡게 된 것은, 사르트르가 "너무 바빴기"[4] 때문이었다고 설명하고 있다. 이 사태가 갖는 의미는 사소하지 않다. 그것은 다음과 같은 두 가지 이유에서이다. 첫째로『콩바』지에 실렸던 기사들은 상아탑에서 내려와 역사의 중대한 시기에 지금까지와는 전혀 새롭고도 다른 방식으로 현실 세계에 뛰어든 사르트르의 모습을 보여 주고 있는 것으로 여겨져 왔기 때문이다. 둘째로 그 기사들은 오랜 동안 파리 봉기에 대한 가장 훌륭한 증언으로 여겨져 왔기 때문이다.

또 다른 일화는, 파리 봉기가 한창 진행되는 동안 코메디 프랑세즈에 있던 사르트르를 찾아온『콩바』지의 편집장에 관련된 것이다. 그 당시 사르트르는 국립연극위원회의 다른 회원들과 함께 혹시나 있을 독일의 파업으로부터 코메디 프랑세즈를 보호할 임무를 맡고 있었다. 오랫동안 파리 시내를 돌아다녀 기진맥진했던 사르트르는 소파에서 잠시 눈을 붙이고 있었다. "당신은 역사의 방향으로 소파를 놓았군요!"[5]라는 말로 카뮈가 그를 깨웠다. 카뮈는 분명 자기에게 역사적 사건들에 참여하고 싶다는 욕망을 고백했지만, 지금 태평스럽게 졸고 있는 친구를 조롱했던 것이다. 부드러운 아이러니가 가미된 이 말은 장차 있을 그들의 반목에서 결정적 역할을 하게 된다. 우리가 앞으로 보게 될 것처럼, 카뮈는 불화가 진행되는 동안 그 일화를 기억하게 될 것이며, 가시 돋친 신랄한 말을 하게 될 것이다. 그리고 사르트르 역시 그 일에 대해 카뮈에게 가혹한 앙갚음을 하게 될 것이다.

이 같은 일화들은 그 당시 카뮈와 사르트르 두 사람과 그들이 맺고 있는 관계에 대해 많은 것을 암시해 주고 있다. 후일 정치적으로 열심히 활동하게 될 사르트르에게 주어지게 될 우월함이 그들 사이의 진정한 초기 우정 관계를 왜곡시키게 된다. 배를 조종하는 것은 카뮈였다. 반면, 사르트르는 "배에 올라타는 것"*에 상당한 어려움을 겪게 된다. 첫 번째 일화에서 카뮈는 가능한 한 많은 대중에게 자기 친구의 이름을 알리고자 했다. 하지만 우리는 그 신문 기사들에서 사르트르가 담당한 정확한 몫이 논란의 대상이 된다는 것을 후일 알게 된다. 두 번째 일화에서 카뮈는 역사와의 조우에 대해 언급을 하기는 하지만, 역사를 제대로 평가하는 것이 불가능해 보이는 자기 친구를 공개적으로 비웃는다. 자기 자신이 봉기한 파리에 대한 그 유명한 기사들의 저자라고 말하고 있는 보부아르의 선언에 더해진 코메디 프랑세즈의 일화로 미루어 보면, 사르트르에게 있어서 구체적 참여를 선택하는 것이 얼마나 어려운 일이었는지를 알 수 있다. 이와는 정반대로 카뮈는 참여를 하면서 상당히 편안함을 느꼈던 것으로 보인다.

---

* 현실에 참여한다는 의미임.

카뮈에게 있어서 정치적 행동에의 가담은 훨씬 자연스러운 일이었다. 1935년 가을부터 1937년 여름—혹은 가을—까지 2년 동안 공산당의 당원이었던 카뮈는, 특히 정치적 색채가 짙은 아방가르드 계열의 극작품들을 공연했던 알제리 극단을 이끌면서 약간의 명성을 확보한 적극적인 투사였다. 만약 사람들이 이 같은 투쟁적 단계를 그가 1950년대에 알제리 민족해방전선FLN에 대한 지지를 거부한 관점에서 평가한다면, 또한 만약 사람들이 뫼르소에 의해 젊은 알제리인에 대해 자행된 설명할 수 없는 살해를 자세히 묘사하고 있는 『이방인』에서 볼 수 있는 무관심을 환기한다면, 카뮈가 공산당의 알제리 지부와 결별을 했다는 사실은 당연히 강조되어야 한다. 왜냐하면 그는 인민전선의 식민주의적 추진력 하에서 아랍 민족주의에 대한 그의 지지에 심각한 제동을 거는 당의 노선 변화를 따르는 것을 거부했다는 이유로 당에서 제명되었기 때문이다. 그때 이후로 카뮈에게 중요했던 것은, 가능한 한 넓은 반反파시스트적 전선을 형성하고, 거기에 가능한 한 많은 피에 누아르pieds noirs*들을 가담시키는 것이었다. 카뮈는 이슬람교를 믿는 알제리인들에 대한 당의 지지가 이 같은 전략적 정언명령보다 선행해야 한다고 생각했다. 당을 떠난 후 그는 연극 무대에서 계속 활동했으며, 1938년에서 10월에서 1940년 1월까지 『알제 레퓌블리캥Alger républicain』뿐 아니라 이 신문보다 더 오래 간행되고, 그의 영감과 아주 가까웠던 『수아르 레퓌블리캥Soir républicain』 지에 협력을 하게 된다.

후일 『이방인』의 출간을 도와주게 되고, 자신을 레지스탕스로 이끌게 될 편집장인 파스칼 피아Pascal Pia와 더불어 카뮈는 신문기자로 일

---

* 아프리카 식민지에서 태어난 프랑스인들을 가리킴.

을 하게 된다. 그는 처음에 문학비평 분야에서 활동하다가 사회부로 옮겨갔으며, 신문 조판을 감시하고, 범죄재판 등에 대한 기사를 쓰기도 했다. 기자로서의 카뮈는 맹렬히 뛰어다녔다. 그는 아주 반향이 큰 재판에서 스스로 무죄라고 생각한 피의자를 석방하기 위해 기사를 쓰기도 했으며, 가끔 성공하기도 했다. 1939년 6월에 그는 바위가 많은 카빌리Kabylie 해변을 강타한 기근과 가난에 대해 일련의 기사를 쓰기도 했다. 이 기사들은 알제리 원주민의 비참한 삶의 조건에 대해 유럽계 알제리 출신 신문기자가 상세하게 쓴 첫 번째 기사였던 것이다. 카뮈는 식민지 행정부에 대해 최소한 급여를 지불할 것, 학교를 건립할 것, 그리고 생필품의 배분 조치를 취할 것 등을 요구했다. "왜냐하면 만약 식민지 정복이 하나의 변명거리를 찾을 수 있다면, 그것은 정복된 자들이 자존심을 지킬 수 있도록 도와주는 것이기 때문이다. 그리고 이 나라에서 우리가 하나의 의무를 지고 있다면, 그것은 이 세계에서 가장 자부심이 강하고, 가장 인간적인 주민 한 명에게 그 자신에게 충실하고 또한 그 자신의 운명에 충실하도록 허락해 주는 것이다."[6]

제2차 세계대전 초기, 카뮈는『알제 레퓌블리캥』지에서 피아의 오른팔이 되었다. 그리고 그는 곧『수아르 레퓌블리캥』지를 관리하게 된다. 그는 초기에는 전쟁에 반대했다. 나치즘에 대한 투쟁의 위급함을 거부함으로써 그들의 중도 좌익 노선의 일간지를 벽에 부딪치게 했던 카뮈와 그의 후견인 피아라는 두 지식인들이 보여 주었던 모습은, 카뮈의 삶에 있어서 가장 괴이하고, 가장 해석이 덜 된 순간들 중의 하나로 남아 있다. 초기에 전쟁에 반대를 했던 카뮈는, 그로 인해 친구들과의 갈등과 급박한 단절을 야기시키게 된다.

"야만적인 바보들의 통치가 시작되었다……." 카뮈는 1937년 9월

7일에 수첩에 이렇게 적고 있다.[7] 9월 중순 『수아르 레퓌블리캥』지의 한 사설에서, 그는 증발해 버린 평화에 대해 거의 절망적인 어조로 논평을 하고 있다.

두 번째 사설에서 카뮈는, 제1차 세계대전을 종결시킨 베르사유 조약의 과오들을 부분적으로 다시 재론하게 될 히틀러와의 협상을 통한 적대행위의 중단을 옹호한다. 카뮈는 히틀러 체제를 전적으로 거부하면서 전쟁을 종식시키기 위해 아래와 같은 주장을 펴고 있다.

> 모욕하지 않는 것, 이해하려고 노력하는 것, 히틀러에게서 그의 위엄의 심층적인 동기들을 빼앗는 것, 불의를 거부하면서 정의를 인정하는 것, 체코슬로바키아와 폴란드를 요구함으로써 베르사유 조약을 개정하는 것, 분명하게 직시하는 것, 증오의 충동을 거부하는 것, 인간적이고 유럽적인 연대를 확립하는 것, 국제화된 경제에 각국의 정책을 재조정하는 것, 이것이 바로 우리의 입장이다.[8]

카뮈는 나치즘을 등한시했다. 그가 인민전선에 대해 거부하고 있던 시기에 알제리 이슬람교도들에 대한 그의 원칙상의 옹호는 파시즘과 나치즘에 대한 투쟁의 위급함에 대한 몰지각이기도 했다. 그리고 전쟁이 발발한 초기 3개월 동안 『수아르 레퓌블리캥』지의 편집자였던 그는, 이 신문에 막대한 재정적 손해를 끼치게 된다. 왜냐하면 그는 그 당시 나치즘을 물리치기 위한 전쟁의 필연성을 거부한 평화주의를 계속해서 찬양함으로써 군사 검열관들과 이 신문의 소유주들에 대한 전쟁에서 이미 패배를 맛보았기 때문이었다. 물론 그의 생각은 당시 프랑스에서 아주 영향력이 컸던 평화주의, 전쟁이 불가피하게 야기하게 될 무고한 대량학살을 거부하는 평화주의와 잘 호응하는 것이긴 했다. 게다가 그는 형과 마찬가지로 그 역시 군인이 된 젊은 청년들과의 연대를 보여 주기 위해 군복무에 자원하기까지 했다. 하지만 결핵으로 인한 면제로 그는 뜻을 이루지 못했다. 어쨌든 그는 조국에 충성하려고 했으며, 평화의 사도가 되기 위해 노력했다.

전쟁 전에 카뮈가 편집장으로 있던 『수아르 레퓌블리캥』지의 논조로 인해 1939년에(그는 당시 26세였다) 그가 자신의 정치 판단에 대한 확신을 자문하도록 했다면, 이 논조는 또한 그의 특기할 만한 정치적 단호함을 보여 주기도 했다. 실제로 이 젊은 기자는 거의 모든 동료 기자들과 주위 사람들과는 정반대의 입장을 취하면서, 민감한 주제에 대해 인기가 없는 태도를 견지하는 것을 아주 당연하게 생각했다. 하지만 그의 이러한 태도로 인해 당국의 탄압을 야기시켰던 것은 분명하다. 본능적으로 정치 감각을 가지고 태어난 카뮈는 매사 독립적이고 용감했다. 그는 다른 사람들이 무엇을 생각하고 있는지에 대해 알고 싶어 하지 않았으며, 여론을 형성하거나 행동하기 위해 결과를 고려하지도 않았다. 그는 필요한 경우 모든 사람들과 맞서 분연히 일어설 수 있는 능력을 가졌으며, 진리가 그의 편이라는 생각이 들면 역사의 흐름조차도 거역할 수 있었다. 이 같은 그의 모습은 그 뒤로도 변하지 않게 된다.

곧 종이의 부족을 겪게 될 『수아르 레퓌블리캥』지는 대부분의 광고 협찬자들을 잃게 되며, 1940년 1월 초에 예견되었던 발행 금지령이 떨어졌을 때 운영위원회에 의해 거의 폐간 상태에 처하게 된다. 피아는 파리로 가서 『파리 수아르Paris-Soir』지의 편집진에 참여하게 되고, 카뮈 역시 같은 길을 가게 된다. 카뮈는 독일 침공이 시작될 무렵과 점령 초기에 파리에 머물러 있었다. 1941년에 그는 결혼한 지 얼마 안

된 프랑신과 함께 알제리로 되돌아오게 된다. 그는 그곳에서 『이방인』, 『시시포스의 신화』, 『칼리굴라Caligula』를 완성한다. 피아는 앞의 두 권의 책을 갈리마르 출판사에 주선해 준다. 그러나 카뮈는 다음과 같은 딜레마에 부딪치게 된다. 유대인의 자격으로 카프카의 작품들은 금서 목록에 올랐으며—그러니까 나치 체제에 의해 금지되었던 저자들을 작성했던 "오토 리스트liste Otto"에—그리고 프랑스 출판사들은 카프카에 대한 저서를 출판할 수 없었을 뿐 아니라 리스트에 오른 작가들에 대해 언급하는 것이 금지되었던 것이다. 그래서 카뮈는 『시시포스의 신화』에서 카프카와 관련된 장章을 빼게 된다. 그는 한때 검열을 피하기 위해 스위스나 알제리에서 자신의 원고를 출판할까도 고려했다. 하지만 그는 결국 삭제를 받아들이게 된다. 그렇게 해서 그 책의 출판은 파리 검열기관에 의해 승인되었다.

『이방인』은 점령기에 일어난 문학적 사건이었다. 그 시기에 당국자들은 무엇보다도 독일인들과의 협력 결과 나타나는 정상적인 삶에 대한 환상을 장려하려고 했다. 1942년 중반까지 알제에 체류하고, 그 이후 프랑스의 중앙 산악지대Massif central에 위치한 파늘리에에서 당분간 요양을 하게 될 카뮈는 집필 활동을 계속 한다. 풍문에 따르면, 그는 1942년 8월 바다를 통해 프랑스로 돌아가기 전에 알제리 해안에 위치한 오랑Oran에서 레지스탕스 운동을 계획했었다는 것이다. 또 다른 풍문에 따르면, 그가 프랑스로 되돌아온 것은 레지스탕스 운동을 하기 위해서였다는 것이다. 실제로 그는 『페스트』의 집필 작업을 했고, 그 당시 프랑스에서 가장 명성 있던 갈리마르 출판사의 대표적 인물 가운데 한 명이 되었고, 자신의 작품들이 좋은 평가를 받는 것을 목격했으며, 점령 하에 있던 수도의 지식인 집단에 입성했고, 책 출간을 통해 돈도 벌게 되었다. 이 모든 일들이 일어났을 때, 그는 겨우 서른 살에 불과했다. 하지만 그가 프랑스로 돌아온 것은 투쟁하기 위해서가 아니라 무엇보다도 결핵을 치료하기 위해서였다. 그리고 그가 레지스 탕스 운동에 가담하게 되는 것은 전적으로 파리에 정착한 이후의 일이 었다.

* * *

카뮈가 정치 분야에서 물 만난 물고기처럼 활개를 쳤다면, 반대로 사르트르에게 있어서 정치 분야는 완전히 생소한 세계였다. 전쟁 동안에 사르트르가 보여 주었던 활동을 평가하기 위해서는, 또한 그렇게 해서 점령 시기에 카뮈에 대한 그의 시선을 평가하기 위해서는, 1939년 이전까지 거슬러 올라가야 할 것이다. 실제로 그 시기에 사르트르는 실존주의의 주요 문제들에 대해 거의 추상적이고 이론적인 상태에 머물러 있었다. 그가 받았던 철학 교육에 내재된 이상주의를 벗어던진 후에, 그리고 별다른 관심을 갖지 않았던 마르크스주의를 받아들이는 것을 거부한 후에 사르트르는, 비로소 그 자신의 지성적 위치를 어떻게 수립할 것인가에 대한 계획을 구체적으로 세우게 된다. 하지만 그 무렵 사물 자체에 대한 이해에 빠져 있던 미래의 철학자이자 소설가인 그 젊은이를 매혹시키는 하나의 현대적인 사유 학파가 있었다. 현상학이 그것이었다. 현상학의 기본 원칙은 개인의 의식에서 출발하기는 하나 "사물 그 자체"에 이르는 것이다. 독일에서 수입된 이 철학은 사르트르와 마찬가지로 엄격했고, 또 진리에 도달할 수 있다는 확신에 차 있었다. 데카르트 철학의 주위를 맴돌았던 이 젊은 철학자는 현상학에 매료되지 않을 수가 없었다. 사르트르는 1933년 봄에 현상학을 발견하게 된다. 보부아르는 사르트르의 철학적 선회를 가능하게 해주었던 다음과 같은 대화를 분명한 어조로 이렇게 전하고 있다.

> 역사에 대한 학위논문을 준비하면서 레이몽 아롱은 베를린 소재 프랑스연구소에서 한 해를 보내면서 후설을 연구했다. 파리에 왔을 때 그는 사르트르에게 후설에 대해 말했다. 우리는 하루 저녁을 몽파르나스 가街에 있는 베크 드 가즈에서 함께 보냈다. 우리는 그 집의 특별 메뉴인 살구 칵테일을 주문했다. 아롱은 자기의 잔을 가리키며 '이보게, 친구. 자네가 현상학자라면 이 칵테일에 대해서 말할 수 있네. 그리고 그것이 철학이라네!' 사르트르는 이 말에 흥분해서 창백해졌다. 거의 그렇게 보였다. 그가 여러 해 동안 원했던 바로 그것이었다. 사물을 만지면서 그것에 대해 이야기하는 것, 바로 그것이 철학일 것이라고 생각했기 때문이었다. 아롱은 바로 그것이 사르트르가 오랜 동안 몰두하고 있었던 것, 즉 관념론과 실재론의 대립을 극복하고, 의식의 우월성과 우리에게 주어진 대로의 세계의 현전을 동시에 확인하는 것에 꼭 들어맞는다는 것을 확인시켜 주었다. 사르트르는 곧바로 생 미셸가의 서점에서 레비나스가 후설에 대해 쓴 책을 구입했다. 그리고 알고자 하는 조급한 마음에 걸어가면서 아직 페이지조차 자르지 않은 책을 넘겨보았다.[9]

사르트르는 아롱의 뒤를 이어 베를린 소재 프랑스연구소에 가겠다고 요청했으며, 1933~1934년을 거기에서 후설을 연구하면서 보내게 된다. 이 시기와 이 장소를 지적하는 것보다 이 젊은이의 사회에 대한 무관심을 더 잘 보여 주는 것은 없다. 그는 현실에 대한 철학적 해석의 탐구를 위해 나치 독일을 방문했던 것이다. 이와는 달리 같은 시기에 수많은 독일 지식인들은 나치를 피해 조국을 등지고 있었다. 사르트르는 추방된 유대인 후설의 저작과 당시 프라이부르크 대학의 친親나치 성향의 총장 하이데거의 저작을 읽었다. 그러는 동안 폭력적인 모습들이 일상화된 베를린의 거리에서는 나치의 대재앙이 예고되고 있었다.

그보다 앞서 몇 년 전 사르트르는 비현실적 세계를 창조해낼 수 있는 상상력의 능력에 대해 연구했다. 이제 그는 현상학에 의지해 의식을 세계 속에 위치시킬 수 있는 가능성을 갖게 되었다. 의식은 항상 의식 자체 밖에 있는 그 어떤 것에 대한 의식이며, 결코 하나의 즉자적인 세계가 아닌 것이다. 후설의 지향성 개념에 대한 그만의 생각을 발전시키고, 또 실존주의의 토대를 구축하기 위해서는 아직도 사르트르에게는 몇 년이 더 필요했다. 사르트르가 세계 속에서 행동하는 목표를 정하게 된 것은 바로 그 시기 이후에나 가능했던 것이다. 그런데 그 시기에 이미 제2차 세계대전이 시작되었다.

* * *

역사는 곧 사르트르에게 그 무게를 강요하게 된다. 선전포고, 동원, 1939~1940년의 우스꽝스러운 전쟁* 동안 한 젊은 군인의 삶에서 볼 수 있는 여러 일화들이 그것이다. 가을과 겨울 동안, 사르트르는 시민으로 생활했을 때보다도 군복무를 하면서 자투리 시간을 이용해 독서

---

* 제2차 세계대전의 초반에 전쟁이 발발했음에도 불구하고 총격전도 없는 등의 상황이 전개되었다. 보통 이 시기를 '우스꽝스러운 전쟁(drôle de guerre)'이라고 지칭한다.

하고, 관찰하고, 글을 쓰기도 했다. 그는 여러 권의 수첩* 가운데 하나에서 이제 세계와 맞설 준비가 되었다고 밝히고 있다. 그 후 패전과 휴전이 잇따르는 가운데 그는 포로가 되었다. 1940년 크리스마스를 맞이해 그는 로마의 점령 하에 있던 팔레스타인에서 있었던 그리스도의 탄생에 대한 극작품인 『바리오나Bariona』를 썼다. 그가 감독하고 직접 연기한 이 극작품은, 포로수용소에 갇혀 있는 동료들에게 독일인들에 대한 모든 협력을 거부하도록 부추기기 위한 것이었다. 포로수용소에서 사르트르는 독일군에게 협력하는 것을 단호히 거부했다. 또한 그는 사제들로 구성된 연구회를 이끌기도 했다. 이 연구회는 하이데거의 저서를 같이 읽기 위해 조직되었다. 1941년에 신체적 이유**로 석방된 후 파리로 돌아오고 나서 사르트르는 아주 새로운 정치적 도덕주의로 몸이 달아오르게 된다. 그는 교수들에게 요구된 비시 정부에 대한 충성 서약에 서명하는 것을 거부했다. 문제의 충성 서약의 주된 내용은, 서약자가 유대인도 프리메이슨 단원도 아니라는 것을 맹세하는 것이었다. 하지만 이 같은 제스처로 인해 그가 손해를 입은 것은 없다. 왜냐하면 자신이 직접 고백하고 있는 것처럼 그 역시 레지스탕스 대원이었던 장학사는, 어쨌든 사르트르에게 파스퇴르 드 뇌이 쉬르 센 Pasteur de Neuilly-sur-Seine 고등학교의 교수 자리를 이미 배정해 놓고 있었기 때문이다.

그 이후 사르트르는 '사회주의와 자유Socialisme et Liberté'라는 명칭

---

* 사르트르는 전쟁 중에 여러 권의 '수첩'에 많은 메모를 한 것으로 알려져 있다. 그 가운데 일부는 발간되기도 하였으며, 분실된 수첩은 계속 추적 중에 있다.
** 사르트르는 어렸을 때 사팔뜨기가 되었다. 포로수용소에서 눈에 대한 진단서를 제출함으로써 그는 석방될 수 있었다.

의 레지스탕스 단체를 결성하게 된다. 이 단체는 곧장 보부아르와 메를로퐁티의 곁에 사르트르-보부아르의 이른바 몇몇 식구들, 그들의 옛 제자들과 현재의 제자들을 망라해서 재결성되게 된다. 이 단체의 구성원들은 위험을 무릅썼다. 그들은 나치를 반대하는 내용의 전단을 인쇄하고 베포했다. 그러나 독일이 구舊소련에 대해 전쟁을 개시했던 1941년 6월 21일까지 PCF(프랑스공산당: Parti communiste français)는 마지못해 독일의 점령을 받아들였고, 사회주의자들—그들 가운데 대부분의 국회의원들은 비시 정부의 설립을 지지했다—은 거의 이 당에 충성을 하고 있었다. 하지만 여러 가지 이유로 사르트르가 중심이 되었던 단체는 곤경에 빠지게 된다. 경험의 부족, 정치권력과의 관계 부재, 아마추어주의, 경험이 풍부한 베테랑들이 아직까지 비시 정부와 나치에 맞서 대항할 것을 촉구하지 않은 상황에서의 고립 등이 그 주된 이유였다. 그들의 아마추어적 태도를 보여 주는 일화가 있다. 1943년 여름에 사르트르와 보부아르는 자전거로 프랑스를 여행하면서 자유지역에 머물고 있던 몇몇 작가들을 방문한 적이 있다. 지드, 말로, 사회주의 지도자 가운데 한 명이었던 다니엘 메이에르Daniel Mayer 등이 그들이다. 사르트르와 보부아르는 이 작가들을 자신들의 단체에 가입시키려고 시도했다. 이미 예상할 수 있는 일이지만, 그들 모두는 그 제의를 거절했다. 그들 모두는 레지스탕스 운동을 개시하는 것이 아직은 시기상조라고 생각했다. 그뿐 아니라 '사회주의와 자유'의 임무가 정확히 규정되지 않았으며, 사르트르의 분명치 않은 정치적 입장으로 인해 그를 신뢰할 수 없었던 것이다. 휴가가 끝나자 사르트르는 파리로 돌아와 그 단체를 해산하게 된다.

하지만 젊은 지식인이었던 사르트르에게는 이미 다작의 시대가 시작되었다. 그 이후 3년 동안 그는 『존재와 무』와 두 편의 극작품인 『닫힌 방』과 『파리떼』를 집필했다. 그는 또한 『철들 무렵L'Âge de raison』에 대해 마지막 손질을 했다. 물론 그는 그 뒤로 이 소설의 속편을 썼고, 몇 편의 영화 시나리오와 중요한 몇 편의 에세이를 쓰기도 했다. 독일 점령 시기에 사르트르는 전쟁 전에 그가 했던 것을 하는 데 대부분의 시간을 할애했다. 그것은 바로 '글쓰기'였다. '사회주의와 자유'에서 했던 잠깐 동안의 활동 이후에 그는 모든 형태의 직접적인 레지스탕스 운동을 포기하게 된다. 그는 레지스탕스 운동을 하는 지하단체에도 그 어떤 비밀 선전 조직에도 참여하지 않게 되며, 또한 "비밀 서류 가방 운반자"가 되지도 않는다. 게다가 벌써 반 실명 상태가 된 인물, 게다가 지나치게 말이 많은 인물이 비밀 조직에서 활동한다는 것을 쉽게 상상할 수 없는 노릇이었다. 어쨌든 그는 적어도 그러한 운동들 가운데 하나를 규합하기 위한 시도를 하게 될 것이다. 하지만 그 후 그와 접촉한 자의 설명에 따르면, "그런 얼굴과 눈을 하고서는" 발각될 위험이 너무나 컸다는 것이다. 물론 그렇다고 해서 이 같은 단점들로 인해 그가 참여와 행동을 그 자신의 철학과 문학의 특권적인 주제로 설정하는 데 방해받았던 것은 아니다. PCF의 지도자들은 1943년부터 벌써 유명해진 작가이자 반나치주의자, 반비시주의자였던 사르트르를 전국작가위원회(CNE: Comité nationale des Ecrivains)에 참여하도록 종용한다. 그리고 그는 『레 레트르 프랑세즈』라는 레지스탕스 운동을 하는 비밀 주간지에 기사를 쓰기 시작한다. 그는 특히 4월에 대독협력자이자 『라 누벨 르뷔 프랑세즈La Nouvelle Revue française』의 편집장인 드리외 라 로셸 Drieu La Rochelle에 대해 준엄한 비난을 가한다. 그리고 그는 문학과 자유에 대한 글을 섰으며, 1년 후에는 전후 영화들에 대한 비평을 하기도 한다. 그는 1944년 7월에는 마르셀 에메Marcel Aymé의 비시 정부에 대한 지지를 규탄하기도 한다. 또한 그는 「저항」이라는 제목의 짧은 대본도 쓴다. 그는 이 작품이 해방 후에 상연될 수 있기를 희망했다. 물론 그는 적극적으로 레지스탕스 운동에 참여한 것은 아니었다. 하지만 그는 일상생활에서 능력에 닿는 범위에서 할 수 있었던 것을 했던 것이다. 그는 말하자면 레지스탕스 운동의 "제3지대에 머물러 있었다. 즉 그는 자신을 레지스탕스 운동과 동일화하고 있었으며, 자기보다 더 열심히 활동하는 대원들과 연계되어 있었다." 또한 그 당시에 벌어지고 있던 여러 사건들에 대해서도 알고 있었고, 여러 회합에 참석하기도 했으며, 여러 텍스트들을 써주기도 했다. 하지만 이러한 상황에도 불구하고 그는 계속해서 글을 썼다. 사르트르와 보부아르가 살고 있던 호텔의 방들은 난방이 되지 않았다. 그들은 카페 드 플로르 2층 난롯가에서 글을 썼다. 그는 오전 9시부터 오후 1시까지 글을 썼고 휴식을 취한 후, 카스토르의 방에서 검소하게 점심을 먹었고, 오후 4시부터 저녁 8시까지 또 글을 썼다.

레지스탕스 운동이라는 시각에서 볼 때, 사르트르의 큰 공헌은 극작품 『파리떼』이다. 1943년 중반에 집필된 이 작품은 왕위 찬탈자에 대한 투쟁을 자극하는 것이다. 검열을 무시한 채 아이스킬로스Eschyle의 작품을 다시 쓰기 한 메시지는 명백하다. 대중들에게 저항을 부추기는 것이었다. 줄거리는 다음과 같다. 스승과 함께 고향으로 돌아온 오레스테스Oreste는, 어린 시절을 보냈던 아르고스Argos가 파리떼로 뒤덮인 것을 발견한다. 파리떼들은 그의 아버지가 살해되었을 때 아무런 조치도 취하지 않는 것에 동의했던 국민들의 죄책감을 상징한다. 국민들은 (오레스테스의 아버지를 살해한 장본인인) 아이기스토스Egisthe에 의해 좌지

우지되고 있었다. 아이기스토스는 제우스 신의 도움을 받아 인간들이 자신들의 자유를 마음대로 행사하지 못하도록 방해하고 있다고 주장한다. 이 작품에서 드러나는 가장 중요한 반나치, 반비시 정부적 메시지는 왕위 찬탈자의 유희를 가능하게 해주었던 죄책감과 회한에 대한 사르트르의 거부였고, 살인자를 살해해야 한다는 점에 대한 그의 열렬한 호소였던 것이다.

이처럼 사르트르는 비시 정부에 대해 반대하는 입장에 섰으며, 1940년 패패 이후 프랑스 국민에게 회한을 갖게 될 것이라는 이 정부의 위협에 대해서도 반대하는 입장에 섰다. 하지만 그는 또한 참여의 장애물을 찾기도 했다. 극의 도입부에서 오레스테스는 상당히 나약한 인물로 나온다. 하지만 그는 살해된 아버지의 복수를 하기 위해 아이기스토스와 클리타임네스트라Clytemnnestre를 살해하게 되고, 그렇게 함으로써 다른 사람들 사이에 자리를 마련한 현실적인 사람이 되며, 또한 "자신의 어깨에 무거운 짐을 짊어지게 된다." 극의 마지막 부분에서 그는 아르고스에서 자신의 백성들 곁에 머물기보다는 윙윙거리는 파리떼들을 몰고 가는, 그리고 동국인들의 짐을 자기 것으로 만드는 멜로드라마적 제스처와 더불어 고국을 떠나게 된다. 사람들은 그 당시에 사르트르가 이 작품을 前사라 베른하르트ex-Sarah-Bernhrdt에서 시테극장Théâtre de la Cité으로 개명한 —왜냐하면 그 여배우가 유대인이었기 때문에— 극장에서 상연했다고 비난했다. 사람들은 또한 사르트르가 독일군의 검열에 응했으며, 친독일 잡지였던 『코뫼디아 Comoedia』와 인터뷰를 했다고도 비난했다. 그러나 그 당시에 이 작품에 필적할 만한 작품이 있었을까? 그리고 관객들이 이 작품에 녹아 있는 반항이라는 주제를 알아차리지 못할 수가 있을까? 1943년에 그처럼 문제성이 농후한 작품이 검열의 가위질을 피한 것은 대단한 일이었음에 분명하다. 하지만 사르트르는 그 일로 인해 일부 레지스탕스 대원들의 의혹을 받기도 했다. 해방이 되자 공산주의 성향의 일간지였던 『악시옹』은 이 작품에 대해 찬사의 말을 늘어놓는다. 이 작품은 독일 점령 기간 동안 프랑스인들이 몸소 겪었던 비극을 "훌륭하게 표현했다."[10]는 것이다.

*   *   *

『파리떼』의 초연에서 사르트르와의 만남이 있은 지 얼마 안 되어 카뮈는 파장이 큰 텍스트를 집필하게 된다. 그 텍스트는 사르트르의 모든 활동보다 훨씬 더 직접적인 효과를 낳게 된다. "우리들의 투쟁을 좀 더 효과적으로 만들기" 위한 목적에서 카뮈는, 그 해 말 비밀리에 출판된 네 통의 『한 독일인 친구에게 보내는 편지들Lettres à un ami allemand』 가운데 첫 번째 편지를 쓰게 된다. 두 번째 편지는 1943년 12월에 씌어졌고, 1944년 초에 출판되었다(마지막 두 개의 편지는 해방 이후에 출간된다). 이 편지들에서 카뮈는 5년 전부터 보지 못했던 한 독일 친구에게 프랑스인들이 전쟁에서 패한 이유, 그들이 천천히 힘들게 점령군에 대항해서 싸울 준비를 했던 이유, 그리고 그들이 결국 승리를 하게 될 이유를 설명하고 있다. 『한 독일인 친구에게 보내는 편지들』과 더불어 카뮈는 하나의 국민적 신화를 정립하게 된다.

첫 번째 편지는 카뮈에게 일어난 결정적 변화를 반영하고 있음과 동시에 그 자신이 지적하고 있는 것처럼 프랑스에서 일어난 결정적 변화 역시 반영하고 있다. 프랑스인들은 역사상 "모든 전쟁"에 대해 "증오"

를 경험했다는 것이다. 그것이 바로 그들이 마지못해 전쟁에 참여하게 된 이유였다는 것이다. 그리고 그 편지에는 "우리들이 사람을 죽일 권리를 가지고 있는지의 여부와, 이 세상의 끔찍한 잔혹함을 증대시키는 것이 우리에게 허용된 것인지를 알아보기 위해선 시간이 필요해."[11]라고 적혀 있다. 전쟁을 혐오하고, 영웅주의를 불신하며, 진리에 대한 탐구에 빠져 있던 프랑스인들은 1940년에 패배했다. 왜냐하면 그들은 먼저 "너희들이 우리를 공격하는 동안에 마음속으로 그 합법성이 우리를 위한 것이었다는 것을 결정해야" 했기 때문이었다. "그리고 분명 우리는 너무 비싼 대가를 치렀어. 우리는 그 대가를 수치와 침묵으로, 쓰라림으로, 매일 아침에 알게 되는 처형으로, 포기로, 이별로, 매일 매일의 배고픔으로, 뼈만 앙상하게 남은 어린이들로, 그리고 모든 강제된 벌 이상으로 치렀어." 카뮈에 따르면 우리들, 우리 프랑스인들에게는 "죽음의 위협을 무릅쓸" 필요가 있었던 것이다. 하지만 "비록 지금은 우리가 평화를 인식하고 '깨끗한 손으로' 싸우고 있음에도 불구하고", 그것은 단지 "너희들 독일인들보다 훨씬 뒤에 우리가 이 전쟁의 이유들을 깨닫게 되었던 때"였을 뿐이라는 것이다. "우리의 도덕적 힘은 우리가 정의를 위해 싸웠다는 것과 용기와 칼은 우리 편이었다는 사실에 있었어. 그 결과 너희들의 패배는 피할 수 없는 일이었어."

그 다음 편지들에서는 직접적으로 카뮈 자신의 철학에서 끌어낸 도덕적 기준에 따른 프랑스인들과 독일인들 사이의 대조가 지적되고 있다. 비록 적대적인 두 국민이 세계에 대한 부조리의 감정을 안고 전쟁에 뛰어들긴 했지만, 카뮈에 의하면 프랑스인들은 그 부조리의 의미를 파악함과 동시에 그것을 생활에서 경험한 반면, 독일인들은 세계에 대한 자신들의 지배를 강요하면서 그 부조리를 극복하려고 했다는 것이다. 근본적으로 폭력적이지 않은 프랑스인들은 그들의 가족과 정의를 위해서만 무기를 들었을 뿐이었으며, 때로 의혹에 사로잡힐 때도 있었지만, 그때마다 그들은 자신들의 행동 속에 진정한 확신의 무게를 불어넣었던 것이다. "우리들은 사태를 정확히 바라보기 위해 오랜 동안 기다려야 했으며, 동시에 비참함과 고통 속에서 우리가 사랑했던 모든 것을 위해 싸울 수 있는 기쁨을 알게 되었어. 반대로 너희들은 조국에 속하지 않은 자의 몫에 대항해서 싸웠던 거야."[12]

이처럼 『한 독일인 친구에게 보내는 편지들』을 통해 우리는, 정치적 도덕주의자로서의 카뮈의 모습이 형성되고 있음을 볼 수 있다. 그는 사람들의 관심을 끄는 요술을 팽개치고 저항의 도덕을 옹호하기 위해 노력했다. 실제로 그는 프랑스인들의 우월성을 재천명하면서도 민족주의를 거부했던 것이다. 그의 도덕적 논의는 매우 정교하다. 거기에서 우리는 독일인 친구를 가졌지만, 전쟁을 싫어했던 한 사람이 취했던 국제적 태도를 엿볼 수 있다. 심지어 카뮈는 프랑스 군대의 패배를 프랑스인들의 도덕적 장점으로 여기기까지 했다. 그는 실제로 이렇게 말하기까지 한다. "프랑스인들이 패배한 것은 살인의 정당성에 대한 그들의 의심 때문이었어." "이 같은 조심성이 오늘날 그들의 확신이 갖는 의미를 더 강화시키며, 다가오는 전쟁을 깨끗한 손으로 맞이할 수 있게 해주었어." 레지스탕스 운동의 신화에 대한 이 같은 양보는, 카뮈가 그 자신과 프랑스 국민들에게 촉구했던 행동으로 직접 뛰어들기 전의 "긴 우회"에 대한 그 자신의 정당화를 보여 준다. "우리는 〔……〕 죽는 것을 목도할 필요가 있었으며, 죽음을 무릅쓸 필요도 있었지. 우리들에게는 감옥의 복도에서 문을 차례로 지나면서, 또한 동료 죄수들에게 용기를 보여 줄 것을 촉구하면서, 한 명의 노동자가 이른 아침에 기요틴을 향해 나아갔던 발걸음도 필요했던 거야."[13] 달리 말하자면 카뮈와 그의 국민들은 점령 기간 동안에 발생했던 공포를 직접 체험해야 했던 것이다.

하지만 도덕에 대한 카뮈의 호소는 설교로 변한다. 과연 그는 침략자에 맞서 싸우기 위해 기다리지 않았던 자들, 독일 점령 첫 날부터 저항하기 시작했던 자들—그들 중 상당수가 드골에 동조했던 자들이다—을 위해 무엇을 암시했던가? 그리고 공산주의자들처럼 임무를 지시받자마자 영웅심을 품고서 무장하고 레지스탕스 운동에 참여했던 사람들을 위해서는 무엇을 암시했던가? 카뮈는 1939~1940년에 전선에서 싸웠던 병사들과 마찬가지로 그러한 레지스탕스 대원들은 참을성이 없었거나 순수하지 못했었다는 것, 그리고 그들이 너무나 쉽사리 폭력에 빠져들었다는 것을 암시하고 있는 것이다. 그러니까 그들은 너무 쉽게 손을 더럽혔던 것*이다. 패배한 프랑스, 비폭력적인 프랑스, 전쟁을 치르는 것을 오랫동안 혐오해 온 프랑스가 정당한 이유를 대고서 점차 전쟁의 당사자로 부상한다. 프랑스는 결코 잘못을 저지른 적이 없었다. 프랑스는 싸우기를 거부한 채 패배했던 때에도 도덕적인 면에서는 정당했고, 또한 폭력을 떠맡게 된 모든 새로운 결정 속에서도 여전히 정당한 채로 남아 있었던 것이다.

전쟁 초기에 자신이 보여 준 수동성들을 비판해야 했던 사르트르와는 달리, 카뮈는 자신이 실수를 했다는 것을 결코 인정하지 않았다. 이

---

* 여기에서 "손을 더럽혔다"라는 표현은 레지스탕스 대원들 역시 전쟁 당사자들과 마찬가지로 '폭력'에 의존했다는 의미이다. 그러니까 그들이 조국 프랑스의 해방이라는 '목적'을 위해 적군을 살해하는 '수단'을 사용했다는 것이다. 그런데 카뮈의 정치적 도덕주의에 따르면, '목적'은 물론 이 목적을 실현하는 '수단' 역시 정당화되어야 한다. 후일 이것은 카뮈와 사르트르가 갈라지는 주요 요인으로 작용하게 된다.

같은 지나친 국수주의와 거만함은 식민지 출신 프랑스인에게서, 즉 원주민들을 억압하고 그들의 토지를 가로채고, 그들 대신 토지를 관리하기 위해 필요한 것으로 간주되고 관리되는 식민지적 폭력 상황에서 성장한 피에 누아르에게서 더 현저하게 눈에 띄는 것이었다. 『이방인』에서 카뮈는 레이몽Raymond과 뫼르소의 공모에서, 특히 레이몽의 아랍인 여자 친구가 뫼르소에 의해 견책당하는 순간에, 혹은 그 여자의 오빠와 연인을 감시하는 두 친구들의 미행에서 이 같은 폭력에 대한 스냅 사진들을 보여 주고 있다. 물론 이 작품의 결정적인 순간에 뫼르소가 저지른 미지의 아랍인에 대한 살인을 잊어서는 안 될 것이다. 하지만 그러한 폭력이 그 자신이 세계에 차지하고 있던 자리나 혹은 그 자신이 성장한 사회에서는 중요한 문제라는 것을 카뮈는 결코 인정하지 않았다.

또한 『한 독일인 친구에게 보내는 편지들』은 참여의 길로 들어선 카뮈와 사르트르의 변화에 대한 두 번째 비교를 암시해 주고 있다. 사르트르의 주인공인 오레스테스는 아이기스토스와 클리타임네스트라를 살해하기로 결심하면서 폭력을 껴안았다. 이것은 적어도 부분적으로는 현실적이 되고자 하고, 지속성과 연대성을 확보하고자 하는 그의 의지에서 비롯된 살인이었던 것이다. 사르트르에게서는 상상적이고 내향적인 실존 밖으로의 출구는 폭력적 행동으로 이행하는 것과 같은 것이었다. 반면, 『한 독일인 친구에게 보내는 편지들』에서 카뮈는 마지못해 폭력을 받아들이며, 그러면서도 이 폭력에 대해 아주 특수한 기능, 즉 독일인들로부터 프랑스인들을 해방시킨다는 기능만을 부여한다. 비록 『이방인』에서 뫼르소가 아랍인에게 저지른 무상의 살인은 많은 해설가들에게 항상 충격을 주고 있다. 그럼에도 카뮈의 작품과 정치 생활 중 대부분은 정치적 폭력에 대한 그의 반대에 의해 설명된다. 전쟁이 끝난 후 그가 정치적 폭력에 대해 취했던 입장은, 점차 커져 종국에는 『반항적 인간』에서 극에 달하게 된다. 사르트르와의 절교 이후, 카뮈는 사형에 반대하는 영향력이 큰 저서를 한 권 집필했으며,* 알제리 전쟁 초기에는 민간인들을 다치게 하는 양편에서의 폭력 사용에 대해 반대하는 캠페인을 벌이기도 했다. 반대로 사르트르에게서 폭력은 보다 나은 미래의 건설을 위해 현재를 저당 잡히는 것이었다. 카뮈가 점차 폭력에 의해 야기되는 인적 피해와 거기에 따른 정신 면에서의 부정적 결과를 우려했던 반면, 사르트르는 우선 모든 다른 해결책이 봉쇄된 상태에서 특히 억압의 희생자들이 선택한 폭력을 통해 나타나는 정치적, 심리적인 면에서의 긍정적 효과를 중요시했던 것이다. 이러한 의미에서 볼 때, 폭력은 두 작가의 정치적 사유에서 중심이 되는 문제가 되기에 충분했으며, 사르트르의 폭력에 대한 잠재적인 동의는 카뮈의 혐오와는 완전히 대척점에 놓이게 되었다. 독일 점령기의 프랑스에서 알제리 출신의 프랑스인이었던 카뮈가 '깨끗한 손'으로 전쟁을 하고, 그로부터 벗어나려고 굳게 결심했던 반면, 부르주아지의 아들이었던 사르트르는 정반대로 '더러운 손'을 갖는 것에 아무런 불편을 느끼지 않고 있었던 것이다.

*　*　*

1943년 말, 피아는 『콩바』지의 중요 인물이 되어 있었다. 자신의

---

* 케슬러와 공저로 발표한 『사형에 대한 성찰*Réflexions sur la peine capitale*』을 가리킴.

신문기자로서의 자격이 유용하게 소용될 수 있는 아주 적절한 시기에 파리에 도착한 카뮈는, 도착하자마자 우연히도 곧 중요한 직책을 맡게 된다. 1943년에서 1944년 겨울 동안, 카뮈는 레지스탕스 운동의 비밀 조직의 지원을 받는 정치·문화지를 운영하기 위해 다시 한 번 피아와 가까워진다. 3월에 그는 피아가 맡고 있던 『콩바』지의 수석편집인 자리를 맡게 된다. 왜냐하면 피아는 훨씬 더 중요한 임무를 맡게 되었기 때문이었다. 『콩바』지는 그 당시 월간으로 발행되었으며, 발간 부수는 계속 늘어나 15만 부에 이르렀다. 카뮈는 낮에는 갈리마르 출판사에서 일하는 한편, 『페스트』의 집필에도 전념했다. 『콩바』지는 그에게 가짜 서류들을 제공해 주었다. 이 가짜 서류들은 그가 무릅쓸 위험들과 마찬가지로 그에게 명예와 중요한 위치를 부여해 준 표식들이었다. 그는 친구들에게 자신을 보샤르Beauchard라는 이름으로 소개했다. 그것은 사활이 걸린 보안 규칙의 당연한 실천이기도 했다. 같은 그룹 멤버들 가운데 그 누구도 동지들의 진짜 이름을 알아서는 안 되었던 것이다. 그들은 『콩바』지의 매 호에 글을 쓰고, 편집하고, 출간하는 일을 함께 했다. 그리고 그들은 교정쇄들이 인쇄업자들에게 도착했는지를 확인했다.

종종 위험한 일도 있었다. 1월에 카뮈를 조직에 들어오게 했던 일을 기억하고 있는 비밀조직의 지도자였던 클로드 부르데Claude Bourdet는, 그 후 얼마 지나지 않아 체포되어 부셴발트Buchenwald로 이송되었다. 『콩바』지에서 카뮈를 도왔던 자클린 베르나르Jacqueline Bernard는 독일군에게 체포되어 라벤스브뤼크Ravensbrück 수용소로 이송되었다. 그들두 사람은 모두 살아남는다. 하지만 리옹에 살던 『콩바』지의 인쇄업자 앙드레 볼리에André Bollier는 그렇지 못했다. 독일군에 체포된 순간 그는 다리에서 몸을 던져 자살하고 만다. 어느 날 다른 사람들과 함께 카뮈와 카사레스가 경찰의 검문을 받게 된다. 경찰이 자신들을 수색하기를 기다리면서 카뮈는 신문의 1면 조각을 여자 동료에게 넘겼다. 여자들까지도 수색당할 수도 있다는 것을 두려워한 이 여자 동료는 그것을 삼켜 버리기도 했다.

카뮈가 레지스탕스 운동에 가입할 당시, 지하 단체로서의『콩바』지는 사상, 구조 그리고 활동의 측면에서 다른 조직들과 마찬가지로 아주 잘 정비되어 있었다. 그의 주요한 공헌은 신문 제작에 대한 노하우에 있었다. 하지만 그는 비밀리에『콩바』지를 위해 적어도 두 개의 기사를 쓰기도 했다. 1944년 3월의 첫 번째 기사는(이미 언급된 것이다) 자신의 동국인들에게 봉기하라고 호소하는 것이었다. 1944년 5월의 두 번째 기사는 아스크Ascq 마을에서 벌어진 독일군에 의한 86명의 학살에 대한 것이었다. 바로 그 무렵에 카뮈는 사르트르와 보부아르에게 『콩바』지 팀의 모임에 자신과 동행해 줄 것을 요청했던 것이다. 사르트르는 후일 이 사실에 대해 다음과 같이 지적하고 있다. "나는 해방을 바로 코앞에 두고서 카뮈의 레지스탕스 단체의 일원이 되었다. 나는 안면이 없던 사람들을 만났다. 그들은 카뮈와 함께 전쟁의 막바지 단계에서 저항이 할 수 있을 것에 대해 토의하고 있었다."[14] 사르트르는 과장된 어투로 "나는 그 일원이 되었다."라고 말하고 있다. 베르나르가 기억하고 있는 것처럼, 모임이 있을 때 그 키가 작은 사람은 "깔려 죽은 개들에 대해서조차" 글을 쓰기도 했다. 하지만 사르트르는 작가로서도, 적극적으로 활동하는 투사로서도 아주 진지하게 참여한 것은 아니었다.

파리 시민들이 점령군에 맞서 일으킨 봉기는 1944년 8월 21일 무렵에 최고조에 달했다. 비밀 활동 후의 서명되지 않은 두 개의 사설을 실은 『콩바』지 첫호가 간행되었다. 후일 카뮈의 정치 에세이essais에 포함된 첫 번째 사설은 이렇게 시작된다. "오늘 8월 21일 우리가 모습을 드러내는 그 순간, 파리는 완전히 해방되었다. 50개월 동안의 점령, 투쟁, 희생 이후 길모퉁이에서 예고 없이 이루어지는 총격에도 불구하고 파리는 드디어 소생한 것이다."[15] 라디오 방송에서 낭독된 두 번째 사설은, 『콩바』지의 사훈인 「저항에서 혁명으로」[16]라는 제목 하에서 씌어졌다. 이 두 번째 사설에서는 "인민, 노동자의 민주주의"의 창설, 자유, 구조적 개혁, 화폐의 독점과 지배의 종식과 마찬가지로 새로운 외교정책 등이 요구되고 있다. "현 상황에서 이 모든 것은 혁명이라는 이름으로 불린다."

*   *   *

이렇게 해서 카뮈는 해방이 되자 주요 레지스탕스 운동 세력 가운데 중요한 한 축을 담당하게 된다. 그 이후로 그는 또한 레지스탕스 운동에 주요 이데올로기적 지지를 보내는 일간지의 편집장으로 일을 하게 된다. 따라서 그는 그러한 자격으로 전국에서 일어나는 변화를 해석하고, 평가하고, 또한 가능하다면 그것을 선도하는 역할을 떠맡게 된다. 부르데가 "사회 전체는 아닐지라도 개인들의 삶에 영향을 미쳤던 여러 사건들"[17] 가운데 하나라고 불렀던 피아의 젊은 친구인 카뮈의 등장은, 정말 우연히도 시의적절한 것이었다. 그러니까 카뮈는 알제리와의 관계가 단절되기 바로 직전 프랑스에 도착했으며, 또한 그에게 명성을 가져다 준 저작들이 출간된 바로 직후 파리에 도착했던 것이다.

해방에 앞선 5개월 동안 갈리마르 출판사에서 일을 했고, 사르트르와 보부아르가 개최한 "파티"에 모습을 보이기도 했던 카뮈는, 많은 시간을 레지스탕스 운동에 할애하게 된다.

전후 프랑스 문학계에서 이루어졌던 카뮈와 사르트르의 아주 빠른 위상의 변화는 상대적으로 경쟁자들이 없던 상황에서 아주 용이하게 이루어진 편이었다. 잠재적 경쟁자들 가운데는 블라디미르 얀켈레비치Vladimir Jankélévitch와 같은 인물이 있기는 했다. 하지만 그들 가운데 일부는 독일군과의 투쟁에 매달려 있었다. 그리고 많은 사람들은 체포되어 포로수용소에 수용된 상황이었다. 비록 그들이 처형되지는 않았다고 할지라도 말이다. 어떤 사람들은 자신들의 저서를 출판하는 것을 원칙적으로 거부했던 반면, 다른 사람들은 1939년과 1940년 사이에 친독 혹은 친비시 정부적 태도로 인해 자신들의 명예를 해칠 상황에 놓여 있기도 했다. 그 동안 카뮈와 사르트르는 해방 이후에 열광적인 독자들이 탐독할 만한 중요한 작품을 구상하고 있었다. 좀 더 거칠게 표현하자면, 그들 각자의 경력은 사실상 독일 점령에 의해 커다란 혜택을 보았다고 할 수 있다. 카뮈 자신도 친구 르네 레이노René Leynaud가 전쟁 동안에 글을 거의 쓰지 못했다는 사실을 상기하고 있다. 저항에 몸과 영혼을 다 던졌기 때문에 "그는 나중에 글을 쓰겠다고 결심했었다."는 것이다. 하지만 그 '나중'이라는 기회는 레이노에게는 결코 찾아오지 않았다. 왜냐하면 그는 1944년 5월 16일에 비시 정부의 친독 의용대에 의해 체포되었고, 한 달 후에 리옹에서 독일군이 퇴각하는 시점에 감금되어 있던 다른 18명과 함께 총살형을 당했기 때문이었다. 후일 『이방인』의 저자인 유명 인사 카뮈는 레이노의 시들을 모은 유고 선집의 서문을 쓰게 된다.[18]

다른 작가들은 전쟁이 시작되자마자 완전히 전투에 헌신하게 된다. 그들은 비시 정부와 나치에 대한 적개심 때문에 검열을 거부하거나 일 거리를 잃게 된다. 어떤 작가들은 갈리마르 출판사에서 작품을 내는 것을 거부하기도 했다. 왜냐하면 그 출판사의 발행인이 독일군과 공모 했기 때문이었다. 또 다른 작가들은 침묵을 지켰거나, 아니면 미뉘 Minuit 출판사*와 같이 비밀 활동을 하는 극소수의 출판사 발행인들에 게 자신들의 텍스트들을 의뢰하기도 했다. 전후 카뮈의 가장 친한 친 구 가운데 한 명이었던 시인 르네 샤르René Char는 레지스탕스 운동에 전념했으며, 따라서 글쓰기를 완전히 그만둔 상태에 있었다. 하지만 레지스탕스 운동을 했다는 영예를 얻기 위해 카뮈는, 독일 점령 시기 말 몇 달 동안의 투쟁과 몇 개의 기사를 쓰는 것으로 충분했다. 1946 년에 그는 레지스탕스 메달을 수여받았다. 하지만 그는 그 메달을 요 청한 것도 아니었고, 후일 "그 메달을 차고 다니지도 않았다." "나는 별로 한 것이 없다. 그리고 그 메달은 아직 내 곁에서 목숨을 희생한 다른 친구들에게도 여전히 수여되지 않고 있다."[19]

카뮈는 레지스탕스 운동에서 목숨을 바친 희생자들에게 항상 존경 어린 태도를 보여 주었다. 하지만 그는 친구들에 의해 붙여진 "카뮈-레지스탕스 대원"이라는 전설을 수정하려고 들지는 않았다. 어쨌든 카 뮈에 관계된 이 같은 전설이 그의 진정한 활동에 근거를 두고 있었기 때문에, 사르트르는 그와의 우정이 시작될 때부터 감수성이 풍부하면 서도 용감했던 젊은 알제리 출신을 사회 참여의 모델로 삼았다. 후일 사르트르는 실제 사건들과 나중에 카뮈가 취하게 될 태도들을 토대로

---

* 불어로 '미뉘(minuit)'는 '자정'이라는 의미이다. 이 출판사에 'Minuit'라는 명칭이 붙은 것은, 이 출판사에서는 주로 밤이 깊어졌을 때 인쇄 작업을 했기 때문이었다.

역사를 다시 쓰게 된다. 1952년에 그는 카뮈에게서 볼 수 있었던 참여와 역사를 피하려고 했던 모습을 비난하게 된다. 그리고 그 같은 비난은 그 뒤로도 계속되게 된다. 1970년대에 가진 여러 차례의 대담에서 사르트르는 종전 이후 항상 잘못된 정치 이념을 가진 카뮈를 정치적 무관심의 전형으로 제시하고 있다. 그러나 그들이 서로 처음 만났던 시절에 사르트르는 전혀 다른 방식으로 그 상황을 체험했다. 물론 거기에는 그 나름의 합당한 이유들이 있다. 두 사람이 1943년 말과 1944년 초에 정기적으로 만나던 시기에, 카뮈는 새로운 친구에게 비밀리에 쓴 기사를 보여 주었고, 또한 그 자신의 비밀 활동에 대해 미리 귀띔을 해주었을 가능성도 있다. 그 당시 카뮈는 향후 10년 정도 사르트르의 소설과 극작품에서 핵심 주제가 될 참여의 상징이기도 했다. 이처럼 그들의 관계는 문학적, 지적 친화력, 상호보완적이면서도 대조적인 태도, 그리고 함께 있음으로 해서 느끼는 단순한 기쁨을 넘어 점령기에는 전혀 다른 양상을 띠었던 것이다. 카뮈와의 관계가 점점 더 가까워지던 시기에 썼던 「저항」이라는 제목의 짧은 시나리오에서, 사르트르가 비밀리에 간행되는 신문 편집장 노릇을 했던 한 젊은이를 잠깐 등장시킨 것은 전적으로 우연의 일치였을까? 후일 사르트르는 또 다른 두 번의 기회를 통해 그 당시에 카뮈가 그에게 보여 주었던 모습을 분명하게 보여 주기도 했다.

그 두 번의 기회 가운데 가장 유명한 것은, 역설적이게도 그들의 우정에 종지부를 고한 1952년의 사르트르의 편지였다. 그가 초기에 카뮈에게 표했던 존중은 『반항적 인간』의 저자에 대한 그의 비난 속에서 모두 걸러지게 된다. 사르트르는 카뮈가 전쟁 동안 "저항에 완전히 〔몰두했습니다〕."라고 말한다. 그는 계속해서 이렇게 말하고 있다. "당신은 영광이나 팡파르도 없는 치열한 전투를 경험했습니다. 전쟁의 위험들은 결코 사람을 열광케 하는 것들은 아니었습니다. 그리고 더 위험하게도 당신은 타락하고 비열해질 수 있는 그 위험을 무릅썼습니다."[20] 사르트르는 이렇게 카뮈가 역사를 "우리들(나 자신을 포함해서) 가운데 상당수의 사람들보다도 더욱 심오하고 전체적으로"[21] 경험했음을 인정했다. 카뮈는 "한 명의 인간, 하나의 행동, 그리고 한 권의 작품으로 이루어진 탁월한 합일"이 되었던 것이다. 카뮈와 마찬가지로 사르트르도 중요한 작품들을 출판했다. 하지만 그는 분명 스스로 그 작품들의 완성도가 떨어진다고 생각했다. 사르트르는 카뮈와의 첫 교제로부터 8년 후인 1944년에, 자기 친구가 그 자신과 그의 시대에 전적으로 동의를 하면서 살아가는 인간의 모델이라고 여겼다고 인정했던 것이다.

그렇다면 사르트르는 카뮈를 더 잘 공격하기 위해서 이 같은 찬사의 말을 했던 것일까? 사르트르가 해방 직후 카뮈를 칭찬했다는 또 다른 증거가 있다. 1945년에 미국 청중들 앞에서 행한 한 강연회에서 그는 카뮈를 저항에서 두각을 나타낸 정치적으로 참여한 작가의 주목할 만한 한 예로서 언급한 것이 그것이다. 사르트르는 그 강연회에서 행해진 프랑스의 "새로운" 작가들에 대한 대담의 상당 부분을 "30세의 카뮈"[22]에게 할애했다. 그는 청중들에게 직접 원고를 읽어 주면서, 완성 중에 있는 카뮈의 소설 『페스트』를 맛보기로 보여 주기도 했다.

카뮈의 수많은 재능으로 인해 사르트르보다 유명하지 못한 수많은 동시대인들—그들은 카뮈는 차치하고라도 아마 사르트르보다도 여성팬들을 더 많이 확보하지 못했을 것이다—은 그에 대한 존경과 질투를 맛보아야만 했다. 어느 날 저녁 한 나이트 클럽에서 『콩바』지에 정기적으로 기고하는 한 젊은 비평가가 술에 취해 테이블 위로 올라가서 다음과 같이 선언했다.

나는 지금 매일매일 우리 신문에서 비난하고 있는 지식인 엘리트들의 불의보다 더 나쁜 불의에 대해 말하고자 합니다. 이 불의는 지금 현재 살아 있고, 바로 이 자리에, 여러분 앞에 있습니다. 그 자는 바로 카뮈입니다. 그는 모든 것을 가지고 있는 자입니다. 여자를 유혹하기 위해 필요한 것, 행복해지기 위해 필요한 것, 유명해지기 위해 필요한 것을 말입니다. 게다가 그는 뛰어난 천재성을 가지기 위한 뻔뻔함도 가지고 있습니다. 이 같은 불의에 대항하기 위해 우리가 할 수 있는 것은 하나도 없습니다![23]

이처럼 카뮈는 많은 사람들이 보기에 모든 것을 가진 자였고, 또한 모든 것을 이룬 자였다. 유명한 작가이자 예쁜 여자들의 관심을 한 몸에 받는 자였던 그는 또한 열심히 활동했던 레지스탕스 대원이었고, 비중 있는 일간지의 편집장이었으며, 그의 글은 프랑스 전체에서 읽힐 정도였다. 따라서 1952년의 글에서 사르트르가 그를 공격하기 직전에 "그때는 우리 모두가 그를 사랑했었습니다……"[24]라고 인정한 것은 놀랄 만한 일이 아니다.

* * *

유력 일간지의 편집장이라는 직책을 수행하고 있던 카뮈가, 전후 프랑스에서 비중 있는 목소리가 되었다는 것은 이해할 수 있고, 또한 적절한 것이기도 했다. 하지만 사르트르는 도대체 어떻게 그런 카뮈와 마찬가지로 자기의 주장도 경청해달라는 권리를 요구할 수 있었을까? 사르트르가 해방 직후에 "우리들 가운데 가장 훌륭한 자는 조국을 구하기 위해 저항에 가담했다."라고 선언했을 때, 그는 레지스탕스 대원의 자격으로서가 아니라 "저항을 했던 작가"의 자격으로 그렇게 말하고 있는 것이다. 그런데 어떻게 그런 그가 레지스탕스 운동의 주요 대변인들 가운데 한 명인 카뮈와 같은 자격으로 말을 할 수 있게 되었는가? 이런 점에서 볼 때, 1947년 미국에서 간행된 텍스트들의 모음집인 『침묵의 공화국 La République du silence』은, 사르트르가 거둔 완벽한 성공을 잘 보여 준다. 이 문집의 제목 자체는 1944년 9월에 간행된 『레 레트르 프랑세즈』 지의 공식 창간호에 실렸던 사르트르의 저항에 대한 글에서 유래한 것이다. 이 글에서 따온 한 인용문이 그 제목으로 사용되었다. 그 선집의 편집 책임자는, 사르트르를 "비밀단체 내의 용감하고 활동적인 사람"으로 소개한 후에, 그가 쓴 텍스트 전체를 덧붙였다. 카뮈의 글 역시 그 선집에 포함되어 있었으나, 아스크 학살에 대한 1941년의 텍스트와 함께 익명으로 소개되었다. 카뮈가 쓴 익명의 기사는 그의 투쟁에 대한 비밀 자료로서의 성격을 잘 보여 주고 있다.

그 선집에서 사르트르가 차지하고 있는 위치와 그의 기사가 『레 레트르 프랑세즈』의 9월 9일자에서 차지하고 있는 분량은 놀라운 사실을 보여 준다. 사르트르는 그 자신이 저항에 참여했다고 주장하지 않았다. 그는 단지 자신이 가장 잘 할 수 있는 것, 즉 독일 점령에 대해 사후에 "글을 쓰고", 그리고 스스로 그 점령에 대해 "해석"하는 것으로 충분했다고 말하고 있다. 게다가 해방 이후 여러 기사들을 『콩바』 지에 자신의 이름으로 실은 다음에 사르트르는, CNE의 기관지인 『레 레트르 프랑세즈』에는 「침묵의 공화국」을 썼고, 친구인 아롱이 드골의 주도 하에 영국에서 발행하는 『자유 프랑스La France libre』 지에는 「점령하의 파리Paris sous l'Occupation」라는 글을 썼다.[25] 그로부터 1년 후에는 파리 수복을 기념하기 위해, 사르트르는 더 커진 권위를 바탕으로 「파리의 해방 : 한 주간의 종말」을 썼다. 이와 동시에 그는 꽤 많은 분량의 텍스트들을 발간하고, 여러 주제들에 대해 자신의 견해를 표명하게 된다. 「침묵의 공화국」에서 사르트르는 그 자신의 프리즘에 비친 독일 점령기를 소개하고 있다. 도발적인 첫 번째 문장은, 독자에게 독일 점령 하에서 독자 자신이 겪었던 경험을 환기시하도록 촉구하고 있다.

> 결단코 우리는 독일 점령 하에서보다 더 자유로웠던 적은 없었다. 우리는 우리의 모든 권리를 빼앗겼으며, 그 중에서도 말하는 권리를 빼앗겼다. 우리는 매일 공개적으로 치욕을 당했으며, 우리는 침묵을 지켜야만 했다. 우리는 노동자들, 유대인들, 정치적 죄수들로서 대규모로 강제 수용되었다. 벽들, 신문들, 스크린들 도처에서 우리는 억압자들이 우리에게 주고자 하는 이러한 더럽고 창백한 얼굴을 다시 발견하곤 했다. 하지만 그 모든 것 때문에 우리는 자유로웠다. 나치의 독이 우리의 사고 속까지 흘러들었기 때문에, 각각의 사고는 하나의 정복이었다. 아주 강한 경찰이 우리에게 침묵을 강요했기 때문에, 말 한 마디 한 마디는 하나의 원칙을 표명하는 것처럼 소중했다. 우리가 쫓겼기 때문에, 우리들의 제스처 하나하나는 모두 참여의 무게를 지녔던 것이다. 종종 우리가 치룬 투쟁의 험악한 상황으로 인해 우리는 살기 위해, 인간조건이라 불리는 찢겨진, 견딜 수 없는 상황을 아무런 거짓 없이, 그리고 아무런 가식 없이 돌려받았던 것이다.[26]

이 같은 해석은 독자들의 관심을 끌기에 충분했다. 왜냐하면 매혹적이고 독창적이었던 사르트르의 의도는 많은 독자들에게서 커다란 반향을 일으켰기 때문이다. 그는 그 자신과 마찬가지로 레지스탕스 운동에서 활발하게 활동하지 않은 자들을 아주 커다란 위험을 감수한 자들과 동일시하는 작업을 계속해서 해나갔다. 격렬하게 반나치, 반비시의 입장을 취하면서도 대부분 수동적 입장을 견지하고 있었던 자들에게 지나치게 많은 것을 요구하지 않은 채, 그는 전쟁 기간 내내 레지스탕스 운동을 했던 자들과의 연대를 표시했던 것이다. 동시에 그는 레지스탕스 운동을 주도했던 자들의 생존과 효율성이 이 같은 연대를 지켜냈다는 사실을 계속 강조했다. 달리 말하자면, 「침묵의 공화국」이라는 글을 통해 그는 수동적으로 활동한 자들의 지지와 "레지스탕스 운동을 열심히 한 대원들이었던 엘리트들"의 활동을 직접적으로 연결시켰던 것이다. 이 같은 관계의 설정이 곧 그가 쓴 글의 목적이었다.

우리들 가운데—그리고 이 경우 어떤 프랑스인이 한 번 또는 그 이상 그렇지 않았겠는가?—저항에 관계된 몇몇 세세한 사항을 알고 있는 모든 자들은 걱정스러운 태도로 이렇게 자문하곤 했다. '만약 내가 고문을 당한다면 과연 나는 견딜 수 있을 것인가?' 이처럼 자유의 문제 자체가 제기되었으며, 우리는 인간이 자기 자신에 대해 가질 수 있는 가장 심오한 인식을 갖게 될 순간에 처해 있었다. 왜냐하면 한 인간의 비밀, 그것은 오이디푸스 콤플렉스 혹은 열등 콤플렉스가 아니라, 오히려 그의 자유가 갖는 한계 자체이기 때문이었다. 그것은 고문과 죽음에 대한 저항의 힘이었던 것이다. 비밀 활동을 했던 사람들에게 그들이 결행했던 투쟁들은 전혀 새로운 경험을 가져다주었다. 즉 그들은 병사들처럼 대낮에 싸웠던 것이 아니었다. 고독 속에서 쫓겼고, 고독한 채 붙잡혔던 그들이 고문에 저항했던 것은, 바로 그런 버림받은 상태 속에서, 가장 완벽한 헐벗음 속에서였던 것이다. 깔끔하게 면도하고, 잘 먹고, 잘 차려입고서 그들의 비참한 육체에 조소를 보냈던 사형집행인들 앞에서, 그리고 만족한 의식과 측정할 수 없는 사회적 힘을 통해 자신들이 외관상으로는 옳다는 것을 강변하고 있는 자들에 맞서, 그들은 혼자서 그것도 벌거벗은 채로 맞섰던 것이다. 그럼에도 그들은 이 같은 가장 힘든 고독 속에서 바로 다른 사람들, 다른 모든 사람들, 저항의 모든 동지들을 지켜냈던 것이다. 단 한 마디로도 10명, 100명이 체포되는 일이 생기기에 충분했던 것이다. 이처럼 총체적인 고독 속에서 갖게 된 그러한 총체적인 책임성이, 바로 우리의 자유의 드러냄 자체가 아니고 무엇이겠는가? 그 버림받은 상태, 그 고독, 그 엄청난 위험은 모두에게, 즉 지도자들에게도 일반인들에게도 동일한 것이었다. 무슨 내용이 들어있는지도 모른 채 비밀 메시지를 전달했던 사람들과 모든 저항을 결정했던 사람들에게 공통적이었던 것은, 감금, 강제수용, 죽음 등과 같은 유일한 처벌이었다. 일개 한 명의 병사와 총사령관이 평등하게 위험 상황에 처하게 된 군대는 일찍이 없었다. 그렇기 때문에 저항은 하나의 진정한 민주주의였던 것이다. 즉 병사와 지도자에게 모두 동일한 위험, 동일한 책임성, 동일한 절대적 자유라는 규율이 부과되었다는 점에서 말이다. 그렇기 때문에 공화국들 중에서 가장 강력한 공화국이 세워졌던 곳은, 바로 음지에서, 그리고 핏속에서였던 것이다. 각각의 시민들은 자신이 모두를 위해 헌신해야 한다는 사실을 알고 있었으며, 자신이 믿을 수 있었던 사람은 자기 자신뿐이라는 것을 알고 있었다. 그들 각자는 철저히 버림받은 상태에서 자신의 역사적 역할을 수행했던 것이다. 그들 각자는 억압자들에 저항해 자신의 자유 속에서 스스로를 완전히 결정하면서, 그리고 모두의 자유를 선택하면서 자기 스스로가 되고자 감행했던 것이다. 제도도 없고, 군대도 없고, 경찰도 없는 그 같은 공화국, 바로 그 공화국을 각각의 프랑스인은 쟁취해야만 했고, 또 매순간마다 나치즘에 맞서 그 공화국을 확신해야만 했던 것이다.[27]

대가다운 솜씨로 이 글의 저자는 "우리들 각자"(수동적으로 레지스탕스 운동을 지원했던 자들)를 한편으로는 위험 정도가 가장 낮고 또 가장 덜 엄격한 운동에 가담한 자들과, 다른 한편으로는 파업, 연락, 운송의 비밀망, 그리고 무장 항독 지하단체에서 적극적으로 활동한 영웅들을 연결시키고 있다. 만약 침묵을 지키고 있던 방어자들이—그리고 "그 어떤 프랑스인이 그 시기의 이러저러한 순간에 그런 위치에 있지 않았겠는가?"—독일군의 고문에 못 이겨 비밀을 토설하고 말았다면, 목숨을 걸고 싸웠던 투사들도 배반을 했을 것이다. 이처럼 레지스탕스 운동은 광범위한 "침묵의 공화국"으로 재차 정의되었고, 그리고 모든 대원들은 "각자 자기 방식대로" 저항에 기여를 했던 것이다. 이처럼 적극적으로 레지스탕스 운동에 가담한 자들의 수효가 수십만 명에 불과했음에도 불구하고, 이 운동을 거의 전적으로 지지했던 하나의 국가적 신화, 곧 전후 프랑스를 대표하는 여러 측면에서의 이미지들 가운데 하나가 형성되었던 것이다. 따라서 사르트르가 레지스탕스 운동의 영광을 찬양한 것은 다음과 같은 이중의 효과를 갖는 것이다. 즉 그는 그 자신을 포함해서 레지스탕스 운동을 어떤 식으로든 지지했던 자들을 모양 좋게 한데 모으고 있음과 동시에 그 자신 몸소 침묵의 공화국의 대변자로 취임하고 있는 효과가 그것이다. 비시 정부 하에서 이루어졌던 생의 정신과 독일군을 연결시키려고 하는 의도에도 불구하고, 몇 개월 후에 출간된 「점령하의 파리」라는 제목의 또 다른 글에서 사르트르는, 적극적으로 레지스탕스 운동을 한 프랑스인들에 대한 기묘한 비전을 제시하고 있다. 실제로 그는 이렇게 말하고 있다.

> 이 같은 인간성의 말살, 이 같은 인간의 화석화는 도저히 용서할 수 없는 것이었으며, 따라서 수많은 사람들이 거기에서 벗어나기 위해, 미래를 되찾기 위해 레지스탕스 운동에 뛰어들었던 것이다. 기이한 미래, 형벌, 감옥, 죽음에 의해 가로막힌 미래, 그러나 적어도 우리들 자신의 손으로 만들어가게 될 그 미래를 말이다. 그러나 레지스탕스 운동은 개인적 해결책에 불과했으며, 우리는 그 사실을 잘 알고 있었다. 레지스탕스 운동이 없었어도 영국인들은 전쟁에서 승리할 수도 있었을 것이며, 그 운동이 있었어도 영국이 전쟁에서 패배할 수도 있었을 것이다. 우리가 보기에 레지스탕스 운동은 특히 하나의 상징적 가치를 가지고 있었다. 그리고 바로 그런 이유로 여러 레지스탕스 대원들이 절망했던 것이다. 왜냐하면 항상 상징, 즉 하나의 상징적인 장소에서 있었던 하나의 상징적인 반항에 불과했기 때문이었다. 오직 고문만이 사실이었다.[28]

이러한 관점에서 보자면, 레지스탕스 운동은 전쟁 이후 거의 영향력을 행사하지 못하는 하나의 도덕적 몸짓에 불과했던 셈이었다. 사르트르가 레지스탕스 운동을 상징적인 "하나의 개인적 해결책"으로 소개한 것과 같이 그 묘사에 있어서는 아주 주목할 만한 것이었지만, 이 글은 기이한 무관심을 보여 주고 있기도 하다. 『파리떼』에서 오레스테스가 진실이 되기 위해 행동하기로 결심하는 것과 마찬가지로, 사르트르에게 있어서 레지스탕스 운동의 쟁점은 상황에 대한 효과적인 결과들 속에 들어 있지 않았던 것이다. 이러한 관점은 분명 독일을 물리치고 프랑스를 해방시키기 위해 자신들의 목숨을 걸었던 사람들이 공유하고 있었던 관점이 아니었다. 그것은 본질적으로 사르트르가 저항을 경시했다는 것을 보여 주는 것이다. 아마도 그 이유는 참여에 대한 그의 '정치적' 개념이 아직 완성되지 않았었기 때문이었을 것이다. 그가 그 사실을 스스로 인정하기 위해서는 30년이라는 긴 세월이 필요하게 된다.

필자가 판단하기로는, 카뮈가 사르트르에게 파리 봉기에 대한 글을 써달라고 요구했을 때, 사르트르가 자신을 유용하게 만들 기회를 보부아르에게 양도한 것은, 현실 사건들에 대해 사르트르가 어느 정도 거리를 두고 있었는가를 볼 수 있는 좋은 지표이다. 사르트르의 기본적 철학 개념들에 대한 분석을 통해 볼 수 있는 것처럼, 상상력은 그의 철학의 출발점이었으며, 그 자신이 의미 있으며 만족스러운 하나의 인간적 행위가 가능하다고 평가했던 유일한 터전이기도 했다. 이러한 확신은 적어도 전쟁이 끝나고, 그가 자신의 세계관의 큰 축들을 재조정하기 시작할 때까지 통용되었다. 그의 현실 세계로의 진출은 그 자신의 철학적 입장들로 인해 피할 수 없는 실망감으로 이어지는 구조적 긴장들로 가득 채워졌었다. 이론상의 여러 한계가 그의 개인적인 출발점들에 덧붙여졌기 때문에, 우리는 사르트르에게서 레지스탕스 운동을 잘 이용했던 관찰자의 역할, 즉 일시적이고 일화적인 참여에 대한 동조자의 역할 이외의 다른 역할을 상상한다는 것은 거의 불가능할 정도이다.

＊　　＊　　＊

카뮈가 사르트르와 보부아르를『콩바』지의 비밀회의에 초대했다고
해도, 그들은 신문에서 일할 수 있는 능력이나 재주를 가지고 있지 못
했다. 그러나 레지스탕스 대원들의 이름이 독일군에게 넘어갔을 때,
카뮈는 사르트르와 보부아르에게 집으로 돌아가지 말 것을 간청할 정
도로 그들을 가까운 친구로 여겼었다. 비록 아주 짧았다고는 하지만
어쨌든 한동안은 그랬다. 이처럼 보부아르, 사르트르, 카뮈 세 사람은
동일한 위협에 대한 감정을 나누어 가졌던 것이다. 같은 추억을 가진
자들의 입장에서 보면, 카뮈와 사르트르가 전후의 계획을 공동으로 추
진한 것은 전혀 놀라운 일이 아니다. 무한한 희망을 가진 그들은 패전
과 해방을 위한 투쟁으로 멍든 그 시기의 시대적 상황에서 솟아나오는
"새로운" 인간형을 염두에 두고 있었던 것이다. 이처럼 카뮈와 사르트
르는 이전 세대와의 완전한 단절에 의해 특징지어지는 비할 바 없는
바로 그 시기에 친구가 되었던 것이다. 많은 차이에도 불구하고 두 사
람은 본질적인 점에서는 의견을 같이 했고, 문학에 대한 같은 취향을
나누어 가졌다. 그들이 지적, 정치적, 정신적으로 같은 단체에 속해 있
다는 사실이 그것을 웅변으로 증언해 주고 있다. 그들은 또한 같은 시
기에 유명해졌다. 그들이『닫힌 방』을 연출할 때 짧게 경험한 바와 같
이, 그들은 또 다른 협력의 방안을 서로에게 제시하기도 했다.

전쟁 후에 카뮈와 사르트르는 보부아르와 가진 대화에서 그들이 함
께 하나의 신문을 창간할 계획을 가지고 있다는 것을 털어놓기도 했
다. 카뮈, 사르트르, 메를로퐁티는 또한 갈리마르 출판사가 기획한 철
학 백과사전의 "윤리학" 항목에 대한 공동 집필 가능성을 입에 올리기

제2장 점령, 레지스탕스, 해방 97

도 했다. 사르트르는 그 집필이 "하나의 팀의 선언문, 즉 상황에 적합한 구체적 도덕에 대해 입장을 표명하는 텍스트"가 될 것을 원하기도 했다. 그들은 서로 그런 정도로까지 하나라고 느끼고 있었다. 그들은 자신들의 생각이 아주 새롭고도 특별한 것이었다는 것을 알고 있었다. 그리고 서로 간에 의견이 일치되었기 때문에, 그들은 전후 프랑스에서 지성의 안내자들이 되는 꿈을 꿀 수 있었다. 전 국민이 숨을 쉴 수 있게 되고, 게다가 자유롭게 책을 읽을 수 있게 된 이상, 그들은 점차 조국 프랑스에서 중요한 위치를 차지하게 된다. 보부아르는 "우리는 전후 시대에 이 나라의 이데올로기를 제공해야만 했었다."고 적고 있다.

제3장

전후의 참여

해방 이후 프랑스인들은 한 동안의 은총과도 같은 시기에 독일군에 의해 처형된 레지스탕스 대원이었던 가브리엘 페리Gabriel Péri가 예고했던 "노래하는 내일"이 왔다는 인상을 가질 수 있었다. 분명 그들은 배가 고팠다. 수백만 명이 독일로 강제 이주되었고, 그곳에서 전쟁 포로로 지냈다. 게다가 포로수용소에 수용되었고, STO(비시 정부에 의한 대독협력 강제노동국)의 보호 아래 독일로 노동을 위해 떠났던 사람들의 수는 헤아릴 수 없을 정도였다. 가난과 궁핍의 시기였다. 모든 에너지는 프랑스에서 마지막 독일군 부대들을 몰아내고 전쟁에서 승리한다는 단 하나의 목적에 집중되었다. 하지만 내전에서 성공을 거두었고, 연합군 측에 가담해 전투를 수행하기 위해 정규군에 합세한 레지스탕스 대원들에게서 그들의 도전은 이제 자유를 쟁취한 민족의 도전이 된다. 이 같은 상황의 변화는 무장 봉기가 일어나고 있었던 때에 카뮈가 공적으로 간행한 자신의 초기 논설 가운데 하나에서 말하고 있는 것과 유사하다. 즉 "파리의 해방은 프랑스의 해방을 향한 첫 단계에 지나지 않는다. 그리고 우리는 여기서 해방이라는 단어를 가장 폭넓은 의미에서 받아들일 필요가 있다."[1] 카뮈의 이 같은 주장이 의미하는 것은, 무엇보다도 "돈의 특권"에 종지부를 찍어야 할 때가 되었다는 것이다. 이 사설은 또한 레지스탕스 대원들의 가슴 속에 있는 중요한 생각을 다루고 있기도 하다. 그것은 해방 정부, 군대 지휘부, 정치적 및 사회적 세력들, 그리고 더 일반적으로는 프랑스 전체의 분위기가 의심할 여지없이 좌파 쪽으로 기울었다는 것을 의미한다. 완전히 파산 상태에 있는 비시 정부를 무너뜨린 투쟁에 참여했던 수많은 프랑스 국민들, 그 가운데서도 수많은 레지스탕스 대원들은, 이 같은 좌파로의 급격한 변화를 강요하기 위해서 실제로 어떻게든 역사의 흐름을 장악하려고 했다는 것은 분명하다. 결국 대독협력자들을 물리치고 무장해제 시킨 것도 바로 그들 레지스탕스 대원들이었다. 이제 그들은 대독협력자들을 완전히 반역자들로 규정하면서 처단하게 된다. 게다가 드골과 레지스탕스 대원들 간에 내적 암투가 있기는 했지만, 이 암투는 연합군뿐만 아니라 프랑스 주권의 궁극적 승리를 위해 결국 극복된다.

증오의 대상이 되었던 독일군들과 추방된 비시 정부의 대독협력자들의 유니폼은 사라졌다. 그리고 그것들과 더불어 점령 기간 내내 무겁게 내리눌렀던 분위기도 사라졌다. 변화를 나타내는 또 다른 징조도 있다. 그것은 어느덧 독일에 협력했던 모든 신문들이 영웅적인 레지스탕스 기관들에 의해 금지되거나 다른 신문, 예컨대 해방된 프랑스의 주요 일간지가 된 『콩바』지와 같은 신문들에 의해 대치되었다는 사실이다. 나치에 협력했던 자들에 의해 이루어졌고, 상당수의 문인들과 기자들이 가담했던 점령기의 모든 사회, 문화, 정치적 상황들이 역사의 망각 속으로 하나둘 잊혀져 갔다. 그리고 긴급히 해결해야 할 문제들 가운데서도 혁명과도 같은 전율이 느껴졌으며, 모든 것이 가능하다는 생각이 비등했으며, 정치에 대한 새로운 태도들이 나타나게 되었다. 이 같은 새로운 태도들을 통해 프랑스인들은 비시 정부뿐 아니라 그 멸망이 1940년 6월의 패배와 일치하는 제3공화국의 유산에 대한 거부를 강하게 표명하게 되었다.[2]

레지스탕스 운동에 참여했던 자들의 잠재적 부상이 예견되는 분위기에서 카뮈와 사르트르는 전쟁 직후 프랑스에서 가장 두드러지는 지식인들이 되었다. 사람들은 위험에 맞서 참여의 의무를 강하게 주장하는 자들의 작품뿐 아니라 말에서도 영웅주의의 아우라를 볼 수 있었다. 3년 동안 카뮈는 간헐적으로 공산 진영에 속하지 않는 좌파 진영의 주요 일간지의 편집장과 논설 주간의 임무를 맡게 된다. 따라서 그는 의식적으로 레지스탕스 운동의 도덕적 정신과 급격한 변화에 대한 요구를 대표하고 있었던 것이다. 사르트르는 드디어 '참여'에 대해 입을 열기 시작한다. 그는 한 잡지*를 창간하면서, 그리고 참여라는 주제와 관련된 일련의 기사들, 저서들, 극작품들 등을 쓰면서, 그 주제를 전후의 주요 쟁점으로 만드는 데 성공하게 된다. 프랑스의 해방과 1945년 말 사이에, 카뮈와 사르트르 두 사람은 유명해질 대로 유명해져 모든 독자들에게 커다란 영향을 미치게 된다. 그들은 모든 곳에 존재하게 된다. 그들은 자신들의 철학자, 문학비평가, 소설가, 단편작가, 극작가와 마찬가지로 에세이스트의 자격으로서도 자신들의 사상을 표현하게 된다. 물론 거기에 거의 매일 추가되는 신문기사들을 덧붙여야

---

* 1945년에 창간된 『현대*Les Temps modernes*』지를 가리킴.

할 것이다.

카뮈와 사르트르의 명성은, 분명 프랑스가 겪었던 엄청난 경험을 표현해내는 그들의 능력에 그 뿌리를 두고 있었다. 그들은 학생들과 젊은이들은 물론이거니와 교양 있는 프랑스인들에게도 새로운 문학적 영웅들을 제공해 주었다. 그들은 지드와 말로와 같은 작가들의 위치를 차지하게 된다. 지드는 아프리카와 1920~30년대의 소련에 대한 중요한 정치적 저서들을 쓴 바 있다. 하지만 그가 구현했던 전쟁 전의 사유는 그의 세대에게 책임이 있는 패배라는 재앙에 의해 오염되었다. 사르트르보다 겨우 4세 연상이었던 말로 역시 해방기에 또 다른 세대에 속하는 것처럼 여겨졌다. 비록 그의 전쟁 전의 작품들인 『희망L'Espoir』과 『인간의 조건La Condition humaine』이 젊은 세대들로부터 존중받고 있기는 하지만, 스스로 영웅의 길로 들어선 드골 장군의 대변인 역할을 맡았던 말로 자신은 젊은 세대들에게는 거의 인기가 없었다.

카뮈와 사르트르의 사상은 전후의 젊은 세대, 특히 하나의 극단에서 다른 극단으로의 이행을 체험한 자들의 기분을 정화시켜 주었다. 실제로 그 세대에 속하는 수많은 젊은이들은 극도로 개인화되어 있으며, 그 결과 공산주의의 지적이고 정치적인 강령에 대해서는 오히려 거리를 두는 입장이었다. 그들은 기질적으로는 좌파에 가깝지만, 아주 독립심이 강하고 회의적인 태도를 견지하면서 그러했다. 앞선 몇 년간의 경험을 통해 그들은 실존의 부조리를 자신들의 주요 주제들 가운데 하나로 만들어 버린 사상에 대해 아주 예민한 반응을 보였다. 카뮈와 사르트르는, 자신들이 전달자의 역할을 맡은 새로운 사상을 통해서는 물론이거니와, 이 사상의 이름으로 행동하는 것을 굳게 결심했기 때문에 그들을 매혹하기도 했다. 그들 두 작가가 자본주의에 반대한다는 것은 당연한 일이었다. 물론 그들은 경제 문제에 대해서는 거의 지적하지 않았다. 하지만 그들은 여전히 사회민주주의 사회를 세우고자 하는 많은 이유를 가지고 있었던 것 또한 사실이었다.

카뮈와 사르트르 두 사람은 타고난 평등주의자였다. 그 자신 노동자의 아들이었던 카뮈는, 타인들, 특히 알제에서 어린 시절을 같이 보냈던 자들을 밟고 위로 올라가기 위해 자신의 성공을 결코 이용하는 법이 없었다. 그에게 있어서는 계급들 사이의 차이가 없어져야 한다는 것은 명약관화한 일이었다. 사르트르는 그에게 부르주아들에 대한 뿌리 깊은 적대감을 안겨준 특권적인 어린 시절을 보냈다. 타인들과의 관계에서 항상 소박했던 그는, 죽음을 피할 수 없는 공동 운명을 지닌 모든 사람들보다 더 많은 권리를 가졌다고 생각하는 자들뿐 아니라 자신들의 직능에서 그러한 차별을 보증해 주는 제도들에 대해 마음속 깊은 증오를 보여 주고 있다.* 사르트르와 마찬가지로 카뮈 역시 자신이 용인할 수 있는 유일한 사회 체제는, 모든 사람들이 상호적 존중에 의해 연결되는 그런 사회라는 점을 강조하고 있다. 따라서 그들 두 사람에게 있어서 정치를 한다는 것은 바로 사회주의를 위해 참여한다는 것을 의미했다. 그들이 내세웠던 가장 근본적인 사회적 가치들은 민주주의적, 개인주의적, 반독재적 비타협주의에 속하는 것이었다. 서로 상당히 다른 세계 출신이었음에도 불구하고, 그들은 모두 프롤레타리아 계급의 복지를 사회 변화의 초석으로 여겼다. 그들 두 사람은 공산주의자들과 기존의 좌파 정당들 사이에 위치하는 독립적이기는 하지만 영향력 있는 하나의 정치적 극極이 되기를 바랐다. 그렇게 함으로써

---

* 사르트르를 평생 괴롭혔던 주제 가운데 하나는, 바로 그 자신 부르주아계급 출신이면서 이 계급을 증오한다는 사실이었다.

그들은 부르주아 사회에 맞서는 대안代案 사회를 건설하는 필요성을 강조하면서, 생산적이지 못한 관념론을 경계하는 새롭고도 투쟁적인 하나의 정치적 목소리를 내고자 했던 것이다.

카뮈와 사르트르 가운데 한 명은 레지스탕스 운동과 관계 있는 좌파 진영에서 가장 중요한 신문을 운영했으며, 다른 한 명은 좌파의 이념을 구현하게 될 새로운 잡지를 창간하게 되었다는 사실은 대단히 흥미롭다.* 이 두 간행물 하나하나는 레지스탕스 운동의 이념들과 가치들을 적극적으로 홍보했다. 그 잡지의 편집장 역할을 맡았던 사르트르와 마찬가지로 신문의 편집장직을 맡았던 카뮈는, 서로 긴밀한 협조 속에서 재능 있는 자들을 끌어 모으기 위해 노력했다. 또한 그들은 그렇게 함으로써 새로운 사유, 프랑스 사회의 도덕적, 정치적 재건에 대한 만장일치적 욕망을 폭발시키는 방법을 알고 있었다. 물론 그 두 간행물 가운데 하나는 일간지, 다른 하나는 지식인들을 위한 잡지였다는 점에서 약간 차이가 있기는 하다. 『현대』지에 참여해달라는 권유를 받은 카뮈는 『콩바』지에서의 업무 부담 때문에 거기에 참가하는 것을 거절했다. 그의 동료였던 알베르 올리비에Albert Ollivier가 그의 자리를 차지했다. 하지만 『콩바』지에 참여한 사르트르를 상상할 수 없는 것과 마찬가지로, 우리는 『현대』지의 모임에 참여하는 카뮈를 상상할 수는 없다. 카뮈의 재능과 관심 가운데 『현대』지의 편집위원회가 이 위원회 구성원들에게서 기대했던 복잡성, 정교함 그리고 이론상의 독창성을 발견하기는 대단히 어려운 일이었다. 한편, 사르트르가 가지고 있었던 더 추상적이고 이론적인 열정은 신문을 경영하는 일에 함축되어

---

* 각각 『콩바』지와 『현대』를 가리킴.

있는 다양한 임무들에 대해서는 별다른 도움이 되지 못했던 것이다.

사회 참여를 공개적으로 표방한 잡지인『현대』는 사회에 대한 비판적 의식을 자임하기를 원했으며, 그 결과 그런 성격을 갖고 있다고 여겨졌다. 이 잡지는 공산당과 소련에 대한 비판적 거리를 견지하면서도 반공산주의를 철저하게 거부했다. 이 잡지는 철학과 문학에 전념하는 것과는 달리, 그날그날의 중요한 문제들을 취급하는 일종의 "상호학제적" 잡지가 되었다. 예언적이고 도덕적이었던 이 잡지는, 모든 전선에서 투쟁했으며, 일종의 "종합적 인류학"을 세우려는 목표를 표방했다. 프랑스에서 가장 중요한 새로운 작가들 몇몇이 이 잡지에 속하고 있었으며, 그 중에서도 사르트르, 보부아르 그리고 메를로퐁티가 두드러졌다.『현대』는 장차 많은 사람들을 끌어들여 앞으로 나올 모든 지식인 잡지들의 모델로서 프랑스 지식층을 선도하는 잡지가 된다.

『콩바』지 또한 새로운 종류의 일간지로 출범하게 된다. 철저히 독립되었던 편집국은 대중의 취향에 부합하는 것을 피하기로 했으며, 부자들과 특권층에 굴복하는 것을 거부하는 것은 물론이거니와 상업주의에 대해 일격을 가하는 입장을 견지했다. 이 신문은 레지스탕스 운동을 했던 많은 재능 있는 젊은 남녀들에게 일자리와 역량을 발휘할 수 있는 기회를 제공해 주었다. 보부아르가 포르투갈을 방문했을 때, 그녀가 기사들을 보낸 곳이 바로『콩바』지였다. 사르트르와 보부아르 주위에 형성된 서클의 일원이었던 자크 로랑 보스트Jacques-Laurent Bost는 카뮈에 의해 전쟁 특파원으로 채용되었다. 보스트는 저서를 쓰는 계약도 체결했고, 또 그 이후에는『콩바』지에 미국에 대한 기사를 송고하기도 한다.

카뮈는『콩바』지에 십여 편의 사설을 썼다. 그의 저서의 알제리 출판담당자였던 에드몽 샤를로Edmond Charlot는 1944년 말 파리에 도착해 경험했던 바를 이렇게 말하고 있다. 그가 신문가판대에 도착하면 바로 『콩바』지가 배포되었으며, 곧바로 사람들은 이 신문의 사설에 대해 토의를 하였다고 말이다. 노르망디 상륙작전이 있은 후 아주 뚜렷하게 양분된 관객들 앞에서 상연되었던 카뮈의 극작품 『오해Le Malentendu』는, 해방이 되고서 다시 무대에 올려졌으며, 다른 극작품인 『칼리굴라』와 함께 한 권의 단행본으로 출간된다. 『한 독일인 친구에게 보내는 편지들』은 소책자로 출간된다. 『시시포스의 신화』와 『이방인』 역시 재간된다. 알제리 시절에 섰던 그의 초기 에세이인 『결혼』은 두 차례에 걸쳐 출판된다. 1945년 5월과 6월에 카뮈는 알제리에 대한 상당한 분량의 일련의 기사를 쓰게 된다. 『칼리굴라』는 1945년 9월 말에 초연된다. 그의 독자들은 『페스트』 속에서 저자인 카뮈가 아주 힘들게 앞으로 나아갔다는 사실과 그가 종종 자신의 능력 면에서 자신감을 상실하기도 했다는 사실을 상상할 수 없었다. 그도 그럴 것이 몇 개월이 흐르는 동안에 그들은 이 작가의 이름으로 출간된 적어도 에세이든, 극작품이든, 소설이든 간에 다섯 권의 작품을 구입할 수 있었으며, 또한 거의 매일 그가 쓴 사설을 읽을 수가 있었기 때문이다.

해방이 되고 얼마 지나지 않아, 사르트르는 『닫힌 방』, 점령기에 대해 쓴 극작품들, 연극에 대한 글들, 실존주의를 옹호하는 글들을 출간하게 되며, 또한 기자들과의 수많은 대담을 갖게 된다. 1944년 11월 말에 미국 정부는 프랑스의 주요 일간지의 기자들을 초청한다. 보부아르는 "카뮈가 그에게 『콩바』지를 대표해서 미국에 갈 것을 권했던 날, 그처럼 기뻐하는"[3] 사르트르의 모습을 본 적이 없다고 술회하고 있다. 사르트르는 1945년 초에 미국을 방문하게 되고, 『콩바』지와 『르 피가로』지에 32편의 여행기를 싣게 된다. 그 여행기에는 미국의 정신에 대한 사르트르의 탐색 결과인 테네시 계곡, 할리우드의 문제를 포함해 미국 노동자들이나 대도시의 문제들 등에 대한 기사가 포함되어 있다. 그 이후 보부아르가 "실존주의 공세"[4]라고 불렀던 현상이 본격적으로 시작된다. 1945년 초가을의 몇 주 동안, 사르트르는 『철들 무렵』과 『유예 Le Sursis』를 출간한다. 비슷한 시기에 보부아르는 『타인의 피 Le Sang des autres』를 출간하고, 극작품인 『쓸모없는 입들 Les Bouches inutiles』을 파리에서 상연한다. 또한 그녀는 소설과 형이상학에 대한 주제로 강연회를 갖기도 한다. 『현대』지의 창간호가 발간되고, 사르트르는 "실존주의는 휴머니즘인가?"라는 제목의 그 유명한 강연회를 갖게 된다.

1945년 10월 29일 저녁, 사르트르는 혼자서 국립고등공예학교 졸업생들의 집 maison des Centraliens에 참석해 그곳에서 강연회를 갖는다. 강연회는 『콩바』, 『르 몽드』, 『르 피가로』와 『리베라시옹』 등과 같은 일간지에 예고되었으며, 몇몇 출판사들도 역시 벽보 전달을 통해 이미 예고했던 것이다. 강연회의 성공은 주최자들을 깜짝 놀라게 만들었다. 강연장은 발자국 소리들로 가득했고, 강연장에 들어갈 수 없었던 사람들은 밖에서 귀를 기울였다. 사르트르는 강연장으로 가면서 거기 모인 대중이 그에게 반대하기 위해 모여들었다고 생각했다. 강연장 안에서 사람들은 의자를 망가트리기도 했고, 몇몇의 여성들은 실신하기도 했으며, 온통 사람들로 가득했기 때문에 사르트르가 무대에 올라서기까지는 15분 이상이 소요되었다.[5]

이 강연회는 언론의 엄청난 화젯거리가 되었다. 모리스 나도 Maurice Nadeau는 『콩바』지에 실린 기사에서 이 같은 흥분된 분위기를 흥에 겨워 기술하고 있다.[6] 50년 전에 나온 사르트르의 강연 텍스트는 그의 철학에 대한 가장 일반적인 소개서의 역할을 하고 있다(미국에서는 이 강연회가 종종 "실존주의와 인간의 감정들"이라는 이상한 제목으로 소개되었다). 중심 주제는 이렇다. 실존이 본질에 앞선다, 인간 존재는 스스로 결정한다, 인간 존재는 스스로 자신의 정체성을 만들어나간다, 그 정체성을 유산으로 받는 것이 아니라 스스로 만들어낸다, 등이었다. 달리 말해 인간으로서 우리는, 우리 자신이 되어 가는 것에 대해 완전한 책임을 지고 있는 것이다. 이처럼 사르트르는 종교와 마르크스주의를 포함해 본질주의적이고 결정론적인 사유에 맞서 설득력 있는 논증들을 전개하고 있다. 그는 아주 명쾌하고 단순하게—후일 지나치게 단순화시켰다고 말하고 있다—자유를 인간 실존과는 불가분의 것으로 기술하고 있다.

『현대』지는 그 강연회보다 두 주 앞선 1945년 10월 15일에 창간되었다. 그리고 "실존주의"라는 용어가 모든 사람들의 입에 오르내리게 된다.

> 우리는 우리 자신이 주인공이었던 야단법석으로 인해 깜짝 놀랐다. 갑자기 몇몇 영화에서 이미지가 확대되어 화면 밖으로 빠져나가듯, 나의 삶도 내 주위에 옛날에 쳐졌던 경계를 넘어섰다. 나는 공공의 불빛 속으로 투사되었다. 나의 가방은 가벼웠다. 하지만 나의 이름이 곧 갑자기 유명해진 사르트르의 이름과 한데 묶이게 되었다. 신문에서 매주 우리 둘의 이름이 거론되곤 했다. [……]
> 카페 드 플로르에서 사람들은 우리를 쳐다보았고, 소곤거렸다. 사르트르의 강연회가 있었을 때, 강연장에 들어갈 수 없을 정도로 많은 사람들이 몰려들었다. 아주 혼잡한 상황이 벌어졌었고, 실신하는 여자들도

없지 않았다.[7]

　전후에 프랑스의 언론이 제일 열광적으로 다룬 첫 번째 주제가 바로 이 '실존주의'였다. 이 주제는 해방 이후 언론에 꼭 맞게끔 재단이 된 것처럼 보였다. 프랑스의 해방 직후 1년이 채 안 되는 기간에, 최소 34개의 일간지가 새로이 창간되었다. 실존주의에 대한 열광적인 토의에서 카뮈의 이름은 종종 사르트르와 보부아르의 이름 옆에 인용되곤 했다. 카뮈와 사르트르의 저서들을 둘러싼 들뜬 분위기는 당시 독자들을 끌어당겼던 매력을 결정하는 핵심적인 역할을 수행했다. 그들 두 명의 작가는 당시 관습적인 도덕을 떠받치고 있던 종교와 선한 감정을 던져 버렸다. 사르트르는 자기 작품에서 예외적 인물들과 극단적 상황들을 묘사했다. 『닫힌 방』에 등장하는 세 명의 인물은 제2제정 시대의 모습으로 치장된 한 살롱의 "지옥"에 영원히 갇혀 있다.. 카뮈는 『이방인』에서 정상적인 감정을 벗어던져 버리고 일반 여론을 무시하면서 아무런 동기 없는 살인을 저지른 한 명의 인간을 보여 주고 있다. 센 강 좌안을 상징하는 이 지식인들이 쓴 작품들은, 종종 도덕성을 염려하는 언론을 통해 파리 5구와 6구에 살고 있는 전후의 주변인들과 결부되었다. 예컨대, 『삼므디 수아르』지는 좌안에 있는 나이트 클럽들에 대한 특집기사를 신기도 했다. 많은 발행 부수를 자랑하던 이 일간지는, 그곳에 출입하는 초라한 고객들을 "실존주의자들"이라고 규정해 버린다. 심지어 사르트르가 어떻게 자기 방에서 젊은 여자를 유혹해서 동침을 했는가에 대한 기사를 신기까지 했다…….

　그 당시 백만 부 이상의 판매 부수를 기록하고 있던 『프랑스 디망슈 France-Dimanche』지는 한 면 전체를 사르트르에 대한 기사로 채웠다. 그는 그 기사에서 문제가 농후한 자의 모습으로 묘사되고 있다. 그는 종종걸음으로, 더러운 옷깃을 세우고 머리를 구부리고서, 주머니는 책과 종이뭉치로 불룩해져 있고, 팔에는 어느 도서관에서 빌렸을 발자크의 소설 한 권을 들고서 카페 드 플로르에 들어서고 있다. 그는 카페의 한 테이블에 앉아서 글을 쓰고, 자기 주변을 감동적으로 둘러보면서, 목 주변에 두르고 있던 머플러를 풀어놓는다. 그는 자신의 책가방에서 싸구려 만년필을 꺼내 사십여 쪽을 휘갈겨 쓴다. 그러고 나서 그는 주변에 콩나물시루처럼 빽빽하게 몰려든 제자들과 함께 파리의 생 제르맹 데 프레에 있는 카바레들을 순회한다…….

게다가 사르트르가 누리는 유명세는 프랑스에만 국한되지 않았다. 그가 전후에 곧바로 겪게 된[8] 그 "뜻밖의 영광"에 대해 언급하면서 보부아르가 지적하는 것처럼, 그러한 유명세는 그를 세계적인 명성을 누리는 작가로 만들게 될 하나의 새로운 사건, 즉 지적 교류의 국제화를 의미하는 것이기도 했다. 사르트르는 애시 당초 『구토』가 수년 내에는 다른 언어로 번역되지 않을 것이라고 생각했었다. 하지만 실제로 통신 기술의 신속한 발달 덕택으로 이 소설은 출간된 지 얼마 지나지 않아 벌써 십여 개 국가에서 번역된다. 1947년에 『이방인』이 영어, 스웨덴어, 이탈리아어로 번역되었을 때, 카뮈 역시 사르트르와 같은 현상을 경험하게 된다. 이어서 『칼리굴라』와 『오해』가 덴마크어, 이탈리아어, 영어로 번역되었다. 『시시포스의 신화』는 이탈리아어와 스웨덴어로 번역되었다. 그리고 『한 독일인 친구에게 보내는 편지들』은 아르헨티나, 스위스, 이탈리아에서 간행되었다. 1947년에 간행된 지 일 년 안에 지구상에서 십여 개의 언어로 번역되었던 『페스트』와 마찬가지로 다른 작품들에 대해서도 전 지구적으로 커다란 관심이 고조되었으며,

그 결과 비슷한 숫자의 나라들에서 다른 작품들 역시 번역이 준비되고 있는 상황이었다. 정확히 그때부터 카뮈의 이름이 노벨 문학상과 연관되어 거론되기 시작했다.

그렇다면 카뮈와 사르트르는 그처럼 갑작스러운 영광에 어떻게 반응했는가? 1945년 10월에 카뮈는 일기에 이렇게 적고 있다. "나는 30세에 갑작스럽게 명성을 얻게 되었다. 물론 나는 그것을 후회하지는 않았다. 후일 그로 인해 악몽을 꿀 수도 있을 것이다. 하지만 지금 나는 그것이 어떤 것인지를 알고 있다. 그것은 그리 대단한 것이 못 된다."[9] 그러나 『칼리굴라』에 대한 유보적인 반응이 있고 난 뒤 그의 명성에 대한 무관심은 곧바로 훨씬 더 부정적인 어조로 표현되게 된다. "30편의 글. 찬사의 이유는 비판의 그것과 마찬가지로 옳지 못하다. 진지하거나 감동적인 목소리는 그저 한두 명에 불과하다. 명성! 가장 좋은 경우에도 그것은 오해에 불과하다."[10] 성공이 카뮈에게 도움만 되었던 것은 아니다. 그는 우월감에 빠져 대가연하는 태도를 취하기도 했다. 물론 그가 성공으로 인해 치러야 했던 대가는 어마어마한 것이었다. 갈리마르 출판사에 풀타임으로 일하는 한 명의 여비서를 고용했지만, 그것만으로는 그를 만나고자 하고, 인터뷰를 하고자 하고, 그의 정치적 지지를 요청하려고 하는 모든 자들의 요구에 응할 수가 없었던 것이 그 좋은 예이다. 몇 년 후에 카뮈는 너무 유명해져 자신의 재능을 잃어버리고, 완전히 창작력이 고갈되어 버린 한 남자에 대한 단편을 쓰게 된다. 그 작품을 읽으면서 우리는 명성으로 인해 카뮈가 격분했다는 인상을 갖게 된다. 그의 평전을 썼던 한 사람은 명성으로 인해 그가 피폐해졌다고까지 말하고 있다.

카뮈와는 달리 사르트르는 그 자신의 명성을 비교적 수월하게 받아들였다. 그것은 아마도 그 자신 천재라는 생각을 늘 품었기 때문일 것이다. 후일 그는 명성으로 인해 자신이 우파는 물론 좌파 진영에서부터 공격을 당하는 빌미가 되었다고 회고하고 있다. "나에게 있어서 명성이란 다름 아닌 증오였다." 또한 그는 자신의 명성을 아주 잘 이용할 줄도 알았다. "그런 일이 벌어졌던 것을 보면서, 나는 '전체 독자'라는 개념을 생각하게 되었다. [……] 만약 작가가 자신이 생각하는 바를 그 같은 독자에게 전달할 수 있다면, 그는 전체 독자를 갖게 될 가능성도 있다. 비록 그 전체 독자의 모습이 아직은 완벽한 명확함을 갖추고 드러나지 않았다고 할지라도 말이다."[11]

* * *

보부아르가 옆에 있지 않으면 사르트르는 남자들과 자주 만나지 않았다. 하지만 사르트르와 카뮈는 우정의 초창기에 종종 아침에 카페 데 되 마고Café des deux Magots에서 만나곤 했다. 30여년이 지난 뒤에 사르트르는 카뮈의 재미있는 면모를 강조하면서, "1년 혹은 2년 동안 그의 모습은 아주 좋았다."라고 회상하고 있다. 그러나 "그 시기에도 어떤 면에서는 친밀함은 부족했었다. 물론 대화 속에서 그 친밀함이 부족했던 것은 아니었다. 하지만 있다고 해도 그 친밀함은 깊이가 없었다. 우리는 서로 충돌할 수도 있었을 그 무엇인가가 있다고 느꼈다. 만약 우리가 그 문제를 다루었더라면 아마도 충돌할 수도 있었을 것이다. 하지만 그렇게 하지 않았다. 우리는 카뮈에 대해 상당한 호감을 갖고 있었다. 하지만 우리는 그가 너무 앞서 나가지 말아야 한다는 것도 또한 알고 있었다."[12] 어쨌든 그 당시 그들 두 사람 사이에서 소용돌이

치던 에너지는 아주 강렬하고 심오했으며, 그것으로 사르트르가 카뮈를 자신의 가장 가까운 친구로 여기는 데 충분했던 것이다.

생 제르맹 데 프레는 사르트르가 생활했고 글을 썼던 구역이다. 게다가 전후 몇 년간 사르트르와 카뮈는 둘이서 혹은 다른 친구들과 함께 레스토랑, 지하 카페, 카페의 테라스 등에서 수많은 시간을 보냈다. 보부아르가 회고록에서 회상하고 있는 것처럼, 카뮈는 그들의 삶에서 중요한 역할을 했다. 그들은 함께 술을 마셨고, 먹고, 춤을 추었다. 일단 갈리마르 출판사에서의 일과가 끝나고 나면 카뮈와 그의 비서는 종종 카페에 있던 사르트르와 보부아르와 합세했다. 한 잔 마신 뒤에 그들은 식당으로 저녁을 먹으러 갔고, 그곳에서 다른 친구들을 만났고, 보리스 비앙Boris Vian 혹은 쥘리에트 그레코Juliette Gréco의 음악을 들으러 가기도 했다. 그리고 종국에는 종종 떠들썩한 분위기에서 마지막 잔을 마시기 위해 카페의 테라스에 앉기도 했으며, 그렇게 그들은 함께 저녁시간을 마치곤 했던 것이다. 그리고는 비틀거리는 걸음으로 각자 집으로 돌아가곤 했던 것이다.

카뮈는 속마음을 사르트르에게 기꺼이 다 털어놓진 않았다. 그는 자기보다 손위인 사르트르에게 약간의 거리를 두는 편이었다. 이와는 달리 카뮈는 보부아르에게는 마음을 터놓는 편이었다. 사르트르가 1945년에 미국에 가 있는 동안 보부아르는 "아주 자주" 카뮈를 보았다고 회상하고 있다.

내가 여자인 까닭에—그는 봉건적이었고, 나와는 완전히 평등한 존재는 아니었다—그가 나에게 속내를 터놓고 말하는 경우가 왕왕 있었다. 그는 나로 하여금 그의 수첩의 한 대목을 읽도록 했고, 개인적인 문제를 나에게 말하기도 했다. 그는 종종 자기가 마음에 두고 있는 주제에 대해 반복해서 얘기하곤 했다. 언젠가 진실을 글로 쓸 필요가 있을 것이다! 다른 사람들에 비해 그에게는 삶과 작품 사이에 훨씬 더 넓은 간극이 있었다. 우리가 함께 외출한 날에 밤늦게까지 술을 마시고, 얘기를 하고, 웃으면서 그는 우스꽝스럽고, 냉소적이며, 약간은 불량기도 있었고, 자기 주장에서는 아주 자유분방한 태도를 보여 주었다. 그는 자신의 감정을 털어놓기도 했으며, 충동에 이끌리기도 했다. 새벽 2시에 보도에 쌓인 눈 위에 털썩 주저앉기도 했으며, 사랑에 대해 비장하게 사색을 하기도 했다. '선택해야만 합니다. 사랑이 계속 이어지든지 아니면 소멸되든지 둘 중의 하나를 말입니다. 비극적인 것은 사랑이 동시에 그 둘 모두일 수가 없다는 것입니다.' 나는 그에게서 그가 자신의 생과 쾌락에 몰두하는 열광적이고도 굶주린 태도를 좋아했다.[13]

보통 사르트르의 회상이 아주 애매하고 희미한 것과는 달리 보부아르의 그것은 아주 상세하다. 그녀의 기억에 의하면 1945년에 카뮈와의 정치적 불화는 사실 이차적인 것이었다. 카뮈는 그 당시에 드골 장군에게 사형 선고를 받은 작가 로베르 브라지야크Robert Brasillach의 사면을 요구하는 청원서에 마르셀 에메라는 작가가 자기의 서명을 이용하는 것을 그대로 방치했다. 물론 사르트르와 보부아르는 그 청원서에 사인을 하는 것을 거절했다. 그리고 나서 같은 해 11월, 카뮈는 당시 PCF 서기장이었던 모리스 토레즈Maurice Thorez에 반대하면서 드골을 옹호한 적이 있다. 보부아르는 이렇게 기억하고 있다.

1945년 11월에 자동차로 나를 집까지 데려다 주면서 그는 토레즈에 반대하는 드골을 옹호했다. 그는 출발하면서 자동차 창문 너머로 '드골 장군은 어쨌든 자크 뒤클로Jacques Duclos와는 다른 사람입니다.'라고 소리쳤다. 이러한 충동적인 주장이 그의 입에서 나왔다는 것이 나를 당황스럽게 만들었다.[14]

* * *

카뮈와 사르트르가 문학과 철학에 대해 대화를 나누는 것은 아주 드문 일이었다. 그렇다고 해서 그들이 프랑수아 모리아크나 가브리엘 마르셀—그들은 마르셀을 거의 인정하지 않았다—혹은 그들이 상당히 인정하고 있던 포크너W. Faulkner 등과 같은 작가들에 대한 판단을 내리지 않았던 것은 아니었다. 후일 사르트르는 전후에 그들이 나눈 우정을 기술하는 것이 너무나 "복잡한" 일이라고 고백하게 된다. "내 생각에 의하면, 우리는 카뮈가 다른 사람들과 맺고 싶어 하는 관계들과 전혀 맞지 않은 이상한 관계를 맺고 있었다. 이와 마찬가지로 우리도 우리 자신이 다른 사람들과 맺고 싶었던 관계를 그와는 맺지 못했던 것 같다."[15]

그렇다면 사르트르가 특별히 높이 평가했던 것은 어떤 종류의 우정이었을까? 그의 동창인 니장이 1940년에 전선에서 사망한 후,* 그리고 또 다른 고등사범학교 친구인 아롱이 런던에 망명한 이후, 사르트르는 전쟁 기간 내내 단지 단 한 명의 동료와 우정 관계를 맺게 된다.

---

* 사르트르의 죽마고우였던 니장은 일찌감치 PCF에 가담했으며, 제2차 세계대전의 발발과 더불어 참전했다가 사망했다.

그 사람이 바로 카뮈였다. 그는 또한 자신의 역량과 비견할 만한 역량을 가진 지식인이었던 메를로퐁티, 상당히 독립적인 정신의 소유자인 젊은 장송F. Jeanson 등과 철학적, 정치적으로 협력하게 된다. 하지만 사르트르는 그들 누구와도 친밀한 관계를 맺지는 못한다. 사르트르-보부아르의 "식구"에 속해 있던 다른 젊은이들에 대해서 말하자면, 그들은 단지 위성衛星들에 불과했던 것이다.

보부아르에 따르면, 카뮈가 유명해진 시기에 사르트르의 의견들은 더욱 단정적으로 변했으며, 말은 더욱 단호해졌다고 한다. 하지만 카뮈가 사르트르-보부아르의 커플에게 까다로운 모습을 보인 데에는 또 다른 중요한 이유가 있었던 것으로 보인다. 카뮈는 그들 커플이 주위 사람들과 맺는 관계와 같은 스타일에 따를 그런 사람이 아니었다. 사르트르가 그의 정신상의 독립성에 대해 존경심을 보여 주고 있었지만, 카뮈 역시 자신이 사르트르의 위성 가운데 하나로 여겨지는 것을 피하기 위해 많은 노력을 했다. 그러나 그들 두 사람이 프랑스와 파리의 문학 무대를 휩쓸 당시에 그들의 한데 어울림은 너무나 당연한 것으로 여겨져, 카뮈는 사르트르와 반대되는 입장을 보여 주어야만 하는 필요성을 느끼고 있었다. 그리고 이 같은 구별의 필요성은 사르트르가 카뮈를 모델로 여기면서 그의 존재 양태를 자신의 고유한 철학에 통합시켜 버렸던 만큼 더욱 더 긴요한 것이 되었다.

*　　*　　*

카뮈와 사르트르 두 사람의 관계 진전은 '참여'와 밀접하게 연결되어 있다. 이 용어는 전쟁 후에 사르트르에 의해 유명해졌다. 사르트르가 『현대』의 창간사에서 이 유명한 용어를 도입하기 훨씬 전에, 카뮈는 1944년 3월에 여전히 비밀리에 발간되고 있던 『콩바』지의 서명이 되지 않은 한 사설에서 레지스탕스 운동에의 '참여'를 독려하는 호소를 한 바 있다. 그는 이 사설에서 그 당시 입버릇처럼 되풀이되곤 했던 "그것은 내 알 바 아니야."라는 말에 격렬하게 대응할 것을 촉구했던 것이다. 그는 특히 적의 행동 하나하나와 레지스탕스 운동의 주도권 하나하나는 모든 프랑스인들과 관계가 있다고 강조하고 있다. "이것은 우리 모두와 관계된다. 왜냐하면 오늘날 모든 프랑스인들은 적에 의해 한 명의 용감한 행동이 다른 모든 사람들의 도약을 낳고, 단 한 명의 방심이나 무관심이 다른 수십 명의 죽음을 야기시킬 정도로 긴밀하게 연결되어 있기 때문이다."[16] 역사적이고 이론적인 모든 암시를 피하면서도 봉기를 촉구하는 이 같은 간단명료한 호소는, 1947년까지 일간지 『콩바』의 사령탑에 앉게 되는 카뮈의 것이 될 참여의 유형을 보여 주는 것이며, 또한 이 유형은 참여 지식인으로서 그의 마지막 날까지 지속되게 된다.

그 시기에 집필되고 있던 소설 『페스트』는, 이 소설의 저자 카뮈가 의도했던 의미에서는 일종의 '참여' 교과서처럼 읽힐 수도 있다. 그는 이 작품에서 전체주의적 위협에 맞서 행해야 하는 행동을 하는 것에 대한 냉정한 결심을 표현하고 있다. 그것도 영웅주의에 대한 최소한의 양보도 없으며, 화자 자신이 말하고 있듯이 "훌륭한 행동들에 과도한 중요성"을 부여하지도 않고서 말이다. "자원 위생교육"[17]에 참여한 사람들이 그런 행동을 한 것이다. "왜냐하면 그들은 그것이 해야 할 유일한 행동이라는 것을 알고 있으며, 참여하기로 결정하지 않는다는 것은 그 당시에는 믿을 수 없는 일이었다는 것을 알고 있었기 때문이다."[18]

상황이 그것을 요구하고 있었으며, 그것이 전부였다. 소설 초반에 신문기자 랑베르Rambert는 카뮈와 마찬가지로 전쟁 때문에 가족과 이별해 있는 상황이었다. 그래서 그는 가족과 다시 만나기 위해 노력하고, 그 당시 대도시로부터는 접근이 불가능했던 오랑Oran에 다시 들어가기 위한 계획을 세우게 된다. 하지만 그는 결국 거기에 남기로 결심한다. 그는 경험을 통해 페스트와 싸우는 것은 "모두의 일"이라는 것을 알게 된 것이다. 그 일은 계속해서 추구되는 집단의 노력에 의해서만 도달될 수 있을 뿐인 그런 일이었다. 거기에는 각자가 상황의 요구들에 따르는 것, 그리고 그 일의 진행에 따르는 내재된 위험들을 수용한다는 것이 전제되어 있는 것이다.

이 같은 연대감 속에는 원기를 되찾아 주는, 그리고 종종 행복감을 주기까지 하는 순박함이 있게 마련이다. 리외Rieux와 타루Tarrou가 함께 수영하는 일화가 그것을 증명해 주고 있다. 투쟁의 장면이 아니라, 투쟁에서 벗어난 순간을 묘사하고 있는 이 멋있는 장면은 카뮈의 작품의 최고봉 가운데 하나이다.

그들은 서로 옷을 벗었다. 리외가 먼저 물속으로 들어갔다. 그가 다시 떠오르자, 처음엔 차가웠던 물이 미지근한 것처럼 느껴졌다. 몇 번 팔짓을 한 후에, 그는 바다가 그날 밤 미지근함을, 여러 달 동안 육지로부터 축적된 열기를 받아들인 가을 바다의 미지근함을 가지고 있었다는 것을 알게 되었다. 그는 일정한 간격으로 수영을 했다. 그의 발짓으로 인해 뒤쪽엔 거품이 일었고, 물결은 그의 팔을 지나 양다리 사이로 흘러들어갔다. 무거운 찰랑거림 때문에 그는 타루가 물속으로 들어왔음을 알게 되었다. 리외는 배영 자세를 취하고는 꼼짝 않고서 달과 별들로 가득 차 있는 뒤집힌 하늘을 바라보았다. 그는 길게 숨을 내쉬었다. 그러고 나서 그는 더욱 또렷하게 물장구치는 소리를 들었다. 밤의 침묵과 고독 속에서 이상하리만큼 청명하게 소리가 들렸다. 타루가 다가왔다. 곧 그의 숨소리를 들을 수 있었다. 리외는 몸을 돌려 친구와 같은 선상에서 같은 리듬으로 수영을 하고 있었다. 타루는 그보다 더 힘차게 앞으로 전진하고 있었으며, 따라서 그는 속도를 조금 높여야 했다. 몇 분 동안 그들은 같은 속도로, 같은 힘으로 앞으로 나아가고 있었다. 그들은 세상에서 멀리 떨어져 마침내 도시와 페스트로부터 해방되어 고독한 상태에 있었다. 리외가 먼저 멈췄다. 그러고 나서 그들은 차디찬 해류 속으로 들어간 한 순간을 제외하고는 함께 되돌아왔다. 아무 말 없이 바다가 보여 주는 이 놀라운 현상에 놀란 그들은 둘 다 팔동작을 서둘렀다.

다시 옷을 입고 나서 그들은 한 마디도 내뱉지 않은 채 다시 출발했다. 그러나 그들은 같은 심장을 가졌고, 그날 달콤한 추억을 나누어 가졌다. 멀리서 그들이 페스트를 가리키는 표지를 보자 리외는 타루 역시 그와 마찬가지로 속으로 전염병이 그들을 다행히 잊고 있었다. 그리고 이제부터는 다시 싸움을 시작해야 할 것이라고 말하고 있다는 것을 알고 있었다.[19]

리외와 타루 두 사람은 한 마디도 교환하지 않지만 모든 것이 거기에 있다. 그것은 자신들의 깊이 있는 의견 교환을 구체화하기 위해 말이 필요가 없는 투사들의 합일을 보여 주는 것이다. 그들이 보여 주고 있는 침묵은, 카뮈가 선호하는 참여 개념을 완벽하게 대변하고 있는 것이다.

저자의 행동과 인격을 잘 보여 주고 있는 이 텍스트가, 분명 사르트르로 하여금 정치적으로 참여하게끔 했다고도 할 수 있을 것이다. 이 텍스트는 카뮈와 사르트르를 이어 주는 관계의 주요 단계 가운데 하나인 길고도 힘든 과정이었다. 사르트르는 1945년 뉴욕에서 가진 한 강연회에서 친구인 카뮈가 자기에게 어떤 의미를 갖는지를 털어놓은 적이 있다. 물론 여러 의미를 담고 있는 그 강연회 전문은 그의 생전에 프랑스 언론에서는 발간되지 않았다. 그것은 오히려 『보그*Vogue*』지 1945년 7월호에서 영어로 번역되어 출간되었다.

사르트르 자신도 그 강연회에서 언급된 "젊은 작가들" 가운데 한 명이었고, 그리고 그 자신의 견해를 표명한 그 시기에 자신의 두세 번째 소설 역시 인쇄되고 있었다는 점에서 볼 때, 그 강연회는 한 친구에 대한 찬사를 가장한 개인적 지위 향상을 노린 대표적 행보라고 할 수 있다.

사르트르는 강연을 이렇게 시작한다. 즉 전쟁, 패배, 점령, 레지스탕스 운동 그리고 해방을 경험한 이후, 앞선 세대의 글이 "느려지고, 피곤에 지치고, 적절성을 잃은 것처럼 보입니다."[20]라고 단언하면서 말이다. 계속해서 그는 하나의 새로운 문학이 탄생하고 있는 중이며, 그것은 "저항과 전쟁의 결과입니다. 이 새로운 문학을 대표하는 가장 훌륭한 예가 바로 알베르 카뮈입니다. 그는 서른 살입니다."라고 말하고 있다. 이 새로운 작가들은 점령 하에서 그들이 벌인 이 투쟁의 경험에 의해 철저하게 각인되어 있는 자들이다.

수많은 비밀 기사들을, 그것도 종종 위험한 상황 속에서 발간하면서 독일인들에 반대하는 사람들을 단련시키기 위해, 혹은 그들을 격려하기 위해, 이 새로운 작가들은 글을 쓰는 것을 하나의 행동이라고 생각하게 되었으며, 또한 행동하는 취향을 얻게 되었습니다. 작가는 책임이 없다고 주장하는 것과는 달리, 그들은 항상 글을 쓰기 위해 모든 대가를 치를 준비가 되어 있어야 한다고 요구합니다. 비밀 신문에 실린 글 한 줄 한 줄은 모두 작가, 인쇄업자, 저항의 삐라들을 배포하는 자들의 생명을 위험에 빠뜨리면서 씌어졌던 것입니다. 그렇게 해서 양차 세계 대전 사이의 여러 해에 걸친 인플레이션이 있던 시기, 즉 말이 그 누구도 금으로 지불할 수 없었던 휴지-돈과 유사했던 시기가 지난 후에 비로소 글로 바뀐 말은 그 힘을 되찾게 되었던 것입니다.

작가들은 레지스탕스 운동에 직접 참여하면서 다음과 같은 교훈을 얻었다. "자유 그 자체와 마찬가지로 글을 쓴다는 자유는 어떠한 상황에서든 무기를 들고서라도 옹호되어야 한다." 하지만 이러한 의무는 문학에 대한 그들의 시선을 완전히 변화시켰다. 그 이후부터는 문학을 "정치와는 무관하게 이루어지는 무상無償 행위로" 간주할 수는 없는 노릇이었다. 카뮈와 같은 좀 더 젊은 작가들은 자신들의 독자들을 참여시키고자 노력했다. 정확히 이러한 이유로 참여문학은 당시 프랑스에서 상당한 토론거리가 된 주제가 되었던 것이다.[21]

사르트르는 그 이후 카뮈에게 명성을 가져다준 저작들, 그리고 그와의 만남의 단초를 제공했던 저작들에 관심을 기울이게 된다. 『이방인』과 『시시포스의 신화』가 그 좋은 예이다. 이 두 권의 저서는 대부분 전쟁 전에 구상되었고 씌어졌다. 사르트르는 카뮈의 저작들이 "아주 어둡다", 그 까닭은 프랑스가 바로 얼마 전에 비극적 시기를 뚫고 나왔기 때문이라고 말하고 있다. 그는 카뮈의 부조리에 대한 감정과 전쟁의 공포—예컨대 포로수용소—를 연결시키면서 카뮈적인 비관주의의 건전하면서도 건설적인 특징을 강조한다.

"인간이 자기 자신을 발견하게 되는 것은 모든 것을 상실했을 때입니다. 왜냐하면 바로 그때 그는 자기 자신 이외의 그 어떤 것에도 의지할 수 없다는 것을 알게 되기 때문입니다. 죽음의 계속되는 현전, 고문을 당할 수 있는 계속되는 위협 등은 카뮈와 같은 작가들로 하여금 인간의 능력과 한계를 측정할 수 있게 해주었습니다.""고문을 당하면 나는 자백을 할 것인가?"라는 구체적인 문제—이것은 사르트르의 말이다—가 항상 제기되는 극한 상황을 떠맡으면서 레지스탕스 운동에 참가한 카뮈를, 다른 작가들은 심리적이고 사회적인 존재로서의 인간뿐 아니라 "특히 전체적주의적 인간, 형이상학적 인간"에게 관심을 집중시켰던 것이다. 그리고 그들은 "극단의 고통 속에서도 인간적인 것이 구가謳歌되는 자리는 있는 법"22이라는 것을 배웠다는 것이다. 우리 시대의 영웅적인 작가들 가운데 한 명임에 분명한 말로와는 달리, 카뮈는 겸손하고 참을성이 있다는 것을 보여 줄 줄 알았다. 이것은 레지스탕스 운동을 하면서 그가 익혔던 두 가지의 소중한 미덕이었다. 요컨대 그는 개인이 하는 행동의 충격이 어느 정도까지 미치는가를 이해하고 있었으며, 인간의 정신은 이 부조리한 세계, 즉 그가 유일하게 관심을 갖는 그 세계에 남아 있다는 사실을 알고 있었다는 것이다.

한편, 사르트르는 계속 『페스트』의 원고를 읽고 자신의 의견을 개진하게 된다. 그 당시 이 작품은 아직 완성되지 않았으며, 2년 후에나 출간되게 된다. 그는 미국 독자들을 위해 이 작품을 요약하고, 이 작품으로부터 중요한 교훈을 끌어내게 된다. 의사는 자기 일을 "단순하게, 그리고 헛된 기대 없이 수행하며, 악과 우주에 도전하며, 모든 것을 무릅

쓰고 인간 정신의 우월함을 확신합니다."[23] 카뮈가 전쟁 이후에 정치적 저널리즘에 이르게 된 것은 놀라운 일이 아니며, 정치적 현실주의를 거부하는 사설들을 쓰게 되었던 것도 놀라운 일이 아니다. "현실주의로 인해 인간성이라는 개념 자체가 파괴되었습니다. 왜냐하면 현실주의는 사물들에 대한 종속으로 환원되기 때문입니다." 그리고 카뮈가 품은 준엄한 희망이 그로 하여금 기분 전환의 문학으로 나아가게했다는 것 또한 놀라운 일이 아니다. 그의 작품은 아직도 많은 시간을 필요로 하는 건설을 위한 작업장으로 변모하게 될 프랑스 문학의 미래를 보여 주게 된다는 것이다. 〔카뮈의 문학은〕 "고전문학, 헛된 기대를 품고 있지 않은, 그러면서도 휴머니즘의 위대함에 대한 믿음으로 충만해 있는 고전문학에 속합니다. 즉 냉혹하지만 그러면서도 무용한 폭력이 없는, 열정적이지만 그러면서도 조심성 있는 〔……〕 문학이자, 사회의 움직임에 전적으로 참여하면서도 인간의 형이상학적 조건을 그리려고 노력하는 문학인 것입니다."[24]

　작가로서의 카뮈와 인간으로서의 카뮈를 집중적으로 조명한 이 주목할 만한 강연회가 진행되는 동안, 사르트르는 그들 둘이서 탐구했던 여러 주제를 설명했다. 그 주제들은 부조리, 꾸밈없는 휴머니즘, 투쟁의 필연성, 극한의 상황들에 맞서려는 의지, 모든 술책에 대한 거부, 영웅적 제스처에 대한 거부, 경험과 인간적인 행동에 집중되지 않은 모든 해석학적 도식에 대한 거부 등과 같은 것이었다. 나아가 사르트르는 그 강연회를 통해 전쟁 전에 출간된 『벽』과 『구토』와 같은 자신의 소설들을 전쟁 이후에 간행된 정치적으로 참여 성격을 띤 다른 많은 작품들과 같이 분류하기도 했다. 미국을 떠나기 직전에 그는 점령이라는 경험 속에서 참여 개념의 뿌리를 찾으면서, 일간지 창간 계획에 유용한 참여에 대한 하나의 시론을 쓸 계획을 세웠다. 이제 그는 카뮈에게 동화되는 것처럼 보였다. 거기엔 그럴 만한 이유가 있었다. 실제로 그가 보기에 카뮈는 가장 중요한 것을 구현하고 있었던 것이다. 그 젊은이는 이미 사르트르가 되려고 노력하는 그런 사람의 모습을 보여 주고 있었던 것이다. 즉 참여작가, 관념적이거나 이데올로기적인 선입견이 없으며, 자유의 시인이자 동시에 정치적으로 활동하는 작가의 모습을 말이다.

25년 후, 철학자 사르트르는 자신의 평전에 이용될 한 대담에서 『페스트』에 대해 다음과 같은 해설을 하게 된다. 즉 "상당한 시간이 지난 후에 보니 페스트가 독일의 침략과 닮았다, 그것은 이유 없이 왔다가 이유 없이 떠나 버렸다고 단언하는 카뮈를 생각해 보면, 그때 내가 얼마나 바보 같은 짓을 했던가!"[25] 우정이 단절된 후 꽤 한참 후에 이루어진 『페스트』에 대한 이 같은 재평가에서 사르트르는, 1945년 직접 자기 자신이 지적했던 이 소설의 주제에 관련된 주요 사실을 잊고 있다. 그러니까 이 소설은 인간적이든 아니면 자연적이든 간에, 결코 이 전염병의 원인이나 기원 등에 대한 사색이 아니라, 이 전염병을 물리치기 위해 노력하는 집단정신의 역사였다는 점이 그것이다. 바로 그런 이유에서 이 소설이 출간되자마자 카뮈의 이름이 노벨 문학상 후보 작가로 거명되기 시작했던 것이다. 작가 카뮈의 참여에 대한 사르트르의 강조는, 정확히 이 참여라는 개념이 사르트르 자신의 개인적 생각이라기보다는 오히려 그가 카뮈라는 사람에게서 완수된 것을 목격한 하나의 삶과 행동의 방식이었다는 사실을 잘 보여 준다 하겠다. 그리고 사르트르 자신도 바로 거기에 거의 이르렀던 참이다.

작가 카뮈에 대해 이처럼 의견을 바꾼 후에 사르트르는 자연스럽게 그의 소설에 대한 기억 역시 수정하게 된다. 1970년에 가졌던 그 대담에서 사르트르는, 거의 강박관념적으로 25년 전에 몸소 카뮈를 참여의 모델로 여겼던 태도를 망각한 채, 그의 참여가 내포하고 있는 결점을 반복해서 지적하고 있다. 물론 그는 전쟁 후에 자기가 변했다는 사실을 인정한다. 하지만 그는 여전히 알제에서 태어난 젊은 작가가 당시에 그 자신의 모델 가운데 한 명이었다는 사실을 경시하고 있는 것이다. 이처럼 사르트르가 예전에 카뮈에게 가졌던 커다란 존경은 불가피한 단절에 대한 회고의 감정과는 잘 어울리지 않는다. 옛 친구였던 카뮈와 의견의 일치를 본 것은 아주 드물었다고 그가 내리고 있는 결론은, 해방 이후 그들이 함께 세웠던 계획들 사이에 자연스럽게 생겼던 공통점을 정면으로 부정하는 것과 같은 의미를 가지는 것이다.

*　　*　　*

　　1945년 뉴욕에서 개최되었던 강연회에서 사르트르는 얼마 전부터 연구하고 있던 사유들을 그대로 보여 주고 있다. 이 사유들은 1945년 10월 중순에 출간되었으며, 『현대』지의 출범을 알리는 것처럼 보이는 하나의 텍스트에 담겨져 있다. 커다란 원칙들을 천명하는 것을 피하고 글을 쓰고 행동하는 것을 더 선호했던 카뮈와는 달리, 사르트르는 자신의 삶의 주요 방향을 이론적이고 계획적인 개념들을 통해 표명할 필요를 느끼곤 했다. 참여에 대한 사르트르의 유명한 호소는 오래된 것이고, 이론적이며, 또한 분명히 그의 철학에서 기인한 것이다. 그때 우리가 확인할 수 있는 것은 웅변술의 절정을 보여 주고 있는 사르트르의 모습인 것이다.

사르트르는 "예술을 위한 예술"이라는 개념을 일종의 무책임한 것으로 거부하며, 개인을 하나의 결정적인 몸짓 속에, 그리고 특히 작가를 자신이 살고 있는 역사적 맥락 속에 다시 위치시킨다. 결국 사르트르는 참여문학에 호소한 것이다. 그는 1848년 혁명에 대한 발자크의 "무관심을 유감스러워했으며", 파리코뮌에 대한 플로베르의 겁에 질린 몰이해도 유감스러워 했다.[26]

어쩌면 사르트르는 과거에 『구토』, 상상력, 감정에 대해 연구한 자신을 훈계하고 있다고도 할 수 있다. 그러니까 1933년에서 1934년 사이에 베를린에서 후설과 하이데거에 몰두했던 전전戰前의 그 젊은이를 훈계하고 있는 것이다. "무관심"과 "몰이해"는 그 당시에 삶의 옆을 스쳐 지나가는 방식처럼 매혹적이고 슬픈 필치로 소개되었다. 하지만 우리는 항상 하나의 결정된 역사적 상황에 처해 있으며, 그렇기 때문에 그 상황에 대해 책임이 있는 것이다.

각각의 말은 반향을 일으킨다. 각각의 침묵 또한 마찬가지이다. 나는 플로베르와 공쿠르에게 코뮌에 뒤이은 억압에 대한 책임이 있다고 생각한다. 왜냐하면 그들은 코뮌을 막기 위해 한 줄의 글도 쓰지 않았기 때문이다. 그들은 그것이 자신들의 문제가 아니었다고 말할 것이다. 하지만 칼라스Calas 재판이 볼테르의 문제였던가? 드레퓌스에 대한 유죄판결이 졸라의 문제였던가? 콩고를 다스리는 것이 지드의 문제였던가? 그들 작가들은 각각 자신의 삶의 특정한 상황 속에서 작가로서의 책임을 가늠했던 것이다. 점령을 통해 우리는 책임을 배웠다. 왜냐하면 우리는 우리의 실존 자체에 의해 우리 시대에 대해 행동을 하기 때문에, 우리는 이 행동이 자발적인 것이 되도록 결정을 내린 것이다.[27]

『한 독일인 친구에게 보내는 편지들』을 쓴 카뮈와 마찬가지로 사르트르도 내면의 감정을 표현하고 있다. 하지만 사르트르는 그 감정을 해방 이후의 프로그램을 담고자 하는 텍스트에서 이로정연하게 정리하고 있다. 카뮈가 이전의 텍스트에서 정확히 그가 구상했던 "프랑스"의 모습을 그리고 있는 것과 마찬가지로, 사르트르 역시 위에서 언급된 "작가"의 모습을 하고 있다. 그리고 사르트르는 새로이 창간된 잡지의 편집장 자격으로 이 잡지의 방향을 예고하면서 자신의 의견을 표명하고 있다. 이제부터 "우리들은 그 어떤 것도 소홀히 하지 않기를 바라며", 따라서 우리의 "행동은 심사숙고될 것이다."라고 사르트르는 적고 있다.

사르트르의 이 같은 호소는 곧바로 유명한 대의명분이 되어 갔다. 1947년 초부터 그는 문학이 참여 성격을 가져야 한다는 역사적, 철학적, 정치적 입장을 아주 단호한 태도로 정당화시키고 있다. 그는 이미 그때 카뮈가 하고 있던 것을 설명하고 일반화시키면서, 카뮈의 실천과 그 자신의 고유한 이념의 종합을 정의하고자 노력했던 것으로 보인다. 결국 카뮈의 사설은 졸라와 볼테르—게다가 사르트르는 카뮈를 그들과 이미 비교한 바 있다—가 각각 자신들의 시대에 행했던 행동과 같은 노선에 있는 것은 아니었던가? 그리고 행동에의 참여에 대한 사르트르의 호소는, 그 자신과 관련된 역사에 참여하는 기회를 절대로 놓치지 말라는 비장한 약속과 동일시되지 않는가? 뉴욕에서 사르트르가 한 강연회 원고를 읽고 나서 카뮈가 어떻게 그 원고의 내용에 대해 깊은 감사와 만족의 감정을 느끼지 않을 수 있었겠는가?

아니다. 실제로 그것이 가능했던 것이다. 왜냐하면 카뮈는 사르트르의 요구로 인해 마음이 편치 않았기 때문이다. 비록 그 강연회 내용이 찬사로 가득하고, 또한 사르트르가 분명 카뮈를 높이 평가하는 것이 사실임에도 불구하고, 카뮈는 자기 자신의 행동을 동료 작가들에게 의무로 부과하고자 하는 모든 주장을 거절했던 것이다. 카뮈는 또한 이같은 요구의 기저에 놓여 있는 사르트르의 철학이 갖는 결정적 양상을 거절했다. 예컨대 사르트르와 자기와 같은 지식인들이 원하건 그렇지 않던 간에 역사 속에 '상황지어졌다'는 사실에 대한 기계적인 강조를 필두로 말이다. 카뮈가 이 같은 차이점을 토대로 『현대』지에 참여하지 않으려는 그 자신의 결심을 정당화시키려고 하는 것은 충분히 그럴 법한 일이었다. 하지만 실제로 1944년 말에 이 잡지의 편집부가 회합을 가졌을 때, 카뮈 자신은 『콩바』지의 일에 완전히 매달려 있었다.

제2차 세계대전의 발발 전에 간행된 니장의 『음모』에 대한 서평에서 카뮈는, 정치적 참여가—공산당에 가입하는 것과 관련되어 있다—결혼과 같은 문제라는 의견을 표명했다. 즉 그것은 "불멸성의 문제와 마찬가지로 쓸모없는 문제, 혼자서 스스로 규제해야 하는 문제이자 판단해서는 안 되는 그런 문제"[28]라는 것이다. 카뮈는 수첩들과 전쟁 이후에 가진 대담에서, "나날의 열정들"과 "우리 시대의 비극"을 묘사하는 필연성을 갖고 있는 작가에 대해서는 결코 의구심을 제기하지 않으면서 작가의 자유를 옹호하고 있다. 카뮈는 1946년 중반에 수첩에서 이렇게 쓰고 있다. "나는 참여문학보다는 참여한 사람을 더 좋아한다. 그의 삶 속에서 볼 수 있는 용기와 그의 작품들 속에서 볼 수 있는 재능은 벌써 대단한 것이다. 게다가 원한다면 작가는 참여할 수 있다. 그가 가진 장점은 그의 활동에 있다. 하지만 만약 참여하는 것이 하나의 법칙, 하나의 직업 혹은 하나의 공포가 된다면, 대체 그 장점은 어디에 있는 것일까?"[29]

사르트르는 "하나의 법칙, 하나의 기능"을 추구한다. 반면, 카뮈는 분명 그것들을 공포로 간주한다. 카뮈의 말에 따르면(그 당시에 그는 참여와 어떤 관련이 있었는가?), "오늘날 봄에 대해 한 편의 시를" 쓴다는 것은 "결국 자본주의에 이용되는 것"[30]처럼 보인다는 것이다. 하지만 휴머니즘이 빵과 정의만큼이나 "마음의 양식"을 필요로 한다는 사실을 강조하면서 카뮈는 이렇게 말한다. "그 시가 아름답다면", 그 시에서 아무런 유보 없는 기쁨을 얻을 수도 있다고 말이다. 카뮈가 "나는 그들이 자신들의 작품들 속에서는 조금 덜 참여하고 일상생활에서는 조금 더 참여하는 것을 보고 싶다."라고 말한 것은 사르트르를 비꼰 것인가? 그렇다고도 할 수 있을 것 같다. 왜냐하면 그 뒤에 이어지는 문장이 실존주의에 관계된 것이며, 카뮈가 1946년에 실존주의에 대해 말했을 때, 비록 사르트르의 이름을 거명하지 않았을지라도, 그가 염두에 둔 사람이 바로 사르트르였기 때문이다. 카뮈는 사르트르 자신도 헤겔의 커다란 오류, 즉 "인간을 역사로 환원시킨" 오류를 범했다고 비난한다. 카뮈의 생각에 의하면, 사르트르는 그 자신의 근본적 원칙을 부정한 셈이다. 왜냐하면 인간 존재가 일단 역사 속에 완전히 흡수되어 버리게 되면 그의 자유를 완전히 박탈당하게 되기 때문이다.

　카뮈의 관점에서 보면, 참여에 대한 사르트르의 요구는 역사를 개인 위에 위치시키는 것과 동의어이다. 자연과는 반대로 역사는 반드시 개인이 수행해야 하는 책임을 부과하거나, 아니면 역사는 거대한 힘과 무관하지 않으며, 그 힘은 개인을 그 자체의 고유한 법칙에 종속시키게 된다. 카뮈에 따르면, 비록 사르트르가 우연성에서 시작했지만, 결국에 가서는 역사에 도달함으로써 출발점에서 이탈했다는 것이다. 기독교나 마르크스주의에 비해 실존주의가 제시하는 해결책이 더 유효

것은 아니다. 왜냐하면 실존주의도 『시시포스의 신화』에서 카뮈가 예견하는 방식을 통해 부조리에서 벗어나는 길을 선택하고 있기 때문이다. 카뮈는 1945년 가을에 있었던 그 유명한 인터뷰에서 이 같은 주장을 하고 있다. "하나의 체계를 신뢰하는 하나의 이성에 대해 충분한 신뢰를 하지 않기 때문에" 그 자신은 철학자가 아니라는 점을 강조한 후에, 그는 실존주의가 유신론적, 무신론적 두 형태를 취한다고 강조한다. 후설, 하이데거, 사르트르 식의 변형태를 포함하여 무신론적 실존주의 역시 동일하게 "하나의 신성화, 그러나 유일 절대로 간주되는 역사라는 신성화"에 도달하고 만다는 것이다. "사람들은 더 이상 신을 믿지 않고 역사를 믿습니다."[31] 카뮈는 종교의 가치와 역사의 중요성을 인정한다. 하지만 그는 "절대적 의미에서 이것도 저것도 신뢰하지 않는다."[32]는 입장을 고수한다.

그러나 카뮈가 사르트르에 대해 가한 이 같은 비판의 정확한 의미는 무엇인가? 카뮈가 비록 참여를 강조하는 친구인 사르트르와 거리를 유지한 것은 사실이지만, 그는 1930년대부터 이미 "역사", "세계" 혹은 "삶"은 물론이거니와 그 자신의 사유의 많은 주제에 있어서 사르트르와의 근본적 대립에 대해 강조해왔다. 이처럼 1939년 전쟁이 선포되었을 때 집필된 한 텍스트에서 카뮈는 이런 소망을 피력하고 있다. "이 전쟁이 끝나면 나무들에는 다시 꽃이 피게 될 것이다. 왜냐하면 세계는 항상 역사에 승리를 거두는 법이기 때문이다."[33] 『열람실Cabinet de lecture』에 실은 비평들 가운데 하나에서 카뮈는, 앙드레 샹송André Chamson의 역사관을 "궁극적으로는 항상 삶이 승리하는 하나의 가소로운 에피소드"라고 우호적으로 평한 적이 있다.[34] 그리고 『한 독일인 친구에게 보내는 편지들』에서 카뮈는, 독일의 침략에 맞서기 위해 "역사에 가담하는" 것을 지적하고 있다. 후일 사르트르가 말하게 되는 것처럼, 카뮈는 스스로 역사 밖에 있다고 생각하기는 하지만, 그러나 종종 역사 속에 가담하기도 한다.[35] 참여를 하고는 있었지만, 그래도 카뮈는 역사를 인간의 인간에 대한 소외이자 강한 생명력을 가진 모든 것에 대한 소외로 보았던 것이다.

앞에서 살펴본 것처럼, 카뮈는 사르트르의 사유와 자신의 사유를 가르는 다소간 첨예하거나 세세한 차이점들을 완전히 분석하고 단언할 수도 있었다. 카뮈는 사르트르가 전후에 "상황"이라는 개념을 통해 나아가고자 했던 방향을 거부했다. 상황이란 개념은, 우리들이 늘 처해 있으며, 늘 책임을 지고 있는 역사적, 사회적 현실이다. 만약 우리 자신이 항상 상황에 처해 있다는 것을 인정한다면, 역사에 의해 우리의 행동 가능성이 끊임없이 감소되며, 따라서 우리에게는 이제 더 이상 선택의 가능성이 남지 않게 된다는 것이 카뮈의 입장이었다. 반면, 우리의 존재론적 자유는 절대적이라는 것이 사르트르의 입장이었다. 하지만 그 자유는 항상 우리가 상이한 결정을 어떻게 직접 겪는지(혹은 거부하는지)를 선택해야 한다는 것을 의미한다.

사르트르가 존재론적 관점에서 역사에 근거한 관점으로 이동하는 그 순간에, 카뮈는 그의 취약점을 발견한다. 사람들이 자유와 자유의지가 단지 구체적인 상황 속에서만 전개될 뿐이라는 사실을 일단 받아들이게 되면, 대체 그 자유와 자유의지의 근거는 어디에 있는가의 문제가 바로 그 취약점이다. 사르트르는 이 같은 독창적인 개념들이 갖는 존재론적이거나 비역사적인 본성을 존재론을 포함해 인간 현실에 대한 역사적 이해와 조화시키려는 시도조차 하지 않는다. 카뮈가 세상을 떠난 순간까지도 미완성으로 남았던 『변증법적 이성비판*Critique de* *la raison dialectique*』(사르트르 사후에 출간된)의 2권에 열중하고 있던 때까지도 말이다. 카뮈의 입장에서 볼 때 그 쟁점의 중요성은 대단히 크다. 개인적 자유, 독립적인 가치, 그리고 모든 역사적 상황으로부터 벗어나는 도덕적 판단을 갖춘 심급을 간직하는 것이 주요 쟁점이기 때문이다. 만약 카뮈와 사르트르가 이 문제를 그들의 명성과 정치적 참여의 빈도가 커져 가고 증가하는 상황에서 공개적으로 다루었다면, 그들은 아마도 전후에 가장 중요한 의미를 가진 정치적 토론을 촉발시킬 수도 있었을 것이다. 하지만 카뮈는 이 같은 토론의 장을 마련하는 대신 가장 날카로운 의견들과 재치 있는 말들을 자기가 운영하는 신문을 위해 남겨둔 채 어깨를 으쓱하고 빠져나가 버렸다.

카뮈가 사르트르의 사유가 갖는 전체주의적 특징을 거부했다는 것은 그리 놀라운 일이 못된다. 카뮈가 "철학자"라는 칭호를 거절한 것은, 그가 생의 범주에 속하는 특정 영역은 종합적 비전을 형성하는 몇몇 원칙들에 의해 지배되지 않는다는 점을 확신하고 있었기 때문이었다. 예술은 그 자체의 논리 이외의 다른 논리를 알지 못한다. 도덕은 정치를 판단한다. 개인들은 참여하지 않을 자유가 있다. 세계는 단지 거대한 몇몇 힘에 의해서만 움직이는 것이 아니라 개인들과 개별적 과정에 의해 움직이기도 하는 법이다.

더군다나 카뮈는 자존심 때문에 사르트르와 구별되고자 노력했다. 보부아르는 더 뛰어난 사상가로 여겨졌던 사르트르의 이름을 앞에 놓고 항상 "사르트르와 카뮈"라고 그들 두 명을 부르는 사실 앞에서 카뮈가 느꼈던 거북함을 지적하고 있기도 하다. 카뮈는 '제2인자'의 지위를 거절하면서 사르트르의 위세가 미치는 영역으로부터 빠져나왔던 것이다. 예컨대 1945년 가을에 가진 한 대담에서 카뮈는 유머를 통해,

하지만 단호한 태도로 그 자신과 사르트르를 구별하고 있다.

> 아닙니다. 나는 실존주의자가 아닙니다. 사르트르와 나는 항상 우리들
> 의 이름이 항상 같이 붙어 있는 사실에 대해 놀라곤 합니다. 언젠가 우
> 리들 사이에는 아무런 공통점도 없으며, 따라서 서로가 서로에게 줄
> 수 있는 부채에 대응하지 않을 것을 내용으로 하는 간단한 공동선언을
> 할까를 생각 중입니다. 그러니까 우리를 함께 연결시키는 것은 별 다
> 른 의미가 없습니다. 사르트르와 나는 우리가 알기 전에 이미 각자의
> 대부분의 저서를 출간했습니다. 우리가 알게 되었을 때는 벌써 우리
> 사이의 차이점을 확인해야 했습니다. 사르트르는 실존주의자입니다.
> 그리고 내가 출간한 유일한 사상서인 『시시포스의 신화』는 이른바 실
> 존주의자들에 반대해서 기획되었습니다……. [36]

『시시포스의 신화』는 체스토프Chestov, 키르케고르 그리고 야스퍼스
에 대한 비판을 담고 있다. 왜냐하면 그들은 "자신들을 짓누른 것을 예
찬하며, 자신들에게서 희망을 빼앗는 것 속에서 오히려 희망을 품는
이유를 찾기 때문이다." [37] 사르트르는 그들 가운데 어느 누구보다도
카뮈와 더 많은 공통점을 가지고 있다. 하지만 사르트르가 역사와 사
회에 눈을 뜬 이후로 카뮈는, 사르트르와 프랑스의 "새로운 실존주의
자들이" 그 자신 몸소 『시시포스의 신화』에서 비판했던 믿음의 행위와
동일한 차원으로 도약하고 있다고 강조하기에 이른다.

사르트르는 그 자신과 구분되려는 카뮈의 결심에 동의를 표한다. 게
다가 그는 카뮈의 부조리 철학을 "일관성 있고 심오하다."고 규정하면
서, 그리고 1944년 11월, 공산주의 성향의 주간지 『악시옹』에 기고할

한 편의 글을 시작한다. 또한 그는 온정주의적인 찬사처럼 카뮈를 "혼자서도 그 철학을 옹호할 수 있는 역량이 있는" 작가로 인정한다. 나아가 사르트르는 자신을 비판하는 공산주의자들에 맞서 실존주의를 위한 변론을 하기도 한다.

사르트르는 1973년에 보부아르와 가졌던 일련의 대담에서, 카뮈가 "실존주의와는 아무런 공통점도 가지지 않았습니다."[38]라고 강조하면서, 그 자신이 이전에 쓴 글들을 부정한다. 우리는 앞에서 카뮈가 실존주의자라는 꼬리표를 인정하지 않았고, 또한 몸소 그 이유를 설명하려고 했다는 것을 보았다. 사르트르의 제자였던 알렉상드르 아스트뤽 Alexandre Astruc — 당시 『콩바』지의 리포터이자, 시나리오 작가와 연출가로서 경력을 쌓고 있었다 — 의 입에서 나온 아주 놀라운 비판이 증명해 주듯이, 사르트르와 카뮈의 공적인 협력은 그저 단순한 오해가 아니었다. 1944년 10월에 사르트르의 사유에 완전히 빠져 있던 아스트뤽은, 『악시옹』지에서 카뮈의 작품인 『오해』를 카뮈와 사르트르가 공유하고 있는 사유들에 입각해 설명하고 있다.

이 작품의 주인공은 『파리떼』에서 오레스테스가 그랬던 것과 비슷하게 수년이 지난 후에 집으로 돌아온다. 그러나 그는 그의 재산을 앗아가고, 결국에는 그를 살해하고 마는 어머니와 누이동생을 만날 뿐이다. 그는 모녀가 자신을 알아보고, 그에게 운명을 부여해 줄 것을 기대했다. 하지만 "실존은 부조리이며, 인간은 이방인이기 때문에", 이 세계는 표현되지 않은 그의 희망에 응답하는 것을 거부한다. 그의 어머니와 누이동생은 그를 이방인으로 여기고 다른 이방인들과 마찬가지로 살해하고 만다. 일이 벌어지고 난 연후에야 비로소 그녀들은 그의 진짜 신분을 발견하게 된다. 그러나 거기에서는 하나의 인간적인 실수가 문제가 되는 것이지, 결코 운명의 작용이 문제되는 것은 아니다. 『파리떼』와 같이, 그러나 지로두Giraudoux, 아누이Anouilh, 콕토Cocteau 등의 작품과는 다르게 카뮈의 비극이 보여 주는 것은, "운명에 의한 인간의 짓눌림이 아니라 오히려 그 자체에 대해 자각하는 인간의 자유에 대한 긍정"[39]이다. 사르트르가 몇 개월 후에 미국에서 있었던 강연회에서 개진했던 견해와 마찬가지로 아스트뤽이 썼던 이 기사는, 다음과 같은 하나의 단순한 이유로 사르트르와 카뮈를 하나로 묶어 주고 있다. 그 이유는 바로 그들이 서로 아주 가깝다는 것이다.

*   *   *

전후에 정치적 성격이 짙은 텍스트를 쓰는 것은 카뮈에게서와 마찬가지로 사르트르에게서도 아주 중요한 관심사였다. 카뮈는 해방 이후 약 120여 회 이상 사설을 썼다. 기자 신분이었지만 그는 아주 드물게 정확하고 구체적인 조치들을 취하거나 지지했을 뿐이다. 하지만 그는 특히 정의, 진리, 질서, 도덕성, 냉소주의, 순수함, 존엄성 등과 같은 큰 주제들을 다루었다. 『콩바』지의 큰 표제에 포함된 혁명적 구호와 프랑스의 민주적, 사회주의적 변화를 지지하는 참여적 입장을 견지하고 있음에도 불구하고, 이 신문은 "정치 활동에 도덕적 언어를 도입하자"[40]는 등과 같은 제안이 잘 보여 주고 있는 것처럼 제한된 개혁을 옹호할 따름이었다. 카뮈는 종종 다른 일간지의 사설이나 정치인들에 대한 공적인 판단에 대한 그 자신의 대답이었던 주제별로 작성된 짧은 에세이에서 그와 같은 프로그램을 적용하고 있다.

1944년 9월 8일, 카뮈는 아주 평범한 용어로 "오늘날 유럽에서 제기되고 있는 문제"[41]를 재확인한다. 그러니까 중요한 것은, 개인적 자유와 집단적 욕구를 화해시키는 것, 즉 "삶이 각자에게 자유롭고, 모두에게 정당화되는" 방식으로 자유와 정의를 화해시키는 데 있다는 것이다. 카뮈는 이 목표의 실현을 방해하는 구체적인 어려움을 늘 인정해 오던 터였다. 하지만 독자들에게 결국 관건이 되는 것은 훌륭한 정치적 행동을 가늠하는 기초적 기준이라는 점을 보여 주는 데 그가 겨냥한 목적이 있었다. 요컨대 카뮈는 정치적 판단을 위한 도덕적 지침을 정립하고자 했으며, 어느 정도까지는 이것을 이용하기도 했던 것이다.

1945년 8월에 있었던 히로시마의 원자폭탄 투하에 대해 성찰하면서 카뮈는, "방금 기계 문명이 그 야만성의 최종 단계에 이르렀다"[42]는 제목의 사설을 썼다. 그 사설에서 그는 단호한 어조로 바로 지금이 문명인을 자처하는 자들에게 있어서 집단적 자살 행위와 문명의 과학적 발명들의 현명한 사용 사이에서 선택을 해야 할 때라고 단언한다. 그는 인류를 절멸시킬 수 있는 그런 무기의 제조를 축하하는 집단에 가담하는 것은 "옳지 못한" 짓거리라는 점을 강조한다. 이제부터 국제적 차원에서 볼 때 모든 나라가 진짜 평등한 국제사회를 건설하는 것이 유일한 대안이며, 따라서 "사람들이 감행할 만한 가치가 있는 유일한 전투"는 평화를 위한 전투라는 것이다. 이 같은 내용을 담고 있는 카뮈의 그 사설을 『뤼마니테』지(핵무기의 발명을 축하하는 "집단"에 속해 있는)가 다룬 히로시마 폭격에 대한 기사와 비교해 보아야 한다. 공산주의를 대표하는 이 신문은, 폭격에 의해 발생한 파괴에 대해서는 거의 다루지 않은 채, "지난 세기에 있었던 가장 놀랄 만한 과학적 발명"에만 관심을 집중시키고 있다. 공산주의자들이 과학 기술에 대해 표하고 있는 이 같은 축하의 메시지와는 반대로 카뮈는 도덕적 원칙을 아주 강한 어조로 재확인하고 있다.

하지만 카뮈는 하나의 사태, 즉 알제리 사태에 대해서는 그저 "사실적 정보들"[43]만을 보도하는 데 그치고 있다. 1945년 봄, 그는 고국을 3주 동안 돌아본 후에 일련의 기사를 쓴다. 그는 1945년 5월 8일 세티프Sétif의 프랑스 식민주의자들이 살해된 시기에, 그리고 그 사건에 이어 프랑스 군대의 보복이 자행된 시기에 고국을 여행했다.[44] 그는 그 사건의 배경이 되는 경제, 사회적 상황을 기술하고 있다. 그는 그곳 전체에 퍼져 있던 기근과 프랑스로부터의 대대적인 도움이 필요하다는 점을 강조하고 있다. 그러면서 그는 프랑스인들과 아랍인들에게 돌아가는 하루 분 식량의 격차에 대해 지적하는 것을 잊지 않고 있다. 아랍인들이 직접 눈으로 그처럼 차이가 나는 식량을 나누어 주는 것을 목격하는 경우가 있었음에도 차등 분배는 버젓이 이루어지고 있었다. 그러고 나서 카뮈는 알제리의 정치 상황을 분석하고 있다. 그러면서 그는 이슬람교를 믿는 알제리인들이 더 이상 동화同化(이것이 공식 노선이었다)를 바라지 않는 여러 이유들, 또한 그들이 프랑스 본토에 통합될 수도 있는 하나의 공화국 내에서 이슬람교도들과 알제리에 사는 프랑스인들 사이의 균등한 권력 분배와 동등한 권리를 주창하는 "시위대"를 지지하는 여러 이유들을 열거하고 있다. 프랑스 정부가 그와 같은 요구에 대해 투옥과 탄압으로 응수한 것은 "완전히 어리석은 짓"[45]이라는 것이 그의 견해였다. 그는 그 당시에 썼던 일련의 기사를 정의正義에 대한 애매한 요구로 끝을 맺고 있다. 그리고 그는 알제리에 대해 허울 좋은 말뿐인 민주주의보다는 참다운 민주주의를 심어 줄 것을 원한다는 견해를 밝히고 있다.

유럽에서 울려 퍼졌던 전쟁의 총성이 멎은 데 대한 기쁨이 채 가시기도 전에, 곧바로 알제리에서 발생했던 폭동으로 인한 유럽인들과 이슬람교도들의 희생자들 숫자가 엄청난 차이를 보인다는 점을 지적하지 않았다는 이유를 들어 카뮈를 비난할 수도 있다. 문제의 폭동으로 102명의 프랑스인 희생자가 발생한 데 비해, 적어도 이 숫자의 10배에 달하는 이슬람교도들이 희생되었던 것이다.[46] 실제로 카뮈는 일상 생활의 모든 영역에서 알제리에 거주하는 프랑스인들이 이슬람교도들에게 자행한 철저한 탄압을 기사에서 다루지 않고 있다. 그는 또한 아랍인들과 유럽인들 사이의 균등한 권리 혹은 민주화된 알제리라는 말로 무엇을 의미하는지를 자세하게 기술하고 있지 않다. 하지만 그의 관점은 그 당시의 프랑스 언론의 입장에서 보면 전적으로 새로운 것이 아니었다. 우리는 같은 시기에 알제리에 대해 그가 쓴 기사들과 『뤼마니테』지의 기사들을 비교함으로써 그 사실을 확인할 수 있다. 기사 작성자들이 요구한 것은, "사태에 대한 책임이 있는 백여 명의 지주들에게 매수된 비시 정부의 동조자들과 히틀러주의자들을 체포하라는 것"이었다. 『뤼마니테』지는 이슬람교도들에게 폭탄이 아니라 빵을 주어야 할 필요성을 인정하기는 했지만,[47] 그 당시의 식민지주의 그 자체에 대해서는 아무런 지적도 하지 않았다. 세티프에서 발생한 폭동과 그 여파와 관련해서, 공산주의자들은 식민지화 그 자체에 대해서는 아무런 문제도 지적하지 않으면서 선동자들만을 비난하는 경향이 있었다.[48] 그 당시에 자주 들을 수 있었던 여러 목소리들 중에서도 카뮈의 것은 용감하게 현실과 맞서야 한다, 그리고 좀 더 함축적인 방식으로 알제리의 아랍인들을 동등한 자들로 인정하는 것을 받아들여야 한다고 주장한 드문 목소리였다.

하지만 카뮈는 여러 차례 사설을 통해 스스로를 도덕화시키는 쪽으로 나아갔다. 예컨대 그는 "아무리 비참하다 할지라도 이 시대의 위대함은 이 시대에서 행해진 선택이 순수하다는 점이다."[49]라고 쓰고 있다. 50년의 세월이 흐른 지금에서 보면, 그가 썼던 기사들은 순진하고, 단순하거나 교조주의적인 것으로 보일 수도 있다. 하지만 그 기사들을 지금 읽으면서 우리는, 그 당시에 카뮈가 처한 역사적 상황을 고려해야 할 것이며, 따라서 그의 정치적인 목적이 무엇이었는가를 이해해야 할 것이다.

결국 『콩바』지는 결코 발생하지 않을 혁명에 호소했던 것이다. 그 이유는 단순히 레지스탕스 운동에 참여했던 자들이 소수의 프랑스인을 대표해서가 아니었다. 오히려 공산주의자들이 아니면서도 좌파에 속한 그들의 수가 그 소수 가운데서도 소수였기 때문이었다. 레지스탕스 운동에 가담한 자들의 정신적 사기는 대단히 높았다. 하지만 그들의 사회, 정치, 투쟁에서의 영향력은 드골주의자들과 공산주의자들과 나누어 가져야만 했다. 물론 프랑스의 해방이라는 중요한 임무를 떠맡은 군대, 즉 연합군에 대해서는 말을 하지 않더라도 그것은 사실이다. 레지스탕스 운동에서 겨우 상징적인 의미를 보았던 사르트르는 상황의 중요한 요소를 이해했다. 프랑스 땅에서는 아무리 중요한 의미를 가지고 있다 할지라도, 레지스탕스 운동은 그 당시 주로 런던을 거점으로 이루어지고 있던 프랑스의 해방이라는 전체 작전의 한 양상에 불과했던 것이다. 레지스탕스 대원들이 전후에 승리의 열매, 즉 "저항에서 혁명으로" 향하는 실질적인 사회 변화라는 열매를 충분히 따먹지 못했다고 느낀 감정은 다음과 같은 하나의 환상에서 유래했다. 즉 프랑스 국민들은 스스로 해방될 것이며, 따라서 그들은 그때부터 자신들의 운명의 주인이 될 것이라는 환상이 그것이다. 실제로 프랑스는 해방 때에는 물론이거니와 그 직후에도 이 나라의 행동반경을 엄격하게 제한했던 훨씬 더 강한 세력에 복종해야 했다. 카뮈는 비할 데 없는 기자였으며, 정치의 새로운 접근을 보여 주는 새로운 목소리였다. 그러나 그는 또한 사막에서 소리를 높이 외쳤던 한 명의 예언자였다. 그가 쓴 사설의 단점은 약간 과장된 것들을 포함해서 고독한 그 자신의 예언자적 역할과 분리될 수 없다.

동시에 카뮈가 내세운 암묵적 목적은, 정신적으로 신문 구독자들, 특히 젊은이들을 교육시키는 데 있었고, 그렇게 함으로써 그들을 좌파든, 중도파든, 우파든 간에, 정치적 사실주의를 거부하도록 촉구하는 데 있었으며, 정치적 원칙들에 대한 존중을 재천명하고, 냉소주의를 막는 것이었다. 특히 정치사상은 가치의 영역을 포기해서는 안 된다는 점을 강조하면서 카뮈가 쓴 사설들은 계속해서 진정한 정치적 저널리즘을 확대시키고자 노력했다.

* * *

사르트르가 쓴 첫 번째 정치 기사는 카뮈를 위한 것이었다. 앞에서 살펴본 대로 보부아르는 사르트르를 대신해서 『콩바』지에 그녀 자신이 그의 이름으로 기사를 썼다는 사실을 확인해 주고 있다. 사르트르의 서명이 포함되어 있는 두 번째와 세 번째 연재 기사가 1945년 1월과 6월 사이에 『콩바』지와 『르 피가로』지에 실렸다. 『콩바』지에 실렸던 눈에 띄게 좌파 성향을 보이고 있는 21개의 기사는, 한 프랑스인 관찰자가 사회와 경제에 관련된 여러 주제에 대해 할리우드, 미국의 공장과 노동자들의 세계에서 경험할 수 있는 것과 같은 미국식 생활양식에 주로 할애되었다. 반면, 『르 피가로』지에 실린 11개의 기사는 좀 더 다양한 주제를 다루었으며, 카뮈는 그 기사에 대해 못마땅해 했다. 하지만 그 기사들 역시 미국인들의 삶과 미국의 신화에 대한 피상적인 독서에 한정된 것이었다.

1945년 가을, 사르트르는 정치 참여라는 강력한 호소를 내세우며 『현대』지를 출범시키게 된다. 카뮈의 글들과는 상이한 맥락에서 사르트르의 지적, 정치적인 기획이 갖는 첫 번째 지표는 어쨌든 도덕적이었으며, 그의 사유가 갖는 근본적으로 윤리적인 특징을 반영하고 있었다. 행동에 대한 그의 강조, 우리가 우리 자신을 위해 행동하면서 모든 인류를 위해 행동한다는 생각, 자기 시대에 속한 개인의 책임에 기초를 두고 있는 것과 같은 작가의 정치적 참여에 대한 그의 확신 등과 같은 많은 성찰들은 윤리적 개념들과 직접 연결되어 있었다. 자유와 선택의 중요성을 강조하는 그의 철학의 한 복판에 도덕이 놓여 있었으며, 그렇기 때문에 선택을 통해 우리는 우리 자신의 고유한 가치들을 만들어낸다는 확신을 갖게 되었던 것이다.

물론 모든 선택이 다 같은 것은 아니다. 사르트르는 이 점을 그의 진정한 참여적 특징을 담고 있는 「반유대주의자의 초상화*Portait de l'antisémite*」라는 초기 글에서 잘 보여 주고 있다. 1944년에 쓰어졌고, 1945년 말에 『현대』지에 실린 이 글은, 1946년에 출간된 『유대인 문제에 대한 성찰*Réflexions sur la question juive*』이라는 책의 초안이다. 강제수용소의 존재가 폭로된 이후 반유대주의에 대한 초기 성찰 가운데 하나인 이 에세이는, 반유대주의에 이르는 자기기만의 논리를 자세히 해부하고 있다. 사르트르는 잘못된 선택, 즉 타인들을 사물로 변화시키고 사물화시키며 그들로부터 권리를 가로채는 결정이 자기 자신의 우연성에 대한 근본적인 거부에서 연유한다는 점을 보여 주고 있다. 사르트르는 이미 1930년대의 몇몇 문학작품에서 이 같은 소명을 암시하고 있다. 가령 우리는 「어느 지도자의 유년시절L'Enfance d'un chef」에서 젊은 뤼시앵 플뢰리에Lucien Fleurier가 파시스트가 되기로 결심하는 것을 보게 된다. 또한 『구토』에서 부빌 시의 부르주아들과 더불어 레미 파로탱Rémi Parrottin이 그의 "신하들"에게 겁을 주면서 그들을 다스릴 권리를 갖게 되는 것이다(같은 소설에서 코르시카 사서의 동성애 혐오주의와 권위주의적 폭력도 같은 주제에 속한다).

『존재와 무』에서 나와 타자 사이의 관계에 대해 성찰하면서 사르트르는, 정도를 벗어난 혁명을 검토하고 있는 『반항적 인간』을 쓴 카뮈와는 아주 대조적으로 억압에 대한 존재론적 뿌리를 고찰한다. 사르트르가 선택, 상황, 역사성, 책임 등과 같은 개념들에 부여한 중요성, 그리고 평등한 자들로 이루어진 공동체에 대한 그의 비전은, 그 자신의 정치적 투쟁주의의 과정에서 형성 중에 있던 도덕적 토대에 기초를 제공하게 된다. 그러니까 그는 동시대의 사회적 문제들을 해결해 나가는 데 있어 그 자신의 철학이 갖는 능력을 시험하고자 했던 것이다. 그는 이렇게 말하고 있기도 하다. "반유대주의자는 계급이 없는 사회에서는 그 존재이유를 가질 수가 없을 것이다. 사람들이 동일한 기획에 참여하면서 상호적인 연대의식을 체험할 때 거기에 반유대주의자가 설 자리는 없기 때문이다."[50]

"실존주의는 휴머니즘이다"라는 제목으로 사르트르가 했던 강연회가 있은 지 며칠 후에 있었던 한 대화에서, PCF에 가입하지 않았던 마르크스주의자 피에르 라빌Pierre Laville은 사르트르의 철학을 참고하면서, "전前참여"라는 용어를 사용하고 있다. 앞에서 보았듯이, 1945년에 카뮈는 참여에 대해 구호만 외치던 사르트르보다 정치 참여나 그 활동 면에서도 훨씬 많이 알고 있었다. 사르트르의 참여에 대한 호소가 잘 보여 주고 있듯이, 그 자신은 현실 정치에 적극적으로 다가가고 있었던 것은 사실이다. 하지만 미국에 대한 생각을 제외하고는 그가 가지고 있던 대부분의 생각은 여전히 추상적이었다. 몇 년 후에 있게 될 정치적 참여를 통해 그는 근본적 분계선, 즉 1954년까지 그 자신의 극작품들을 통해 계속해서 자문하게 되는 이른바 행동을 위한 단호한 결정의 선을 넘어서게 된다. 그 당시에 볼 수 있는 사르트르의 가장 놀랄 만한 선언은, 그 자신의 정치에 대한 일종의 서문이라고 할 수 있는 참여에 대한 소란스러운 단언이었다. 그리고 그는 때가 오면 거기에 완전히 몰입하게 될 것이다.

사르트르가 정치화되어 가는 것과 비례해, 카뮈 역시 그 자신의 정치적 변화를 사르트르가 나아가는 방향으로 가속화시키게 된다. 하지만 종종 그들 각자는 점차 서로 반대되는 방향으로 나아가게 된다. 이같은 변화를 제대로 평가하기 위해서 우리는 두 사람이 그 당시의 지배적인 현실, 우리가 지금까지 등한시했던 현실, 즉 공산주의, 그러니까 소련에서와 마찬가지로 프랑스에서 PCF와 맺었던 관계를 고찰해 보아야 한다. 그들 각자가 공산주의에 대해 취했던 태도는 벌써 그들 각자의 정치적 변화를 가늠하는 중요한 기준이다. 즉 전쟁 직후 사르트르와 카뮈의 정치적이며 지적인 모든 노력은 비非공산주의적 좌파의 강화를 지향하고 있었다. "정치적 현실주의"에 대한 그들의 공통된 거부는 부분적으로는 PCF의 정책에 대한 거부와 일치한다. 그들의 정치적 입장에 대한 PCF의 영향은 점차 더 크게 느껴지게 된다. 공산주의는 카뮈의 적이 되지만, 사르트르에게 있어서는 중요한 정치적 지평으로 소용된다.

제4장

카뮈의 급선회

　1946년 11월 중순의 어느 날 저녁 11시, 카뮈는 꽤 기분이 상한 채 보리스Boris와 미셸 비앙Michelle Vian 부부가 주최한 저녁 파티에 참석했다. 오랜 시간이 지난 후에 그 일화를 상세히 회상하는 보부아르에 따르면, 이 파티에서 카뮈는 「요가수행자와 프롤레타리아」를 쓴 메를로퐁티를 비난했다. 메를로퐁티가 이 논문에서 모스크바 정치재판을 정당화시켰다는 것이 비난의 주된 내용이었다. 또한 카뮈는 대다수의 사람들이 대립과 배신을 같은 것으로 여긴다고 분개했다. 메를로퐁티가 카뮈에게 반론을 가했고, 사르트르는 그런 그를 지지했다. 당황한 카뮈는 문을 박차고 나가 버렸다. 사르트르와 보리스가 곧 뒤따라 나가 그를 쫓아갔다. 하지만 그는 파티로 되돌아가기를 거부했다.[1] 불화는 1947년 3월까지 계속된다. 왜 그런 소동이 일어났을까? 보부아르는 오랜 친분을 이용해 카뮈가 이 같은 불쾌한 상황에 이르게 된 것을 순전히 개인적인 용어로 설명하고 있다. 그녀에 따르면, 그는 "그 당시 자신의 황금기가 끝났다고 느꼈기 때문에 위기에 처해 있었다."는 것이다.

보부아르가 이 같은 설명을 한 것은, 카뮈가 세상을 떠나고 난 뒤인 1963년의 일이다. 1946년에 있었던 그 일화를 이야기하면서, 그녀는 1952년에 사르트르가 썼던 절교 편지를 인용하고 있다. 그녀는 또한 『전락』(1956)의 화자인 클라망스Clamence의 말을 인용하기도 한다. 그렇게 함으로써 그녀는 카뮈가 취했던 태도에 대한 가능한 한 최악의 설명을 제공해 주고 있다.

> 우리는 카뮈와 함께 파리 시민 전체가 한자리에 모인 것 같았던 한 콘서트에 갔다. 그는 평소 관심을 가지고 있었던 한 젊은 여가수와 같이 왔다. 그가 사르트르에게 말했다. '내 생각으로는 내일이면 그녀를 이 청중들에게 소개할 수 있을 것 같은데요.' 그리고 그는 승리를 거둔 태도로 관객석을 한 번 훑어보았다. 그의 요청에 따라 사르트르는 샹송의 첫 소절에 포함될 다음과 같은 가사를 썼다. '나는 지옥에서 내 습관들을 간직하네.' 그 사건은 거기에서 마무리 되었다.[2]

문제가 된 여가수의 이름은 쥘리에트 그레코였다. 카뮈가 메를로퐁티에게 왜 화를 냈는가 하는 근본적 원인에 대한 보부아르의 침묵에서, 우리는 이 같은 일화가 보통 간접적으로 재구성된다는 특징을 여실히 볼 수 있다.[3] 보부아르는 분명 케슬러의 두 권의 소설 『영과 무한』과 『요가수행자와 경찰』에서 볼 수 있는 반공산주의에 대해 메를로퐁티가 『현대』지에 쓴 비판적 글을 지적하기는 한다. 하지만 그녀는 두 가지 중요한 점에 대해서는 침묵을 지키고 있다. 카뮈는 그 당시 개인적 차원과 정치적 차원에서도 케슬러와 매우 가깝게 지내고 있었다는 점이 그 하나이다. 그리고 카뮈는 후일 1946년 11월 19일과 30일에 『콩바』지에 「희생자도 가해자도 아닌」이라는 제목으로 게재될 일련의 기사 속에서 표명되는 자신의 정치사상에 대한 심각한 수정을 가하는 중에 있었다는 점이 다른 하나이다.

카뮈가 아무리 자신감을 가지고 있었다고 하더라도, 논의의 쟁점은 정치적인 것이었다. 『현대』지의 정치 담당 주임이자 사르트르의 정치 조언자였던 메를로퐁티는, 모스크바 정치재판을 막다른 골목에 봉착한 혁명에 대한 방어로 이해할 필요성을 강조하고 있다. 반면, 카뮈는 공산주의를 무조건적으로 살인자 집단과 같은 것으로 보았다. 메를로퐁티는 소련에서 자행된 폭력에 대한 마르크스주의적 해석을 제시했다. 물론 그의 해석은 독립적이면서도 폭력 사용에 대해 우호적이다. 하지만 카뮈는 마르크주의와 혁명을 완강히 거부했다. 메를로퐁티가 계속해서 공산주의 지도자들을 잠재적 동지들로 간주했던 반면, 카뮈는 그들을 적으로 삼았다. 카뮈가 속한 좌파 지식인 그룹에서 공산주의에 대한 중대한 비판을 준비하는 시점에 있었다는 점을 생략함으로써, 결국 보부아르는 그 분쟁을 진부한 것으로 만들어 버렸다. 거의 15년 후에 그들의 분쟁에 대한 일화를 소개하는 과정에서 그녀는, 그 분쟁 이후 카뮈가 살아가면서 겪어야만 했을 힘든 과정에 대해서는 아무런 지적도 하지 않고 있으며, 나아가 카뮈 자신의 정치적 혜안과 신념을 지키려고 하는 노력에 대해서도 침묵을 지키고 있다. 카뮈의 행동 속에서 절교로 이어질 수밖에 없는 징후들을 찾으면서 그녀는 그 이야기를 끝에서부터 시작해서 거꾸로 다시 썼던 것이다.

하지만 카뮈와 사르트르 사이에 있었던 사태에 대한 진짜 이야기는,

6년 정도 더 계속될 그들의 우정을 위태롭게 만들었을 뿐 아니라, 그들 두 사람이 각자 공산주의와 맺었던 관계 역시 문제 삼게 되는 내용을 담고 있다. 그들의 정치적, 지적, 개인적인 변화는 그들 각자가 PCF, 소련과의 관계, 그리고 마찬가지로 PCF가 그들 사이에 초래한 대립과도 역시 불가분의 입장에 있기도 하다.

이 같은 면모를 가지고 있는 그 이야기는 1930년대 초반에 그 뿌리를 두고 있다. 카뮈는 공산주의에 대해 공개적이고 비극적인 결론에 도달하는 데 1935년에서 1946년에 이르는 11년을 필요로 했다. 분명 그 결론을 통해 그가 왜 메를로퐁티에게 욕설을 퍼부었는가를 이해할 수 있다. 그리고 정확히 그 결론 때문에 그는 결국 사르트르와도 등을 돌리게 된다. 그들 두 사람이 각자 공산주의와 맺는 관계를 검토함으로써, 우리는 왜 사르트르가 아니라 카뮈가 냉전이 시작되었음에도 불구하고, 공산주의를 인류 최악의 적敵으로 간주하게 되었는지를 알 수 있을 것이다. 또한 왜 사르트르가 뒤이어 자본주의를 채택한 서구와 대립하는 공산주의의 편에 서게 되는가를 이해할 수 있을 것이다.

*　*　*

레지스탕스 운동이 한창일 때, 공산주의자들은 불굴의 용기, 엄격한 강령, 강한 군사적 힘을 갖추고서 힘찬 투쟁을 했다. 그 결과 해방이 되자 그들이 주축이 된 PCF는 거의 40만 명의 당원을 확보한 프랑스 제1정당이 될 수 있었다. 1946년에 당원들의 수는 거의 두 배로 늘어났다. PCF는 전후에 치러진 거의 모든 선거에서 20% 이상의 득표를 하게 된다. PCF는 1947년 중반에 연합 정부에도 참여하게 된다. PCF

는 프랑스의 가장 규모가 큰 노동조합들을 통제하게 된다. PCF는 10여 개의 신문(프랑스에서 가장 독자가 많은 두 개의 신문을 포함해)과 잡지들을 간행하게 된다. PCF는 수많은 조직을 구성하게 된다. 그 조직들에 고용된 인원만 해도 만 4천 명 이상에 달했으며, 교육부, 사회 안전과 경찰 등과 같은 행정부의 고위직에 오른 많은 사람들을 배출해내게 된다. 혁명적 당이 되고자 했던 PCF는 프랑스 해방이라는 거의 무정부적이고 기쁨으로 전율했던 첫 몇 주가 지난 후에 곧바로 노동자계급의 대표로 정부에 참여하고자 한다는 사실을 공표하고 나섰다.

그 당시 PCF는 여느 정당과도 닮지 않은 정당이었다는 것이 정설이다. 이론적으로 보더라도 당원들은 일종의 혁명적 조합을 형성하고 있었다. 또한 당원들의 충성도가 모자라는 다른 정당들과는 달리, PCF는 훈련이 잘 된 간부들을 전적으로 신뢰할 수 있었다. 당에 가입한 자들은 전체주의적 이데올로기를 받아들였으며, 권위주의적 의견 결정의 과정에도 승복했다. 그들은 요람에서 무덤까지 하나의 단합된 반反 사회집단을 형성했으며, 이 집단을 통해 계급 없는 미래 사회라는 지평선을 가리키면서도 자신들의 현재 욕구를 충족시키는 데도 총력을 기울였다. PCF가 노동자계급을 대표한다는 주장도 무리 없이 받아들여졌다. 경쟁하는 당이었던 SFIO(노동자 인터내셔널 프랑스 지부: Section française de l'Internationale ouvrière)는 1921년 의회민주주의의 토대 대부분을 받아들였으며, 그 이후 PCF와 마찬가지로 노동자계급의 이름으로, 하나의 단합되고 통일된 이데올로기의 이름으로 계속해서 활동하고 있었다. 반면, 1944년 8월에 레지스탕스 운동에서 두각을 나타낸 PCF는 대다수의 프롤레타리아와 확신에 찬 마르크스주의 투사들로 구성되어 있었다. 민주주의에서 사회주의로의 이행을 실현하는 준비를 마치고서 PCF는 선거를 양보 없는 전쟁이 치러지는 다른 여러 전선 가운데 하나로 여기게 되었다.

PCF의 근간인 마르크스주의는 정치사상과 대중적, 과학적, 철학적, 미학적 문화를 포괄하고 있다. 따라서 PCF는 모든 문제에 대한 답을 가지고자 했으며, 모든 영역에서 싸우기를 바랐다. 따라서 노동자, 농부, 소매업자, 교수, 예술가, 작가, 과학자, 철학자 등을 포함해 다양한 분야의 사람들이 대거 고용되었다. 모든 지적인 문제들은 전적으로 당의 능력에 속했다. 그렇기 때문에 당은 모든 분야에서 결정권을 갖고 또 가져야 했던 것이다. PCF의 마르크스주의는 대부분 판에 박히고 교조주의적이었다. 그것은 편협한 지적 지평을 갖고 있는 열성 당원들이 갖고 있던 신념에 불과했다. 하지만 공산주의는 매혹적이고 희망을 담고 있는 세계관을 탐색하는 뛰어난 정신을 가진 자들의 관심을 끌기도 했다.

PCF는 단순히 노동자들에게 충성을 다짐했을 뿐 아니라, 유일하게 성공을 거둔 혁명적, 사회주의적 사회, 즉 소련에 대해서도 충성할 것을 맹세했다. 실제로 소련은 PCF의 이데올로기적, 조직적 선택에 영감을 주었으며, 자국에서 내려진 중요한 결정들을 다른 나라에 강요하기도 했다. 1939년 9월 최종적으로 자신들의 입장을 표명해야 했을 때,* 대부분의 PCF 지도자들은 프랑스보다는 소련을, 독일과 전쟁을 벌이는 것보다는 중립을 선택했다. 전쟁 중에 PCF는 곧장 활동을 할 수 없게 된다. 어떤 자들은 '우스꽝스러운 전쟁' 동안, 프랑스 정부가 독일보다도 PCF와 더욱 치열하게 전투를 벌였다고 말하기도 한다. 당

---

* 제2차 세계대전 발발 직전에 히틀러가 스탈린과 맺은 독소불가침조약을 의미함.

의 노선을 불신한 공산주의자들은 소집단을 이루어 그 나름대로의 수단으로 독일 점령에 저항하게 된다. 이와는 반대로 독일이 소련에 선전포고를 한 날 당의 혁명적 열정이 발휘된다. 그 이후 그 열정은 레지스탕스 운동의 심장, 영혼, 나아가서는 가장 용감하게 무장한 팔이 된다. 이제 소련의 이익을 지지하는 것은 곧 프랑스를 위해 싸운다는 것을 의미하게 되었던 것이다.

PCF는 프랑스에 스탈린에 대한 개인숭배 사상을 들여온다. 분명 이 숭배는 PCF의 사무총장 토레즈에 대한 숭배와 합쳐지게 된다. "동지들이 우리에게 말하길……"이란 문구는, PCF 지도자들이 모스크바에서 내려진 최종 결정을 중앙위원회에 전달하기 위해 사용하는 의례적 표현이 되었다. 소련의 잔존과 번영은, 분명 공산주의 명분이 갖는 본질적인 지표가 되었다. 그리고 스탈린은 모든 수단을 동원해 잘 훈련되고, 신임할 수 있고, 또한 모든 상황에서 복종과 불굴의 충성을 다하는 지도자들로 하여금 민족 정당을 떠받들도록 했다.

PCF는 이상적 인간상을 만들어낸다. 그것은 『자유의 길』에서 브뤼네Brunet라는 인물을 통해 사르트르가 보여 준 인간상과 일치한다. 브뤼네는 역사에 의해 강요된 보편적 명분 때문에 그 자신의 주관성을 내던져 버린 투사이다. 그는 정확히 당의 모든 변화와 방향 선회를 정당화시킬 수 있는 능력을 가지고 있다. 비록 그 변화가 180도의 급선회라고 해도 말이다. 해방이 되었을 때, 소련의 붉은 군대는 동구 유럽에서 나치에게 승리를 거두게 되며, 그 결과 여러 나라들을 해방시킴과 동시에 점령하게 된다. 스탈린과 히틀러의 연합으로 인해 충격을 받았던 많은 사람들은, 그 당시 소련의 물량과 사기 면에서의 우월을 아쉬워했다. 하지만 1930년대의 반파시즘적 대의명분이 승리를 거두었던 것이다.

군대를 프랑스 국경으로부터 불과 300킬로미터 밖에 떨어지지 않은 곳에 배치하고 있던 전승 강국인 소련의 지지를 받았던 PCF는, 프랑스의 해방으로부터 1947년 중반까지 황금기를 누리게 된다. 하지만 소련은 오래 전부터 독재국가가 되어 있었다. 처음에는 공산당의 독재국가였고, 그 이후에는 당의 지도부와 한 사람의 독재국가가 되어 버렸다. 소련은 여러 면에서 나치 독일과 유사했으며, "전체주의적"이라는 단어는 20세기에 고유한 이 같은 정치 현상을 기술하기 위해 사용되게 된다.

스탈린은 볼셰비키 혁명 때 활약했던 여러 지도자들을 적재적소에 배치했으며, 수많은 농민들을 기근과 죽음으로 몰고 간 혼란스럽고도 유혈 사태를 부른 집단농장화를 강요했다. 또한 그는 소련 전체 사회에 전례 없는 공포를 조장했으며, 이 같은 공포는 모스크바 정치재판이 진행되던 때 그 정점에 달하게 된다. 주지하는 바와 같이 그 재판이 진행되는 과정에서 부하린Boukharine과 같은 혁명대의 잔존자들이 가장 개연성이 떨어지는 범죄를 강요에 못 이겨 비열하게 자백해야만 했다.

그 당시 소련에서 수천 명의 시민들이 처형되었으며, 그들 가운데는 붉은 군대의 장교들이 포함되어 있었다. 옛 볼셰비키 당원들과 수많은 시민들이 모스크바에서 멀리 떨어진 굴락에 유배되었다. 1934년부터 스탈린이 주장했던 바와 같이, 그 사회가 "사회주의"를 건설하는 데 성공했다고 말하는 것은, 20세기에 내세울 수 있는 가장 부끄러운 부조리와 냉소주의를 보여 주는 것이다. 물론 이 모든 것은 잘 알려진 것이다. 하나의 예만 들어보자. 지드는 1932년에 공산주의를 적극적으로 지지하기 시작했다. 1936년에 그는 『소련에서의 귀환*Retour d'URSS*』이라는 저서를 출간한다. 그는 그 작품에서 10주 동안의 소련 여행에서 체험했던 환멸을 기술하고 있다. 그는 하나의 새로운 문명을 창조하기 위한 노력은 인정했지만, 그 문명의 순응주의와 획일성, 스탈린에 대한 개인숭배, 그리고 모든 대립의 제거를 비판하고 있다. "그리고 나는 오늘날 그 어떤 나라에서도, 비록 히틀러가 지배했던 독일에서라 할지라도, 소련보다 덜 자유롭고, 더 억눌리고, 더 불안해하며(공포에 떨고), 더 종속된 정신이 있는지 자문해 본다."[4] 『소련에서의 귀환』은 지드의 그 어떤 저서보다 많은 10만 부 이상이 팔렸고, 15개 언어로 번역되었다.

10년 후에 지드의 저서와 같은 정도의 반향을 불러일으킨 소설 한 권이 번역 출간되었다. 케슬러의 『영과 무한』이 그것이다. 그는 부하린의 재판을 인용하면서, 마르크스주의적 전체주의에 완전히 빠져 버린 루바초프Roubachov라는 인물을 묘사하고 있다. 그 인물은 예전엔 상상도 할 수 없었던 범죄를 고백한다. 그는 그런 위선행위에 굴종함으로써 혁명을 겪은 러시아가 산업화되고 현대화될 수 있는 시간을 벌어 주고, 그렇게 함으로써 결국 공산주의의 기획이 완수되는 데 도움을 줄 수 있기를 바랐던 것이다.

케슬러의 의도는 이렇다. 즉 자기가 소설에서 창조한 인물이 스스로 일탈하고 미쳐 버린 역사를, 역사 그 자체의 이름으로 바로잡아 나갈 것이라는 환상에 가까운 희망 속에서 자신을 희생하는 모습을 보여 주고자 했던 것이다. 또한 주위 사람들에 대해서와 마찬가지로 자기 자신에 대해서도 루바초프가 추종했던 전체주의적 순응주의로 인해 발생하는 온갖 참해를 보여 주려고 했던 것이 케슬러의 의도였다. 그렇게 해서 대단히 매혹적인 권력, 선을 자처하는 악에 사로잡힌 루바초프는, 진리를 거부하고 공산주의의 파괴적인 악순환에 빠져들게 되는 것이다.

소련 공산주의의 결함이 이처럼 끔찍한 선전에 의해 폭로되는 동안에도, 공산주의자들과 공산주의에 호감을 갖고 있는 많은 사람들이 해방 이후에 그처럼 공산주의에 대해 찬양의 노래를 계속해서 불렀다는 것을 어떻게 설명할 수 있는가? 반파시즘의 편을 든 자본주의 진영의 민주국가들과 연합해 선악이원론적인 전쟁을 하면서, 절대악인 히틀러주의에 대해 승리를 거둔 소련은 민주주의라는 외투를 걸치게 된다.[5] 그리고 세계에서 가장 강력한 군대*를 물리쳤다는 단순한 사실만으로도 소련에서 10년 동안 이룩된 산업화와 강제로 이루어진 근대화의 대성공을 보여 주는 것이 아닐까? 나치 군대를 물리친 전면전으로 인해 소련 사회 전체가 동원되지 않았던가? 또한 그 전쟁은 공산주의와 스탈린에 대한 많은 시민들의 대규모의 지지를 반영해 주지 않았던가?

게다가 이 같은 부정적 측면들—수백만의 소규모 농지를 가진 자들을 양산해낸 강제집단화와 기근, 백만 이상의 체제 전복 음모 용의자들의 처단, 모스크바 정치재판에서의 강요에 의한 범죄 자백, 굴락, 전체주의 체제 등—은 지금까지 전혀 볼 수 없는 것이었으며, 또한 상상을 불허하는 면이 있었기 때문에, 지지자들조차도 그런 조치들이 가능하리라고 생각조차 할 수 없었다. 그리고 마르크스주의는 "계란을 깨지 않고서는 오믈렛을 만들 수 없다."는 사실을 사람들이 냉정하게

---

* 나치 독일을 가리킴.

받아들이게끔 촉구했다. 폭력적이고 인정사정없는 세계에서, 유럽에서 가장 낙후되었던 나라에서 휴머니티의 발전은 조용하게 흐르는 강의 물줄기와 같을 수는 없었던 것이다. 제2차 세계대전은 결국 원자폭탄의 투하로 인한 히로시마와 나가사키의 완전 파괴라는 희생을 치르고 종결되지 않았던가?

역설적으로, 소련의 공산주의가 저지른 만행蠻行은 새로운 하나의 사회를 건설하고자 하는 이 나라의 강력한 의지를 보여 주고 있다.[6] 카뮈의 화를 많이 돋우었고, 후일 『휴머니즘과 공포Humanisme et terreur』에 한데 묶어 출간되는 일련의 글에서 메를로퐁티는, 공산주의가 자행하는 폭력을 자본주의가 행사하는 폭력을 종결시킬 수 있는 하나의 수단, 그것도 유일한 수단이라고 말하고 있지 않은가? 그는 모스크바 정치재판에서 자본주의 체제의 위협 하에 있는 혁명정부를 위한 정치 투쟁의 합법적 양상을 보면서 그 재판을 용인했다. 실제로 그는 정부를 보호하기 위한 공포를 사용하는 필요성을 강조하고 있다. 모든 도덕적 판단과 또 다른 도덕적 논증들은 이 같은 마르크스주의적, 실존주의적 수사修辭 앞에서 그 신빙성을 잃는 것처럼 보인다. 예컨대 메를로퐁티가 다음과 같은 논리, 즉 부하린과 같은 한 명의 충직한 볼셰비키 당원이 "객관적으로" 혁명의 "적"으로 간주될 수도 있는 논리를 전개했을 때 그러하다.

마르크스주의가 갖는 또 다른 본질적인 특징으로 인해 그 지지자들은 스탈린주의를 받아들이게끔 강요했다. 과학의 권위에 대한 마르크스주의의 강요, 객관성에 대한 요구와 역사에 대한 종말론적 관점 등을 통해 여러 지지자들은, 승리를 거둔 소련의 대의명분을 현실에서의 진정한 구현으로 받아들이도록 하는 경향이 있었다. 마르크스주의는 그 창안자의 이름을 채택함으로써 우월한 지식의 권위를 찬양했다. 만약 레닌이 마르크스주의의 두 번째 예언가가 되었다면, 그리고 레닌주의가 마르크스주의의 후계라면, 이론과 실천을 결합시킬 줄 알았던 스탈린의 천재성을 어떻게 인정하지 않을 수 있겠는가? 주관성의 희생위에, 또한 객관적 사회 구조들의 중요성을 강조하면서, 그 구조들을 변화시켜야 할 필요성을 강조하면서, 마르크스주의는 그 구조들을 변화시켰던 방식이 결국 부차적 중요성만을 갖고 있었다는 생각을 퍼뜨렸다. 화급을 다투는 일은 자본주의를 폐기하는 것과 어떤 희생을 치르더라도 산업화를 이루어야 한다는 것이었다. 왜냐하면 민주주의는 그 모든 혜택들과 더불어 계속될 것이기 때문이다. 바로 그런 이유로 케슬러의 루바초프는 공산주의 시스템을 위한 훌륭한 지원자가 되었던 것이다. 게다가 마르크스주의가 가지고 있는 유토피아적 차원으로 인해 지지자들은, 분명 소련에서 발생하고 있는 중이었던 것과 같은 인간 조건의 급격한 변화를 예상하고 인정하도록 유도되었다. 많은 사람들이 동의한 불가피한 희생에 대해 트집을 잡는 것은 무질서한, 즉 갑작스럽게 이루어질 수밖에 없었던 그런 변화에 대한 제동으로 귀결되었다.

하지만 소련에 대한 이 같은 유혹은 지엽적인 맥락일 뿐이었다. 그러니까 소련이 프랑스보다 중요한 것이 아니었다. 다른 많은 사람들과 마찬가지로 사르트르에게도, 소련은 문제의 핵심이 아니라, 그저 하나의 먼 지평에 불과했다. 노동자계급에 다가서는 것은 당과 좋은 관계를 유지하는 것을 전제로 했다. 노동자들과 마찬가지로 지식인들에게도 프랑스의 가장 큰 정당은—그들과 당이 맺는 장기적인 관계들이 어떤 것이건, 그리고 당의 몇몇 양상들이 아무리 불쾌한 것일지라도

─레지스탕스 운동의 주요 세력뿐 아니라, 특히 노동자들의 몫을 대변하고 있었던 것이다. 후일 사르트르는 "조수潮水처럼"[7] 노동자계급편에 서서 싸우기를 원했다고, 따라서 마르크스주의에 이끌렸다고 회상하게 된다.

물론 프랑스에서는 소련의 공산주의가 자본주의와 제국주의와의 투쟁에서 프랑스 노동자들을 지지했다는 사실에 대해 무관심할 수는 없었다.[8] 그러니까 결국 히틀러처럼 공산주의에 대해 도발을 감행한 자들은, 빈곤, 실업, 식민지주의와 전쟁을 의미하는 하나의 정치 체제를 보호하지 않으려고 했던 것은 아닌가? 이처럼 격앙된 적대 분위기 속에서 메를로퐁티는, 반反공산주의는 자본주의의 결함을 폭로하는 것을 피하는 수단을 보여 주는 것이 아니었던가를 자문하고 있다. 따라서 노동자계급의 지지자들과 공산주의 지지자들은 그 체제에서 드러나는 가장 잔인한 많은 면을 그저 적대 진영에 의해 사주되고 고안된 희화화의 대상으로 간주하면서 용인하고, 나아가서는 무조건적으로 부인하는 결단을 내렸던 것이다.

그럼에도 이 같은 속임수는 단지 일시적으로만 지속되었을 뿐이다. 우리는 지드의 예를 통해 공산주의가 20세기 최고의 지성을 가진 수백만의 인간들에게 엄청난 보편적 희망을 주었다는 점을 알고 있다. 하지만 지드의 예는 또한 특히 지식인들에게 있어서 소련에 대한 믿음이 줄어들었다는 것을 보여 주는 것이기도 하다. 왜냐하면 진리가 백일하에 드러났기 때문이다. 공산주의를 제외한 다른 그 어떤 사상적 운동도, 자신의 손으로 직접 탄생시켰던 희망을 그렇게까지 잔인하게 배반한 적은 없었다. 공산주의 편에 가담했던 지식인들은 몇몇 폭로에 맹렬하게 저항했다. 하지만 그들이 모든 폭로에 그렇게 저항했던 것은 아니다. 예컨대 스탈린의 반유대주의, 흐루시초프Khrouchtchev의 "비밀 보고서", 1956년의 헝가리 침공 등과 같은 사건들이 그 좋은 예이다. 공산주의를 제외한 다른 그 어떤 사상적 운동도 "실패한 신"[9]이라는 제목의 저서를 통해 이루어진 일련의 국제적 증언들의 모음을 야기하진 않았다. 공산주의에 대한 수백만 명의 열정은 결국 환멸, 탈당, 해임 혹은 점진적인 거리두기로 막을 내렸다. 프랑스에서 일군의 지식인들은 러시아 혁명 후에 매 10년마다 처음에는 아주 열정적인 태도를 보여 주었다. 하지만 점차 그들은 공산주의의 속임수에 대해 얼굴을 돌리고 실망을 토로하게 된다. 피에르 파스칼Pierre Pascal과 보리스 수바린Boris Souvarine은, 1920년대에 그런 반응을 보였으며, 지드와 말로는 1930년대에 같은 반응을 보였다. 사르트르의 유년기의 친구이자 『아덴 아라비Aden Arabie』의 저자이며 『뤼마니테』지의 국제면 책임자였던 니장은, 1939년 8월에 독소불가침 조약이 조인되었을 때 PCF를 떠나고 만다.

* * *

카뮈와 사르트르의 결렬 과정을 검토하기 위해서는, 그들이 각각 전후에 공산당과 맺었던 관계를 이 같은 광범위한 전망 속에서 재구성해야 한다. 그것도 그들 자신들의 개인적 경험, 니장, 케슬러나 메를로퐁티 등과 같은 친구들의 증언과 밀접하게 연결시키면서 그렇게 해야 한다. 1930년대 알제리에서 공산당과 어떤 식으로든 관계를 맺지 않고서 급진적 변화를 열망하는 한 명의 젊은 좌파 유럽인이 된다는 것은 거의 불가능했다. 카뮈 역시 다른 많은 친구들과 마찬가지로 공산당에 가입했다. 그는 우선 알제리 공산당의 연극단 리더로서, 나중에는 열렬한 투사로 활동했다. 하지만 그는 마침내 공산당이 식민주의에 대한 모든 비판에 제동을 거는 방식 때문에 당과 결별하게 된다. 물론 당은 그렇게 함으로써 대부분 속으로는 반아랍적 태도를 취하고 있던 피에 누아르들에 대한 지배력을 유지하려고 했던 것이다. 카뮈의 이 같은 경험은 소련의 변화무쌍한 욕구와 그 욕구를 충족시키기 위한 기이한 방법들에 대한 PCF 당원들의 복종을 반영하는 것이었다. 카뮈는 당으로부터 "트로츠키주의자"라는 비판을 받고서 쫓겨났다. "트로츠키주의자"라는 용어는, 당 지도부의 임무를 문제시 하는 당원들을 지칭하는 암호화된 용어였다.

공산당 내에서 겪었던 이 같은 경험에 대한 카뮈의 첫 번째 반응을 우리는 『시시포스의 신화』에서 엿볼 수 있다. 그는 마르크스주의와 공산주의에 경사된 후에 이 저서에서 이른바 부조리 철학을 전개시키고 있다. 1930년대에 그는 마르크스주의의 의미와 일관성을 자기 것으로 만들었다. 하지만 1940년대에 와서는 세계가 그런 의미도 일관성도 가지고 있지 않다고 생각하게 된다. 공산주의적 비전을 가지고서 인간의 진보와 내면성에 대해 경험을 한 후에, 그는 시시포스의 쓸데없는 무한한 노력이 인간에 대한 가장 훌륭한 이미지를 보여 주는 것이라고 생각하게 되었다. 공산당 내부에서 볼 수 있는 것과 같은 집단적 연대감을 경험했음에도, 그는 결국 개인이 모든 행동과 모든 사유의 알파요 오메가라고 생각하게 되었다. 계급투쟁의 분위기 속에서 살았음에도, 그는 인류에게 제기된 가장 중요한 문제는, 자살이 가장 훌륭한 선택인가 아닌가를 아는 데 있다는 결론을 내리게 되었다.

마르크스주의의 주장에 맞서 카뮈는 자신의 부조리 철학을 통해 이렇게 응수한다. 우리의 그 어떤 노력도 죽음이라는 비극적 문제를 해결하지 못하며, 이 세계에 대해 어떤 의미도 주지 못한다고 말이다. 『시시포스의 신화』에서 마르크스주의나 공산주의에 대한 직접적인 지적을 찾아볼 수는 없다. 하지만 카뮈의 비판은 이 저서 전체를 통해 바탕에 깔려 있다. "모든 형태로 이루어지는 도약, 신적인 요소나 영원한 요소로 서둘러 뛰어드는 것, 일상이나 관념의 환상 속으로의 방기, 이상의 모든 것들은 부조리를 가린다."[10] 공산당에 대한 카뮈의 경험은, 이렇듯 매우 심층적 의미에서 그의 저서에 영향을 주었다. 그렇기 때문에 『존재와 무』와는 달리 그의 『시시포스 신화』는 후기 마르크스주의적 사유를 담고 있는 것으로 여겨져야 할 것이다. 마르크스주의의 가짜 희망들을 거부하면서 카뮈는 자신의 사유의 기본적인 현絃을 진동시켰던 것이다. 어쨌든 시시포스는 제로 상태에서 다시 출발한다. 과거에 공산주의자였던 카뮈는 이제 희망을 빼앗긴 존재는 다시는 절망하지 않는다는 것을 확신하게 된다.

그렇다면 사르트르는? 수년에 걸친 그의 경험은 정확히 정치와는 무관한 한 명의 관찰자, 한 명의 이방인의 그것이었다. 1930년대 중반에 그는 자신의 분신이었던 고등사범학교 친구 니장이 PCF 파리 지부에서, 카뮈가 알제에서 그러했듯, 중요한 인물로 부상하는 것을 목격하게 된다. 『집지키는 개들Les Chiens de garde』이라는 니장의 텍스트를 통해 사르트르는, 교수들과 부르주아 철학 일반에 대한 니장의 신랄한 공격을 발견한다. 사르트르는 그 이후 니장이 독소불가침 조약의 조인에 대한 대응으로—니장은 이 조약 체결 이후 얼마 지나지 않아 전선戰線에서 사망한다—그 조약이 체결되기 바로 전에 PCF를 떠났음을 알게 된다. 니장의 참여와 환멸, PCF 내의 지식인들에 의해 이루어진 니장에 대한 고발을 목도하면서,* 사르트르는 당에의 가입을 가능케 하는 것, 즉 개인을 넘어서는 명분에 사용되는 의미와 그런 명분이 강요하는 규율을 발견하게 된다. 니장은 후일 사르트르의 3부작인 『자유의 길』에 나오는 공산주의 투사인 브뤼네의 모델이 된다.

1941년에 '사회주의와 자유'라는 레지스탕스 단체를 조직했을 때, 사르트르는 PCF와 접촉을 시도했다. 물론 그는 그때 소련이 독일과의 전쟁에 뛰어들게 되는 경우에만, PCF는 독일군에 대항해 투쟁할 수 있을 뿐이라는 사실을 명확하게 간파하고 있지는 못했다. 게다가 사르트르는 PCF에 의해 거절되었던 것만이 아니었다. PCF의 당원들은 그에 대한 악의에 찬 소문을 퍼뜨렸다. 그 내용은 이렇다. 그가 독일 포로수용소[11]를 빠져나올 수 있었던 것은, 그가 독일 스파이의 한 명이었기 때문이라는 것이었다. 그가 중심이 되어 조직된 소규모의 레지스탕스 단체가 활동을 그만두었을 때, 가장 진지했던 회원들은 PCF에 가담하게 된다. 반면, 그는 글쓰기로 되돌아가게 된다. 그 이후 레지스탕스 운동이 본궤도에 오르게 되자 PCF는 일련의 조직과 단체들을 계속해서 조직하게 된다. 예컨대 『레 레트르 프랑세즈』를 간행했던 CNE가 그 한 예이다. 사르트르와 카뮈 등과 같은 CNE 밖에 있었던 작가들 역시 이 위원회에의 가담을 권유받게 되며, 그렇게 함으로써 거기에서 발행되는 잡지에 글을 싣게 된다.[12]

그 자신 역시 레지스탕스 운동대원이었던 장 레스퀴르 Jean Lescure에

---

* 독소불가침 조약 이후 당을 떠난 니장에 대해 PCF 내에서는 그를 배신자로 규정하는 조치를 취하게 된다. 이런 조치에 대해 사르트르는 친구인 니장을 위해 격렬하게 항의하게 된다. 사르트르는 후일 소설과 극작품에서 이런 니장의 모습을 문학적으로 형상화하기도 한다.

따르면, 그 당시 이른바 "실존주의자들"이 레지스탕스 운동에 가담했다고 주장하고 다닌다는 험담이 적힌 비방문이 나돌아 다녔다고 한다. 그 비방문에는 사르트르, 카뮈, 레스퀴르와 또 한 명의 작가의 이름이 또렷이 적혀 있었으며, 따라서 그들의 자격이 의문시되었다는 것이다. 물론 장 메르스낙Jean Marcenac이라는 이름을 가진 한 공산주의자에 의해 작성된 그 기이한 비방문은, 몇몇 작가들을 독일 당국에 고발조치한 것 이상의 의미를 가지고 있지는 않은 것이었다.

그렇다면 레지스탕스 운동 대원들의 동지애가 그 정점에 도달해 있던 바로 그 시기에, PCF에 속한 지식인들은 카뮈와 사르트르에게서 미래의 경쟁자들의 모습을 보았다는 것인가? 해방 직후 『콩바』 지를 통해 카뮈는 "총살당한 자들의 당"*에 도전한다. 이 신문이 내건 '저항에서 혁명으로'라는 슬로건과 급진적 사회 변화에 대한 호소는 많은 면에서 전쟁을 위한 생산성 증가를 호소했던 공산주의자들의 애국적 태도와는 근본적으로 달랐다. 카뮈는 그 신문의 사설에서 다음과 같은 점을 강조했다. 즉 레지스탕스 대원들이 여러 해 동안 그 많은 희생을 감수했던 것은, 동일한 정치인들, 부패한 동일한 공화주의자들, 그리고 동일한 진부한 지도계급에게 권력을 주기 위한 것이 아니었다고 말이다. 그는 "돈에서 특권을 제거하는 집단적 경제"[13]에 호소했다. PCF는 1936년의 정부와 유사한 인민전선의 정부를 개혁하는 것을 목표로 했다. 하지만 PCF는 그 정부를 이끌고 있었다. PCF의 설명은 이랬다. 즉 전쟁이 아직 끝나지 않았기 때문에, 국가의 모든 에너지가 그 당시 두 개의 전선—미국·영국·프랑스의 전선과 소련의 전선—에서 싸

* PCF의 별칭. 레지스탕스 운동을 하면서 PCF의 수많은 당원들이 붙잡혀 독일군에 의해 총살당했다는 의미에서 이런 별칭이 유래했음.

우고 있는 나치 독일의 타도에 집중되어야 한다는 설명이 그것이다. 카뮈는 PCF와는 반대로 프랑스가 "전쟁과 동시에 혁명을 수행"[14]해야 한다고 주장했다. 그가 노동자계급에 대해 갖고 있던 공감에도 불구하고, 개인이 갖는 중요성에 대한 그의 확고한 주장은, 늘 되풀이되는 마르크스주의적 주장에서 볼 수 있는 사회계급의 지배권과 좋은 대조를 이루었다. 요컨대 카뮈는 마르크스주의적 사회주의가 아니라 레지스탕스 운동에 담겨 있는 새롭고도 "자유로운 사회주의"[15]의 설립에 호소했던 것이다. 하지만 동시에 그는 다양한 정치적 흐름들 사이에 있는 차이점들을 진술하고도 공개적인 토론을 통해 설명하는 필요성에 대해서도 강조했다.[16]

해방 직후 이런저런 사람이나 조직을 비판했던 논설가들은 종종 실명實名을 거론하는 것을 가급적 피했다. 레지스탕스 운동의 근간을 이루는 연대성 덕분에 토론의 논조와 다양한 정치적 방향에 대한 가능한 토론들 역시 정중하게 이루어졌다. 그 당시에 카뮈는 알제에서 법정 출두 명령을 받았던 23세의 젊은 작가, 무대감독과는 완연히 다른 모습을 보여 준다. 그는 그 당시에 공산주의자들을 자기와 동등한 자들로 여기고 있었다. 그는 이미 레지스탕스 운동의 주요 기관 가운데 하나였던 신문인 『콩바』지의 편집장이며, 그의 정치적 사색은 상당한 정도로 단련된 상태였다.[17] 1944년 10월에 그는 『악시옹』지에 실렸던 "순수함"에 대한 강박관념 때문에 친구였던 장 게노Jean Guheno를 비판한 한 기사를 빌미로 시작된 논쟁에 개입하게 된다. 당시 『악시옹』지의 편집장이었던 피에르 에르베Pierre Hervé는 11월에 카뮈에게 응수했다. 그가 겨냥하는 자들의 이름을 거명하지 않은 채 에르베는 커다란 야망을 가졌던 레지스탕스 운동으로부터 나타났던 "터키의 부르주아 출신 젊은 장교들"*을 자처한 자들을 조롱했다. 그들은 자신들을 사회주의자들로 규정했다. 그 까닭은 그 당시 사회주의가 대유행이었으며, "성인군자인 체하는 자들, 순수하다고 자처하는 자들"은, 그들만이 레지스탕스 운동의 참다운 정신을 구현한다고 주장했다. 그들은 마르크스주의에 대한 지루한 연구보다 자유라는 단어를 곱씹고, 프롤레타리아에게 호소하는 것 역시 거절하면서, 실업 상태에 있는 한 명의 노동자에게 이 '프롤레타리아'라는 단어가 무엇을 의미하는지에 대한 아무런 생각도 가지지 않은 채, "관념의 차가운 하늘"에서 밤을 지새우는 것을 더 선호했다는 것이다.[18]

카뮈는 사회주의와 인간의 권리, 정의와 자유를 위한 그 자신의 정치 참여에서 PCF와『콩바』지의 운동을 조심스럽게 분리시키려고 했다. 동시에 그는 유일한 진리의 담지자라고 주장하면서 선험적으로는 분파적이거나 교조적이지 않았던 그들의 생각을 토론에 부치기를 거절하는 공산주의자들을 비판하기도 했다. 하지만 카뮈는 "전제주의의 시작"인 반공산주의를 배척했다. 그가 공산주의자들에게 계속해서 호소를 했던 것은, 바로 전쟁 말기에 레지스탕스 운동에 가담한 자들의 공고했던 단결에 서서히 균열이 가기 시작했기 때문이었다. 1944년 12월에 카뮈는 경고를 보냈다. 레지스탕스 운동이 다른 여타의 분파들과 마찬가지로 국민적 합의合意를 이끌어내는 용광로의 역할로서가 아니라 하나의 정치적 분파로 간주되는 위험에 처해있다는 경고가 그 것이다.

같은 시기에 독자들—공산주의자들이건 공산주의에 호감을 갖고

---

* 1908년 청년 장교들의 주도로 터키에서 군주제에 맞서 발생한 민족주의적 입헌혁명인 청년 투르크당 혁명에 가담한 자들을 지칭함.

있는 자들이건—과 공산당에 가까운 언론들은 젊은 소설가, 극작가이자 철학자였던 사르트르와 카뮈(그들의 이름은 보통 한꺼번에 거론된다)를 발견하게 된다. 게다가 공산주의 언론인들은 종종 마르크스주의와 거리가 먼 글들을 『악시옹』지에 게재해 주기도 했다. 사르트르의 옛 제자였던 아스트뤽의 글이 그 좋은 예이다. 아스트뤽은 카뮈의 『이방인』을 "점령 하에서 출간된 최고의 소설"이라고 평가했으며, 사르트르를 "동시대의 가장 열정적인"[19] 작가라고 평가하기도 했다. 나아가 생텍쥐페리에 대한 한 글에서 아스트뤽은, 카뮈와 사르트르의 부조리와 대칭을 이루는 부조리에 사로잡힌 그 작가의 희망으로 향하는 여정을 기술하고 있다. 생텍쥐페리의 작품은 "악몽과 부조리의 시각에서 세상을 드러내는 근본적인 비논리에 사로잡혀 있다."는 것이 아스트뤽의 주장이다. 그는 또한 이 세 작가들이 도덕에, 즉 본질적인 것이 되어 버린 현대적 주제인 "가치들"을 향한 창문을 활짝 열고 있다고 주장했다.[20]

공산주의자들이 주도했지만 동반자들에게도 어느 정도 개방되어 있던 『레 레트르 프랑세즈』는 사르트르에게 지면을 제공함으로써 그에 대해 좋은 감정을 갖고 있다는 것을 보여 주었다. 사르트르와 카뮈는, 그 잡지가 여전히 비밀리에 출간되고 있을 때, 둘 모두 그 잡지에 여러 글을 발표했다. 합법적으로 활동한 1/4분기 동안 그 잡지는, 사르트르의 「침묵의 공화국」이라는 글을 싣기도 하고, 극작품 『닫힌 방』에 대해 대단히 지적인 서평[21]을 할애했을 뿐 아니라, 또한 그의 새로운 소설인 『유예Le Sursis』의 제1장을 싣기도 했다. 그 이후 12월 초, 그 잡지에는 전쟁 포로들이 했던 책읽기에 대한 사르트르의 증언들이 상당수 실리게 된다.[22]

해방이 된 후 몇 달 동안 PCF의 비난과 그에 대한 사르트르와 카뮈의 응수—물론 카뮈는 신문의 사설 형식으로 응수했다—는 진정한 의견 교환이라는 것이 무엇인가를 보여 주는 전형적인 사례였다. 『레 레트르 프랑세즈』에 실린 한 글에서 편집장 조르주 아당George Adam 은, 해방이 된 지금 "시효가 지난" 감정인 절망과 "개인주의적 염세주의"를 퍼뜨린 사르트르와 카뮈를 이름도 거명하지 않은 채 강력하게 규탄한다.[23] 이름도 거명되지 않은 채 공격을 당한 카뮈는 1944년 11월에 『콩바』지에 실린 「염세주의와 용기」라는 제목의 글을 통해 그 자신과 사르트르 입장을 옹호한다. 물론 그때 카뮈는 니체와 하이데거에게서 벗어나는 입장을 취하게 되며, 그 결과 얼마 전에 "실존주의"라는 용어를 사용하기 시작한 사르트르와도 간접적으로 멀어지게 된다. "나는 지금 너무나 유명한 실존주의 철학에 대해서는 별다른 취향을 가지고 있지 않다. 내가 그 가짜 결론을 믿기도 했다. 물론 실존주의 철학이 사상의 한 거대한 흐름인 것은 적어도 사실이다."[24]

카뮈는 『레 레트르 프랑세즈』를 운영하는 공산주의자들을 여전히 "동지"라고 부르고 있다. 그들의 이론은 "우리의 것이 아니긴 하다. 하지만 그렇다고 해서 우리에 대해 그들이 말하는 어조와 그들이 그 어조에 담고 있는 자신감을 가지고 우리가 그들에게 말 할 생각이 있는 것은 아니다."[25]라고 그는 쓰고 있다. 자신을 사르트르와 직접적으로 결합시키면서도 카뮈는, "모든 것이 부정이나 부조리로 요약되는 것은 아니다. 우리는 그것을 알고 있다. 그러나 우선 부정이나 부조리의 문제를 제기해야 한다. 왜냐하면 우리 세대가 만난 것은 바로 그 두 개념이었고, 또한 우리가 장차 정리를 해야 할 것도 바로 그 두 개념이기 때문이다."라고 쓰고 있다. 카뮈는 이처럼 아주 어려운 문제들에 진정으로 몰두하는 작가들에 대해 사람들이 인내심을 발휘해 줄 것을 바라고 있는 것이다. 카뮈는 결국 사람들이 그 작가들을 좀더 "겸손"하게 대하기를 요구했던 것이다.

『악시옹』지[26]로부터 공격을 받은 후, 사르트르는 10월 말일 간행된 같은 신문에 실릴 답변을 작성했다. 그의 글은 두 달 전에 출간된 카뮈의 답변과는 뚜렷한 차이를 보인다. 여러 차례 항상 정중하게 자신을 공산주의자들과 구분해 주는 요소들을 강조했던 카뮈와는 달리 논쟁적인 기질을 가진 사르트르는 신중하게 행동하지 않았다. 사르트르는 PCF의 얼토당토않은 비판 때문에 화가 나 있었다. "무지와 자기기만"적인 비판이라고 비난하면서 그는, PCF가 비판을 한 자기가 쓴 저서들을 읽어보기조차 않았다고 의혹의 눈초리를 보냈다. 또한 그는 실존주의의 주창자에게서 만만한 "희생양"을 찾아내고, 실존주의가 단지 행복한 소수happy few[27]들에게만 알려져 있기 때문에 그만큼 더 비난하기 쉬운 사상으로 간주하려고 했다는 의혹을 보내기도 했다.

사르트르는 PCF와의 투쟁에서 격렬한 어조를 계속해서 고수한다. 레지스탕스 운동의 옛 동지들과의 연대성이라는 이름으로 카뮈는 공산주의자들의 적대감에 반박하는 것으로 그치는 정도였다. 하지만 반대로 사르트르의 글은 도발적인 면에서 하나의 걸작이었다. 자신의 글에서 그는 자신의 사유들을 옹호하는 것에 그치기보다는 결코 공격성을 포기하지 않으면서 오히려 그 사유들을 천명하고 있다. 사르트르는 카뮈와는 달리 결코 자신의 철학과 마르크스주의를 통합시키려고 하지 않았다. 또한 카뮈와는 달리 사르트르는 타협적인 주석들도 최소한으로 그치고 있다.[28] 그 당시에 카뮈는 PCF에 속한 지식인들의 위선, 자기기만, 멍청함을 강조하는 가운데 그들이 자신의 철학에 대해 거짓

말을 일삼았다는 것을 비난하고 있었다. 이에 반해 사르트르는 계급투쟁이라는 개념에 대해 그가 갖고 있는 애정과 마르크스의 사유에 대해 그가 평소에 마음속에 담고 있던 애정을 강조하고 있었다. 바로 거기에 카뮈와 사르트르 사이의 또 하나의 차이점이 자리한다.

*　*　*

해방 이후 일 년 동안 PCF에 속한 지식인들은 이미 유명해진 카뮈와 사르트르라는 두 명의 젊은 작가들과 어떤 관계를 맺어야 하는지에 대한 문제에서 곤경에 처하게 된다. 그들 두 사람은 분명 좌파에 속하며, PCF보다 더 자주 "혁명"을 상기하기도 했다. 그들의 작품은 시대정신이라는 면에서 볼 때 새롭고, 생생하며, 매혹적이었다. 모든 곳에서 그들의 이름, 그들의 선언을 들을 수 있었다. 예전에 공산주의자였던 카뮈는 반공산주의를 거절했다. 사르트르는 PCF에 대해 비판적이기는 했지만 적대적이지는 않았다. 따라서 그들과의 상이점을 용인하면서 그들을 잠정적인 동지로 취급하지 않을 이유가 어디에 있는가? 사르트르는 PCF 내의 많은 사람들이 이 같은 입장을 견지했다고 생각했다.[29]

다만 한 가지 문제가 남는다. 부조리와 자유에 대한 카뮈와 사르트르의 주장, 도덕과 책임에 대한 강조, 그리고 PCF 밖에서, 하지만 좌파 내에서 이루어진 그들의 분명한 사회 참여는 당시 젊은 지식인들 층에서 아주 유행했다는 것이다. 보부아르와 메를로퐁티가 1944년 말경에 여러 주장을 개진하기 시작했음에도 불구하고, 모든 사태로 미루어 보면 카뮈와 사르트르가 벌써 하나의 사상의 유파를 세웠다고 생각할 정도였다.[30] 사르트르가 공산주의 계열에 속하는 지식인들과 아주 우호적인 관계를 유지하고, 또 그런 관계를 유지하는 것을 희망했다고 할지라도, 그와 PCF는 대중을 확보하는 면에서는 경쟁 관계에 있었 다. 1945년 10월에 이 같은 사실은 『현대』지의 창간과 더불어 확실한 것이 되고 만다.

공산주의자들은 구조적으로 불화를 용인하지 못한다. 카뮈는 겸손 해지라는 호소에서 이 같은 유연함을 강조하지 않았던가? 하지만 이 러한 태도를 보일 경우 좌파의 입장에서 보면 마르크스주의는 여러 관 점 가운데 그저 하나의 관점이 될 위험이 있었다. 그런데 역사와 현실 에 대해 유일하게 적절한 설명을 할 수 있다고 자처하고, 모든 이의제 기들을 계급의 이해관계에 대한 단순한 이데올로기적 반영들로 간주 하는 PCF 계열의 지식인들은 이 같은 대안 이론들을 조만간 공격해야 만 했다. 또한 그들은 그 이론들을 반프롤레타리아적 이데올로기 탓으 로 돌려야만 했다. 물론 스탈린식의 상투적인 정치 선전 구호는 아직 까지는 그 이론들에 영향을 주고 있지는 못하고 있었다.

『악시옹』지의 입장에서 보면, 1944년 말에 사르트르의 기사를 실 어 주었다는 사실만으로도, 해방 때 느꼈던 동지애[31]가 아직은 완전히 사라지지 않았음을 의미한다. 하지만 1945년 6월, 그 잡지는 사르트 르의 사상을 격렬하게 비난하면서 그에 대한 양면적 태도에 종지부를 찍게 된다. 그로부터 3주 후에는 카뮈를 공격하기 시작한다.

사르트르의 비판에 응수를 한 자는 앙리 르페브르Henri Lefebvre였다. 르페브르는 마르크스주의 철학에 대한 훌륭한 소개서인『변증법적 유 물론Matérialisme dialectique』의 저자이자, 사르트르를 공격하는 데 있어 서 PCF의 지식인들 가운데 가장 뛰어난 인물이었다. 그의 글에는 마르크스주의적 자기도취가 배어 있다. 그는 역사적이며 사회적인 관점을 침착하게 전개하면서, 그 관점 속에 개인주의적 철학자 사르트르를 위치시킨다. 그렇게 하면서 그는 절망·고독·불안·무 등이 어떻게 사르트르의 중요한 주제들이 될 수밖에 없었는가 하는 이유를 설명하고 있다. "사라져야 하는 운명에 처한 한 시대"를 대표하는 사르트르는 형이상학과 순수한 인식을 거부할 수 있으며, 그 결과 객관적 지식에 근거한 집단적 행동에 가담하는 것에 대한 비판적 방향전환을 시작하게 된다는 논리이다. 하지만 그는 실존을 고립된 인식으로 귀착시키고, 또한 모든 객관적인 역사적 내용을 던져 버리려는 자신의 의지를 고수할 수밖에 없다는 것이 르페브르의 비판 요지였다. 또한 사르트르는 무를 "다른 질서를 대신해서 들어서고 있는 중인 하나의 사회 질서" — "자신의 역사적 죽음"과 부딪치고 있는 자본주의 — 에 대한 위협으로 여기지 않았고, 오히려 "인간 의식의 항구적 구조"를 보여 주는 것으로 파악했다는 것이 르페브르의 주장이다. 그는 계속해서 이렇게 주장한다. 과학에 대한 반계몽적 회의주의로 번민하는 사르트르는 행동의 필연성에 대해 강조를 하고 있음에도 불구하고 인간들이 사회적, 역사적으로 자신들의 삶을 가꾸어 간다는 사실을 이해할 수 없다는 것이다. 바로 이 같은 이유에서 사르트르의 실존주의 철학은 마르크스주의에 대항하는 일종의 이론적 투쟁 기계로 그렇게 쉽사리 바뀔 수 있다는 것이 르페브르의 견해였다.[32]

순전히 우연적 결과이지만, 르페브르의 글은 그 당시 미국을 여행하고 있는 중이었던 사르트르가 미국 노동자 계층에 대한 묘사와 그 자신의 생각 등이 『콩바』지에 실렸던 바로 그 날 『악시옹』지에 실렸다. 우리는 『콩바』지에 실린 글에서 여태까지 우리가 알고 있던 사르트르와는 사뭇 다른 그의 모습을 발견한다. 미국 여행을 통해 일련의 사회, 정치적 관찰을 하게 되었으며, 그 결과 그가 쓴 생생하고도 세세한 기사들에서 우리는 처음으로 마르크스주의적 사유의 영향을 간파할 수 있다. 사르트르는 사회계급의 개념, 공장 노동자의 소외, 노동자들의 착취 등이 갖는 중요성을 강조하고 있다. 또한 그는 노동자계급에게 제기되는 조직적이고 이데올로기적인 문제들 역시 다루고 있다. 결국 그는 미국 여행 중에 노동자들과 노동조합원들과 첫 관계를 맺었던 것이다. 이처럼 미국은 분명 사르트르에게 그를 통해 주창되게 될 '참여'(여전히 지적인 참여) 개념을 구상하는 실험실 역할을 했다고 할 수 있다. 하지만 프랑스로 돌아온 사르트르는 카뮈와 더불어 PCF로부터 격렬한 비난을 받아야만 했다. 전쟁이 발발했던 것이다.

6월 말에 『악시옹』지의 한 사설에서 에르베는 전前레지스탕스 대원들로 이루어진 집단들의 내부에서 반공산주의자들이 기저부에서 획책한 정치 운동을 개탄했다. 그러고 나서 분명 카뮈가 주장하는 도덕주의에 식상한 나머지 에르베는 그를 향해 개인 차원의 공격을 퍼붓고 있다. 에르베는 실제로 바리새인들이 보여 준 선의의 항의로 사설을 시작하거나 끝맺는 카뮈와 『콩바』지의 태도를 비난했다. "공평한 것은 우리들이다. 목표가 되는 것도 우리들이다. 이렇게 말하는 것은 『콩바』지에 몸담고 있는 친구들인 실존주의의 철학자들의 습관이다." 에르베 자신도 『콩바』지의 기자들을 "변비증 환자들"이라고 묘사했다. 하지만 그는 특히 카뮈를 겨냥했다.

나는 세계에서 가장 많이 읽히는 프랑스 논설가가 자신의 취향대로 사태를 생각하지는 않는다는 것을 알고 있으며, 그가 비난과 격려를 사방으로 배포하는 권리에 엄청나게 취해 있다는 것을 이해한다. 성무일 과를 집행하는 주교처럼 그는 주위에서 짖어대는 개를 기분 나쁘게 생 각한다. 진리는 내 것이다! 고귀함도 내 것이다! 불행하게도 정치 분 야에서 거짓된 마음을 갖지 않는 것은, 우리가 몇몇 뛰어난 문학 작품 을 썼기 때문이 아니다. '냉정한 사람'의 어조가 나를 화나게 만들 때, 나는 그 사실을 단연코 지적한다. 나는 도덕주의자의 위선적인 교만함 에 분노를 감추지 않는다.[33]

에르베에 따르면, 레지스탕스 운동에서 비롯된 조직들 속에서 전개 되고 있는 정치 투쟁들에 대한 『콩바』지의 설명은, "가장 부정확하고, 가장 거짓되고, 가장 비열한 해석"이었다. 그는 이의를 제기할 수 없는 권위를 천명하면서 그런 "씁쓸한 취미"에 대해 계속 공격을 가했다. 실제로 그는 프티부르주아에 대해 레닌이 쓴 한 구절을 인용하기도 했 다. "프티부르주아들이 보여 준 혁명적 의향의 변덕스러움, 그들의 불 모성, 쉽사리 복종하고 무기력해지고 환상에 젖은 그들의 나약함, 그 리고 '유행하는' 이런저런 성향에 대한 '미친 듯한' 열광, 이 모든 것들 은 널리 알려져 있는 것들이다."[34]

이제 비밀리에 활동했던 레지스탕스 운동의 옛 동지들을 가르는 간 극을 메우기는 어려운 것처럼 보인다. 그들은 결정적으로 갈라졌다. 1944년 가을, 카뮈는 "동지"라는 용어를 사용했었다. 하지만 1945년 6월에 공산주의자들은 벌써 카뮈를 적으로 취급했다. 또한 그들은 카 뮈를 정치판에서 몰아낼 것을 레닌에게 간청하기도 했다. 에르베가 쓴 글은 분명 카뮈에게 모욕을 주기 위한 것이었다. 그리고 실제로 이 같 은 호된 비판을 받은 후 카뮈는 『콩바』지에 몇 편의 사설을 쓰고 난 뒤 곧 침묵 속으로 빠져들게 된다. 히로시마 원폭에 대해 PCF의 노선과는 정반대되는 카뮈의 반응을 통해 볼 수 있는 것과 같이, 그는 핵무기 사용을 개탄했다. 1945년 6월, 카뮈는 또한 대독협력자들에 대한 숙청에 대해서도 이 숙청이 본질을 벗어났다고 반대하는 입장을 표명했다. 그는 특히 숙청에 찬성하는 방향, 즉 공산주의자들이 주장하는 의견을 따를 것을 주장하는 사람들과 정면으로 맞섰던 것이다. 레지스탕스 운동의 정치적 고갈이라는 결론을 내린 카뮈의 사설은, 그가 마지막으로 쓴 사설 가운데 하나였다.[35]

보부아르는 카뮈와 그녀 자신 사이, 그리고 그와 사르트르 사이의 첫 번째 불협화음을 검토하는 과정에서 다음과 같은 그의 기이한 발상, 즉 핵무기 제거와 과학자들에게 연구를 연기할 것을 요구하는 발상을 지적하고 있다.[36] 카뮈와 사르트르 사이의 돈독했던 2년 동안의 관계는, 드골주의자들과 공산주의자들을 하나의 흐름 속에 결집시켰던 레지스탕스 운동으로 생겨난 우애에 금이 가는 바로 그 무렵에 서서히 막을 내리기 시작한다. 그것은 우연의 일치는 아니었다. 비록 그 이후 카뮈와 사르트르가 공산주의자들에 대해 유사한 많은 비판을 가했던 것이 사실이라 해도, PCF에 대한 그들의 근본적 태도는 아주 달랐다. 역설적으로 카뮈가 점점 공산주의를 그 자신의 정치적 주적主敵으로 간주했던 반면, 사르트르는 지적인 면에서 PCF의 제1의 공적公敵이 되었던 것이다.

그렇다면 PCF는 왜 카뮈가 아니라 사르트르를 제1의 공적으로 삼았을까? 아마도 부분적으로는 사르트르가 카뮈와는 완전히 다른 방식으로 PCF와 관계를 맺었기 때문일 것이다. 게다가 사르트르는 논쟁을 즐기는 측면이 없지 않았다. 복잡하지만 대중에게 널리 알려진 철학의 지지자, 그를 좋아하는 젊은이들의 지지를 받고 있는 철학자인 사르트르는, 공개적으로 하나의 이데올로기로서의 마르크스주의에 도전장을 내밀었으며, 그렇게 함으로써 PCF에 속한 지식인들을 "한 학파의 우두머리"[37]인 그 자신과 드잡이를 할 수밖에 없는 상태로 몰아갔다.

PCF 계열의 지식인들은 참여에 대한 사르트르의 호소 속에는 새로운 것이 아무것도 없다고 말하면서 『현대』지를 비판했다. 그들은 사르트르의 소설 『자유의 길』("길인가…… 막다른 골목인가?") 제1~2권에 나오는 등장인물들과 "병적인" 상황들도 비난했다. 이어서 공산주의자들은 실존주의의 공세에 대한 종합적 평가에 두 편의 글 전체를 할애했다.[38] 거의 같은 시기에 사르트르는 그 당시 가장 비중 있는 공산주의 지식인들이었던 로제 가로디Roge Garaudy와 앙리 무쟁Henri Mougin과 더불어 한 모임에 초대되었다. 그는 장래가 촉망되는 PCF의 철학자이자 또한 자신의 옛 학생들 중의 한 명인 장 카나파Jean Kanapa에게서 연락을 받았다. 카나파가 사르트르에게 가로디와 무쟁을 만나 볼 것을 제안했다. 카나파는 그들을 화해시킬 생각과 사르트르와 PCF 사이의 대화와 의견 교환의 기회를 만들어낼 생각을 했던 것이다.[39] 하지만 당일 카나파는 그 모임에 불참했다. 그의 제안이 모임에서 채택되지 않았던 것이다. 화해할 생각으로 그 모임에 참석했던 사르트르는 어안이 벙벙했다. 사르트르는 기대할 것이 전혀 없다는 것을 알아차리고는 곧바로 그 장소를 떠나 버렸다.

12월 21일, 『레 레트르 프랑세즈』—이 잡지는 이후 PCF의 노선에 완전히 동조한다—는 특히 다음과 같은 사실을 확신하는 수석 편집장인 클로드 모르강Claude Morgan의 글을 통해 정치적, 문학적 참여에 대해 입장을 재조정하게 된다. "우리는 부조리와 절망의 문학에 투쟁한다."는 입장이 그것이다. 이 같은 재조정에 맞춰 같은 호에서 '부조리와 절망의 문학'이라는 이름하에 『칼리굴라』와 『자유의 길』을 통렬히 비판하고 있다. 또한 같은 호에서 르네 쉐레르René Schérer는, "마르크스주의는 실존주의적 '보충'을 전혀 필요로 하지 않으며, 게다가 그 두 가지 관점은 완전히 대립된다."고 주장하고 있다.[40] 또한 가로디는 사르트르를 "가짜 예언자"로, 실존주의를 "질병"으로 비판했다.[41] 가로디는 본능적으로 사르트르의 모든 저서들을 공격했다. 물론 거기에는 가로디의 비평을 실었던 같은 호에 실렸던 사르트르의 한 텍스트인 「침묵의 공화국」도 포함되어 있었다. 가로디는 사르트르를 "무덤 파는 사람"으로 취급했다. 그리고 사르트르 자신의 표현을 빌자면 가로디는 그를 거의 모든 진흙탕 속으로 끌고 다니곤 했다는 것이다.[42]

사르트르는 『현대』 지에서 가로디에게 응수하면서 그를 통렬하게 공격한다. 1946년 6월과 7월, 사르트르는 「유물론과 혁명」이라는 철학적 에세이를 통해 가로디에 대한 자신의 대응의 수위를 더 높였다. 이 에세이의 주요 내용은 노동자들과 혁명에 대한 연대를 만천하에 선전하고 있는 스탈린주의의 토대인 유물론의 기계적 특징에 대한 비판이다. 사르트르는 가로디를 가차 없이 공격한다. 가로디가 "순진하고 한계가 뚜렷한"[43] 과학주의로 인해 고민한다는 사실을 고려하지 않은 채, 사르트르는 PCF를 제대로 대표하지도 못하는 별 볼일 없는 적대자를 완전히 깔아뭉개고 있다. 이 에세이는 사르트르 자신의 단호한 내적 확신을 여실히 보여 주고 있다. 비록 그가 마르크스의 저작들을 읽었는지 그렇지 않았는지에 대해서는 말할 수 없음에도 불구하고 말이다…….

사회주의적 유물론은 모순 상태에 있다는 점을 단언하면서, 사르트

르는 주어진 역사적 상황(예컨대 노동자계급의 극빈화)은 결코 계급의식
을 자아내지 못할 것이라고 강조하고 있다. 별다른 조치가 취해지지
않으면 그런 상황은 그저 또 다른 상황을 낳을 수밖에 없다는 것이다.
노예 상태에 처해졌다고 해도 인간은 근본적인 의미에서는 자유롭다
는 것이다. 물론 "유물론의 신화"가 억압을 설명해 주는 데 유용하다
고 할 수는 있다. 하지만 반대로 그 신화는 인간들 스스로가 해방을 쟁
취해야 한다는 그 당위적 이유와 그 해방을 이루는 방법을 밝혀 주는
일에는 완전히 무용지물이라는 것이다. 사르트르는 「유물론과 혁명」
에서 그만의 기본 주제들을 전개시키고 있다. 행동, 상황, 초월, 자유,
세계-내-존재, 주체성이 가지는 중요한 특징, 모든 선험적 윤리에 대
한 거부, 권리에 대한 부르주아적 개념에 대한 적대감 등이 그것이다.
이 모든 핵심 개념들은 장차 새로운 사회, 정치적 방향으로 전개된다.
PCF와의 대화가 무위로 돌아가자 사르트르는 마르크스주의를 실존주
의로 대체할 것을 제안한다. 따라서 사르트르는 카뮈처럼 PCF의 지도
부가 조율하는 규칙에 따라 추방당하고 만다. 하지만 카뮈와는 달리
사르트르는 그러한 조치에 반발한다. 그러니까 그는 상당히 엄중하게
답변을 하고, 토론을 그만의 영역으로 이끌어 간다.

*　*　*

　1945년 6월, 카뮈에 대한 에르베의 공격이 있은 후에 히로시마 원
폭 투하가 있었고, 원폭 투하에 뒤이어 카뮈의 결론이 나오게 된다. 그
의 결론에 의하면, 숙청은 애시 당초 정해진 목적에서 벗어나게 된다.
이 같은 일련의 사건들을 통해 우리는 전후에 카뮈가 품었던 희망들의

종말을 볼 수 있다. 레지스탕스 운동으로부터 탄생한 체제에 의해 이루어진 사회개혁의 첫 번째 물결은 그 기세가 약해진 것처럼 보였다. 우선 그 진영이 치유 불가능할 정도로 분열되었다. 프랑스가 레지스탕스 운동을 통해 해방되었다는 신화를 제쳐두더라도, 히로시마에 투하된 원자폭탄은 어쨌든 좀 더 근본적인 사실을 상징적으로 보여 준다. 이제 프랑스는 과거의 프랑스를 넘어서는 강대국들에 종속되게 될 것이라는 사실이 그것이다. 숙청에 대한 카뮈의 고통스러운 성찰은 한 시대의 종말과 작가로서의 개인적인 방향 전환을 보여 주는 것이다. '저항에서 혁명으로' 나아가는 국가와 동행한다는 희망, 즉 사회주의와 자유를 연합시키려는 희망을 품었던 카뮈는, 그 자신의 희망이 절망으로 바뀌는 것을 다시 목도해야 했다. 그 이후 그는 정치적 도덕, 상호 존중 그리고 공개적이고 정중한 토론을 옹호하게 된다. 하지만 1945년 여름에 이 같은 목표들 자체에는 도달할 수 없는 것처럼 보였다. 해묵은 정책이 다시 등장했지만, 그는 거기에 더 추가할 것이 없었다. 그 이후 『콩바』지의 주요 논지는 시대에 뒤진 것처럼 보였고, 레지스탕스 운동은 끝났고, 혁명은 상상 불가능한 것이 되었다.

카뮈에게 있어서는 뒤로 물러서서 그 자신의 실패의 원인이 무엇인지를 생각해 보고, 또한 공산주의자들과의 경험으로부터 받은 충격에 대해서, 그리고 자신의 최근의 행보 등에 대해서 자문을 해보아야 할 때였다. PCF와 10여 년에 가까운 교류 끝에 그가 전후에 갖게 된 정치에서의 염세주의는, 그에 따르면 공산주의자들의 책임에 속하는 문제였다. 공산주의 성향을 띠지 않은 좌파 진영에서 비중 있는 발언을 했던 자인 카뮈 자신은 예전에는 PCF와 동등한 입장에서, 그리고 동지의 입장에서 토의를 했었다. 하지만 이 같은 대화는 에르베의 강력한 비난성 글로 막을 내렸다. 철학과 정치면에서 근본적으로 오류를 범한 자들로부터 오는 그처럼 격렬한 공개적 공격으로 인해 카뮈는, 이제 공산주의에 대해 말을 하는 경우는 있어도, 절대로 공산주의자들과 더불어 토의를 하지는 않게 된다.

이렇게 해서 카뮈는 1945년 9월 1일에 『콩바』지의 편집장의 직위를 떠나게 된다. 그는 한 기사에서 대화를 추구했던 신문의 시평 담당자로서 보냈던 일 년 동안의 경험에 대한 대차대조표를 작성하게 된다. 『콩바』지는 공산주의자들과의 일치점과 차이점을 "성실하게" 정의하려고 노력했다. 하지만 카뮈의 말을 따르면 "우리는 아무런 대답도 받지 못했다."⁴⁴ 중도 온건 가톨릭 계열 신문의 편집자였던 모리아크까지도 "우리로 하여금 침묵을 지키게끔 하는 그런 어조를 사용하면서", 카뮈에게 공산주의를 멀리할 것을 호소하기도 했다. 하지만 카뮈는 대화를 불가능하게 만들었다는 비난의 화살을 다른 사람들에게 돌리지는 않았다. 그는 오히려 "우리들에게 공통될 수 있으며", 또한 그런 토의를 가능케 해줄 수 있는 "언어를 아직까지 찾지 못했다는 사실"에 기인하는 "일시적 실패"를 상기했을 따름이다. 이 같은 친절한 발언을 통해 보면 카뮈 자신이 계속해서 토의와 이해의 영역을 추구했다는 사실을 우리는 알 수 있다. 하지만 그는 그의 내면 일기로 되돌아온다. 점차 그는 공산주의를 문명의 질병, "현대의 광기"⁴⁵로 규정짓게 된다. 이어지는 16개월 동안 그는 공산주의의 본질, 대의명분, 내재되어 있는 약속, 그리고 그 결과 등을 본격적으로 검토하게 된다.

에르베의 글이 발표된 직후, 카뮈는 공산주의에 대한 이해에서 중요한 문제인 자유와 정의 사이의 긴장 문제를 성찰하게 된다. 그 이후 그는 사설을 통해 자유를 포함하는 사회주의에 대해 정의를 내리려고 노력한다. 하지만 시간이 흐를수록 자유 없는 정의를 추구하는 공산주의 자들은 자유와 정의 사이에서 선택할 것을 요구하는 것처럼 보인다. 결국 그는 복종하고 만다. "결국 나는 자유를 선택했다. 왜냐하면 비록 정의가 실현되지 않았다고 하더라도, 자유는 불의에 맞서는 저항력을 간직하고 있으며, 그 통로를 보존하고 있기 때문이다."[46] 하나의 통로 가 열려 있다. 하지만 그것은 "상대방이 옳다."[47]는 것을 받아들이는 지적인 자유를 가지지 못했던 공산주의자들에 의해 질식당하지 않을 수 있다는 가능성을 전제로 하는 것이다. 하지만 몇 달 후 카뮈는 "마 르크스주의자들은 신념도 대화도 믿지 않는다."[48]고 선언하고 만다. 게다가 마르크스주의자들 가운데서도 "민중을 위해 말을 하는 임무를 담당했던" 자들은─당의 지도부─이 같은 자유에 무관심했었다. 또 한 PCF의 지지층은 넓었고, 그 선택─자유에 맞서는 정의─은 아주 인기가 있었다. 왜냐하면 "정의만이 그들이 필요로 하는 최소한의 것 을 그들에게 줄 수 있었기 때문이다."[49]

수첩에 적힌 카뮈의 성찰들은 혐오감과 비관주의 사이를 오가고 있 었다. 그는 자기 자신을 순교 당할 운명에 처한 소수에 속하는 것으로 생각하고 있었다. 그러니까 "내일을 위한 프로그램 : 자유의 증인들의 숭고하고 의미 있는 죽음"[50]을 생각했던 것이다. 그는 "정의와 자유를 서구의 마지막 희망으로서 조화시키려고 노력했다." 하지만 당시의 시대적 상황 속에서 그런 시도는 이상理想에 속하는 것이었다. "그 가 치들 가운데 어느 것을 희생시켜야 할 것인가? 그 경우 무엇을 생각해 야 하는가?"[51]

종교에 대한 카뮈의 지적 가운데 하나를 보면서 그가 서로 받아들여 질 수 없는 기독교주의와 공산주의라는 두 개의 도그마 사이에 끼어 있다고 느꼈다는 사실을 우리는 알 수 있다. "사적 유물론, 절대적 결정론, 모든 자유에 대한 부정, 용기와 침묵이라는 이 끔찍한 세상, 이런 것들은 신 없는 철학이 갖는 가장 정당한 결과들이다."[52] 인간적인 주장과 야망을 제한하는 유일한 방법은, 인간과 역사의 배후에서 신을 상정하는 것이다. 그러나 그것은 이제 더 이상 가능하지 않은 신앙을 전제로 하는 것이다. 제2의 노선을 생각하는 것이 가능할까? 카뮈에게 있어서 그 문제는 아주 고통스러운 개인적 선택에 속하는 문제였다.

그 두 노선 사이에서 무엇을 할 것인가? 내 안의 무엇인가가 나에게 이렇게 말하면서 나를 설득하려고 한다. 즉 비겁하지 않은 채, 노예가 되는 것을 받아들이지 않은 채, 내 어머니와 나의 진리를 부인하지 않은 채 내가 살고 있는 이 시대와 멀어지는 것이 불가능하다고 말이다. 나는 오직 기독교인으로서만 그런 일을 할 수 있거나 아니면 성실하면서도 상대적인 참여를 받아들일 수 있을 뿐이다. 그러나 기독교인이 아닌 나는 끝까지 나아가야만 한다. 그러나 끝까지 나아간다는 것은 절대적으로 역사를 선택한다는 것을 의미하고, 그 역사와 더불어 인간의 살해를 선택한다는 것을 의미한다. 만약 인간의 살해가 역사에 필요한 일이라면 말이다. 그렇지 않다면 나는 역사의 한 증인에 불과할 것이다. 문제는 바로 이것이다. 나는 단지 한 명의 증인이고자 하는가? 달리 말하자면 이렇다. 나는 단지 한 명의 예술가가 되는 권리를 가지고 있는가? 나는 그렇지 않다고 생각한다. 만약 내가 선택을 하지 않는다면, 나는 결국 침묵을 지키고, 한 명의 노예가 되는 것을 받아들여야만 할 것이다. 만약 내가 신과 동시에 역사에 맞서는 선택을 한다면, 나는 자유의 증인이 되며, 그런 자로서의 나의 역사 속에서의 운명

은 죽음을 각오하는 것이리라.[53]

1945년 11월 초에 쓴 이 글에서 카뮈는 "침묵이냐 죽음이냐"의 선택만을 염두에 두고 있을 따름이다. 공산주의자들이 과시하는 역사에 대한 신뢰는 곧장 "거짓과 살인"으로 이어진다. 하지만 종교가 유일한 대속의 해결책으로 여겨지고 있다는 생각으로 그는 괴로워한다. "이같은 광기의 상태와 끔찍한 분열 상태(그렇다, 실제로 끔찍하다)로부터 벗어나기 위해 사람들이 맹목적으로 (종교 속으로) 뛰어든다는 것을 나는 이해한다. 하지만 나는 그렇게 할 수가 없다."

카뮈는 천천히, 그리고 많은 노력을 한 끝에 지금까지 감내했던 억압에 맞서게끔 해주는 윤리적 축을 도출해내려고 하면서 그만의 독특한 정치적 대안을 찾아 헤쳐 나가게 된다. 그가 중요시하는 핵심 개념들은 부조리, 순수성 그리고 반항이다. 그 당시 그는 수첩에서 처음으로 사르트르를 언급하고 있다. 자기 스스로 철학자는 아니지만 예술가라고 설명한 후에―"나는 사유가 아니라 말에 따라서 생각한다."[54] "나는 참여문학에 반대한다."[55]고 천명하고 있다―카뮈는 그만의 고유한 정신의 집은 도시들과는 먼 곳이며, 이 도시들은 오히려 헤겔, 사르트르 그리고 "역사에 등장하는 모든 현대 철학자들"과 같은 사상가들이 꽃을 피운 장소들이라고 말하고 있다. 카뮈는 자신의 항구성과 균형을 만드는 세계에 대한 이 같은 진리의 한 부분, 즉 자연[56]을 필요로 했던 것이다. 1945년에 마르크스와 마찬가지로 헤겔에게서도 멀리 떨어져 있던 사르트르는, 대체 카뮈의 생각 속에서 어떤 자리를 차지하고 있었을까? 우리의 판단으로는 카뮈가 사르트르와 결별했던 것은, 마르크스주의에 대한 그의 커져만 가는 대립을 분명하게 드러내는 과정에서였던 것으로 보인다. 카뮈에 따르면, 개인의 시대 속으로의 침잠을 요구하는 사르트르는 마르크스주의와 매우 가까운 입장에 있었다. 반면, 카뮈 자신은 "모든 인간은 역사와 일치하지 않는다."는 사실을 계속해서 강조하고 있다. 카뮈가 볼 때 사르트르는 중요한 진리를 놓치고 있는 것이다. "인간은 '단지' 사회적일 뿐만이 아니다."[57]라는 진리가 그것이다.

　하지만 카뮈의 사르트르와 마르크스주의에 대한 설명은 그렇게 설득력이 있는 것은 아니다. 그들의 관계와 사상에 대한 이 같은 반추反芻 가운데 가장 두드러진 특징은, 카뮈의 그런 설명 속에서 사르트르의 『존재와 무』나 마르크스의 어떤 저작도 읽은 흔적을 찾아볼 수 없다는 점이다. 아마도 카뮈는 1945년 사르트르가 시작한 참여에 대한 호소에 답을 하기는 했을 것이다. 하지만 카뮈는 사르트르와 마르크스 사이에 있는 근본적 차이점에 대해서는 아무런 성찰도 없이 참여를 마르크스주의와 같은 것을 치부해 버린다. 카뮈가 세심하게 독서를 했다면, 분명 즉자卽自와 대자對自에 대한 사르트르의 존재론이 역사에 의해 삼켜질 가능성을 배제하고 있다는 사실이 드러났을 것이다. 실제로 사르트르가 점차 마르크스주의에 가까워짐에 따라 그의 반역사적 출발점과 역사 사이의 긴장은 해소되지 않은 채로 남게 된다.[58] 카뮈는 마르크스주의와 살인을 같은 것으로 생각했다. 하지만 이것은 단호하기는 하지만 이론적으로 뒷받침이 되지 않은 주장이었다. 카뮈는 아마도 소련 공산당 당원들의 손에 의해 저질러진 스탈린의 죄를 염두에 두었을 것이다. 하지만 마르크스주의와 살인을 같은 것으로 생각하는 주장은 무리가 따르는 주장임에 분명하다. 아마도 SFIO의 지도자였고 온건 마르크스주의자였던 기 몰레Guy Mollet 같은 사람이 그 점을 카뮈에게 잘 설명해 주었을 수도 있었을 것이다. 물론 카뮈는 마르크스주의가 지닌 몇몇 약점을 지적했을 것이다. 하지만 정확히 어떤 약점이 문제가 되는가? 바로 그 점이 분명하지 않은 것이다. 사르트르와 마르크스주의에 대한 카뮈의 단호한 견해는, 카뮈 자신의 정확하고 분명한 논의를 통해 여과되었다고 하기보다는 오히려 논의 자체가 행해지지 않은 상태에서 불거졌다고 해야 옳을 것이다. 여러 미묘한 쟁점에 대해 카뮈는 종종 세세한 분석과 텍스트에 대한 정확한 독서와 참고를 하지 않은 갑작스러운 단언이라는 방식으로 이루어졌던 것이다.

*　　*　　*

　카뮈가 정치적 성찰을 계속하면서 『페스트』의 집필을 마쳤을 무렵, 주위 세계는 급격한 변화를 거듭하고 있었다. 1946년에 제2차 세계대전 당시의 연합군 진영은 둘로 갈라져 있었으며, 초강대국들 사이의 긴장은 문명의 전쟁의 모습으로 나타날 조짐을 보이고 있었다.

　세계의 정세는 점점 불안정하게 되었고, 프랑스에서 발생한 여러 사건들은 냉전을 예고하고 있었다. 해방에 이은 몇 개월 동안에 이루어진 놀랄 만한 개혁의 시기가 지난 후(특히 사회보장제도의 창설과 이 제도의 계획 수립 사무국의 창설을 포함해서), 사회주의자들, 공산주의자들, 기독교 민주주의자들의 세 진영으로 구성된 연합 정부가 반혁신주의적 경향을 보이려고 하던 참이었다. 1945년 가을, 전후에 있었던 국회의원을 선출하기 위한 몇몇 선거에서 좌파의 두 당이 확고한 다수 의석을 차지하게 되었다. 그 당시에 가장 세력이 강한 당은 PCF였다. 1946년 5월, 사회주의 성향의 총리였던 레옹 블럼Léon Blum은 미국으로부터 프랑스가 진 빚을 탕감하고 자본을 유치하기 위해 공산주의의 위협이라는 요소를 그 구실로 이용하기도 했다(그 자본은 애초에 소련으로 흘러들어갈 자본이었다). 미국은 극좌파에 반대하는 행정부 내의 온건파를 지원했다. 그리고 공산주의자들은 몇몇 장관직을 획득했지만 실제 권력의 중심부와는 동떨어져 있었다. 그럼에도 11월 10일의 선거에서 공산당은 20.8%의 표를 얻었다.

카뮈는 정치적 분위기의 변화와 냉전으로 이어질 긴장을 같은 것으로 보았다. 그가 볼 때 프랑스 좌파의 과반수와 마찬가지로 서구의 입장에서 점점 더 영향력을 행사하게 된 공산주의는 공격의 주요 목표가 된다. 1946년 초에 그는 깊은 인상을 받은 소설『영과 무한』을 얼마 전에 출간한 케슬러를 만나게 된다. 특히 카뮈 자신이 주요 문제로 고려하기 시작한 "역사적 유형에 대한 추론"에 관계된 내용을 그 소설에서 보았던 것이다. 그는 또한 공산주의의 모순에 대한 케슬러의 성찰에 커다란 관심을 표명했다. 공산주의는 개인을 무엇보다도 하나의 톱니바퀴로 만들어 버린다는 것이다. 카뮈는 물론 한 개인이 완전한 자유를 가졌다는 점을 부인하기는 한다. 하지만 카뮈는 개인, 곧 "톱니바퀴가 시계에 반항해야 한다는 것과 시계의 운동을 변화시킬 것"[59]을 요구한다.

카뮈는 1946년 3월부터 5월까지 미국에서 체류하게 된다. 귀국해서 다시 일기를 다시 쓰기 시작하면서 다음과 같은 두 가지 점에 대해 자신의 사유를 집중시킨다.『영과 무한』의 영향 하에서 마르크스주의와 살인을 동일시하는 작업과 사르트르와 실존주의—이 실존주의가 역사와 참여에 종속된다는 면에서—에 대한 거부가 그것이다. 이렇게 해서 카뮈는 에르베와 공산주의자들에게 그 나름의 방식으로 답을 하게 된다.

*   *   *

카뮈와 케슬러라고 하는 기묘한 조합의 마지막 불꽃이 타오르게 된
다. 보부아르의 표현에 따르면 바로 그 당시에 떠들썩한 새로운 멤버
인 케슬러가 직접 그들의 모임에 가세하게 된다. 카뮈와 케슬러는 "곧
바로 우정"을 드러내고, 단번에 서로 말을 놓고 지내는 사이가 된다.
『영과 무한』은 베스트셀러가 되었으며, 케슬러가 쓴 에세이 『요가수행
자와 경찰』은 출간된 지 얼마 되지 않았다. 이 저서는 세계를 변화시키
고자 하는 일련의 사람들이 보여 주는 사회, 역사적 방향과 요가 수행
자의 관조적이고 예술적인 접근 사이에 선을 분명하게 긋는 내용을 담
고 있다. 그런데 카뮈가 얼마 전부터 그렇게 찾고자 했던 것이 정확히
이 같은 뚜렷한 구분이었던 것이다. 케슬러는 자신의 저서에서 여러
가지 구체적 사실, 수치, 분석을 통해 소비에트 신화를 철저하게 무너
뜨리고 있으며, 소련은 "국가자본주의"를 닮은 "독재국가"라는 결론을
내리고 있다. 케슬러는 또한 좌파에 대한 대안 기획을 추구하고 있다.
기질 면에서 활동적이고 적극적인 공산주의자에서 반공산주의자로 개
종한 케슬러는 친구들을 설득하기 위해 공산주의에 반대하는 독설을
퍼붓는 것을 서슴지 않았다. 카뮈가 그를 만난 시기는, 메를로퐁티가
『영과 무한』과 마르크스주의에 대한 케슬러의 견해를 강력하게 비난
하면서, 소련에 대한 그 자신의 비판적 지지를 담은 글을 간행했던 시
기와 맞아 떨어졌다. 그 당시 케슬러는 카뮈와 술을 마시면서 토의를
하곤 했을 뿐 아니라 사르트르와 보부아르와도 그런 사이를 유지했다.

그런데 메를로퐁티가 케슬러를 공격하는 글을 『현대』지에 발표했던 것이다. 카뮈는 케슬러의 연인이었던 마멘Mamaine과도 사이가 좋았고, 보부아르 역시 케슬러와 짧은 기간이지만 잘 어울렸던 시기가 있었다.

보부아르는 케슬러와의 첫 만남부터 자신들이 함께 좋게 지냈던 순간들을 회상하고 있다. 케슬러는 허영과 자기만족으로 가득 찬 사람이었지만, 다른 한편으로는 인정 많고, 활기가 넘치고, 호기심이 많은 자이기도 했다. 그가 파리에 머물던 시절 사르트르와 보부아르는 그와 더불어 마멘과 카뮈를 함께 만나곤 했다.[60]

> 어느 날 저녁 우리들은 케슬러, 마멘, 카뮈, 프랑신과 함께 식사를 하고 그라빌리에Gravilliers 가街에 있는 한 술집으로 자리를 옮겼다. 그러고 나서 케슬러는 우리를 세헤라자데로 거의 강제적으로 초대했다. 카뮈나 우리들도 그런 종류의 술집에는 드나들지 않았었다. 케슬러는 자쿠스키, 보드카, 샴페인을 주문했다. 그 다음날 오후 사르트르는 유네스코 주최로 소르본 대학에서 '작가의 책임'이라는 주제로 강연을 하기로 되어 있었다. 하지만 사르트르는 아직 원고를 준비하지 못한 상태였다. 우리는 아주 늦게 잠자리에 들리라고는 예상하지 못했었다. 하지만 술과 집시 음악, 특히 열띤 객설로 인해 우리는 시간관념을 완전히 잃어버렸다.

저녁 시간이 흘러감에 따라 술기운이 오른 친구들은 서로 속마음을 털어놓게 된다. 사르트르, 보부아르 그리고 카뮈는 케슬러가 이야기를 주도하고 있는 동안 서로 자신들의 친분을 드러내게 된다.

카뮈는 늘 소중하게 생각하고 있던 주제, 즉 '만약 사람들이 진리를 기술할 수 있다면!'이라는 주제에 대해 다시 이야기를 시작했다. 케슬러는 '검은 눈'이라는 노래를 들으면서 침울해졌다. '정치적으로 마음이 맞지 않으면 친구가 될 수 없어!' 그는 비난조로 말했다. 케슬러는 스탈린이 정권을 쥐고 있는 러시아에 대한 불만을 지겹게 되풀이했고, 스탈린를 비난했으며, 게다가 카뮈조차도 러시아와 결탁했다고 비난했다. 하지만 우리는 케슬러의 침울함을 심각하게 여기지 않았다. 즉 그의 반공산주의에 대한 맹렬함이 어느 정도였는지를 가늠하지 못했다. 케슬러가 혼잣말을 늘어놓고 있을 때, 카뮈가 이렇게 말했다. '당신들과 나, 우리가 공통적으로 가지고 있는 것은, 우선 개인들이 중요하다는 점입니다. 우리는 추상적인 것보다 구체적인 것을 좋아하고, 교리보다 사람을 더 좋아합니다. 우리는 정치보다 우정을 더 높게 평가하기도 합니다.' 우리는 술과 늦은 시간으로 인해 흥분된 감정에서 그의 말에 동의했다. 그때 케슬러가 '불가능해! 불가능하다구!'라고 힘주어 말했다. 그리고 나는 낮은 목소리로 다음과 같이 대답했다. '가능해요. 그리고 우리는 지금 이 순간에 그것을 증명하고 있어요. 우리들 사이에 약간의 틈이 있지만, 그래도 우리는 서로 너무나 즐겁게 바라보고 있잖아요.' 정치로 인해 몇몇 사람들과 우리들 사이에 심연이 자리 잡은 것은 사실이었다. 하지만 우리는 말의 뉘앙스에 의해서만 카뮈와 좀 동떨어져 있다고 생각했었다.[61]

케슬러는 당시 카뮈를 사로잡고 있던 정치 기획에 있어서 그보다 몇 년을 앞서 있었다. 과거에 공산주의자였지만 지금은 그저 한 명의 좌파 지식인이 된 케슬러는, 그 자신의 저서, 사유, 인격 등을 통해 카뮈로 하여금 공산주의의 결점을 규정하고, 나아가서는 그것에 대한 대안적인 길을 찾기 위한 노력에서 계속적으로 용기를 북돋아 주었다. 카뮈의 수첩을 보면 마르크스주의에 대한 그의 격렬한 해석은, 마르크스나 레닌에게서 가져온 것이 아니라, 스스로 전문가를 자처하는 케슬러, 파리에서 출판된 저서가 대단한 반응을 일으키고 있는 이 풋내기 케슬러로부터였다는 것을 알 수 있다. 「케슬러와의 대화」라는 제목 하에 카뮈는 이렇게 쓰고 있다.

> 목적이 수단을 정당화시켜 주는 것은 오로지 이성적 위대함의 질서 속에서 뿐이다. 나는 생텍쥐페리에게 한 부대를 구하기 위해 목숨을 걸어야 하는 임무를 맡길 수 있다. 하지만 양적으로 보아 비슷한 결과를 얻기 위해 수백만의 사람들을 강제 수용하고, 그들의 자유를 제거할 수는 없다……[62]

하지만 공산주의의 논리를 거절하는 노선 속에서 케슬러를 추종하는 것은 전혀 위험이 없는 것은 아니었다. 케슬러가 살인자의 도덕과 더불어 루바초프라는 인물을 구상하기 위해 사용했던 모델은 다름 아닌 부하린이었다는 것이 많은 사람들의 주장이었다. 그러나 현재를 미래를 위해 희생할 것을 요구하고, 스탈린의 가장 잔인한 행동을 지지하는 그 "마르크스주의"는, 진짜 부하린이 지지했던 것이었다. 아주 뛰어난 이론가였던 부하린은 케슬러에 의해 묘사된 그런 논리를 전혀 가지고 있지 않았다. 그 논리에 따르면 미래의 행복은 현재의 악으로부터 나오는 것이며, 따라서 현재의 악을 정당화시키는 것이었다. 어쨌든 부하린은 신경제 정책을 채택하도록 했던 사상가였으며, "달팽이가 기어가는 속도로" 이루어지는 사회주의에로의 이행에 대해 말했던 사상가였다. 재판에 회부된 진짜 부하린의 프로메테우스적 비극과 루바초프의 비극을 비교해 보면, 놀랍게도 루바초프는 아주 밋밋한 인물이며, 활기도 이념도 없는 그런 인물에 불과한 것으로 보인다. 소비에트 건설의 장본인은 케슬러의 소설에서 볼 수 있는 것과 같은 범죄를 저지를 수 있는 그런 잔챙이가 아니었다. 부하린은 재판에서 자신을 고소한 자들과 협상을 하려고 노력하면서도 그에게 비난을 가하는 자들에 맞서 힘껏 투쟁을 했었다. 소련 당국은 자백을 할 경우 그의 가족들의 안전은 보장해 주겠다는 약속을 하기도 했다. 하지만 그는 스탈린주의의 폭정에 맞서 그 자신의 행복과 혁명적 비전을 구하고자 했던 것이다. 사람들은 재판 기록을 통해 여러 정치 노선 사이에서 발생했던 삶과 죽음의 갈등을 잘 이해하고 있었다. 사람들은 또한 그 재판에서 공산주의자가 되는 전혀 다른 방식, 즉 케슬러와 카뮈가 고려하기를 거부했던 그런 방식을 보기도 했다. 공산주의에 대한 그들의 시각은 자신들이 함께 일했던 소련 공산당의 2세대 중진인사들에 의해 형성되었던 것이다. 하지만 그것은 이미 완전히 스탈린화된 하나의 운동으로부터 파생된 순수한 산물들이었다.

「희생자도 가해자도 아닌」의 집필을 시작한 시점에서 카뮈는, 케슬러, 사르트르, 말로, 마네스 스페르베르Manès Sperber와 10월 29일에 가졌던 공산주의에 대한 대담을 요약하고 있다. 케슬러는 소련을 옹호하는 것을 그만둔 순간과 그 자신 스탈린에게서 히틀러보다 더 나을 것이 없는 히틀러의 분신을 발견했던 순간을 떠올리고 있다. "나의 내부에서 무엇인가가 [……] 거기에 딱 멈춰서 버렸다." 말로는 프롤레타리아에게서 가장 고귀한 역사적 가치가 구현된다는 사실에 대해 의구심을 품었다.[63] 사르트르는 "[그 자신의] 도덕적 가치들을 가지고서 소련에 반대하는 것"을 거부했다. 사르트르에게서 미국의 인종차별주의 역사는 소련에서의 강제 이주에 못지않은 비극이었다.[64] 케슬러는 고발해야만 하는 자들을 고발하는 의무를 강조했다. 이 같은 모든 토론에 주목하면서 카뮈는 다음과 같은 회의적인 말을 덧붙이고 있다. "각자의 의도 속에 어느 정도의 공포나 진리가 포함되어 있는가를 결정하는 것은 불가능하다."

같은 시기에 카뮈는 생전에 출판되지 못했던 패러디 극작품인 『철학자들의 즉흥극L'Impromptu des philosophes』(이 작품에 대한 좀 더 자세한 분석에 대해서는 뒷부분을 참고할 것)를 집필한다. 이 극작품의 등장인물 가운데 한 명인 시장市長 비뉴M. Vigne는 지방 의사이고, 또 한 명인 네앙M. Néant(이 사람은 실제로 정신이상자이다)은 사상을 판매하는 외판원이다. 네앙은 카뮈뿐 아니라 사르트르 역시 조롱하는 방식으로 불안과 부조리함에 대해 열변을 토한다. 카뮈의 소극(35쪽으로 된 원고)은 실존주의의 유행을 주제로 삼고 있다. 하지만 그렇다고 해서 이 작품으로부터 사르트르에 대한 카뮈의 개인적인 감정들과 관련된 그 어떤 결론도 도출해낼 수 있을 것 같지는 않다. 이 소극에서 우리는 공산주의자들에 대한 카뮈의 냉소적 태도를 볼 수 있다. 더군다나 11월 10일에 있었던 선거에 대해서도 마찬가지이다. 이 선거는 자신의 자유를 찾는 가운데 "자유를 제거하기를 바라는 자들을 위해" 투표하겠다고 고백하는 비뉴의 의도적인 선언에 대한 증거이기도 하다. 10월 29일이 지나고 얼마 되지 않아 카뮈는 수첩에 이렇게 쓰고 있다.

대화에 대한 발표를 하고 나오는 길에 타르Tar를 만났다. 그는 망설이는 태도를 보였다. 하지만 내가 그를 『콩바』지에서 일하는 일군의 사람들 틈으로 끌어들였을 때 그가 나에게 보여 주었던 것과 같은 우정의 시선을 보여 주었다.

- 당신은 지금 마르크스주의자입니까?
- 그렇습니다.
- 그러면 당신은 살인자이군요.
- 그랬던 적이 있습니다.
- 저 역시 그렇습니다. 하지만 이제 저는 더 이상 그러기를 원치 않습니다.
- 당신은 저의 대부代父였습니다.

사실이었다.

- 잘 들으시오. 타르. 진짜 문제는 이것입니다. 무슨 일이 발생하든 간에 나는 당신을 총살형으로부터 막아 주겠소. 사람들이 나를 총으로 살해하게 된다는 사실을 인정할 수밖에 없을 것이오. 이것을 잘 생각해 보시오.
- 그렇게 하겠습니다.[65]

마르크스주의는 살인이다. 이 같은 새로운 발걸음과 더불어 카뮈는 자신의 목표를 정하게 된다. 며칠 전에 그는 "『콩바』지에 그 주장에 대한 글을 써야 한다는 생각으로 마음이 갈가리 찢겨졌으며"[66] 그로 인해 많은 고민을 했다.

　　　　　　* 　* 　*

「희생자도 가해자도 아닌」이라는 제목이 붙은 글은, 1946년 11월 19일과 30일 사이에 『콩바』지의 1면에 실렸다. 그 글에 포함된 기사들의 제목을 열거하면 다음과 같다. 「공포의 세기」, 「육체를 구하다」, 「기만으로 가득 찬 사회주의」, 「왜곡된 혁명」, 「세계적인 민주주의와 독재」, 「세계는 빨리 움직인다」, 「새로운 사회 계약」, 「대화를 향하여」 등이 그것들이다.

　이 기사들 전체는 새로운 정치적 믿음을 보여 주고 있다. 여러 기사들 가운데 첫 번째 것은 카뮈와 케슬러의 대화와 더불어 『요가수행자와 경찰』에서 착상을 얻은 것이다.

「희생자도 가해자도 아닌」의 세 번째 기사인 「왜곡된 혁명」에서 카뮈는 다음과 같이 쓰고 있다.

　　왜냐하면 공포란 사람들이 '목적이 수단을 정당화시킨다'라는 원칙을 받아들일 때에만 그 정당성을 갖기 때문이다. 그리고 이 원칙은 행동의 효율성이 절대적 목표 속에 정립되어 있을 때에만 받아들여질 수 있다. 마치 허무주의적 이데올로기들(모든 것이 허용되고, 중요한 것은 오직 성공하는 것인)의 경우, 혹은 역사를 하나의 절대로 만드는 철학자들의 경우(헤겔과 마르크스. 목표가 계급 없는 사회의 건설이기 때문에 거기에 이르는 모든 것은 좋은 것이 되는)와 마찬가지다.[67]

　정치적 폭력을 거부한 카뮈는, 마르크스주의를 절대적 철학으로 받아들이는 것 자체가 더도 덜도 아니고 정확히 살인을 정당화시키는 것과 동의어라는 사실을 애써 강조하고 있다.[68] 마르크스주의의 전망 속에서 보자면, 10만 명의 희생으로 인해 수억 명의 사람들이 행복을 누린다 해도, 그것은 대수로운 것이 아니라는 것이 카뮈의 주장이다. 카뮈는 여기에다 그 자신이 즐겨 사용하는 여러 쌍의 대립되는 내용을 덧붙이고 있다. 예컨대 역사에는 논리가 있으며, 그렇게 되면 마르크스주의자들이 주장하는 현실은 폭력과 마찬가지로 유효하다, 혹은 역사와는 아무런 관련이 없는 도덕적 가치들이 있으며, 그렇게 되면 마르크스주의는 허위이다, 등의 대립된 내용이 그것이다.

하지만 카뮈는 그 자신의 반공산주의적 태도를 상세하게 설명하는 것과는 달리 냉전을 처음부터 거부한다. 위에서 제목을 나열한 여러 기사들에서 카뮈는 계속해서 악화일로로 치닫는 동서의 대립을 공격하고 있다. 또한 그는 "같은 시기에 모든 국가들이 한결같이 준비하고 있는" 새로운 전쟁에 대한 위험으로 조성되는 공포 분위기를 비난하고 있다. 그는 오직 하나의 유토피아적 목표, 즉 "살인이 정당화되지 않는 세계"를 추구하고 있었다. 공산주의에 맞서 비폭력적 방향으로 나아가게 된 카뮈는 이제 전쟁에 대한 대안을 찾는 작업을 하게 된다.

카뮈는 전면전의 위험을 줄이는 데 기여할 수 있는 수정주의적 노선을 정의하려고 노력했다. 이런 기획의 선결 조건은 다름 아닌 혁명에 대한 희망의 포기였다. 그러나 그는 항상 "상대적 유토피아"를 추구했다. 세계의 통일과 전 세계적인 자본주의를 위해 계속 일하는 것이 관건이었다. 국가들 사이의 국경은 그 의미를 상실했다. 왜냐하면 국가 차원에서 그치는 그 어떤 정치 세력—예컨대 보수주의적이든 아니면 사회주의적이든—도 존재하지 않기 때문이다. 카뮈는 이제 "행정적인 문제"의 조절 정도에 그치는 국내 정치를 최소화하고자 했으며, 국제 사회를 창설하기 위한 협약의 체결을 통한 국제 평화 운동에 기대려고 노력했다. 카뮈에 따르면, 그것이 바로 "거짓과 살인을 정당화시키는" 것을 거절하는 모든 현대 정치사상의 결론이었다.[69]

이 같은 내용을 담은 일련의 글들은 냉전에 반대하는 좌파의 반타협적이고 수정주의적인 노선을 보여 주는 것이었다. 그 글에는 정치판에서 볼 수 있는 모든 성향, 예컨대 우파의 격렬한 반공산주의적 성향과 마찬가지로 온건 좌파의 냉전 수용—이 온건 좌파는 의미심장한 규모의 변화에 대한 모든 희망을 포기했다—이 들어 있다. 또한 거기에는 이른바 가장 좋은 사회를 만들겠다는 구실로 공산주의자들이 자행하는 폭력과 난폭함에 대해 너무 쉽게 행해진 합리화 등과도 거리를 두고자 했던 카뮈 자신의 의지도 포함되어 있었다. 강력한 정치 활동을 경험한 후에 그는 대안을 제시하는 일에 만반의 준비가 된 것처럼 느꼈다. 필요한 개혁안을 발표하기 위해 그는 필요한 경우 오직 그 자신만을 의지하겠다고 결심했다. 이 같은 결심은 부분적으로 카뮈 자신의 뿌리 깊은 소명에서 기인한다. 폭력의 미덕을 실천하는 것을 거절한다는 소명이 그것이다. 물론 이것은 그가 평화주의자여서도 아니고, 평화주의자로 자처하고자 해서 그랬던 것도 아니었다. 우리는 『한 독일인 친구에게 보내는 편지들』에서 다음과 같은 카뮈의 모습을 볼 수 있다. 그러니까 '깨끗한 손'을 하고서만 전쟁에 참여하고, 폭력은 절대적으로 필요할 경우에만 사용하며, 그것도 일정한 한계 내에서, 그리고 생명에 중대한 위협이 가해질 경우 그에 대한 응수로서만 이용하고자 하는 그의 모습이 그것이다. 그는 실제로 제2차 세계대전의 참전에 대해 반대하는 논증을 하기 시작한 후에 그런 결정을 내렸던 것이다. 요컨대 폭력은 최후의 수단으로써만 사용되어야 한다는 것이다.

카뮈는 냉전을 거부했다. 그것도 비폭력적 반공산주의는 다른 반공산주의자들이 결코 모방하려고 시도하지 못할 정도로 명료하고 확고한 태도를 취하면 말이다. 비록 카뮈 자신이 과거에 독일의 점령에 맞서 무력 봉기를 정당화했다고 하더라도, 그는 소련에 맞서 그렇게 하는 것과 전쟁을 정당화시키는 것을 경계했다. 서구의 논리를 냉전 속에서 구상하는 데 기여하면서도 그는 결코 소련 진영에 가담하지 않게 된다. 그가 쓴 기사들은 그 당시 태동 중에 있던 미·소 두 진영 사이에서 "제3의 길"을 보여 주고자 하는 것이었다.

이처럼 카뮈는 고독한 입장을 택했다. 하지만 그렇게 함으로써 그는 프랑스 좌파에 새로운 방향을 제시하기에 이르렀다. 1944~1945년 사이, 사르트르에게 있어서 카뮈는 하나의 모델이었다. 하지만 1946년 말에도 여전히 그랬던가? 훨씬 더 훗날, 즉 카뮈와 사르트르의 단절이 있은 후에 보부아르는 카뮈에게 그의 개인적 실수와 반공산주의를 들어 비난을 퍼붓게 된다. 보부아르가 보기에 결국 이 두 가지 요소로 인해 그들의 관계가 악화되었던 것이다. 하지만 그 당시, 즉 카뮈가 신중하게 생각한 바 있는 정치적 주제들을 주장할 무렵에, 사르트르는 그저 그 자신만의 정치적 관점을 전개하기 시작했을 뿐이다. 친구로 지내던 카뮈와는 달리, 사르트르는 프랑스에서 행해지는 국가 폭력과 경제 체계에 의해 축적된 폭력에 대해 상당히 예민한 반응을 보였다. 자본주의 국가이지만, 어쨌건 민주국가인 프랑스는, 예컨대 1945년에 세티프 봉기가 발생했을 때, 이미 알제리에서 끔찍한 공포를 저지른 경험을 가지고 있었다. 또한 프랑스는 인도차이나 반도에서의 식민지 재정복이라는 막대한 비용이 들어가는 전쟁을 계획하고 있는 시점이기도 했다. 그로부터 1년 후 프랑스 북부의 탄광지대에 계엄령이 선포

된다. 이 같은 현실에 직면한 사르트르는 PCF를 비판하고, 특히 이 당이 즐겨 사용하는 추상적인 혁명에 대한 수사修辭에 대해서도 강하게 비판하고 있다. 사르트르는 PCF가 충분히 혁명적이지 못하다고 비판하고 있으며, 정치적 영향력을 강화하고 권력을 장악하기 위한 적법하고 합의된 길을 따르지 않고 있다고 비판한다. 그리고 곧장 사르트르는 친구였던 카뮈를 질책하기에 이른다. 그러니까 1945년 알제리 토착민들에 대한 핵공격과 보복을 거부한 몇 안 되는 프랑스인이었던 카뮈가, 인도차이나 반도에서 프랑스가 자행한 폭력 앞에서 보여 준 무관심에 대해서 말이다.

핵무기와 마르크스주의의 폭력 문제를 본질적인 것으로 여겼던 카뮈는 아주 드물게 프랑스 정부에게 책임을 전가할 수 있는 폭력의 행사를 지적할 뿐이었다. 하지만 폭력이 바다 건너 알제리에서 행해지던 아니면 프랑스 본국에서 행해지던, 그것은 마찬가지였다. 카뮈는 특히 폭력이 승리를 거둔 소련에서 공산주의에 내재된 것으로 간주된 폭력을 분석하는 데 막대한 에너지를 소비했다. 반면, 프랑스 정부와 제도에 관계된 폭력에 대한 그의 비판적 분석은 드물었고, 현장, 특히 프랑스에서 행해졌던 지나친 폭력의 행사만을 겨냥했을 뿐이었다. 하지만 1950년대와 그가 불의의 사고로 세상을 떠날 때까지 프랑스는 끝을 모르는 식민지 전쟁의 늪으로 빠져들었다. 그렇다면 그때 그는 어떻게 해서 자본주의나 식민지주의가 아닌 마르크스주의를 살인과 동일시하게 되었는가? 그는 공산주의자들과의 모든 형태의 협력을 거절했다. 물론 알제리 문제에 대한 해결책을 찾는 과정에서 그는 프랑스 내의 정치 계급에 대해 나름대로의 영향력을 행사하려고 시도하게 된다. 그는 중도파 사회주의자였던 피에르 망데스 프랑스Pierre Mendès-France를 지지했고, 알제리의 식민지 총독이었던 자크 수스텔Jacques Soustelle과 드골을 직접 만나기도 했다.

하지만 그 당시 완숙 단계에 이르렀던 카뮈의 정치적 전략에 내재된 모순이 존재했다. 그 당시 프랑스 내정의 주요 과제는 공산주의자들을 권력에서 멀리 떼어놓는 것이었다. 그렇게 함으로써 사회주의자들은 중도 성향의 우파 세력에 의지해서 자신들의 정부를 구성하려고 했던 것이다. 그러나 이 같은 연맹전선은 모든 대규모 개혁을 불가능하게 만들어 버렸다. 1947년 봄에 공산주의자들과 관계를 끊은 사회주의자들을 따라 카뮈는 훨씬 더 강력하게 추진될 개혁이 이루어질 것이라고 믿었었다. 물론 그런 신념에는 그 당시 PCF를 지지했던 노동자들을 포함해, 약 1/4에 해당하는 프랑스 국민들이 원칙적으로 구상된 정치 프로그램으로부터 배제될 수밖에 없다는 현실이 포함되어 있었다.

아마도 이 같은 딜레마가 카뮈의 「희생자도 가해자도 아닌」이라는 제목의 글 속에서 볼 수 있는 그의 논지의 곤란한 성격과 어투를 설명해 준다고 볼 수 있다. 그 이전의 다른 여러 글에서와 마찬가지로 카뮈는 도덕적 어투로 글을 시작하고 있지만, 마지막에는 교화적 어투로 맺고 있다. 18개월 전에 에르베가 규탄했던 위선은 그 동안 더욱 공고해졌으며, 그것은 후일 보부아르의 수많은 회고적 성찰의 대상이 되게 된다. 좌파의 정치적 목표를 추상적이고 모호한 목표들로 여기면서 그것들과 거리를 둠으로써, 카뮈는 국제적 유토피아에 대한 자신의 제안만이 마르크스주의적 살인과 타협하는 것을 거부하는 고귀한 현실주의자들을 위한 유일하게 가능한 해결책이라는 것을 확신했던 것이다. 빈곤과 더불어 전쟁의 두려움을 최소화하는 사회 시스템은 혁명적 꿈과 그것에 의해 불가피하게 저질러지는 살인에 굴하지 않은 채 "행동과 희생, 즉 인간들을" 전제로 한다는 것이다.

카뮈가 공산주의에 대해 적대적 태도를 취하는 여러 이유 가운데 하나는 정확히 논쟁에 대한 그의 거부에 있다. 하지만 그 당시 카뮈는 자기와 의견을 달리하는 모든 사람들을 혐오감을 갖고서 대하고 있었다. 마르크스의 저작을 제대로 읽지 않았던 그는 마르크스주의를 살인과 동일시하게 된다. 자기만의 고유한 이분법적 냉전 속에서 카뮈는 자기편에 서지 않은 자들을 규탄했던 것이다. 그러니까 그는 단순히 그들의 실수 뿐 아니라 그들의 정직하지 않음도 비난했던 것이다. 그에 의하면 그들은 진정한 의미에서 '인간들'이 아니고, 그저 자신의 친구인 타르와 같은 살인자들일 뿐이었던 것이다.

* * *

비앙의 집에서 소동이 발생했을 때, 카뮈는 위에서 다루었던 여러 신문 기사들을 쓰는데 전념하고 있었던 것으로 보인다. 카뮈가 그날 저녁 늦게 비앙의 집에 도착했을 때, 축제는 한창이었고, 분위기는 떠들썩했으며, 재즈 음악이 흥겹게 연주되고 있었다. 하지만 그때 카뮈는 자신이 싫어하는 논리를 펴는 인물이었던 메를로퐁티와 마주쳤다. 메를로퐁티는 방금 케슬러를 신랄하게 비난하고 난 참이었다. 케슬러는 카뮈로 하여금 정치적 방향을 찾도록 도와준 인물이었다. 또한 메를로퐁티는 모스크바의 가증스러운 정치재판을 정당화했었다. 자신의 수첩에 살인에 대한 사유들을 메모했던 카뮈는, 이제 필요하다면 자신의 사형을 마음속으로나마 요구할 수도 있을 철학자인 메를로퐁티의 면전에 서 있었던 것이다. 메를로퐁티의 분노를 이해할 수도 있었을 것이다. 케슬러도 분명 그의 태도를 이해했을 것이다. 하지만 그날 밤 있었던 사고에 대한 이야기는 다른 진영, 즉 사르트르의 진영에서 나오게 된다. 그것도 오랜 시간이 흐른 뒤에 말이다. 보부아르와 마찬가지로 사르트르는 친구였던 카뮈가 보여 주었던 행동을 아주 평범한 것으로 만들어 버렸다. 사르트르는 카뮈의 사정을 이렇게 설명했다. 카뮈는 얼마 전에 세상을 떠난 한 젊은 여자와 연인 관계를 맺고 있었으며, 그 여자의 죽음으로 인해 기분이 매우 우울한 상태에 있었다고 말이다.[70] 어쨌든 카뮈는 비앙의 집에 왔던 모든 사람들에게 인사를 건네고, 곧바로 메를로퐁티를 공격했다. 사르트르는 그로 인해 아픔을 느꼈으며, 카뮈의 거친 행위를 비난했다.[71] 그날 저녁 만찬 장소를 떠나면서 카뮈는 "센 강 좌안의 혁명적 인사들"에 대해 뭔가 알 수 없는 말을 중얼거렸다. 사르트르는 카뮈를 진정시킬 희망을 안고 그를 뒤따라 나갔으나 결국 그를 포기해야만 했다.[72]

카뮈의 거친 행위는 메를로퐁티의 그것을 능가했으며, 그것은 그의 정치적 성향의 변화뿐 아니라 고립된 입장을 위시해 정치적 선택으로 인해 야기된 여러 가지 어려움에서 기인하는 것이다. 케슬러는 카뮈를 지지했다. 그러나 케슬러의 파리에서의 체류는 일정하지 않았다. 카뮈는 공산주의에 대항해 그가 취한 결정적 위치에서 사르트르의 지지를 받지 못한 것은 물론이고, 부분적으로는 그에 대항하는 입장을 취하기도 했다. 「희생자도 가해자도 아닌」이라는 글에서 카뮈는 사르트르와의 이견을 적나라하게 표명하고 있기는 하다. 하지만 사르트르의 이름을 직접 거론하고 있는 것은 아니다. 카뮈는 그 글에서 1946년 당시 아주 유행했던 사르트르 식의 '참여' 개념을 비판하고 있으며, 그 개념에 대해 새로운 의미를 부여하고 있다. 카뮈는 이렇게 쓰고 있다. "우리는 역사로부터 벗어날 수 없다. 왜냐하면 우리는 목까지 역사에 빠져 있기 때문이다. 하지만 우리는 역사로부터 이 인간의 몫을 보존하기 위해 바로 그 역사 내부에서 투쟁할 것을 제안할 수는 있다."[73] 한 번 더 카뮈는 사르트르의 의중을 정확히 읽어내지 못했다. 그 결과 그는 역사의 외부에 도덕이 존재한다는 사실, 따라서 이 도덕은 역사에 종속되지 않는다는 사실을 재천명하게 된다. 그리고 바로 이 도덕을 토대로 카뮈는 현대사의 일련의 여러 사건들을 판단하고 있는 것이다. 이렇게 행동하면서 카뮈는 사르트르의 참여이론과의 불협화음을 드러냈던 것이다.

사르트르는 메를로퐁티를 자신의 정치 조언자로 여기기 시작했다. 바로 그 당시 카뮈는 급격한 사회 변화에 대해 과거에 품었던 희망들을 공개적으로 포기하게 된다. 가령 그 무렵 카뮈는 한 미국 친구에게 이렇게 자신의 속마음을 털어놓고 있다. "유럽은 점점 더 중요한 위치를 차지할 것이야…… 전쟁에 대한 두려움은 일반화되었어. 나는 「희생자도 가해자도 아닌」이라는 일련의 글에서 그 입장을 보여 주었지. 사람들이 하나의 언어를 받아들이자마자 그들이 얼마나 고독해질 수 있는지를 나는 이해하게 되었어…… 사람들은 포기할 수 없을 것이야. 하지만 희생자의 입장은 달갑지 않아."[74] 그때부터 카뮈는 점점 더 강한 적개심을 갖고서 적의 진영에 속하는 자들과 정치적 불화를 논의하게 된다.

제5장

사르트르의 급선회

1946년 말경에도 사르트르는 여전히 정치적 행동에 모든 것을 다 걸지는 않고 있었다. 하지만 모든 상황을 통해서 알 수 있는 것처럼, 그는 종전 이후 거대한 작업을 추진하고 있었다. 도처에서 '사르트르'라는 이름을 볼 수 있으며, 그는 가장 권위 있는 프랑스 지성지가 될 『현대』지를 이끌고 있었다. 그 당시 수많은 지식인들이 그 잡지 주위를 맴돌게 된다. 그리고 실존주의가 모든 사람들의 입에 오르내리게 되었다. '참여' 문제는 격렬한 토론의 대상이 되었다. 해방 이후 사르트르는 두 권의 책을 출판했고, 두 편의 미간행 극작품을 연출했고, 미국을 주제로 10여 편의 신문기사를 썼으며, 『현대』지에 여러 편의 장문의 텍스트들을 싣기도 했다. 그는 반유대주의에 대한 한 권의 책(『유대인 문제에 대한 성찰』), 보들레르에 대한 짧은 평전, 그리고 실존주의에 대한 강연록을 출간했다. "참여작가"였던 사르트르는 엄청난 성공을 누리는 것처럼 보였다. 그는 특히 그 과정에서 보들레르가 높이 평가한 도피에 대해 비난을 퍼붓고, 다른 작가들에게 정치적으로 좌파에 참여할 것을 요구하기도 했고, 반유대주의에 대해 여전히 수면 아래 머물러 있던 문제를 과감하게 수면 위로 끌어 올렸으며, 그와 함께 논쟁을 벌였던 공산주의 지식인들을 애먹이곤 했다.

하지만 성공을 거두었다고 해도 사르트르가 '행동의 인간'이라기보다는 여전히 '담론의 인간'인 것은 분명했다. 물론 그는 그 이후 세계를 변화시키기 위한 목적으로 세계 속으로의 '참여'가 갖는 의미를 더욱 분명하게 규정하게 된다. 만약 실존주의라는 것이 1944년 말에 사르트르가 공산주의자들에게 설명했던 것과 같은 전투적인 휴머니즘이라면, 사람들은 곧 그를 "행동, 노력, 투쟁 그리고 연대성"[1]을 위해 그 자신이 직접 다른 사람들에게 했던 호소를 기준으로 평가하게 될 것이다. 1933년에 살구 칵테일 잔 앞에서 보부아르와 아롱과 더불어 시작했던 여정*을 끝내기 위해 사르트르는 후설의 현상학 저서들을 많이 읽었던 것은 사실이다. 그러나 사르트르에게 있어서 정치 활동은 필연적이 되어 갔다. 그렇다면 정치 활동은 그에게 어떤 의미를 가졌던 것일까? 그 점에 있어서 카뮈는 사르트르의 훌륭한 모델이었다. 카뮈는 과거에 이미 알제에서 공산당에 가입해 투쟁을 했던 경험이 있었으며, 또한 연극단을 지도한 바 있었다. 하지만 그를 추방한 공산당의 지도부에 등을 돌리게 되었고, 기자, 신문의 편집인 등을 두루 역임하게 되었다. 그리고 그는 레지스탕스 운동이 한창일 때 위험한 상황을 겪었으며, 해방 후에는 일간지 『콩바』를 경영하면서 수많은 기사들을 썼다. 당연히 그 기사들을 읽은 사람들의 수는 헤아릴 수 없이 많았다.

---

* 사르트르가 아롱의 덕분에 '현상학'에 몰두하게 되는 여행을 가리킴.

그리고 1946년 말에 참여한 지식인 카뮈는 그 당시의 모든 주요 정치 문제에 확고한 입장을 취하고 있었다. 문학과 철학에서 뛰어난 재능을 보이던 사르트르는, 카뮈의 이 같은 현실에의 뿌리내림을 부러워할 수밖에 없는 입장이었다. 41세가 된 철학자, 작가 사르트르는 이미 20세에 투쟁을 경험했으며, 31세에 이미 화려한 정치 경력을 가진 베테랑 지식인이 되어 있는 카뮈에게 뒤져 있었던 것이다.

1947년에 사르트르는 정치적 참여에만 관심을 가지고 있었다. 그때 과연 그는 자기와 카뮈를 비교했을까? 그는 자기의 글들이, 카뮈가 『콩바』지에서 표명했던 입장과 비교해서, 과연 어느 정도 뒤져 있다는 생각을 정말로 했을까? 이 같은 비교와 관련해 사르트르가 뭐라고 한 적은 없다. 하지만 1952년 카뮈에게 보낸 한 통의 편지에서, "카뮈 당신은 우리들보다(그리고 나 자신보다) 더 철저하게, 더 총체적으로 역사와 첫 접촉을 가졌습니다."[2]라고 털어놓고 있다. 이어서 그는 "카뮈, 당신은" 몇 년 동안 "계급 연대의 상징이자 증거였습니다."[3]라고 말하고 있다. 이처럼 사르트르가 보기에 그 당시 카뮈는 진정 "모범적인 케이스에서 그렇게 멀리 떨어져 있지 않았던"[4] 것이다. 이 편지보다 5년 반 전에 사르트르는 카뮈의 정치적 사유가 이미 완숙기에 이르렀다는 사실을 자각하고 있었다. 물론 사르트르는 분명 많은 점에서 카뮈의 주장에 동의하지 않을 수도 있었다. 하지만 이제 그들의 정치적 견해에서 점차 공통점들이 사라지게 된다.

한편, 그런 차이점을 가늠하기 위해서는 『구토』 이후에 볼 수 있는 사르트르의 문학 주제들과 『페스트』에서 볼 수 있는 카뮈의 연대성과 행동에 대한 이미지들을 수평적으로 비교해 보는 것으로 충분하다. 사르트르의 주요 주제는 이렇게 요약될 수 있다. 한 개인이 어떻게 현실 세계에 진정으로 참여할 수 있는가? 자기 아버지의 원수를 갚은 후 아르고스를 떠난 『파리떼』의 오레스테스, 평화주의자임을 천명했지만 상황이 좋지 않게 변하자 다시 부인한 『닫힌 문』의 신문기자 가르생, 고통스럽지만 자신의 자유에 긍정적인 내용을 주는 것이 불가능한 『자유의 길』의 첫 두 권에 등장하는 마티외 등이 모두 그런 문제를 안고 있는 인물들이다. 사르트르의 인물들은 그들 스스로에 대해 이방인이라고 느끼며, 행동하는 것이 불가능하며, "참여하지 못한 상태에 있으며", 필요에 의해 패배당한 자들이다. 또한 그들은 자기기만과 우스꽝스러운 몸짓으로 환원되는 인물들이기도 하다.

카뮈가 「희생자도 가해자도 아닌」이라는 글을 집필한 지 얼마 되지 않아, 사르트르는 『영과 무한』에 대한 반응에서 착상을 얻은 시나리오 「톱니바퀴L'Engrenage」의 대본을 쓴다. 하지만 이 작품은 극작품으로 각색되어 공연되었음에도 영화로 촬영되지는 못했다. 1948년에 단행본으로 출간된 이 시나리오에서 사르트르는 스탈린주의 현상을 이해하려 했다. 등장인물들 가운데 도덕적 순수성을 내세우는 비폭력 혁명가이자 역사의 요구를 이해하는 것이 불가능하게 했던 한 인물이 장 아게라Jean Aguerra에 의해 살해된다. 스탈린에게서 영감을 얻은 인물인 아게라는 주변 강국들의 요구에 순응하고, 인접 국가들을 위협하면서 자신의 혁명 정부를 위해 시간을 벌려고 노력했었다. 이러한 요인들로 인해 아게라는 폭력적이고 냉혹한 독재자가 되고 만다. 하지만 아게라는 마침내 폭력에 의해 고통 받고 파괴되고 만다. 이 같은 비극적 종말에도 불구하고 아게라는 혁명의 초기에 세웠던 정치 목표에 대해 통찰력 있고 충실한 태도를 견지하고 있다. 어쨌건 친구인 도덕주의자 뤼시앵Lucien보다 훨씬 더 흥미롭고 복잡한 아게라는 그의 혁명적 도박을 싫어한 동료들에 의해 처형되고 만다. 그 동료들 역시 처음에는 혁명의 약속들을 지키길 원한다. 하지만 그들 역시 위협적인 이웃 국가로부터 양보를 강요당하게 되며, 결국 그들 역시 아게라의 방법을 채택할 수밖에 없게 된다.

후일 여러 등장인물들과 내용 면에서 다시 다듬어져 더 충실하게 된 이 시나리오의 주제를 통해 우리는, 사르트르의 공산주의에 대한 접근과 그와 카뮈와의 불화에 대한 그 자신의 관점을 이해할 수 있다. 폭력적이고 억압적이 되지 않고서는 이미 폭력과 억압이 난무하는 사회를 변화시키는 것이 불가능하다는 바로 그 관점을 말이다. 「톱니바퀴」에는 단순하고 순진한 도덕적 정치와는 달리, 진정으로 역사에 입각한 정치에 대한 아직까지는 완성되지 않은 사르트르의 사유가 잘 나타나 있다. 모든 것은 마치 사르트르가 이 시나리오와 더불어 카뮈의 「희생자도 가해자도 아닌」에 답을 하고 있는 것처럼 보인다. 이 시나리오에 나오는 한 인물인 뤼시앵이 가졌던 "순수함"에 대한 카뮈의 탐구에서조차도 그것은 마찬가지인 것으로 보인다. 사르트르는 카뮈의 논의를 충분히 듣고 이해했다(뒤에서 우리는 이 사실에 대해 다시 보게 될 것이다). 하지만 사르트르는 카뮈의 논의에 동의하지는 않았다. 이처럼 카뮈를 참여작가의 생생한 모델로 여긴 후에 사르트르는 점차 그에 반하는 그 자신만의 사유를 형성해나가기 시작했던 것이다.

카뮈의 「희생자도 가해자도 아닌」이라는 글이 발표되고 나서 얼마 되지 않아 사르트르는 자신의 참여 개념을 표명하기 시작한다. 그리고 1947년 2월에서 7월까지 『현대』지를 통해 논문의 형식으로 발표된 『문학이란 무엇인가?*Qu'est-ce que la littérature?*』의 말미에서 우리는 카뮈의 정치사상에 대한 사르트르의 공개적 비판을 읽을 수 있다. 『문학이란 무엇인가?』는 그런 내용을 포함하고 있는 그들의 분열 이전에 집필된 거의 유일한 텍스트이다. 폭력에 대한 호소가 항상 "후퇴"를 의미한다는 사실을 알고 난 뒤에, 사르트르는 메를로퐁티의 다음과 같은 주장을 그의 이름을 밝히지도 않은 채 거론하고 있다. 폭력에 대항하는 과정에서 폭력에 호소하는 것이 폭력 현상을 지속시킬 수 있는 위험이 있는 것은 사실이지만, 그럼에도 폭력은 폭력에 종지부를 찍을 수 있는 "유일한 수단"이라는 주장이 그것이다. 그러고 나서 사르트르는 곧바로 카뮈를 정면으로 공격하기 시작한다. 카뮈는 이미 6개월 전에 메를로퐁티의 이름을 거명하지 않으면서 폭력에 대한 논의를 촉발시킨 바 있었다.

사르트르는 우선 베트남 전쟁이 시작된 날 『콩바』 지가 이 소식을 전할 수밖에 없었다는 사실을 지적하는 것으로 공격의 포문을 열고 있다. 사실 이 신문은 그 전날 "이 전쟁이 어디에서 기인했던 간에 폭력과의 직접적이고 간접적인 모든 공모를 거부해야 할 필요가 있다는 요지의 입장을 표명한" 바 있었다. "오늘 나는 그에게 이렇게 묻는다. 폭력에의 간접적인 모든 가담을 거절하기 위해서는 도대체 무엇을 해야만 하는가?" 이 전쟁에 이의를 제기하지 않은 다는 것은 그 전쟁이 필연적으로 장기화될 것이라는 사실을 받아들이는 것이 된다. "그러나 비록 당신들이 그 전쟁이 당장에 어떤 대가를 치르더라도 종식된다는 약속을 얻어낸다 하더라도, 당신들은 몇몇 살육의 기원에 서게 될 것이며, 당신들은 그곳에서 이득을 얻은 모든 프랑스 사람들에게 폭력을 행사하게 될 것이다." 사르트르가 카뮈에게 보여 주고자 했던 것은, 어쨌든 폭력이 그 자체의 원칙을 강요하는 한, 인간은 "선택을 해야만 한다"는 것, 그것도 "폭력과는 다른 원칙에 따라서" 그러해야 한다는 것이다. 사르트르에게서 문제는 다음과 같은 것이었다. 그러니까 어떤 선택을 해야만이 프랑스가 사회주의적 민주주의로 별 탈 없이 나아갈 수 있는가를 아는 것이었다. "따라서 우리가 목적과 수단에 대한 현대적 문제에 대해 성찰해야 하는 것은 단순히 이론의 차원에서가 아니라 각각의 구체적인 경우 속에서이다."[5]

* * *

사르트르의 이 같은 논의는 조금 복잡한 것이며, 따라서 사람들은 이 논의에서 볼 수 있는 어느 정도 과장된 어조를 무시할 수 없다. 아마도 그는 공개적으로 친구였던 카뮈를 비판하는 것에서 조금은 불편함을 느꼈을 것이다. 비록 카뮈가 『콩바』지의 기사들에서 먼저 자신을 비판했음에도 말이다. 이 철학자가 친구의 사상을 그처럼 탐사하면서 열등한 입장에 처했다는 느낌을 받지 않았을까, 하고 한번쯤 자문해 볼 수는 있다. 그것도 사르트르의 조금은 특별한 어조가 한 명의 동료와 관련된 것이라기보다는 오히려 자기의 말을 잘 이해하지 못하는 한 학생에게 무엇인가를 설명하려는 선생의 입장에 있는 것으로 여겨질 수 있기 때문이다. 사르트르가 이 같은 방식으로 카뮈를 만났다는 것을 우리는 이미 살펴보았으며, 계속해서 그것을 살펴볼 것이다. 어쨌든 그는 친구에게 대답하는 것이 중요한 일임을 분명하게 생각하고 있었다. 또한 그런 대화를 통해 그는 정치적 폭력에 대한 자신의 입장을 명확히 하는 데 도움을 받게 된다. 카뮈의 「희생자도 가해자도 아닌」이라는 글과 사르트르의 짧막한 답변은, 일반적으로 폭력의 역할 문제에 있어서 좌파의 중요성을 드러내고 있다. 카뮈는 자신의 입장을 개진했으며, 사르트르는 완전히 다른 방향을 겨냥하고 있는 하나의 복잡한 텍스트에서 대립각을 세우고 있다. 그 텍스트의 말미에서 사르트르는 카뮈, 말로 그리고 케슬러를(따라서 그 자신 역시) "극단적 상황의 문학"[6]을 창조해낸 동시대 작가들의 범주로 분류하였다. 또한 사르트르는 얼마 전에 출간된 카뮈의『페스트』에 대한 찬사를 마다하지 않았다.

『문학이란 무엇인가?』의 말미에서 사르트르는 1945년 이후 미국 방문을 계기로 처음으로 노동자계급 쪽으로 향했다. 그는 자신의 정치적 참여에 대한 발견과 "스스로 억압으로부터 해방되기 위해, 그리고 그렇게 함으로써 모든 인간들을 억압으로부터 해방시키기 위해"[7] 동시대 노동자들에게서 그 자신이 직접 관찰했던 결과를 그 나름대로 연결시키기 위해 노력했다. 사르트르는 작가의 자격으로 노동자들이 그의 작품의 진정한 독자들인가를 자문하고 있다. 작가는 노동자들과 더불어 "이의제기"와 "부정"의 의무를 나누어 가지고 있지 않은가? 사르트르는 이렇게 단언하고 있다. 노동자는 그와 비슷한 부류의 인간들이 자신들의 역사성을 발견하는 순간 역사를 만드는 권리를 획득한다고 말이다.[8] 이처럼 사르트르가 노동자계급에게로 방향을 선회한 것은, 부분적으로는 마르크스가 한 세기 전에 그랬던 것처럼, 작가의 사유는 그것 단독으로는 현실 속으로 파고들어가지 못한다는 사실을 발견했기 때문이다. "문학의 운명은 노동자계급의 그것과 연결되어 있다."[9]

사르트르의 입장에서 보면, 『문학이란 무엇인가?』는 그 자신의 주요 이론적 주제를 담고 있는 저서이다. 왜냐하면 그는 이 저서를 통해 현실 세계와 역사 속에서 커져만 가는 그 자신의 참여 의무와 사회주의 국가의 건설이라는 그의 근본적 철학적 주제를 접근시키고 있기 때문이다. 한 해 전에 간행된 「유물론과 혁명」이라는 글에서 그는 참여를 정당화시키는 이유에 대한 아주 탄탄한 칸트적인 근거를 제공하고 있다. 작가와 독자의 관계처럼, 사회주의는 인간들이 갖는 자유들 사이의 상호 인정이라는 토대 위에서 이루어지며, 이 같은 상호 인정은 곧 칸트가 주장하는 "목적의 왕국"을 실현시키는 것을 겨냥한다. 또한 사르트르는 『문학이란 무엇인가?』에서 작가의 과제와 권리에 대한 그자신의 보편적 견해뿐 아니라 사회주의에 대한 철학적 정당화를 설파하고 있기도 하다. 카뮈는 1947년 6월과 10월 사이에 수첩에 "사르트르 혹은 우주적 전원시의 향수"[10]라고 써넣었을 때, 역설적으로 이 모든 점에 대해 생각하고 있었다.

자신의 논문 형식의 글들에서 혁명적 열정을 드러낸 사르트르와는 달리, 카뮈는 온건한 개혁들을 실현 가능한 유일한 목표로 설정하고 있다. 카뮈가 공산주의에 대한 사르트르의 비판적 성찰에 더 편안함을 느낀다는 것은 확실하다. 사르트르가 강조하고 있듯이, 노동자들에게 말을 걸고자 하는 작가들은 자신들 앞에 극복할 수 없는 하나의 장애물을 발견하게 된다. 공산당이 그것이다.

> 불행하게도, 우리 조국에서는 우리가 말을 건네야 하는 사람들과 철의 장막이 우리를 가르고 있다. 그들은 우리가 그들에게 말하게 될 것에 대해 한 마디도 듣지 않을 것이다. 대부분의 프롤레타리아는 유일당에 의해 옥죄어지고, 이 계급을 고립시킨 선전에 둘러싸여, 문도 창문도 없는 닫혀 버린 한 사회를 이루고 있다.[11]

소련의 공산주의는 "방어적이고 보수적인 국수주의"[12]가 되었으며, 또한 그 국수주의로 인해 PCF가 혁명적 정책, 심지어 공개적 토론조차도 불가능한 보수당으로 바뀌었다.

> 스탈린적 공산주의의 정책은 문학 직업이 갖는 고귀한 실천과는 양립
> 불가능하다.[13]

그리고 카뮈는 아마도 공산주의 지식인들의 좌파에 대한 격렬한 비
판적 수사修辭에서 에르베가 옳다는 것을 인정했을 것이다.

> 사람들은 반복, 협박, 베일에 싸인 위협, 긍정에 대한 혐오를 통해 설
> 득한다…… 그들은 결코 적에게 대답하지 않는다. 그들은 항상 적의
> 신용을 떨어뜨린다. 그러니까 이 적은 경찰, 비밀정보부에 속하고, 따
> 라서 그는 파시스트인 것이다.[14]

반면, PCF와 경쟁하려는 강한 의지를 가졌던 사르트르는, 1947년
에 그 자신은 물론이거니와 『현대』 지에서도 철저하게 반공산주의 노
선을 선택했을 뿐 아니라 이 노선의 효율적인 적용이라는 면에서도 그
정점에 있었다. 하지만 언제 사르트르는 직접 참여하게 될 것인가?
우리는 앞에서 카뮈가 전쟁 후에 이데올로기적인 면에서 대립하고
있는 두 거대 진영의 형성으로 인해 야기된 전쟁의 위협에 대한 여론
을 종종 환기시켰다는 사실을 지적한 바 있다. 그의 태도는 정확한 것
이었다. 1947년 3월, 트루먼 독트린의 선포를 계기로 그리스와 터키
에서 미국의 역할이 새로이 규정되었다. 이 독트린에 의하면 이제부터
미국은 자유를 수호하고 억압에 대항해 싸운다는 사실이 강조되고 있
다. 같은 해 6월, 독일의 재건뿐 아니라 다른 유럽 국가들에게 전쟁으

로 인해 폐허가 된 경제 회복에 필요한 지원하는 것을 목적으로 내세웠던 마셜 플랜이 채택되었다. 게다가 같은 해 3월과 5월 사이에, 이탈리아, 벨기에, 룩셈부르크, 프랑스에서 다른 여러 정당과 연합해 전권全權을 잡았던 공산당이 정권에서 물러난 것은 우연의 일치가 아니었다. 동서의 긴장이 고조되었다. 체코와 핀란드에 대한 소련의 압력으로 인해 이 두 나라는 마셜 플랜을 거부할 수밖에 없는 상황에 처해 있었다. 폴란드와 헝가리에서 여름 내내 야당의 활동이 금지되었으며, 불가리아의 농민당 대표인 페트코프Petkov는 변절을 이유로 교수형에 처해지기도 했다. 같은 해 9월에 폴란드에서 개최된 한 정치 집회에서 소련은 코민포름이라는 새로운 이름하에 코민테른을 재정립했다. 그리고 알렉산드르 즈다노프Alexandre Jdanov가 미국의 "제국주의적" 마셜 플랜과 브라질의 수도 리우 데 자네이루에서 미국에 의해 주창된 새로운 두 아메리카 대륙의 연합에 대한 소련 측의 공격적인 답을 전달하는 역할을 담당하게 되었다.

프랑스에서 발생한 여러 사건들 역시 이 같은 국제적 분위기를 반영하고 있었다. 전쟁이 끝난 2년 후에 국민들의 생활수준은 계속해서 떨어지고 있었다. 독일 점령 하에 있던 가장 어려운 시기에 일인당 275그램씩 배당되던 빵은 1947년 6월에는 200그램으로 줄어들었다. 정부는 실질적 권력이 없는 공산주의자 국방부 장관의 이의제기를 무시하면서 이미 인도차이나 반도의 민족주의자들에 대한 적대행위를 감행했다. 그렇게 하면서 이 정부는 필요하다면 무력을 통해서라도 끔찍한 식민지 정책을 프랑스의 지배하에 있던 모든 지역에 적용했던 것이다. 같은 해 5월, 트로츠키주의자들에 의해 촉발되었고, 공산주의자들이 반대할 수 없다고 느낀 르노Renault 자동차 공장에서 발생한 파업으로 인해 라마디에Ramadier 정부 내의 PCF 출신 각료들이 파면되었다. 마셜 플랜을 통해 프랑스의 국내 정책에 있어서 커다란 두 가지 문제, 즉 경제 재건과 PCF의 고립이라는 문제가 부각되었다. 사회주의자들과 그들의 중도·우파 성향의 동지들은 쌍수를 들고 미국의 원조를 환영했고, 1970년대까지 지속될 공산주의의 영향력을 저지하는 것을 목적으로 하는 행동방식modus operandi을 구상하게 된다. PCF와 가장 근접한 경쟁자이자 1947년까지 여러 사건들에 대한 정부 차원의 협력에서 정부의 가장 중요한 당이었던 SFIO는, 미국과 더불어 프랑스의 국내외 정책에서 공산주의에 반대하는 연합을 형성하게 된다. 하지만 그처럼 두려움과 증오의 대상이 되었고, 또한 실질적인 권력을 빼앗긴 공산주의자들은, 가을에 있었던 시의회 선거에서 1/3에 해당하는 표를 획득하게 된다. 실제로 이 선거는 드골파 정당인 프랑스 인민 연합(RPF: Rassemblement du peuple français)*의 괄목할 만한 성장으로 특징지어진다. 이 당은 나폴레옹파와 반공산주의를 혼합시킨 공약을 내세우면서 선거전을 펼쳤던 것이다.

국제정치 정세로 인해 유럽에 새로운 분위기가 형성되고 있었다. 코민포름의 창립회의에서 PCF의 지도자들은, 의회를 통해 정권을 장악한다는 환상을 품었다는 이유로 혹독한 비판을 받았다. 승인된 공산주의적 관례에 따라 그들은, 자신들이 범한 과오를 인정함으로써 스탈린의 새로운 노선을 비준했다. 그 당시 그들은 과거의 노선을 따르는데 만족하고 있었다. 귀국 후에 그들은 조국 프랑스가 미국 진영에 가담하는 것을 반대함과 동시에 생활수준이 이미 끔찍한 상태에 도달한 것

---

* 1947년에 드골이 조직한 정당.

은 물론, 그 상태가 계속 악화되고 있는 노동자들을 위해 맹렬히 투쟁할 것을 주요 노선으로 채택하게 된다. 그 당시 PCF에 가입한 지도자들에 의해 운영되었던 프랑스 최대 노동조합인 노동총동맹(CGT: Confédération générale du travail)의 주동으로 격렬한 파업이 계속해서 일어났다. 이 파업으로 인해 공산주의에 반대하는 히스테리적 반응이 야기되었으며, 심지어는 대규모 폭동의 발생이 우려되기도 했다. 총파업이 선포되었던 프랑스 남부 대표 도시인 마르세유에서부터 질서 유지를 위해 파견되었던 군대의 명령에 복종하지 않았던 북부 지역까지, 프랑스 전역에서 "대공포" 분위기가 조성되었다. 분명 테러의 소행으로 보이는 열차 탈선 사고로 인해 21명의 사망자가 발생한 날 긴장은 그 극에 달했다. 그로부터 몇 달 후에 케슬러는 그 당시 공산주의자들이 은밀히 내전을 준비했었다고 주장하기도 했다.[15]

『문학이란 무엇인가?』에서 사르트르는 지금까지보다 훨씬 더 투쟁적 참여에 가까운 입장을 유지한 것으로 보인다. 그리고 1947년 9월, 그는 매주 「현대」라는 제목의 라디오 방송에 출연해달라는 제의를 받아들였다. 방송에는 사르트르 자신은 물론이고 보부아르, 메를로퐁티와 이 잡지에 관여하던 다른 사람들도 출연해 특히 그 당시의 시사 문제를 토론할 예정이었다. 보부아르의 증언에 의하면 같은 해 9월,

SFIO 내부에서 반대파를 결성하려는 생각을 가지고 있었던 몇 명의 사회주의자들—마르소 피베르Marceau Pivert, 가지에Gazier—은 그 어떤 정당에도 소속되지 않은 상태에 있던 사람들에게 자신들을 도와줄 것을 요청했다. 그들은 함께 사회주의적이고 중도의 노선을 걷는 유럽의 창설과 평화를 위한 호소문을 작성하기도 했다. 매주 우리들은

그들을 이자르Izard의 집에서 루세Rousset, 메를로퐁티, 카뮈, 브르통 외에 다른 몇 명들과 만나곤 했다. 우리는 호소문의 단어 하나하나, 쉼표 하나하나를 모두 검토했다. 드디어 12월에 『에스프리Esprit』지, 『현대』지, 카뮈, 부르데Bourdet, 루세 등이 서명한 호소문이 전 일간지에 배포되어 공표되었다.[16]

이처럼 그 당시에 시작된 "냉전"으로 인해 비非공산주의적 입장을 취하고 있던 일군의 사람들은 자신들 앞에 던져진 선악이원론적 선택에 대한 출구를 찾으려고 노력했다. 그 노력의 결과인 호소문은 11월에 『에스프리』지에 실리기 전에 모든 일간지에 실렸다. 사르트르는 12월에 이 호소문을 라디오를 통해 직접 낭독을 하기도 했다. 방송 시리즈는 드골주의에 대한 공격으로 10월 20일 시작된다. 정확히 RPF가 시의회 선거에서 승리를 거둬 막 손을 높이 치켜든 때였다. 그 다음 주의 공산주의에 할애된 방송은 PCF가 프랑스 노동계급을 대표하며, 소련의 정책은 국제적 맥락으로부터 출발해서 체제가 봉착한 모든 내부적 문제들과 관련해서 이해되어야 한다는 사실을 인정하는 것으로 시작한다. 하지만 그 방송은 결국 드골주의뿐 아니라 공산주의에 대한 격렬한 비판으로 끝나게 된다. 양 진영의 투사들은 그 방송으로 인해 추문에 휩싸였고, 세 번째 방송은 앞선 두 번의 방송에 의해 촉발된 반응에 대한 격론에 전적으로 할애되었다. 토론자들은 냉전뿐 아니라 그 전쟁의 불가피성을 규탄했으며, 또한 그 당시의 사회주의, 공산주의 그리고 자본주의를 채택한 민주주의에 대해서도 비판했다. 그 당시의 한 방송은 PCF의 전술에 반대하는 CGT의 한 지부 지도자에게 발언 기회를 줌으로써 진행 중이던 파업에 관심을 집중시켰다.

상당 규모의 집단행동을 야기한 이 방송은 격렬한 논쟁을 촉발시키는 결과를 낳게 된다. 사르트르는 적의에 찬, 즉 위협적인 수십 통의 편지를 받았다. 그 편지들 가운데 한 통에는 인분人糞으로 더럽혀진 그의 사진 한 장이 들어있기도 했다. 이 일련의 방송에서 정책적 방향과 구체적인 토론에 대한 책임은 전체적으로 메를로퐁티에게 있었다. 사르트르 자신은 적극적인 참여자의 역할을 담당함으로써 오히려 제기된 여러 문제에 대해 일반적이고 추상적인 성찰에 기초한 발언을 하게 된다. 추가로 세 번의 방송이 더 녹음되었다. 두 번째 방송에서 사르트르는 이자르 진영에 초점이 맞춰진 텍스트를 낭독하게 된다. 선거가 있은 다음날 사회주의 정부의 수상 라마디에는 중도 우파 정치인 로베르 슈만Robert Schumann에게 자리를 내주게 된다. 그렇게 되자 시리즈 방송은 불시에 취소될 운명에 처하게 된다.

사람들이 카뮈와 사르트르가 함께 작업했던 방송 텍스트가 작성된 정확한 상황을 좀 더 자세히 살펴본다면, 다음과 같은 우스꽝스러운 사실을 발견하게 될 것이다. 사람들이 사르트르의 공을 인정할 수 있는 첫 번째 정책적 개입이, 사실은 카뮈에 의해 주도된 선언문의 집단적 다시쓰기였다는 사실이 그것이다. 9월 초에 리우 데 자네이루에서 있었던 트루먼 대통령의 연설에 대한 답으로 카뮈는, 실제로 『현대』지 편집진에 속한 자들에 의해 서명될 수도 있었을 선언문을 직접 작성했다. 그 선언문의 앞부분에서 트루먼의 연설은 "살인적"으로 규정되고 있으며, 카뮈는 트루먼의 군사적 대립 논리를 거부하고 있다. 카뮈가 작성한 선언문은 사르트르 역시 참석한 모임에서 논의의 대상이 되었다. 그 선언문의 초고는, 앞에서 보부아르가 말했던 "단어 하나하나, 쉼표 하나하나"까지 검토되었던 그 원고였으며, 바로 그것이 1947

년 11월에 공표된 새로운 선언문으로 이어졌다. 사르트르의 전기 작가들은, 원래 그 선언문이 카뮈에 의해 작성되었다는 사실을 언급하지 않은 채, "국제 여론에 대한 첫 번째 호소"라는 제목이 붙은 그 선언문이 사르트르의 손끝에서 나왔다고 주장하고 있다.

카뮈가 작성한 선언문과 사르트르가 다시 쓴 선언문을 비교해 보면, 사르트르는 트루먼에 대한 지적을 포기했다는 사실을 알 수 있다. 하지만 전체적으로 볼 때 카뮈가 작성한 선언문의 대강은 그대로 유지되고 있으며, 상당히 모호했던 결론 역시 훨씬 더 분명한 의미로 다시 씌어진 것을 알 수 있다. 카뮈가 표명한 소련의 침략에 대한 공포는 조금 약화되었다. 그러나 사르트르의 선언문에는 카뮈가 주장한 대부분의 생각들이 그대로 유지되고 있으며, 일곱 군데에서는 그가 사용한 표현이 그대로 사용되고 있기도 하다. 카뮈가 쓴 초고와 사르트르가 쓴 마지막 선언문에서 볼 수 있는 주요 쟁점은, 전 세계적으로 대립하고 있는 미·소 두 진영의 형성은 결국 전쟁으로 이어질 수 있다는 점이다. 그리고 "유럽의 입장에서 보면 전쟁은 곧 소련군에 의한 침공 혹은 전쟁터가 될 전 유럽의 총체적 황폐화"[17]가 될 것이라는 점이다. 또한 전쟁 준비로 인해 유럽 전체의 경제가 불안정하게 될 것이며, 그 결과 많은 사람들이 누리는 "자유가 지연될 것"[18]이라는 점이었다. 폭력을 통해 균형을 잡는다는 생각은 완전히 부조리하다. 하지만 만약 유럽이 적극적으로 활동하는 진영이 될 수 있다면, 분명 전쟁을 "피할 수 있을 것"[19]이다. 이어서 사르트르와 카뮈의 대립이 등장한다. 카뮈에게 있어서 유럽은, 각 국가의 통치권을 넘어 이제 더 이상 경찰력에도 돈의 지배에도 복종하지 않을 사회들을 건설하게 될 국제 조직의 구상 속에서 핵심적 역할을 수행해야 하는 것이었다.[20] 반면, 사르트르에게 있어서 유럽은, 대립한 두 진영에 맞서 유럽 자체의 통치권을 회복하고 "기존의 질서에 근본적인 변화"21를 가하기 위해 공동 전선을 형성해야 하는 것이었다. 비록 두 번째 텍스트가 첫 번째 텍스트보다 약간 더 투쟁적이라 할지라도, 그 두 텍스트의 제안 내용은 모두 일관성과 사실임직함을 결여하고 있으며, 무엇보다도 동기가 결여되어 있다. 때문에 이러한 발의는 어떠한 반향도 일으키지 못하게 된다.

신참 사르트르는 베테랑 카뮈 곁에서 자신의 첫 번째 정치 참여를 공들여 구상했다. 그리고 그는 친구의 텍스트를 출발점으로 삼았다. 악화일로에 있던 카뮈와 사르트르의 불협의 폭이 어떠하든 간에, 사르트르와 보부아르는 종종 카뮈를 만났다. 보부아르는 그에 대해 알그렌에게 다음과 같이 쓰고 있다. "재미있지만 다루기 어려운 타입입니다. 그는 집필 중인 책이 마음에 들지 않은 때에는 거만하게 반응합니다. 그가 충분하리만큼 큰 성공을 거둔 지금 그는 많이 변했지요. 신중하고 직접적으로 말이에요."22 케슬러는 10월에 파리로 돌아왔고, 그 당시 보부아르의 편지들을 보면 케슬러의 반공산주의가 카뮈의 그것보다 훨씬 더 신랄하다는 것을 알 수 있다. 사람들은 그 편지에서 그녀와 사르트르가 공산주의자들에게 훨씬 더 적대적이라는 것을 알게 되고, 또한 그들이 후일 공산주의자들과 가깝게 지내는 것보다 그 당시 카뮈와 더 가깝게 지냈다는 것도 알게 된다. 그들은 함께 시간을 보내곤 했다. 카뮈의 아파트에서도 만나곤 했다. 하루는 케슬러와 그의 한 미국인 친구가 주장하는 반공산주의 때문에 언성이 높아지는 불상사가 발생하기도 했다. 그럼에도 카뮈는 매우 우호적이고 상냥한 기분을 보여주었다. 결정적인 불상사가 발생한 날은, 케슬러가 파리를 떠났다가 연말 축제 후에 다시 돌아온 날 저녁이었다. 보부아르에 따르면 사건의 전말은 다음과 같다.

> 케슬러는 세헤라자데의 밤을 반복하기를 원했다. 우리들은 그를 따라
> 갔다. 마멘, 카뮈, 사르트르 그리고 나도 그를 따라 또 다른 러시아 술
> 집으로 갔다. 프랑신은 없었다. 그는 호텔 지배인에게 영광스럽게도
> 카뮈, 사르트르 그리고 케슬러 자신을 모시게 될 것이라는 사실을 알
> 리고자 했다. 지난해보다 더 적대적인 말투로 '우정이 없다면 정치적
> 인 이해도 불가능하다'고 말했다. 분위기를 누그러뜨리기 위해 사르트
> 르는 마멘에게 너무 지나치게 드러내놓고 아첨을 하면서 우리 모두의
> 취기를 조금 달래려고 했다. 갑자기 케슬러는 유리잔을 사르트르의 머
> 리에 던졌다. 다행스럽게 유리잔은 벽에 부딪혔다.[23]

우리는 매혹적인 마멘에 대한 사르트르의 자조自嘲 섞인 친절함을
통해 카뮈나 케슬러에 대한 경쟁심이 어느 정도까지 표명되었는지에
대해서는 알 길이 없다. 다만 한 가지 분명한 것은, 그들 사이에 놓여
있는 긴장 관계가 매우 팽팽했다는 점이다. 이년 전에 카뮈에 대해 약
간 연정의 희망을 품기도 했던 보부아르는 이미 카뮈의 매정한 거절의
상처를 지워 버렸다. 보부아르는 카뮈와 마멘이 사랑에 빠졌을 때 케
슬러와 하룻밤의 관계를 가진 적이 있기는 하다. 카뮈와 프랑신은 그
해에 케슬러와 마멘과 함께 영국을 여행하게 된다.

> 우리는 모임을 끝냈다. 하지만 케슬러는 집으로 돌아가지 않으려고 했
> 다. 그는 지갑을 잃어버렸고, 카바레에서 조금 지체했다. 사르트르가
> 보도에서 천진난만한 웃음을 지으면서 비틀거리고 있을 때, 케슬러는

큰 걸음으로 계단을 올라오려고 했다. 그는 사르트르와 계속해서 다투고자 했던 것이다. 카뮈가 그의 어깨를 잡고 밀면서 '자! 이제 돌아가지.'라고 친근하게 말했다. 하지만 그는 세차게 뿌리치면서 카뮈를 때렸다. 그러자 카뮈는 그에게 달려들었다. 우리는 그들을 떼어놓았다. 케슬러를 그의 부인에게 맡겨준 채 우리는 카뮈의 차에 올라탔다. 카뮈 역시 보드카와 샴페인으로 적당히 취해 있었다. 그의 두 눈에는 눈물이 가득 차 있었다. '그는 내 친구였어! 그런 그가 나를 때렸어!' 그는 차가 아무렇게나 가도록 방치한 채 핸들 위로 몸을 숙였다. 우리는 겁이 나서 술이 깨어 그의 상체를 일으켜 세웠다.[24]

그 이후 며칠 동안 카뮈는 눈 주의의 멍을 감추기 위해서 선글라스를 착용했다.[25] 그 당시 사르트르, 보부아르 그리고 카뮈는 몇 차례 그날 저녁의 일에 대해 다시 언급했다. "카뮈는 난감해하면서 우리에게 물어보았다. '사람이 그처럼 계속해서 마시고 계속해서 일할 수 있다고 생각하세요?'"[26]

*　　*　　*

사르트르의 입장에서 보면, 카뮈-사르트르 선언은 그가 정치 활동에 뛰어들었음을 의미한다. 사르트르는 중립적이고 사회주의적인 새로운 운동, 즉 민주혁명연합(RDR: Rassemblement démocratique et révolutionnaire)의 창설과 더불어 본격적으로 정치 활동으로 뛰어들게 된다. 그의 역할은 미 · 소 두 진영에 맞서는 것과 독립적이고 진정으로 사회주의적인 프랑스를 위한 정치적 장을 마련하면서 그 두 진영의 대립 논리에 맞서는 것이었다. 초기에 옛 공산주의자들, SFIO의 좌파 연맹의 옛 멤버들, 트로츠키주의자들, 좌파 기독교인들, 그리고 독립주의적 사회주의자들을 규합한 RDR은 급속도로 발전하고 분열되기 전에 한동안 활발하게 활동을 하게 되나, 결국 냉전의 압력에 저항할 수 없게 된다.

1948년 5월에 출범한 이후 RDR은, 천여 명의 사람들이 참여하는 연합을 조직하고, 점차 사천 명의 참여자들을 끌어들이게 된다. 사르트르가 중심이 되어 조직된 이 연합의 첫 번째 선언은 혁명적 민주주의를 위한 자유로운 인간들의 결집에 대한 호소였다. 그가 추구했던 것은, 인간의 존엄성과 자유의 원칙을 사회주의 혁명을 위한 투쟁과의 연결을 통해 되살리는 것과 무관하지 않았다. 그에게 있어서 RDR의 주요 목표는, 정확히 말해 카뮈가 결합시키는 것을 단념한 두 가지 개념, 즉 자유와 사회주의라는 개념을 연결시키는 데 있었다. 바로 그것이 미국과 소련의 대립 관계에 대한 프랑스의 답이었다. 혁명적 정신과 민주적 열망을 연계시키면서 RDR는, 냉전을 거부했고, 또한 소련뿐 아니라 자본주의 진영인 서구도 비판했다. 다양한 여러 당의 투사들을 끌어들이기 위해 RDR은 정치 정당보다는 그냥 "모임"의 형태를 유지하고자 했다. 물론 매스컴에서는 RDR를 "사르트르와 루세의 당"으로 소개하긴 했다. 그리고 매스컴에서는 수차례의 모임을 가졌고, 두 달에 한 번씩 간행되는 기관지를 발간하는 정치 정당으로서의 RDR이 중요했던 것이다.

하지만 사르트르의 동지였던 조르주 알트망Georges Altman과 루세는, RDR의 창립 이후 얼마 되지 않아 미국의 정보기관 CIA와 관계를 맺고 있던 미국의 여러 기관들로부터 보조금을 받는 것을 용인하게 된다. 1949년 4월에 있었던 만여 명이 참석한 가장 큰 규모의 RDR의 집회에서 연사演士들은 미국의 핵무기 실험에 우호적인 연설을 했다. 냉전과 미국의 재정 지원의 억압 하에 RDR에 참가했던 공산주의자가 아닌 좌파 투사들이 우파의 입장을 취했던 것이다. 이에 배반을 당했다고 느낀 사르트르는 같은 해 가을부터 RDR의 집행부에 사표를 제출하게 되고, 이를 계기로 이 모임은 공중분해 되기 시작했다.

RDR의 여러 집회 가운데 가장 규모가 컸던 한 집회가 열렸을 때, 카뮈는 연단에서 사르트르의 옆자리를 차지하고 앉았던 적이 있다. 하지만 카뮈의 참가는 상징적인 것에 불과했다. 하지만 두 사람은 RDR의 이름으로 미국을 방문할 것을 결심하기도 했으며, 그 계획이 불발로 끝나자 남미를 방문할 계획을 세우기도 했다. 하지만 카뮈의 입장에서는 이 RDR에 더 이상 발을 담그지 않을 이유가 있었다. 그 당시그는 우선 방대한 작업을 요구하는 『반항적 인간』의 집필에 매달려 있었다. 그리고 그는 이 모임의 적극적인 동조자라는 느낌을 가지고 있지 않았다. 그는 벌써 대규모의 폭력과 외국의 개입 없이는 급진적인 사회 변화를 이루는 것은 불가능하다는 생각을 포기한 마당이었다. 제2차 세계대전 직후 자신의 희망이 실패로 끝난 것을 목격한 그는 이제 좌파에서 자신의 적을 탐색하던 중이었다. 반공산주의자임과 동시에 반마르크스주의자가 된 그는 이제 자신을 "한 명의 단호한 개혁주의자"로 규정하고 있었던 것이다.

그 시기에 우리는 사르트르와 카뮈가 공적으로 대립하는 것을 목격하게 된다. 1948년 10월, 정치적 자유를 주제로 사르트르가 쓴 한 편의 글이 『칼리방Caliban』이라는 제목의 대중 잡지에 실리게 되었다. 그로부터 한 달 후에 카뮈 역시 이 글의 내용과는 전혀 다른 내용의 글을 같은 잡지에 실었다. 두 텍스트의 출간은 카뮈의 친구이자, 그와 마찬가지로 알제리 출신이며, 그 잡지를 지원하고 있는 장 다니엘Jean Daniel에 의해 주선되었다. 다니엘이 「배고프다는 것, 그것은 이미 자유롭고자 하는 욕구이다」라는 제목으로 펴낸 사르트르의 텍스트는, 사르트르가 1948년 봄에 RDR의 모임에서 발표했던 강연 내용의 수정본이다. 사르트르에게 있어서 자본주의 하에서의 자유는 그저 "조롱"일 뿐이다. 왜냐하면 노동자들은 경제적으로 아무런 현실적인 힘도 갖고 있지 못하기 때문이다. 반대로 그들의 배고픔은 욕구로부터 자유로워지는 필요 그 자체이다. 그렇게 해서 그들은 전적으로 인간 존재가 되는 것이다.[27] 이에 대한 답변으로 카뮈는 일종의 "검소함의 훈련"으로서의 민주주의에 대해 말한다. 그는 혁명주의자들과 마찬가지로 반동분자들이 행하는 것처럼 인간적인 문제들을 단순화시키는 것을 거부한다. 그리고 정치 체제들 가운데 "가장 덜 악한" 체제인 민주주의를 위해 변론한다. 사르트르와 마찬가지로 카뮈는 프롤레타리아의 조건을 수용하는 것은 거부한다. 그러나 카뮈는 이론 혹은 맹목적인 메시아주의의 명목으로 이러한 비참함을 악화시키는 것 또한 거부한다. 사르트르는 "부르주아적" 민주주의를 공격한다. 반면, "부르주아적"이라는 형용사를 제거한 카뮈는 그 민주주의를 "가장 덜 악한 정치 체제"로 고양시킨다.[28] 사르트르는 분명 카뮈가 말한 "검소한" 민주주의자가 아니다. 게다가 위의 두 글은 진정한 대화를 이루고 있지도 않다. 왜냐하면 비록 다니엘이 교묘하게 카뮈의 텍스트를 사르트르에 대한 답변으로 보이도록 했음에도 불구하고, 그 글은 실제로 이미 7월에 RDR의 기관지인 『좌파La Gauche』에 게재되었기 때문이다. 그럼에도 그 두 사람은 그 주제에 대해 앞으로 상당한 토론을 벌일 수 있게 된다. 왜냐하면 그들은 서로 갈라지는 길을 선택했기 때문이다.

*　　*　　*

RDR가 구성되고 나서 얼마 되지 않은 1948년 4월에 사르트르의
『더러운 손*Les Mains sales*』이 무대에 올려졌다. 이 작품은 바로 사르트르
가 정치에 가담하기 시작하던 무렵에 쓰여졌고 상연된 가장 인기를 얻
었던 작품들 가운데 하나였다. 교조주의와는 거리가 먼 마르크스주의
를 신봉하는 지도자이자, 사회주의의 건설을 위해 손을 더럽힐 준비가
되어 있는 주인공 웨데레르Hoederer는, 사르트르에 의해 형상화된 가
장 적극적인 인물이다. 어떤 면에서 보면, 이 작품의 주제는 1940년에
멕시코에서 암살을 당한 트로츠키를 떠올리기도 한다. 웨데레르의 참
여는, 인간에 대해 그가 갖는 따뜻함과 존경심, 그리고 그의 솔직함,
정직함, 유연성, 역사의 의미를 파악하는 능력 등에 의해 인간화된다.
그는 인간들 한 명 한 명을 완전한 개인으로 취급하며, 모든 구체적 상
황들을 이해하려고 노력한다. 요컨대 그는 공산당의 전형적 중진인사
가 아니라 그저 한 명의 평범한 이상적 공산주의자인 것이다. 만약 당
의 반대파의 사주를 받은 암살자의 위치를 위고Hugo에게로 떠넘기는
것을 제외한다면, 그는 아마도 위고와 마찬가지로 아무리 위험한 상황
에서도 결코 물러서지 않았을 것이다.[29]

그러나 웨데레르는 행동의 중심에 있지 않다. 그는 여러 전술로 인
해 그를 살해하려는 임무를 띠고 파견된 소외받은 부르주아 청년인 위
고에 의해 질투 때문에 암살될 뿐이다. 위고는 우연히 소련과의 연락
이 잠시 두절된 상황에서 공산당의 소수파를 위해 행동했던 것이다.

웨데레르의 팔에 제시카Jessica가 안겨 있는 것을 본 순간부터 위고는, 암살 계획을 포기하는 대신 그를 살해하기 위한 또 다른 종류의 동기를 찾아냈던 것이다. 그러나 결국 그 살해로 인해 형을 받고 당에서 이루어진 사후事後 선고를 통해, 위고의 행위는 반대파에 의해 사주된 행동으로 인해 복수를 한 것으로 여겨지게 된다. 이것은 결국 웨데레르가 옳았다는 사실을 보증해 주는 결과를 낳게 된다.

『더러운 손』에서 당은, 웨데레르가 속한 민주사회 진영과 순수 공산주의자들의 진영으로 구성되어 있다. 그를 암살한 자들은 "골수" 공산주의자들이다. 이 작품에는 결국 당에 대한 강한 비판이 내포되어 있는 것이다. 직접 공격을 받아 자존심이 상한 PCF는, 이 작품이 상연되는 극장 앞에서 상연을 방해하기 위해 격렬한 시위를 하면서 노골적인 불만을 드러냈다.[30] 결국 사르트르는 이 작품에서 올가Olga와 루이Louis라는 두 인물을 단순히 전술상의 차이로 인해 웨데레르를 제거해야만 하는 철천지 원수로 여기는 스탈린을 따르는 "부하들"로 소개하고 있다. 외데레르와는 달리, 그 스탈린주의자들은 독립적인 성찰이 불가능한 고집불통의 교조주의자들이다. 그들은 앵무새처럼 공산당이 부추긴 최종 명령들과 문구들을 반복했으며, 외데레르가 죽은 이후 당의 노선의 새로운 변화를 만족시키기 위해 그를 영웅으로 소개하는 데 주저하지도 않을 것이다. 이 작품의 결말은 피할 수 없는 절망감을 전달하고 있다. 즉 외데레르와 위고는 죽음을 맞이하고, 당의 중진인사들은 명령권을 독점하며, 역사는 다시 썩어지게 되었다.[31] 우리는 사르트르에 대한 회고 이후 이 작품에 대한 카뮈의 다음과 같은 판단을 알고 있다.

카뮈는 나와 함께 마지막 공연을 보았다(당시 그는 아직 그 텍스트를 읽지 않은 상태였다.) 그리고 연극이 끝나자 옆에서 걸으면서 그는 나에게 이렇게 말했다. 훌륭합니다. 하지만 내가 인정할 수 없는 한 가지 사항이 있습니다. 왜 위고는 다음과 같이 말했을까요? '나는 인간을 그 자체로 좋아하지 않습니다. 하지만 인간을 그가 그렇게 되어야 하는 것으로서 좋아합니다.'라고 말입니다. 그리고 왜 외데레르가 그에게 다음과 같이 대답했을까요? '그렇다면 나, 나는 그들을 있는 그대로 좋아할까? 내 생각에는 오히려 그 반대가 되어야 할 것으로 생각되는데.'라고 말입니다. 달리 말하자면, 카뮈는 실제로 다음과 같이 생각했던 것이다. 즉 위고는 인간을 인간 그대로의 모습으로 좋아했으며, 인간을 속이고 싶지 않았다고 말이다. 반대로 외데레르는, 그가 보기에 인간을 그렇게 되어야 하는 존재로 여겼으며, 그를 어떤 이상적인 것의 이름으로 속이는 교조주의적 공산주의자가 되어야 했다고 말이다. 이것은 내가 말하고자 했던 것과 정확히 반대되는 것이다.[32]

카뮈는 위고와 더 가까운 것으로 느꼈고, 사르트르는 외레레르와 더 가까운 것으로 느낀 것이다. 하지만 두 사람은 모두 자신들이 당의 지배적인 태도라고 판단한 것에 대해서는 저항한다. 오늘날 모든 것이 미래의 좋은 사회를 건설하기 위해서 허용되어 있다는 태도가 그것이다. 카뮈는 분명 외데레르의 사랑을 약간은 추상적이고 진부한 것으로 생각했다. 『더러운 손』에서 유일한 구체적인 사랑은 외데레르에 대한 위고의 사랑이었다. 게다가 사르트르는 관객들 각자가 웨데레르나 위고와 충분히 동일시할 수 있을 정도로 이 두 인물에게 복잡한 삶, 도덕적이고 정치적인 일관성을 부여하는 데 성공했다. 그러나 이 작품의 줄거리에서 가장 흥미로운 것은, 사르트르 자신과 카뮈가 이 작품에 등장하는 주요 인물인 웨데레르와 위고의 행동을 완전히 반대되게 해석했다는 사실이다. 따라서 중요한 것은 『더러운 손』이라는 작품을 누가 더 "정확하게" 읽었느냐의 문제가 아니라, 이 작품과의 관계에서 카뮈와 사르트르가 각각 어떤 태도를 취했느냐 하는 것이다. 카뮈에게 있어서 타인을 존중하고 사랑한다는 행위는, 그 어떤 정치적 이유로라도 거짓말을 해서는 안 된다는 단호한 원칙을 부과하고 또 그런 거짓말에 대한 거부를 부과하는 것과 동의어였다. 하지만 반대로 사르트르에게 있어서는 원칙의 이름으로 행동하는 것은, 무엇보다도 장기적 입장에서 설정된 목표에 충실하다는 것을 의미하는 것이었다.

*　　*　　*

1946년과 1948년 사이에 카뮈와 마찬가지로 사르트르 역시, 민주주의를 내세우는 유럽, 전쟁을 피할 수 있고 자본주의와 공산주의 두 진영으로부터도 동등한 거리를 유지하면서 제3의 길을 개척할 수 있을 정도로 완전히 탈바꿈한 그러한 유럽의 건설을 희망했다. 바로 이것이 외관적으로는 RDR이 추구하고자 했던 목표였다. 따라서 RDR이 중심이 된 정치활동의 실패는 그만큼 사르트르에게는 커다란 충격이었다. 우리는 그의 그런 감정을 다음과 같은 메모에서 엿볼 수 있다. "RDR의 공중분해. 커다란 충격. 정치적 현실주의에 대한 새롭고도 결정적인 학습. 정치 운동을 인위적으로 만들어낼 수는 없음."[33] 이 사건으로 인해 정치 지형도의 변화를 낳게 될 구체적 가능성들이 결정적인 것으로 드러났다. "이 정치적 모임을 위한 상황이 외관상으로만 유리했던 것으로 보인다. 이 모임은 객관적인 상황에 의해 규정된 추상적인 욕구에는 잘 들어맞았지만, 사람들이 실제로 느끼는 욕구에는 전혀 그렇지 못했다. 따라서 이 모임에 사람들이 많이 참석하지 않았던 것이다."[34]

사르트르는 그때부터 정치적 목표 설정에 대한 모든 논의에서 사회 조건과 역사적 가능성이 가진 중요성에 대해 역설하기 시작한다. 하지만 냉전으로 인해 커다란 효과가 발휘되어야 할 역사적 공간이 축소됨에 따라, 정치의 초보이자 현실주의자였던 그는 카뮈의 입장에서 결코 받아들일 수 없는 하나의 "선택을 하도록 강요받는다."[35] 사회적 진보의 모든 수단들, 심지어 가장 위험한 수단들까지도 받아들일 준비가 되어있던 사르트르는, 이상적인 제3의 길을 모색한 후에 공산주의를 따르게 된다. 그는 역사적 현실로 인해 이 제3의 길이 실추되었다고 생각했다. 여러 차례의 정치적인 급변들과 오랜 훈련을 거친 이후 자신의 길을 찾게 된 사르트르는, 이제 정치적 현실주의를 자신의 정치적 참여의 상표로 삼게 된다. 그리고 그것은 수긍될 만한 것이었다. 그러니까 그는 역사의 흐름 속에서 헤엄쳐야만 했던 것이다. 이것이 정확히 사르트르가 받아들였던 본질적인 교훈이자 또한 카뮈가 그에 대해 느꼈던 전형적인 혐오감이기도 했다.

냉전의 영향력이 끝없이 강화되고, 그 긴장감이 증대됨에 따라, 카뮈와 사르트르는 점점 더 수효가 줄어드는 좌파 지식인층을 대표하게 된다. 이러한 좌파 지식인층은 서구뿐 아니라 동구에 대해서도 비판해야 할 필요성을 강조하고 있으며, 나아가서는 미 · 소 두 진영의 논리로부터 벗어날 것을 탐색하고 있었다. 자신들이 형성한 "행복한 소수" 그룹의 내부에서조차 그들은 변화의 가능성과 이 변화의 급진성의 정도 등과 같은 문제에 대해서 대립할 수도 있었다. 이와 마찬가지로 그들은 또한 공산주의자들에 대한 그들의 맹렬한 비판이 공산당의 혁명적인 특성 때문인지, 아니면 이 당의 과감성 부족 때문인지를 아는 문제에 있어서도, 서로 의견을 달리 할 수도 있었다. 하지만 RDR의 와해로 인해 이 "행복한 소수" 그룹은 자신들의 여러 정치적 전망들에 종지부를 찍게 된다. 그 이후 사르트르는 실존주의를 마르크스주의에 통합시키고자 한다. 그 과정에서 사르트르는 폭력과 혁명을 결합시키고, 서구에 대항하는 결정적 입장을 취하게 된다. 그는 자신의 정치 여정의 매 단계마다 카뮈의 입장과 그의 주장들과 대립하게 되고, 또한 그것을 거부하게 된다. 하지만 그 과정에서 사르트르는 결코 친구의 이름을 거론하지는 않았다.

동시에 카뮈는 1948년에 엠마뉘엘 다스티에 드 라 비즈리Emmanuel d'Astier de la Vigerie와 교류를 갖게 된다. 다스티에는 PCF 당원이자 친공산주의 계열 신문인 『리베라시옹』의 편집장으로서 레지스탕스 운동의 주요 인물이었다. 「희생자도 가해자도 아닌」에 행해졌던 다스티에의 비판에 대한 카뮈의 답변에는 다음과 같은 그의 유명한 표현이 포함되어 있다. 카뮈 자신이 자유에 대해서 알고 배우게 된 것은 마르크스에게서가 아니라, 오히려 "나는 그것을 비참함 속에서 배웠다."[36]라는 표현이 그것이다. 또한 부르주아 사회와 공모했다는 이유로 비난을 받던 카뮈는, 다스티에를 포함해 "미래에 실현될 정의의 이름으로 세계를 지배하고자"[37] 하는 모든 공산주의 지식인들과 그들의 동반자들을 싸잡아 정면으로 공격을 퍼붓고 있기도 하다. 그들은 대량살상의 공범이며, 따라서 그들이 거두는 승리는 도살자의 그것이라는 것이다. 카뮈는 이렇게 쓰고 있다. "모든 것을 알고 또 조절할 수 있다고 주장하는 자들은 모든 것을 살육하고 만다."[38]

1948년 9월, 카뮈는 미국 시민권을 포기하고 파리에 있는 유엔 사무소 앞에서 일인 시위를 하면서 세계의 시민임을 선언한 게리 데이비스Gary Davis를 변호하고 지지했다. 이 사건을 "허풍"[39]에 불과하다고 판단하면서 거기에 연루되는 것을 꺼린 사르트르와 보부아르와의 주저함에도 불구하고—물론 그로 인해 카뮈는 마음에 상처를 받았다—카뮈는 11월에 개최될 예정인 UN 총회에 앞서 데이비스의 요청을 지지하기 위한 기자회견을 가졌다. 카뮈는 데이비스에 대해 두 번에 걸쳐 지지 표명을 했다. 그의 두 번째 지지 표명은 『르 몽드』지에서 "활력 있고 예리하다"는 평가를 받기도 했다. 1949년 6월, 사르트르는 결국 데이비스에 대해 조건부로 지지한다고 선언하게 된다.[40]

카뮈는 여러 친구들을 위해 순진하게도 성공의 가능성이 아주 희박한 하나의 기발한 기획을 하게 된다.[41] 하지만 사르트르와는 달리 카뮈는 자신을 "현실주의자"로 여기려고 하지 않는다. 비록 '현실주의자'라는 용어가 성공의 기회를 더 많이 보장해 주는 실존주의적 성향과 밀접하게 연결되어 있다고 여겨짐에도 불구하고 말이다. 「희생자도 가해자도 아닌」이라는 제목의 글에서 카뮈는, 세계의 통일과 국제적 민주주의를 염두에 두면서 "유토피아적" 정치 프로그램을 개진하고 있다. 그의 이 같은 입장은 미·소 두 진영과 냉전에 대한 거부를 밑바탕에 깔고 있었으며, 따라서 세계가 끔찍한 방향으로 나아가는 것을 막기 위한 도덕적 가치들에 대한 옹호를 전제하는 것이었다. 하지만 그의 입장은 곧바로 "비현실적" 해결책으로 판명되고 만다. 가령 세계 시민이라는 생각이 그 좋은 예이다. 반면, 사르트르가 추종했던 "현실주의"는 기존의 미·소 두 진영 가운데 어느 한편으로 경사되게 된다. 카뮈는 분명 이상주의자이다. 그는 한 진영을 다른 진영에 대치시키는 것을 결코 받아들이지 않는다. 모든 폭력에 대한 그의 혐오감은 시간과 더불어 더 커지게 된다. 구체적 행동 속에서 이루어지는 점증하는 현실 참여로 인해 사르트르가 젊은 시절에 꿈꾼 이상주의를 포기하기에 이르렀던 것과는 달리, 카뮈의 단호한 이상주의는 나약함이라기보다는 현실을 변화시킬 목적으로 오히려 그 현실과 "거리를 유지하는" 의지를 보여 주는 것이었다. 카뮈가 중요시하는 이 같은 "유토피아적" 입장은, 그의 정치 여정에서 종종 표명되게 된다. 예컨대 그는 후일 알제리 전쟁이 지속되는 동안 휴전을 제안하면서조차도 이 같은 입장을 표명하게 된다. 이 같은 제안을 비방하는 것(1963년에 보부아르는 실제로 그런 비방을 하게 된다)은 알제리 전쟁에 대한 카뮈의 접근방식이 갖는 힘을 무시하는 것과 동의어이다. 그 자신의 정치 노선을 지지하는 자들의 수가 아무리 적다 할지라도, 어쨌든 카뮈는 알제리 전쟁에 종지부를 찍을 수 있는 대안을 '고안해낼 것'을 주장하고 있는 것이다.

*　　*　　*

　　1949년에서 1951년까지 사르트르와 카뮈는 서로 대립되는 노선을 따라갔다. 정치에 관여하지 않는 것을 포함해 여러 방향의 정치적 선택이 열려 있었음에도 불구하고, 사르트르는 해방 이후 자신이 행했던 첫 번째 주요 정치적 행위로 인해 오히려 냉전 상황에서 더 "우회해서" 정치에 참여하는 결과를 낳게 되었다. 그러니까 RDR의 실패 이후 사르트르는 그 이유를 알고자 했으며, 사태들을 장악할 수 있는 다른 방식을 발견하고자 했다.

분명, 과거에 친구 사이였던 카뮈와 사르트르를 더 가깝게 했던 서로간의 차이는 이제 그들 서로를 더 떼어놓는 기제基劑로 작용하게 된다.[42] 1948년에 벌써 심각한 사태가 발생했다. 25년이 지난 후 사르트르는 그 사태에 대해 질문하는 보부아르에게 답을 하면서, 자기와 카뮈의 관계가 "단절에 이르기까지"[43] 계속해서 악화되는 과정을 정확히 기억하고 있다. 사르트르는 이렇게 대답하고 있다. "개인적 일화"가 있다. 하지만 "그것이 카뮈와의 관계를 완전히 틀어지게 한 일화는 아니에요. 그 일화로 인해 그는 단지 불편해 했을 뿐이에요."[44] 그러자 보부아르가 질문을 던진다. 문제가 되는 일화가 "당신이 관계를 맺었던 여자와 관계 있는 거예요?"라고 말이다. 수십 년이 지난 후에도 사르트르는 이 질문에 대한 대답을 하면서 여전히 우회적으로 돌려 말하고 있다.

아주 난처한 일이었지요. 문제가 되는 그 여자가 카뮈와 개인적인 이유로 관계를 정리하자, 그는 그 일로 나를 원망했지요. 요컨대 아주 복잡한 일이었어요. 카뮈는 카사레스와 관계가 있었어요. 하지만 곧 그녀와의 사이가 틀어졌어요. 카뮈는 그녀와의 관계를 정리하고, 우리에게 그녀와의 은밀한 모험에 대해 얘기해 주었어요. 어느 날 저녁 카뮈와 함께 바에서 술을 한 잔 하던 것을 기억해요. 그 당시에 우리는 바에 자주 출입하곤 했지요. 나는 카뮈와 단 둘이었어요. 그는 방금 전에 카사레스와 화해를 했던 참이었어요. 그는 손에 그녀가 오래 전에 보낸 편지들을 들고 있었어요. 낡은 편지들을 말이에요. 그리고 그는 다음과 같이 말하면서 그 편지들을 보여 주었어요. '아, 그 편지들! 내가 그것들을 되찾았을 때는……. 내가 그것들을 다시 읽을 수 있었을 때는…… 하지만 정치가 우리 사이를 갈라놓고 말았지요."[45]

카뮈와 카사레스는 1948년 6월에 다시 관계를 회복한다. 그 여배우는 그 일이 있기 3년 전에 카뮈와 관계를 끊었었다. 그리고 카뮈는 그녀를 위해 부인과 갈라서는 것을 거부했었다. 그 여배우는 카뮈가 세상을 떠날 때까지 그의 곁을 떠나지 않게 된다. 사르트르는 예전에 카사레스와 한번 관계를 맺었었다고 완곡하게 말한 적이 있다. 그리고 그 관계를 알게 된 카뮈가 자기를 공격했다고 말한 적이 있다. 우리는 사르트르가 그 여배우와 관련이 있다는 또 다른 증거를 갖고 있지 않다. 하지만 카뮈-사르트르의 관계에 부담을 주었던 감정적이고 성적인 또 다른 긴장들이 있다. 가령, 사르트르는 1944년 초에 완다 코사키에비치에게 카뮈와는 외출하지 말아야할 것이라고 말했다. 보부아르는 1945년 말 카뮈와의 관계에 대한 욕망을 표현했다. 카뮈와 마멘 케슬러Mamaine Koestler는 일시적으로 사랑의 감정을 내보인 적이 있다. 요컨대 카뮈와 사르트르는 이처럼 주위의 여자들에 대해 동 주앙과 같은 태도를 보였던 것이다. 그 결과 그들 사이의 대립은 피할 수 없는 것으로 나타나게 된다. 하지만 그들은 항상 세심하게 자신들이 경쟁했다는 사실을 숨겼다. 그 자연스런 결과로 25년 후에 퍼즐 조각을 다시 맞추는 것이 아주 어렵다는 것, 오해의 본질을 포착하는 것이 어렵다는 것은 당연해 보인다.

1949년에 카뮈와 사르트르는 이전보다 만나는 횟수가 줄어들었다. 이제 한 주에 한 차례씩 점심식사를 함께 하던 의식儀式은 더 이상 진행되지 않았다.[46] 그럼에도 11월에 카뮈는 사르트르와의 우정에 대해 대담을 하던 한 기자에게 다음과 같이 털어놓게 된다. 사르트르와의 우정에서는 아무것도 변하지 않았다고 말이다. "우리의 만남은 뜸해졌지만 열렬한 것이었습니다."[47] 그로부터 훨씬 후에 사르트르는 다음과 같은 보부아르의 의견에 동조하게 된다. 그러니까 그들이 함께 있었던 동안만큼은 그들의 사적 관계에서 항상 친밀함을 유지했었다는 의견에 말이다. 사르트르는 이렇게 말하고 있다. "정치적 입장 차이로 인해 우리는 대화를 나누면서 거북해 한 것은 아니었어요."[48] 하지만 그들 두 사람은 점차 더 멀어지게 된다.

*   *   *

사르트르는 1949년에 『자유의 길』 제3권 『상심La Mort dans l'âme』을 간행한다. 이 소설에서 주인공 마티외는 부조리하기는 하지만 결국 행동으로 뛰어든다. 그리고 다른 한 명의 주인공인 공산주의자 브뤼네는 자신의 저 깊은 내부에서 정치 에너지를 길어 올린다. 사르트르는 이 소설에서 이 두 인물의 개인적이고 정치적인 진정성의 조화를 겨냥하고 있다. 이것은 정확히 사르트르 자신이 원했던 결말이기도 했다. 반면, 카뮈는 1949년에 『정치 시론Essais politiques』을 간행한다. 하지만 그 당시 카뮈는 특히 『반항적 인간』과 대단한 반향을 일으키게 되는 『정의의 사람들』을 집필하고 있었다. 실제로 이 작품은 1949년 말에 처음으로 무대에 올려지게 된다. 이 작품에서 세기가 바뀌는 상황에서 러시아의 대귀족의 암살 문제를 천착하는 한편, 카뮈는 『반항적 인간』에서도 지식인들과 혁명적 폭력에 대한 그들의 쏠림 현상에 관심을 갖는다. 카뮈는 특히 혁명 투사가 된 젊은 지식인들의 복잡한 태도에 관심을 집중시킨다. 그들은 당시 카뮈 자신이 그의 적들에게 부여하고 있었던 그런 약점과 허점을 가지고 있었다. 즉 그들은 절대적인 정의 개념에 충실했던 것에 비해 구체적 개인들에 대해서는 약점을 보이고 있었던 것이다. 그들은 폭력을 높이 평가했으며, 현재를 고려하지 않은 채 미래에 대해서만 신뢰하고 있었다. 그들은 자신들의 삶을 포함해 모든 인간들의 삶을 증오했다. 요컨대 혁명에 의해 발생할 수 있는 묵시록의 전령傳令들이었던 그들은, 살인을 제거한다는 목표를 내세우고, 끝없이 암살에 가담할 준비가 항상 되어있었던 것이다. 하지만 카뮈의 의견에 따르면—그리고 그는 이 문제를 『반항적 인간』에서 자세히 다루고 있다—그들 혁명 투사들은 20세기, 그러니까 특히 1950년대의 젊은이들에 비해 훨씬 더 존경을 받을 만하고 매혹적이었다. 그도 그럴 것이 『정의의 사람들』에서 젊은이들은 대귀족의 어린 조카들을 살해하는 것을 거부했기 때문이다. 그들은 오로지 정의를 사랑했을 뿐이었다. 그리고 그들은 자신들의 암살 행위에 대해 개인적 책임을 질 준비가 되어 있었다. 그러니까 허무주의는 아직 그들의 인간성을 압도하지는 못했던 것이다. 그들은 분명 살인자들이기는 했다. 하지만 그들은 자신들을 희생시킬 준비가 되어 있던 자들이었다. 카뮈는 이렇게 예견하고 있다.

아마 또 다른 자들이 올 것입니다. 목숨이라는 대가를 치르지도 않고서 살해를 하기 위해 '우리의 권위'를 요구할 자들이 말입니다.[49]

여기에서 "다른 사람들", 그들은 다스티에와 모든 친공산주의 및 공산주의 지식인들을 말한다.

하지만 사르트르는 아직 그 "다른 사람들"에 포함되지 않고 있었다. 따라서 카뮈가 보부아르와 함께 1949년 12월에 있었던 『정의의 사람들』의 초연에서 사르트르를 만났을 때, "그가 보여 주었던 따뜻한 환대는 우리들의 우정이 최고조에 달했던 날들을 부활시켰다."[50] 관객들 속에서 한 여자가 사르트르를 알아보지 못한 채 카뮈에게 자기는 『더러운 손』보다도 『정의의 사람들』을 더 좋아한다고 소리쳤다. 자기를 사르트르의 경쟁자로 여기는 것을 별로 좋아하지 않았던 카뮈는 그를 향해 돌아섰다. "뜻 모를 공모의 미소를 지으며 카뮈는 이렇게 말했다. "돌멩이 하나에 두 사람이 맞은 셈이군!"[51]

*   *   *

사르트르는 『현대』지에 소련의 굴락에 대한 메를로퐁티의 글을 게재하는 것을 방금 허락했던 참이었다. 프랑스 언론들은 이 수용소의 존재에 대해 새로운 정보를 제공하고 있었다. 메를로퐁티의 글에는 소련에 대한 근본적인 비판들이 포함되어 있었다. 또한 1/10에 해당하는 시민들이 수용소에 감금되어 있는 나라가 무슨 권리로 "사회주의"라는 호칭을 사용할 수 있는지를 묻고 있었다. 메를로퐁티는 사르트르의 옛 동지인 루세의 격렬한 비판을 거부했다. 루세에게 소련은 이제 제1의 적이었다. 그러니까 루세는 전 세계에서 벌어지는 모든 투쟁은 공산주의에 반대하기 위한 것이어야 한다고 결심을 한 자가 된 것이다. 또한 메를로퐁티는 그 글에서 서구뿐 아니라 동구에서 행해지는 억압도 비판해야 한다는 사실을 주장하고 있다. 그의 주장에 의하면 소련 공산주의의 "퇴락"은 계급투쟁을 신화로 바꾸는 작업에 성공하지 못했다는 것이다. 이것은 마치 계급투쟁을 가능하거나 바람직한 "자유로운 기도"로 만들지 못한 것과 같은 것이었다. 게다가 계급투쟁은 마르크스주의에 대해 가해진 비판 전체를 없었던 것으로 만들지도 못했다. 하지만 사르트르에게 가장 중요한 것은, 정확히 메를로퐁티가 특히 다음과 같은 두 가지 생각을 지적했다는 사실이었다. 하나는 메를로퐁티의 글에서 볼 수 있는 마르크스주의로부터 올 수 있는 "인간적 영감靈感"이라는 생각이다. 이것은 사르트르 자신과 메를로퐁티가 "공산주의자들과 유사한 가치"[52]를 가지고 있다는 것을 의미한다. 다른 하나는 "소련이 현재 어떤 상태를 구현하고 있다 하더라도 이 나라에서는 전체적으로 볼 때 잘 알려진 착취의 여러 형태에 맞서 투쟁하는 세력의 편에 서 있는 자들과 그렇지 못한 자들 사이의 힘의 균형이 유지되고 있다."[53]는 생각이다. 굴락의 존재로 인해 소련이 가지고 있던 진보적 색채가 심한 타격을 받은 것은 사실이었다. 하지만 그렇다고 해서 그 색채가 완전히 바란 것은 아니었다. 이처럼 메를로퐁티의 글에는 공산주의에 대한 그 자신의 복잡한 심경과 태도가 그대로 나타나고 있다. 그의 이름 옆에 자신의 이름을 나란히 기입하면서 사르트르는 선택을 할 수밖에 없는 상황에서 여러 가지 단점에도 불구하고 공산주의를 옹호하는 입장을 취하는 쪽으로 점차 기울어지고 있었다.

*　　*　　*

1950년에 북한이 남한을 침공하는 사건이 발생했다. 그 당시 전 세계적으로 가장 위험한 분쟁이 터진 것이다. 메를로퐁티는 즉각 소련이 언젠가 역사적으로 아주 긍정적인 역할을 할 수도 있을 것이라는 희망을 완전히 포기해 버렸다. 그는 침묵을 지키기로 결심했고, 따라서 『현대』지는 한동안 정치적 방향을 잃고 있었다. 사르트르와 카뮈의 관계는 여전히 좋은 편이었다. 미국 군대가 북한을 점령하자, 프랑스에서는 소련이 남한에 군대를 파견한 프랑스를 공격할 가능성이 논란의 초점이 되었다. 보부아르는 그 당시의 상황을 이렇게 회상하고 있다.

소련군이 이곳에 있다면 당신에게 벌어질 일을 생각해봤어요? [카뮈가] 사르트르에게 물었다. 카뮈는 열정적인 목소리로 이렇게 덧붙였다. '여기에 있지 마세요!' 그렇다면, 당신, 당신은 떠날 것을 생각하고 있나요? 사르트르가 물었다. '저는 독일 점령기 동안 했던 일을 할 것입니다.' '비밀무장 레지스탕스 운동'이라는 생각을 해낸 혁명비밀행동위원회의 회원이었던 루스토노라코Loustaunau-Lacau가 카뮈 대신 대답했다. 하지만 더 이상 카뮈와 자유롭게 토론을 벌일 수 없었다. 왜냐하면 카뮈가 순식간에 분노와 격정에 사로잡혔기 때문이었다. 사르트르는 결코 프롤레타리아와의 투쟁을 받아들이지 않을 것이라고만 간단하게 말했을 뿐이다. '프롤레타리아, 그것이 절대 숭배의 대상이 되어서는 안 됩니다.' 카뮈가 힘을 주어 말했다. 그리고 카뮈는 또한 프랑스 노동자들이 소련의 굴락에 대해 갖는 무관심을 비난했다. '그들은 시베리아에서 벌어지고 있는 일에 신경을 쓰지 않더라도 이미 충분히 곤란한 일들을 많이 경험했지요.' 사르트르가 응수했다. '그렇다고 할 수 있죠. 하지만 어쨌건 나는 결코 그들에게 레지옹 도뇌르 훈장을 수여하지는 않을 겁니다!' 카뮈가 대꾸했다. 이상한 말이지만, 카뮈와 사르트르는, 권좌에 오른 친구들이 1945년에 그들에게 이 훈장을 수여하고자 했을 때 그것을 거절했었다. 하지만 그날 우리는 카뮈와 아주 멀리 떨어져 있다는 느낌을 받았다. 그렇지만 그는 정말로 열을 내며 사르트르를 질책했다. '떠나세요. 만약 당신이 남아 있는다면, 그들은 당신의 목숨뿐 아니라 명예도 앗아가 버릴 겁니다. 당신은 굴락에서 죽을 거예요. 그래놓고는 그들은 당신이 살아있다고 말할 거예요. 그리고 그들은 당신에게 사직, 복종, 배신이라는 단어들을 강제로라도 발설케 할 것이고, 그렇게 되면 사람들은 그들의 말을 곧이곧대로 믿게 될 겁니다.'[54]

카뮈 자신은 항상 사르트르와의 관계에서 가까이 있건 멀리 있건 간에 항상 그와 같은 진영에 있다고 생각해왔다. 보부아르는 다른 여러 친구들과 가졌던 위와 유사한 대화들을 회상하고 있다. 그렇게 하면서 사르트르가 비록 소련군이 정말로 프랑스를 침범할 수 있다고 믿지 않았음에도 불구하고, 그와 같은 결론이 후일 그의 사상과 행동의 변화에서 아주 중요한 역할을 했다는 결론을 도출해내고 있는 것이다. 1950년 7월 말, 유고슬라비아 공산주의에 대한 한 저서의 서문에서 그는 티토Tito의 마르크스주의에서 엿볼 수 있는 주체성의 역할에 찬사를 보낸다. 그리고 앞으로 사르트르 자신이 계속해서 매달리게 될 기획의 일단을 내보이고 있다. "우리는 마르크스주의를 재고해 보아야 한다. 우리는 인간에 대해서 재고해 보아야 한다."[55] 이처럼 사르트르는 그의 조언자였던 메를로퐁티가 멈춘 바로 그 지점에서 정확히 그의 바통을 이어받고 있다.[56]

사르트르는 1951년 초에 19세기를 배경으로 한 농민폭동을 주제로 한 극작품인 『악마와 선한 신』에서 본격적으로 "인간을 다시 생각하기" 시작한다. 도덕과 정치의 변화에 있어서 결정적 단계에 해당한다고 할 수 있는 시기에, 사르트르는 괴츠Goetz라는 주인공을 창조해낸 것이다. 이 인물은 『악마와 선한 신』에서 인간에 대한 추상적 악행에서 추상적 선행으로 넘어갔다가, 마침내는 핍박받는 자들의 편에서 전쟁을 일으킴으로써, 구체적 인간 해방이라는 이념에 몰두하게 된다. 이른바 급진적 변화라는 측면에서 괴츠의 개종改宗을 다룬 이 작품은, 어떤 의미에서 보면 카뮈가 쓴 『페스트』에 해당하는 작품이라고 할 수 있다. 이처럼 『악마와 선한 신』에서도 그렇지만, 실제로 사르트르에게서 인간들 사이의 연대성은, 그의 사상의 실마리라기보다는 오히려 그가 최종적으로 도달한 해결책이라고 할 수 있다. 도덕적으로 도저히 해결 불가능한 것으로 여겨지는 딜레마에 빠진 괴츠는 결국 사회에 깊이 참여한 개인이 되고 만다. 선한 인간이 되는 것을 포기함과 동시에 비극적인 인간관계의 파탄에 이르고 마는 순수한 형태의 선행을 행하는 것을 포기함으로써 괴츠는 뒤로 미루어 두었던 투쟁이라는 요구를 받아들이게 된다. 괴츠 자신을 포함해 그의 동료들이 자유롭지 못한 상태에 있는 한, 그가 그들을 사랑할 수 있는 유일한 방법은, 그들을 안내하면서 그들의 편에 서서 투쟁을 감행하는 것을 받아들이는 것뿐이다. 사회 전반에 걸쳐 투쟁이 전개되던 시대에는 연대성만이 유일하게 인간들 사이에서 가능한 사랑이 되는 것이다. 괴츠는 클라이맥스 부분에서 이렇게 외치고 있다. "나는 그들에게 공포를 줄 것이다. 그것 말고는 그들을 사랑하는 방법이 없기 때문이다. 나는 그들에게 명령을 내릴 것이다. 그들을 복종시킬 다른 방법이 없기 때문이다. 나는 머리 위로 펼쳐진 하늘과 더불어 혼자 남아 있을 것이다. 그것 말고는 달리 그들과 함께 있는 방법이 없기 때문이다. 수행해야 할 전쟁이 눈앞에 있다. 나는 이 전쟁을 수행할 것이다."[57]

이러한 상황에서 우리는 이제 더 이상 사르트르에게서 윤리와 역사, 그리고 윤리와 정치를 구별할 수 없게 된다. 도덕적이라는 것은, 인간과 세계가 필연적으로 폭력적이라는 사실을 가정하는 것이다. 괴츠는 그 자신의 냉소주의적인 실재론과 순진하기까지 한 관념론을 포기하면서 비폭력적인 미래 사회에의 건설이라는 목표와 더불어, 이 목표를 실현할 수 있기 위해 손에 닿는 수단들, 특히 폭력적인 혁명을 통한 행동을 포함한 가능한 모든 수단을 이용해야만 하는 필요성을 보여 주고 있는 것이다. 「유물론과 혁명」과 『문학이란 무엇인가?』에서 볼 수 있는 "목적의 왕국"은 이제 혁명 투쟁의 목표로 정립되게 된다. 『악마와 선한 신』은 길고도 복잡한 한 과정의 결과이다. 그 과정에서 사르트르는 자기 자신을 만족시켜 줄 윤리의 틀을 구상하게 된다. 즉 정치적인 급격한 변화를 도덕적인 인간관계들이 가능한 세계 창조의 선행조건으로 정립시키는 윤리가 그것이다. 지적으로 그리고 정치적으로 이 같은 윤리의 구상으로 인해 사르트르는 카뮈와 결정적으로 갈라서게 된다.

리허설에 참석한 카뮈는 『악마와 선한 신』에서 괴츠가 정의로운 사회를 실현시키는 수단으로 폭력에 동조하는 것을 목격하게 된다. 그런데 우연의 일치로 바로 그 시기에 카뮈는 정치적 폭력에 대한 체계적 비판에 최종 손질을 가하고 있었다. 카뮈는 사르트르의 극작품에서 표현된 그대로의 실존주의에 대한 예리한 비판이 담긴 내용으로 『반항적 인간』의 끝에서 두 번째 장을 마친 상태였다. 『악마와 선한 신』에서 사르트르는 실제로 정치적 현실주의자라는 자신의 새로운 면모를 보여 주고 있다. 그는 그렇게 하면서 그 자신이 직접 인류를 진보시킬 수 있는 능력을 겸비하고 있다고 여겼던 역사적 세력인 프롤레타리아가 내세운 세계에 대한 비전을 자신의 것으로 만들려고 노력하고 있었던 참이었다. 하지만 정반대로 카뮈는 "역사에 대한 숭배"를 거듭 거부하고 있었으며, 이것은 전적으로 도덕적 판단의 영역에 굳건히 두 발을 딛고 있기 위함이었다.

보부아르는 사르트르의 메모들을 이용하면서 『악마와 선한 신』을 "사르트르의 이념적 변화를 전체적으로 보여 주는 거울"로 여기고 있다. 그녀는 끝까지 남아서 농민전쟁에 참여해야 한다는 괴츠의 최종 결정과 『파리떼』의 끝부분에서 볼 수 있는 아르고스에서 오레스테스가 떠나는 행위를 수평적으로 비교하고 있다. "사르트르는 1944년에 모든 상황이 하나의 주관적 운동에 의해서 초월될 수 있을 것으로 생각했었다. 하지만 그는 1951년에야 비로소 구체적 상황들이란 종종 우리에게서 우리의 초월성을 훔쳐간다는 것을 알게 되었다. 상황들에 맞서게 되면 그때는 개인적 구원은 존재하지 않게 되며, 오로지 집단적 투쟁만이 존재하게 된다는 것이었다."[58] 『자유의 길』 3부작과 같은 사르트르의 이전 작품들은 주관적으로 자유로운 개인과 규율에 따르는 투사들을 대립시키고 있다. 하지만 이제 길고 긴 변화를 겪은 후 괴츠는 하나의 종합적인 모습을 구현하고 있는 것이다. "괴츠는 자신의 주체성을 부인하지 않고서도 농민전쟁의 규율을 받아들이고 있다. 〔……〕 그러니까 괴츠는 사르트르에 의해 구상되었던 그대로의 행동하는 인간을 완벽히 구현하고 있었던 것이다."[59] 결국 괴츠는 자신의 삶 속에서 자유와 연대성을 성공적으로 결합시키고 있는 것이다.

사르트르가 구상한 것과 같은 개인의 자유가 처음으로 모든 사람들의 자유와 밀접하게 연결되는 현상이 나타났다. 다른 사람들의 해방을 위해 일하는 것은, 결국 그들이 하고 있는 투쟁에 가담하는 것을 전제로 한다는 사실이 처음으로 인정되었다. 예컨대 『더러운 손』에서 위고는 단순히 피지배계급을 위한다는 대의명분을 위해 행해져야 할 것에 대해서만 고집을 피우거나 신경질적으로 지나치게 집착할 따름이었다. 그리고 이 같은 대의명분을 해석하고 지휘하는 사람들은 개인적 주체성과 도덕적 원칙을 가지고 있지 못했다. 이것은 대의명분 자체에는 인간성을 개선할 수 있는 특효 처방을 포함하고 있지 않다는 것을 보여 준다. 우리는 이 같은 이유로 『더러운 손』이 파리에서 상연되던 시기에 왜 공산주의자들이 극장 앞에서 시위를 했는가를 이해할 수 있다. 그러나 삼년 후에 자신의 개인적 자유를 더 광범위한 사회투쟁과 연결시키고 있는 괴츠는 오랜 동안 사르트르 자신이 되고자 했던 그런 인물의 모습을 갖게 되었다. 그러니까 인간들 사이에 자리를 잡은 인간의 모습을 갖게 되었던 것이다. 괴츠는 자유로이 동료들의 투쟁에 가담하며 그들의 규율을 따른다. 그때까지 사르트르는 역사와 참여에 대해 이론을 제시하고, 잡지를 창간하고, 새로운 정치 조직을 구성하려 했다. 하지만 "그 누구도 혼자서는 정치 운동을 형성할 수 없는 법이다." 여하튼 사르트르에게는 다음 단계로 넘어가는 시간이 온 것이다. 이미 행해지고 있는 투쟁, 그리고 그 자신을 완전히 넘어서는 그런 투쟁에 가담할 시기가 마침내 도래한 것이다.

『악마와 선한 신』의 마지막 부분에서 한 장교가 괴츠를 반란군 괴수로 인정하기를 거절한다. 괴츠는 그 장교에게 복종할 것을 권한다. 하지만 그 장교가 명령을 거역하자 그를 그 자리에서 살해한다. 이 살해 행위는 무상의 행위이기 때문에 대단히 충격적인 것으로 보인다. 괴츠는 분명 농민군에게 승리의 기회를 마련해 주기 위해 질서를 유지해야 한다. 하지만 그 살해 행위는 단지 폭력 사용의 필요성에 대한 비판적이거나 신중한 인정을 제한된 조건 하에서만 받아들여야 한다는 것을 의미하는 것은 아니다. 그 행위는 더 깊은 의미를 담고 있는 연극적 제스처이기도 하다. 아마도 사르트르는 보호막 내부에 폭력을 억제하고 싶어 하는 대중이—친구였던 카뮈처럼—느끼는 만족감에 충격을 주고자 했을지도 모른다. 게다가 괴츠의 제스처에는 이 같은 의미 말고도 이미 『파리떼』에서 오레스테스의 경우와 똑같이 폭력을 그 자체로 가치의 차원으로 끌어올린다는 의미가 포함되어 있는 것으로 보인다.[60] 카뮈는 이 같은 입장에 있던 사르트르에게 도전장을 던졌다. 카뮈에게 있어서 혁명적이 되는 것은 곧 폭력을 선택하는 것과 동의어였다. 그러자 사르트르는 폭력 사용에 대해 긍정적 역할을 부여하면서 카뮈의 도전에 재차 응했던 것이다.

보부아르는 사르트르에게서 나타난 이 같은 급격한 방향전환에 대해 이렇게 쓰고 있다. "그 작업은 1945년에 문학적 참여에 대한 글과 더불어 시작되었다. 그리고 그렇게 시작된 그 작업이 드디어 완수되었다. 사르트르는 개인적 구원의 가능성에 대한 모든 환상들을 일소했다. 그는 괴츠와 동일한 지점에 도달했다. 그는 자신의 자유를 부인하지 않고서도 집단의 규율을 받아들일 정도로 성숙해 있었던 것이다." 그리고 보부아르는 재차 사르트르의 메모들을 참조하면서 이렇게 말하고 있다. "십년의 숙고 기간을 거쳐 나는 카뮈와 헤어질 수 있는 준비가 되어 있었고, 그저 사소한 자극만이 필요했다."[61]

*　　*　　*

수차례에 걸친 『악마와 선한 신』의 리허설 동안, 카뮈는 정기적으로 카사레스를 보기 위해 극장에 들렀다. 카사레스는 이 작품의 연기자들 가운데 한 명이었다. 그 덕분에 카뮈와 사르트르의 우정은 약간 회복 기미를 보이는 것 같았다. 그들 두 사람은 거의 완성 단계에 있는 『반항적 인간』의 니체에 대한 장을 『현대』지에 게재하는 것에 동의했다. 하지만 카뮈가 직접 말한 것은 아니지만, 『악마와 선한 신』의 사상과 이 작품에서 사르트르가 취하고 있는 입장은 카뮈에게서 늘 들을 수 있었던 입장과는 정면으로 배치된다는 것은 사실이다. 따라서 그들의 공공연한 친밀감에도 불구하고 보부아르가 회상하고 있는 다음과 같은 사실에 놀랄 필요는 전혀 없는 것으로 보인다. 1951년 6월 16일에 있었던 『악마와 선한 신』의 첫 공연이 있었던 날, 카뮈와 카사레스, 그리고 그들의 친구들이 함께한 저녁식사 자리의 분위기는 "상당히 침울했다. 카뮈와 우리들 사이의 불길은 재차 활기를 띠지 못했다."[62]

제6장

폭력과 공산주의

50년 전부터 『반항적 인간』은 독자들에게 '자신들의 진영을 선택'하도록 요구하고 있다. 거기에는 그럴 만한 이유가 있다. 1951년 10월 중순과 1952년 여름 사이에, 카뮈와 사르트르가 냉전에 대해 아주 진솔한 입장을 취한 것이 그 이유이다. 먼저 『반항적 인간』이 출간되었다. 카뮈는 이 저서에서 사람들로 하여금 공산주의적 대의명분을 껴안도록 한 일종의 문명병으로 여기고 있는 것에 대해 상세히 기술하고 있다. 1952년 4월, 엄청난 비판과 반대가 있은 후 장송은 이 저서에 대해 『현대』지에서 혹평을 하게 된다. 같은 해 7월, 사르트르는 공산주의적 대의명분에 대한 자신의 동의를 천명한다. 거기에는 그 대의명분으로 인해 야기된 폭력 사용에 대한 승인이 포함되어 있다. 카뮈는 8월에 장송에 대해 응수를 한다. 이어서 사르트르와 장송의 반격이 뒤따른다. 그 과정에서 카뮈와 사르트르 사이의 개인적이고, 정치적이며 철학적인 관계의 마지막 끈이 갑작스럽게 끊어지게 된다.

『악마와 선한 신』의 리허설이 있은 후, 카뮈와 사르트르는 1951년 봄까지도 서로 얼굴을 마주치기도 했다. 그 해 여름에 『현대』지는 니체에 할애된 『반항적 인간』의 한 장을 게재하기도 했다. 하지만 1952년 2월에 있었던 정치 회동 이후(이 회동에 대해서는 뒤에서 자세히 살펴보게 될 것이다) 그들은 더 이상 술자리를 함께하지 않게 된다. 마침내 자기 진영을 선택해야 하는 시간이 오고 만 것이다. 이 점에 대해 보부아르는 이렇게 쓰고 있다. "전후戰後는 종지부를 찍는 것으로 끝났다. 더 이상의 망설임도 화해도 가능하지 않았다. 누구나 단호한 선택을 하도록 강요받았던 것이다."[1] 그리고 카뮈의 옛 스승이었던 그르니에는 옛 제자에게 경고를 한 적이 있다. 그는 카뮈에게 『반항적 인간』의 원고가 샤를 모라스Charles Maurras ─ 비시 정부의 열렬한 지지자가 된 왕당파의 정치인 ─ 를 환기시켜 준다고 지적한 바 있었다. 이에 대해 카뮈는 이렇게 대답하고 있다. "어쩔 수 없지요. 〔……〕 하고자 하는 말을 하게 내버려둘 수밖에요."[2]

영어로 번역되면서 『반항적 인간』에 붙인 제목인 『반역자The Rebel』는, 카뮈의 사상에 대한 잘못된 해석을 촉발시켰다. 정의상으로 보면 '반역자'라는 말에는 이미 이 반역자가 들고 일어나는 기존의 합법적인 권위가 있다는 사실이 내포되어 있다. 만약 카뮈가 이 같은 생각을 『반항적 인간』에서 전개하고 싶었다면 ─ 거기에는 이미 수차례에 걸쳐 맛본 패배라는 생각이 내포되어 있다 ─ 아마도 그는 『반항적 인간』이라는 제목 대신에 다른 제목, 예컨대 "반역자le rebelle" 등과 같은 제목을 선택했을 것이다. 하지만 그는 정확히 "반항적 인간'homme révolté"[3]라는 제목을 선호했다. "반역자"의 존재를 그가 들고 일어나는 권위, 그리고 종종 그를 일소해 버리는 권위와 구별할 수 없는데 반해,

246

"반항인"은 "혁명가"가 바라는 승리를 목표로 삼지 않은 채 그 어떤 권위와도 독립적으로 존재한다. 카뮈는 "반항인"이라는 제목을 아주 애매모호한 의미로 사용함으로써 다음과 같은 자신의 의도를 보여 주려고 했던 것이다. '반항'이라고 원초적인 충동과 수많은 정치 세력의 교체에서 항상 들을 수 있는 다음과 같은 '이중창'을 구별하려는 의도가 그것이다. 즉 '반역자', 그러니까 그가 항상 들고 일어나고, 대항하면서 행동하는 그런 권력에 대해 계속 이의를 제기하는 반역자—종종 그로 인해 그에게 아주 끔찍한 결과가 발생하기도 한다—와 혁명가, 즉 니힐리즘적인 욕구불만으로 인해 행동하면서 세계를 변화시키기를 바라고, 그 목적을 달성하기 위해 종종 권력을 차지하기도 하는 혁명가라는 그 이중창을 말이다. 카뮈가 사용한 제목에는 또한 혁명에 의해 세워진 사회에 대항해서도 반항할 수 있다는 생각이 포함되어 있다.[4] 카뮈가 이 같은 의도를 가지고 있었기 때문에 "반항적 인간"이라는 제목이 더 적절한 것으로 보인다.

『반항적 인간』이라는 제목 자체에 이미 어떤 진영을 선택해야 한다는 요구가 포함되어 있다. 이 저서에서 볼 수 있는 개인의 도전은 혁명가의 그것과는 완전히 대립된다. 훨씬 덜 논쟁적이지만, 1945년에 간행된 카뮈의 짧은 글*에서 훨씬 더 광범위한 의미로 사용되었던 '반항'이라는 용어는 체계나 이성과도 관계되지 않는 어렴풋한 항의protestation였다. 따라서 그 용어는 제한된 의미로 사용되었고, 그저 인간의 조건에 대한 단순한 설명에 불과했다. 혁명은 "사상의 역사적 경험 속으로의 이행이다. 반대로 반항은 개인적 경험을 사상으로 이끄는 운동이

---

* 「반항에 대한 설명Remarque sur la révolte」(*Essais*, pp.1682~1697)을 가리킴.

다."[5] 1951년에 이미 카뮈는, 직접 냉전에 적용한 바 있는 이데올로기적 대립을 만들어낼 정도 '반항'과 '혁명' 사이의 대조를 강조하고 있다. 건강한 태도인 '반항'은 존중과 연대성을 전제로 한다. 하지만 건강하지 못한 태도인 '혁명'은 너무나 많은 것을 바란 나머지, 그 목적을 달성하기 위해서라면 살인도 주저하지 않는다. 따라서 공산주의자들은 수많은 사람들의 목숨을 앗아갈 수 있었던 것이다.

사르트르는 점차 혁명가가 되어 갔다. 반면, 카뮈는 점차 반항인이 되어 갔다. 『악마와 선한 신』에서 괴츠라는 인물은, 사르트르의 핵심 사상을 지적, 연극적, 정치적으로 구현하고 있다. 사회적 변화의 대가로 폭력을 받아들인 지도자인 것이다. 폭력을 절대로 정당화하지 않는 반항인은 정확히 카뮈의 창조물이다. 카뮈에게 있어서 반항인을 구상한 것은 사르트르에게서와 마찬가지로 아주 중요한 작업을 보여 준다.

이처럼 계속해서 벌어져만 가는 간극에도 불구하고, 카뮈와 사르트르는 항상 서로를 친구로 간주했다. 카뮈는 사르트르로부터 긍정적 비판을 받길 바랐다. 사르트르는 우정을 보호하려는 목적으로 그에 대한 긍정적 비판을 주저하지 않았다. 카뮈가 『반항적 인간』의 끝에서 두 번째 장에서 사르트르의 사상을 공격했음에도 불구하고, 그 공격은 절제된 어조와 세심하게 선택된 언어 속에서 행해졌으며, 답변을 요구한 것이지 결코 단절을 요구한 것이 아니었다. 그것은 마치 카뮈가 사르트르로 하여금 정치 의견을 바꾸게 설득시킬 수 있다고 여전히 믿었던 것과도 같았다. 하지만 각자는 서로 정면으로 대립되는 지적, 정치적 방향을 선택하게 된다. 그리고 원하던 그렇지 않든 간에 그들 각자는 대립하는 진영의 수장으로서 다시 만나게 된다. 정치 상황의 변화에 대한 대응으로서의 그들이 각자 했던 개인적 선택은, 그들을 초월하는 힘이 되었고, 그들의 우정에 치명상을 입히게 된다.

*　　*　　*

카뮈는 1951년 11월에 공산주의에 대해 폭탄을 투하했다. 1952년 7월, 사르트르는 부르주아계급에 대한 평생의 증오를 천명하고 공산주의에 더 한층 가까워진다. 카뮈의 저서에서 볼 수 있는 정치적 목표는 이미 표명된 그 자신의 확신, 즉 공산주의는 폭력의 사용과 구별되지 않는다는 변함없는 확신을 전개하는 것이었다. 반면, 이 같은 폭력의 사용이 정당하기도 하며 필요불가결한 것이기도 하다는 것이 사르트르의 의도였다. 냉전 시대를 훨씬 지난 오늘날, 이 두 철학자의 저서를 읽어보면, 그들 각자가 서로 다른 방향에서 우리를 이끄는 것 같은 느낌을 피할 수가 없다. 그렇다면 그들 두 사람 가운데 누가 옳았던가?

물론 냉전 시기를 거치면서 누가 어느 진영에 속하게 되는가 하는 것은 이미 결정되었다고 볼 수 있다. 프랑스에서 친공산 좌파 지식인들은 대부분 『반항적 인간』에 반대했다. 반면, 활동은 더 적게 하면서 제한된 효과만을 내고 있던 일군의 좌파 지식인들은 이 저서를 우호적으로 받아들였다. 우파 쪽에서는 이 저서를 환호해 마지않았다. 카뮈의 사고방식을 일거에 일축해 버린 아롱과 같은 몇몇 우파 지식인들은 예외적인 입장에 있었다. 그 당시 미국과 영국의 언론에서 『반항적 인간』을 출간하면서 카뮈가 보여 주었던 용기와 그의 세계관을 옹호했다는 사실은 그리 놀라운 것이 못 된다.

소련의 공산주의가 계속 지속되는 한, 미·소 두 진영 가운데 하나를 선택해야만 한다는 압력이 종종 되살아나곤 했다. 그리고 1970년 대 말에 반공산주의의 새로운 물결이 일어났을 때에도 『반항적 인간』 은 열렬한 환영을 받았다. 지식인들이 활동하는 무대에 이른바 "신철 학자들", 즉 지난 세기에 발생했던 혁명의 패퇴 원인을 찾고자 했던 옛 좌파 지식인들이 등장하게 되었다. 실제로 그들은 아주 명석한 의식을 가지고서 카뮈가 닦아놓은 길로 합세하기도 했다.[6] 동유럽에서 공산국 가들이 무너지고, 이어서 소련에서조차 시민들의 손에 의해 공산주의 가 전복된 이후, 그리고 전 세계적으로 이 역사적 사건을 축하해 주었 던 사람들의 수효로 미루어보자면, 카뮈가 내린 결론이 정치 무대에서 지배적인 사상이 된 것은 분명해 보인다.[7] 그 결과 오늘날 많은 사상가 들은 대거 『반항적 인간』을 참고하고, 또 카뮈의 편을 들면서 그와 사 르트르의 관계를 연구해 볼 것을 적극 권하고 있다. 그들에 의하면 카 뮈의 생각이 처음부터 옳았고, 유감스럽게도 그의 생각이 너무 늦게 인정을 받고 있다는 것이다.[8]

"물론 그래." 혹은 "아니야, 그와는 반대야."라는 지금까지의 해석을 재차 문제 삼음으로써, 사르트르의 몇몇 지지자들은 『반항적 인간』에 맞서고 있기도 하다. 이것은 마치 사르트르 자신이 계속해서 자기와는 다른 진영, 즉 패배자들과 계속 투쟁하고 있는 것과 비슷한 현상이다.[9] 만약 카뮈가 옳았다면 사르트르는 틀린 것이 되며, 그리고 그 역도 마 찬가지이다. 이것이 바로 냉전의 논리였으며, 우리는 아직까지 그것을 극복하지 못하고 있는 실정이다.

하지만 『반항적 인간』을 읽으면서 선악이원론적 잣대를 들이대는 것을 강요하는 것은, 우리가 원하는 기획과는 정반대된다. 앞에서 우 리는 한 진영을 선택하기 위해 행사된 이 같은 압력들이 있었다는 사실을 지적한 바 있다. 실제로 그런 압력들이 행해졌던 것은, 카뮈와 사르트르가 각각 대립된 진영을 선택하게 된 방식, 그들이 우정을 깨트린 방식, 또한 그들이 20세기 후반의 사유를 지배한 냉전으로 인해 나타난 문제들을 헤쳐나간 방식 등을 이해하기 함이었다. 하지만 이제 그들의 결렬을 올바른 시각 속에서 고려해야 할 필요가 있다. 그 결렬이 거짓 선택의 결과라는 시각에서 말이다. 냉전으로 인해 그들 각자의 정치적 사유가 흔들렸으며, 개인들의 관계와 우정이 깨졌고, 좌파를 포함한 모든 정치 세계가 왜곡되었다. 카뮈와 사르트르를 항상 연결시키게 될 나머지 역사를 위해 그들 각자가 취했던 정치적 관점을 대해 호의적이면서도 비판적 시각으로 바라보고 연구한다면, 우리는 냉전으로 인해 야기된 그들에 대한 이중적 사유로부터 벗어날 수도 있을 것이다.[10]

* * *

카뮈에게 있어서 반항이 인간의 경험 영역에서 차지하는 위치는, 코기토cogito가 데카르트의 체계에서 차지하는 것과 같다. 혹은 사르트르가 즉자卽自를 부정하는 대자對自의 활동에 부여한 위치와도 같다. 그러니까 반항은 원초적이고 환원 불가능한 출발점인 것이다. 카뮈가 『반항적 인간』의 주된 사유에 대한 첫 번째 구상이었던 "반항에 대한 설명"을 집필한 것은, 사르트르의 『존재와 무』를 읽고 나서 직접적으로 영감을 받았던 1943년 아니면 1944년인 것으로 보인다. 짧은 분량의 글에서 카뮈가, 어떻게 사르트르가 설명하고 있는 대자에 의해 즉자가 부정되는 방식을 취하고, 또한 그가 어떻게 완전히 사르트르적인 방식으로 가치를 창조해내는 반항을 강조하게 되었는지는 그저 놀라울 뿐이다.[11] 인간의 행동은 부정적인 면을 가지고 있기는 하다. 하지만 그것은 존엄성과 연대성 등과 같은 인간적 가치를 낳기 때문에 긍정적이기도 하다. "나는 반항한다, 그러므로 우리는 존재한다."[12] 이 짧은 한 문장에서 볼 수 있는 형이상학적 핵심 내용은, 정확히 부조리에 맞서는, 즉 인간에게 고유한 죽어야 할 운명과 무의미, 이 부조리한 세계의 비논리성에 맞서는 반항이다. 1944년 9월 24일에 시작된 신학기 바로 직전에 작성된 수첩의 여섯 페이지에서, 카뮈는 『존재와 무』를 두 번 언급하고, 특히 『페스트』에 거의 대부분을 할애하고 있다.[13]

『반항적 인간』에서 부조리를 극복하기 위한 이러한 노력은 역사적 반항의 근거로 기술되고 있다. 프랑스 혁명 동안 사람들은 왕의 처형이라는 하나의 결정적인 행동을 통해 절대 정의의 추구를 천명했다. 이 혁명에 의해 삶에 대한 긍정, 자기에 대한 긍정이자 연대성의 욕망에 속했던 반항의 첫 번째 목표가 지워져 버렸다. 카뮈에 의하면 "유럽적 긍지의 역사"는 그리스인들, 초기 기독인들까지 거슬러 올라간다. 그리고 그것은 후일 사드 후작, 낭만주의, 댄디즘, 『카라마조프의 형제들』, 헤겔, 마르크스, 볼셰비키주의자들, 초현실주의자들, 나치주의자들에게서 다시 나타나게 된다. 카뮈는 시간이 흐름에 따라 힘이 증가되는, 항상 더 절망적인 허무주의로 변화되는, 신을 전복시키는, 신을 인간으로 대체시키는, 점점 더 잔혹하게 권력을 행사하는 반항에 대해 논하고 있다. 형이상학적 반항 속에 뿌리를 내리고 있는 역사적 반항은 세계에 대한 전체적인 통제를 획득함으로써 부조리를 제거하는 것을 목표로 하는 혁명들로 유도한다. 이 같은 주장을 하는 카뮈에게 있어서 공산주의는 그런 서구적 질병의 현대적인 표현인 것이다.

"니힐리즘에 이르는 불가피한 논리"[14]로 인해 공산주의는, 인간을 신격화하고 세계를 통일시키고 변화시키는 현대적 성향에서 그 정점에 이르게 된다. 카뮈가 살던 당시에 반항은, "카오스 한 가운데서 질서를 요구하며, 사라지고 도주하는 것 한 가운데서 통일을 요구하는"[15] 이 같은 맹목적인 비약으로 빠지게 된다. 또한 그러한 반항을 통해 혁명적이 된 반항적 인간은 사람들을 죽이고, 자신의 행동을 정당화하기 위해 살인을 인정하게 된다. 하지만 이와는 달리 『반항적 인간』은 제한된 조건 속에서 살아가는 법과 행동하는 법을 가르쳐주며, 온건하며, 나아가서는 더 개혁적인 희망을 키워가는 것 — "우리 자신의 존재를 창조하기 위해 살고 또 살아가게끔 하는 것"[16] — 을 가르쳐준다. 무엇보다도 혁명에 반대하는 가운데 이 저서를 집필하면서 카뮈는, 반항의 근본정신을 분명히 하고, 반항을 특히 "독재사회주의"와 같은 여러 치명적인 왜곡 형태와 구별하며, 반항을 훨씬 더 소박한 기원에 다시 연결시키려 노력하고 있다.

이처럼 뛰어난 내용을 담고 있는 카뮈의 『반항적 인간』은, 빅토르 크라브첸코Victor Kravchenko의 『나는 자유를 선택했다』나 케슬러의 『영과 무한』 등과는 전혀 성격이 다른 저서이다. 이 저서에서 우리는 그 어떤 정치적 논쟁이나 폭로도 발견할 수 없다. 또한 오늘날 생각해 볼 수 있는 그런 구체적인 사회 분석이나 역사적 연구도 거의 포함되어 있지 않다. 이 저서는 오히려 암암리에 철학적이며 문학적인 여러 사상들과 입장들을 다루고 있는 저서라고 할 수 있다. 사르트르적 용어로 말하자면, 『반항적 인간』은 자기기만의 역사, 부조리를 받아들이고, 그것과 정면으로 맞서면서 살아가는 것에 대한 거부를 담고 있는 더 치밀하고 더 비극적인 기도를 담고 있는 저서인 것이다. 카뮈의 이 저서에서 볼 수 있는 어조, 문체, 내용 등을 통해 잘 볼 수 있듯이, 반세기의 시간적 거리를 두고 보아도 저자는 이 저서에서 부조리에 기초한 세계관을 그 자신의 정치에 적용하고 있다. 마치 에리히 프롬Erich Fromm과 노먼 O. 브라운Norman O. Brown 등과 같은 정신분석으로부터 영향을 받은 이론가들이 프로이트의 이론을 사회적 행동과 운동에 적용시키고 있듯이 말이다.

『반항적 인간』에서 비판되고 있는 내용이 주로 현대적 혁명 정치의 비극적 특징 배후에 놓여 있는 여러 요소이기 때문에, 이 저서의 출간은 그 자체로 중요한 정치 사건으로 여겨졌다. 심지어 카뮈의 글을 계속해서 따라가면서 제대로 이해하지 못하는 독자들조차도 조직화되고 정당화된 살인으로 변하는 해방의 충동에 대한 그의 묘사를 놓치지 않고 간파할 수 있었다. 출간된 이후 오늘날까지도 『반항적 인간』의 많은 독자들은, 부조리한 세계에 질서를 부여하기 위한 무의미한 시도들 속에서 자신들의 모습을 확인하고 있다. 그것이 바로 이 저서가 갖는 지속적인 힘이라고 할 수 있다. 즉 카뮈의 탐구 속에서는 다양한 출발점들, 여러 기획들, 여러 약점들과 시도들 그리고 최근 세대들의 환상들까지가 모두 포함되어 있었던 것이다. 전통적인 종교가 힘을 잃음에 따라 젊은이들은, 모든 것이 가능하다는 부풀어 오르는 감정을 지닌 채 성장해 왔다. 현대적인 세속화는 허무주의적 정신 상태로 변화하는 경향이 있다. 왜냐하면 그런 세속화에는 카뮈가 유일한 구원의 사유로 간주했던 것이 빠져있기 때문이다. 즉 삶은 부조리한 것이고, 따라서 비록 우리가 반항한다고 할지라도, 그 무엇도 질서를 만들어 낼 수는 없으며, 우리에게 죽음이라는 다모클레스Damoclès의 칼*을 면하게 해 줄 수 없다는 것이다.

이 같은 형태로 자신의 메시지를 제시한 것은 사실이지만, 그렇다고 해서 카뮈가 자신의 옹호자들뿐 아니라 스탈린주의도 비판하려고 했던 것은 아니다.[17] 그가 겨냥한 것은 특히 공산주의에 매혹된 지식인들이었다. 과거에 그 자신도 공산주의에 매혹된 적이 있었다. 사르트르는 아직까지도 공산주의에 매혹을 느끼고 있다.[18] 카뮈는 문학, 정치 그리고 철학 텍스트들을 읽는 교양 있는 수십만 명의 좌파 지식인들이 자신의 저서를 읽어 주길 바랐다. 그들은 자신들의 판단에 따라 정치적으로 행동할 줄 아는 자들인 만큼 정치에 대해서도 나름대로 성찰을 할 수 있는 자들이며, 따라서 그들에게는 여러 사유들이 정치적 입장을 결정하는 결정적 요소가 되었던 것이다. 그들은 학생들, 교수들, 일반적으로 "지식인들"이라고 규정되는 모든 사람들, 그리고 『콩바』지와 같은 신문들 혹은 『현대』지와 같은 잡지들을 읽는 자들이었다. 개인주의가 몸에 배어있는 카뮈의 정치 여정은, 정신적 입장에서 보면 낭만적이고 실존적이기까지 한 문학 운동에 의해 지배되고 있었다. 1944년에 그의 독자층이 그의 사상이나 사르트르의 것을 따랐던 전후의 젊은이들로 구성되었다면, 1951년에는 이 젊은 세대가 해방 때부터(『저항에서 혁명으로』) 키워 왔던 희망은 사라져 버린 상태에 있었다. 또한 미국과 소련이라는 두 강대국 사이에서 독립적인 제3의 길을 개척하려는 노력 역시 마찬가지의 상태에 있었다. 보부아르는 그 당시 만약 소련의 침공이 현실화된다면 무엇을 할 것인가를 자문했던 것을 술회하고 있기도 하다.[19] 따라서 그런 상태에 있던 독자들의 입장에서 보면 유명한 소설가이자 기자였던 카뮈에 의해 집필된 『반항적 인간』이

---

* '일촉즉발의 위험'을 가리키는 표현임.

라는 공산주의에 대해 어떤 식으로든 관계를 표명하고 있는 이 철학적 논의는 그 자체로 하나의 중요한 정치 행동이었던 것이다.

*　*　*

『반항적 인간』은, 여러 차원에서 카뮈가 독자들에게 호소하고 있는 철학의 여러 원칙, 기질, 기술記述, 역사 그리고 심지어는 선입견에 사로잡혀 있는 논의 등을 이로정연하게 정리해 놓은 세계관으로서는, 소기의 목적을 달성하고 있는 그런 저서이다.[20] 그는 공산주의에 대한 매력과 공산주의를 옹호하는 음험한 자들에 대한 매력 역시 생명에 관계된 인간적 충동이라는 동일한 원천에서 유래한다는 사실을 강력히 주장하고 있다. 마르크스에 대한 그의 분석에서 가장 충격적인 결론 부분을 인용하도록 하자.

긴 여정 끝에 우리는 무기들의 소음과 명령어의 소음 속에서 진행되는 형이상학적 반항을 다시 발견한다. 하지만 이 반항은 참다운 원칙을 잊고 있고, 무장한 대중 속에서 고독을 씹고 있고, 고집스러운 교조주의로 부정을 감싸고 있고, 지금부터 유일신으로 삼고 있는 미래를 향하고 있으며, 물리쳐야 할 수많은 나라들과 지배해야 할 수많은 대륙들에 의해 구별되어 있다. 단일한 원칙을 위한 행동이자 인간 지배를 알리바이로 내세우고 있는 반항은, 이미 유럽의 동쪽에서 요새화된 다른 진영에 맞서 요새화된 자신의 진영을 구축하기 시작했다.[21]

반항을 삶의 출발점으로 인정하면서 카뮈는 유토피아적 해결책들을

256

거부한다. 즉 역사가 인간 실존의 전적인 골격을 구성한다는 사유를 거부하는 것이다. 그는 전체주의적 정책들을 비판한다. 삶은 현재에, 의미로 가득 찬 세계에서 체험되는 것이어야 한다는 사실을 확신하는 것이다. 그는 종교 이후의 허무주의적인 지적, 문학적 운동들의 역사를 탐색한다. 그는 중용과 연대성의 철학이라는 관점에서 정치적 폭력에 정면으로 도전한다. 그는 예술의 형이상학적 역할과 급진적이지만 스스로를 제한할 수 있는 정책의 필요성을 제시하면서『반항적 인간』을 마치고 있다. 그는 지중해적 중용에 대한 환기로 결론을 맺고 있다. 또한 그는 자신의 서정주의가 이 지중해적 중용에 영감을 줄 것이며, 또한 이 중용 덕택으로 많은 독자들이 자신의 뒤를 따르게 될 것이라는 희망을 피력하고 있다.

　카뮈가 내세운 반공산주의적 목표로 인해『반항적 인간』의 의도뿐 아니라 이 저서의 형식까지도 왜곡되었다. 이 저서의 단점과 한계는 그 장점과도 거의 분리되지 않는다. 그것들은 모두 그가 한 선택의 결과이다. 그 자신이 이 저서를 그런 특별한 방식으로 기술하고자 했던 것이다. 그는 공산주의와 살인을 동일화시키는 것으로 시작해서, 혁명이 여러 사유와 정신 상태로부터 발생하도록 하는 전략을 채택하고 있다. 그는 사유의 운동이나 사건에 대한 세세한 분석을 하지 않고 있다. 그리고 물질적인 요구나 억압에 어떠한 역할도 부여하지 않고 있다. 그럼에도 그는 자신의 사유들을 단호한 방식으로 제시하고 있다. 사회적 정의에 대한 추구는 "은총의 왕국을 정의의 왕국으로 대체하는"[22] 형이상학적 시도로서만 드러나 있다. 그리고 그가 인간의 존엄성을 확신할 때라도, 그것은 신을 대체하기 위한 노력에 불과할 따름이다.[23]

우리는 살인과 반항이라는 커다란 두 주제에 대한 서론 격인『반항 적 인간』의 첫 두 장을 읽으면서, 카뮈의 장점과 단점이 어디에 있는가 를 포착할 수 있다. 그는 다음과 같이 아주 놀라운 방식으로 출발점을 제시하고 있다.

> 정념의 범죄와 논리의 범죄가 존재한다. 형법은 이 두 범죄를 예모豫 謀의 유무에 따라 아주 편리하게 구분하고 있다. 우리는 완전범죄의 예모의 시기를 살고 있다. 우리 시대의 범죄자들은 사랑의 변명을 구 하고 있는 그런 무기를 들고 있지 않은 어린아이들이 아니다. 반대로 그들은 성인들이며, 그들의 알라바이는 반박할 수 없는 것이다. 심지 어 살인범을 재판관으로 바꾸는 것을 포함해 이 모든 것에 소용되고 있는 것이 바로 철학이다.[24]

20세기에 들어와 살인은 "합리적"이 되고, "이론적으로 방어할 수" 있게 되어 버렸다. 즉 이론에 의해 정당화된 것이다. 이 같은 생각을 자기 사유의 중심에 위치시킨 채 카뮈는 20세기의 가장 중요한 문제 가운데 하나를 다루고 있다. 그는 1900년 이후 700만 명의 죽음을 거 론하는 것이다(지금부터 20세기말까지 그 수는 두 배로 늘어날 것이다.)[25] 그 자신이 강조하고 있는 것처럼, 20세기는 "논리적 살인", 즉 합리적으 로 조직되었거나, 예견되었거나, 정당화된 그런 살인에 익숙해 있다. 그 결과 지식인들에게 있어서 이 같은 비극이 왜 일어났는지, 나아가 어떻게 그런 살인이 자행되었는지, 그리고 그것을 어떻게 정당화시키 는지를 이해하는 작업보다 더 긴급한 과제는 없다. 카뮈는 정당하게 이 같은 "논리적 살인"을 그 시대의 핵심 과제라고 지칭하고 있고, 이 살인의 "정당화 문제의 조사"[26]를 시도하고 있으며, 20세기가 전례 없는 살인의 시기가 된 방식을 탐구하고자 한다.

그러나 『반항적 인간』에서는 그 핵심 주제에 변화가 일어나게 된다. 인간의 이성이 "자유라는 기치 하에서 설치된 굴락, 인간에 대한 사랑에 의해 정당화된 대량살인 혹은 초인간에 대한 취향"[27] — 앞의 두 요소는 공산주의에 관계되며, 마지막 하나의 요소는 나치즘에 관계된다 — 등에 의해 크게 동요되었던 것이다. 문제가 되고 있는 이 텍스트의 본론에서 나치즘은 거의 자취를 감추고 만다(하지만 나치즘 역시 카뮈의 관심의 틀 속에 들어가지 못했던 "비이성적인 공포"의 체계가 아니었던가?) 그로 인해 카뮈의 연구의 폭이 많이 축소되었다. 그 당시 그가 제기하고 있는 다음과 같은 물음을 통해 그런 변화가 잘 드러난다. 살인이 어떻게 계획적으로 저질러질 수 있으며, 그것도 철학적으로 정당화되는지에 대한 물음이 그것이다. 카뮈가 관심을 가졌던 "합리적 살인"을 저지른 자들은 자본주의를 옹호하는 자들도, 민주주의를 옹호하는 자들도, 식민주의자들도, 제국주의자들도 혹은 나치주의자들도 아니었다. 그들은 바로 공산주의자들이었던 것이다. 만약 20세기 한복판에서 이 같은 엄청난 재앙들의 폭을 이해할 수 있는 작가가 있었다면, 그는 단연 카뮈이다. 하지만 그가 글을 통해 나치의 폭력에 반대하기는 했지만 결코 쇼아Shoah에 다가가지는 못했다. 비록 그가 히로시마 원폭 투하에 반대하는 고독한 목소리를 냈을지라도, 그 저서에서 그는 도대체 어떻게 그런 일이 벌어졌는지에 대해서는 질문하지 않고 있다. 세티프 사건 이후 비록 그가 프랑스의 식민주의를 공격하는 몇 명 안 되는 사람들 가운데 한 명이었다고 할지라도, 그는 짧은 기사를 제외하고는 그 사건에 대해 거의 말하지 않았다. 인도차이나 반도에서 프랑스의 식민지 전쟁이 한창이던 때, 카뮈는 어떻게 오직 공산주의의 폭력에 대해서만 관심을 집중할 수 있었을까? 그리고 그 당시 그는 알제리 사태가 시민전쟁으로 이행하고 있다는 사실을 (누구보다도 더 잘) 알고 있었는데도 말이다. 이것들이 카뮈에게 던지는 질문들이다. 기이하게도 가장 호기심 많고, 20세기의 살인 문제를 다루는데 있어서 가장 능력 있는 작가가, 이데올로기 문제로 인해 맹목 상태에 빠져 버린 것이다. 카뮈는 공산주의를 다른 세기의 악惡과 분리시키면서 자신의 적대감을 오직 그 공산주의에만 집중시켰던 것이다. 반항에 대한 초기 저작들 이후, 그의 사유들은 여러 해 동안 자연스럽게 변화하였고 성숙했던 것은 사실이다. 하지만 그는 목표했던 지점과는 전혀 다른 지점에 도착하고 말았던 것이다. 우선순위가 바뀌었던 것이다. 그 자신의 독창적이고 도전적이었던 주제인 반항은, 이제 최고의 적이 된 공산주의에 대한 하나의 '대안代案'으로 활용되었던 것이다.

결과적으로 카뮈는 더 이상 정치 운동의 개별적 대상들에 대해서는 관심을 두지 않게 된다. 그리고 그는 변화를 위한 투쟁으로 야기된 구체적인 문제들이 무엇인지를 알지 못하게 된다. 거기에는 권력 쟁취의 과정도 포함된다. 그는 사회들에 대해 그리고 그 구조들에 대해 관심을 갖지 않는다. 따라서 그는 마르크스의 사회, 경제학적 관심사들을 모르고 있었던 것이다. 그가 보기에 마르크스주의는 이제 더 이상 사회 변화와 아무런 관련이 없는 것이다. 그것은 "창조를 복종시키는 것"28을 목표로 하는 반항 그 이하도 그 이상도 아닌 것이다. 1951년 『현대』지에 실렸던 니체에 대한 아주 애매한 글에서 카뮈는, 나치주의자들이 자신들의 주장을 위해 남용했던 니체와 그가 바라본 니체를 구별하면서 이렇게 강조하고 있다. "우리는 니체를 변호하는 사람들이 되어야 한다."**29** 그러나 카뮈는 헤겔("승리자는 항상 옳은 법이다"**30**)과 마르크스("모든 태양의 아름다움과는 낯선 자"**31**)를 희화戱畵시킨다. 그는 이 두 철학자 가운데 누구도 제대로 읽지 않았다. 카뮈가 그들의 이름을 거론하고 있는 것은 오직 그 자신의 주장을 전개하기 위함이다. 『반항적 인간』을 읽는 독자들은 전통적으로 마르크스주의에는 온건 노선, 개혁주의적 노선, 거기에 더해 혁명적 노선, 민주적 노선 등이 있었다는 사실을 알지 못하고 있다. 그 대신에 이 저서의 가장 매혹적이고 가장 특징적인 한 장章에서 마르크스주의에 대한 정치적 대안은, 저자 자신이 직접 "정의롭다"고 규정하는 러시아 테러주의자들의 행동을 통해 그려지고 있다. 그들은 자신들의 생명을 초개와 같이 희생시킬 준비가 되어 있으면서도, 죄가 없는 자들에게 테러를 가하는 것을 거절한다. 그들은 살인을 하기는 한다. 하지만 맹목적으로 그러는 것이 아니다. 그들은 도덕적 질서를 무너뜨리는 대가로 자신들의 목숨을 걸어야 한다는 사실을 잘 이해하고 있다. 이처럼 혁명 지도자들과 그들의 이론을 집중적으로 거론하면서, 카뮈는 이 같은 러시아 테러리스트들을 가장 열렬하게 찬양한다는 사실을 보여 주고 있다. 하지만 그는 사회계층의 제일 밑바닥에서 일하고 저항하는 다양한 부류의 사람들, 즉 피식민주의자들과 노동자계급에 속하는 자들에 대해서는 아무런 지적도 하고 있지 않다.

그렇다면 과연 이것은 카뮈 자신의 문체의 변화, 즉 보통은 아주 간략하고, 집중적이고, 아주 정확한 문체에서 아주 드물게 활발한 모습을 보여 주는 무겁고도 단호한 산문의 문체로의 변화를 수반하는 이론 증명에서 연유하는 계속되는 집중의 결과 때문이었을까? 『반항적 인간』의 문장들에서는 일종의 논리적 간투사들(그러니까, 따라서, 이처럼, 이러한 이유로, 등)이 많이 눈에 띄기는 한다. 하지만 그렇다고 이 표현들이 소기의 목적을 달성한 것 같지는 않아 보인다. 카뮈는 적합한 증명도 분석도 없이 단순한 단정적인 내용들을 도입하기 위해 이 같은 표현들을 이용하고 있을 따름이다. 이 저서에는 강력한 주장들을 표현하기 위해 세심하게 구성된 주제들을 다루는 문장들이 산재해 있다. 그러니까 여러 문단, 여러 페이지, 즉 분석과 설명으로 가득한 장章들로 가득 차 있는 것이다. 하지만 이 문장들은 노력하면서 파헤치지 않고 단순히 따라가기만 하면 되는 그런 문장들이다. 그 문장들을 따라가면서 우리는 멋을 부려 쓴 문장에서 다른 문장으로 계속해서 넘어갈 수 있는 것이다. 이 저서의 마지막 세 장章에서[32] 카뮈는, 특히 예전에 이미 논의된 문제들의 결론을 끌어낸다는 구실로 계속해서 새로운 주제들을 다시 다루고 있다. 『반항적 인간』에서 그는 처음부터 그 자신에게 익숙했던 신중한 태도로 이 같은 문제들을 탐색하기 보다는 오히려 자의적이면서도 놀랄 정도로 색다른 어조들을 사용하고 있다.[33]

* * *

뒤에서 다시 살펴보겠지만, 장송은 『현대』지에 기고한 『반항적 인간』에 대한 서평에서, 이 저서에 내재한 이 같은 결점들을 조목조목 강하게 비판하게 된다. 카뮈가 저지른 실수들과 그가 가진 강박관념으로 인해, 그의 반공산주의에 동의하지 않으면서, 그의 저서가 가진 중요성을 무시하고자 했던 자들의 임무가 아주 용이해졌다. 그러니까 50년 후에도 여전히 자유에 대한 커다란 갈망이 어떤 과정을 거쳐 전체주의 사회로 귀착되었는지를 이해하기 위한 가장 통찰력 있는 시도들 가운데 하나로 남아있는 『반항적 인간』이라는 이 저서가 가진 중요성을 말이다.[34] 이 같은 문제에 대해 카뮈가 완벽하게 대답을 하지 않았다고 비난하는 것은 옳지 않을 수도 있다. 왜냐하면 그 문제를 진지하게 제기함과 동시에 그것을 서구의 근본적 여러 정치적 태도들에서 설명하려고 노력하면서, 그는 벌써 유용한 많은 답을 하고 있기 때문이다. 가령, 그는 다음과 같은 사실을 강조하고 있다. 즉 추상적이고 권위주의적이고 종말론적인 태도를 취하는 혁명가, 세계를 이론에 따라 변화시키고자 하는 사람, 역사의 법칙을 따르는 사람, 객관적 필연성에 의해 인도되고 있다고 주장하는 사람은, 예외 없이 아주 근대적인 인간이며, 아주 교양이 풍부한 자임과 동시에 또한 서구적인 인간이라는 사실이 그것이다.[35] 따라서 카뮈는 반혁명적이고, 단호하기는 하지만 회의적 급진주의의 안경을 끼고 본 마르크스주의의 여러 주요 노선들 가운데 하나를 가까이에서 관찰했던 것이다. 『반항적 인간』은, 오늘날에도 여전히 저자가 서구 문명, 진보, 근대 세계 자체에 대해 던지고 있는 경계하는 듯한 시선으로 인해 ― 실제로 카뮈는 이 같은 점에서 장차 이루어지게 될 몇몇 지적 사유들의 선구자의 모습을 보여 주고 있다[36] ― 많은 독자들의 관심을 끌고 있기는 하다.

『반항적 인간』에는 교육적 방식으로 좌파의 정치 행동에 대한 생각이 개진되고 있다. 이 저서에서 읽을 수 있는 간결하고, 구체적이고 겸손하기까지 한 정치적 의미는, 환상과는 정면으로 배치되는 것과 마찬가지로 외부에서 강요된 추상적인 사유들에도 또한 정면으로 배치된다. 카뮈는 평화로운 세계의 "도래"에 관련된 모든 사유에 반대한다. 그는 완벽함이란 오로지 꿈에 불과할 뿐이라고 주장한다. 그는 정치의 심장부에는 도덕성이 자리 잡고 있어야 한다고도 강조한다. 또한 그는 모든 정치적 조류 속에서 표현의 자유, 민주주의 제도들 그리고 시민의 권리들과 같은 본질적인 측면을 사회적 정의에 대해 결코 양보하지 않는다.[37]

『반항적 인간』에 포함된 다른 사상들 이상으로 카뮈의 폭력에 대한 이해에서 그가 내세우는 중용과 상호성이 갖는 의미는 적지 않은 시사성을 띠고 있다. "각자의 자유는 그 가장 깊은 뿌리에서도 〔……〕 상대적이다."[38] 각자의 자유는 타인들의 자유를 제약한다. 심지어는 지도자들의 자유도 제약한다. 마치 우리가 모든 것을 알아야 하고, 또 모든 것을 규제해야 하는 것처럼 행동하는 혁명 철학에 반대해[39] 그는, "만약 반항이 어떤 철학의 근거를 지을 수 있다면, 〔……〕 그것은 제약의 철학, 계산된 무지와 위험의 철학일 것이다."[40]라고 단언하고 있다. 이같은 사유 방식을 통해 카뮈는 절대적인 비폭력을 찬양하지는 않는다. 그는 "원칙적으로 폭력의 포기"[41]를 전제로 하고 있다. 또한 이때 포기의 대상이 되는 폭력은, 추상적 개념으로 간주되고, 철학에 의해 정당화되는 그런 폭력이다. 폭력은 항상 정당화될 수 없다는 것이 카뮈의 한결 같은 주장이다. 그는 폭력에 의해 끌려들어가 그 자신이 타락하는 것을 피하기 위해, 폭력을 타인들에게 강요하는 것을 겨냥하는 힘의 사용을 이론적으로 정당화시키기 위한 모든 노력을 거부한다. 이러한 이유로 그는 표현의 자유를 그토록 중요하게 생각한다. 위로부터 강요된 침묵은 인간들을 서로 고립시키고, 그 결과 그들의 연대성을 파괴한다. 이 같은 과정을 통해 인간들의 공동체가 형성될 수는 있을 것이다. 하지만 그 공동체 안에서 그들은 결코 상호간의 의사소통에는 이르지는 못할 것이다. 각자의 판단을 통해 부과되는 제약 위에 정립되는 인간들의 관계는 자유로운 의사소통이라는 기반 위에서만 상호성을 가질 수 있을 뿐이다.

하지만 이 같은 정치사상을 내세우면서 카뮈가 20세기의 여러 혁명에서 파생한 사회들을 배척하는 것은 사실이다. 하지만 그의 정치사상은 여전히 좌파적이라는 점 역시 사실이다. 그는 폭력적이고 억압적인 정부에 반기를 드는 것을 원칙으로 받아들인다. 이처럼 그는 폭력의 사용을 용인한다. 하지만 그가 폭력을 용인하는 것은 오로지 "폭력의 사용을 체계화하는 그런 제도가 아니라, 바로 그 폭력의 사용을 줄여나가는 제도"[42]의 창설을 위한다는 목적에서만이다. 그는 심지어 정치에서의 폭력 사용에 대한 몇몇 지침을 제시하기도 한다. 즉 폭력은 일시적이어야 하며, 개인적 책임과 밀접하게 연결되어야 하며, 즉각적인 위협이 있는 경우에만 사용되어야 한다는 등의 지침이 그것이다. 요컨대 "폭력은 폭동 등과 같은 사태가 발생한 경우 다른 폭력을 제압하는 극단적인 제약일 수밖에 없는 것이다."[43]

* * *

『반항적 인간』은, 그 단점에도 불구하고, 카뮈의 사상을 알 수 있는 중요한 참고자료이며, 그 자신은 타계할 때까지 이 저서에 대해 커다란 자부심을 느꼈다. 글을 쓰는 행위는 적지 않은 용기를 보여 주는 하나의 정치적이고 개인적인 행위인 것이다. 그는 이 저서의 출간으로 어떤 대가를 치르게 될 것인가를 잘 알고 있었다. 그는 우파로부터는 응원의 소리를 들을 것이지만, 좌파로부터는 조롱의 대상이 될 것이라는 것도 알고 있었다. 또한 그는 그 자신이 진보, 계몽주의와 프랑스 대혁명에 대해서도 상당 부분 공격을 하고 있다는 사실 역시 알고 있

었다. 러시아의 역사에 대해 카뮈는 볼셰비키의 편도 멘셰비키의 편도
—그러니까 혁명 성향의 마르크스주의자들의 편도 개혁 성향의 마르
크스주의자들의 편도— 들지 않았다. 이와는 반대로 이미 『정의의 사
람들』에서 보여 주었던 것처럼, 카뮈는 철저하게 낭만주의적이고 비
현실적이며 혁명적인 테러리스트들의 편을 들었던 것이다. 그는 또한
현실 정치를 극복하기 위해 그 자신이 추구했던 이상적 노선을 위한
여지가 거의 없다는 사실 역시 잘 알고 있었다. 왜냐하면 그 노선으로
인해 결국 동서 유럽은 양극화로 치닫게 되며, 나아가 그로 인해 지나
치게 대립적인 정치 현실주의가 파생될 수 있기 때문이다. 하지만 그
는 고집스럽게 그 여지를 확장하고 또 이용하려고 했다. 그는 혼자서
정치 폭풍에 맞설 만반의 준비를 하고 있었으며, 나아가서는 그런 정
치 폭풍을 일으킬 준비 또한 하고 있었다. 물론 그 목적은 그 자신 진
리라고 여기는 것을 소리 높여 외치고, 그 누구의 지지도 받지 못하는
정치 대안을 구상하고 또 정당화시키는 것이었다. 천재성에도 불구하
고 사르트르가 갖지 못했던 것이, 바로 카뮈가 가지고 있었던 이 같은
힘이었다. 그러니까 정치 무대에서 혼자 일어서는 방법을 알고 있는
힘 말이다.

　카뮈가 『반항적 인간』에서 그토록 (지나치게) 여러 가지를 시도한 것
은 사르트르와의 경쟁심 때문이었을까? 이 저서에서 카뮈가 「희생자
도 가해자도 아닌」에서 설익은 상태로 나타나 있는 정치 사유들을 길
게 전개시킨 것은 사실이다. 또한 그가 이 저서를 통해 일종의 『시시포
스의 신화』의 연작을 집필한 것도 사실이다. 하지만 그는 이 모든 것을
종종 『존재와 무』와 경쟁하는 것으로—그러니까 그가 인간 실존의 근
본적인 구조에서 출발해 사유하려는 야심을 품었다는 점에서 경쟁하

는 것으로—제시된 것처럼 보이는 『반항적 인간』이라는 저서 한 권에 모두 옮겨놓았던 것이다. 어떤 의미에서 보면 카뮈의 이 저서는 당연히 철학 저서로 분류될 수 있다. 1940년대에 카뮈는 철학자 사르트르와 자신을 분명하게 구분하기 위해 자기를 예술가로 규정했다. 따라서 그는 세상을 이해하기 위해 사르트르가 했던 것과 같은 체계적인 노력을 기울일 위험을 무릅쓰지 않았다. 그럼에도 천재적인 철학자 사르트르와의 우정이 없었다면, 카뮈는 스스로를 계속해서 철학자로 소개했을 수도 있다. 게다가 『반항적 인간』의 앞부분에서 그는 '반항'을 데카르트의 '코기토 에르고 숨Cogito ergo sum'의 차원에 위치시키고 있는 듯이 보이며, 또한 이 저서의 마지막 부분에서는 사르트르의 『문학이란 무엇인가?』와 경쟁하고 있는 듯이 보이는 것이 사실이지 않은가? 그것도 예술 창조와 특히 글쓰기가 갖는 근본적인 의미를 길게 탐색하면서 말이다. 사르트르보다 덜 확신에 찬 모습을 보이면서 카뮈는, 『반항적 인간』에서 철학, 사상사 그리고 문학의 흐름, 미학의 흐름 그리고 정치 이론을 논하고 있는 것이다. 마치 사르트르에게 여러 전선에서 동시다발적으로 대답이라도 하듯 말이다.

이와는 대조적으로 사르트르는 각각의 텍스트에서 상세하게 전개되고 있는 단일한 문제만을 검토하고 있다. 『존재와 무』는 기본적인 존재론적 구조들에 대한 기술에 한정되어 있다. 그는 이 저서에서 엄청난 힘과 깊이를 갖고서 그 작업을 수행하고 있다. 또한 정치적, 인식론적, 윤리적 사유들을 전개시키고자 할 때, 그는 분명하게 구분된 세 개의 텍스트를 집필한다. 하지만 문학과 정치 사이의 관계를 설정하고자 할 때, 그는 그것을 단 하나의 총체적인 시도 속에서 행하고 있다. 실제로 그는 『반항적 인간』과 같은 야심만만한 저서를 결코 쓰지 않았던 것이다.

『반항적 인간』의 구상 단계에서 카뮈와 사르트르라는 두 작가의 관계가 어떤 역할을 했는가에 대해서는 전혀 알 수가 없다. 다만 한 가지 분명한 것은, 이 저서의 핵심적인 장章은 분명 사르트르에 반대해 집필되었다는 점이다. 비록 문제의 장이 이 저서의 끝부분에 "실존주의자들"에 대한 삽화처럼 포함되어 있는 것은 사실이지만, 이 장은 분명 "역사에 대한 숭배"에 할애되었으며, 이 저서 전체가 그것에 반대하는 쪽으로 나아간다. 실존주의자들에 대한 이 같은 참고가 뭔가 중요성을 가지고 있다는 주장은, 문제가 되는 장을 시작하면서 사용되고 있는 "예를 들어"라는 표현의 경망스러움과 사르트르 이름의 고의적 누락으로 인해 반박되고 있기도 하다. 하지만 카뮈는 그 장에서 동시대의 다른 작가들, 가령 말로, 브르통, 샤르 등의 이름을 나열하고 있다. 요컨대 『반항적 인간』은 카뮈 자신이 잘 알고 있었던 사르트르의 『악마와 선한 신』에 대한 체계적인 연구였던 것이다. 그러니까 이 극작품의 주인공인 괴츠가 성장하고 거쳤던 반항에서 혁명으로의 이행이라고 하는 중심 주제에 대한 반박을 담고 있었던 것이다.

카뮈는 이렇게 말하고 있다. "자기가 살던 시대에서 반항은 혁명으로 변화하면서 스스로를 부정한다." 반항이 그 자체에 충실하고, 그렇게 함으로써 이 반항이 살아남기 위해서는 새로운 도약의 토대를 다시 발견해야만 한다는 것이다. 논의를 더 진행시키기 전에, 적어도 카뮈에게서 나타나는 반항과 혁명 사이의 차이를 밝힐 필요가 있다. 실존주의자들이(그들 스스로도 일시적으로이기는 하지만 역사주의와 이 역사주의가 포함하고 있는 모순에 복종하고 있다) 주장하는 것처럼, 반항에서 혁명으로의 이행이 있다든가, 혁명적 인간이 아니라면 반항적 인간은 아무것도 아니라고 말하는 경우에도, 이 반항의 의미는 정확히 규정되고 있는 것이 아니다. 반항과 혁명 사이에 있는 모순은 좀 더 섬세한 것이다. 혁명가는 혁명가임과 동시에 반항인이다. 하지만 혁명가는 이제 더 이상 혁명가가 아니라 반항에 반대하는 경찰이나 공무원이다. 그러나 비록 혁명가가 반항인이라고 해도, 그는 혁명에 맞서 봉기하고야 만다. 한 상황에서 다른 상황에로의 진보가 없는 것이 사실이라 해도, 이 두 상황 사이에는 계속해서 증가하는 동시성과 모순이 있는 것은 사실이다. 모든 혁명가는 억압자나 이단자가 되고 만다. 반항과 혁명을 통해 선택된 순전히 역사적인 상황에서 이 두 상황은 동일한 딜레마로 빠지게 되는 것은 분명하다. 그러니까 경찰국가가 아니면 광기로 빠지게 되는 것이다.[44]

  카뮈가 반항에서 혁명으로 넘어가는 대목에서 유연한 어투를 선택해도 아무런 소용이 없다. 그는 이 두 상황 사이에 분명한 경계선을 긋고 있다. 물론 그는 원한 없이 그 작업을 하고 있다. 하지만 그렇게 함으로써 그는 논쟁을 야기시키고 있는 것이다. 그 경계선의 한 쪽에서는 그가 반항에 대해 내리고 있는 정의를, 다른 한 쪽에서는 사르트르가 혁명에 대해 내리고 있는 정의를 볼 수 있다. 카뮈의 독자들은 괴츠의 변화가 형이상학과의 관계없이 이루어지고 있다는 사실, 그리고 무엇보다도 세계 속의 한 사람이 됨으로써 이루어지고 있다는 사실을 잘 알고 있다. 또한 그의 독자들은 폭력을 받아들이는 것이 현실을 변화시키기 위한 목적으로 그 현실을 감싸는 것을 의미한다는 사실 역시 잘 알고 있다. 이 같은 이행 속에서 카뮈는 사르트르에게 선택을 강요하면서 도전장을 던지고 있는 것이다. 그러니까 권력을 쟁취한 반항이 카뮈 자신에 의해 기술된 모든 병리현상의 희생물이 되던지, 아니면 반항 그 자체에 충실하면서 권력을 잡게 되는 혁명에 반대하는 투쟁으

로 나서든지 두 가지 가능성 중에서 하나를 선택할 것을 강요하면서
말이다.

*　　*　　*

　　카뮈가 『반항적 인간』을 끝마칠 당시, 사르트르 역시 혁명적 인간으
로의 변모를 끝마친 상태였다. 친공산주의자였던 메를로퐁티를 조언
자로 삼고 —카뮈가 반공산주의자 케슬러를 선택했던 것처럼— 사르
트르는 한 발 더 나아가 폭력의 사용을 용인한다. 그것도 인류를 억압
으로부터 해방시키기 위한 불가피한 수단으로 말이다. 사르트르의 개
종改宗은 보폭이 좁은 두 걸음으로 시작된다. 1951년 봄에 공연된 『악
마와 선한 신』과 1952년 6월에 집필된 「공산주의자들과 평화」가 그것
이다. 그때까지 사르트르와 카뮈는 보완적이면서도 대립적인 방향으
로 서로 변해갔다. 적어도 반쯤은 의식적으로 그들은 이제부터 서로
'맞서서' 각자의 입지를 구축하게 된다. 사르트르는 후일 플로베르 연
구에서 다음과 같은 내용을 기술하고 있다. 그러니까 어떤 동일한 선
택을 위해 이용할 수 있는 공간을 점하고, 이 공간을 자기의 영역으로
만드는 아이가 속해 있는 가족에서, 그 보다 나이가 더 적은 다른 아이
가 그 아이와 같은 방향을 선택하는 경우는 아주 드물고, 종종 전혀 예
상을 하지 못한 영역에서 완전히 다르게 성장해나가려고 시도한다는
것이 그것이다. 정치에 관심을 두고 1944년과 1951년 사이에 자신의
길을 발견하고자 했던 프랑스의 모든 지식인들은 카뮈와 사르트르와
어떤 식으로든 대면하게 된다. 카뮈와 사르트르는 비공산주의적 좌파
의 정치적, 지적 선택의 영역을 차지하고 있었다. 그 세계에서 그 누구

도 그들에 대한 관심을 갖지 않고서 동시대의 사회 문제를 성찰할 수가 없을 정도였다. 동일한 성향의 사유 선상에서 친구 관계를 유지했던 그들은 이제 상대방과 맞서야 했다. 따라서 진정한 자기해명을 통해 각자가 상대방과 분명하게 구분된다는 것을 설명해야 하는 상황에 직면하게 되었던 것이다.

상황과 참여에 대해 사르트르가 표명한 사유들로 인해, 카뮈는 그 자신의 대안을 정의하는 작업을 진행시키게 되었고, 또한 이 대안을 아주 강한 태도로 표명하게 되었다. 카뮈가 비폭력 반공산주의에 대한 생각을 강한 태도로 표명을 하고 있기 때문에, 사르트르는 그 영향으로 폭력에 대한 자신의 의견을 표명하지 않을 수 없게 된다. 새로이 정치에 참여하고, 그것도 극단적인 입장을 옹호하게 된 사르트르가 "유토피아주의"와 "완강한 개혁주의"라는 카뮈의 사회사상을 맹렬히 반박하게 되었다면, 그것은 사르트르 자신이 복잡한 정치적 현실에 참여하면서 폭력과 혁명의 선택을 통해서만 이루어질 수 있는 변화를 지향하는 새로운 정치노선을 찾아냈기 때문이었다.

*　　*　　*

1952년부터 PCF 당원들은 인도차이나 전쟁에 참여하는 것을 거절했던 해군 장교 앙리 마르탱Henri Martin 사건의 재판에 반대하는 지지를 사르트르에게 요청했다. 그러니까 그 당시 완전히 고립되었던 PCF 지도부는 당의 외부 인사에게 뭔가 제스처를 취해야 하는 그런 상황에 있었던 것이다. 사르트르는 당의 호소에 응하기로 결정하고, 앙리 마르탱 사건을 내용으로 하는 책을 위한 해설을 쓰기로 결심하게 된다.[45]

그러고 나서 보부아르와 함께 이탈리아로 매년 떠나는 휴가를 떠났다. 그 동안에 미국 국적의 장군인 매슈 리지웨이Matthew Ridgway가 북대서양조약기구NATO 사령관으로 부임하는 길에 파리에 들렀다. PCF는 반대 시위를 주도했으며, 이 시위로 인해 소규모의 충돌이 발생했다. 경찰은 시위대를 제압하고, PCF 지도부 가운데 한 사람이었던 뒤클로를 체포하는 사건이 발생했다. 경찰은 그의 자동차 트렁크에서 먹이를 주려고 집으로 가져가던 비둘기 몇 마리를 압수했다. 경찰은 이 전서구傳書鳩를 이용해 뒤클로가 시위대를 조정하려 했다고 비난했다.

> 이탈리아 신문들이 일제히 뒤클로 체포 사건과 더불어 수첩 도난 사건, 전서구 사건 등을 보도했다. 이 같은 비열하고 유치한 짓거리로 인해 나는 구역질이 났다. 이것들은 비열한 행동이었을 뿐, 뒤클로에 대해서는 아무것도 증명하지 못했던 것이다. 최근 내가 맺은 인간관계들이 깨졌다. 그 결과 내 시각도 변했다. 반공산주의자는 개다. 나는 공산주의에서 빠져나오지 않을 것이다. 영원히 그렇게 하지 않을 것이다. 사람들은 내가 순진하다고 생각할 것이다. 그리고 사실상 나는 아무런 감정도 없이 순진한 다른 사람들을 보았다. 하지만 십 년간의 숙고 끝에 나는 단절의 지점에 도달했고, 작은 충격만이 필요한 상태였다. 교회에서 사용하는 말로, 그것은 개종이었다. 〔……〕 내가 배웠던 원칙들의 이름으로, 교회의 휴머니즘과 교회에 속한 '인간들'의 이름으로, 자유 · 평등 · 박애의 이름으로, 나는 부르주아에 내가 죽음으로써만 사라지게 될 그런 증오의 감정을 전한다. 서둘러 파리로 돌아왔을 때, 나는 뭔가를 쓰거나 감정을 억제해야 했다. 나는 밤낮으로 「공산주의자들과 평화」의 제1부를 썼다.[46]

이처럼 사르트르는 1952년 7월에 쓴 이 글을 통해 자신이 공산당의 '동반자'임을 만천하에 선언하게 된다. 이 글은 5월 28일에 있었던 시위의 의미에 대해 반공산주의자들과 조목조목 논쟁을 벌이는 낯설고 과장된 내용을 담고 있다. 사르트르는 이 글의 주요 부분에서 자신이 예전에 옹호했지만 지금은 거부하는 의견들을 내세우는 여러 부류의 지식인들과의 문제를 해결하고 있다. 물론 그들 가운데는 카뮈도 암묵적으로 포함된다.

그 이후 사르트르는 PCF와 노동자들이 행사한 불법과 폭력을 옹호한다. 카뮈가 생각하는 폭력에 대한 개념과는 완전히 반대되는 이 같은 날카로운 논의는, 새로운 선거법이 노동자들을 제2의 시민으로 환원시켜 버린 문제에 대한 이야기로 시작되고 있다. 1951년 선거에서 그 당시 공산주의를 지지했던 500만 명의 유권자들은 단지 103명의 의원들만을 선출할 수 있었을 뿐이었다. 반면, 그들 수의 반에도 못 미치는 사회주의 유권자들은 105명의 의원들을 선출했다![47] "진열창들을 깨부수거나 사람들과 드잡이를 하기 위해 우리들은 거리로 뛰쳐나갈 충분한 이유를 가졌던 것이다."[48] 이 선거 훨씬 전에도 노동자들과 PCF는 따돌림을 당했었다. 하지만 "오늘 르 아브르Le Havre 시의 부두에서 함께 산책을 하고 있는 두 명의 인부 가운데 한 명은 선거권을 가지고 있지 못하고, 다른 한 명은 헛되이 투표를 한 셈이었다."[49] 부르주아 사회가 이 사회의 초석인 그들의 투표의 자유를 앗아갔다는 것이 사르트르의 판단이었던 것이다.

사르트르는 계속해서 이렇게 주장한다. 이 같은 선거를 통한 합법적인 사기의 근저에는 계급투쟁이 자리잡고 있다고 말이다. 현재 상태에서 프랑스는 "억압 사회"이며, PCF가 행한 비합법적이고 격렬한 행동을 비난했던 자들은, "오늘날 모든 폭력은 직접적이든 간접적이든 간에 우리가 주었던 것을 되돌려주고 있는 프롤레타리아로부터 나온다."[50]는 사실을 모르고 있다는 것이다. 이러한 의미에서 보면, 폭력의 씨는 이미 사회적 질서를 유지하려고 하는 부르주아에 의해 뿌려졌으며, 또한 그 사용 역시 정당화되고 있다는 것이다.

> 노동자는 아무리 먼 과거로 거슬러 올라가더라도 자기 나름대로의 고유한 법규, 법 원리, 정부, 정의와 불의에 대한 개념을 가지고 있는 사회, 그리고 그가 그 이데올로기를 공유하고 있는(이것은 노동자에게 있어서 아주 심각한 문제이다) 사회에서는 이미 참여를 하고 있는 것이다. 사회 구성원들이 그 노동자에게 하나의 운명을, 곧 제한을 가하고 있는 것이다. 그들은 그에게 그 의미와 법칙이 그에게서 벗어나는 분자적이고 반자동적인 임무와 직업병을 철저하게 부과하고 있는 것이다. 피곤함과 빈곤에 의해 고통을 받는 그로 하여금 수천 번이나 같은 동작을 하게끔 강요하면서, 그들은 그의 인간적 자질을 발휘하지 못하도록 용기를 꺾어 버리고, 그렇게 함으로써 그를 반복이라는 무의미한 세계 속으로 빠뜨리는 것이다. 이렇게 해서 그는 점차 사물이 되어간다. 하지만 그가 이 사태에 대한 책임자를 찾아 나선다고 하더라도, 그 누구도 거기에 책임지지 않는다. 모든 것이 다 옳으며, 그는 당연히 갚아야 할 빚을 지불한 것이다.[51]

따라서 노동자의 폭력은 정상적이고 "자연적"이라고 여겨지는 부르주아의 폭력에 대한 응수인 것이다.

흔히 폭력이 폭동이나 파업의 순간에 갑작스럽게 발생한다고 믿는 척하는 성향이 있다. 하지만 그렇지 않다. 위기의 시기에 폭력은 '외부로 표출된다.' 그뿐이다. 모순이 집중된다. 고분고분한 노동자도 마음속에서 인간이길 거부한다. 반항하는 노동자는 비인간적인 것을 거부한다. 이 같은 거부 그 자체가 곧 휴머니즘이다. 이것은 새로운 정의에 대한 요구를 포함하고 있다. 하지만 억압이 가시적인 위법이 아니기 때문에, 지배계급의 이데올로기가 정의와 불의를 규정하기 때문에, 힘을 사용해 성스러운 질서를 깨트리지 않는다면 어떤 것도 획득될 수 없기 때문에, 자신의 고유한 인간 현실에 대한 노동자의 긍정은, 그의 눈에는 폭력의 시위로 드러나게 된다.[52]

노동자들이 폭력으로 치닫자마자, 사회는 폭력의 확대를 방조하고, 그 주체들을 함정에 빠뜨린다. "사회 불만은 파업으로, 파업은 소동으로, 소동은 살인으로 변화하게 되어 있다."[53]는 입장을 견지하면서 말이다. 그 이후 사회는 억압적 태도로 평화를 부과한다. 따라서 "평온함으로의 회귀는 폭력의 해소가 아니라 근원적 폭력으로의 회귀가 될 것이다."[54]

이 같은 관점에서 보면, 노동자의 폭력은 일종의 "긍정적 휴머니즘"이다. "실제로 휴머니즘과 폭력은 억압된 상황을 극복하기 위한 노동자의 노력과 불가분의 양면을 이루고 있다."[55] "분명한 것은 노동자의 폭력이 PCF의 실체 그 자체와 힘을 만든다는 것이다." 사르트르는 다음과 같은 사실을 보고 싶어 할 모든 사람들을 조롱하면서 글을 맺고 있다. "[……] 부드럽고 예의바르며, 논리적 변별들, 치밀한 신중함을 갖춘 좌파는 자본주의 체제에 맞서 투쟁할 것이다. 그 과정에서 폭력의 사용을 거부하지 않지만, 그것을 최후의 수단으로 사용하고, 또한 프롤레타리아들의 관대한 열정을 끌어내 수는 있지만, 필요한 경우 이 열정의 과도함으로부터 그들을 보호하면서 많은 사람들에게 정의를 되돌려 주게 될 것이다."[56]

이 같은 사르트르의 폭발적이고 부풀려진 어조는, 10년 후 프란츠 파농Franz Fanon의 『대지의 저주받은 자들Les Damnés de la terre』의 서문과 1968년 좌파 혁명 세력의 과격하고 비합법적인 행동을 지지하는 연설 속에 다시 나타나게 된다. 정치적 도덕주의자의 자격으로 사르트르는, 부르주아 지도자들의 폭력을 단죄하고 있으며, 피억압자들에 의해 사용되는 모든 폭력을 우선적으로 용인하고 있다. 심지어 그는 필요불가결한 폭력의 경우에도 피억압자들이 폭력을 사용하는 것이 유감스럽다는 사실을 인정하지 않는다. 또한 그들의 폭력 사용이 몇몇 제한 속에서 용인될 수 있다는 사실도 인정하지 않는다. 그리고 그들의 폭력이 이 제한들을 위반하는 경우에도, 그는 그들의 폭력 사용이 유감스러운 것이라는 점을 인정하지 않는다. 혁명에 가담한 자로서 사르트르는 폭력에 대해 이러쿵저러쿵 논의를 하는 데 시간을 허비하는 것을 거절하면서, 폭력 사용으로 야기되는 폐해를 모른 체하면서, 피억압자들의 그 어떤 외압에도 꺾이지 않는 불굴의 단호한 대변인이 되었던 것이다. 그가 선택한 노선은 바로 이 점에서 카뮈의 그것과 정면으로 대치된다. 카뮈가 그 자신의 모든 에너지를 폭력, 특히 혁명적 폭력에 반대하는 입장을 옹호하기 위해 사용했다면, 사르트르는 점차 폭력을 선택하게 되었고, 그것도 특히 혁명적 폭력을 자기 것으로 삼게 되었던 것이다.

제7장

폭발

『반항적 인간』의 끝부분에서 카뮈는 사르트르 측의 반응을 야기하기 위한 가시적인 노력을 기울인다. 하지만 그가 친구였던 사르트르의 이름을 언급하길 거부한 이유는 무엇인가? 사르트르의 입장과 상당한 격차가 있고, 역사적으로 한 방향으로 나아가고 있는 철학이 어떻게 도덕적일 수 있는지 알고자 하면서, 카뮈는 그와의 대면을 피하면서도 대면하려고 노력하고 있는 듯하다. 『반항적 인간』의 출간 이전에 카뮈는, 이미 정력적인 시인, 이론가이자 초현실주의 논쟁자인 브르통과의 대립에 연루되었다. 돌이켜보면 카뮈와 브르통 사이에서 벌어진 논쟁의 본질은, 몇 달 후 카뮈와 친구였던 사르트르 사이에 있었던 대립과 아주 흡사하다. 따라서 브르통과의 논쟁을 통해 사르트르와의 대립 상황을—그들 사이의 차이점과 유사점에 있어서—예측할 수 있다는 것은 의심의 여지가 없다. 카뮈는 브르통과 마찬가지로 사르트르에게도 핵심 사상을 공격하는 전략을 구사한다. 사실 카뮈가 보기에 그들 각자의 핵심 사상은 정치적 차원에서 아주 위험한 것이었다. 거의 모든 초현실주의자들의 숭배 대상이었던 시인 로트레아몽Lautréamont에 대한 비판을 포함하고 있는『반항적 인간』의 일부분이, 1951년 초『카이에 뒤 쉬드』에 실렸다. 카뮈는 그 글에서 시인의 갈망과 절대 자유를 연결시키고 있다.

> 순응주의는 지성사의 큰 부분을 차지하고 있는 반항에 대한 허무주의적 성향 가운데 하나이다. 이러한 성향은 어쨌든 행동으로 넘어가는 반항이, 비록 자신의 기원을 망각하고 있다고 하더라도, 어떻게 가장 위대한 순응주의에 의해 이루어졌는지를 보여 주고 있다. 따라서 그 성향을 통해 20세기를 설명할 수 있는 것이다. 하지만 이와는 반대로 보통 순수한 반항의 기수로 찬양받고 있는 로트레아몽은, 현재 우리가 살고 있는 이 세계에서 사라지는 지적인 예속의 취향을 예고하고 있는 것이다.[1]

『반항적 인간』에 포함된 이 부분 바로 뒤에 "초현실주의와 혁명"이라는 제목이 붙은 한 장章이 이어진다. 카뮈는 이 장에서 랭보는 물론이고 브르통을 폭력의 광기에 사로잡힌 "살롱의 허무주의자들"로 규정하면서 통렬하게 비판한다. 이처럼 요란한 분석으로 인해 폭풍우가 몰아쳤다. 초현실주의는 프랑스에서 태동했고, 제1차 세계대전이 끝난 직후 브르통의 후광 하에 전성기를 맞았다. 끼리끼리라는 한계는 있었지만, 그래도 초현실주의자들은 그 당시 여전히 존경을 받고 있었으며, 대부분 프랑스에서 상당히 중요한 위치를 점하고 있던 시인들로 구성되어 있었다. 카뮈와 사르트르를 위시해 그 당시 새로운 세대에 속하는 많은 프랑스 작가들이 초현실주의를 한물 간 사조로 여기고 있었지만, 그런 사정에는 변함이 없었다.[2] 이 사조를 따르고 열광하는 자들이 여전히 있었던 것이다. 카뮈는 개인적으로 공산주의와 일시적인 사랑에 빠졌던 초현실주의자들은 물론이고, 특히 그들이 해방을 향한 노선으로서 생각한 무의식과 비합리성에 대한 헌신을 못마땅하게 여겼다. 카뮈가 '중용'을 믿었다고 한다면, 초현실주의자들은 '폭발적인 해방'을 추구했으며, 정신세계를 억압하는 힘은 부르주아 사회의 뇌관이라고 설명하곤 했다. 그들은 무의식의 세계를 표현하고자 했으며, 억압된 정신세계를 해방시키는 과정을 위해 폭력과 무관하지 않은 이미지와 주제가 갖는 중요한 특징을 강조하곤 했다. 1933년경 브르통에 의해 이루어진 가장 유명한 설명— "가장 간단한 초현실주의 행동은 권총을 손에 쥐고 길거리로 나가 할 수 있는 대로 군중에다 대고 마구 쏘아대는 것이다."[3] —으로 인해 카뮈는 전율을 금할 수 없었다. 카뮈가 보기에 그처럼 격렬한 언어를 가지고 지적으로 유희하는 것은 필연적으로 20세기를 좀먹는 조직적인 폭력의 폭발을 낳을 수밖에 없었던 것이다.

브르통은 『카이에 뒤 쉬드』에서 로트레아몽과 관련된 장을 발견하기 전에 카뮈의 『반항적 인간』을 읽지 못한 상황이었다. 카뮈가 어떤 방향으로 나아가고 있는지를 간파하면서 브르통은, 격앙된 내용이 포함된 글을 문화 관련 주간지인 『예술Arts』 10월 12일자에 게재한다. 『반항적 인간』이 다음 주에 출간될 예정이었기 때문에 그 날짜를 선택한 것이었다. 브르통은 카뮈처럼 유명한 작가가 자기보다 천배나 위대한 작가*를 공격할 수 있다는 것에 충격을 받았다고 토로하고 있다. 초현실주의가 가진 해방적 힘을 무시하고 로트레아몽의 허무주의를 공격함으로써, 카뮈는 "단번에 가장 해로운 보수주의, 가장 해로운 '순응주의' 편이 되었다."[4]는 것이 브르통의 주장이었다.

　이에 대한 답변에서 카뮈는 사뭇 공격적인 어조를 취한다. 브르통은 이렇게 주장하고 있다. "그는 분명히 내 작품을 읽지 않았다. 그리고 [······] 순전히 감정적인 그의 논증은, 로트레아몽에 대해 내가 가지고 있는 '현실적인' 관점 가운데 그 어떤 것도 변화시키지 못했다."[5] 결국, 우리 모두가 초현실주의를 지지하지만, 반항에 대한 갈채를 넘어 초현실주의는 노예와 순응주의적인 태도 역시 야기한다는 것이 카뮈의 주장이었던 것이다. 카뮈는 로트레아몽에 관계된 자신의 텍스트를 진정으로 읽어본 사람은 누구든지 행간에서 이 같은 뉘앙스를 이해할 수 있을 것이라고 주장했다. 그렇다면 보수주의는? 브르통과 맞서면서 카뮈는 그 자신의 정치적 급진주의를 조금도 양보하지 않는다.[6] 만약 이 사회에 보존해야 할 어떤 것이 있다면, 그 자신 보수주의자가 되는 것에 대해 아무런 수치심도 느끼지 않을 것이라는 것이 카뮈의 주장이었다. 이러한 입장은 열 달 후에 있게 될 사르트르에 대한 카뮈의 다음과 같은 선언을 예고하고 있다. "만약 [······] 내가 보기에 진리가 우파에 있다면, 나는 그곳에 설 것이다."[7] 어쨌든 카뮈에 대한 응수로 브르통은 실제로 『반항적 인간』을 읽었다고 주장한다. 브르통은 『예술』지와 가진 한 인터뷰에서 카뮈의 주요 논증을 일거에 반박한다. 그 주된 내용은 불행하게도 카뮈가 초현실주의와 너무 지나치게 불화 상태에 있다는 것이다.

＊ 로트레아몽을 가리킴.

그렇다면 카뮈가 유포시키려고 노력하면서 자신은 그 뒤에 숨는 그 반항이라는 유령의 정체는 도대체 무엇일까요? '중용'을 도입할 수 있는 그 반항이라는 것이 말입니다. 일단 반항의 열정적인 내용물이 비어 있는데, 당신은 뭔가가 남아 있기를 바라는 것인가요? [……] 많은 사람들이 이 같은 협잡에 속아 넘어가도록 놔둘 것이라는 점을 의심하지 않습니다. 이름은 간직했지만, 사물 그 자체는 지워 버린 것입니다.[8]

이 같은 브르통의 응수에 이어지는 또 다른 응수와 더 긴 글에서 카뮈는 다음과 같은 사실을 주장한다. 즉 자기가 속한 현재 세대가 양차 세계대전 사이에 영향을 미쳤던 선배 세대의 위대한 대변인과 거의 맞먹는 입장에 있다고 말이다. 1948년 12월에 카뮈, 브르통, 사르트르가 자리를 같이 했다. 사르트르가 주도하던 RDR의 여러 모임 가운데 가장 많은 군중이 모였던 집회의 연단에서였다. 벌써 선후배 세대들이 많은 독자를 확보하고 있는 주간지에서 프랑스 국내 정치, 문화의 핵심 사상의 의미에 대해 서로 충돌하는 입장에 있게 된 것이다. 그때 이후 몇 개월 동안 수많은 사람들이 이 같은 세대간의 갈등에 연루되게 된다. 그 전체적 양상을 보면, 카뮈와 브르통의 대결과 유사하다고 말할 수 있을 정도였다. 이와 유사한 논쟁에서 카뮈가 보여 준 재주는, 그 당시 프랑스 지식인들로부터 높은 평가를 받고 있던 로트레아몽과 같은 시인에 대해 지금까지 행해지지 않은 부정적인 분석과 공격을 과감하게 퍼붓는다는 사실, 또한 초현실주의의 교황*과 더불어 칼을 겨눈다는 사실 등을 통해 충분히 엿볼 수 있었다. 카뮈가 개인적인 서신

---

* 브르통을 가리킴.

들을 통해 지적하고 있는 것처럼, 그 자신의 에너지를 총동원해야 하는 겁나는 사태에 새로이 부딪쳐도 어쩔 수 없었다.[9] 그 경우에도 그는 결코 칼을 거두는 법이 없었다.

카뮈-브르통의 불화는 카뮈의 사회적 영향력을 보여 주는 두 사건에서 그 극점에 달한다. 첫 번째 사건은 브르통을 지지하던 젊은이들의 아주 두툼한 글 모음집인『문제가 되는 반항*La Révolte en question*』사건이다. 카뮈는 이 모음집에 글을 게재하는 것을 거절했다(물론 이 모음집의 편찬자는 카뮈를 거만하고 건방졌다고 비난하고 있다.)[10] 두 번째 사건은 카뮈가 개인적으로 했던 브르통과의 아주 주목할 만한 화해이다. 불화에도 불구하고 카뮈는 다른 사람을 통해 브르통에게 1952년 2월 말에 프랑코 총통의 지배 하에 있던 스페인에 반대하는 집회에서 연설을 해 줄 것을 부탁한 바 있다. 브르통은 그 소식을 듣고 갑자기 울음을 터트렸다. 시위를 하는 동안 그 두 사람은 길 위에서 정답게 서로 이야기를 나누었다. 카뮈는 후일 이렇게 회상하고 있다. 그 자신은 그 날 브르통이 보여 준 것과 같은 그런 열정을 가지고서 그에게 맞장구를 치는 것을 내심 거부했다고 말이다.[11] 카뮈가 사르트르보다는 브르통과 정상적인 관계들을 유지하는 데 어려움이 덜했을 것이라는 점은 가능하다. 왜냐하면 그들은 결코 친밀한 관계를 유지한 적이 없었기 때문이었다. 또는 그들의 갈등이 공산주의에 대한 것이 아니라 초현실주의에 대한 것이었기 때문일 수도 있다. 그러니까 카뮈와 브르통 사이에는 카뮈와 사르트르 사이의 논쟁에서와는 전혀 다른 쟁점이 있었던 것이다. 그날 그 역시 시위에 참여했던 사르트르는, 카뮈와 함께 한 잔 하러 가서 그에게『현대』지 5월호에『반항적 인간』에 대한 서평이 실릴 것이라고 점을 귀띔해 준다.

*　　*　　*

　『반항적 인간』의 출간과 1952년 5월 사이에 이 저서에 대한 많은 서평이 쏟아졌다. 정치, 문학, 종교 관련 교양지들, 그리고 일간지들, 주간지들, 월간지들에 아주 다양한 정치적 성향을 띤 서평들이 실렸다. 익히 알려진 인물들은 물론이고 정치평론가들의 서평도 포함되어 있었다. 그 가운데에는 레지스탕스 운동 시절의 카뮈 동료들의 서평도 있었다. 이 저서는 여러 사람들의 입에 회자되었다. 게다가 대체로 이 저서는 우호적으로 받아들여졌다. 특히 더 길고 더 심사숙고된 서평들이 나오기 시작하면서부터는 많은 비평들도 씌어졌다. 하지만 이 저서에 대한 정치적 반응은 하나의 뚜렷한 도식을 따르지 않았다. 『롭세르바퇴르 L'Observateur』지에 대한 카뮈의 응수를 보면, 그가 정치적 반응에 대해 어느 정도나 예민한지를 알 수 있다. 1944년 초 『콩바』지에서 자기 자리를 카뮈에게 넘겨준 클로드 부르데 Claude Bourdet는, 『롭세르바퇴르』지에 2주 연속 『반항적 인간』에 대한 긍정적이고 진지한 비평을 게재했다. 『롭세르바퇴르』의 다음 호에서 자크 르바르 Jacques Lebar는, 카뮈의 천적 에르베가 공산주의 일간지인 『라 누벨 크리티크 La Nouvelle critique』에서 『반항적 인간』에 할애한 기사를 "놀랄 만한"[12] 것으로 평가했다. 카뮈는 그 와중에서 『옵세르바퇴르』지를 공격하는 실수를 범했다. 그가 이 잡지를 공격한 것은, 이 주간지가 공산주의자 에르베의 글을 "훌륭한" 것으로 규정했기 때문이었다. 하지만 카뮈는, 분명 르바르가 자신의 글에서 왜 에르베의 글을 "훌륭한" 것으로 규정했는지를 알지 못한 채, 공격을 했던 것이다. 그런데 르바르가 에르베의 글을 "훌륭한" 것으로 규정했던 것은, "에르베의 글이 한 편의 논문이기보다는 하나의 팜플렛"에 불과한 것으로 판단했었기 때문이었다.[13] 하지만 이러한 사실을 완전히 오해한 채 카뮈는 거만한 태도로 한 통의 편지를 보냈다. 그는 이 편지에서 『롭세르바퇴르』지는 "집 지키는 개들과 자유로운 인간들, 즉 경찰국가를 지향하는 좌파와 자유주의를 추구하는 좌파"[14] 사이에서 선택을 해야 한다는 점을 강조하고 있다.

한 기자는 1948년 플레이엘Pleyel에서 개최되었던 평화를 위한 대모임을 떨리는 감정으로 기억한다. 이 모임에서 사르트르, 카뮈, 브르통이 차례로 연설을 했으며, 옛날에는 하나로 통일되었던 비공산주의적 좌파들이 붕괴되었다는 사실을 이구동성으로 개탄했다. 이 점에 대해 질문을 받은 『반항적 인간』의 저자인 카뮈는 굳은 태도로 이렇게 답을 했다. "무질서의 시대는 갔습니다. 〔……〕 세기의 신비화*를 거부하는 사람들의 수가 점점 더 많아지고 있습니다."[15] 그리고 카뮈는 이렇게 희망했다. 우리들 모두는 우리들 사이의 차이를 더 이상 숨기지 않는다는 조건에서, 그리고 각자가 우리 시대의 실질적인 문제를 인정한다는 조건에서, 즉 공산주의의 문제를 인정하고 또 그것을 비판한다는 조건에서라면 다시 한 번 통일을 이룰 수 있다고 말이다. 달리 말하자면 이렇다. 그러니까 사회주의나 중립주의가 아니라 반공산주의가 좌파 통일의 초석이 된다면, 카뮈는 거기에 참여할 수도 있다는 것이다.

이처럼 카뮈는 『반항적 인간』이라는 신간에서 끌어낼 수 있는 핵심적인 정치사상의 결론을 내리고 있다. 그 시기에 그가 내보였던 정치적 독립의 태도와 그가 내보인 강한 확신은, 점차 증가하는 당당함, 공격성, 감수성 등에 의해 채색되었다. 이 같은 정신 상태를 바탕으로,

* 공산주의를 지칭함.

284

그는 비록 이름을 직접 거론하지는 않았지만, 자기에게 칼을 겨누는 모든 사람들과 일전을 불사할 생각이었다. 『롭세르바퇴르』지에 보냈던 편지에서 카뮈는, 에르베와 『반항적 인간』에 대한 서평을 싣는 데 7개월을 고심한 『라 누벨 크리티크』지에 대한 분노를 표명했다. 이러한 상황에 처해 있던 카뮈는, 『반항적 인간』에 대한 서평을 싣는 데 한 달을 더 기다려야 했던 『현대』지와 그 편집인 사르트르에 대해 무슨 생각을 했을까? 여러 해 전부터 카뮈는 "실존주의자들"과 다른 길을 가고 있었다. 결국 실존주의자들 가운데 한 명인 장송이 카뮈에 대한 서평을 쓰는 중책을 맡게 된다. 아주 사소한 부정적인 지적에도 상처받고 분노했던 카뮈가 그처럼 신랄한 서평에 어떻게 반응할 것인가?

*　　*　　*

출간 이후부터 줄곧 『반항적 인간』은 『현대』지에 미묘한 문제를 제기했다. 이 저서에 대해 어떻게 반응할 것인가? 보부아르는 이렇게 회상하고 있다. "11월부터 사르트르는 『반항적 인간』에 대해 누군가가 자원해서 서평을 쓸 것을 원했다. 사르트르 자신은 카뮈와의 우정으로 인해 이 저서에 대해 악평하는 것을 거부했다. 하지만 『현대』진영에서는 누구도 이 저서를 좋게 생각하지 않았다. 『현대』진영에서는 이 막다른 골목에서 어떻게 빠져나갈 것인가를 자문했다."[16] 두 주 내내 편집회의에서 이 문제만이 다루어졌다. 벌써 이 저서가 카뮈의 독창적 생각이 아니라 이차문헌에 의존하고 있다고 말하는 자들도 있었다. 『현대』지의 한 코너였던 "주르날Journal"을 담당하고 있던 장송이 이 저서에 대한 사르트르의 생각의 일단을 비쳤다. 사르트르에 의하면,

카뮈는 다른 저자들이 요약해 놓은 것에 만족하면서, 그 자신 이해하지 못한 사유들을 논하고 있다는 것이 그것이다. 예컨대 카뮈는 마르크스나 엥겔스의 저작들을 직접 읽지 않았다는 것이다.[17]

그렇다면 왜 사르트르는 『반항적 인간』에 대한 서평을 직접 쓰지 않았을까? 사르트르 자신이 말해야 할 것을 이미 알고 있었기 때문이었을까? 아니면 그 자신 거기에 적절한 어조를 찾아야 했었기 때문이었을까? 언어에 대한 사르트르의 기량과 카뮈와의 우정을 생각한다면, 그의 망설임은 놀라울 따름이다. 하지만 가장 위대한 사상가이자 그 당시 프랑스에서 가장 비중 있는 잡지의 가장 영향력 있는 편집인은, 카뮈에 대한 비평에 착수하는 일을 극구 피하고 그 임무를 다른 사람에게 위임하고 만다. 여기에 대한 가장 개연성 있는 설명은, 그렇게 함으로써 사르트르가 자신의 친구에게 상처를 줄 수도 있고, 또 그들의 우정을 깨트릴 수도 있는 대립을 극구 피했다는 것이다. 보부아르와 마찬가지로 사르트르도 카뮈의 쉽게 달아오르는 성격을 알고 있었다.[18] 따라서 그들은 특히 카뮈와의 사유의 차이가 드러난 후로는, 그의 면전에서 자기들의 말에 상당히 주의를 기울이곤 했다. 자신의 견해에 단호하고 또 교조적으로 집착하던 카뮈는, 방어자에 대해 비판적 태도를 보이고 가르침을 주는 태도를 취하는 성향이 있었다. 보부아르에 따르면 카뮈의 이러한 태도는 시간과 더불어 더 악화되기까지 했다. 이 같은 사실을 고려해 보면, 사르트르는 아주 쉬운 길을 택한 것으로 보인다. 그는 자신의 견해가 카뮈에게 얼마나 중요한 것인지를 알고 있었다. 만약 그가 카뮈의 사유의 토대를 밝힌다면, 오랜 우정을 유지해 온 두 사람 사이에 중대 문제가 발생할 것이라는 점을 내다보고 있었던 것이다. 이 같은 딜레마에서 벗어나기 위해 사르트르는 카뮈와 아무런 친분이 없는 사람에게 서평을 쓰는 임무를 부여하기로 마음먹었다. 왜냐하면 『현대』 지에서 『반항적 인간』에 대해 너무 오랜 동안 침묵을 지키는 것 역시 카뮈를 불쾌하게 만드는 일이라는 것을 사르트르는 알고 있었기 때문이다. 이렇게 해서 사르트르는 장송에게 최소한 카뮈에 대해 "정중할"[19] 것을 요구하면서 까다로운 일을 맡겼다. 이러한 해결책은 앞을 멀리 내다보지 못한 것, 게다가 어리석은 것이기는 했지만, 그래도 충분히 이해할 수 있는 것이기도 했다.

사르트르가 카뮈의 저서에 대해 직접 서평을 쓰지 않은 두 번째 이유는—자기와 논쟁이 붙은 자와의 대결에서 사르트르가 얼마나 과격한 어조로 자신의 주장을 폈는가를 알고 있는 입장에서 보면—사르트르 자신이 보여 준 태도와 비교해 볼 때, 우정이라는 면에서 서운한 감정으로 설명될 수 있다. 그러니까 사르트르는 그 자신의 이름을 거론하지 않은 사람에 대해 직접적으로 응수를 하고 싶지는 않다는 자존심의 문제가 그것이다. 카뮈가 사르트르를 "오늘의 작가"라는 표현으로 언급한 후, 사르트르가 카뮈를 피상적 철학 지식을 가진 자라고 취급했던 것을 우리는 기억한다. 1950년대에 사르트르는 전 세계적으로 이름을 날리고 있었으며, 이미 『시시포스의 신화』와 『반항적 인간』에서 카뮈가 인용하고 있는 유명한 사상가들과 같은 반열에 올라 있었다. 따라서 카뮈가 『반항적 인간』에서 사르트르의 이름을 거론하지 않은 것은, 그 당시 한 비평가가 지적하고 있듯이, 일종의 "욕"이었던 셈이다.[20] 만약 사르트르가 공개적으로 그리고 직접적으로 문제가 되었더라면, 그는 공개적으로 그리고 직접적으로 응수를 했을 것이다. 하지만 사르트르가 공격을 당함과 동시에 무시당했기 때문에, 그가 할 수 있는 최선의 응수는, 자기보다 훨씬 더 급이 떨어지는 동료에게 서평을 쓰게 함으로써, 카뮈에게서 받은 무시를 그대로 되돌려주는 것이었다. 따라서 서평을 쓸 사람은 카뮈에 대해 사르트르가 품고 있는 적대감을 어느 정도는 알고 있어야 했다. 이것이 친구에 대한 솔직한 우정인가? 갈등을 피하고 친구를 보호하는 것인가? 자신의 분노를 진정시키기 위한 것인가? 모욕에는 모욕으로 대처해야 하는 것인가? 사르트르가 직접 카뮈에게 답변하지 않았다는 것은 이 모든 해석들의 가능성에 문을 열어 놓고 있다. 사르트르의 분노는, 카뮈가 그 자신을 이미두 차례에 걸쳐 소홀히 취급했던 것처럼, 카뮈가 장송을 같은 방식으로 취급했을 때 마침내 공개적으로 폭발하게 된다. 즉 사르트르는 카뮈의 이름을 언급하는 것을 피하면서 그를 공격한 것이다.

사르트르에게서 『반항적 인간』을 비평하고 싶지 않은 또 다른 이유는, 그의 정치적 변화의 연대기를 생각해 보면 어느 정도 수긍할 수 있다. 아마도 카뮈에게 대답할 능력이 없음이 그 이유일 수도 있다. 『악마와 선한 신』을 통해 혁명적인 변화의 길로 접어들었음에도 불구하고, 혁명에 대한 그의 입장은 여전히 모호했다. 카뮈와의 우정은 이 작품의 준비 기간에 짧게나마 다시 활기를 띠었다. 그들은 첫 번째 공연을 같이 관람했다. 사르트르는 또한 카뮈가 쓴 니체에 대한 글을 『현대』 지에 게재하자고 제안했다. 우리는 앞에서 이미 사르트르의 다음과 같은 문장을 인용한 바 있다. "우리가 함께 잘 지낼 때에는 모종의 친밀감이 항상 우리들 사이에 있었어요. 심지어는 정치적 노선의 차이로 인해 대화를 나누는 데 있어서 그렇게 거북함을 느낀 것은 아니었어요."[21] 우정은 표면적일 뿐이었지만, 그래도 그들의 관계는 계속된다. 하지만 서평 사건 이후 정치적 차원에서 그들은 서로 적대자가 될 정도까지 소원해졌다. 각자는 자신이 대변인이 되게 될, 따라서 상대방이 싫어하는 정치, 철학적 입장을 채택하기에 이른다. 보부아르의 회상에 따르면, 사르트르와 그녀는 카뮈를 "4월에 생 쉴피스 가의 한 작은 카페에서 만났다. 그는 자신의 책에 가해진 몇몇 비판을 웃음거리로 만들었다. 그는 우리가 그를 좋아했다는 점을 적절하게 이용했다. 사르트르는 그에게 응수를 하는 데 상당한 불편함을 느꼈다."[22] 보부아르가 카뮈를 만난 것은 그것이 마지막이었다.

사르트르는 1951년 겨울에 『악마와 선한 신』을 집필했다. 1952년 봄이 끝날 무렵 그는 「공산주의자들과 평화」의 제1부를 쓰기 위해 로마에서 급히 파리로 돌아왔다. 그 당시 그의 주장은 다시 한 번 반복할 만한 가치가 있다. "반공산주의자는 개다. 나는 공산주의에서 빠져나오지 않을 것이다. 영원히 그렇게 하지 않을 것이다. 〔……〕하지만 십년 간의 숙고 끝에 나는 단절의 지점에 도달했고, 작은 충격만이 필요한 상태였다. 교회에서 사용하는 말로, 그것은 개종이었다."[23] 이 개종에 앞선 몇 달 동안 사르트르는 『현대』지에 『반항적 인간』에 대한 서평을 쓸 시간을 뒤로 미루었으며, 결국 장송에게 그 일을 일임했던 것이다.

1952년 여름, 사르트르는 혁명적 현실주의의 노선을 가기 위한 이론적 결정을 내렸다. 하지만 이 노선을 곧장 실현할 수 있는 입장은 아니었다. 그는 공산주의와의 관계를 다시 맺기로 결정한 후에야 비로소 그 노선을 향해 첫발을 내딛었던 것이다. 이 같은 연대기를 보면 사르트르가 카뮈의 『반항적 인간』에 대한 서평을 직접 쓰지 않은 두 가지 이유를 이해할 수 있다. 하나는 여전히 그가 카뮈를 친구로 생각했다는 것이다. 다른 하나는 사르트르 스스로 "작은 물방울"이라고 표현한 사건이 아직은 발생하지 않았다는 것이다. 1951년 가을과 1952년 봄

사이에 카뮈가 사르트르에게 도전자로 비쳤다고 해도, 그것은 여전히 친구로서의 카뮈였던 것이다. 사르트르는 「공산주의자들과 평화」를 쓰기 시작하면서 자신의 정치적 노선을 확고하게 정했던 것으로 보인다. 이 논문에서 볼 수 있는 선언과 더불어 그는 프랑스에서 독립된 친공산주의를 대표하는 주요 인물이 된다.

　하지만 카뮈의 거북함과 일탈 역시 사르트르의 그것과 같은 것이 아닌가? 그들 두 사람은 될 수 있는 한 대립이 발생하지 않도록 최선을 다했다. 하지만 그들을 대립으로 내모는 과정을 변경시킬 수는 없었다. 여러 사건과 도전으로 인해 폭발이 임박했다. 분명 카뮈는 점점 초조했으며, 같은 시기에 다른 전선에서 싸우고 있었다. 앙리 마르탱 사건에서 도움을 요청한 PCF와 관계를 회복한 사르트르는 공산주의를 지지하기 위해 활발한 움직임을 보였다. 역설적으로 이러한 상황에서 사르트르는 『반항적 인간』을 읽음으로써 카뮈의 입장과 정반대되는 입장을 세우는 과정에서 완전한 준비를 할 수 있는 계기가 되었다고 할 수 있다. 카뮈는 『현대』지에 실렸던 서평에 대한 그의 대답을 6월 30일에 간행된 같은 잡지에 게재했다. 이때 사르트르는 「공산주의자들과 평화」의 마지막 부분을 막 끝낸 상태였다. 카뮈를 공격하는 것은 PCF의 적극적인 동조자로서의 사르트르가 보여 준 첫 번째 구체적 행위였다. 장송의 서평에 대한 카뮈의 답변을 읽으면서 사르트르는 거의 1년 전부터 극구 피했던 행동을 하게 된다. 그러니까 그가 직접 카뮈에게 말을 건넨 것이다.

맞대결을 피하려고 노력했던 두 사람 사이에 우회적으로 나타난 선동적인 태도는 결국 폭발하게 된다. 사르트르는 그 당시 여러 사건들에 대한 시각을 1974년 8~9월에 보부아르와 가진 대담에서 소개한다. 이 대담은 그의 사후에 출간되었다.[24]

결정적인 반목은 카뮈의 『반항적 인간』이 출간되었을 때 발생했어요. 나는 이 저서에 대한 서평을 『현대』지에 쓰는 일을 맡아줄 사람을 찾고 있었어요. 지나치게 공격적이지는 않은 태도를 견지하면서 말이에요. 하지만 아주 어려운 일이었지요. 그 무렵 장송은 파리에 없었어요. 그리고 『현대』지의 다른 멤버들 가운데 그 누구도 그 저서에 대해 말하는 궂은 일을 담당하고자 하지 않았어요. 왜냐하면 내가 그 저서에 대해 신중한 태도를 견지할 것을 원했기 때문이었지요. 하지만 모든 사람들이 그 저서를 싫어했어요. 따라서 두 달, 세 달 동안 『현대』지는 『반항적 인간』에 대해 침묵을 지키고 있는 형국이었지요. 이윽고 장송이 여행에서 돌아왔고, 나에게 말했어요. '제가 해보겠습니다.'[25]

장송은 1947년에 『현대』지 사무실에서 사르트르를 처음 만났다. 당시 스물다섯의 나이였고, 카뮈처럼 결핵으로 고통을 겪고 있던 그는, 사르트르의 초기 저작들에 대한 연구서 한 권을 막 탈고한 상태였다. 이 연구서는 그 당시까지 최고의 저작이었다. 사르트르는 그 저서에 서문을 써주었다. 장송은 1948년에 자신의 첫 글을 『현대』지에서 발표했다. 그는 후일 메를로퐁티가 1951년에 사임한 이후 『현대』지의 편집장이 된다. 그 자신의 말에 의하면, 그는 사르트르의 "제자"였다. 하지만 결코 "앵무새"는 아니었다. 그는 사르트르의 "식구"의 일원이 아니었고, 개인적으로 사르트르의 친구가 된 적도 없다. 비록 사르트르가 그의 결혼식의 증인 역할을 맡아 주었지만 말이다.[26] 장송은 철두철미하고 아주 독창적인 사상가였다. 어쩌면 그는 부조리 개념에 대한 사르트르와 카뮈 사이에 나타난 차이를 강조한 첫 번째 연구자일 것이다. 사르트르에 대한 저서에서 장송은, 사르트르에 의하면 인간 존재는 자신을 에워싸고 있는 부조리라는 조건을 극복하는 것이 가능한 반면, 카뮈는 이 부조리를 모든 인간의 경험의 중심에 놓는 작업을 강조하고 있다고 설명한다. 사르트르에 대한 연구서를 마치고 난 뒤 1947년 초에 발표된 여러 글에서 장송은, 카뮈에 대해 의미심장한 비판을 가하고 있다. 그 비판은 수년 전부터 사르트르가 해왔던 비판을 능가하는 것이었다. 장송의 입장에서 보면, 카뮈가 그토록 "부조리를 유지하려고" 하는 것은, 정확히 그가 경험에 굴복하기보다는 오히려 "정신의 사명"의 포기와 더불어 철학적 사유 자체에 대한 포기라는 점을 잘 보여 주는 것이었다.[27] 그러니까 장송에 따르면 카뮈는 부조리라는 가공되지 않은 사실을 가치로 전환시켰으며, 이것은 "부조리주의"로 빠지는 일종의 패배주의와 동일한 것이었다. "부조리를 내세우는 것은, 비록 그것이 부조리에 동의하지 않기 위한 것이라도, 여전히 부조리를 원하는 것과 같다."[28]

　1951년에 장송은 실존주의를 포기하지 않으면서 마르크스주의를 받아들인다. 개인적 차원, 곧 경험의 주관적 차원과 마찬가지로 구조적 변화의 사회, 역사적 요구를 단 하나의 동일한 비전 속에 구체화시키고자 했던 것이다. 그는 스스로 "마르크스주의자들보다 더 마르크스주의자라고 느꼈다."[29] 그러나 그는 결코 PCF 당원이 되지 않았으며, 그 자신을 공산주의의 동반자로 여기지도 않았다. 1951년에 장송은 노동자계급, 이 계급의 건강 상태, 이 계급의 여러 성향들과 미래에 대한 글을 썼다.[30] 이 글에서 그는 주저하는 태도로 PCF를 지지했다. 왜냐하면 오직 PCF만이 프랑스 노동자들의 당이었기 때문이다. 마르크스주의를 향해 나아가고, 공산주의자들을 비판적으로 지지하려는 의지를 보여 주고, 실존주의와 마르크스주의를 혼합시키려는 이론적 능력을 보여 주면서 젊은 장송은, 1940년대 말과 1950년대 초반에 자신의 조언자인 사르트르를 능가하는 재능을 보여 주었다. 요컨대 지적으로 또 정치적으로 장송은 분명 『반항적 인간』에 대한 비판을 함에 있어서 개인교사 격이던 스승 사르트르보다도 훨씬 더 용이한 입장에 있었다고 할 수 있다.

하지만 장송의 입장에서는 그 자신이 혐오하는 정치 견해들이 포함된 한 권의 저서, 자신이 거부하는 철학을 펼치고 있는 한 권의 저서를 비판함과 동시에 사르트르와 카뮈의 우정을 지키는 것은 거의 불가능한 임무처럼 보였다. 카뮈와는 어떤 개인적 관계도 가지고 있지 않았음에도, 어쨌든 카뮈의 저서에 대한 서평을 쓰는 것이 제1차 목표— 어쨌든 사르트르의 목표—였기 때문에, 장송은 펜을 억제할 수 없었다. 사르트르는 이렇게 불평하고 있다. "내가 바라지 않았던 방향으로 장송이 글을 썼어요. 다시 말해 폭력적이고, 충격적이고, 따라서 그 저서의 결점을 신랄하게 지적하는 방향으로 말이에요. 하지만 그렇게 글을 쓰는 것은 그리 어려운 일이 아니었어요."[31] 그리고 사르트르는 하나의 흥미로운 점을 회상했다. 그가 파리에 없을 때 거기에 남아 『현대』 지를 이끌고 있던 메를로퐁티의 증언과 관계된 회상이 그것이다.

이 증언에 의하면, 사르트르는 그처럼 폭력적인 서평이 『현대』지에 실리는 것을 원하지 않았다는 것이다. 카뮈와의 대립에 대해 마지막으로 언급하면서 사르트르는 그 당시 일어났던 사건들을 이렇게 설명하고 있다.

> 〔메를로퐁티는〕 장송의 의견을 바꾸길 원했어요. 그들은 이미 충분히 활발한 논쟁을 했지요. 하지만 메를로퐁티는 문제의 글이 출간되도록 하는 것 외에는 아무것도 할 수 없었어요. 해서 그 글은 출간되었지요. 하지만 아주 특별한 조건 속에서였어요. 즉 장송이 자신의 글을 카뮈에게 보여 주는 것에 동의했어요. 이것이 바로 그가 수용했던 유일한 유보사항이었어요. 그러니까 『현대』지에 자신의 글이 인쇄되기 전에 카뮈가 그 글에 동의하는지의 여부를 물어보는 것에 동의했던 것이지요.

21쪽에 걸친 장송의 서평은, 그 내용상 철학자들의 여러 저서보다는 오히려 철학자들에 대한 공격을 주요 테마로 삼고 있는 『반항적 인간』에 대한 비평적 연구라고 할 수 있다. 이 저서에 대한 본격적인 분석을 하기에 앞서 장송은, 이 저서의 저자, 그의 이전의 저작들, 이 저서의 수용 및 그 스타일 등을 분석, 비평하고 있다. 자신이 구사하는 비꼬는 듯한 어조가 조금 누그러질 때야 비로소 장송은 카뮈의 주요 사유들에 대한 비판을 개시하고 있다. 장송은 이 같은 비꼬는 듯한 어조에 많은 사람들이 성인聖人 취급을 하는 카뮈라는 인물을 탈신비화시키고자 하는 욕심을 덧붙이게 된다. 사르트르와의 논쟁을 야기시키려고 하는 카뮈의 노력과는 달리, 장송은 카뮈의 논점을 분석하고, 그의 실수를 나열하면서 그를 적수敵手로 취급했다. 장송은 실수를 저지른 카뮈의 모습 속에서 그의 진정한 모습을 보면서, 자신의 정치적, 지적인 적수에게 아무것도 양보를 하려 들지 않았다. 장송은 아주 조심스럽게 행동하지는 않았으며, 결국 그의 행동에는 격렬함이 배어 있었던 것이다.

장송의 글을 읽은 독자들은 무엇보다도 「알베르 카뮈 혹은 반항적 영혼」이라는 그의 서평 제목에서 카뮈가 본격적으로 겨냥되고 있다는 사실을 알 수 있다. "반항적 인간"과 "반항적 영혼"이라는 단어를 교차시키고 있는 장송의 멋진 표현은, 암묵적으로 헤겔의 『정신현상학』에 —헤겔은 이 저서에서 순수한 정신으로 남기 위한 정신의 노력이 결국 자기 자신의 의지와는 반대로 나타나는 방식을 다루고 있다[32]— 나오는 "고매한 정신"을 상정하고 있다. 사실 카뮈는 직접 『반항적 인간』에서 헤겔을 다루고 있으며, 헤겔은 그 자신의 "고매한 정신과 비효율적인 태도에 대한 고발"을 통해 순수성에 대해 공격을 감행했다는 비난을 가하고 있다.[33] 카뮈가 이러한 비난을 통해 순수성을 향한 고매한 정신의 희생을 옹호하려고 했지만, 장송뿐 아니라 사르트르는 카뮈 역시 헤겔과 같은 오류를 범했다고 비난하고 있다. 장송은 자신의 글의 제목에서부터 이러한 어조를 사용하고 있는 것이다. 그러니까 그는 카뮈라는 사람을 직접 겨냥하고 있는 것이다.

비꼬는 듯한 어조가 장송의 글 전체를 관통하고 있다. 그는 『반항적 인간』에 가해진 비판들에 대한 비판을 시작으로 무엇보다도 카뮈를 직접 공격하고 있는 것으로 보인다. 왜냐하면 우파 진영은 이 저서를 이구동성으로 찬양했기 때문이다. 이어서 장송은 이 저서가 좌파 진영에서도 아주 호의적으로 받아들여졌다는 사실을 인정한다. 장송은 또한 이 저서가 그처럼 많은 지지자들을 끌어 모은 것 자체가 오히려 이 저서의 약점을 증명해 준다는 사실을 암시하고 있다. 예컨대, 카뮈의 "애매모호한 휴머니즘", "그의 사유를 다양한 형태에 적용될 수 정도로 아주 신축성 있고 유연하게끔 만드는 논리적 취약함" 등이 그 좋은 예라는 것이다.[34] 그리고 나서 장송은 이 저서가 너무나 잘 씌어졌다고 비판한다. 장송이 보기에 카뮈는 "지나치게 멋지고, 지나치게 숭고하며, 지나치게 확신에 사로잡힌" 글쓰기를 함으로써, "위대한 문체는 비가시적인 문체화[여야 한다]"는 것을 바랐던 카뮈 자신의 철칙을 위반했다는 것이다.[35] 1947년에 카뮈에게 보냈던 찬사와는 달리 장송은 갑작스럽게 "적십자의 도덕"을 내세워 『페스트』를 공격하기도 한다.[36]

카뮈가 다룬 주요 주제들을 요약하면서 장송은 다음과 같은 점을 강조하고 있다. 즉 카뮈 스스로 혁명의 목표가 "인간의 신격화"에 있다고 생각하기 때문에, "혁명의 발발에 있어서 역사적이고 경제적인 요소가 담당하는 모든 역할을 거부하기에 이른다."는 점이 그것이다.[37] 비꼬는 듯한 내용을 담은 이 요약은 전체적으로 보아 아주 비판적인 성향을 띠게 된다.

우리는 역사에 대한 이러한 낯선 개념이 역사 그 자체를 제거하기에 이른다는 것을 보게 된다. 사실을 말하자면, 이것은 모든 구체적 상황을 제거하는 것과 관련된다. 그 결과 다음과 같은 사유들 사이의 순수한 대화를 얻게 된다. 한편으로는 고통과 죽음에 대한 형이상학적 저항이라는 사유들, 다른 한편으로는 전능함에 대한 마찬가지의 형이상학적 시도에 대한 사유들이 있는 것이다. 전자는 진정한 반항을 구성하고, 후자는 그것의 혁명적 퇴폐를 구성한다. 사상의 현재 수준에서 보면 분명 신학적 논쟁들은 결정적 중요성을 가진 것으로 간주될 수 있다. 하지만 예를 들어 굶주리고 있을, 그리고 매우 저급한 논리를 좇아 자신들의 굶주림에 책임이 있는 자들에 대한 투쟁을 기도할 수 있을 사람들의 단순한 실존은 결정적인 중요성을 가진 것으로 드러나지 않는다. 단언컨대 카뮈는 하부구조를 전혀 생각하지 않고 있다.[38]

혁명은 물론이고 "혁명을 구성하는 행동들"이 발생하고 번지는 방식을 포함하는 "혁명적 행동의 구체적 구조들"을 연구하는 대신에, 카뮈는 정치적 이데올로기에 "절대적 우선권"을 부여했으며, 여러 사상가와 여러 사상을 왜곡시킨 책임을 지는 것을 전적으로 거부했다는 것이다. 장송의 지적에 의하면, 그 결과 카뮈는 루소의 『사회계약론』, 생쥐스트Saint-Just의 담론, 헤겔의 『정신현상학』, 파시즘 이론가들의 "니힐리즘적-무정부적-테러주의적 선언",[39] 레닌과 스탈린주의자들의 이론 등을 검토하면서 『반항적 인간』의 4분의 1 이상을 근대적 혁명들에 할애하고 있다는 것이다. 하지만 "실패한 혁명들에 대한 이 같은 허위의 역사는 혁명적 이데올로기들의 실패한 역사가 아닌가?"[40]

장송의 비판에 내재된 지적에 따르면, 카뮈는 혁명에 고유한 결점들 때문에 이 혁명들이 실패로 끝날 수밖에 없다는 사실을 선험적으로 선고하고 있다. 달리 말해 카뮈는 일종의 정적주의quiétisme을 설교하고 있다는 것이다. 카뮈가 헤겔에게 가한 잘못된 해석을 지적한 후, 장송은 혁명적 조합주의를 진짜 효과적인 유일한 정치적 입장으로 칭송하는 카뮈의 경박함에 대한 비판으로 넘어간다. 카뮈는 소련에 의해 육화된 "승리한 혁명"에 맞서 "실패한 혁명"을 지지하는 자가 되었다는 것이다. 장송은 카뮈에 의해 정치적 패배주의에 대한 숭배로 여겨지는 것을 신랄하게 공격한다. 실제로 카뮈는 그 자신이 직접 선험적으로 시시포스의 고통을 짊어질 것으로 선고한 정치적 태도만을 정당한 정치적 태도로 여기고 또 옹호한다는 것이다. 장송의 주장에 따르면, PCF는 노동자계급의 이름으로 발언을 하며, 이 PCF를 단호히 거부하는 것은 결국 실패를 향해 달려가는 것과 동의어라는 것이다.

　장송의 눈으로 보면, 카뮈가 밟아나가는 단계는 전적으로 "역사와 끝장을 보겠다."는 의지로 설명된다. 그리고 카뮈의 사유의 중심에는 부재하는 신神의 관념이 있다는 것이다. "카뮈는 결코 신에 도전하고자 하지 않는다. 그 대신 이 주인에 대해 반항적 노예로 머물고자 한다."[41] 하지만 장송에 의하면 카뮈에게서는 이 신과 이 신에 의해 연출되는 일군의 부조리한 장면들로 인해 "불의를 심각하게 고려하는 데 불편함을 느끼게 되고, 또한 이 불의를 개선하려는 노력 역시 헛될 수밖에 없다. 심지어 완벽한 사회에서도 어린아이들은 항상 부당하게 죽을 수밖에 없는 것이다."[42] 카뮈가 생각하는 반항이라는 개념의 속성에 대해 장송은 다음과 같이 말하고 있다. "사람들이 반항을 '중용'으로 특징짓고 있으며, 혁명을 "정상을 벗어난 것", 냉소주의, 파괴와 한계 없는 복종의 장소 자체로 삼고, "혼란"의 무한한 연속, "하나의 전대미문의 집단적인 종말"로 만들고 있는 이때, 반항이―그것도 지나치게 과격한 방식으로―역사에 대한 거부라는 것을 어떻게 부정하겠는가?"[43]

　카뮈가 혁명에 반대한다는 사실로 인해 장송은 혼란스러웠다. 왜냐하면 혁명은 종종 민중 계층의 유일한 희망이기 때문이다. 카뮈처럼 혁명을 선험적으로 배제한다는 것은, 서민들을 무기력한 저항 운동 속에 가두는 것과 동의어이다. 자기를 숭배하는 지식인들에 의해서 제시되었건 아니건 간에, 혁명은 다음과 같은 구체적 상황 속에서 발생하는 것이다. 즉 혜택을 받지 못하는 자들이 자신들의 목숨이 걸린 필요로 인해 집단적으로 권력을 가진 자들을 전복시키기 위해, 그리고 그렇게 해서 자신들의 상황을 근본적으로 변화시키기 위해 연대하도록 이끄는 상황이 그것이다. 이러한 행동의 결과들은 아름답지 않을 수도 있다. 하지만 권력을 쟁취한 자들이 일반적으로 취하는 거대한 권력을 생각한다면, 그 정도는 불가피하게 치러야 할 사회적 변화의 대가인 것이다.

장송은 정치, 철학적 차원에서 카뮈와 과격하게 대립한다. 하지만 그는 카뮈를 좌파에서 배제시키는 데까지 나아가지는 않았다. 또한 다른 사람 같았으면 볼셰비키 혁명에 의해 야기된 논쟁을 다루는 문체 속에서 볼 수 있을 '배신'이라는 단어를 사용하는 데까지 나아가지도 않았다. 만약 이 장문의 부정적 서평이 다른 잡지—예컨대 가톨릭 좌파의 지지자들의 목소리를 대변하는 『에스프리』지와 같은 잡지—에 실렸다면, 그것은 한 프랑스 지식인의 삶에서 중요한 전환점이 될 수 없었을 수도 있다. 하지만 이 서평은 사르트르의 잡지에 실림으로써 그 무게를 더하게 된 것이다. 이 서평에 더 비극적인 울림을 준 것은, 바로 모든 사람들이 과연 카뮈가 어떤 식으로 읽을 것인지—왜냐하면 '그는 이 글을 반드시 읽을 것이기 때문에'—궁금해 했다는 점이다. 사르트르를 논쟁으로 끌어들이려는 카뮈의 서투르지만 진정한 태도와 그들의 개인사로 미루어보면, 그가 『현대』지에 실린 이 서평을 읽고 격노했을 것이라는 점은 쉽게 짐작할 수 있다. 그런데 『현대』지는 어떤 잡지인가? 몇 년 전에 사르트르와 보부아르와 함께 카뮈 자신도 창간에 관여했던 바로 그 잡지가 아닌가? 처음에 카뮈 자신이 편집장으로 있는 신문인『콩바』지의 편집위원회가 있는 건물에 사무실을 열자고 했던 바로 그 잡지가 아닌가? 장송의 글을 싣기 불과 8개월 전에『반항적 인간』의 한 장을 출간했던 바로 그 잡지가 아닌가? 이 같은 사실들을 도외시하더라도 카뮈는 문제의 서평을 쓴 자의 이름을 발견하고서 놀라 그 자리에서 꼼짝하지 못했을 수도 있다. 사르트르가 직접『반항적 인간』에 대한 서평을 쓰는 일에 전력을 다하지 않았다는 사실을 카뮈는 잘 이해해야만 했다. 카뮈는 또한 사르트르가 이 저서에 대한 서평을 쓰는 일을『현대』지의 편집위원도 아니고 그저 제2급의 햇병아리 기자—카뮈는 한 번도 그런 위치를 차지한 적이 없었다!—에게 그 일을 맡겼다는 사실 역시 잘 소화시켜야 했다.

익히 알고 있는 강한 자존심과 평소 의심을 품는 태도를 지녔던 카뮈는, 이 서평 사건을 자기에게 모욕을 주기 위한 고의적인 고작으로, 많은 사람들에게 그 자신의 사유가 직접 사르트르의 관심사를 끌 정도가 못 된다는 사실에 대한 증명으로 받아들였음에 틀림없다.『반항적 인간』에 대해 이미 많은 서평들이 이곳저곳에서 발표된 상황이었지만, 분명『현대』지의 햇병아리가 쓴 아첨하는 기색이 역력한 이 서평은, 카뮈의 목에 걸려 넘어가지 않았을 것이다. 그 동안 아주 힘들게 얻은 명성으로 미뤄볼 때, 그는 자기와 대화를 나누고자 하는 강한 욕망을 표출한 거의 무명의 필자의 시도에 대해 우호적인 태도를 보여주었을 수도 있다. 하지만『현대』지라는 시각에서 장송이 그 당시에 알려지지 않은 삼류 필자였다는 사실 그 자체가 카뮈를 겨냥한 가장 커다란 모욕이었던 것이다. 이 젊은 필자가 사르트르 대신 서평에 서명을 했다는 사실은, 사르트르라는 주인의 편에서 날아온 이별의 제스처 이외의 다른 행동이 아니었다. 또한 "반항적 영혼", "고매한 영혼",

"카뮈는 아무것도 시도하지 않았다.", "적십자의 도덕" 등과 같은 개인적 표현들로 인해 카뮈는 극도의 분노에 사로잡혔을 수도 있다. 그도 그럴 것이 이러한 표현들이 사르트르의 젊은 협력자의 펜을 통해 나왔기 때문이다. 이 같은 모든 이유들을 고려해 보면, 카뮈가 장송의 서평을 자기와의 관계를 끊기 위한 사르트르의 선언으로 읽었을 것은 명약관화한 일이다.

* * *

카뮈는 1952년 6월 30일에 17쪽으로 된 답변을 공개한다. 이 답변은 『현대』지의 "편집장" 앞으로 보내졌다. 따라서 카뮈는 이 답변에서 장송의 이름을 단 한 번도 거론하지 않는다. 비록 초안에서는 거론하지만 카뮈는 곧바로 그의 이름을 삭제해 버린다. 그 대신 카뮈는 단도직입적으로 "당신의 잡지가 나에게 할애한 〔……〕 글"에 대해 말한다. "당신의 협력자"와 "당신의 글"이라는 표현을 번갈아 사용하면서 카뮈는 장송의 글을 마치 사르트르가 쓴 것처럼 취급한다. 왜냐하면 카뮈는 사르트르의 입장이 장송의 그것과 "연계되어" 있다고 확신했기 때문이다.[44] 언론인으로서 카뮈는, 무릇 편집장이란 자기가 주관하는 잡지나 신문에 실린 모든 글이나 표명된 의견에 대해 책임이 있다는 상식을 방패로 삼았다. 하지만 이 같은 상식은 사르트르와 같은 편집자의 취향에 들어맞는 것이 아니었다. 왜냐하면 『현대』지에 기고를 하는 사람들은 어떤 위계적인 간섭도 없이 자유롭게 자신들의 의견을 표명할 수 있었기 때문이다.[45] 하지만 카뮈는 사르트르에게 직접 말을 하기로 마음을 굳히고, 마침내 그와 맞대결을 펼치는 것을 피해 왔던 모든 노력에 종지부를 찍은 것이다.

카뮈는 문제의 답변에서, 장송이 서평에서 그 자신의 인격, 자신의 삶 그리고 『반항적 인간』에 대해 별로 듣기 좋지 않으면서도 충실하지 않는 소개를 한 사실에 대해 분노한다는 점을 보여 주었다. 그러니까 장송은 카뮈 자신을 참여도 하지 않았다고, 구름 속을 헤매고 있다고 비난했다는 것이다. 또한 카뮈 자신이 모든 명증성에 반하는 한 권의 반역사적 교과서를 집필했으며, 현실과 동떨어져 미망에서 깨어나지 못한 이상주의자라고 비난했다는 것이다.

이처럼 카뮈는 『현대』지와 7년간 우호적 관계를 유지하다가 등을 돌리게 된 것이다.

> 결국 당신의 잡지사에 있는 자들을 제외하고는 그 어떤 독자도 다음과 같은 사실에 이의를 제기하려고 하지 않을 것입니다. 만약 『이방인』으로부터 『페스트』에 이르기까지 변화가 있다면, 그 변화는 연대성과 참여의 방향에서 이루어졌다는 것이 그것입니다. 이것을 반대로 말하는 것은 거짓말을 하거나 꿈을 꾸는 것입니다. 하지만 사실과는 달리 내가 현실과 역사와 동떨어져 있다는 것을 증명하기 위해 다른 식으로는 어떻게 해야 할까요?[46]

위의 인용문에서 이미 카뮈와 사르트르와의 결렬은 그 전말을 완전히 드러내고 있다. 또한 카뮈는 그 자신의 사유가 사르트르에 의해 잘못 해석되었다는 불만, 다른 사람이 자신의 사유를 해석하는 방식을 통제하고자 하는 각오에 더해, 『반항적 인간』을 나쁘게 읽는 자는 그 스스로 무능력하거나 아니면 카뮈 자신에 대해 좋지 않게 생각하는 자라는 강한 확신을 드러내 보이고 있다.⁴⁷ 편지 형태를 띤 카뮈의 답변은, 자기와 의견을 같이 하지 않는 모든 자들에게 평소에 보였던 단호한 태도의 전형적인 한 예를 보여 주고 있다. 카뮈는 적어도 10번 이상 반복해서 강조한다. 거의 애통해 하는 태도를 취하면서 그는, 『현대』지 진영에서는 『반항적 인간』에서 분명하고도 명쾌하게 표현된 그의 논거를 제대로 이해하지 못했고, 따라서 제멋대로 해석하고 지껄였다는 것이다.

장송은 다음과 같은 정당한 문제를 제기하고 있다. 카뮈는 『반항적 인간』에서 모든 역사적 과정을 배제하는 사유에 몰두했는가?, 그리고 이 원칙을 토대로 쓰인 그 저서의 위상은 어떤 것인가? 하지만 카뮈에게는 『현대』지가 문제였다.

당신의 협력자가 사용하는 방법을 보면, 〔……〕 내가 마치 경제 조건을 전혀 인정하지 않는 것처럼 보이고, 또한 '아주 분명하게'(물론 여기에서 문제가 되는 것은 내 저서를 관통하는 내적 명증성이다) 내가 하부구조를 믿지 않는 것처럼 보입니다. 그런데 그 책을 읽고 다 알 수 있는 내용을 언급하지 않기로 해놓고서 왜 그 책을 비판합니까? 당신의 글속에서 계속 나타나는 이 같은 방식은 토의의 모든 가능성을 없애 버립니다. 하늘이 푸르다고 말하면서 당신이 나로 하여금 하늘은 검은색이라고 말하게끔 강요하면, 나는 나 자신을 미친놈으로 인정하거나 아니면 내 말을 듣는 자가 귀머거리라고 선언하는 것 이외의 다른 방도가 없습니다. 다행스럽게 실제 하늘은 그대로 있습니다. 그리고 문제가 되는 책의 경우에 논의된 주제는 그대로 남아 있습니다. 바로 이러한 이유에서 당신 협력자의 정신 상태를 검토해서 내가 미쳤는지 아니면 그가 귀머거리인지를 결정할 필요가 있습니다.

카뮈는 사르트르의 "협력자" 장송이 논쟁의 한복판으로 뛰어들면서 공격의 동기動機를 드러내 보였다는 점을 암시하고 있다.

내가 보기에 그는 실제로 귀머거리보다는 남의 말을 듣지 않으려는 자 같습니다. 그의 주장은 단순합니다. 내가 푸른색이라고 말한 것을 그는 검정색이고 말합니다. 그가 쓴 글의 본질은 실제로 내가 취했던 입장이 아니라, 내가 내 책에서 여전히 논박하고 투쟁했던 입장을 논하는 것이었습니다. 『반항적 인간』에서는 완전히 다른 입장이 전개되고 있음에도 불구하고, 그는 그 입장을 이렇게 요약하고 있습니다. 즉 모든 악은 역사 속에 있는 반면, 모든 선은 역사 밖에 있다고 말입니다. 여기에서 다시 한 번 나는 이 점에 대해 이의를 제기하며, 그러한 태도가 전적으로 합당하지 않다는 것을 당신에게 침착하게 말할 필요가 있습니다. 자격을 갖추고 있다고 생각되는 한 비평가가, 이 나라에서 아주 중요한 잡지들 가운데 하나의 이름으로 말을 하면서, 이유도 없고 증거도 없이, 책의 일부분에서 반대되는 논의의 대상이 되는 주장을, 마치 그 책의 주제로 소개한다는 것은, 오늘날 단순한 지적인 성실함을 구실로 빠져있는 불쾌하기 짝이 없는 혐오감을 연상시켜 줍니다. 왜냐하면 그 글을 읽고는 책을 읽으려는 생각이나 시간을 갖지 않을 수 있는 사람들, 그리고 그 글에 실린 내용으로 충분한 정보를 받았다고 판단할 수도 있는 사람들도 있다는 사실을 고려해야 하기 때문입니다. 그러니 실제로 그 글에서 신실한 정보를 얻기는커녕 그 글만을 토대로 판단해 버리는 그런 사람들은 사기를 당할 것이며, 당신은 그 글

을 통해 그들에게 거짓말을 하는 것입니다.[48]

여기에서 볼 수 있는 내용은 친구에 대한 공개적인 절교 선언이다. 즉 카뮈는 이러한 내용을 담고 있는 서한을 출간함으로써 사르트르와 단절했다고 판단한 것이다. 사르트르의 의도에 대한 더 직설적인 일종의 방백 속에서 카뮈는, 『현대』지의 편집진이 직접 "직면한······"[49] 주제에 대한 우려를 표명하지 않는다는 점을 강력하게 비난하고 있다. 카뮈는 공개서한에서 한 번 이상 그 자신이 『현대』지에서 발견하기를 희망했던 점에 대해 지적한다. 즉 "명민하고 귀족적인 한 비평가가" 『반항적 인간』의 내용을 왜곡시키는 대신, 오히려 "내가 다루고자 했던 진정한 주제, 즉 역사 자체를 위한 역사의 봉사는 허무주의로 귀착되고 만다는 것을 말하고자 한 주제"에 집중했어야 했다고 말이다. 물론 "역사 자체를 위한"이라는 표현은 규범들과 가치들과는 '구분되는' 역사를 의미한다. 그런데 그러한 비판은 "역사가 그 자체에 대해 유일한 힘을 가진 가치들이 아닌 가치들을 제공할 수 있다는 것을 증명하기 위해 노력했어야 하고, 혹은 사람들이 그 어떤 가치에 호소하지 않고서도 역사 속으로 인도될 수 있다는 것을 증명하려는 것이 시도되었어야 한다"는 것이다. 이러한 증명은 매우 어려운 것이 될 것이지만, "적어도 이러한 시도를 통해 모든 사람들은 함께 진보할 수 있을 것입니다. 그리고 사실을 말하자면, 내가 당신에게 기대했던 것은 바로 이러한 사실에 대한 지적이었습니다. 하지만 그러한 기대를 한 내가 틀렸습니다."[50] 다른 사람들이 자기를 취급한 방식에 대해 카뮈는 끊임없이 불평을 늘어놓았으며, 사태를 제자리로 돌려놓으려고 노력했다. 카뮈가 『현대』지에 보낸 서한의 마지막 두 번째 문단에는 사르트르에 대한 개인적이고 직접적인 평이 포함되어 있다. "나는 내 자신을 보는 일에 약간 지쳤고, 특히 자신들의 시대에 투쟁하는 것을 결코 거절하지 않았던 늙은 투사들을 보는 데에도 약간 지쳤습니다. 또한 역사의 방향으로 결코 의자의 방향을 돌린 적이 없는 검열관 노릇을 하는 사람들이 주는 효율성이라는 교훈을 받는 데도 약간 지쳤습니다."[51] 1944년 8월 파리 봉기가 있었을 때 코메디 프랑세즈에 "자리를 잡고" 잠들어 있던 친구를 깨우면서 "당신은 역사의 방향으로 의자를 놓았군요."라고 말한 카뮈의 말을 기억할 것이다!

카뮈는 또한 사르트르에게 과거의 관계를 떠올리고, 또한 자신을 사르트르와 비교하면서 그가 행한 바를 회상하고 있다. 그는 특히 사르트르가 현실 정치에 참여하면서 겪었던 어려움을 회상하고 있다. 그는 사르트르에게 자기가 편집장으로 있을 때 기사를 싣기 위해 노력하던 상황을 회상하고 있다. 그러니까 그때 "역사의 밖에" 있던 자는 누구였던가라는 문제를 던지고 있는 것이다. 하지만 카뮈는 자제한 편이었다. 사르트르와 카뮈-사르트르의 분쟁을 아는 극소수의 사람들만이 이 같은 내용을 이해할 수 있었을 뿐이다.

* * *

장송이 서평을 쓰면서 『반항적 인간』의 주요 쟁점을 다루는 것을 피했다는 카뮈의 지적은 정확했다. 하지만 독자는 어려움 없이 그들 쌍방이 어떤 목적을 가지고 글을 썼는가 하는 점을 간접적으로나마 파악하고 있었다. 『반항적 인간』의 저자가 첫 번째 펀치를 날렸고, 장송은 거기에 응수했던 것이다. 결국 문제는 카뮈의 저서에서 겨냥된 주된 인물이 누구였느냐 하는 것이었다. 카뮈는 살인을 정당화시킨 자들, 곧 공산주의에 공조한 지식인들, 그러니까 대중을 위해 살인을 합리화한 자들에 맞서 그 저서를 집필했던 것이다. 그리고 사르트르가 해방 이후 참여의 입장을 표명한데 비해, 카뮈는 『콩바』지와 더불어 전쟁 초기부터 참여를 한 셈이었다. 해방이 되자 카뮈는 곧바로 사르트르가 그 자신만의 참여를 위한 사유를 이론화하는 것을 비판하기 시작했다. 그리고 그 이후 여러 해 동안 사르트르와 다른 입장을 표명했다. 여러 차례에 걸쳐 경고 신호가 있었지만 실질적인 결과는 없었다. 1946년에서 1947년 사이에 그들 두 사람의 토론은 주로 다음과 같은 두 주제를 중심으로 행해졌다. 폭력과 참여가 그것이다. 이 두 주제는 그들의 단절이 있기 전 수년 동안 각자의 지적 여정에서 중심을 차지하고 있었다.

카뮈는 그 당시의 정치적 대립 속에서 의식적으로 반反주류의 입장을 채택했기 때문에, 그에게 동의하지 않았던 자들이 그를 친구로 취급하기는커녕 강력한 반대 의견을 제시할 수 있다는 점을 충분히 이해할 수 있었다. 하지만 그러기 위해 카뮈는 그 자신의 관점보다는 오히려 그들 적들의 관점에서 자기 자신의 논증을 고려해야 할 필요가 있었던 것이다. 하지만 카뮈는 그렇게 하는 것을 거부했다. 따라서 그가 지적인 무례함과 정직하지 못함을 소리 높여 외치고, 자신의 답변의 전반부를 자신의 사상을 왜곡한 『현대』지를 비난하는 데 할애하고 있는 슬픈 광경을 목도하게 된다.

『현대』지에 보낸 자신의 서한 중반에서 카뮈는, 사르트르와 이 잡지에 맞서 상황을 반전시키면서 이번 사태의 핵심적 쟁점에 관심을 표명하게 된다. 이 핵심적 쟁점은 바로 공산주의에 대한 사르트르의 지지이다. 『현대』지에 실렸던 장송의 서평에 대한 카뮈의 비판은 그대로 사르트르에 대한 비판이 된다. 『반항적 인간』의 결말에 대한 자신의 간략한 주해와 1944년 이후의 실존주의에 대한 자신의 지적들을 되돌아보면서 카뮈는, 사르트르의 사유와 정치적 행동 속에서 앞으로 나아가지 못하고 절뚝거리고 있는 점을 직접적이고도 솔직한 화법으로 지적하고 있다.

사르트르와 『현대』지는 솔직하게 입장 표명을 하는 것을 거부하기는 했지만, 그럼에도 계속해서 공산주의적 관점을 채택하고 있었다는 것이다. "당신의 글에서는 모든 것이 마치 당신이 침묵의 교리로서 마르크스주의를 옹호한 것처럼 전개되고 있습니다."[52] "당신이 예전에 취했던 입장과는 반대로", 그 글은 마르크스주의적이 아닌 모든 혁명의 전통을 무시하고 있으며, 따라서 이를 통해 당신은 "제3의 해결책이 없다는 것과 '현상유지' 혹은 시저와 같은 사회주의 이외에는 다른 출구가 없다는 점을 가정하고 있습니다."[53] 그러니까 사르트르는 마르크스주의를 비판하는 가능성—완전히 다른 상부구조처럼 이 주의가 유행에 뒤질 수 있다는 것을 가정하는 가능성—자체를 고려하지 않고 있다는 것이다. 더군다나 20세기의 혁명들과 공포 사이의 관계를 탐색하고 있는 『반항적 인간』보다도 마르크스주의에 대해 성찰을 하지 못하고 있다는 것이다. "어쨌거나, 비록 권위주의적인 사회주의가 우리 시대의 혁명을 통해 겪었던 주요 경험이라는데 의견을 같이 한다고 해도, 이 사회주의가 전제하고 있는 공포, 예를 들어 오늘날 〔……〕 굴락을 청산하는 것은 내게는 지난한 일로 보입니다."[54] 카뮈는 이렇게 말하고 있다. 그 자신의 판단에 따르면 "이 문제들을 솔직하게 검토하면서 당신이 굴락의 존재를 정당화시키는 것이 당연할 수도 있습니다. 다만 그렇게 하기 위해서 당신은 많은 용기를 필요로 할 것입니다. 하지만 비정상적이고 혼란을 더욱 가중시키는 것은, 당신이 나의 책에 대해서 당신의 의견을 개진하면서 이 문제에 대해서는 일언반구가 없다는 점입니다. 만약 그랬더라면, 나는 문제의 핵심을 건드리지 못했다는 비판을 감수할 각오를 했어야 했을 텐데도 말입니다."[55] 카뮈의 입장에서 보면 굴락의 문제가 핵심적인 문제였다. 그는 혁명의 변호인을 자처하면서, 『현대』지에 실렸던 서평이 "하나의 이론에 대해서는 긍정의 답을 하면서도, 이 이론으로 인해 파생되는 정치*에 대해서는 침묵을 지키고 있는 것 같습니다."[56]라고 강조하고 있다.

요컨대, 사르트르가 마르크스주의와 합류한 방식을, 카뮈는 자유를 위한 참여가 아니라 복종을 위한 열망으로 해석한 것이다. 카뮈가 보기에 실존주의, 특히 인간의 자유라고 하는 그 출발점은 역사적 필연성이라는 마르크스주의적 개념과 어울리지 않았던 것이다. 인간을 모든 족쇄로부터 해방시킨다는 것은, 그들을 역사적 필연성 속에 가두는 것과는 어울리지 않았던 것이다. "사태의 진상은, 결국 당신의 협력자가 공산당과 공산주의 국가를 제외한 모든 것에 맞서 반항을 하기를 원했다는 점입니다."[57] 이 같은 결론을 내리면서 카뮈는 장송의 비판이 이 핵심적인 문제를 다루는 것을 거부할 수밖에 없었다는 주장을 펴고 있다.

1950년대 유럽의 정치 상황에 대해 전적인 관심을 표명하고 있는 한 권의 책을 앞에 두고서도, 당신의 글이 이 문제들에 대해 일언반구의 암시도 하지 않고 있다는 것은 대단히 중요한 문제입니다. 그 까닭은

---

* 마르크스주의와 그로 인해 파생된 폭력을 정당화시키는 전체주의적 소련 공산주의를 가리킴.

분명 이 문제를 암시하기 위해서는, 이 문제에 대한 자신의 입장을 표명해야 하고, 또한 당신의 편집자에게는 인종차별주의와 식민지주의에 반대해 자신이 입장을 선택을 하는 것이 어렵지는 않다고 해도, 스탈린주의에 대해서만큼은 자가당착으로 인해 분명하게 입장을 표명할 수 없었기 때문일 것입니다.[58]

카뮈의 핵심적 논증은 분명하다. 즉 자유의 철학을 표방하는 실존주의가 역사적 필연성을 껴안았고, 그 결과 스탈린주의와 공모를 하게 되었다는 것이다. 사르트르가 공산주의에 대한 지지를 확실하게 표명한 이상, 카뮈는 『반항적 인간』의 모든 논증을 사르트르와 『현대』지에 대한 반대 방향으로 끌고 간다. 자신의 저서에 가해진 비판에 대한 답변에서 지금까지 어떤 사상을 가지고 있었는지를 비교적 자세하게 알 수 없었던 카뮈의 투덜대는 불평은, 그 자신의 공격적인 논쟁과 섞이게 되었다. 카뮈는 자신의 주요 사상들을 재정비하면서 용기 있게 사르트르와의 논쟁을 시작했다.

*　　*　　*

"친애하는 카뮈, 우리의 우정은 쉽지는 않았지만, 그래도 그것을 잃어버리게 되면 나는 많이 아쉬워하게 될 것입니다. 당신이 그 우정을 오늘에 와서 파기해 버리는 것을 보면……."[59] 처음부터 사르트르는 자신들의 우정에 종지부를 찍는 것은 장송에 대한 서평 때문이 아니라 카뮈의 답변 때문이라는 사실을 분명히 하고 있다. 하지만 사르트르가 사용하는 직접적인 어조, 대화의 어조—이 대화의 어조는 사르트르가 쓴 편지의 어조이다―는, 카뮈가 사용하면서 서툴게 거리를 두려했던 어조와는 완전히 대조적으로 다음과 같은 사실을 보여 준다. 사르트르는 카뮈와의 단절을 정당화하기 위해 최소한 자신들의 개인적 관계에 근거를 둘 것이라는 점이 그것이다. 펜을 든 이후 사르트르는 『현대』지의 독자들에게 오래된 친구 사이의 논쟁에 대한 공개적 해결이라는 흥미 있는 광경을 제공하고 있다. 장송 역시 카뮈에게 답변을 했으며, 그 과정에서 사르트르의 답변을 읽지 못했다. 결국 30여 쪽에 달하는 장송의 공격적인 내용이 사르트르가 쓴 20여 쪽의 답변에 추가된 것이다…… 좀 과한 것으로 보인다! 사르트르와 장송은 카뮈의 인격과 그의 사상에 대한 『현대』지의 입장을 전체적으로 대변하면서 공격한다는 인상을 주기에 충분했다. 물론 장송의 글은 거의 주목을 끌지 못했다. 왜냐하면 그의 글이 장황하기 때문만이 아니라 오랜 두 친구 사이의 절교가 모든 것을 부차적인 것으로 만들어 버렸기 때문이다.

냉정한 사르트르는 오래된 친구의 결점을 비난하고 그것을 공개적으로 밝히고 있다. 이러한 대조는 카뮈의 신중함과 비교해 볼 때 아주 두드러져 보인다. 사르트르는 공세를 늦추지 않는다.

당신은 나를 아주 고의적으로 비난하고, 그것도 아주 불쾌한 어조로 비난한 결과, 나는 내 체면을 잃지 않기 위해 더 이상 침묵을 지키고 있을 수만은 없습니다. 따라서 나는 답합니다. 아무런 분노 없이 말입니다. 하지만 당신을 알게 된 이후 처음으로 조심성 없이 답합니다. 그간의 사태에 대한 진상을 완전히 밝히고 싶지만, 항상 당신의 음침한 자기도취와 취약함을 떠올리면 낙담하고 맙니다. 결과는 당신이 내면적으로 겪는 어려움을 감추고, 당신이 지중해적 중용이라고 부른 것으로 생각되는 음울한 중용에서의 일탈의 포로가 되었다는 것입니다. 언젠가는 누군가가 이 점을 당신에게 알려줄 수도 있을 것입니다. 차라리 그것이 나인 것이 다행이라고 할 수 있습니다. 하지만 걱정하지 마십시오. 나는 결코 당신이 어떤 사람인지를 기술하지 않을 것입니다. 당신이 장송에게 근거 없이 했던 것과 같은 비난을 나는 당신에게 하지 않겠습니다. 다만 나는 당신의 편지에 대해, 그것에 대해서만 말하겠습니다. 필요한 경우 당신의 여러 저작을 참고하면서 말입니다.[60]

이렇게 해서 사르트르는 카뮈를 더 이상 개인적이 아닌 용어를 사용하면서 공개적으로 강하게 비판을 한다. 기발하면서도 교활한 사르트르는 카뮈의 반공산주의를 내적인 변화 앞에서의 도피로, 계속해서 변화를 거듭하는 현실 세계 속에서 온전히 사는 것에 대한 거부와 이 세계의 도전을 받아들이는 것에 대한 거부로 여긴다. 과도하다 싶은 언어, 그러나 철저하게 계산된 언어로 사르트르는 아주 뛰어나면서도 사람을 당황하게 만드는 묘기를 보이게 된다. 과도하다 싶은 격렬함을 내포한 사르트르의 카뮈에 대한 응수는, 그 이전에 있었던 그 어떤 일로도 정당화될 수 없는 성질의 것이었다.

1951년 10월까지도 사르트르는 카뮈와의 우정을 지키길 원했고, 잘못될 수도 있을 대결을 피하려고 했다. 그런데 1952년 여름에 대체 무슨 일이 발생했는가? 사르트르가 카뮈를 공격한 것은, 그가 반공산주의자들을 "개"로 취급했기 때문인가? 비록 사르트르가 공산주의로 개종했다고 하더라도, 만약 카뮈가 우정을 깨지 않았더라면, 사르트르는 분명 그를 전적으로 정치적인 관점에서만 판단하면서 그들의 우정을 파탄으로까지 몰고 가지는 않았을 것이다. 그때까지 사르트르는 참을 수 있었다. 왜냐하면 사르트르는 카뮈가 가진 신경질적이며, 훈계하는 성향, 특히 전후에 볼 수 있었던 "그의 생 쥐스트Saint-Just"*의 역할을 하려는 성향을 잘 알고 있었기 때문이었다. 카뮈의 공격을 통해, 그리고 장송으로 하여금 『반항적 인간』에 대해 서평을 쓰게끔 함으로써 간접적으로나마 카뮈와 우정에 의해 부과되었던 의무에서 해방된 사르트르는, 이제 그를 "객관적으로", 그러니까 자기와 관계를 끊어버린 그 어떤 자, 한 명의 반공산주의자 이상도 이하도 아닌 그런 자로 취급할 수 있는 위치에 서게 된 것이다. 요컨대 사르트르는 처음으로 자유롭게 카뮈에게 그 자신의 흉중에 있는 말을 할 수 있게 된 것이다.

따라서 사르트르는 논쟁에서 카뮈와의 우정을 기꺼이 무기로 이용한다. 신중함을 떨쳐 버린 사르트르는 행동과 글에서 10년 동안 카뮈에게서 보았던 동의할 수 없었던 주제들 하나하나를 다룰 수 있게 되었다. 또한 그렇게 함으로써 그는 "카뮈의 평판을 손상시키려는 목적으로" 행동할 수 있게 되었다. 그도 그럴 것이 장송에 대한 자신의 답변에서, 카뮈는 항상 너무 쉽사리 흥분했으며, 자기만족적이었다는 점, 그리고 사르트르와 친구였을 당시 훈계를 하곤 하던—이로 인해 사르트르는 과거에 벌써 카뮈 곁에서 거북함을 느끼곤 했다—사람이었다는 점을 볼 수 있기 때문이었다. 사르트르 또한 옛 친구의 답변 속에서 그 자신이 카뮈에게 비난한 바 있는 피상적인 면과 지적인 태만

---

* Louis Antoine Léon de Saint-Just(1767~94)는 프랑스 혁명 당시에 로베스피에르 곁에서 공포정치를 진두지휘했던 정치가이다. 여기에서 카뮈가 사르트르를 "자신의 생 쥐스트"로 삼으려는 성향은, 제2차 세계대전 직후 레지스탕스 운동을 열렬히 펼쳤던 카뮈가 그 당시 정치에 대해 상당한 거리를 두고 있던 사르트르에게 선배 역할을 한다는 의미로 보임.

怠慢을 읽어냈던 것이다.

하지만 사르트르의 입장에서 가장 받아들일 수 없었던 것은, 정확히 카뮈가 장송을 취급한 방식이다. 사르트르를 알고 있는 우리로서는, 이것이 그리 놀랄 만한 것이 아니다. 사르트르가 항상 마음 속 깊이 적의를 가지고 있는 한 가지 사실이 있다면—그리고 이것은 1938년과 1939년 사이에 카뮈가 사르트르의 두 권의 책에 대해서 서평을 쓴 이후로 그렇게 되었다—, 그것은 바로 사람들이 타인을 물건처럼 취급하는 것과 그의 권리를 가로채는 것과 같은 것이다. 이 착취자의 거만함을 「한 지도자의 유년시절」에서 태동 중인 젊은 파시스트를 통해 볼 수 있으며, 또한 『구토』의 코르시카 출신의 도서관 사서를 통해서 볼 수 있다. 이 두 태도는 1946년의 반유대주의와 그 이후의 식민주의에 대한 사르트르 자신의 설명인 것이다. 바로 이러한 이유로 사르트르는 고문을 증오하며, 고문하는 사람들을 돌이킬 수 없는 자로 판단한다. 이러한 종류의 태도와 맞서야 한다는 각오는 사르트르의 철학적 사유의 중심을 차지하고 있다. 장송을 공격하면서 사르트르를 무시하는 것은 "당신의 비평을 '물건'으로, 죽은 것으로 취급하는 것"을 의미한다. 사르트르의 비판은 이렇다. "당신은 '그에 대해' 말하면서, 마치 수프를 좋아하는 여자나 만돌린에 대해 말하는 것과 같은 방식으로 말합니다. 결코 '그에게' 말하는 것은 아닙니다." 이것은 바로 카뮈가 장송을 인간으로 취급하지 않았다는 것을 의미한다. 만약 카뮈가 장송을 자기와 같은 인간 형제로 취급하지 않을 권리를 부당하게 취득했다면, 카뮈는 그를 도덕적 우월성이라는 잣대를 가지고 평가한 것이다. 그런데 사르트르는 이 우월성을 "인종"의 우월성으로 규정한다. "도덕적 고매함을 표방하는 인종주의가 있을 수 있습니까? 당신이 고매한 영혼을 가지고 있고, 장송의 영혼이 더럽다면, 당신들 사이의 대화는 가능하지 않습니다."[61]

우월성이라는 의미에서 이 "고매한 영혼"에 대한 사르트르의 공격은, 장송의 비판과 마찬가지로 카뮈의 편지를 특징짓는 참을성과 암시와는 완전히 구별된다. 카뮈에게 응수하면서 사르트르는 곧바로 자신의 전략을 내보인다. "현재 우리 사이의 갈등이 내용에 관계되었으면 하고 나는 바라며, 거기에 그 어떤 상처받은 허영심의 기미도 섞이지 않기를 바랍니다."[62] 신경을 자극하는 이 같은 표현을 통해 사르트르는 마지노선을 돌파하고, 우회적인 표현을 사용했던 카뮈와는 달리, 사실을 있는 그대로 지적하면서 그에게 직격탄을 날리고 있다. 그러니까 사르트르는 파렴치한 태도로 카뮈의 개인적 동기들을 토의하겠다는 입장을 취하고 있는 것이다. 이처럼 논쟁을 개인적인 일로 다루는 것은 다음과 같은 정치적 의미를 지니게 된다. 즉 카뮈는 반혁명주의자가 되었으며, 따라서 그가 『현대』지에 보낸 서한만으로도 "충분히 —만약 소련에 대해 반공산주의자처럼, 그러니까 슬프게도 당신이 말을 한 것처럼 당신에 대해 말을 해야 한다면—당신 스스로 당신의 정치 노선을 바꾸었다는 것을 보여 줍니다."[63]는 것이다.

카뮈가 『현대』지에 보낸 편지의 첫 부분에는 독설적인 공격이 담겨 있다. "이번 호 『현대』지에 글을 실으면서 당신은 중요한 토대를 마련해 주었습니다."[64] 카뮈는 과거에 "심사위원들을 울리게 했던"[65] 자신의 가난했던 과거를 지적하고 있다. 이에 대해 사르트르는 카뮈를 진정한 논쟁의 외부에 머물러 있고, 레지스탕스 운동을 하다가 희생된 자들을 깎아내리는 태도로 원용하면서 모든 비판 위에 머물러 있으며, 공갈을 치고 윽박지르고 언어폭력의 전략을 구사했다고 강력하게 비난한 후, 그의 글을 쓰는 스타일을 비난하고 있다.

당신의 편지를 읽으면서 당황스러운 점은, 그 편지가 너무 잘 씌었다
는 점입니다. 나는 결코 그 편지의 화려함을 비난할 생각은 없습니다.
그것은 당신에게는 자연스런 것이니까요. 하지만 제가 비판하고자 하
는 것은, 당신이 상상력을 발휘해서 보여 주고 있는 편안함입니다. 나
는 우리의 시대가 불편함을 주는 면모들을 가지고 있다는 것을 인정합
니다. 나는 또한 다혈질적인 본성을 가진 자들에게 있어서는 종종 소
리를 치면서 테이블을 탕탕 침으로써 긴장을 해소할 필요가 있다는 것
도 인정합니다. 변명거리를 가지고 있는 이러한 정신의 혼란에 대해서
내가 유감스럽게 생각하는 것은, 바로 당신이 수사학적 질서의 초석을
놓았다는 점입니다. 비자발적인 폭력에 대해서 사람들은 관대함을 보
이며, 통제된 폭력에 대해서는 그러한 관대함을 거부합니다. 당신의
분노가 우리들에게 더욱더 놀라운 것이 되기 위해, 당신은 그 어떤 계
략으로 그렇게 침착함을 유지할 수 있습니까! 거짓된 안도감을 주는
미소 아래 당신의 분노를 감춤과 동시에 당신은 그 어떤 방식으로 이
분노를 교묘하게 들어나도록 합니까! 이 모든 과정을 보면서 법정을
떠올리는 것이 나의 잘못일까요? 실제로 검찰총장과 같은 사람만이
시의적절하게 화를 낼 줄 알고, 극도의 혼란 속에서까지 자신의 분노
에 대한 통제를 유지할 줄 알며, 그 분노를 필요에 따라 첼로의 아리아
로 변화시킬 수 있습니다. 고매한 정신을 가진 자들의 공화국이 당신
을 검사로 임명하기라도 했습니까?[66]

카뮈는 다음과 같은 의견을 밝혔다. 『현대』지가 소련의 굴락 문제

를 다루면서, 이 수용소의 존재를 정당화하는 데까지 나아가는 것이 "당연하며 거의 용기 있는 행위"라는 의견이 그것이다. 이 의견에 대해 사르트르는 다음과 같이 응수한다.

> 우리는 오르페브르Orfèvres 기슭에 있는 파리 경찰청에 있습니다. 영화 속에서처럼 경찰관이 걸어 다니고 구두소리가 울려 퍼지는 곳 말입니다. '다 알고 있어. 말했잖아. 네 침묵이 의심스러워. 자, 네가 공모자라는 것을 말해. 너는 알고 있지? 그 수용소 말이야. 그렇지? 말해. 곧 끝날 거야. 그러면 법정도 네 자백을 고려해 줄 거야.' 오! 맙소사! 카뮈, 당신은 참 '진지한' 사람입니다. 게다가 당신이 사용하는 단어들 중 하나를 인용하자면, 당신은 참 경박한 사람입니다![67]

소련의 굴락과 관련된 언론의 접근에 대해 카뮈가 보여 준 "비방"에 대답하면서, 사르트르는 다음과 같이 『현대』지를 옹호하고 있다. 그 소식이 프랑스에 알려지자마자, 『현대』지는 그 주제에 대해 특집 논문 한 편과 여러 편의 글을 모아 특집호를 마련했으며, 몇 달 후에도 특집 논문 한 편에서 그 문제를 다시 다루었다는 것이 그것이다. 하지만 지금 당장 사르트르가 염려하는 것은 정치적 문제이다. "그렇습니다. 카뮈. 나 역시 당신과 마찬가지로 굴락의 존재를 용인할 수 없습니다. 하지만 '이른바 부르주아 언론'(카뮈가 사용했던 표현임)에서 매일 매일 이 문제를 악용하는 방식 역시 용인할 수 없습니다." 결국 반공산주의자들은 소련의 굴락의 존재에 대한 루세의 "폭로"에 대해 두려운 마음보다는 오히려 즐거운 마음으로 받아들인 것은 아니었는가 하는 것이 사르트르의 주장이었다.

폭정에 반대하기 위해 입을 열기만 하면 당장 입을 다물게 합니다. '그렇다면 굴락은?'이라고 말하면서 말입니다. 굴락에 동조하는 사람이 되고 싶지 않다면 그것을 비난하라고 강요합니다. 훌륭한 방법입니다. 불행한 삶을 영위하는 자로 하여금 공산주의자들에 대해 등을 돌리든가 아니면 '지상의 가장 끔찍한 범죄'의 공모자가 되게끔 합니다. 나는 정확히 이 같은 방법이 횡행하던 바로 그 무렵에 그 주창자들을 비열한 존재들로 생각하게 되었던 것입니다. 왜냐하면 내 생각으로는 우리 모두가 예외 없이 이 굴락의 문제와 관련되어 있기 때문입니다. 당신과 마찬가지로 나도 말입니다. 그리고 다른 모든 사람들도 말입니다. 철의 장막은 하나의 거울에 불과합니다. 세계의 반쪽이 다른 반쪽을 비추는 것이지요. 여기에서 한 번 암나사를 조이는 것은 저기에서 수나사가 조여지는 것과 같은 것입니다. 결국 우리들 모두는 여기와 저기에서 나사를 조이는 자와 조여지는 자들인 것입니다.

요컨대 사르트르가 카뮈의 서한에서 용납할 수 없었던 것은, 카뮈가 편지에서 굴락을 "자기 자신을 칭찬하지 않은 한 비평가를 짓밟아 버리기 위해"[68] 이용하고 있다는 사실이었다. 사르트르는 또한 카뮈가 주인과 노예를 구별하려고 하지 않았다는 점을 비난한다. "당신의 원칙을 적용해야 한다면 베트남 사람들은 식민화된 자들입니다. 따라서 그들은 노예들입니다. 하지만 그들은 공산주의자들입니다. 따라서 그들은 지배자들입니다."[69] 따라서 카뮈가 인도차이나 전쟁을 이해하지 못하는 것이 그리 놀라운 일이 아니라는 점을 사르트르는 암시하고 있는 것이다.

그러고 나서 사르트르는 공산주의와 협력하고자 하는 의지 문제에 대해 카뮈에게 훨씬 더 직접적인 방식으로 답을 하고 있다. 사르트르의 주장에 따르면, 우리 모두가 갇혀 있는 새장에서 빠져나올 수 있는 그 어떤 수단도 없다는 것이다.

> 〔……〕 그리고 만약 당신이 진정으로 하나의 대중 운동이 폭정으로 변질되는 것을 막고자 한다면, 대책 없이 그 운동을 비난하는 것과 사막으로 후퇴하겠다고 위협하는 것으로 시작하지는 말아야 합니다. 그도 그럴 것이 당신의 사막은 우리가 있는 새장에서 가장 사람들의 왕래가 없는 곳에 불과하기 때문입니다. 투쟁하는 사람들에게 영향을 끼치는 권리를 정당화하기 위해서는 우선 그들의 투쟁에 동참해야 할 것입니다. 만약 그 투쟁에 있어서 무엇인가를 변화시키려고 한다면, 우선 많은 것을 받아들여야 할 것입니다.[70]

하지만 사르트르는 역사 속에서의 목적과 수단에 대한 모든 논쟁 속에 함축된 다음과 같은 도덕적 문제들은 다루지 않는다. 굴락을 야기한 체제를 용인함으로써 언젠가는 하나의 긍정적인 목적에 이를 수 있는가? 이 체제에서 명백하게 나타나는 공포들은 혁명 기획 그 자체 속에서 피할 수 없는 과오가 아닌가? 그리고 이 과오로 인해 공산주의에 대한 뚜렷한 거부를 가져오지 않는가? 이 단계에서 혁명을 위한 폭력이 해방보다는 오히려 파괴와 비인간화의 무기가 되지 않는가? 사르트르는 소련에서 자행된 만행蠻行에도 불구하고 공산주의의 편에 자리 잡을 준비가 되어 있었다. 왜냐하면 그는 이 주의를 프랑스 대부분의 노동자들이 가진 유일하고도 진정한 희망, 그들의 유일한 정치적 표현으로 여겼기 때문이다. 사르트르가 카뮈에게 가하는 비판은 분명하다.

카뮈는 대안적 해결책을 찾지 않으면서 공산주의를 거부한다는 것이다. 하지만 카뮈의 혁명에 대한 비판에는 공산주의에 대한 그의 비판이 포함되어 있다. 카뮈에 의하면, 혁명과 공산주의는 모두 근본적으로 인간, 역사 그리고 현실 자체에 대한 잘못되고 파괴적인 접근 위에서 세워졌다는 것이다. 사르트르는 결코 카뮈가 제기한 핵심 문제에 대해 완벽한 답변을 하고 있지 않으며, 장송 역시 마찬가지다. 결론 부분에서 사르트르는 주제를 바꿔 버린다. 사르트르는 카뮈를 다시 문제시 삼으며 있는 힘을 다해 마지막 연기를 펼쳐 보인다.

50년이 지난 후에 보아도 사르트르가 쓴 글의 마지막 부분은 아연실색할 정도이다. 과거에 만났던 카뮈를 회상하면서 사르트르는, 그 당시 자신의 기획—레지스탕스 운동을 통한 역사와의 조우, 해방 당시 자신의 입장, 『레 레트르 프랑세즈』 내에서의 자신의 위치—을 분석하고, 그러면서 카뮈의 저작을 인용하기까지 하고 있다. 이것은 사르트르의 손에 의해 이루어진 프랑스의 위대한 작가들에 대한 축소된 연구의 일환으로 볼 수 있다. 사르트르는 이미 보들레르, 주네 등을 해부한 바 있고, 말라르메에 대한 연구를 기획하고 있었으며, 플로베르에 대해 3,000여 쪽에 달하는 종이를 까맣게 채우게 된다. 이 축소된 연구에서 사르트르는 카뮈의 근본적 충동, 그가 가진 강력한 동력, 그가 자기 자신의 인격과 정치를 결합시키는 방법—그가 『콩바』 지의 편집장이었다는 사실을 기억하자—등을 포착하고자 한다. 그러고 나서 사르트르는 뫼르소가 가진 상대방의 마음을 누그러뜨리는 정직성을 회상한다.

카뮈 당신은 우리에게 인격, 행동, 작품의 아주 훌륭한 결합이었고, 내

일도 여전히 그럴 것입니다. 때는 1945년이었습니다. 그때 우리는 『이방인』의 저자 카뮈를 발견했던 것처럼 레지스탕스 운동가 카뮈를 발견했습니다. 그리고 우리가 지하에서 발행되던 『콩바』지의 편집장을, 어머니와 애인을 좋아했다는 것을 말하고자 하지 않았던 뫼르소, 그런 이유로 우리 사회가 사형선고를 내렸던 뫼르소와 병치시켰을 때, 또한 우리가 특히 당신이 결코 이 두 사람 가운데 그 누구도 아니었다는 사실을 알게 되었을 때, 이 같은 명백한 모순으로 인해 우리는 이 세계와 우리들 자신에 대한 이해를 진척시킬 수 있었습니다. 그리고 당신은 우리들의 모델 그 자체였습니다. 왜냐하면 당신은 당신 내부에 동시대의 갈등을 요약하고 있었으며, 그것들을 체험하고자 하는 뜨거움으로 그것들을 극복했기 때문입니다.[71]

사르트르는 그 뒤로도 4쪽에 이르는 지면을 할애하면서, 여러 해 동안 "계급 연대의 상징이자 증인"[72]이었던 인간 카뮈를 기술하고 있으며, 그렇게 하면서 그에게 "우리의 위대한 전통"[73]에서 그에 걸맞은 자리를 마련해 주었다. "그때 우리는 서로 좋아했었지요." 바로 이것이 사르트르가 말하고 있는 카뮈의 모습이었다. 대체 무엇이 사르트르로 하여금 그렇게 행동하도록 부추겼는가? 왜 그는 몇 쪽 앞에서 논쟁을 끝마치지 않았는가? "카뮈 당신은 시시포스에게 형을 선고해야만 하는 선고를 받았습니까?"[74]와 같은 마지막 말로 말이다. 이미 사르트르는 충분히 점수를 땄고, 카뮈를 깎아 내렸고, 자신이 직접 겪지는 않았다고 부정했지만 그처럼 강한 어조로 표명했던 분노를 어느 정도는 가라앉혔고, 가능한 모든 정치 쟁점들을 논의했으며, 또한 장송과 『현대』지를 옹호하는 데 성공을 거두지 않았던가? 카뮈에게 찬사를 보내며 길게 회상하고 있는 마지막 부분을 어떻게 설명할 수 있는가? 그것은 왜 카뮈가 역사의 조류에 동참하는 데 성공하지 못했는가를 보여 주기 위함이었던가? 한 마디로 사르트르는 왜 그렇게 '멀리' 나아갔는가?

이러한 폭발의 여러 원인 가운데 하나는, 분명 사적인 감정이 표출되지 않을 수 없는 서한 속에서 카뮈가 사르트르에 대해 보여 주고 있는 사적인 암시에서 발견 될 수 있다. 사르트르는 자신의 대답 초반에 그 점에 대해 암시하고 있다. 하지만 자신의 인격에 대해 암시하는 것은 피하고 있다. 문제가 되는 문장은, 바로 카뮈가 "자신들의 의자를 역사의 방향으로만 놓았던 비판자들"에 대해 불평을 하고 있는 그 문장이다. 이제 와서 사르트르는 원래의 관계에 대해 훨씬 더 정확하게 기억하고 있다. "내가 '당신과 역사와의 첫 번째 접촉'이라고 말한다고 해도, 이것은 결코 내가 역사와 다른 접촉을 가지고 있었다는 것과 그것이 더 나은 것이었다는 것을 의미하는 것은 아닙니다. 그 당시에 우리 같은 지식인들은 역사와 처음으로 접촉했던 것입니다. 그리고 내가 이 접촉을 '당신의 접촉'이라고 부른 것은, 바로 당신이 우리들 가운데 누구보다도(그리고 나보다도) 더욱 심도 있고 더 총체적으로 역사를 경험했기 때문입니다."[75] 자신의 답변의 앞부분에서 카뮈를 철저하게 깎아내린 뒤에 사르트르는 이처럼 신중한 표현을 사용하고 있다. 물론 사르트르는 역사와의 접촉을 운운하면서 다음과 같은 사실을 보여 주고자 하지는 않았을 것이다. 즉 그 당시에 카뮈가 현실에 참여하지 않고 있던 사르트르 자신을 괴롭히려고 하지는 않았다는 점이 그것이다. 하지만 사르트르의 입장에서 보면 역사와의 접촉에 대한 카뮈의 암시는, 그 자신에 대한 간접적인 위협으로 여겨질 수도 있다. 왜냐하면 카뮈는 1944년 8월에 사르트르의 참여가 정확히 어떤 형태를 띠었는지를 알고 있으며, 특히 사르트르가 극장에 있는 의자에서 잠들어 있던 날의 그의 모습을 그 누구보다도 더 잘 알고 있었기 때문이다.

사르트르의 답장의 후반부는 사르트르식의 반전의 전형을 보여 준다. 승자가 패자가 되고, 패자가 승리자가 되는 반전이 그것이다. 사르트르는 그렇게 현실 참여의 모범 인사였던 카뮈가 왜 해방 이후에 역사에 적응하지 못했는가의 문제를 제기한다. 기이하게도 사르트르는 프랑스가 해방된 1945년을 역사의 원년元年으로 삼고 있다. 마치 레지스탕스 운동을 이 같은 선택을 위한 최초의 단계로 여겼던 것처럼 말이다. 사르트르가 제기하는 문제를 잘 해석해야 할 필요가 있다. 그가 처음에 하지 못했던 행동은—우리는 괄호 안에서 "그리고 나 자신은"이라는 표현을 발견한다—카뮈와 그 자신을 비교하는 것이었다. 사르트르—1944년에는 카뮈보다 참여의 정도가 낮았던—는 그 뒤로 많이 변했고, 역사 속에서 살아가는 것을 배우게 되었고, 그렇게 함으로써 완전히 참여 전선으로 나서게 되었으며, 위험을 무릅쓰게 되었다. 하지만 카뮈, 그 당시에 그토록 용감했고, 완전히 참여했던 카뮈는, 그 뒤로 성장하지 못했고, 그때부터 역사로부터 도망을 쳤으며, 다른 위험을 무릅쓰는 것을 피하게 되었다. 사르트르가 발견했던, 그러나 노동자계급에서 태어났음에도 불구하고 전쟁 이후 카뮈가 모르고 있었던 중요한 사실은, 바로 "인간의 인간에 대한 투쟁"[76]이었던 것이다.

> 당신은 죽음에 맞서 반항했습니다. 하지만 철조망에 둘러싸인 도시에서 다른 사람들은 사망률을 증가시키는 사회적 조건들에 맞서 반항하고 있습니다. 한 어린아이가 죽어가고 있습니다. 그런데 당신은 이 세

계의 부조리함과 얼굴에 침을 뱉기 위해 당신이 손수 창조해낸 귀를 먹고 앞을 못 보는 신의 부조리함을 개탄하고 있습니다. 하지만 그 아이의 아버지는 실업자이든 아니면 노동자이든 간에 다른 사람들을 비난하고 있습니다. 그는 우리의 삶의 조건이 갖는 부조리함이 파시Passy 와 비앙쿠르Biancourt에서 전적으로 같지 않다는 것을 잘 알고 있습니다.[77]

종전 이후의 카뮈에 대한 이미지, 그의 관심사, 그의 연구 등을 포함한 모든 것은 다음과 같은 단 하나의 메시지로 압축된다. "개인적 구원은 모두에게 열려 있었습니다."[78]라는 메시지가 그것이다. 하지만 사르트르가 보기에 이것은 전적으로 틀린 것이었다. 과연 카뮈가 이 메시지를 주장하지 않았다면 다른 무엇을 할 수 있었을 것인가? "카뮈 당신이 과거의 당신으로 남아 있기를 원했다면, 당신 스스로 변해야 했습니다. 하지만 당신은 변화에 대해 겁을 먹었던 것입니다."[79] 변화하는 것, 즉 자신의 과거 신념들 가운데 어떤 것을 간직함과 동시에 "피억압계급에 속하는 자들의 요구를 만족시키는 것"[80]을 추구하는 것에 대해 겁을 먹었다는 것이다. 사르트르는 공산주의에 대한 투쟁에서 카뮈가 자신의 모든 에너지를 집중했던 주요 이유를 잘 기억하고 있다. 그것은 아마도 공산주의를 "대표하는 자들"—PCF 지도자들—이 "그들의 습관에 따라" 카뮈를 모욕했기 때문일 것이고, 그가 "역사에 과오를 저질렀기"[81] 때문일 것이다. 결과적으로 카뮈는 자신의 명성을 가능하게 했던 인간관계들을 잃으면서도 그 명성을 유지하려 했다는 것이다. "사건이 자양분을 제공하는 동안에는 현실적이었고 생생했던 당신의 인격은 이제 하나의 신기루가 되어 버렸습니다."[82]

카뮈에 대한 분석이라는 의미를 가지고 있는 사르트르의 지적들은 또한 우회적으로 진리의 향기를 풍기고 있기도 하다. 카뮈가 계속 "역사"에 참여했다는 점은 잘 알려져 있다. 하지만 그는 자신의 방식대로 역사에 참여했던 것이다. 그렇다. 공산주의에 대한 그의 적의와 평화를 위한 그의 참여는 다른 모든 문제들을 가려 버렸다. 물론 카뮈의 행보는 그 당시 소련에서 자행되었던 심각한 만행에 대한 평가 위에서 이루어지고 있다. 그러나 그것이 핵심 문제가 아니다. 두 친구 사이에 사적으로 표명되었던 이러한 지적들에는—이 지적들이 아주 처절한 것이지만—진솔함이라는 힘이 포함되어 있었다. 또한 (카뮈가 사용한 사르트르의 말에 따르면) 거기에는 "사물들의 심장"에 도달하는 능력, 친구인 카뮈를 그 자신의 고유한 생명력의 흐름과 재접속시키려고 시도하는 의지 역시 포함되어 있었다. 그들이 편가르기 정신에만 집착했더라면, 그 지적들은 그와 같은 중요성을 갖지 못했을 것이다. 경쟁하고 있는 정치적 한 분파分派의 대변인 "에게" 공개적으로 표명된 그 지적들은(실제로 그 대변인에 "대해" 쓰어진)—왜냐하면 그 지적들은 수많은 사실들을 포함하고 있기 때문에—완전히 다른 의미를 가지고 있다. 하지만 개인적 비판들은 정치적 갈등 속에서 급기야 파괴적인 무기로 변화하고 만다. 1944년에 역사의 주변부에 자리 잡고 있던 사르트르는—심지어 카뮈의 답변에서 볼 수 있는 코메디 프랑세즈의 한 의자에서 졸았던 그 유명한 날조차도 그랬던 사르트르—이제 전적으로 참여를 한 것이다. 반면, 1944년에 전적으로 참여하고 있던 카뮈는 이제 소외되어 있는 것처럼 기술되고 있다. 그들의 역전된 개인적인 변모는 무엇보다도 공산주의에 대한 그들의 상반된 태도들의 원천처럼 제시된다. 이처럼 옛 친구를 규탄하는 것은, 도발 행위에 해당되며, 정직을 표방하기 때문에 그만큼 더 효과를 발휘하는 것이다. 폭력의 사용을 인정한 사르트르는 어느 정도까지 이 폭력의 사용이 가능한가에 대한 증명을 하고 있는 것이다. 사르트르가 그린 초상화는 결국 카뮈를 무력화시키는 노력 이외의 다른 것이 아니었다. 또한 그것이 불가능하다면, 카뮈로 하여금 침묵을 지키게 하는 시도 이외의 다른 것이 아니었다. 그리고 사르트르는 침묵에 대한 소원이라는 아주 잔인한 지적으로 글을 끝맺고 있다.

어쨌든 내가 생각하는 바를 당신에게 말할 수 있다는 것은 좋은 일입니다. 당신이 재차 답을 하고 싶다면 우리 잡지는 항상 문호가 개방되어 있습니다. 하지만 나는 이제 더 이상 당신에게 답을 하지 않을 것입니다. 당신이 과거에 나에게 어떤 존재였는가, 그리고 지금은 어떤 존재인가 하는 것을 나는 모두 얘기했습니다. 하지만 당신이 그에 대한 답변으로 무슨 말을 하고 또 무슨 일을 할 수 있든 간에, 나는 당신과 더 이상 싸우는 것을 거절합니다. 우리들이 침묵을 지킴으로써 이번 논쟁을 잊어버렸으면 하는 것이 나의 희망입니다.[83]

제8장

사태를 잘 정리하기,
참다운 행동을 하기

1952년 9월 5일, 파늘리에서 여름을 보내고 파리로 막 돌아온 카
뮈는 자신을 기다리고 있는 사태를 프랑신에게 전하기 위해 편지를
쓴다.

『현대』지는 사르트르의 답변 20페이지와 장송의 답변 30페이지를 게
재했어요. 이 잡지가 서점에 나오기도 전에 여러 페이지의 발췌본이
『롭세르바퇴르』지에 게재되었어요. 사건이 터졌지만, 세련된 것은 아
니네요. 답변들에 대해서 말하자면, 하나는 신랄하고, 다른 하나는 터
무니없는 것이에요.[1]

이어지는 몇 주 동안 언론에서 "논쟁", "불화", "문학적 투쟁"이라고
부르는 것이 파리를 혼란 상태로 몰아넣었다.

일견 『롭세르바퇴르』지는 누구의 편을 들 것인가에 대한 결정을 피하고 있는 것으로 보였다. 편집장 로제 스테판Roger Stéphane은 세계에 대한 두 가지 태도가 대립하고 있다는 사실을 지적하면서, 그렇기 때문에 그것은 우리를 모든 사람들과 결부시킨다고 지적하고 있다.[2] 반면, 카뮈는 『롭세르바퇴르』지의 기자들이 명백하게 편파성을 드러내고 있다고 지적하고 있다. 스테판이 카뮈 자신보다 사르트르에게 세 배나 더 많은 지면을 더 할애하고 있다는 것이다. 장송은 카뮈의 글에 할애된 지면의 일부가 자기의 글에 할애된 것을 목격하기도 한다. 우리는 이 같은 조치를 통해 그 잡지가 장송의 글 50쪽을 어떻게 취급하고 있는가를 알 수 있다. 『현대』지 8월호가 가판대에서 판매되자마자 곧장 매진되고, 다시 인쇄되고, 또 매진되는 사태가 발생했다. 주간지 『삼므디 수아르』는 며칠 후에 2면에서 "사르트르와 카뮈의 단절이 이루어지다"라는 자극적인 제목을 뽑았다. 그러면서 그들의 단절로 인해 그들을 시기하고 미워하는 공동의 적들에게 즐거움을 선사할 것이라는 점에 대해 겉으로나마 통탄하는 태도를 표명하고 있다.[3] 『르 몽드』지는 공산주의에 대한 태도의 문제가 카뮈-사르트르 논쟁의 핵심이라는 사실을 지적하고 있다. 하지만 그들 각자의 개인적인 문제로 인해 이 논쟁이 정치적 이데올로기의 이전투구가 되어 버렸다고 지적하고 있다.[4] 그리고 『콩바』지는 이 사건에 7단 기사를 두 면에 걸쳐 싣고 있으며, 각 기사에서 그들의 저서로부터 긴 인용문들을 발췌해서 싣고 있다. 이 신문의 편집진의 지적에 의하면, 사르트르는 "해방이 이루어졌던 해에 자신의 혼란스러운 정신 상태와 정리되지 않은 가치 체계로부터 벗어나면서 프랑스에서 유일한 희망으로 떠오르고 있던 카뮈"를 기가 막힐 정도로 잘 이해했다."[5]는 것이다. 이 편집진의 계속되는 지적에 따르면, 그 당시에 "상이한 두 기질氣質이 부딪치고 있으며,

결국 인생을 살아가는 두 개의 서로 상이한 방식이 서로 부딪치고 있다."[6]는 것이다. 그 해 여름 내내 주간지들은 앞 다퉈 그들의 단절을 기사화시켰고, 그들의 이데올로기적 전개 노선에 따라 기사를 쓰면서, 그들의 단절을 미증유의 사건으로 만들어 버렸다. 그들의 논쟁은 아주 유명해졌으며, 그 결과 9월 말경에는 『르 몽드』지와 『롭세르바퇴르』지가 각각 이 사건에 대해 회고성 기사를 실을 정도였다. 그러면서 한편은 카뮈를 두둔했고, 다른 한편은 그들의 운명은 물론이거니와, 그들의 "자기기만", 그들의 "연기演技", 그들의 옹졸한 태도 등을 보지 못한 채, 그저 사건의 여러 측면만을 나열하는 데 그치고 있는 평론가들을 조롱하고 있다.[7]

*　*　*

카뮈의 입장에서 보면 사람들이 그 사건에 기울인 모든 주의력은 사태를 악화시킬 뿐이었다. 사르트르는 이러한 대대적인 광고에 느긋해 했지만, 의심에 찬 카뮈는 여러 달 동안 상당한 타격을 받았다. 카뮈의 첫 번째 반응은 프랑신, 카사레스, 지인들, 갈리마르 사의 동료들에게서 지지를 구하는 것이었다. 어느 날 그는 울면서 카사레스의 아파트에 나타났다. 오래된 알제리 친구인 잔 테라시니Jeanne Terrachini 앞에서 카뮈는 알제의 노동 구역에서 볼 수 있는 강경파의 태도를 취한다. "도대체 내가 무엇을 하기를 바라는 거야? 그의 얼굴이라도 갈겨줄까? 그러기엔 그는 너무 작아!"[8] 카뮈는 약사라는 직업 때문에 파리에서의 문학 논쟁과는 동떨어져 있던 절친한 친구 우르뱅 폴주Urbain Polge에게 "사르트르가 옳은가?"[9]라는 회의를 표현한다.

『현대』지가 간행된 다음 날, 카뮈는 갈리마르 사에 있는 자신의 지지자들의 모임을 독려하지만 큰 성공을 거두지는 못한다.[10] 그 누구도 사르트르의 과격한 공격의 정당성을 다시 문제삼지 않았다. 마치 더 큰 효율성을 위해 무질서한 논증들을 주저 없이 사용하면서 오래된 친구를 공개적으로 비난하는 것이 아주 자연스럽다는 듯이 말이다. 친구들에게 도움을 청하면서 카뮈는, 대부분의 사람들이 사르트르가 승리했다고 생각하며, 또한 그들의 논쟁이 합법적이었다고 생각한다는 것을 발견하는 데 그리 오랜 시간이 걸리지 않았다. 파렴치한 자들은 그 두 경쟁자에게 각각 점수를 매기기도 했다. 사르트르는 큰 차이로 승리자가 되었다. 카뮈는 손에 『현대』지를 들고 몇몇 사람들의 사무실에 들어가서 "당신들 이거 봤어?"라고 묻는다. 이 물음에 그 누구도 반응을 보이지 않았으며, 카뮈에게 최소한의 위로의 말도 건네지 않았다. 결국 디오니스 마스콜로Dionys Mascolo가 "그 얘기는 '에스페랑스(모퉁이에 있던 술집)'에서 다음에 다시 하기로 하지요."라고 말함으로써 그 어색한 침묵을 깨트렸을 정도였다. 카뮈는 몸을 돌려 사무실을 나갔다.[11]

이처럼 심한 고통을 겪었던 몇 주 동안, 충격도 상처도 아물지 않은 채 카뮈는, 자기에게 벌어진 일을 설명하기 위해 많은 노력을 기울인다. 9월 15일에 프랑신에게 쓴 편지에서 카뮈는 사르트르와 장송의 공개서한을 이렇게 비판하고 있다.

〔그 두 답변 가운데〕 어떤 것도 내가 던진 문제들에 대한 답을 담고 있지 않아요. 사르트르의 것에 포함되어 있는 단 하나의 답을 제외하고는 말이에요. 하지만 그들이 쓴 50여 쪽은 고의적으로 내게 가해진 모

욕과 같아요. 나는 경찰, 허세를 부리는 배우 등의 대접을 받는 고통을 감수해야 했네요. 전체적으로 보면 그들의 답은 나의 자존심에 대한 장문의 논문이며, 어쨌든 그 나름대로 성공을 거두었지요. 아마도 많은 사람들이 즐거워할 거예요. 요컨대 그 불행한 저서에 대한 혹독한 대가를 치룬 것이지요. 오늘날 나는 그에 대해 의심해요. 그리고 그를 너무나 닮은 나 자신에 대해서도 의심하고요.[12]

하지만 카뮈는 사르트르와 장송이 틀렸다는 사실을 지적하는 것으로만 그치지 않았다. 그는 계속해서 자기에게 가해진 공격의 의미를 곱씹었다. 9월 17일에 그는 다시 프랑신에게 이런 내용의 편지를 쓴다.

최근에 나는 약간 어둡고 약간은 잠들어 있는 사상들을 고독한 상태에서 체험했어요. 나는 이 모든 것을 내가 할 수 있는 대로, 또 불편한 침대에서 좋은 위치를 찾으려고 하는 것처럼 정리하려고 노력했지요. 물론 이 작업은 쉬운 일이 아니었어요. 많은 사람들이 내 저서를 이야기했다는 사실을 이해해요. 무엇보다도 이 저서는 내가 보기에도 논의의 여지가 있어요. 그것도 아주 심오한 차원에서 말이에요. 하지만 이 저서가 아니라 내 자신의 인격, 곧 사람됨에 대해 비판을 할 경우에는 다른 할 말이 없어요. 이 경우 모든 방어는 내 자신에 대한 찬양, 곧 자화자찬이 되기 때문이에요. 그리고 충격적인 것은 바로 오랫동안 억눌렀던 증오의 폭발이에요. 이것으로 미루어보면 그들은 결코 내 친구인 적이 없다는 것을 알 수 있지요. 또한 내가 그들에 대해 가졌던 느낌속에서 나는 항상 그들의 화를 돋우었고, 그렇게 해서 그들에게 계속해서 상처를 입혔다는 것을 증명해 주게 되요. 거기로부터 이 신사답지 못한 단점들의 나열과 관대하지 못하게 되는 무기력이 유래하지요. 나는 그들의 공격이 가진 극단적인 저속함과 상스러움을 달리 설명할 길이 없어요. 하지만 나는 그들의 공격에 응수를 하지 않을 거예요. 그 것은 불가능해요.

다만 이 같은 시궁창과 같은 상태에서 무엇이 진짜인지를 구별해내 야 할 필요가 있어요. 또한 신경질을 내지 않고 추론에서 겸손만을 부르짖지 않을 필요가 있어요. 나아가 지나치게 나를 경멸하려는 시도와 납득할 수 있는 고상한 태도를 취하지 못하는 그런 시도에 저항할 필요가 있지요. 요컨대 관계를 끊는 방법을 알 필요가 있는 거예요(이 점에 대해서는 동의해요). 하지만 원한의 감정을 품지는 말아야 할 거예요. 이런 줄타기는 쉬운 것은 않지만, 내가 감당해야 할 운명이에요. 다행스러운 것은 내가 해결해야 할 너무나 많은 일이 있으며, 예전 보다는 에너지가 덜 하다는 거예요. 이 작전(초석이 되는 작전)이 갖는 유일한 이점은 불화 속에서도 명백한 점을 가지고 있다는 거예요. 여러 사람들이 속박을 바라고 호소하고 요구하지요. 그들은 아마도 예속될 것이며 굴종할 거예요. 그들의 건강을 위하여![13]

이처럼 카뮈는 적절한 대책을 모색하며 사르트르와 맺고 있던 우정의 좌초를 받아들이려고 노력한다. "결코"와 "항상"이라는 표현은 이러한 우정 관계를 지워 버리기 위한 그의 노력의 시작에 해당하는 것이다. 사르트르의 편지는 오랜 기간에 걸친 적의를 잘 말해 주고 있다. 또한 초기의 우정에 대해서도 말하고 있다. 카뮈는 적의에 집중하며 우정은 잊고 있다. 그는 사태들을 "통제하기"위한 프로그램을 실행한다. 즉 자신의 고유한 대응책을 통제하는 방식을 실행하는 것이다. 비록 그가 틀릴 수 있다는 가능성을 인정하고는 있지만, 전체적으로 그는 "초석이 되는 작전", 즉 사르트르가 자신의 인격에 대해 행한 가혹한 개인적 분석을 내동댕이치고 만다는 것이다.

그렇다면 왜 카뮈는 사르트르의 동기 부여를 단순화시켰던 것일까? 자기에게 가해진 공격과 자신의 일은 본질적으로 정치적이었고 역사적인 세계에 뿌리내리고 있다는 것, 따라서 그 모든 것이—그가 그 자신을 위해 사용했던 용어와 마찬가지로—"운명"의 문제였다는 것을 이해함으로써, 카뮈는 고통을 누그러뜨릴 수 있지 않았을까?

하지만 카뮈의 답변 중에서 가장 놀라운 것은, 그가 그 절교를 개인화시키는 특별한 방식이다. 무엇보다도 그는 그 논쟁의 정치적 차원을 줄이고 있다. 그리고 충격에 사로잡혀서 그는 개인적 비판을 무시하려고 한다. 그의 정치적 해석은 다음과 같은 생각에 집중되고 있다. 즉 사르트르가 공산주의를 지지함으로써 예속을 추구하고 있다는 생각이 그것이다. 개인적 측면은 갑작스럽게 나타난 거친 태도에 의해 지배된다. 사르트르는 결코 자기 친구가 아니었으며, 그가 카뮈 자신을 항상 무시했다는 것이다. 그리고 슬며시 카뮈 자신이 수첩에서 표현하기 시작한 것보다도 더 추한 현실적 면모를 발견하게 된다. 그러니까 "사르트르는 인간적으로도 정신적으로도 비열하다."는 것이다.[14]

그렇다면 왜 카뮈는 그 자신에 대한 사르트르의 태도로 인해 그처럼 강한 충격을 받았을까? 그 까닭은, 결국 그들의 우정에 금이 가기 전에, 이미 사르트르가 카뮈의 행동에 대해 계속해서 불평해 왔다는 점이 아니겠는가! "우리들의 만남이 지속되던 마지막 몇 해 동안 그는 만나기만 하면 나를 씹었다. [……] 물론 아직까지는 불화라고 할 수는 없지만, 그래도 기분이 썩 좋은 것은 아니었다."[15] 게다가 카뮈는

『반항적 인간』에서 좌파를 겨냥했으며, 1951년 12월에 이 저서로 인해 야기될 재앙을 이미 예견하고 있다. "나는 참을성 있게 천천히 다가올 참극을 기다리고 있다."[16] 사르트르는 이 말을 듣고 당장 그들의 관계가 다시 가까워졌다고 회상하고 있다. 하지만 그들이 성공을 고대했던 『악마와 선한 신』의 공연이 수포로 돌아가고 난 뒤, 벌써 몇 년 전부터 사르트르의 실존주의에 대해 회의를 하고 있던 카뮈는, 『반항적 인간』에서 그가 취하게 되는 혁명적 노선을 강하게 비판하고 있다.

물론 프롤레타리아계급 출신이자 피에 누아르였던 카뮈가, 파리 고등사범학교 학생이었던 사르트르와 같은 방식으로 계급 간의 갈등을 겪지 않았다는 점은 분명하다. 하지만 참여라는 새로운 노선을 채택한 사르트르의 입장에서 보면, 반공산주의자는 그저 그의 적敵이었다. 그뿐이었다. 바로 그런 이유로 사르트르는 오랜 친구였던 아롱과도 단교했다. 그리고 같은 이유로 메를로퐁티를 포함해 다른 여러 사람들과도 곧 단교를 하게 된다. 하지만 역사와 국제 정치는 카뮈에게 그렇게 중요한 문제가 아니었다. 무엇인가 더 심각한 것이 있었다. 그것이 바로 인간적 충실성이었다. 카뮈는 사르트르에게 마치 공산주의에 대한 그들의 태도로 인해 이 충실성이 파괴될 수 없다는 투로 답을 한다.[17] 하지만 보부아르와 마찬가지로 사르트르는 카뮈와의 불화가 있었지만, 이 불화로 인해 카뮈의 개인적 감정—예컨대 장차 소련의 침략이 있을지의 여부를 논하는 경우에 그러하다—이나 그들을 강하게 묶어 주었던 개인적 관계에 타격을 주지는 않았다고 회고하고 있다.

카뮈는 무엇보다도 개인적 충실함을 보여 주었다. 그는 사르트르의 퉁명스러운 태도로 인해 상심했으며, 평생 그로 인해 고통스러워한다. 피아와의 상실된 우정과 마찬가지로, 사르트르와의 절교는 노벨 문학상으로도 자신의 향수를 해소할 수 없을 정도로 카뮈를 우울하게 만들었다. 카뮈는 변함없이 충실하게 남아있게 된다. 그들 사이의 불화가 어떤 것이었든지 간에 말이다.[18] 카뮈가 『현대』지에서의 기나긴 통탄에서 이 "충실함"이라는 단어를 사용한 아주 드문 순간을 사람들은 알고 있다. 그 잡지에서 균형 잡힌 시각으로 자신의 사상을 평가하기 보다는 오히려 자신을 적으로 취급했다고 판단했던 순간이 그것이다. 사르트르와 달리 카뮈 주위에는 무조건적인 충실성을 보여 주는 친구들의 모임이 존재했다. 그들은 거의 모두가 알제리 시기까지 거슬러 올라가는 친구들이며, 약사 폴주와 시인 샤르가 그들이다. 이에 반해 사르트르에게는 전후에 그에게 필적할 만한 단 한 명, 즉 카뮈 밖에 친구가 없었다. "편집장님께"라는 카뮈의 차가운 어조에도 불구하고 사르트르는 분노를 억눌렀다. 카뮈는 단지 점령 시기 동안 코메디 프랑세즈에서 있었던 사르트르의 낮잠에 대한 암시만을 하고 있을 따름이다. "초석이 되는 작전"은 그의 능력을 넘어섰던 것이다.

그들 두 사람의 친구로 남아 있던 몇 명 되지 않은 사람들 가운데 한 명인 로베르 갈리마르Robert Gallimard는, 카뮈와 사르트르 사이의 절교를 사랑 이야기의 종말로 생각한다.[19] 그 절교는 분명 카뮈에게 상당한 효과를 가져다주게 된다. 그는 초기에 충격, 불신, 배신감에 잠겼으며, 그 자신 직접 정의할 수 없는 모종의 방식으로 잘못을 저질렀다는 인상을 갖게 된다. 그는 이러한 즉각적인 고통을 극복하려고 노력하며 상당한 폭의 모순적인 감정들과 싸우게 된다. 처음에 모욕을 당한 그는 자존심을 지키려고 노력한다. 자신의 주변을 둘러보면서 그는 파리가 갑자기 광산이 되어 버린 것을 확인하게 된다. 10년 전에는 사르트르가 그에게 파리의 문학계에 문을 열어주고 그곳에서 자신을 환대해 준 사람이라면, 지금 사르트르가 그에게 가한 공격은 그의 배척을 의미하지 않겠는가? 갑자기 파리 전체가 그의 적이 되어 버렸다. 그는 사르트르를 만나곤 했던 식당과 생 제르맹 데 프레와 같은 공공장소에 가는 것을 피했다. 그는 포위당했다고 느꼈다. 피에르 드 브와데프르 Pierre de Boisdeffre ─『르 몽드』지에서 카뮈의 편을 들었다─가 주최한 강연회에 초대를 받았던 카뮈는 거기에 참가하는 것조차 거절했다. 왜냐하면 그가 보기에 "이 사건은 여전히 진행 중이며", 따라서 그가 강연회에서 하게 되는 모든 말은 사르트르에게 반대하는 말로 해석될 것이기 때문이었다. 비록 카뮈가 공개적으로, 하지만 별다른 손해 없이 욕을 먹은 자로 취급을 당했음에도 불구하고, 그는 갑자기 더 이상 예의를 지키면서 점잖게만 있는 것이 불가능하다고 판단하기에 이르렀다. "예컨대 나는 이제『현대』지 진영에서 나에게 반대하는 자들이 자격미달이라고 생각한다. 그리고 말할 기회가 있다면 이런 사실을 밝힐 것이다."[20]

에르베의 펜을 통해 왜 공산주의자들이 자기를 조롱했던가를 이해하려고 노력하는 과정에서 카뮈는, 7년 전에 채택했던 태도를 다시 취하면서, 그 자신이 대상이 되었던 그들의 공격의 근본적 이유를 곱씹어 보았다. 카뮈는 수첩에서 사르트르, 실존주의자들 그리고『현대』지에 뭇매를 가했던 것이다. 이 잡지가 출간된 이후 카뮈는 수첩의 첫번째 메모에다 이렇게 적고 있다. "『현대』. 이 잡지는 원죄를 인정하고 은혜를 거절한다. 희생자들의 갈증."[21] 그리고 나서『예술』,『카르푸르Carrefour』,『리바롤Rivarol』지 등에서『현대』지를 강하게 비판한 후에 카뮈는 인텔리겐치아 전체에 대한 혐오감을 이렇게 표출하고 있다. "파리는 정글이다. 하지만 거기에 사는 야수들은 볼품이 없다."[22] 사르트르의 충실하지 못함을 설명하기 전에, 카뮈는 자기의 적들을 "혁명 정신을 가진 벼락출세자들, 정의의 바리새인들과 벼락부자들"[23]로 취급하기도 했다. 그리고 카뮈는 사르트르에 대해 계속 평가를 하고 있다.

> TM* 문제. 비행飛行. 이 잡지에 가담한 자들의 유일한 사과는 끔찍한 시대에 포함된 것이다. 결국 그들 안에는 복종을 갈망하는 그 무엇인가가 있다. 그들은 많은 생각들을 가지고 그럴듯한 길을 통해 복종하기를 꿈꾼다. 하지만 복종에 이르는 길은 존재하지 않는다. 형제의 속임수, 욕설, 고발이 있다. 결국 지난 30년간의 분위기.'[24]

사르트르 못지않은 선악이원론적 정신 상태 속에서 카뮈는, 이제 공산주의에 대한 사르트르의 공감—그의 "예속"과 "정의의 위선자"에 대한 그의 위선—과 그의 배신 및 자신의 "형제"에 대한 그의 거부를 연결 짓는다. 카뮈의 말에 따르면, 예속에 대한 열정은 결국 배신의 열정으로 귀착될 것이다. 카뮈는 깊이 생각하지 않은 채 수첩에서 "형제"라는 단어를 자유롭게 사용하고 있다. 이것은 사르트르의 공격이 그에게 얼마나 깊은 상처를 주었는지를 보여 주는 것이다. 하지만 그것은 또한 그들이 얼마나 가까운 사이였는지를 보여 주는 징표이기도 하다.

10월 말, 카뮈는 친구들 가운데 한 명인 로제르 키요 교수에게 다음과 같이 토로하고 있다. 즉 비평가들이 무시했던 자신의 첫 번째 주장

---

* *Les Temps modernes* 지의 약자.

들 속에서 용기를 얻었던 것으로 느낀다고 말이다. "따라서 저는 저의 길을 계속 나아가는 것이 허락되었다고 생각합니다. 요컨대 저는 저의 길이 여러 사람들의 길이라는 것을 알고 있습니다."[25]

　이 같은 주장은, 카뮈가 소중하게 간직한 증언들뿐 아니라 친구들, 동료들, 독자들에게서 받은 여러 편지들에 의해서도 확인되고 있다.[26] 절친한 친구인 샤르는 카뮈에게 이렇게 말하기도 한다. 『반항적 인간』을 그의 가장 훌륭한 저서라고 생각한다고 말이다. 화가이자 작가인 폴란드인 요제프 크자프스키Josef Czapski는, 생각보다 카뮈가 훨씬 더 많은 친구들을 가지고 있다고 말함으로써, 그에게 확신을 주기도 한다. 11월에 카뮈는 그에게 이렇게 답한다. "이제 '좌파'라는 말이 더 이상 의미를 가지지 못한다면, 그것은 『현대』지의 예를 통해 볼 수 있듯이 특히 좌파 지식인들이 자유의 파괴자들이 되기를 선택했기 때문입니다. 따라서 그들은 정면에서 공격받아야 하고 무력화되어야 합니다."[27] 앙리 마르탱을 옹호하는 저서의 편찬에 동참할 것을 요구받았을 때—이 무슨 역설인가!—, 카뮈는 그 일을 하려고 한다. 물론 사르트르는 그 일에 커다란 도움을 준다. 카뮈는 일간지 『프랑 티뢰르 Franc-Tireur』에 개인적으로 항의의 글을 보냈다. 카뮈는 그 글에서 자기가 왜 그 일에 동참하는 것을 거부하는지를 설명하고 있다. "이유는 단순합니다. 『현대』지 주변에서, 그리고 그 잡지를 지지하는 사람들 주변에서, 자유라는 가치를 옹호하는 것, 그것은 다른 어떤 가치들보다도 자유라는 가치를 위태롭게 하는 것과 같기 때문입니다."[28]

*　*　*

이 같은 양보 없는 선언에도 불구하고, 카뮈는 사르트르와의 논쟁에서 완전히 빠져나오지 못했다. 카뮈는 사태를 "해결"하려고 했다. 장송과 사르트르가 사용했던 말들이 그의 귀에 계속 울렸으며, 그로 인해 생긴 상처가 아물지 않았다. 그는 사르트르에게 보낼 서한의 문구 하나하나를 공들여 선택하는 작업을 하고 나서, 옛 스승이었던 그르니에에게 그 편지에 대한 평을 부탁했다. 그는 카뮈의 도움 요청에 응하면서, 지나친 어조를 조금 누그러뜨릴 목적으로 상당 부분을 수정하는 것이 어떻겠느냐는 의견을 개진했다.[29] 하지만 카뮈는 편지를 수정하지도 않았고 또 그것을 공개하지도 않았다. 키요가 썼던 「『반항적 인간』에 대한 옹호」는 카뮈 사후 5년째 되던 해에 출간되었다. 카뮈는 이 글을 위해 『반항적 인간』을 집필하게 된 개인적이고 역사적 이유를 제공하고 있다. 그리고 이 저서가 사르트르의 주장과는 달리 반혁명적 내용을 담고 있는 저서이기는커녕 아주 좌파적 성향의 저서라는 것을 보여 주고자 했다. 또한 카뮈는 자기만족 없이 사르트르가 던진 수많은 비난을 조목조목 바로잡고 있고, 또한 그 과정에서 힘주어 자기 자신을 방어하면서 자기를 비난하고 공격했던 자들 모두에게 역공을 가하고 있다.

사르트르가 편지에서 적고 있는 개인적 설명에 대한 응수로 카뮈는, 자기에게 평소 익숙하지 않은 직접적이고 자전적인 방식으로, 어떻게 해서 점령 기간에 자기가 레지스탕스 운동에 가담하게 되었는가를 담담한 필치로 기술하고 있다. 그렇게 하면서 그는 『반항적 인간』의 뿌리를 전쟁 세대 전체의 경험 속에서 찾고자 했다. 그리고 카뮈는 독일군과 투쟁을 해야 될 필요성에 직면해서 어떻게 해서 "우리의 사기가 거의 땅바닥에 떨어지게 되었는가."를 설명하고 있다. 종교는 카뮈를 인도하는 데 무력했고, 부르주아적 가치들은 완전히 타협적이 되었으며, 공산주의자들은 실제로 (독소협정을 정당화시키기 위해) "싸우기도 전에 적과 협력해야 했다."고 설명하고 있다. 나치에 저항하기로 결심했던 자들은 "하나의 초보적인 가치 추구"에 매달렸다는 것이다. 반항과 혁명은 그들의 두 주제가 되었고, 카뮈는 「『반항적 인간』에 대한 옹호」에서 그 두 주제 가운데 하나를 선택하는 것을 거부한 것은 물론 그 두 주제가 서로 분리될 수 없다는 점을 주장했던 것이다.

『반항적 인간』을 뚜렷하게 사회주의와 프롤레타리아의 해방을 위한 좌파의 참여 속에 위치시키면서 카뮈는, 결국 혁명을 희생시켜서라도 반항에 우선권을 부여하는 이 저서의 핵심 주제들의 균형을 다시 맞추고 있으며, 또한 어떤 의미에서는 그것들을 재해석하고 있다. 그리고 그는 어떤 종류의 문명병이 현대의 혁명적 사회들을 잠식해 들어가고 있는지를 이해하고자 한다. 『반항적 인간』은 "혁명적 태도에 대한 일괄적인 비난"으로 결코 요약되지 않는다. 그 자신의 설명에 따르면, 카뮈는 "노동자들을 해방시킨다고 주장했던 유일한 방편에 대한 이성적 비판을 했던 것이며, 그 목표는 당연히 이 해방이 하나의 길고도 절망적인 기만과는 다른 것이 되어야 한다는 것이었다."[30] 이렇게 해서 카뮈는 자신을 반혁명적이고 부르주아적이라고 했던 사르트르의 비난에 맞서게 된다. 그러면서 카뮈는 지도적 역할에 부적합하다는 이유로 부르주아 계급을 거부할 뿐 아니라 또한 이 계급이 노동자계급과 맺는 관계를 강조하고 있기도 하다. 물론 사르트르가 보기에 이 관계는 불가능한 것이다. 카뮈는 이렇게 주장하고 있다. "나는 [임금노동자들의] 전적인 해방을 희망한다. 우선은 나와 같은 피를 가진 자들을 위해서, 또한 내가 이 세계에서 존중하고 있는 모든 것에 대한 사랑을 위해서 말이다."[31] 카뮈는 그 자신 "몇몇 학자들의 승리"가 아니라, 오히려 노동자계급의 해방에 대한 구체적 형태들을 겨냥한다고 강조하고 있다. 또한 그 자신이 직접 프롤레타리아를 위해 희망하는 것을, 그가 공산주의를 반대하는 이유에 연결시키기도 한다. "은행을 운영하는 자들의 자리에 경찰들을 배치한다고 해도, 노동자들의 매일 매일의 행복, 여가, 그들이 하는 노동의 인간화, 그들의 거대하고 용기 있는 기도企圖에의 참여 등을 포함한 모든 해방은, 단 한 발자국도 전진하지 못했다는 것이 나의 소신이다."[32]

사르트르는 카뮈를 도덕주의에 열을 올린다고 비난했다. 반면, 카뮈는 이 비판을 사르트르에게 그대로 되돌려주고 있다. "나는 다른 사람을 비난할 때마다 평소 내가 믿는 것을 비난하곤 했다."[33] 달리 말하자면, 『반항적 인간』은 다른 사람들의 태도에 대해서뿐 아니라 카뮈 자신의 태도에 대한 해부이기도 하다는 것이다. 사르트르와 장송의 비난은 이렇다. 카뮈가 "안위"를 추구했다는 것이다. 특히 한계와 "중용"에 대한 논의에서 그랬다는 것이다. 하지만 이 같은 비판은 "유치한 말장난에 불과하며, 특히 생생한 체험으로부터 그 정당성을 가져오지 못했다."[34]는 점에서 문제가 있다. 그러니까 우리는 기껏해야 다른 사람들의 존엄성을 인정한다는 단 하나의 이유로 한계 속에서 살고 있는 것이다. 카뮈에게서 중용을 추구하는 것은, 계속 새로워지는 긴장 속에서 산다는 것, 즉 종속에 이르는 과잉 행동을 거절한다는 것을 의미한다.[35] 하지만 그를 비판하는 자들은 그의 언어를 좋아하지 않았다. 그의 언어가 "교양 있는 우리 사회에서 발견하게 되는 투사적 공적을 세우고자 하는 갈증"[36]에 적합하고, 공격적인 표현을 더욱 두드러지게 한다는 것이다. 그들은 개인의 이름으로 카뮈가 역사를 단죄했다, 그리고 그가 개인을 역사보다 위에 위치시켰다는 그릇된 주장을 폈다. 그러니까 카뮈에 따르면 "개인은 존재하기 위해 역사에 협조를 해야 함과 동시에 반대를 해야 한다."[37]는 것이다. 하지만 반항과 혁명을 동시에 요구하는 카뮈는, 『반항적 인간』을 관통하는 역사에 대한 반대를 포기하며, 반항과 혁명 사이에 존재하는 교호작용과 생산적인 긴장을 부각시킨다. 그는 또한 역사에 반대하는 개인을 강조하는 방식을 수정하며, 개인들 사이의 가장 훌륭한 관계는 긴장이라는 것을 관찰하면서 그 두 요소를 서로 필요한 것으로 만들고 있다.

요컨대 카뮈는 『반항적 인간』에서 도덕이란 가능하며, 이 가능한 도덕은 희생을 요구한다는 주장을 펼치고 있는 것이다. 이것이 바로 니힐리즘과 살인에 대한 투쟁 끝에서 카뮈가 내리고 있는 결론이다. 이제 그는 사르트르에 직접 응수한다. 그는 결단을 내리지 못하고 중간 입장을 취하고 있는 자들을 공격한다. 그에 따르면, 그들은 이 끔찍한 우주에서 모든 인간들에게 우리 시대의 악행에 대한 집단적 책임이 있다고 주장하면서도, 자신들의 순수함을 간직하려고 하는 자들에 불과하다. "그들은 인간을 구하고자 한다. 하지만 그들은 결국 단지 인간을 모욕하는 것과 일정에 따라 타락시키려고 시도할 수 있을 뿐이다."[38] 이 같은 놀라운 답변의 결론에서 카뮈는 손에 쥐고 있던 최상의 패를 보여 준다. 저항에서의 그의 역할을 사르트르의 역할과 비교하는 것이 그것이다. 사르트르와 장송의 논거들은 점령기 동안 정치적으로 도덕적 태도를 지키려고 시도했던 자들에게 그 어떤 기준도 제공하지 못했다는 것이다.

나는 사람들이 우리들에게 제시한 것, 즉 희망 없는 투쟁의 시기에 나를 도울 수 있었던 것 속에서는 그 무엇도 발견하지 못한다. 내가 『반항적 인간』에서 기록했던 경험들과 성찰을 통해서, 나는 반대로 다음과 같은 점을 확실하게 말할 수 있다. 즉 만약 1940년대에 우리가 경험했던 것을 오늘날 되살려내야 한다면, 나는 누구에 반대하며, 왜 싸우는지를 동시에 알 수 있다는 점이 그것이다. 나는 결코 하나의 증언 이상을 제시했던 것은 아니며, 있는 그대로 보다 더욱 크게 그것에 대해 말하려고 시도했던 것도 아니다. 하지만 이 증언 주위에서 나온 공허한 소문이 그치게 될 때, 사람들은 다시금 그 증언으로 되돌아갈 수 있을 것이며, 그 의미를 공정하게 평가할 수 있을 것이다. 그리고 그것이 단순히 몇몇 사람들이 살아가도록 도울 수 있다고 하더라도, 나에게는 큰 도움이 될 것이다.[39]

하지만 카뮈가 의식적으로 좌파의 중심과 좌파가 목표로 하는 것들의 중심에 위치하고 있다고 기술해 보아야 소용이 없다. 왜냐하면 그것은 그와 사르트르와의 불화를 심화시키는 것이기 때문이다.[40] 그렇다면 카뮈가 이 답변을 공개하지 못한 이유는 무엇이었을까? 그들의 절교가 공공연한 것이 되자, 많은 매스컴들이 이 사건의 추이를 취재하려고 득달같이 달려들었다. 특히 한 명의 유명인사에 의해 혹평을 받은 또 한 명의 유명인사의 답변을 듣기 위해서 말이다. 『예술』이나 『롭세르바퇴르』와 같은 잡지들이 기회를 낚아챘을 수도 있었을 것이다. 비록 이 잡지들이 카뮈와 의견을 같이 하지 않았더라도 말이다. 왜냐하면 분명 카뮈의 답변은 커다란 반향을 일으킬 수 있는 잠재성을 가진 그런 글이었기 때문이다.

하지만 카뮈는 이 훌륭한 글을 서랍 속에 넣어 두었다. 그들의 관계가 형성된 초기부터 카뮈는 사르트르가 자기보다 훨씬 더 지적으로 뛰어나다는 사실을 인정했다. 하지만 카뮈는 스스로 위대한 예술가라는 사실을 알고 있었다. 『반항적 인간』에서는 완전히 구별되는 이 두 영역이 서툴게도 섞여 있다. 그리고 그 결과는 아주 끔찍했다. 자칭 철학의 대가인 카뮈가 사르트르에게 철학 분야에서 한 수를 가르쳤고, 또한 『반항적 인간』을 읽지 않았다고 비난했다. 하지만 이제 와서 응수를 하는 것은 오히려 조롱을 당할 위험이 따를 수도 있다. 따라서 그는 사르트르에게 응수하는 것을 포기했고, 그 당시의 대세라고 판단했던 것, 즉 작가는 침묵 속에서 다른 사람들의 욕을 먹어야 한다는 것을 받아들이게 된다. 카뮈는 『수첩』에다 이렇게 쓰고 있다. "같은 당파에 속하는 사람이나 같은 문인들의 당파에 속하는 사람에게 반발하지도 못한 채 욕을 먹어야만 하는 작가라는 고귀한 직업."[41] 우리는 이제 다음과 같은 결론을 내릴 수 있다. 카뮈가 그 순간에 그 자신이 받았던 충격과 마찬가지로, 그 자신이 품었던 의혹에 맞서 「『반항적 인간』에 대한 옹호」라는 글을 쓴 것은, 사르트르와의 논쟁에서 이기기 위한 것이 아니라, 자기를 긍정해야 할 필요성을 강하게 느꼈기 때문이라는 결론이 그것이다. 그 글을 씀으로써 카뮈는 당장의 위기를 넘길 수 있었다. 그렇게 해서 그는 하루라도 더 그 자신의 터전에 머무르면서 투쟁하고 살아갈 수 있게 되었던 것이다. 그는 그 자신의 사유들과 감정들을 "정리했고", 분명히 했으며, 그렇게 하면서 그것들을 다시 한 번 긍정하게 되었다. 그리고 당장으로서는 그것으로 충분했다. 이제 예술가 카뮈는 그의 시간을 기다릴 것이다.

*　　*　　*

　　사르트르는 머릿속에서 카뮈의 존재를 완전히 삭제해 버린 것처럼 보였다. 그와의 불화가 있었던 몇 개월 동안, 심지어는 몇 년 동안, 그는 옛 친구에 대해 일언반구 아무런 암시도 하지 않았다. 그의 일기나 편지 속에서도, 또한 보부아르나 그의 친구들이 전하는 대화 속에서도 카뮈에 대한 그 어떤 언급도 찾아볼 수가 없다. 1960년 1월에 카뮈가 세상을 떠나던 날까지, 그는 잃어버린 친구에 대해 아무런 말도 하지 않았다. 하지만 카뮈에게 쓴 편지나 후일의 행동을 통해서 보면, 그가 그를 완전히 추방한 것처럼—전혀 고려의 대상이 될 가치가 없는 그런 적처럼—보이는 것은 사실이다. 하지만 그는 감동적인 찬사의 글을 통해 카뮈에 대한 지금까지와는 전혀 다른 태도로 진실을 바로잡고 있다. 카뮈는 항상 사르트르가 그에게 인정했던 지적이고 도덕적인 힘을 결코 잃지 않았던 것이다. 사르트르는 다음과 같이 말하고 있다. "그의 시대가 보여 준 대대적이고 비정상적인 사건들에 반대하는 의심스러운 투쟁" 기간에 카뮈는, "우리 시대의 한 복판에서 마키아벨리주의자들에 반대하고 사실주의라는 황금 송아지에 반대하면서 도덕적 사태의 실존을" 지속적으로 주장했다고 말이다.[42] 물론 이 같은 지적은 카뮈에 대한 비판이기는 하지만, 결국 이 지적은 자기비판적 암시로 끝나고 있다. 그러니까 사르트르 자신이 공산주의자들과 가까운 관계를 유지하고 있었던 1952년에서 1956년 사이에 정치적 현실주의의 희생자였다는 것이다. 사르트르는 다음과 같은 사실을 강조하고 있다. 카뮈는 문화 분야에서의 주요 세력들 가운데 하나가 되기를 결코 그만둘 수 없었을 것이라는 사실, 그리고 카뮈가 20세기의 역사만큼이나 프랑스의 역사를 그 나름의 방식으로 대표하는 인물이라는 사실을 말이다. 따라서 사르트르의 추도사에는 그들의 절교와 카뮈의 죽음을 가르고 있는 7년에 대한 회고적 조명이 투사되고 있으며, 나아가서는 사르트르 자신이 그 기간을 어떻게 보냈는지를 보여 주고 있는 것이다.

> 그와 나, 우리들은 사이가 틀어져 있었습니다. 불화, 그것은 아무것도 아니었습니다. 사람들은 결코 만나지 않을 수 없기 때문입니다. 그것은 정확히 우리에게 주어진 너무나 협소한 이 세계에서 서로 만나지 않는 것은 아니면서도, 함께 살아가는 또 다른 방식이었습니다. 그것이 내가 그에 대해서 생각하는 것을 방해할 수는 없었으며, 그가 읽고서 나에게 '무엇에 대해 말하는 거야? 지금 이 순간 그는 이를 통해 뭘 말하고자 하는 거야?'라고 말한 책의 지면과 신문에 대한 그의 시선을 느끼는 것을 방해할 수는 없었습니다.[43]

몇 년 후에 이 추도사에 대해 질문을 받은 사르트르는, 그 자신의 목적은 아니었지만, 카뮈와의 추억을 "아름다운 페이지"로 만들고자 하는 유혹에 이끌렸다고 주장하고 있다. 하지만 그는 그 이외의 다른 일체의 상세한 설명도 하지 않고 있다. 또 다른 대담에서 그는 카뮈를 위한 추도사에서 약간의 잘못이 있다는 점을 시인하고 있다. 그가 심지어 불화 상태에서도 그에게 카뮈의 의견은 결정적인 것으로 남아 있었다고 한 말이 그것이다. "내가 카뮈를 위해 썼던 추도사에는 조금 과장된 점이 있다. 그것은 바로 내가 다음과 같이 말한 것, 즉 그가 우리와 의견을 같이 하지 않았을 때조차도 우리는 그의 생각을 알고 싶었다."[44]

사르트르가 썼던 카뮈를 위한 추도사는 과연 신실한가? 추도사를 통해 사르트르는 카뮈에 대해 네 번째로 공개적 발언을 하게 되는 셈이다. 사르트르는 그를 만났던 1942년에 처음으로 그를 언급한 것을 시작으로, 1945년에 참여작가들에 대한 강연회에서 두 번째로, 그리고 그 유명한 "친애하는 카뮈……"로 시작하는 그 편지에서 세 번째로 언급했던 것이다. 네 번의 기회에서 사르트르는 매번 카뮈에 대한 찬사로 가득한 텍스트들을 썼다. 그리고 비록 사르트르가 겨냥했던 목표가 이 같은 찬사를 가렸음에도 불구하고, 그가 썼던 그 텍스트들이 신실한 것이라는 점은 의심의 여지가 없다. 하지만 사르트르가 불화로 인해 갈라진 친구와 많은 것을 "함께" 체험했다고 털어놓을 때 과연 그는 신실했을까?

70세가 되었을 때 자기가 나누었던 여러 사람들과 원만하지 못했던 우정, 특히 카뮈와의 불화에 대한 질문에 대해, 사르트르는 이렇게 답하고 있다. "내가 남자들과 맺었던 우정들은 여자들과 맺었던 사랑보다 더 강하지 못했다." "여러 사람들, 특히 남자들이 당신의 삶에서 빠져나갔습니다."라고 지적한 질문자에게, 사르트르는 남자들과도 오래 지속된 우정을 가졌다고 이의를 제기하고 있기는 하다. 하지만 그가 손꼽을 수 있는 있는 남자들과의 우정은 젊은 시절에 맺어진 것들이었으며, 사르트르-보부아르의 이른바 "식구"의 일원들과 맺었던 것들이었다. 카뮈와의 불화로 인해 "정말로" 충격을 받은 것은 아니었다고 말한 후에, 사르트르는 그와 함께 보냈던 좋았던 시간들을 회상하고 있으며, 놀랍게도 카뮈가 마치 그의 진짜 마지막 친구였던 것처럼 말하고 있기도 하다.[45]

카뮈의 반응을 예측하는 것, 그것이 그대로 사르트르가 행동을 암중

모색하는 것에 영향을 주었을 수도 있다고 생각할 만한 충분한 이유가 있기는 하다. 불화를 전후한 시기의 지적, 정치적 상황에서 카뮈가 차지하고 있던 위치로 인해, 비록 그들이 아주 가까운 사이를 유지하고 있지는 않았다고 하더라도, 사르트르가 자신의 지적 여정의 각 단계에서 모든 것을 카뮈의 눈을 통해 고려하면서 생각을 하려고 했을 수도 있기 때문이다. 다른 사람들은 카뮈의 영향을 인정했다. 하지만 사르트르는 그 자신이 옛 친구로부터 그처럼 커다란 영향을 받았다는 사실을 인정할 수는 없었을 것이다. 역으로 카뮈도 그 자신의 사유의 정립에서 사르트르의 입장이 아주 중요했다고 인정할 수 없었듯이 말이다. 하지만 그들 각자는 서로 다른 정치적 노선을 가기로 결정한 후에도 얼마나 많이 서로 대립되는 글을 쓰고, 응수를 하고, 또 논쟁을 했던가![46]

*　*　*

사르트르에게 있어서 카뮈와의 절교는 하나의 놀랄 만한 변화를 보여 준다. 사르트르는 『현대』지 10~11월 호에 실린 「공산주의자들과 평화」의 두 번째 글에서 보여 준 "개종"의 논리를 계속 이어나간다. 과장이 심하고 반복적인 문체로 인해 그 글은 사르트르의 글 가운데 가장 잘못된 것들 가운데 하나로 여겨지고 있으며, 공산주의자들에 대한 그의 동조가 그에게는 상당한 내적 노력을 필요로 했다는 사실을 암시해 주고 있다. 카뮈가 공산주의에 대해 부여한 설명을 전혀 언급하지 않은 채, 사르트르는 이 설명에 대해 하나의 대안을 내놓고 있다. 그리고 이 대안을 그 당시 지식인들의 정신적 필요성으로서 소개하고 있다. 공산주의는 하나의 명백한 사실에서 자연스럽게 유래하고 있다. 프랑스 노동자들은 착취당하고 고립되어 있으며 수동적이라는 것과 공산당은 그들을 하나의 활동적이고 투쟁적인 사회계급으로 만들려고 시도한다는 사실이 그것이다. 공산주의를 비판하는 좌파와 우파 모두에 맞서면서, 이 공산주의가 과도하게 혁명적이거나 혹은 과도하게 소련에 종속되어 있다고 여기면서, 사르트르는 당시 있는 그대로의 PCF와 맞선다. 그는 자신의 선택 논리를 설명하고 있다. PCF가 더 좋고 덜 독선적이라고 옹호하는 것이 아니라, 독자들에게 그 당이 있는 그대로 존재해야 하는 이유들을 보여 주는 방식을 통해서 말이다. 그는 PCF의 모든 비판을 거부한다. 가령 더 근본적인 동시에 더 민주적인 당을 꿈꾸는 클로드 르포르Claude Lefort와 같은 옛 트로츠키주의자들에게서 나온 비판을 말이다. 또는 프롤레타리아가 덜 교조적인 지도자들을 선택하고 더 절제된 목표들을 겨냥하기를 원했던 반마르크스주의자들에게서—카뮈가 그 좋은 예이다—유래한 비판을 말이다. 기이하게도 이 같은 토의를 지배한 것은 바로 필연성이다. 그러니까 경직되고 독선적인 조직을 포함해 PCF가 저지른 과오들은 개선의 여지가 있는 과오들은 아니지만, 노동자 대중들이 그들의 소외와 궤주를 극복할 수 있기 위한 적절한 수단들이기는 했다. 왜냐하면 단지 그렇게 해서만 그들은 하나의 통합된 사회계급을 형성할 수 있을 뿐이기 때문이다.[47]

사르트르와 PCF와의 접근은, 1952년 초, 즉 인도차이나 전쟁에 반대했다는 이유로 감옥에 갇힌 해군이었던 앙리 마르텡의 석방을 위한 캠페인이 벌어지던 시기부터 시작되었다.[48] 「공산주의자들과 평화」라는 글을 쓴 이후, 카뮈와의 불화 이후, 1945년부터 계속 사르트르를 비난해 왔던 『레 레트르 프랑세즈』지—1951년에 실린 한 기사에서 사르트르가 가짜 문제를 제기했다는 이유와 그 평범한 내용을 이유로 『악마와 선한 신』이라는 극작품을 거부했던 엘자 트리올레Elsa Triolet 에 이르기까지[49]—는, 이제 PCF가 사르트르에게 부드러운 눈길을 주고 있다는 사실을 전하고 있다. 이 신문의 편집장이었던 클로드 모르강은 같은 해 9월 18일에 사르트르의 「공산주의자들과 평화」의 일부를 평하면서, 그가 평화적 공존의 기수가 되고 있다고 말하고 있다. "나는 사르트르의 문학이나 철학을 좋아하지 않는다. 그러나 그가 반공산주의를 구실로 전쟁을 준비하는 자들을 비난하는 것을 보면서, 나는 그와 더불어 평화를 위해 함께 일할 수 있고 또 함께 일을 해야만 한다는 사실을 단언하는 바이다. 아니, 이렇게 단언하는 것이 몹시 기쁘다."[50]

그 뒤 1952년 10월 8일, 『레 레트르 프랑세즈』지는 사르트르의 『존경할 만한 창부La Putain respectueuse』의 첫 공연에 대해 찬사 일색의 글을 싣고 있다. 이 같은 변화는 사르트르뿐 아니라 그 당시의 시대정신에 발생한 변화를 읽을 수 있는 중요한 징후라고 할 수 있다. 찬사 일색의 글을 쓴 평론가는 영화로 촬영된 『존경할 만한 창부』의 결론 부분이 보스트와 아스트뤽과의 협력 하에 사르트르에 의해 수정되었다는 사실까지도 강조하고 있다. 그러니까 백인 창부 리지Lizzie와 흑인이 서로 손을 잡았으며, 그들이 인종차별주의자 백인들에게 저항하기 위해 힘을 합해 궐기하다는 내용으로 말이다. 또한 그 평론가는 같은 글에서 다음과 같은 사실도 지적하고 있다. 이 영화에서 볼 수 있는 "아주 고귀한 타협주의"는 『더러운 손』에서 볼 수 있는 "천박한 타협주의"와는 달리, "우리로 하여금 사르트르의 변화는 물론이거니와 지난 여름에 그와 카뮈와 사이에 있었던 불화의 메아리를 들려준다."[51]고 말이다. 요컨대 PCF의 눈으로 보면, 카뮈와의 분쟁에서 점수를 딴 것은 분명 사르트르였던 것이다.

자신의 "개종"과 공산당원들이 아닌 지식인들에 대한 공산주의자들의 새로운 호의에 힘입어, 사르트르는 점차 새로운 세계 속으로, 새로운 규칙 속으로 빠져들게 된다. 1952년 11월에 비엔나에서 개최된 평화를 위한 인민회의는 스탈린의 전략의 일환이었다. 핵전쟁에 반대하며 평화로운 공존을 위한 하나의 국제적 운동의 창설을 원하는 스탈린의 전략 말이다. 반공산주의자들은 이 회의와 거기에 참석한 자들, 즉 동유럽인들이자 공산당에 의해 선별되었으며, 그들의 정부에 대한 비판에서 독립적인 주도권을 쥘 수 없는 자들 사이의 명백한 대조를 강조하고 있다. 하지만 이 같은 대조가 있다고 해서 그 참석자들이 서구 국가들을 비판하는 것을 막을 수는 없으며, 나아가서는 독립적인 서구인들(우파와 중도파 프랑스 정당들의 멤버들을 포함해), 또한 공산주의자들과 공산당의 동반자들과 대화를 나누는 것도 막을 수는 없는 노릇이다. 비엔나에 도착하자마자 사르트르는 스타가 된다. 사람들은 그에게 개회식에서 연설을 해달라고 요청한다. 그는 과거에 자신을 공격했던 공산주의자들과 화해하게 된다. 그들 가운데는 알렉산드르 파데예프 Alexandre Fadeyev도 포함되어 있다. 이 인물은 1948년에 사르트르를 "만년필을 든 하이에나"로 취급했으며, 표결에 적극적으로 참여하고, 많은 인터뷰를 갖고, 일리야 에렌부르크Ilya Ehrenburg, 파블로 네루다 Pablo Neruda 그리고 호르헤 아마도Jorge Amado 등과 같은 전 세계의 공산주의 지식인들과 대담을 한 사람이기도 하다.

하지만 총회가 개최된 비엔나 콘서트하우스Konzerthaus의 입장권을 얻기 위해 사르트르는 큰 대가를 치르게 된다. 비엔나의 한 극장에서는 회의가 진행되는 동안 『더러운 손』을 공연하기로 예정되어 있었다. 예전부터 공산주의자들은 그 작품을 자신들에 대한 공격이라고 여기고 있었다. 그래서 그들은 이 작품의 내용을 종종 하나의 개인사로 규정하곤 했다.[52] 비엔나에서는 다른 사람들이 요구를 하지 않았지만, 사르트르는 자진해서 이 작품의 공연 금지를 결정했으며, 사재私財를 털어 극단의 손해를 배상했다. 게다가 그는 어디에서 공연되든지 간에 이 작품의 공연은 해당 지역 공산당의 동의를 받아야만 한다고 명기하기까지 했다! 그렇게 하면서도 그는 그런 조치에서 작가로서의 자신의 자유나 인격에 대한 침해가 문제가 되는 것이 아니라 오히려 역사적 현실에 대한 양보가 문제된다고 판단한다. 그로부터 2년 후에 비엔나에서 허락 없이 이루어진 이 작품의 공연에 대한 기자회견에서 사르트르는 실제로 이렇게 설명하고 있다. "내 작품은 정치 투쟁의 마당, 정치 선전의 도구가 되어 버렸습니다. 지금과 같이 긴장이 고조된 분위기가 팽배한 가운데 베를린이나 비엔나와 같은 전략적으로 중요한 지역에서 이 작품이 공연되는 것은 평화 정립에 아무런 도움을 주지 못한다는 것이 나의 생각입니다."[53]

비엔나에서 연설을 하기 위해 자리에서 일어섰을 때, 사르트르는 이 모임에 대한 반공산주의자들의 공격을 집중적으로 규탄했다. 과연 그는 연설을 하는 동안 어깨너머로 그를 쳐다보고 있던 카뮈를 의식했을까? 그의 연설의 도입부는 카뮈의 사상과 맞물리는 것이었으나, 그것은 완전히 사르트르식의 표현이 가미된 것이었다. "오늘날 사상과 정치는 우리를 살상으로 이끌고 있습니다. 그 까닭은 이 사상과 정치가 추상적이기 때문입니다. 〔……〕 각자는 타자이며, 잠재적인 적입니다.

따라서 사람들은 서로 불신하고 있습니다. 저의 조국인 프랑스에서는 사람들이 진정으로 만나는 횟수가 아주 드뭅니다. 특히 여기저기에서 직함이나 이름을 만날 뿐입니다."[54] 그러고 나서 사르트르는 냉전의 이원론에 반대하면서 어떻게 해서 평화를 위한 인민들의 모임이 이 냉전을 축소시킬 수 있는가에 대해 설명하고 있다. "만약 UN에 아직도 제3차 세계대전이 선과 악 사이의 대결이 될 것이라고 생각하는 자들이 있다면, 우리는 그들에게 말할 것입니다. 그들이 잘못 생각하고 있다고 말입니다. 인민들은 서로 만나고, 서로를 보고, 서로에게 말을 하고, 서로 접촉해 왔습니다. 그리고 그들은 어쨌든 자신들이 이루길 바라고 또 이루게 될 평화가 곧 선이라는 사실에 이구동성으로 동의하고 있습니다. 이제 이렇게 생각하는 우리들에게 더 이상 십자군과 같은 공격을 할 수는 없을 것입니다."[55] 마지막 단계에서 공포를 통해 평화를 부과하고 마는 모든 형태의 평화주의를 배척한 후에 사르트르는 카뮈와 직접 토론을 할 수도 있었을 것이다. 사르트르는 4년 전에 있었던 세계 시민임을 선언했던 미국의 옛 조종사였던 데이비스에 대한 해묵은 불화의 문제를 다시 거론하기까지 했다. 사실 카뮈는 데이비스를 찬양했던 반면, 사르트르는 그를 마지못해 지지했던 것이다. "게리 데이비스와는 달리 우리는 정치를 해야 한다는 것을 알고 있으며, 평화란 어느 날 받게 되는 모범운전사 증명서처럼 안정된 상태가 아니라, 세계적 차원에서 이루어져야 하는 것이자 세계의 모든 인민들의 협력을 요구하는 긴 호흡을 통한 구성물이라는 사실을 알고 있습니다."[56]

사르트르는 비엔나 콘서트하우스에서의 평화를 위한 인민회의에서의 연설을 파리와 반공산주의를, 그리고 그에게 있어서 더욱 놀라웠던 것, 즉 화해를 상기하면서 이렇게 끝맺고 있다.

개인적으로 나는 여기 우리 곁에 있어야 할 매우 정직한 많은 사람들을 알고 있습니다. 하지만 그들은 이곳에 없습니다. 이유가 무엇일까요? 물론 비관론 때문이고, 체념 때문입니다. 게다가 사람들이 그들에게 이 회의가 조작이 아닌지 의심하게 만들었기 때문이지요. 〔……〕그들은 다음과 같이 말할 필요가 있습니다. 즉 우리들은 평화를 원한다. 성실한 사람들은 평화를 만들려는 시도를 위하여 모입니다. 그리고 우리들은 그곳에 함께 하지 않습니다. 그들의 후회가 그들이 느끼는 약간의 불신가 두려움을 녹이게 되는 날, 이 불모지, 즉 반공산주의는 후퇴하게 될 것입니다. 따라서 우리는 다음과 같이 말할 수 있을 것입니다. 세계 차원의 평화 정착에 도움을 주기 이전에 우리는 우리들 사이에서 먼저 화해가 이루어지도록 도와야 한다고 말입니다.[57]

프랑스로 되돌아와 여러 차례의 인터뷰와 연설을 하면서 사르트르는, 이 비엔나 회의를 자기 생애의 가장 위대한 사건들 가운데 하나로 소개한다. 게다가 세계 각지에서 온 여러 사람들과 가졌던 모든 직접적인 만남을 강조하고 있으며, 그들과 자유롭고 공개적으로 중요한 문제들을 논의할 수 있는 것이 갖는 이점 역시 강조하고 있다.[58] 하지만 공개적으로라면 어느 정도를 말하는가? 사실 공산주의 대표자들이 자유롭게 자신들의 의사를 표명할 수 있었는지 아닌지에 대해 자문하는 것은 추상적인 질문이 아니다. 그것은 즉각적이고 침울한 질문인 것이다. 비엔나 회의가 열리기 2주 전에 루돌프 슬랜스키Rudolf Slansky를 위시한 다른 체코 공산당 지도자들은—그들 대부분은 유대인들이었다—피고인의 자격으로 "국제 유대인 공모"라는 죄목으로 기소된 재판에서 배신자들이라는 판결을 받았다. 게다가 슬랜스키는 서구를 위해 간첩 활동을 하는 유대인 첩자라는 사실을 자백하기도 했다. 그와 다른 10명의 사람들이 12월 3일에 프라하에서 처형당했다. 비엔나 회의에 참가하기 위해 출발하기 전에, 『르 피가로』지에서 유력 프랑스 인사들이 프라하에서 처형 위기에 있는 자들을 구하기 위해 코트발트 Gottwald 대통령에게 전보를 보낼 준비가 되었느냐는 질문에, 사르트르는 『르 피가로』지든 다른 신문이든 간에 그 어떤 선언을 하는 것을 단호하게 거절한다고 답을 하고 있다.

이것이 바로 사르트르가 비엔나 회의에 참가하기 위해 보여 주었던 두 번째 제스처였다. 다른 참가자들처럼 그 역시 천인공노할 그 살인 행위에 대해 반대하지 않았던 것이다. 그는 또한 스탈린의 사망 직전인 3월에 소련에 의해 조종된 반유대주의의 물결이나 "의사들의 공모"에도 반대하지 않았다. 카뮈에게 쓴 공개서한에서 사르트르는 공산주의자들과의 합류를 다음과 같은 표현을 통해 설명하고 있다. "[······] 투쟁하고 있는 사람들에 대해 영향을 줄 수 있는 권리를 가지려면 우선 그들의 투쟁에 동참해야 합니다. 그러니까 우선 모든 것을 인정하고, 그 다음에 그 가운데 어떤 것을 바꾸려고 해야 하는 것입니다." 하지만 사르트르에게 있어서는 이 같은 침묵의 제스처와 『더러운 손』의 공연 취소가, 바로 그가 받아들였던 그 "많은 것들 가운데" 두 가지였던 것이다.

카뮈는 수첩에다 간략하게 이렇게 적고 있다. "비엔나에서 비둘기 파들이 교수대 위에 훼를 틀고 앉아 있다."[59] 다른 곳에서, 그리고 항상 개인적으로 카뮈는 더 자세하게, 더 직접적으로 옛 친구의 "현실주의의 황금 송아지"를 추구하는 태도를 지적하고 있다. "조용할 때 비엔나에 가는 것은 냉전에 참가하는 행위이다. 그럼에도 11명—체코 신문에서는 그들이 유대인이라는 것을 밝히기 위해 이름에 유대 이름을 덧붙였다—이 처형된 배경을 뒤로 하고 거기에 가는 행위에는 이름조차 붙여지지 않았다. 〔……〕 우파에 속했던 사람들이 히틀러의 힘에 매혹당했던 것처럼 좌파에 속하는 사람들 역시 효율성이라는 이름으로 장식된 공산주의의 힘에 의해 매혹당하고 있다."[60]

1953년 6월, 사르트르는 줄리우스Julius, 에텔Ethel 로젠베르크Rosenberg 부부의 처형에 맹렬하게 반대하는 글을 발표한다. 미국 정부는 관용에 호소하는 세계적 캠페인을 무시하기로 결정했다. 사르트르는 "범죄적인 광기"를 규탄한다. "이러한 광기는 앞으로 우리를 섬멸 전의 혼동 속으로 몰아넣을 수도 있다."[61]

로젠베르크 부부를 죽임으로써 당신들은 단지 인간을 희생시킴으로써 학문의 진보를 중단시키려고 시도했을 뿐이다. 우리가 목도한 것은 주술, 마녀 사냥, 화형, 희생이며, 당신들의 조국은 공포에 병들어 있다. 당신들은 모든 것에 대해 공포를 느끼고 있다. 소련인들, 중국인들, 유럽인들에게 말이다. 당신들은 서로 서로에 대해 공포를 느끼고, 당신들이 가진 폭탄의 그늘을 두려워하고 있다.[62]

사르트르의 글이 발표된 날, 동독 정부는 노동자들 시위에 발포한다. 카뮈는 그 달 말에 개최될 항의 모임에서 발언하게 된다. 또한 그는 친공산주의적 언론에 맞서는 선언문을 발표하기도 한다. 왜냐하면 그는 지난 여름 사르트르의 조롱에 자신을 노출시켰던 좌파의 역할을 그 어느 때보다 확신하고 있기 때문이다. 사르트르의 글(카뮈의 오랜 친구인 다스티가 경영하는 신문인 『리베라시옹』에 게재된)을 선두에 놓고 다른 유사한 글들을 참고하면서, 카뮈는 로젠베르크 부부 사건에 맞춰서 "몇몇 좌파 언론과 그 동조자들이 베를린의 비극이라는 정당한 표현을 적절한 용이성이라고 중성화시킨 것"[63]을 비난한다. 카뮈가 동독과 미국 두 정부 둘 다 잘못한 일이 있다고 비난할 필요성에 대해 집요하지만 설득력 있는 주장을 펼칠 때, 독자들은 그가 호소하고 있는 것이 개인적으로는 사르트르의 호소라고 생각할 수 있을 정도였다.

내 생각으로는 베를린 사태로 인해 로젠베르크 부부 사건을 잊는 것이 불가능하지만, 독일군에게 처형당한 자들을 로젠베르크 부부의 환영 아래 감추는 것이 가능하다고 말하던 좌파 인사들이 더 가증스러운 자들로 보인다. 하지만 이것이 바로 우리가 직접 목격한 바였으며, 또한 우리가 매일 목격하는 바이기도 하다. 바로 이러한 이유로 우리는 이곳에 있는 것이다. 우리가 여기에 있는 이유는, 만약 우리가 이곳에 있지 않다면, 분명 노동자들을 옹호한다는 사명을 소리 높여 내세우는 자들 가운데서 그 누구도 이곳에 있지 않을 것이기 때문이다. 우리가 이곳에 있는 이유는 또한 베를린의 노동자들이 연대하기를 바라는 자들에게서 배반을 당할 위험이 있기 때문이다.

사람들이 노동자들의 해방이라는 소명을 직접 받았다고 주장할 때, 독일과 체코슬로바키아에서 자신들의 노동 규약이 증가하는 것을 거절하고, 논리적으로 자유선거를 요구하며, 자기들에게 설교를 해댔던 지식인들에게 정의는 자유와 뗄래야 뗄 수 없는 관계에 있다는 정반대 사실을 보여 주는 노동자들의 봉기, 이 봉기와 이 봉기에서 볼 수 있는 교훈들, 그리고 이 봉기로 인해 야기된 탄압, 그렇다, 이 모든 것을 망라하는 봉기는 결국 상당한 성찰을 요구하는 사태가 아닌가? 닥치는 대로 수많은 입장들이 취해졌음에도 불구하고 이 봉기는 여전히 노동자들의 연대連帶에 대한 확고하고도 분명한 주장이라는 장점을 가지고 있지 않는가? 세계의 어디에선가 한 명의 노동자가 한 대의 탱크 앞에서 맨손으로 주먹을 불끈 쥐어 들어올릴 때, 그리고 '나는 노예가 아니다.'라고 소리칠 때, 만약 우리가 그에게 무관심한 태도를 취한다면 과연 우리는 어떻게 될 것인가? 만약 우리가 (윌리Willy) 쾨틀링 Goettling 앞에서 침묵을 지키면서 로젠베르크 부부 사건에만 개입한다면 그것은 무엇을 의미할까?[64]

카뮈가 이처럼 신랄한 말을 동원해 친공산주의자들, 그 가운데서도 사르트르를 직접 겨냥해도 아무런 소용이 없었다. 사르트르는 전혀 잠을 방해받지 않았기 때문이다. 『앙리 마르탱 사건L'Affaire Henri Martin』이 출간된 후, 『콩바』지와 11월에 가진 인터뷰에서 지식인의 역할에 대해 질문을 받은 사르트르는, 참여에 대한 그 자신의 오래된 입장을 다시 한 번 반복하고 있다. "어쨌든 한 명의 지식인의 의무는 모든 곳에서 불의를 고발하는 것입니다."[65] 사르트르가 특히 왜 자신이 공산주의 국가들에서 자행된 불의를 고발하지 않았는지를 설명하는 가운데, 이러한 표현들이 기사의 제목이 된다는 것은 매우 거북스러운 것이다. 카뮈의 입장에 비해 180도 선회한 후에도 사르트르는 서구 지식인들의 규탄들이 공산주의 정부들에 아무런 영향도 미치지 못했다는 것을 주장하고 있으며, 냉전이 한창일 때 그 규탄들이 "전쟁 행위"로 여겨졌다고 주장한다. 사르트르가 원했던 것은 정확히 이것이었다. 즉 프랑스 지식인들이 영향을 미칠 수도 있는 세계의 절반에서 발생하는 사건들을 해석하는 것이었으며, 그들이 소련에 대항하여 투쟁하는 부르주아 정부들을 돕는 것을 자제하는 것 말이다. "현실주의라는 황금 송아지"에 대한 이 같은 손쉬운 경의는 도덕주의를 정치적인 계산으로 대체하는 것이었다. 이 같은 경의는 또한 카뮈가 사용할 수 있는 모든 수단을 통해 소련에서 발생하는 여러 사건들의 흐름에 영향을 주고자 한 결정과도 명백히 대립하는 것이었다. 공산주의자들과 맺은 우정의 바로 그 단계에서, 사르트르는 모든 불의를 고발하려는 그 자신의 호소를 무시하기에 이르렀고, 또한 그 불의가 어디에서 유래하는지도 무시하기에 이르렀다. 요컨대 그는 뚜렷하게 의식을 하면서 서구와 동구에 대해 두 가지의 상이한 행동 규범을 적용했던 것이다.

『악마와 선한 신』에서 보여 주었던 것처럼, 사르트르는 하나의 다른 세계에 대한 추구라는 명목 하에 잘못된 여러 행위에 동조하는 것을 받아들인다. 심지어 사람들은 그의 선택들과 선언들이 점점 더 기괴해진다고까지 말할 수도 있다. 그가 지식인들의 책임 문제를 다룬 이후로 그의 추론은 상당히 위선적이기까지 하며, 나중에는 이 같은 위선적인 추론이 상당히 숙고된 다음과 같은 결정으로부터도 나오게 된다. 공산주의를 더 나은 것으로 만들기 위해, 그것을 변화시키려고 노력하면서 세계 변화라는 계획에 참여하기 위해서 공산주의의 악행들을 받아들여야 한다는 결정이 그것이다. 1961년에 메를로퐁티에 대한 자신의 글에서 설명하게 될 것처럼, 공산주의 운동 밖에서, "부르주아지와 사회주의 지도자들의 신성한 연합 앞에서", 고립된 한명의 개인은 균형을 유지할 그 어떤 수단도 가지지 못한다는 것이라는 사르트르의 주장이다.[66] 다만 공산주의자들과 연계함으로써 그 개인은 일말의 희망을 갖는다는 것이다.[67] 요컨대 사르트르의 순진함은 공산주의에서 그 어떤 결점도 발견하지 못했다는 사실보다는 오히려 그 자신 공산주의를 개선하기 위해 영향을 미칠 수 있다는 희망을 가졌다는 사실에 있다. 용기 있는 그의 말을 제외하고는 거기에 어떻게 맞설 것인지에 대해서는 아무런 설명도 하지 않은 채 말이다.

공산주의의 주장에 대한 사르트르의 동조가 아무리 비현실적인 것으로 보인다고 할지라도, 그의 머릿속에는 카뮈가 표현한 것과 같은 "종속"과 같은 개념은 들어 있지 않았다. 오히려 그것은 사르트르 자신의 목표를 추구하는 하나의 정치적 행동이었다. 이 같은 사실을 통해 우리는 사르트르와 PCF 사이의 관계에서, 왜 다른 사람들은 그 당시에 공산주의자와 멀어졌는데, 오직 그만은 더 가까워졌는가 하는 점을 이해할 수 있다. 예컨대 메를로퐁티 역시 그 시기에 소련에 대한 지지를 포기했다. 그보다 조금 전에 에드가 모랭Edgar Morin은 당에서 제명되었다. PCF 역사에 남는 지도자들인 샤를 티옹Charles Tillon과 앙드레 마르티Anfré Marty는, 사르트르가 공산주의의 가장 유명한 동반자가 되었을 무렵, 당에서 "숙청당한 자들"의 명단에 이름을 올렸다. 그러니까 사르트르는 더 이상 공산주의가 매력을 가지지 못한 그런 시기를 선택했던 것이다. 가령 굴락의 존재, 동유럽에서 있었던 공개재판의 광경, 티토에 대한 코민포름의 히스테리컬한 태도, "의사들의 공모", 1953년 6월에 있었던 독일 노동자들에 대한 발포 사건 등이 그 징조였다. 카뮈의 오랜 적이었던 에르베조차도 PCF 내부에서 더 이상 민주주의가 통용되지 않는다고 감히 주장했다는 이유로 제명되기에 이른다. 그리고 후르시초프는 전임자 스탈린의 죄를 고발하는 "비밀 연설"을 하기까지 했다. 1950년대가 흘러가는 과정에서 소련이 자유주의적 사회를 건립하기 위한 방향으로 나아가고 있다고 믿었던 지식인들의 수는 극소수에 불과했다.

공산주의의 주장에 동의하기 위해 사르트르가 선택한 시기는, 1944년부터 이 주장에 대해 가해진 수많은 비판들을 고려하게 되면 더욱더 혼란스러울 뿐이다. 전쟁이 끝난 직후, 그는 이러한 폭로들로 인해 자신의 에세이들, 철학 저서들, 소설들, 희곡작품들 그리고 인터뷰들에서 공산주의에 반대하는 주요 이념적 적이 되었다. 『더러운 손』이 공연되었던 극장 앞에서 행해졌던 공산주의자들의 선언들을 통해 드러난 이미지는, 사르트르와 당 사이에 계속해서 있어온 미묘한 관계를 잘 보여 주고 있다. 하지만 공산주의를 반대한 사르트르의 동기가 다른 지식인들의 그것과는 매우 다르다는 것을 알게 되면, 그가 왜 당과 거리를 두기 위해 그 시기를 선택했는가를 분명하게 이해할 수 있게 된다. 그게 있어서 공산주의는 미래에 대한 예감도 희망의 담지자도 아니었다. 현실에서 실현되어야 하는 하나의 매력적인 사상에 동조했던 것처럼, 그가 당에 가입했던 것은 아니다. 그가 용인한 소련의 굴락에 대한 메를로퐁티의 글은, 열 명 중의 한 명이 굴락에 감금되어 있는 한 나라에서, 사회주의를 입에 올리는 것이 얼마나 부조리한가를 지적하고 있다. 1930년대와 1940년대에 많은 지식인들이 공산주의를 하나의 사상으로, 하나의 도덕적인 힘으로 간주했다 하더라도, 사르트르는 그것의 비극적인 현실을 잘 알고 있었다.

필자가 보기엔, 사르트르가 공산주의의 유혹에 굴복했던 주요한 이유는, 정확히 공산당이 노동자들을 대변했기 때문이며, 또한 프랑스를 제외하고는 소련이 그들의 주요 지지 국가였기 때문으로 보인다. 장송은 이 사실을 1951년의 글에서 잘 지적한 바 있다. 사르트르에게 있어서—『문학이란 무엇인가?』에서 지적했던 것처럼, 그리고 「공산주의자들과 평화」에서 반복하고 있는 것처럼—참여한다는 것은 작가의 자연적 법정, 즉 사회를 가장 잘 변화시킬 수 있는 사람들, 다시 말해 노동자계급과 접촉하는 것을 의미했던 것이다.

> 오늘날 프랑스에서 노동자계급은 하나의 이념을 가질 수 있는 유일 계급이다. 이 유일 계급의 '자치주의'만이 국민의 관심사와 충만한 조화를 이룰 수 있다. 하나의 거대한 당은 국민을 대표한다. 그리고 이 당은 자신의 강령에 민주적 제도들의 수호, 국민 통치권의 회복과 평화의 방어를 포함시킬 수 있을 것이다. 그 당은 경제부흥과 구매력 성장에 전념하며, 결국 그 당은 살아남고 생명으로 가득 차게 된다. 반면 다른 당들은 서로 우글댈 뿐이다. 당신들은 이것 말고 노동자들이 당의 명령에 복종하도록 하는 기발한 생각을 가지고 있는가?[68]

정치적으로 참여를 했음에도 사르트르가 도덕적 선택을 해야 하는 매 경우마다 숙고를 한 것은 아니었다. 그의 주장에 따르면, 정치적 선택은 이 세계의 주요 악의 원천—자본주의 체제—에 대한 이해와 그것을 극복하기 위한 힘과 세력이 어떤 것인지에 대한 이해를 요구한다. 피억압자들의 이름으로, 도덕적으로, 그리고 효과적으로 행동한다는 것은, 그들의 편에 선다는 것, 그들이 가진 추악한 면을 받아들이는 것, 폭력에 대한 그들의 권리를 인정하는 것, 그리고 심지어는 그러한 동맹으로 인해 야기된 상당한 희생을 감수하는 것을 의미한다. 현실에 참여하고자 결정하고 신중한 행동을 하기로 결정한 자의 입장에서 볼때, 그것은 동전의 이면裏面인 것이다. 공산주의가 가진 주요 문제들과 그 자신 역시 책임이 있는 억압에 대해 침묵을 지켰다고 사르트르가 카뮈에 대해 격렬한 공격을 가한 행위는, 사르트르 자신이 행한 이 같은 노선의 선택에 의해 우선적으로 설명될 수 있다.

　사르트르는 1961년에 그 자신이 취했던 노선으로 인해 공산주의에 대해 항상 다음과 같은 의문을 던지곤 했다고 쓰고 있다. "그리고 다음과 같은 질문을 던지는 것은 결국 같은 것이다. '그들은 어디까지 나아갈 수 있을까?'와 '내가 그들을 어디까지 따라갈 수 있을까?'"[69] 소련의 여러 결정들, 이 나라가 선택한 여러 정치적 방향으로 인해 인간의 행복과 자유에 그처럼 심한 타격이 가해졌다고 해서, 이 나라와 공산주의에 대해 최소한의 관용을 베풀어서는 안 되는가? 또한 그렇다고 해서 이 나라를 끔찍한 체제로 여겨야 하는가? 이 문제가 바로 사르트르와 카뮈 사이에 제기된 문제이며, 카뮈가 세상을 떠난 이듬해에 사르트르가 메를로퐁티를 위한 추도사에서 정직성을 바탕으로 다음과 같이 요약하고 있는 문제이기도 하다. "정치에도 도덕─아주 어려운 주제이며, 결코 분명하게 설명된 적이 없는 주제이다─이 있습니다. 따라서 정치가 이 도덕을 배반해야 할 필요가 있을 때, 이 도덕을 선택하는 것은 곧 정치를 배반하는 것과 같은 것입니다. 이 문제에 부딪치게 되면 알아서 잘 처리하는 것이 좋을 것입니다. 특히 정치를 통해 인간적 통치의 도래를 그 목표로 삼고 있는 경우에 말입니다."[70] 카뮈는 현실에서의 행동, 즉 정치를 배신했다. 하지만 정직하게 말하자면, 이 같은 표현은 다음과 물음으로 수정되어야 할 것이다. 사르트르가 그러했던 것처럼, 특정한 상황 속에서 정치를 선택한다는 것이 과연 도덕을 파괴했던 것인가?, 라는 물음이 그것이다. 결국 카뮈는 하나의 길을 선택했으며, 사르트르는 그와는 다른 또 하나의 길을 선택했던 것이다.

　이러한 모든 복잡함과 모순들을 받아들임과 동시에 위험을 무릅쓰면서─스탈린주의와 공모하기에 이르기까지─사르트르는 결국 현실 세계에 발을 들여놓았다. 이 철학자는 자기 자신이 노동자들과 조직적으로 결부되었다고 느끼는 경우에만 스스로를 다른 사람들 속에 있는 한 명의 개인이 되었다고 생각했던 것이다. 정치적 현실에 굳건하게 뿌리를 내린 이후, 본격적으로 정치적 행동을 감행한 이후, 사르트르는 현실을 변화시키기 위해 있는 그대로의 현실을 받아들였다. 『악마와 선한 신』의 끝 부분에서 그는 이 문제를 추상적으로 해결한다. 하지만 괴츠의 용기 있는 선언들은 단지 시작일 뿐이다. 이어지는 두 해 동안에 사르트르는 처음으로 자신이 성찰했던 것 보다 더 정치적으로 참여를 하게 된다.

사르트르는 뒤마Dumas의 『킨Kean』을 극작품으로 각색하면서 자기의 새로운 정신 상태를 보여 준다. 1953년 11월에 공연된 이 작품은 결혼을 위해 연극을 포기하기로 결심한 순간의 배우 에드문트 킨 Edmund Kean의 태도를 보여 준다. 『킨』은 현실계와 상상계 사이의 긴장에 초점을 맞추고 있다. 우리는 이 주제를 사르트르의 희곡과 다른 허구적인 작품들에서도 자주 목격한다. 하지만 그의 거의 모든 다른 작품들과는 달리 이 극작품은 효과적으로 행동하기 위해 장애물들과 투쟁하는 것을 보여 주지는 않는다. 배우 킨은 매우 비현실적인 인물로 변모한다. 그는 이렇게 질문한다. "내가 나의 무게로 이 세상을 내리누르려고 한다는 것을 당신은 이해하십니까?[71] "내가 행동하고자 한다는 것을 당신은 이해하십니까?"[72] 그는 결국 겸손하고 신중하며 과장이 없는 시민이 되기 위해 자신이 하나의 역할을 연기하는 이 삶과 자신의 호언장담을 포기하기로 결심한다. 『킨』은 사르트르의 극작품 가운데 비교적 깊이가 덜한 작품으로 여겨진다. 하지만 이 작품은 대단한 성공을 거둔다. 뒤마의 작품을 각색하면서 사르트르는 그의 낙

천적인 에너지를 자신의 것으로 만들었다. 이어지는 그의 세 편의 극
작품들 하나하나는 행동에 대한 극작품이 될 것이다. 우리는 이 같은
경향을 장차 그의 거의 모든 정치적이고 이론적인 저서들에서도 확인
할 수 있을 것이다.

*　　*　　*

한편, 같은 시기에 카뮈는 자신의 유명세를 잃을 위험이 있는 기획
속으로 뛰어들었다. 옛 글들을 모아 다시 출간하고, 서문을 쓰고, 연설
을 하고, 다른 사람들의 손을 통해 공개될 편지들을 쓰는 등의 작업이
그것이다. 그는 또한 앙제Angers 여름 연극축제의 감독직을 맡기도 했
다. 그의 삶은 계속되는 수많은 활동들의 소용돌이와 같았지만, 그 가
운데 어떤 것도 특별히 창작이라고 할 수 있는 것이 없었다. 이러한 상
황은 그 자신이 직접 「작업 중에 있는 예술가」에서 기술하고 있는 것
과도 같은 것이었다. 이 단편의 주된 내용은 자기 자신의 성공에 취해
그림 그리는 능력을 상실하는 것을 스스로 목격하는 예술가에 대한 것
이다. 카뮈는 정치적으로 『프롤레타리아 혁명Révolution prolétarienne』이
라는 잡지를 발간하는 무정부조합주의자들, 소외되었지만 지적이고
이상주의적 성향을 띤 극단주의자들의 모임과 가까워졌다. 그는 이 잡
지와 이 잡지의 자매지였던 스위스 월간지 『증언Témoins』에도 글을 발
표하기도 했으며, 이 잡지의 공동편집자 명단에 자신의 이름이 실리는
것을 허락하기도 했다.

사르트르와의 결렬은 카뮈의 사유와 행동에 아무런 영향을 미치지
않은 것이 아니었다. 카뮈는 수첩에서 "파리", 그러니까 실존주의자

들, 혁명적 성향이나 좌파 지식인들, 허무주의자들, 모든 종류의 지식
인들 등을 계속 공격하고 있다. 예컨대 허무주의자들에 대해 그는 이
렇게 적고 있다. "[……] 가소롭고 얼간이 같은 평등주의자들, 논쟁주
의자들. 아무것도 느끼지 못하면서, 자신들을 위해 뭔가를 느끼는 일
을 다른 사람들—당이든 대표이든—에게 맡기면서 모든 것을 부정
하기 위해 모든 것을 생각하는 자들."[73] 토크빌Tocqueville의 『미국 민주
주주의론De la Démocratie en Amérique』의 한 대목을 읽으면서 카뮈는, "복
종에 대한 취향을 일종의 덕에 대한 양념으로 삼는 것으로 보이는 '정
신들'을 상기시키고 있다. 이것은 물론 사르트르와 진보주의자들에게
적용된다."[74] 카뮈는 또한 1946년에 쓴 『철학자들의 즉흥극』라는 제목
의 이탈리아 코메디아 델라르테 스타일의 소극笑劇의 상연을 생각하
기도 했다. 이 작품에서 그는 사르트르와 그 자신, 그리고 그 당시의
지적 분위기를 그려보려고 했다.[75] 훨씬 더 침울한 한 주석에서, 카뮈
는 "좌파 협력자들"이—점령기 동안 나치에 협력한 자들에 대한 가혹
한 언급—다소간 어쩔 수 없었던 것으로 인정했고 무시했거나 받아
들였던 다양한 역사적 사건들의 목록을 작성하기도 했다.

1) 수만 명의 그리스 어린이들의 강제 수용
2) 러시아 농민계급에 대한 물리적인 파괴
3) 수백만 명의 집단 수용소의 수용자들
4) 정치적 유괴들
5) 철의 장막 뒤에서 거의 매일 자행된 정치적 숙청들
6) 반유대주의
7) 난봉

8) 잔혹성

목록은 끝이 없지만, 이것으로도 충분해 보인다.[76]

게다가 카뮈는 아무런 대꾸 없이 "하인"의 모독을 받아들이는 것을 가정하는 자기의 "고귀한 직업"을 과소평가하게 된다. "퇴폐적이라고 규정되는 다른 시대에 사람들은 적어도 우스꽝스럽지 않게 [결투를] 도발하고 상대방을 죽이는 권리를 가지고 있었다. 물론 바보 같은 짓이긴 하지만, 그래도 그것은 모욕에 대한 적절한 응수였던 것이다."[77]

1953년에 『악뛰엘 II*Actuelles II*』가 출판된다. 이 저서는 『반항적 인간』을 중심으로 벌어진 논쟁을 주로 다루고 있다. 이 평론집은 자신을 비판했던 사람들에 대한 해명을 위한 예전의 기사들과 인터뷰들을 모아놓은 것이다. 서론과 인터뷰들 가운데 하나는 예술가와 그의 제일 목표, 즉 창조하는 것을 환기시키기 위해 공산주의에 대한 대립들을 극복하고 있다. "앉아 있는 예술가의 시대는 끝났다"—이것은 의심의 여지없이 코메디 프랑세즈에서 졸고 있는 사르트르를 지칭하는 것이다—라는 표현을 통해, 카뮈는 예술가들에게 미래를 고통 없이 바라보자고 호소한다. 노동하고 투쟁하는 다른 여러 사람들 가운데 한 존재에 불과한 예술가는, "억압 앞에서, [……] 감옥 문을 열고 모든 사람들의 불행과 행복을 말하도록 하는 임무까지도" 가지고 있다는 것이다. 카뮈에 의하면 예술은 정의와 자유의 부활을 낳는다. "문화가 없다면, 이 문화의 전제가 되는 자유가 없다면, 사회는 완벽하다고 해도 결국은 정글에 불과하다. 바로 이러한 이유로 모든 진정한 창작 행위는 미래에 대한 선물인 것이다."[78]

1953년 가을, 카뮈는 일 년 전에 「『반항적 인간』에 대한 옹호」라는 글의 결론에서 희망했던 것과 마찬가지로 정치판을 떠나 예술 창조로 되돌아가길 희망했다. 그의 수첩에서 "1953년 10월"이라는 날짜 이후에 그는 이렇게 적고 있다. "『악튀엘』 제2권 출간. 목록은 끝났다. 주석과 논쟁도 끝났다. 이제 창작이다."[79]

제9장

각자의 목소리를 되찾다

1954년 중반, 카뮈의 말이 줄어들었다. 그는 글쓰기로 되돌아간다고 단호하게 발표했지만, 혀가 꼼짝 않고 창조력이 고갈되어 있다고 느꼈다. 겨울 동안 프랑신은 두 차례나 자살을 시도했다. 그리고 그 동안 그녀는 카사레스에 대해 말하면서 병원 침상에서 눈물을 흘렸다.[1] 자신의 의무를 잘 알고 있었음에도 불구하고, 카뮈는 상황을 바꿀 수 있는—그는 실제로 그렇게 믿었다—깊고도 지속적인 사랑을 그 자신에게서 발견하지 못했다.[2] 『반항적 인간』의 출판 이후, 그는 두 주제에 대한 작업을 하고 있었다. 즉 『간음한 여인La Femme adultère』과 『요나 혹은 작업 중의 예술가Jonas ou l'Artiste au travail』가 그것이다. 첫 번째 작품은, 알제의 한 출판업자가 요구했던 것으로, 고립과 배신에 대한 커다란 감동이 그 주된 내용이었다. 두 번째 작품은, 파리에서 누린 영광의 혼란 속에서 그림을 그리는 방법을 잃어버리고 그림을 그릴 수 없게 된 화가가 등장하고 있다. 1954년 내내 침묵과 싸움을 벌였던 카뮈는, 창의력을 향한 길을 다시 발견하려는 헛된 희망을 품고서 수첩에 매일 벌어진 일들을 기록하기 시작한다. 7월에 그는 키요에게 일 년 내내 작업한다는 것이 불가능하다는 것을 고백한다. 그리고 짧은 서문을 완성한 후에, 그는 샤르에게, "더 이상 글 쓰는 법을 모르겠다."[3]고 토로하기도 한다. 한 편지에서 카뮈는 자신이 "지지부진한 생활을 영위하고 있다"[4]고 말하고 있으며, 또 다른 편지에서는 자신이 영원히 글쓰기로 되돌아갈 수 없을지도 모르겠다고 말하기도 한다.[5] 프랑신의 상태는 호전되지 않았으며, 그녀를 돌보기 위해 그들의 집에 머물러 있던 어머니는 카뮈에게 떠날 것을 요구하기도 했다. 또한 그는 이렇게 말하기도 한다. 창조적인 면과 마찬가지로 애정적인 면에서도 "나는 압지에 의해 〔……〕 잉크가 흡수되는 것처럼 느꼈다."[6]고 말이다.

사정은 사르트르에게도 마찬가지였다. 그에게 있어서도 카뮈와의 결렬이 있은 몇 년 동안은 텅 빈 시기였다. 사르트르는 스스로에게 침묵을 가하고 있는 것처럼 보였다. 비엔나에서 있을 예정이었던 그의 극작품의 상연을 금지시킨 것을 어떻게 다른 방식으로 설명할 수 있을까? 마치 혀를 깨무는 것과도 같지 않은가? 슬랜스키 재판, "의사들의 공모", "동베를린 봉기 진압" 등과 같은 사건을 통해 드러났던 소련의 만행에 대해 그가 침묵을 지킨 것은 무엇을 의미하는가? 어쩌면 그것은 우연의 일치일 수도 있다. 하지만 소련을 방문했던 사르트르는 기진맥진해서 10여 일 동안 병원에 입원해야 했다. 그리고 프랑스로 돌아와 그는 소련인들의 삶에 대한 칭찬일색의 보고를 하게 된다.[7]

카뮈에게 답을 하고 난 뒤 4년 동안 사르트르가 쓴 가장 중요한 논문은 「공산주의자들과 평화」뿐이다. 희미하게나마 연관 관계가 있는 일련의 글들로 이루어졌고, 1952년에서 1954년까지 『현대』지에 실린

이 논문에서 볼 수 있는 무겁고도 좌충우돌하는 사르트르의 문제를 통해 우리는, 그 자신이 공산주의와 폭력에 적응하기 위해 경주했던 노력을 짐작할 수 있다. 그는 이 연작 시리즈의 마지막 글 80쪽에서 프랑스 노동자계급의 역사에 대한 독창적 연구를 수행하고 있다. 이 연구는 사르트르 자신의 첫 마르크스주의적 저술이기는 하지만, 사학자들과 경제학자들의 성찰에서는 드문 위치를 차지하고 있다. 이 연구에서 사르트르는 역사와 프랑스 자본주의의 구조가 어떻게 프롤레타리아 계급으로 하여금 PCF를 자기 계급의 필수불가결하면서도 적절한 표현으로 삼으면서 발달했는가를 심도 있게 설명하고 있다. 「공산주의자들과 평화」의 마지막 시리즈에서 사르트르는 앞의 두 연작 시리즈보다 덜 압축적이기는 하지만 더 구체적인 문제를 구사하고 있다. 또한 이 마지막 시리즈에 담긴 그의 사상과 표현이 이전의 그의 다른 어떤 철학적 저술보다 덜 우아하고 덜 분명하기는 하지만 어쨌든 다시 한 번 그는 새로운 언어를 펼쳐 보이는 데 성공하고 있다.

「공산주의자들과 평화」는 카뮈와의 결렬 이후, 그리고 그의 타계 이후, 사르트르가 쓴 유일한 텍스트이다. 그는 이 논문에서 다소간 직접적인 방식으로 그의 옛 친구에 대해 암시하고 있다. 그는 숙련된 노동자들로 대표되며, 20세기 초반에 프랑스 노동자계급을 구성하고 있던 특권 계급의 퇴락을 기술하고 있다. 또한 그는 숙련되지 못하고 생산 과정에 종속되어 있던 노동자들이 자신들을 동원하기 위한 공산당과 같은 매개물을 필요로 했다는 점 역시 강조하고 있다. 과거에는 노동자들이 스스로 자신들의 조합을 만들었고, 또한 그것을 효과적인 것으로 만들기 위해서 한 곳에 모였다. 게다가 그 조합들은 그들을 옹호했었다. 그때는 혁명을 하기에 좋은 시절이었다. "고매한 영혼들"이 혁명적 조합주의를 발견하고 용기를 주기 전이었다.[8] 물론 대표적인 "고매한 영혼"의 좋은 예는 카뮈이다. 이 표현은 (장송에 뒤이어) 사르트르가 1952년 8월에 쓴 편지에서 사용했던 것이다.[9] 『반항적 인간』의 끝부분에서 카뮈는 혁명적 조합주의를 공산주의 혁명의 대안으로 추천하고 있다. 산업노동자계급 진영에 대한 사르트르의 참여로 인해 카뮈에 대한 침묵의 맹세가 일시적으로나마 깨졌다.[10] 사르트르는 다시 한번 카뮈가 과거 속에 파묻혀 있다고 비난하고 싶은 욕망에 저항할 수 없었으며, 결국 그는 다음과 같은 주장을 하게 된다. 즉 사람들이 기뻐하든 그렇지 않든 간에, 자격을 갖추지 못한 산업노동자들을 양산한 자본주의의 진보는 직업적 혁명과는 거의 상관이 없는 몸통으로서의 당을 창설하도록 강요한다는 주장이 그것이다.

*　　*　　*

카뮈와 사르트르 사이의 우정이 종결된 되었다고는 하지만, 그래도 그들의 관계는 지속되었다. 물론 그들은 다시는 만나지 않게 된다. 하지만 사르트르가 카뮈를 위한 추도사에서 말하게 될 것처럼, 그들의 절교로 인해 서로 "만나지 않으면서도" 그들의 작은 세계에서 "함께 살아가는" 방식을 끌어내는 데 성공했던 것이다. 카뮈에 대해서 말하자면, 정치에 대한 그의 열정은 변함이 없었다. 베트남 북부 도시인 디엔 비엔 푸Diên Biên Phu가 함락된 1954년 5월 8일 다음날 작성된 글이 그 점을 잘 보여 준다. 카뮈는 이 전투의 비극적 결과에서 좌파의 책임을 과장하고 있기는 하지만, 그러면서도 여전히 좌·우파의 중간 입장을 취하고 있는 것으로 보인다. "우파 정치인들은 불행한 자들을 방어

372

할 수 없는 구렁텅이로 몰아넣었고, 좌파 정치인들은 그들의 등에다 대고 총을 쏘았다."[11] 베트남 전쟁에 대해 9월호 합본호를 발행하면서 그 당시 인도차이나에서의 프랑스 외교정책을 통렬히 비난했던 『현대』지는, 좌파 진영의 실수를 분명하게 부각시켰다. 카뮈는 『수첩』의 몇 쪽 뒤에서 사회 문제에 대한 사르트르의 사유를 적절하게 비난하고 있다. 카뮈의 의견에 따르면, 사르트르의 사회사상은 그 자신이 주창한 자유와 책임 개념과 상충된다는 것이다.

> 우리 프랑스 실존주의자들의 의견에 따르면, 모든 인간은 그 자신의 현재 모습에 대해 책임을 지고 있다. 바로 이것이 공격적 성향을 띤 노인들의 세계에서 동정심이 완전히 사라진 이유를 설명해 준다. 하지만 그 실존주의자들은 사회의 불의에 맞서 싸운다고 주장한다. 그러니까 자신들의 현재 모습에 대해 책임을 지지 않는 자들이 있는 것이다. 비참한 자는 자신의 비참함에 대해 책임이 없는 것이다. 그렇다면 부상당한 자, 못생긴 여자, 소심한 자도 마찬가지이다. 따라서 그들에 대한 동정심이 다시 이는 것이다."[12]

1954년 가을이 끝날 무렵, 카뮈는 이탈리아 문화협회의 초청을 받아 2주일 동안 그곳에서 머물게 된다. 12월에 그는 로마에서 보부아르의 소설 『레 망다랭Les Mandarins』이 공쿠르 상을 수상했다는 소식을 접하게 된다. 이때 카뮈는 이 소설이 자기를 겨냥하고 있으며, 이 소설의 성공이 그 때문이라고 생각했다.

신문 한 부가 내 손에 굴러 들어왔다. 내가 잊고 있었던 파리에서 펼쳐

지는 희극에 대한 소식이 있었다. 공쿠르 상이라는 희극. 이번엔 이 상은 『레 망다랭』에 수여되는 희극이 벌어졌다. 내가 이 소설의 주인공인 것처럼 보인다. 실제 상황을 고려해 묘사한 작가(레지스탕스 운동에서 비롯된 신문의 경영인)를 포함해 모든 것이 다 엉터리였다. 그 소설에서 그려진 사유들, 감정들, 행동들까지도 말이다. 게다가 사르트르의 삶과 관계된 의심스러운 행동들이 항상 나를 귀찮게 했다. 야비한 행위는 별도로 하고서 말이다. 하지만 의도적인 것은 아니다. 어떻게 보면 숨 쉬는 것과 같은 것이다.[13]

이틀 후에 카뮈는 다시 비난을 퍼붓는다. 즉 "실존주의. 실존주의자들이 서로를 비난할 때, 그것이 항상 다른 사람들을 비난하기 위한 것이라는 사실을 나는 확신할 수 있다."[14] 보부아르가 (사르트르에 뒤이어) 다른 사람들을 공격하기 위해 이른바 "폭로"를 이용했다는 사실을 공격하면서, 카뮈는 단순히 비난을 퍼붓는 것에 만족하지 못한다. 『레 망다랭』에 대한 응수에서 난데없이 발견한 "재판관-속죄자"라는 개념을 그는 몇 개월 후에 『전락』에서 중요한 개념으로 사용되게 된다.

수첩에 그 당시의 상황을 기록하고 있을 때에도, 카뮈는 무관심한 척하면서 자기 자신을 보호하고 있으며, 자신과 파리, 그리고 자기와 그곳에서 벌어지는 "희극들" 사이의 거리를 강조하면서 그날그날의 사건에 촌평을 다는 일을 시작하고 있다. 하지만 그는 가능한 한 최악의 비난으로 끝을 맺고 있다. 카뮈는 『레 망다랭』의 주인공이 자기에게서 영감을 받았다고 확신하게 된다. 왜냐하면 이 소설의 주요 등장인물 가운데 한 명인 앙리 페롱Henri Perron이, 레지스탕스 운동의 종결과 더불어 비공산주의적 유력 좌파 일간지인 『레스푸아르L'Espoir』지

374

의 편집장직을 맡게 되는 소설가이기 때문이다. 앙리는 높은 도덕성을 갖추고 있다는 평판을 받고, 자기와 함께 살고 있는 (정신이 이상한) 여자를 더 이상 사랑하지 않으며, 문학 창작으로 되돌아가기 위해 정치와는 거리를 두는 인물로 그려지고 있다. 또한 페롱은 자기보다 나이가 더 많고 더 유명한 작가, 즉 친구이자 안Anne의 남편인 로베르 뒤브뢰이Robert Dubreuilh와 관계를 끊게 된다. 로베르가 앙리보다 더 유명해진 것은, 『레스푸아르』지에서 소련 굴락의 존재를 폭로해야 한다고 주장한 이후의 일이었다. 해방과 1948년 사이의 프랑스 좌파 지식인들에 초점을 맞추고 있는 이 소설에는, 카뮈, 사르트르, 보부아르 그리고 케슬러와 유사한 인물들이 다수 등장한다. 또한 이 소설에서 보부아르는 미국인 소설가 알그렌과 겪었던 사랑 이야기를 고통스럽게 하고 있기도 하다. 오늘날에도 여전히 사람들은 『레 망다랭』을 모델 소설*로 읽고 있다. 그러니까 전쟁이 끝난 직후의 인물들, 그들의 관계들과 상황들에 대한 약호화된 소개이자, 사르트르-카뮈 사이의 절교와 보부아르-알그렌의 사랑 이야기로 시작된 소설로 읽고 있는 것이다. 보부아르는 그 당시에 가졌던 한 인터뷰와 여러 회상록에서, 『레 망다랭』이 한갓 허구에 불과하다는 사실을 강조했다.[15] 이 소설의 끝 부분에서 보부아르는 후일 그녀가 기자들에게 털어놓는 일부 내용을 옹호하는 책임을 앙리에게 지우고 있다. 안과 로베르의 딸인 나딘 Nadine은 이렇게 불평하고 있다. "앙리가 우리들의 이야기를 모든 사람들에게 다 털어놓고 있다."

---

* 실재 인물의 이름을 감춘 채 등장시키는 소설을 일컬음.

앙리가 말한다.

- 잘 들어봐. 나는 우리들에 대해 말한 것이 아니야. 모든 인물들이 허구의 인물들이라는 것을 너도 잘 알잖아.

나딘이 응수한다.

- 잘 보라고요! 당신 소설에는 아빠와 당신에게 해당할 수 있는 수많은 얘기들이 들어 있어요. 그리고 내가 말했던 말도 두세 군데서도 알아볼 수 있어요.

앙리는 이렇게 말한다.

- 그 말들은 너와 아무런 관계도 없는 사람들이 했던 거야.

앙리는 어깨를 으쓱한다.

- 나는 물론 우리들이 지금 처한 상황과 거의 유사한 상황에 처해 있는 사람들을 보여 주려고 하긴 했어. 하지만 그런 사람들은 수천 명이나 돼. 그들의 모습은 특별히 네 아버지의 모습이나 나의 모습을 보여 주고 있는 것이 아니야. 정반대야. 여러 면에서 볼 때 내가 고안해낸 사람들은 전혀 우리들과 닮은 사람들이 아니야.[16]

이처럼 카뮈에 해당한다고 여겨지는 인물은 실제 그의 반박에 대해 미리 답을 하고 있다. 보부아르는 그녀의 소설을 허구적 작품으로 읽어 주길 바랐다. 또한 그녀는 이러한 사실을 보여 주기 위해 이 소설을 읽는 모든 독자들이 즉각 알아볼 수 있는 장치를 해두기도 했다. 예를 들어보자. 프랑스의 해방 이후 반공산주의 성향을 가진 좌파 조직을 조직하기 위해 경주했던 로베르와 앙리의 노력이 환멸로 끝나는 것을 보여 주기 위해, 보부아르는 이 소설에서 시간적 면에서 실제 사건에 약간의 변화를 주고 있다. 실제로 그들의 노력에 해당하는 RDR의 결성은 냉전 시대 이후에 이루어졌던 것이다. 소설에서는 4년 동안에 집중되어 있는 일련의 사건들이 실제로는 그 보다 두 배나 긴 기간 동안에 발생했던 것이다. 또한 이 소설에서는 전후에 있었던 좌파의 정치적 갈등이 실제로 별 다른 문제가 아닌 간단한 문제, 즉 소련 굴락의 존재를 세상에 알릴 것인가 말 것인가의 문제로 요약되고 있다. 그럼에도 순전히 수사적인 이러한 질문은 해방 이후에 겪은 환멸에 대한 역사적 현실에 속하는 것이며, 미국과 소련 사이에 꼼짝없이 끼이게 된 프랑스의 좁혀진 운신의 폭을 보여 주고 있다. 네 명의 주요 등장인물들 각자는 실재 인물들에게서 영감을 받은 것이다. 하지만 그들의 의견들과 행위들은 전기적 현실에 의해서가 아니라 허구적 필요에 의해 제약되어 있다. 『레 망다랭』은 너무나 풍부하고 복잡한 상상력의 소산이었으며, 그 결과 이 소설의 결론은 출발점으로 소용되었던 실재 인물들과는 아무런 관계도 없게 된다. 이 소설의 끝 부분에서 앙리와 로베르는 화해하게 되고, 그 뒤로 한 좌파 일간지에서 함께 일하게 된다. 앙리는 로베르와 안의 딸과 결혼하고, 그들은 부모가 된다.

어쨌든 로베르가 사르트르와 "호기심, 세계에 대한 관심, 일에 대한 열정"[17]을 공유하고 있다는 것은 분명하다. 하지만 로베르는 사르트르보다도 나이가 20살 더 많으며, 그 인물이 완전히 정치에 뛰어든 것은 1920년대로 거슬러 올라간다. 보부아르는 앙리에 대해 다음과 같이 말하고 있다.

실존한다는 것에 대한 기쁨, 시도하는 것의 유쾌함, 글쓰기의 즐거움 등을 나는 앙리에게 주었다. 그는 적어도 안을 닮은 것만큼 나를 닮았다. 아마도 안을 더 닮았을지도 모른다.

사실, 사람들이 앙리에 대해 무슨 말을 하던 간에, 그는 카뮈가 아니다. 그는 젊고, 갈색 피부를 가지고 있으며, 신문사를 경영한다. 닮은 점은 그 뿐이다. 분명 카뮈도 그 사람처럼 글을 썼으며, 사는 것을 느끼길 좋아했으며, 정치에 관심이 많았다. 하지만 이러한 특징들은 수많은 다른 사람들, 즉 사르트르 그리고 나처럼 그에게도 공통된 것이었다. 그가 사용하는 언어, 태도, 성격, 타인과의 관계, 세계관 등에 의해서도, 그의 사적인 실존의 세부적인 사항들에 의해서도, 그의 사상에 의해서도 앙리는 그의 가짜 모델과는 닮은 점이 없다. 공산주의에 대한 카뮈의 깊은 적개심은—그 자체로 그리고 그 논리적 귀결에 의해—그들 사이에 심연을 파놓기에 충분했다. 나의 영웅은 공산당과 맺은 관계 속에서, 사회주의에 대한 그의 태도 속에서, 사르트르와 메를로퐁티에 가까운 것이지, 카뮈와는 전혀 가깝지 않다. 〔……〕 앙리와 로베르 부부 사이에서 볼 수 있는 친근함은, 우리를 카뮈와 연결시켰던 조금 거리가 있는 우정보다는 우리와 보스트 사이에 있었던 관계에 유사하다. 우리는 어떤 상황에서 사르트르와 카뮈가 오랜 동안의 불화에 마침표를 찍으면서 결렬 상황에 이르렀는가를 알고 있다. 앙리와 뒤브뢰이 사이의 결렬은, 1950년부터 내가 관심을 가졌고 또 처음으로 문학적으로 형상화시켰던 사르트르와 카뮈의 관계와는 아주 동떨어진 것이다. 그리고 앙리와 로베르의 관계는 사르트르와 카뮈의 결렬과는 달리 화해를 하게 된다. 여하튼 분명한 것은 해방 이후부터 그들의 정치적 태도는 이미 서로 달랐다는 점이다.[18]

보부아르는 자신의 소설에서 당시의 주위 지식인들 사이에 있었던 진짜 경험, 진짜 갈등을 보여 주고자 했다. 하지만 그녀는 카뮈와 같은 실제 인물들의 유위변전과 정확하게 일치시키는 것을 원하지는 않았다. 그 당시에 카뮈의 편을 든 자들이 주장했던 것처럼 보부아르는 과연 카뮈를 진흙탕 속으로 끌고 다녔는가?[19] 비록 사르트르의 공격에 의해 희생된 카뮈가 앙리라는 인물에게서 그 자신을 대표하는 모습을 보는 것을 피할 수는 없었다고 해도, 이 앙리라는 인물은 이 소설 전체를 관통하는 개인적, 정치적 변화 과정을 가장 일관되게 보여 주고 있는 것으로 보인다. 마지막에 가서 앙리는 그로 하여금 참여하고, 행동하게 했던 정치적 긴장을 온몸으로 떠맡는 데 성공하고 있다. 그러니까 그는 이 세계를 행복하게 만들기 위해 행동하고 참여하는 것을 피할 수 없었다는 확신과 그가 가지고 있던 행복하게 살고자 하는 의지를 결합시키게 된다.[20] 앙리가 가진 감정과 세계관으로 미루어 보면, 그는 모든 질문에 대해 합당한 철학적 대답을 준비하고 있지만, 피와 살로 된 구체적인 것에 대해서는 준비가 덜 되어 있던 로베르에 비해 훨씬 더 매력적으로 보인다. 『레 망다랭』이라는 소설의 문맥을 고려해 보면, 앙리가 보여 준 여러 위반들—파울라에 대한 배반, 독일 장교와 관계를 가졌던 매력적인 한 여자 연극배우와 맺었던 관계, 이 배우를 구하기 위해 재판정에서 그가 했던 거짓말—은 실수라고 할 수 없을 것이다. 오히려 그것들은 한 개인의 정치적, 도덕적 변화의 과정에서 나타날 수 있는 여러 단계로 보인다. 만약 카뮈가 앙리에게서 자기의 모습을 보았다고 한다면, 그는 분명 보부아르가 자기에게 행복한 결론을 마련해두었다는 것을 알아차렸을 것이다. 왜냐하면 그녀는 화해를 상상하면서 그를 "자기" 가족으로 받아들임과 동시에 비공산주의적 좌파 주간지에서 그의 옛 적대자와 협력하도록 이야기를 끌어나가고 있기 때문이다.

하지만 알그렌과 마찬가지로[21] 카뮈는 불평할 만한 좋은 구실들을 가지고 있다. 왜 보부아르는 갈리마르 출판사에서 출간된 카뮈의 일련의 글들의 제목을 다시 취하면서 앙리의 신문사를 『레스푸아르』로 명명하기로 결정했을까? 그것은 독자들로 하여금 이 등장인물을 카뮈와 연계시키도록 하기 위한 것이 아니었을까? 왜 안은 『콩바』지를 환기시키는 신문을 펼쳐 "앙리와 로베르가 욕설 섞인 말들을 교환했던 두 편지를"[22]—1952년 9월에 거의 모든 소설 독자들이 알고 있던 편지—발견하는 것인가? 여러 곳에서 보부아르는 심지어 카뮈와 사르트르가 절교하면서 사용했던 것과 동일한 표현을 차용하는 데까지 이르고 있다.[23] 어쨌든 그녀는 하나의 상상적 우주를 창조했다고 주장하고 있다! 카뮈와 알그렌에 대해서 무언가 더 심오한 것이 문제가 되든—과거에 그녀에게 매우 중요했던 몇 가지 고통스러운 관계들을 허구를 통해 축출하거나 변화시키려는 시도—그녀가 여러 사람들의 내밀한 관계들의 세세한 면을 폭로하는 것이든, 그리고 카뮈의 경우에 있어서는 그들이 언젠가 한 번 저녁 늦게 나누었던 대화가 문제가 되든 간에, 그녀에게 있어서는 하등의 중요성을 가지고 있지 않다. 그녀는 다만 자신의 무감각과 자신의 소설의 필요성 때문에 그들의 관계를 표절했다는 사실에 대해서만 최소한의 죄책감을 가졌을 뿐이다.

카뮈가 보부아르의 『레 망다랭』에서 일종의 총체적인 정리를 읽어낸 것은 불가피한 것으로 보인다. 카뮈는 오랜 친구에게 "그들은 자신들이 저지른 모든 잘못을 나에게 모조리 덮어 씌웠다."[24]고 속내를 털어놓고 있다. 폴란드 시인 밀로즈Milosz가 그 소설에 대해 응수할 것을 제안했을 때, 카뮈는 이 제안을 거부했다. 왜냐하면 "시궁창 같은 놈들과는 토론을 하는 법이 아니기"[25] 때문이라는 것이다. 이 소설이 간행되기 2년 전, 카뮈는 이미 웃음거리가 되지 않기 위해 사르트르의 공격에 대한 자신의 정치적 답을 출간하는 것을 포기한 적이 있었다. 하지만 글을 쓰는 것이 거의 불가능해진 상황에서 카뮈는 보부아르의 소설에 대해 응수를 하려는 준비가 거의 되어 있지 않았던 것으로 보인다.

* * *

사르트르는 1954년 12월에 불소친선협회의 부회장으로 선출된다. 그의 입장에서 보면 그 다음해도 모든 것이 별다른 변화 없이 진행된다. 소련의 편을 드는 연설과 대담, 중국의 방문과 그에 따른 찬사 일색의 여행기 등이 그것이다. 1955년에 그는 가장 좋지 않은 평을 받은 극작품 『네크라소프Nekrassov』를 썼다. 이 작품은 카뮈와의 단절 이전에 썼던 극작품들의 심오한 의미와는 완전히 동떨어진 반공산주의 성향을 보이는 언론에 대한 신랄한 풍자극이다.

그 무렵에 계속되었던 카뮈와 사르트르의 갈등은 각자의 지적 여정에서 결정적 계기가 되었다. 그들은 각각 그 당시에 글을 쓰는 창조적 능력이 고갈되어 감을 느꼈다. 사르트르는 정치를 중심 주제로 삼기 위해 자신의 이미지를 변화시키고자 했으며, 그 결과 정치는 마지막까지 그의 생에서 중요한 자리를 차지하게 된다. 자신의 내부에서 일어난 이 같은 심오한 변화로 인해, 사르트르는 여러 해 동안 문학적 목소리를 잃게 되고, 비판 능력을 상실하게 되며, 결국 다른 곳, 다른 사람들에게서 빌려온 말들을 입에 담게 된다. 1973년에 있었던 한 토론회에서 그는 그 시기에 그 자신이 이전의 "도덕주의"를 극복한 방식에 대해 다음과 같이 말하고 있다.

내가 현실과 정치에 참여하게 되었을 때, 내가 이전에 가졌던 도덕주의는 점차 줄어들게 되었다. 이른바 현실주의의 이름으로 말이다. 다시 말해 몇몇 공산주의자들 혹은 아주 많은 공산주의자들의 정치적 현실주의라는 이름으로 말이다. 그래, 좋다. 사람들은 그것이 효과적이기 때문에 그것을 행한다. 그리고 그것을 가늠하고, 또 그것을 그 효용성으로부터 출발하여 고려한다. 결코 그것을 도덕성이 될, 단지 그것을 지체시킬 뿐인 공허한 개념으로부터 출발해서 고려하는 것이 아니다. 하지만 한 가지 분명한 것은, 내게 있어서는 이 같은 생각이 오히려 난처했으며, 거북하기까지 했다는 점이다. 왜냐하면 내가 어떤 상태에 있던지 간에, 끝까지 나 자신과는 반대로 생각하면서, 모든 것이 결국에는 순수한 현실주의로 귀착되고 말기 때문이다. 그러니까 현실적인 것은 진실이라는 생각, 그리고 진실한 것은 현실적이라는 생각으로 말이다. 내가 이 현실주의를 생각했을 때, 그것의 의미는 정확히 궁극적으로는 도덕을 제거하게 된다는 것이다……[26]

사르트르는 여기에서 1950년대에 있었던 공산당에 대한 그 자신의 동조가—그리고 확대하자면 카뮈와의 절교가—도덕과 관계된 모호한 개념들 전체를 순수한 현실주의로 대체와 무관하지 않다는 사실을 인정하고 있다. 그리고 그는 마음속으로 이 같은 대체와 더불어 다음의 몇몇 사건이 동시에 발생했다고 판단하고 있다. 첫째, 사르트르는 계속 그를 괴롭혔던 "신경증"을 치료했다는 것이다. 그러니까 "그 무엇도 글을 쓰는 행위보다 더 아름답고 더 우월한 것은 없고, 글을 쓰는 것은 영원히 남게 될 작품을 창조하는 것이었으며, 작가의 삶은 그의 글쓰기로부터 출발해서 이해되어야 한다."[27]는 생각에서 벗어났던 것이다. 둘째, 그는 현실 세계와 그것의 작동 방식에서 그를 불편하게 만들었던 자신의 이상주의적이고 도덕주의적인 측면으로부터 "거의 즉각적으로" 해방되었다는 것이다. 그런데 세 번째 사건에 대해서는 언급하지 않으면서—즉 그가 카뮈를 취급했던 방식—그는 이제 그 시기에 진정한 자신의 모습을 억누르면서 너무 멀리 나아갔다는 사실을 인정하고 있다. 하지만 사르트르는 절친했던 친구를 침묵 속으로 빠뜨린 것이, 과거에 그 스스로 진정한 자신의 모습을 억눌렀던 방식과 밀접하게 연결되어 있다는 사실을 알지 못하고 있다.

카뮈의 깊은 침묵과 작가로서의 정체성의 상실은, 사르트르와의 단절과 어느 정도 관련이 있는가? 이 피에 누아르는 파리에서 문학적 명성을 쥐락펴락하는 자에 의해 축출되었다. 우아한 침묵을 지키는 쪽으로 지나치게 경사된 카뮈는, 그 어떤 주제라도 토의하고 방어할 수 있는 능력을 가진 한 지식인에 의해 공개적으로 비난을 받고 공격을 당한 것이다. 자신의 목소리를 알리려는 생각을 하고 있던 반공산주의 성향의 좌파에 속했던 한 사람이 좌파 지식인들에 의해 꾸짖음을 당한 것이다. 지방 출신으로 출세한 사람이 그 자신의 지적 나태함과 일천한 교육으로 인해 "특권 지식인 계층"에 의해 비웃음을 산 것이다. 1954년과 1955년에 썼던 글들에서 카뮈는 배반, 고립화, 내적 고통, 은둔 생활, 예술적 고갈 등에 대해 말하고 있다. 한 "진보주의적" 지식인이 묘사한 바에 의하면, 카뮈에 대한 가장 끔찍한 소식은, "배신자"—또 어쩌면 사르트르를 닮은, 어쩌면 카뮈를 닮은 지식인—즉 북아프리카에 선교 사명을 띠고 파견되었던 "배신자"가 원주민들에게 붙잡혀 혀를 잘렸다는 것이다. 이 예술가가 그린 마지막 그림인 "요나" 속에는 단 하나의 단어가 들어 있다. 이 단어는 너무 작게 쓰여 있어,

그것이 "고독한solitaire"이라는 단어인지 아니면 "연대적인solidaire"인지 구별할 수가 없다. 이 그림을 그린 예술가는 어떻게 최후를 마치는가? 다른 예술가들과 연대를 할 것인가 아니면 혼자 지낼 것인가? 분명 카뮈는 사르트르와의 단교가 없었더라도 이 같은 질문을 자신에게 던졌을 것이다. 프랑신의 지병持病, 카뮈가 그녀에 대해 가졌던 죄책감, 그가 누린 영광으로 인한 수많은 요구들과 습관화되어 버린 의심 등만으로도 그러한 질문을 던지기에 충분했을 것이다. 하지만 카뮈는 사르트르와의 절교를, 마치 그 자신의 개인적이고 정치적인 추방으로 겪었고, 그로 인해 그 자신이 고립되었다는 인상을 더욱 더 강화시켰고, 나아가 그가 배반당했다는 느낌을 더욱 악화시켰으며, 그 결과 자기 자신에 대한 의혹을 더욱 더 심화시키게 되었다. 1955년 2월 중순, 카뮈는 그의 작품을 편찬해내는 알제의 한 편집자에게 "나는 절필을 하겠다!"[28]라는 폭탄선언을 하게 된다. 하지만 그 해 봄에 『반항적 인간』이후 카뮈는 중요한 정치적 발언을 할 기회를 갖게 된다. 중도 좌파를 지향하는 새로운 주간지 『렉스프레스L'Express』—이 잡지는 대서양 건너에 있는 미국에서 간행되는 자매지의 형태를 그대로 가져왔다—에 정기적으로 칼럼을 쓰게 된 것이다. 이 잡지의 편집자였던 자크 세르방 슈라이버Jacques Servan-Schreiber는, 그 당시 카뮈도 지지했던 피에르 망데스 프랑스가 내각의 수반에 임명되는 일에 도움을 주기를 바랐다. 1954년 11월, 알제리에서 민족주의자들에 의한 저항운동이 폭발했고, 인도차이나에서 평화협정을 체결하는 데 주도적인 역할을 했던 망데스 프랑스는, 알제리 분쟁을 해결하는 데 있어서 카뮈가 신뢰를 보내고 있던 아주 드문 정치인들 가운데 한 명이었다. 그 당시 『렉스프레스』지에 카뮈가 썼던 칼럼들은 거의 대부분 알제리 문제에 할애되었다.

하지만 이 문제를 다루기 전에, 카뮈는 "다른" 문제, 즉 그의 입장에서는 "진정한" 문제에 대해 뭔가 말을 해야 한다는 의무감을 느꼈다. 그의 머릿속에는 항상 사르트르와 다른 친공산주의 지식인들의 "배신"에 대한 생각이 자리 잡고 있었다. 1955년 초, 그는 여전히 수첩에서 자신이 부르주아가 되었다고 판단한 사르트르의 비난에 응수하고 있었다. 하지만 카뮈는 "부르주아가 되는 것, 게다가 만족하는 부르주아가 되는 것에 대한 선천적 불가능성"[29]을 경험했다. 카뮈는 비통하게 "배신자들에 대한 자신의 우월성"으로 되돌아온다. 즉 그 자신은 죽음을 두려워하지 않았다는 것이다. 그리고 "자기의 타락을 점진적으로 수정하면서 소련에서 혁명의 원칙을 보존하기" 위한 배신자들의 노력에는, 이미 공산주의자들의 독재적인 방법들에 대한 정당화가 포함되어 있다는 것이다.[30] 5월에 그는 다시 한 번 공개적으로 그 좌파 지식인들을 지적하면서 『롭세르바퇴르』 지와의 논쟁에 참여한다.[31] 「카뮈와 저널리즘」을 다룬 5월 26일자 글에서 이 주간지의 편집국은, 카뮈의 분노는 사르트르와의 절교까지 거슬러 올라가는 것이라고 확신하면서, 그의 "자기중심주의"를 비판한다. 거기에 대한 답변을 통해 카뮈는, "자기를 사르트르와 대립시켰던 논쟁에서 그들의 객관성 결여"[32]를 강조한다. 『렉스프레스』 지에 실린 두 번째 글인 「진정한 논쟁」에서 카뮈는 이렇게 답변한다. 그 자신 "논쟁이 진행되었던 방식에 대한 개인적 감정"[33]을 결코 다루지 않고 그 갈등을 종결지었지만, 그 논쟁은 사르트르와 그 자신의 개인적 다툼을 넘어서는 "혁명적인 데카당스"라는 하나의 관점에 관계된다고 말이다. 이어서 카뮈는 이 관점에 대해 『롭세르바퇴르』 지는 사르트르의 편을 들었다고 강조함과 동시에 이 잡지의 편집 노선에 반대하는 입장을 고수하고 있다.

내가 보기에 혁명이라는 생각은 다음과 같은 순간부터만 그 위대함을 재발견하게 될 것이다. 즉 이 혁명이 냉소주의를 포기하고, 또한 20세기를 지배했던 기회주의를 포기하는 순간, 반세기 동안의 타협에 의해 닳고 또 사생아가 되어 버린 이념적 실체가 개선되는 순간, 그리고 마지막으로 이 혁명을 통해 자유라는 환원 불가능한 열정을 중심에 다시 놓을 수 있게 되는 순간이 그것이다.[34]

   하지만 이 같은 조건들을 충족시킨다는 것은 특히 "현대의 공산주의와의 협력을 거부한다"는 사실을 가정하는 것이다. 왜냐하면 공산주의는 그 시기의 최대 현안이었기 때문에, 카뮈가 제기하는 문제가 개인적 공격 뒤에 감추어질 수는 없는 노릇이었다. 어쨌든 카뮈는 정치 무대에서 다시 한 번 자신의 목소리를 되찾겠다는 결심을 하고, 사르트르와의 결렬을 다시 거론하게 된다. 그는 한 번 더 『렉스프레스』지에 사르트르와 자기의 근본적 차이점을 밝히는 한편, 그 자신의 비판을 "『롭세르바퇴르』지의 기자들과 그들을 닮은 자들에게로까지 확장시켜 나가게 된다."[35]

   카뮈에 의하면, 그 기자들 가운데 한 명이 바로 가톨릭계 월간지 『에스프리』의 편집장이었던 장 마리 도므나크Jean-Marie Domenach였다. 그들 사이의 불화는 일 년 전 여름, 카뮈가 레지스탕스 운동을 주제로 한 저서에 짧은 서문을 썼던 시기로까지 거슬러 올라간다. 그는 이 서문에서 독일인들에 대한 증오를 극복할 것을 호소함과 동시에 PCF의 "동반자들"에게 신랄한 공격을 퍼붓고 있다. 그가 편집위원회의 일원으로 참여했던 무정부주의적 성향을 띤 잡지인 『증인들Témons은, 1955년 봄호에서, 그의 이 서문을 「증오의 거부Le Rejet de la haine」라는 제목으로 게재한 바 있다. 그는 이 서문에서 소련에 의해 침략 전쟁이 발발할 경우, 공산주의를 지지하는 프랑스 지식인들은 모두 잠정적으로 소련의 협력자들이 될 것이라는 점을 들어 그들을 통렬하게 비판하고 있다. 그는 정치적으로, 도덕적으로 그들이 1940년 나치에 협력한 부역자들과 유사하다고 말하고 있다. 3년 전에 있었던 카뮈-사르트르 논쟁[36]에 대한 가장 지적이고 가장 균형 있는 분석을 한 적이 있었던 도므나크는 이 같은 카뮈의 주장에 분노했다. 카뮈가 사르트르와 자기를 문학적 전투로 다시 끌어들이기 위해 저항의 기억을 이용한다고 비난하면서, 도므나크는 『증인들』지에 신랄한 답변을 보낸다. "우리는 묘지의 입구에서 그의 논쟁을 해결하지는 않을 것이다."[37]

이제는 습관이 되어 버린 것처럼, 카뮈는 도므나크에게가 아니라 『증인들』지의 편집장인 샘슨J.-P. Sampson에게 한 통의 편지를 보냄으로써 반박을 가한다. 문제가 되는 것이 사르트르와의 반목을 관통하던 것과 유사하다고 평가하면서도, 카뮈는 분명하게 자신의 입장을 재정립한다. "자유주의적 좌파와 점진적 우파 사이의 대립이 본질적인 문제이다."[38] 자신의 옛 친구에 대해 카뮈는 이렇게 말하고 있다.

사르트르는 적이 아닙니다. 나는 그와 문학 논쟁을 벌이지 않았습니다. 그는 단지 내가 우리 모두에게 중요한 것으로 여긴 하나의 관점에 있어서 내 적대자였을 뿐입니다. 또한 나는 실제로 그가 충실한 적대자가 아니었다고 여기고 있습니다. 그러나 그것은 다만 나와 관련이 있을 뿐입니다. 우리를 대립하게 했던 논쟁은 완전히 우리의 범위를 넘어섰습니다. 그리고 나는 필요하다면 그 논쟁을 여전히 사르트르와 맞서면서 지지할 것입니다. 또한 일반적으로 우리의 진보주의자들에 반대해서도 마찬가지입니다. 왜냐하면 내가 서론에서 말했던 것은 바로 수많은 진보주의적 지식인들에 대해서였기 때문입니다. 사르트르가 그들과 같은 편이라면, 도므나크 역시 마찬가지입니다.[39]

카뮈의 이 같은 지적들은, 절교 이후 3년이라는 세월 동안 개인적인 것과 정치적인 것이 얼마나 사르트르에 대한 그의 태도 속에 혼합되어 지속되고 있는지를 보여 주고 있다. 한편, 사르트르는 충실하지 않았다는 것이다. 하지만 이것은 그들 둘 사이의 개인적인 문제였다. 다른 한편, 그들의 논쟁은 주요 정치적 문제들에 대한 그들 각자의 입장에 관련되었다는 것이다. 마지막 문장에서는 1955년에—그리고 그가 살아 있는 동안에도 이 문장은 그대로 적용될 것이다—카뮈 자신이 지적으로 좌파 성향을 가진 통일된 모습을 보여 주고, 공산주의에 대해 어느 정도는 호감을 가졌거나 또는 반공산주의자들에게 반대했던 지식인들의 진영에 맞서 대적을 했다는 사실이 강조되고 있다. 『현대』지, 『롭세르바퇴르』지, 『에스프리』지와 가까웠던 이 진영에서 사르트르가 주도적인 인물이었다는 것은 의심의 여지가 없다.

하지만 1955년에 카뮈는 그를 삼켜 버렸던 강한 파도에 맞서 혼자 대적하는 입장은 아니었다. 그는 주요 온건 좌파 주간지에 글을 기고했다. 이것은 그를 지지하는 자들, 친구들 그리고 독자들이 있다는 사실을 의미한다. 실제로 카뮈는 그 당시 한 명의 옛 레지스탕스 운동가로서 또 다른 운동가에게 가장 가혹한 비난을 퍼부을 수 있을 정도로 자신감에 차 있었다. 실제로 카뮈는 『롭세르바퇴르』지와 『에스프리』지를 포함해서 사르트르와 그의 동료들이 1940년대에 이웃 나라를 매료시켰던 친 나치 성향을 보인 대독협력자들과 닮았다는 사실을 지적했던 것이다. 게다가 사르트르와 그의 동료들은 그 이웃 나라에서 자신들의 정치적 이상이 구현된 것으로 생각했다는 것이다. 이 같은 비난을 가한 것은 카뮈에게 있어서는 마지막 모험이었다. 만약 소련이 프랑스를 침략한다면, 도므나크를 비롯한 다른 친공산주의자들은 과연 쌍수를 들고 소련군들을 환영할 것인가 아니면 맞서 싸울 것인가? 하지만 카뮈 역시 자신의 영혼을 구하기 위해 싸웠기 때문에, 그는 충성을 맹세했던 좌파와의 관계를 완전히 끊을 수는 없었다. "나는 좌파 성향의 가정에서 태어났고 또 그곳에서 죽을 것이다."[40]

* * *

정치무대에 다시 등장했다는 사실을 보여 주고 있는 이상, 카뮈는 당장 목전의 긴급한 문제들에 대해 자신의 입장을 표명해야 하는 입장에 처하게 된다. 처음에는 주간지였다가 나중에 일간지가 된 『렉스프레스』에서 글을 쓰기 시작한 이후 8개월 동안, 그는 이 잡지에 32편의 글을 썼다. 그 가운데 절반 정도는 알제리 문제에 할애되었으며, 7월, 10월, 11월에 주로 발표되었다. 그는 실제로 알제리 문제—그 당시에는 아직 "알제리 전쟁"이라는 표현이 사용되지 않았다—때문에 기자 생활을 시작했던 것이다. 실제로 이 잡지에 실린 글들은 알제리 문제에 대한 카뮈의 세 번째 개입을 보여 준다. 1939년과 1940년에 있었던 첫 번째와 두 번째의 개입에서, 카뮈는 아주 무모한 정치적 의견보다 훨씬 더 앞서 있었다. 그는 그 두 차례의 개입에서 그 어떤 작가도 감히 공개적으로 언급할 수 없었던, 그리고 가장 참여적인 언론들에서조차 그렇게 할 수 없었던 주제들을 다루었다. 하지만 알제리에서 이 모든 개혁의 시도는 저지당했으며, 급진적 국민주의자들이 결국 주도권을 차지하게 되었다. 1954년 11월 1일, 민족해방전선FLN은 "이슬람의 원칙이라는 틀 속에서 민주적이고 사회적인 알제리 통치 국가의 복원을"[41] 호소하게 된다. 그리고 알제리 전역에서 프랑스 정부의 상징들을 공격하는 봉기가 시작되게 된다.

프랑스 당국자들은 즉각 수천 명의 알제리인들을 소탕하고, FLN의 공격에 무력 사용으로 응수한다. FLN은 프랑스 정부에 의해 고용되었던 북아프리카인들에 대한 공격을 확장한다. 게다가 북아프리카인들 역시 특히 고립된 지역들에서 프랑스 거류민들에 대한 테러행위를 저지르기에 이른다. 하지만 알제리에서 중요한 사건들이 발생했음에도, 파리에서는 '알제리'에 대해 아직은 대서특필을 하지 않고 있었다. 알제리 상황의 변화를 소개하고 있는 7월에 발표된 두 편의 글로 인해 카뮈는 다시금 정치적 시험대에 서게 된다.

하지만 뚜렷한 차이점이 있다. 1955년 중반에는 카뮈가 일반 여론보다는 앞서 있었던 것이 사실이지만, 현실 상황에서는 뒤져 있었던 것이다. 그는 이전의 자기 글에서 "현재 벌어지고 있는 비극의 심층 원인들"[42]을 파악하고자 했다. 그리고 그는 개인적으로는 "유럽 도시들의 상인보다는 아랍의 농부, 카빌족의 목동에"[43] 더 가깝게 느끼고 있다는 것을 과격하게 피력했다. 그는 놓쳐 버린 기회들을 지적하고 또한 식민주의에 종지부를 찍을 필요성을 강조하기도 했다. 하지만 그는 지금 이전의 글들에서보다도 더 모호하게 처신하고 있으며, 상황이 변화했다는 것을 받아들여야 하는 것에 얼굴을 찌푸리고 있다. 또한 아랍인들이 저지른 테러—"절망"—의 동기들에 대한 그의 설명은, 점차 심리적이고 간섭적인 분위기를 띠게 된다. 마치 카뮈 자신이 프랑스 독자들을 위해 알제리인들의 생각을 통역하는 자로 여기듯이 말이다. 그러나 실제로는 FLN 덕택으로 알제리인들이 자신들의 운명의 주인이 되어가고 있었는데도 말이다. 그가 "치욕 속에서 미래 없이"[44] 살고 있는 알제리인들에 대해 아무리 진실된 동정심을 가져보았자 소용이 없다. 왜냐하면 그는 FLN의 경우와 마찬가지로 디엔 비엔 푸의 비극적인 교훈을 자기 것으로 만들지 못했기 때문이다. 그는 특히 1954년 11월 1일에 있었던 봉기의 의미를 이해하지 못했다.

우리는 놀랍게도 이 사실을 카뮈의 주요 글들에서 볼 수 있다. "유혈이 낭자한 알제리의 테러"는 물론이거니와 정부의 "맹목적이고 우둔한 탄압"을 거부하면서, 카뮈는 기자회견을 자청해서 유혈사태에 종지부를 찍는다는 단 하나의 목표만을 호소하게 된다. 어떤 참가자들과 함께? 카뮈는 종교단체, 민족주의자들, 전통적 동화同化주의자들을 지목했다. 하지만 그는 그 당시에 야당 전체를 아우르고 있던 FLN의 이름은 거론하지 않았다! 또한 그는 기자회견을 하면서 알제리에서 발생했던 소요의 목적에 대해서는 거의 알지 못한 상태에 있었다. 물론 그는 이 기자회견에서 휴전이 조인되고 경제개혁이 이루어지고 나면, 프랑스가 "중재 역할"을 하면서 새로이 선거를 치러야 한다는 필요성을 역설하기도 했다. 그는 1948년에 있었던 선거가 식민정부의 행정 실수로 인해 부정이 만연한 선거였다는 사실을 알고 있었다. 그리고 그는 알제리에서 원만하게 돌아가지 않는 거의 모든 것이 프랑스 정부의 잘못이라고 비난하기도 했다. 하지만 그는 여전히 프랑스 정부가 새로이 치러지는 정당한 선거를 보장해 줄 수 있을 것으로 생각했으며, 특히 알제리 소요를 일으킨 폭도들이 프랑스 정부를 신뢰해야 하며, 그 결과 프랑스 정부는 정당한 선거를 위해 필요한 모든 조치를 취할 수 있을 것이라고 생각했다. 기자회견에서 카뮈가 그 명칭을 거론하는 것을 거절했던 FLN은, 이 같은 명료한 예측으로 인해 모든 무기를 놓아 버린 것으로 보인다.

하지만 현실은 카뮈의 생각대로 흘러가지 않았다. 그는 1939년에 카빌리에 대해 썼던 글의 결론을 강조하면서 인용하고 있기까지 하다. "식민지화에 대한 변명거리를 찾아낼 수 있다면, 그것은 식민지화 덕택으로 피식민자들의 인성이 개선된다는 것이다."[45] 하지만 프랑스의 식민지화는 전혀 그런 식으로 이루어지지 않았다는 것이 카뮈의 판단이었다. 이처럼 총체적으로 다른 상황에서 그는 식민주의에 대한 자신의 성찰이 1930년대 이후로 변화하지 않았다는 인상을 주고 있다.

카뮈가 우여곡절 끝에 새로운 현실을 파악하자마자, 그것이 어떤 면에서는 그를 배신하게 된다. 1939년에 했던 주장들은, 지금 그가 폐기 처분하게 되는 내용을 포함하고 있는 경우도 없지 않았다. 그러니까 그는 처음에 "식민지 정복"에 대해 솔직한 태도로 의견을 개진했었다. "식민지 정복"을 정당화시킬 수 있는 유일한 길은, 그것이 "정복된 민중들이 그들의 인격을 보존하는 것"[46]에 도움을 준다는 것이었다. 하지만 1955년이 되자, 그는 "식민지 정복"과 "정복된 민중들"에서 "식민지화"와 "식민화된 민중들"로 넘어간다. 이 같은 관점의 이동은 파괴된 자유의 현실을 약화시키고, 또 그 폭력성을 가리는 것이다. 게다가 정복된 민중은 정복자들을 제거해야하는 불가침의 권리를 가지고 있다. 그리고 이 정복자들이 폭력을 행사했던 것과 마찬가지로, 그 민중은 폭력을 통해 정당하게 응수할 수 있는 것이다. 『반항적 인간』의 저자도 이 같은 사실을 잘 알고 있다. 하지만 카뮈 자신의 의견을 표현하는 새로운 방식으로 인해 이러한 현실들이 제거되고 있다. "보존하다"에서 "용기를 준다"로의 이행이 덜 폭로적인 것은 아니다. 카뮈는 1955년의 여러 글에서 재차 이렇게 말하고 있다. 프랑스의 식민주의는 알제리인들의 인성을 '제거하기' 위해 가능한 모든 것을 했지만, 보호받고 있던 알제리인들은 지금 인성을 다시 확신하고 있다고 말이다. 알제리인들의 "테러리즘"을 거부하면서 카뮈는, 그들이 자신들의 인성을 확인하는 방식이 갖는 두 가지의 또 다른 본질적 양상을 지적하는 것을 거부하고 있다. 즉 그들은 독립을 원하고 있으며, 자신들의 조직인 FLN에 대한 인정을 원하고 있다는 것이 그것이다.

1955년 8월 20일, 알제리 분쟁에 종지부를 찍을 수 있는 우호적인 해결책에 대한 환멸이 그 정점에 달하게 된다. 그때는 십여 명의 유럽인들이 필립빌Philippeville에서 잔인하게 학살되었던 때이며, 또한 투사들과 거류민들에 속한 수천 명의 아랍인들에 대한 끔찍한 복수가 뒤따른 때였다. 얼마 전에 몇몇 일간지의 기사들에서 종적을 감췄던 알제리가 갑작스럽게 주목을 끌게 되고, 알제리 발發 충격은 즉각 앞으로 있을 선거의 주요 쟁점으로 부각되게 된다. 이제 알제리는 7년 동안 프랑스인들의 삶을 지배하게 된다. 프랑스 정부는 반항을 진압하기 위해 대규모의 탄압과 고문을 계속 가했으며, 점차 파병군을 증파해 약 50만 명에 달하는 군대를 알제리에 주둔시키게 된다. 반면, FLN은 프랑스 본국에 거주하고 있는 자들을 포함해 프랑스를 지지하는 자국민들에게 했듯이, 식민자들에 대해 테러 공세를 가하면서 투쟁을 계속해 나가게 된다.

필립빌 학살에 이어 카뮈는 일간지가 된 『렉스프레스』지에서 급한 마음으로 계속해서 글을 썼다. 예컨대 10월 15일에 카뮈는 이런 내용의 글을 쓰고 있다. 새로운 상황에 비춰보면 "현재 형성된 세력들 사이에 있을 결정적 대결을 통해" 하나의 해결책이 드러날 수도 있을 것이라고 말이다.[47] 또 10월 18일에는 이런 내용의 글을 쓰고 있다. 프랑스인들과 아랍인들은 "함께 살거나 죽도록 운명지어졌기" 때문에, "식민지를 운영하는 자들로부터 아랍 민족주의자들까지" 모두 협력을 해야한다고 말이다.[48] 카뮈는 또한 회초리를 흔들어 댐과 동시에 캐딜락을 몰고 다니는 등과 같은 식민자에 대한 일반적인 이미지는, 본국의 국민들보다 훨씬 수입이 적은 거의 대부분 노동자들이나 하급공무원들인 식민지국에서 깊이 뿌리를 내리고 있는 백만여 명에 달하는 피에 누아르들이 가진 이미지와 전혀 같지 않다는 사실을 강조하고 있다. 알제리에서 첫 번째 충돌이 발생했을 때, 프랑스는 이미 알제리에 주둔 중인 12만 5천 명의 병사들 말고도 새로이 6만 명을 증파하는 조치를 취한데 반해, 카뮈는 "외국인을 혐오하는 광기"에 이르는 길을 차단하려고 노력하고 있다. 그는 한 번 더 현지에서 대치하고 있는 두 세력의 협력이 갖는 중요성을 강조하고 있으며, 알제리에서 발생한 사태로 인한 민간인 희생자들의 수를 최소화하는 일에 관심을 집중시키고 있다. 그는 폭력의 문제를 정면으로 거론하면서 휴전을 제안하고 있다. 그는 또한 각 진영에서 민간인들의 생명을 존중하기를 원하는 경우 그 덕택으로 그들의 고통을 줄일 수 있고, 나아가서는 그 토대 위에서 평화적 대화의 기회를 마련할 수 있을 것이라는 점을 계속 강조하고 있다.[49]

1956년 1월 2일, 온건 좌파가 정권을 장악하게 된다. 내각을 구성하는 데 충분할 정도의 표를 획득한 공화전선Front républicain 덕택이었다. 하지만 공화전선 내부에서 망데스 프랑스를 추종하던 과격파들은 득표수에서 사회주의자들을 앞섰던 동지들을 실망시키게 된다. 그 결과 내각의 수반인 총리직이 사회주의자인 기 몰레에게 돌아간다. 카뮈가 개인적으로 자신의 제안을 옹호할 목적으로 알제로 날아간 반면, 몰레는 정부를 구성해야 했다. 카뮈가 FLN의 멤버들이라는 것을 알지 못했던 여러 친구들, 특히 저명한 아랍계 인사들은 알제에서 시민 휴전을 위한 한 위원회를 결성하게 되게 된다. 그들은 자신들의 생각을 지지해 줄 많은 수의 알제리인들과 프랑스인들의 참가를 희망했으며, 1월 22일 일요일 저녁, 카스바Casbah 근교에 위치한 진보 서클Cercle de Progrès에서 대규모 회합이 개최되었다.

1,200여 명에 당하는 사람들이 홀을 가득 채웠다. 북아프리카 인사들의 숫자와 거의 비슷한 정도의 유럽 인사들이 참석했다. 밖에서는 과격한 일군의 알제리 출신 프랑스인들이 그 회합에 반대하는 시위를 벌였다. 그들은 훗날 벌어진 여러 반정부 봉기들에서 중심 역할을 하는 인물이자, 상당히 인종주의적 성향을 가진 알제의 한 카페 주인이었던 조 오르티즈Jo Ortiz의 주선으로 모인 사람들이었다. 그 회합을 지키기 위해 잘 규율되고, 분명 FLN에 소속된 투사들로 보이는 침묵 시위를 하는 알제 사람들, 그리고 평화를 유지할 목적으로 온 프랑스 경찰들이 그 군중을 에워싸고 있었다. 홀에는 알제리계 프랑스인들 가운데 가장 유명한 인사인 카뮈가 많은 청중들 앞에서 연설을 하고 있었다. 밖에서는 극단주의자들이 "카뮈를 교수대로!"라고 외쳐댔으며, 망데스 프랑스와 알제의 자유주의 시장을 위협하는 구호들을 내걸고 있었다. 카뮈의 오랜 친구이자 신중한 알제리인 페흐라트 아바스Ferhat Abbas는, 회합의 시작과 함께 홀로 들어와 연단 위에 있는 카뮈와 그의 친구들 및 종교지도자들과 함께 자리했다. 그 둘은 서로 포옹했다. 밖에서는 고함소리가 울렸으며, 청중들은 돌에 맞아 창문 유리가 깨지는

소리를 들었다.

카뮈의 친구인 샤를 퐁세Charles Poncet가 회합을 주재했다. 창백한 카뮈가 연설을 하기 위해 일어섰다. 그는 짧게 연설했다. 왜냐하면 그는 이미 작성된 메모를 읽었기 때문이다. 하지만 연설의 주장은 강력하고 분명했다. 그는 알제리의 상황을 "개인적 비극"으로 간주했으며, 그 홀의 모든 사람들이 "우리의 공동 땅에 대한 사랑"[50]을 바탕으로 서로 연결되어 있다고 지적했다. 그는 "알제리 비극의 오래되고 심층적인 기원들"[51]을 지적했으며, 신중한 태도로 프랑스를 위험에 처하게 한 "낯선 야망들"[52]에 대해 암시하기도 했다. 그는 이러한 "형제 살해적 투쟁"이 "외국인을 혐오하는 광기"[53]로 변질되기 바로 전 단계에서 "이성에 대한 마지막 호소"를 했다. 그는 다시 한 번 프랑스인들과 아랍인들이 "서로 존중할 수 있다"는 사실을 강조했으며, 비록 그 자신이 내세우는 휴전이 투쟁의 성격 자체에 변화를 가져온다고 해도 "프랑스-아랍의 연대는 필요불가결하다."고 선언했다. 건물 바깥에서 벌어지고 있는 소요로 인해, 그는 서둘러 청중들에게 "주어진 숙명에 너무 쉽게 굴복하지 말자",[54] 그리고 자신들의 자유를 무화시켜 버릴 수도 있을 모든 숙명주의를 거부하자고 호소했다. 그 가운데서도 그는 특히 "테러 행위를 거부할 것과 그 어떤 테러의 희생자가 되어서도 안 될 것"[55]을 그들에게 강조하기도 했다.

위대한 카뮈는 용감하게 테러에 반대했다. 그는 프랑스-아랍의 상호인정을 역설했고, 피에 누아르들에게 예전에는 거의 볼 수 없었던 관용적 태도를 보이면서 얘기를 했고, 대세를 거슬러 전혀 희망이 보이지 않은 곳에서 가능성을 찾기 위해 노력했다. 하지만 그는 문제의 핵심을 피하고, "비합리성"과 "증오"를 강조하는 데 그쳤다. 즉 식민제도의 본질에 대해서는 아무런 말도 하지 않았던 것이다. 비록 그가 민간인을 보호해야 한다는 사실을 강조하긴 했지만, 그는 테러리즘의 배후에 있는 주요 문제는 프랑스와 알제리의 양편에서 민간인들, 보다 더 정확하게는 이득을 보는 100만 명과 피해를 보는 900만 명의 민간인들이 있다는 사실을 인정하는 것을 거절했다. 알제리는 물론이고 프랑스 쪽에서도 테러리스트들에게 적용되는 비극적인 논리는, 한 나라의 국민이 다른 나라의 국민을 위협으로 여긴다는 사실에서 유래했던 것이다. 하지만 카뮈는 단지 식민지 신화 너머에 있는 현실을 제대로 파악할 수 없었으며, 알제리의 아랍인들이 겪고 있으며, 피에 누아르들 가운데 꽤 많은 숫자가 포함되어 있는 구조적 억압의 실체를 드러내놓고 폭로할 수 없었던 것이다. 이것은 마치 카뮈가 알제리에서 피에 누아르들이 아주 취약한 위치를 점하고 있다는 사실을 고백하지 못한 것과도 같은 것이었다.

카뮈가 연설을 마치자, 퐁세는 건물 밖의 소란 때문에 그 회합을 재빨리 마칠 수밖에 없었다. 카뮈의 연설을 경청했던 모든 사람들은 무고한 시민들의 안전을 보장할 것을 요구했다. 그들은 홀을 빠져 나와 알제리 출신 프랑스인들 앞을 지나갔다. 그들은 곧장 시내로 들어가서 박자에 맞춰 가며 자신들의 구호를 계속 외쳐댔다.[56] 그 다음 날 카뮈는 전역轉役하는 행정관 자크 수스텔에게 휴전 제안을 제출하러 간다. 폭동은 결코 용인되지 않을 것이라는 구실로 이 행정관은 그 제안을 거절하게 된다. 이렇게 해서 알제리 역사상 프랑스-아랍 화해의 마지막 위대한 시도가 종막을 고하게 된다. 카뮈는 애석하게도 자신이 실패했다는 것을 알아차리게 된다. 그는 『렉스프레스』지에서 사임하고, 모차르트의 음악이 자신에게 어떤 위안을 주었는가라는 내용을 담고 있는 글을 통해, 그해 2월 초에 신문기자로서의 마지막 시기를 정리하게 된다.

* * *

평화를 위한 마지막 기회였던 알제에서의 그 회합이 있은 지 5일 후, 그 또한 역사적이라고 할 수 있는 한 사건이 파리의 봐그람Wagram 홀에서 발생했다. 지난 여러 달 동안 이미 수차례에 걸쳐 예비군들이 시위를 벌이곤 했었다. 왜냐하면 정부가 그들을 알제리로 파견했기 때문이었다. 하지만 전쟁에 반대하는 대규모 회합이 파리에서 벌어진 것은 그것이 처음이었다. 카뮈가 참석했던 알제에서의 회합은 일요일에 있었다. 그 날은 피에 누아르들의 휴일이었다. 따라서 회합에는 대규모 군중이 참가할 수 있었다. 반면, 알제리 민족주의의 지지를 받은 파리에서의 회합은 이슬람교도들이 쉬는 날인 금요일에 개최되었다. 따라서 그 회합에는 3/4이 아랍인들로 구성된 대중들이 참가할 수 있었다.[57] 연설가들은 모든 정치 진영을 대표하고 있었다. 알제리인들, 공산주의자들, 좌파 독립주의 지식인들 등이 그들이다. 사르트르 역시 그 회합에 참석했으며, FLN의 인사말을 전한 알제 대학의 기독교 교수인 앙드레 망두즈André Mandouze도 참석했다.[58]

연단에서 사르트르는 "제도로서의 식민지주의"를 주제로 연설을 했다. 카뮈가 그 치열함의 정도를 간과한 충돌에 침묵으로 맞서자는 호소를 했던 반면, 사르트르는 4년 전부터 처음으로 PCF의 궤도를 벗어나는 입장을 표명했다. PCF는 알제리의 민족주의를 지지할 준비가 되어 있지 않았다. 6주 후에 PCF는 알제리에 평화를 정착하기 위해 몰레가 수반으로 있는 정부에 특별조치를 취하는 것에 동의를 하게 된다. 반대로 사르트르는 그 연설을 통해, 앞으로 10년 동안 계속될 그 자신의 정치적 열정이 될 이른바 '제3세계의 해방'이라는 문제에 대한 이론적 토대를 정초하게 된다.

사르트르의 연설에서 우리는 또한 『렉스프레스』지에 실렸던 카뮈의 글들에 대해 조목조목 행해진 응수를 간파해낼 수 있다. 사르트르는 이 잡지를 통해 카뮈가 알제리에서 유지되고 있는 프랑스 행정 당국의 보호 하에 알제리-프랑스 간의 상호인정을 요구했다는 사실, 그리고 카뮈가 민간적 차원의 휴전을 호소했다는 사실을 읽어냈던 것이다.[59] 하지만 사르트르는 이 같은 요구들을 일축함과 동시에 "무자비한" 식민지주의 제도를 통렬히 비난하고 있다. 실제로 프랑시스Francis 와 콜레트 장송Colette Jeanson은 친親FLN 성향의 책에서 자신들의 저항을 자세히 다루면서 이 제도를 비판하고 있기도 하다. 사르트르는 하나의 주註에서 다음과 같은 사실을 인정하고 있다. "나는 하위 관리들, 유럽 출신 노동자들, 체제로 인해 손해를 보는 자들과 이익을 보는 순진한 자들을 식민자들이라고 부르지 않는다."[60]

물론 백만 명에 달하는 식민자들, 즉 "식민지주의에 의해 형성되었으며, 식민지 제도의 원칙에 따라 생각하고, 말하며, 행동하는 식민자들의 자식들과 손자들"이 "식민지주의의 지옥 같은 사태의 반복"에 책임이 있는 자들이다. 그들의 삶은 뿌리 깊은 인종차별주의에 의해 물들여져 있다. 그들은 "알제리인을 하급 인간"[61]으로 취급하기도 하고, 이 "하급 인간의 지위"를 악용함으로써 알제리인들에게 인간으로서의 기본권을 인정하는 것을 거부했다. 알제리에 거주하는 프랑스인들의 수는 그렇게 많지 않았다. 그리고 "그들은 힘을 동원해 식민지 제도를 유지하는 것 이외에는 다른 수단을 가지고 있지 않다."[62] 간단히 말해 "착한 식민지 개척자들과 나쁜 식민지 개척자들이 있다는 것은 사실이 아니다. 다만 식민지 개척자들만이 있을 뿐이다."[63] 이 같은 억압하에 살고 있는 알제리인들은 다음과 같은 교훈을 잘 알고 있다. "그렇기 때문에 식민지 개척자들은 그들 스스로 자신들의 적대자들을 만들게 된다. 그들은 그 어떤 해결책도 힘에 의한 해결 밖에서는 가능하지 않다는 것을 망설이는 자들에게 보여 주었다."[64]

이처럼 사르트르는 카뮈의 이름을 거론하지 않으면서 "부드러운 마음을 가진 현실주의자"[65]에게 응수한다. 카뮈는 "개혁"을 입에 올린다. 하지만 사르트르는 그 신식민주의자를 "사람들이 식민지 제도를 개선할 수 있다고 여전히 믿고 있는 바보"[66]라고 조롱한다. 카뮈는 식민자들과 피식민자들을 화해시키려고 시도한다. 하지만 사르트르는 그런 식의 "매개적" 해결책들은 "개혁주의적 기만"[67]이라고 천명한다. 식민주의가 피식민자들의 인성을 개선해 주었다고 카뮈는 말한다. 하지만 사르트르는 알제리인들이 자신들의 인성을 손수 형성해 나간다고 확신한다. "알제리인의 인성이 발견되고 형성되는 것은 바로 차별에 대한 반작용에 의해서 그리고 일상적 투쟁 속에서이다."[68] 카뮈가 희망했던 것은, 즉각적인 경제 개혁들이 알제리 대중들의 삶을 개선시킬 수 있을 것이라는 데 있었다. 하지만 사르트르는 식민주의와 프랑스의 지배가 우선적으로 철폐되어야 한다는 점을 확신하고 있다.[69] 알제리의 대의명분에 공감하는 모든 프랑스인들의 임무는 식민주의를 완화하는 것이 아니라, "그것이 사라지도록 돕는"[70] 데 있다는 것이다. 개혁을 이루어야 하는 것은 전적으로 알제리 민중의 의지에 달려 있으며, 따라서 사르트르와 그의 동료들은 그들 곁에서 "식민주의 폭정으로부터 알제리인들과 '동시에' 프랑스인들을 해방시키기"[71] 위해 투쟁해야 한다는 것이다. 『현대』지 1956년 3~4월호에 발표된 그 글은, 사르트르가 PCF의 동지가 되었을 때보다도 더 마르크스적 사상에 대해 편안함을 느꼈다는 것을 여실히 보여 주고 있다. 이렇게 해서 사르트르의 철학이 가진 도덕적 힘은, 하나의 사회적, 역사적 비전 속에 녹아들기 시작했으며, 또한 무기를 들어야 한다는 그의 호소는 상황에 대한 구체적 분석에서 나온 것이다. 정치 분야에서의 학습, 즉 관념주의(RDR)와 현실주의(PCF) 등에 대한 몹시 힘든 학습 과정을 거치는 과정에서 사르트르는 점차 정치적으로 성숙의 단계에 도달하게 된 것이다.

* * *

한편, 카뮈는 꽤 오랫 동안 백지를 앞에 두고 아무것도 쓰지 못했던 그런 상태를 마침내 벗어나게 된다. 사르트르와의 결별이 있은 이후 카뮈는, 그들의 결별에 대해 두 차례 정도 자기 입장을 밝히는 기회를 갖기도 했다. 한 번은 『롭세르바퇴르』지와의 대담이고, 다른 한 번은 도므나크와의 대담이었다. 하지만 카뮈가 두 차례 다 아주 강한 열정을 가지고 임했던 것은 아니었다. 하지만 그는 그 동안에도 칼럼니스트의 자격으로 매스 미디어에 글을 계속 썼으며, 그의 마음속에서 가장 중요한 문제였던 알제리 문제에 깊이 개입했으며, 굳은 용기로 글을 통해 자신의 신념을 드러내기도 했다. 그리고 그는 소설가로서의 본연의 임무로 되돌아가기도 했다. 1955년 중반에 시작했던 이야기가 그 윤곽을 드러내게 된다. 하지만 이 소설은 단편소설로 바뀌었고, 결국에는 장편소설이 되고 말았다. 이번에 그는 평소의 글 쓰는 습관을 포기하고 아주 빠른 속도로 글을 써내려 갔다. 그는 글을 쓰면서 숨을 고르지도 않았고, 소설의 줄거리를 최소화시켰으며, 수정이나 탈고를 하는 시간도 거의 갖지 않았다. 『렉스프레스』지에 마지막 글을 쓰고 난 뒤 카뮈는 갈리마르 출판사와 계약을 맺었다. 그리고 몇 주 동안에 그는 『전락』이라는 걸작을 남겼다. 1956년 6월에 간행된 이 작품은 단번에 대단한 반향을 일으켰다. 예컨대 6주 동안 12만 부가 팔렸으며, 1년 후에 카뮈는 노벨 문학상을 수상하게 된다.

카뮈를 추종하는 자들은 『전락』의 앞부분 때문에 놀랄 수도 있다. 제사題辭로 쓰인 레르몽토브Lermontov의 문장에서 스스로를 "재판관-속죄자"로 소개하는 화자에 이르기까지 사르트르와의 갈등이 도처에 깔려 있기 때문이다. 이 작품에서는 그들의 갈등이 아주 교묘하게, 지혜롭게, 게다가 분명하게 드러나 있다. 그 결과 독자들이 그것을 모를 리가 없을 정도이다. 「우리 시대의 영웅Un héros de notre temps」에서 레르몽토브는, "우리 시대에서 볼 수 있는 모든 결점들의 합"[72]을 묘사하려고 했다. 실제로 18개월 전에 『레 망다랭』이라는 작품에 대해 공쿠르 상이 수여되었다. 이 작품의 작가였던 보부아르 자신과 카뮈의 세대를 잘 묘사했다는 이유에서였다. 『전락』에서 카뮈도 레르몽토브처럼 그 세대를 묘사하려고 하며, 그 세대만의 질병들을 보여 주려고 한 것이다. 하지만 카뮈가 레르몽토브를 인용하는 것은, 많은 사람들이 그 자신을 잘못 이해하고 있다는 것을 환기시키기 위함이었다. 카뮈는 과연 『레 망다랭』이 자기 세대를 제대로 보여 주고 있다고 생각했을까? 이 문제에 대한 그의 답이 바로 『전락』인 것으로 보인다.

첫 번째 문장에서부터 『전락』의 문체와 관점이 예고되고 있다. 화자인 암스테르담의 한 술집 손님 클라망스는 즉각 독자에게 말을 걸고 있다. 이로써 독자는 단번에 그의 속내 이야기를 듣는 사람이 되어 버린다. 두 번째 문장에서 클라망스는 술집 주인을 "존경받을 만한 고릴라"로 취급한다. 4년 전에 카뮈에 대한 사르트르의 공격에 한창일 때, 사르트르의 것으로 여겨지는 발언 가운데 하나를 우리는 기억하고 있다. "당신이 당신 자신에게 장송을 인간으로 취급하지 말아야 한다는 권리를 인정하고 부여한 그 우월성은 다름 아닌 '인종'의 우월성입니다."[73] 독자가 이 같은 암시를 놓칠 위험이 있는 경우엔 클라망스는 주인을 으르렁거리는 사람으로 기술하고 있다. 또한 클라망스는 "원시 숲속의 침묵"에 대해 말하고, "문명화된 언어들"에 대한 술집 주인의 무지에 대해 말하며, 그 술집 주인을 "바벨탑에 감금된" 크로마뇽인에 비유될 만한 하나의 "피조물"로 부르고 있기도 하다.[74] 요컨대 카뮈는 사르트르의 핵심적 비난의 대상이 되었던 인종주의적 태도를 구현하고 있는 클라망스의 초상화를 그리고 있는 것이다.

사르트르와 장송에 대한 가장 신랄한 공격들이 공공연하게 "카뮈"로 여겨질 수 있는 그 등장인물의 두드러진 특징들이 된다. 클라망스는 즉각 독자에게 장송이 『반항적 인간』에 가한 비평을 환기시키고 있다. 그러니까 클라망스는 그 비판에서 볼 수 있는 사유의 허약함과 지나치게 아름다운 문체를 고발하고 있다. 또한 카뮈가 편지를 "너무 잘 썼다"고 비난한 사르트르의 말을 고발하고 있는 것이다. 접속법을 사용해야 하는 것을 보고 놀란 클라망스는 이렇게 생각한다. "내가 접속법에 취약하다는 것을 고백합니다. 그리고 대체로 아름다운 언어에 취약하다는 것을 고백합니다. 내 스스로도 그것을 비난하는 바입니다. 믿어 주세요. [……] 스타일은 포플린 천과 같아서 종종 그 속에 무좀을 감추고 있는 법이랍니다."[75] 카뮈의 주인공이 이처럼 카뮈 자신을 3

년 이상의 침묵에 빠뜨렸던 비평을 독자에게 제공해 주는 것을 보는 것은 아주 기이한 장면이다. 아주 강한 어투로 이루어진 독백에서 예술가 카뮈는, 한 인물 덕택으로 창작의 길을 재발견하게 된다. 실제로 이 인물은 자신을 창조해낸 작가인 카뮈가 받았던 비판의 근본적인 원인을 고백하고 있다.

『전락』이라는 작품이 아무리 씁쓸하게 보이고 또 격렬하게 보일지라도 아무런 소용이 없다. 왜냐하면 이 소설에는 여전히 유희적 측면이 포함되어 있기 때문이다. 사르트르는 카뮈를 "심장들과 꽃들의 공화국 주임검사"라고 불렀다. 변호사 클라망스는 자신이 다른 사람들의 심금을 울렸다고 말하고 있다. "나의 정확한 어조, 적절한 감정, 내 변론의 설득력, 열정, 절제된 분노, 이 모든 것을 선생께서 들으셨다면 분명 감탄했을 것입니다."[76] 사르트르는 이렇게 말한다. "맙소사! 카뮈, 당신은 정말로 진지하군요. 그리고 당신이 사용한 표현을 사용하자면, 당신은 정말로 경박하군요!"[77] 클라망스는 이렇게 말한다. "분명 나는 삶을 진지하게 여기는 척하지요. 그러나 곧바로 진지한 것 자체의 경박성이 나타나고, 따라서 나는 가능한 한 내 역할만을 수행하려고 하지요."[78] 사르트르는 이렇게 말한다. "나와 같이 부르주아인 카뮈 당신이 전혀 다른 사람이 될 수 있을까요?"[79] 대화 상대자에게 탐정의 역할을 하는 클라망스는 이렇게 말한다. "당신은 옷을 잘 입었군요. 집에 계신 것처럼 말입니다. 그리고 부드러운 손을 가졌군요. 말하자면 부르주아군요!"[80] 사르트르는 이렇게 말한다. "당신은 거의 전형적 인물입니다."[81] 클라망스는 암스테르담의 술집에서 「정직한 재판관Les Juges intègres」이라는 제목의 그림을 훔쳤다는 것을 시인한 후, 그가 기요틴에 의해 처형당할 수 있을 것이라고 상상한다. "그러면 선생께서 모여든 군중들 머리 위로 여전히 피를 흘리고 나의 머리를 쳐들어 올려 주시오. 내 모습에서 그들이 자기들의 모습을 보고, 또 그렇게 해서 내가 모범적인 인물이 되어 그들 위에 다시 한 번 새로이 군림할 수 있도록 말입니다."[82] 그리고 사르트르가 카뮈를 철학 분야에서 무지하고 또 이차문헌을 가지고 짜깁기를 했다고 비난했을 때, 클라망스는 질문을 던진다. "그렇다면 당신의 교양에도 결함이 있는 건가요?"[83]

만약 카뮈가 장송과 사르트르에게 응수하면서 가난한 자와 약한 자를 위하는 척하는 위선적인 옹호자의 입을 빌려 고백을 하고 있다면, 그의 텍스트에는 한층 더 심오한 아이러니가 배어 있을 것이다. 클라망스가 가지고 있는 부정적 특징들은 사르트르와 장송에 대한 비판에 상응할 뿐 아니라, 그가 가지고 있는 장점들을 통해 전쟁 이후 카뮈의 공적인 이미지를 볼 수 있다. 클라망스가 성공한 그 자신에 대해 기술할 때, 그는 사르트르가 카뮈에게 보낸 서한에서 그 자신의 "모범이 되는" 친구에 대한 묘사를 강하게 환기시켜 주고 있다.

꼭 그래야 할 때 친근하게 대하고, 필요할 경우에는 침묵을 지키고, 신중할 줄도 주제넘을 줄도 아는 나는 자유자재였지요. 또한 내 인기가 대단했던만큼 사교계에서의 성공에 대해서는 굳이 헤아릴 수도 없었지요. 체격도 괜찮은 편이었던 나는 지치지 않는 무용수임과 동시에 사려 깊은 박식한 사람이기도 했습니다. 결코 쉽지는 않았지만 나는 여자와 정의를 동시에 사랑할 수 있었으며, 예술과 스포츠에도 능한, 그러니까…… 이쯤 해두죠. 내가 자기도취에 빠져 있다고 오해하시면 안 되니까요. 하지만 한 번 상상해 보세요. 남자로서 연륜 있고, 완벽하게 건강하겠다, 재능 있겠다, 지적인 활동에서건 신체적 활동에서건 모두 뛰어나고, 가난하지도 부자이지도 않으며, 잠도 잘 자고, 자기에 대해 깊이 만족하지만 원만한 사교성으로만 그것을 내보이는 그런 남자를 말입니다. 자화자찬은 아닙니다만, 그만하면 성공한 삶을 영위한 다고 할 수 있겠지요.

그럼요, 나보다 더 자연스러운 사람은 거의 없었을 겁니다. 나와 삶과의 일치는 완벽한 것이었습니다. 삶의 아이러니, 위대함, 그리고 삶이 가져다주는 속박 어느 것 하나 마다하지 않고 고상한 삶이던 그렇지 않은 삶이던 모든 것을 나는 받아들였습니다. 특히 육체와 물질, 요컨대 형이하학적인 것은 사랑과 고독에서 수많은 사람들을 당황하게 만들거나 실망시키는 법인데, 나에게만은 그것들이 조금도 장애가 되지 않을뿐더러 언제나 같은 기쁨을 주었어요. 그러니까 나는 육체를 향유하도록 태어난 것입니다. 바로 거기로부터 나의 내면적 조화라든가 느긋한 이 자제력이 유래하는 것이지요. 다른 사람들에게도 분명 그런 면이 느껴지는지 덕분에 살맛이 난다고 하는 말까지 들은 적이 있답니다. 해서 많은 사람들이 나와 교제하려고 애를 썼어요. 가령 나를 처음 보는 사람들도 나를 전에 가끔 만난 적이 있다고 느낀다고 말하기도 했어요. 삶, 삶의 내용물인 존재들, 삶이 주는 선물들이 나를 마중하러 나온 것 같았어요. 나는 너그러운 자부심을 가지고 이 같은 경의를 받아들였답니다. 사실 그토록 대단한 충만감과 소박함을 갖게 되다보니 저 자신 어느 정도는 초인이 된 듯한 느낌을 갖게 됩니다.[84]

이처럼 사르트르가 1952년에 "뫼르소라는 인물을 비밀리에 간행되는 『콩바』지의 편집장에 접근시키면서" 자기 자신에게 했던 열렬한 찬사를 환기한 후에, 카뮈는 이 찬사와 더불어 행해졌던 비난, 즉 그가 역사와 더불어 변화하지 않았다는 비난을 떠올리고 있다. 클라망스는 이렇게 말하고 있다. "사실을 말하자면, 나는 문자 그대로 후회의 감정을 가졌던 여러 해 동안 헤맸습니다."[85] 그리고 카뮈는 사르트르의 찬사에 포함되어 있는 아이러니를 강조하고 있다. 그러니까 사르트르에 따르면, 카뮈는 결코 휴대용 발판*을 버리지 않았다는 것이다. 그리고 카뮈 자신은 사르트르의 이 공격을 "발판 작전"으로 규정한 바 있다. 하지만 1945년을 기준으로 보면, 사르트르는 카뮈의 출세에 공헌한 일등 공신이었다. 클라망스는 쓸쓸하게 누가 그를 그런 자리에 올려주었는가를 묻고 있다. "선생, 제발 친구들에게 비행기 태워지는 일이 없기를 바랍니다."[86]

또한 카뮈에 따르면—클라망스가 춤, 자기 자신의 관능성, 여자, 럭비, 연극 등에 대한 취향이라는 면에서 볼 수 있는 것처럼—이 소설 속의 가공인물인 클라망스에게는 카뮈 자신의 모습이 아주 많이 담겨져 있다는 것은 분명하다. 그것도 논쟁의 과정에서 사르트르와 장송의 뇌리 속에 새겨진 이 인물의 창안자인 카뮈 자신의 모습보다도 더 말이다. 클라망스는 카뮈의 생각으로부터 많은 요소들을 끌어내고 있다. 예컨대, 우리는 1952년에 있었던 사르트르와의 논쟁을 카뮈가 직접 체험했던 방식의 한 단면을 담고 있는 것으로 보이는 다음의 일화를 읽으면서 놀라움을 금치 못한다. 빨간 신호에 걸려 고장이 난 오토바이 뒤에서 함정에 빠지게 되는 클라망스의 일화가 그것이다. 주지하다시피 신호등이 녹색으로 바뀌자, 오토바이 운전자는 길을 내주기를 거부하고 오토바이를 타고 다시 출발한다. 그들 뒤에서 사람들이 점점

---

* 더 높이 뛰어오르기 위해 필요한 도약판의 의미임.

더 맹렬하게 클랙슨을 울리는 동안, 예의바름이 습관화된 클라망스는 오토바이 운전자에게 옆으로 비켜설 것을 요구하고, 그 운전자는 클라망스에게 욕설을 퍼붓는다. 냉정을 잃은 클라망스는 자동차에서 나와 자기보다 키가 작은 그 오토바이 운전자를 때린다. 하지만 클라망스는 운전자를 보호하기 위해 뛰어든 한 보행자에게 귀를 얻어맞는다. 그러자 "이미 꽉 막혀 있는 자동차들의 클랙슨 소리가 격렬한 콘서트처럼 울려 퍼졌습니다."[87] 충격 상태에서 클라망스는 자동차로 돌아와 다시 출발한다. 그리고 이렇게 생각한다. 누군가에게 교훈을 주었다기보다, "나는 대답 없는 싸움에 내몰렸습니다. 하지만 사람들이 나를 비겁하다고 비난할 수는 없었습니다. 양측에 끼인 채 놀란 나는 부글부글 끌어 올랐고 클랙슨 소리는 나의 혼란을 가중시켰습니다."[88]고 말이다. 1952년에 이미 공개적으로 모욕을 당한 카뮈가 그 모욕에 대해 응수할 수 없었다는 사실을 우리는 잘 알고 있다.

『전락』이라는 소설 전체는 하나의 주요 경험으로 수렴되며, 또한 그 경험에서 출발해서 전개되고 있다. 그리고 그 경험은 카뮈-사르트르의 갈등에서 직접적으로 유래한 것은 아니라 할지라도, 그것이 카뮈 자신의 내면에 깊이 파묻혀 있었다는 것은 사실이다. 클라망스는 파리의 많은 다리 가운데 하나를 건너면서, 어떻게 자신이 한 젊은 여인과 마주쳤는지를 기술하고 있다. 그는 길을 계속해서 걸었고, 그 여자가 물속으로 떨어지는 소리를 듣고 멈춰 섰다. 하지만 그는 발길을 돌리지 않았다.

거의 동시에 나는 비명소리를 들었습니다. 그 소리는 몇 차례 반복되었고, 강을 따라 흘러내려가다가 이윽고 갑자기 멈췄어요.[89]

클라망스는 한 순간 움직이지 않고 있다가 이윽고 멀어져 간다. 그는 누구에게도 그 사건에 대해 말하지 않았다. 그 사건 이후 그의 삶은 실추된다. 그는 변호사 사무실을 떠나게 되고 암스테르담에 정착하게 된다. 그곳에서 그는 한 수상쩍은 술집에 자주 드나들면서 남은 날들을 자신을 비난하고 또 자신의 명분을 변호하는 데 보내게 된다. 『전락』은 이처럼 클라망스가 느끼는 강렬한 죄의식과 그것을 고백하려고 하지만 또한 그 죄의식을 회피하려는 그의 열정적인 노력에 기초하고 있다. 그리고 그 죄의식이 그를 삼켜 버리는 방식, 그가 타인들에게 그들이 가진 고유한 죄의식을 고백하게 만들려고 시도하는 거울 놀이에 기초하고 있는 것이다. 그는 피고인이자 변호사이자 재판관이다. 프랑신은 1953년과 1954년에 이어 다시 한 번 자살 시도를 한 후에 이 작품을 읽게 된다. 그러고 나서 그녀는 카뮈에게 이렇게 말했다. "이 소설, 당신 나에게 빚졌군요."[90]

클라망스의 복잡한 상태를 묘사함과 동시에 자신의 작품을 젊은 여자의 자살에 초점을 맞추면서 카뮈는, 사르트르와 장송이 자신에게 가한 비난을 극복하려 한다. 사실 카뮈는 그들의 비판을 신중하게 여겼다. 최근 4년 동안 위기를 헤쳐 나오는 과정에서 카뮈는 그들의 수차례에 거친 비판—물론 이 비판 가운데는 옳은 것도 있다—에 맞서 길고도 힘든 투쟁을 했다는 사실을 밝히고 있다. 그리고 그 비판 가운데 하나가 바로 클라망스의 성격과 행동을 결정하는 기본 재질이 되었던 것이다. 사르트르는 1952년에 이렇게 말하고 있다. 즉 카뮈는 재판받는 것을 피하기 위해 전 우주를 비난한다고 말이다.

당신이 하는 불평의 요점은 내가 불량한 양심을 가졌다는 것입니다.

하지만 이것은 사실이 아닙니다. 그리고 내가 부끄러움 때문에 난처하게 될 경우라도 나는 당신보다는 그래도 소외감을 덜 느낄 것이며, 당신보다는 다른 사람들에게 더 가까이 있을 것입니다. 왜냐하면 당신은 양심을 간직하기 위해 다른 사람들을 비난해야 할 것이기 때문입니다. 그러니까 당신은 한 명의 죄인이 필요했던 것입니다. 만약 그 죄인이 당신이 아니라면 이 우주 전체일 것입니다. 당신은 당신의 선고를 내릴 것이지만, 세상은 말 한 마디 내뱉지 않을 것입니다. 그러나 이 세상에 가 닿는 순간 당신이 내린 선고는 무효화될 것입니다. 그리고 당신은 계속해서 다시 시작해야 할 것입니다. 만약 당신이 멈춘다면 당신은 당신의 참모습을 보게 될 것입니다. 당신은 선고를 내려야만 하도록 선고를 받았습니다. 시시포스처럼 말입니다.[91]

이처럼 판결이 오히려 변호사의 변론 그 자체의 핵심 내용이 되어 버린 셈이다. 공개적으로 치욕을 느낀 후에 클라망스는, 완전한 인간 — "그러니까 반은 세르당Cerdan, 반은 드골의 모습을 한"[92] 인간 — 이 되고자 하는 자신의 꿈이 "현실의 시험에 제대로 들어맞지 못했다."[93]는 사실을 알아차렸던 것이다. 클라망스는 스스로를 어느 정도 마초macho*로 여겼다. 하지만 "대응하지도 못한 채 공개적으로 뭇매를 맞은 후, 그는 이 같은 자신의 아름다운 이미지를 어루만지면서 지낼 수는 없게 되었던 것이다."[94] 요컨대 그는 "복수하고 때리고 정복하려는 열기에 들떠 있었던 것입니다."[95] 피고였던 자가 고소인이 된 것이다. "법의 테두리를 넘어 죄인을 죽이고 싶어 하고, 무릎 꿇게 만들고 싶어

---

* 남성우위를 과시하는 남자.

했던 화를 잘 내는 주인"이 된 것이다.[96] 젊은 여인의 자살 이후, 클라
망스는 자신의 판결을 자기 자신에게로 돌리면서 다음과 같이 느끼게
된다. 즉 친구들은 "법정에서처럼 한 줄로 늘어서 있었습니다. 내가 내
속에 무엇인가 재판해야 할 것이 있다는 것을 이해한 바로 그 순간부
터, 나는 결국 그들 속에 거역할 수 없는 단죄의 임무가 있음을 이해했
습니다."[97]라고 말이다. 법정에서 그는 자신에게 죄가 있다는 것을 주
장하지만, 누구도 그것을 진지하게 받아들이지 않는다. "어쨌든 그들
은 재판을 하지 않을 수 없습니다. 따라서 그들은 도덕에 매달리는 것
입니다."[98] 클라망스에게 남아 있는 일은 그 자신의 편견들을 극복하
는 것뿐이었다. 그것도 "내 어깨에 지워지는 부담을 가볍게 하기 위해
판결을 세상 전체로 확장하는 수단들을 찾으면서 말이다."[99]

카뮈는 "작가의 말"에서 직접 그 전략을 더욱 명확하게 밝히고 있다.

『전락』에서 말을 하는 사람은 계산된 고백에 열중하고 있다. 운하와
차가운 빛의 도시 암스테르담에 은둔해 살면서 은둔자와 선지자의 역
할을 하는 이 전직 변호사는 한 수상쩍은 술집에서 호의적인 청중들을
기다린다.

그는 현대적인 마음씨를 가지고 있다. 다시 말해 그는 남들로부터
심판 받는 것을 참지 못한다. 따라서 그는 자신에 대한 재판을 서두른
다. 하지만 이것은 다른 남들을 더 잘 심판하기 위한 것이다. 자신의
모습을 비쳐보는 거울을 그는 결국 남들 앞에 들이대는 것이다.

어디서부터가 고백이고, 또 어디서부터가 남들에 대한 고발일까?
이 책에서 말을 하고 있는 사람은 자기 자신을 재판하는 것일까? 그는
한 특수한 경우일까 아니면 현대를 사는 사람일까? 어쨌든 이 고심해

서 하게 된 거울놀이에서 볼 수 있는 단 하나의 진실이 있다면, 그것은 오직 고통, 그리고 이 고통이 약속하는 바일 뿐이다.[100]

그렇다면 카뮈는 독자들을 이렇게 클라망스의 거울놀이에 초대하면서 무엇을 기대했을까? 클라망스 자신은 "내가 말한 것에서 진실과 거짓을 구별해내는 것은 몹시 어렵습니다."[101]라고 말하고 있다. 비평가 가에탕 피콩Gaëtan Picon만이 유일하게 카뮈의 투쟁, 즉 카뮈 자신이 폭력에 맞선 "고매한 영혼"이었다는 비난과 그가 어떤 대가를 치르고서라도 깨끗한 손을 가지려고 했다는 비난에 맞서 싸운 투쟁을 강조했다. 또한 피콩은 이렇게 주장하고 있다. 즉 『반항적 인간』에서 카뮈가 손을 더럽힌 혁명주의자들을 거부했으며, 『페스트』에 나오는 리외와 그의 동지들처럼 악과 싸우면서, 자신들의 도덕적 방향을 지키는데 성공한 자들의 죄를 면제시켜 주었다고 말이다.[102]

카뮈가 세상을 떠난 후, 보부아르는 1956년에 『전락』을 "커다란 호기심"[103]을 가지고 읽기 시작했다고 회상하고 있다. 그녀는 이렇게 적고 있다. "첫 부분에서 나는 1943년에 그를 처음 알았을 때의 모습을 보았다. 영락없이 그의 목소리, 그의 행동, 그의 매력, 과장 없이 정확하며, 그가 가진 엄격함조차도 지나친 부분에 의해 적당히 무마된 그의 초상화였다. [……] 그가 놀랄 만한 단순함을 보여 주는 그의 모습을 보면서 나는 가슴이 아팠다." 하지만 그 작품 속에 들어 있던 그 무엇인가가 보부아르의 화를 돋우었다. "갑자기 그의 성실함이 바닥났다. 그는 가장 전통적인 일화들 속에 자신의 실패들을 감추고 있다. 그는 속죄자에서 재판관으로 모습을 바꿨다. 그는 입술을 깨물면서 그 자신의 고백에서 모든 것을 끌어내고, 또한 이것을 아주 분명하게 그 자신의 원한에 덧붙이고 있다."

카뮈가 『전락』에서 보여 주고 있는 고백투의 어조와 그의 의도에서 볼 수 있는 취약한 면 때문에, 보부아르는, 이 작품 속에 뭔가 다른 의도가 들어 있다는 것을 희미하게나마 느낀 것이다. 카뮈 스스로 수첩에서 다음과 같은 사실을 분명하게 지적한 바 있다. "재판관-속죄자"가 사르트르와 보부아르를 포함한 "실존주의자들"과 무관하지 않다는 사실이 그것이다. 카뮈는 이 용어를 『레 망다랭』에 대한 응수 차원에서 선택한 것이다. 클라망스는 자기소개를 하기 바로 전에 이렇게 말한다. "알기를 원하십니까? 여기에 오기 전에 나는 변호사였습니다. 지금은 재판관-속죄자입니다."[104] 성실함을 빙자한 카뮈의 전략을 통해 보부아르가 막연하게 예감했던 것은, 정확히 두 가지였던 것이다. 하나는, 클라망스가 자신의 말을 사르트르와 장송에 대한 카뮈의 생각들로 시작한다는 것이다. 또 하나는, 클라망스가 직접 사르트르 개인으로 변모하기 전에 카뮈가 사르트르에 대해 가졌던 생각을 취하고 있다는 것이다. 카뮈는 1957년에 『뉴욕타임스 북 리뷰』에서 다음과 같이 설명하고 있다.

내 등장인물은 일종의 혼합물이다. 그에게는 다양한 원천을 가진 여러 모습들이 혼재해 있다. 다른 사람들을 좀 더 쉽게 비난하기 위해 실존주의자들은 자기비판이라는 강박관념을 구실로 삼는다. 내가 보기에는 이것이 항상 어느 정도는 의심스러운 일종의 전략적 요소였다. 또한 그것이 바로 그들의 활동 속에서 내가 발견할 수 있는 가장 충격적 요소이기도 했다. 비난을 위한 이 같은 열정은 항상 실존주의의 직접적인 주제에 다름 아닌 복종에 대한 옹호로 끝을 맺는다.[105]

전쟁 동안 사르트르의 과거를 알고 있는 사람들, 저항을 일종의 개인적이고 상징적인 해결책으로 기술하고 있는 전쟁 이후에 집필된 기사인 「점령하의 파리」를 읽은 사람들은, 사르트르가 해방 이후 실존주의의 "교황"으로 명명되었다는 것을 기억하고 있는 사람들과 마찬가지로, 클라망스에게서 사르트르의 모습을 찾아볼 수 있을 것이다. 클라망스는 우리에게 자신이 전쟁에 동원되었다고 말하고 있지만, "나는 결코 포화를 본적이 없습니다."[106]라고 말하고 있기도 하다. 프랑스의 패전 이후, 그는 자유 지역으로 넘어가기 전에 파리로 향했다. 분명 레지스탕스 운동에 합류하기 위한 것으로 보인다. "내 판단으로 이 시도는 약간은 미친 짓으로 보였다. 요컨대 낭만적인 것으로 보였습니다."[107] 감탄을 자아내기는 하지만 그 시도에 참여했던 자들이 보여 주는 영웅주의를 모방하는 것이 불가능했던 그는, "언젠가 런던으로 갈 것이라는 분명치 않은 생각을 가지고서" 북아프리카로 떠나게 된다. 이 묘사의 첫 부분은 사르트르와 관련되는 것으로 보인다. 물론 자유 프랑스에 합류하려 했던 사람은 장송이었지만, 장송은 결국 스페인에 발이 묶이고 말았다. 레지스탕스 운동에 가담했던 자신의 친구가 독일군에게 체포되었을 때, 클라망스 역시 체포된다. 포로수용소로 이송된 클라망스는 무분별한 프랑스인들의 교황이 되었고, 다른 사람들은 그를 "그냥 재미로 그런 칭호로" 불렀으나, 이 칭호는 그에게 "아주 의미심장한 흔적을"[108] 남기게 된다. 클라망스 역시 그 나름대로 교황의 역할을 심각하게 받아들이게 된다.

클라망스-사르트르. 그렇다. 처음부터 클라망스가 구사하는 언어 능력은, 카뮈의 계산된 언어 사용보다는 사르트르의 끊임없는 말의 홍수를 더 연상시키는 것이다. 하지만 클라망스가 재판에 대해 관심을 갖게 되고, 또 이 재판을 피하려고 한 것은, 그가 공개적으로 모욕을 당한 이후였다. 클라망스-카뮈의 고백은, "재판관-속죄자"라는 직업에 대한 묘사를 통해 사르트르의 고백, 즉 "친애하는 카뮈"라는 제목으로 카뮈에게 썼던 편지에서 볼 수 있는 고백과 같은 것이다.

> 5일 동안 내가 당신에게 오직 기쁨만을 위해 그처럼 긴 말을 늘어놓았다고는 생각하지 마시오. 그렇지 않습니다. 옛날에는 많은 말을 했지만, 아무런 메시지를 전하지 않은 경우도 있었지요. 하지만 지금 내 말은 모종의 방향성을 가지고 있습니다. 물론 이 말은 웃음을 진정시키고, 개인적으로 재판을 피하려고 하는 생각에 의해 유도됩니다. 비록 외관적으로 보면 그 어떤 출구도 없지만 말입니다. 거기에서 벗어나는 것을 방해하는 요소는, 우리들 자신이 제일 먼저 우리 자신을 처단하는 사람들이라는 사실이 아닐까요? 따라서 선고를 차별 없이 모든 사람들에게까지 확대할 필요가 있으며, 그렇게 함으로써 그 선고를 약화시킬 필요가 있는 것입니다.

또한 클라망스는 실존주의에 대해 카뮈가 가하고 있는 본질적인 성찰을 보여 주고 있다. 특히 사르트르가 『존재와 무』와 『닫힌 방』에서 상기시키고 있는 책임 개념에 대한 패러디에서 최근 몇 년 동안 카뮈가 보여 주었던 성찰이 그것이다.

> 누구에게 대해서도 결코 변명은 안 된다, 이것이 내가 출발점에서 내세운 원칙입니다. 나는 선한 의도, 그럴 수 있다고 여겨지는 과오나 실수, 정상참작 등을 인정하지 않습니다. 나는 다른 사람들에게 사면을

베풀어 주지도 않습니다. 그저 덧셈을 해본 후, '모두 얼마다. 너는 패륜아다, 호색한이다, 과장증환자다, 남색광이다, 예술가다, 또 무엇이다.'고 판단을 하는 식입니다. 그냥 그렇게 냉정하게 말입니다. 철학에 있어서나 정치에 있어서나 나는 인간의 순수성을 거부하는 모든 이론에 찬성하는 쪽이며, 인간이 죄가 있다고 판단하는 모든 실천에 찬성하는 쪽입니다. 보다시피 나라는 사람은 노예제도에 대한 양식 있는 지지자랍니다.[109]

클라망스는 카뮈를 『존재와 무』에서 직접 가져온 범주들 ("호색한", "예술가") 속에 포함시킨 것과 마찬가지로, 그는 이제 또 다른 시기를 회상한다. "과거에는 나도 입만 열면 자유를 말하곤 했지요. 아침 식사 때 버터 자유를 빵에 발라가지고 하루 종일 씹고 다니면서 이 자유의 신선한 냄새가 그윽하게 담긴 입김을 이 세상에 내뿜곤 했지요. 누군가가 내게 반대의 뜻을 밝히면, 나는 이 중요한 단어를 들이댔고, 그것을 내 욕망과 권력을 위해 사용했습니다."[110] 카뮈의 머릿속에는 그 자신과 비교해서 사르트르가 참다운 위협을 거의 겪지 못했다는 생각 따위는 들어 있지 않았다. 클라망스는 자신이 자유를 옹호했다고 말한다. 그것도 "자유를 위해 죽을 정도는 아니었지만, 그래도 두세 번에 걸쳐 죽을 위험을 겪었다."[111]고 말이다. 자유의 철학자*는 그 자신 노예제도에 끌렸다는 점을 계속해서 기술하고 있으며, 철학자와의 관계가 공개적으로 결렬된 후 발표된 카뮈의 수첩에서 볼 수 있는 첫 번째 해설을 환기하면서 이렇게 끝맺고 있다. 그러니까 클라망스에 의하면,

---

* 사르트르를 가리킴.

자유를 요구하는 자들은 "각자 알아서 해야 할 겁니다. 하지만 그들은 무엇보다도 자유나 이 자유에 따르는 판결 같은 것을 싫어하기 때문에, 제발 벌을 내려 주십사 하고 빌고, 또한 끔찍한 규칙들을 꾸며내는 가 하면, 교회를 대신할 화형대를 건설하느라 야단이에요. 정말이지 사보나롤레Savonarole 같은 사람들이에요. 하지만 그들은 원죄만 믿을 뿐 은총은 결코 믿지 않아요."[112] 이처럼 사르트르의 실존주의는 공산 주의에 대한 복종으로 나아간다는 것이 카뮈의 판단이다. 따라서 자유 의 옹호자인 클라망스는 "은밀하게 자유를 누구에게나 유예 없이 부 여할 필요가 있지요."[113] 결론을 내리고 있다.

그럼 절도 사건을 포함해서 고백이 끝나자 클라망스는, 그의 말을 듣고, 또 그의 함정을 들어낸 자를 향해 몸을 돌린다. "저에게 말을 해 주세요. 제발요. 어느 날 저녁 센 강의 제방 위에서 발생한 사건을요. 그리고 어떻게 당신은 생명의 위협을 느끼지 않게 되었는지를요." 초 기의 비평가들이 인정했듯이, 카뮈는 결국 독자들을 지옥으로 안내한 것이다. 작품의 시작부터 클라망스는 이 관계를 분명히 밝히고 있다.

혹시 동심원을 그리며 배치된 암스테르담의 운하들이 지옥으로 들어 가는 순환로들과 닮았다는 사실을 생각해 본 적이 있는지요? 물론 악 몽으로 가득한 부르주아의 지옥이지요. 외부로부터 이 도심으로 접근 하는 경우, 이 순환로들을 하나씩 지나침에 따라 삶은, 따라서 삶에서 저지른 죄는 더욱 깊고 더욱 어두워집니다. 지금 우리가 있는 곳은 마 지막 순환로이지요. 이게 무슨 순환로인고 하니…… 아! 선생께서도 그것을 알고 계시는지요?[114]

단테를 알고 있는 클라망스의 대화상대자는, 지옥inferno의 마지막 단계는 배신자들에게 할애되고 있다고 대답하고자 한다. 카뮈는 그의 부인을 배신했다. 사르트르는 카뮈를 배신했다. 그들 각자는 많은 친구들을 배반했다. 그 까닭은 허영심, 비겁함, 위선이었다.[115] 이처럼 고통을 받았기 때문에 끝이 없고, 고통스럽고 또한 남에게 고통을 안겨주는 클라망스의 독백은 독자를 지옥의 문턱으로 안내하는 것이다.

카뮈가 『전락』에서 예고했던 것, 그것은 바로 어두운 비전이었다. 카뮈는 자신이 사르트르의 배반이라고 간주했던 것, 하지만 또한 자신의 배반이라고도 간주했던 것에 보편적인 의미를 주기 위해, 사르트르와의 결별을 다시 체험함과 동시에 그들의 싸움이 어느 정도까지 인류 전체를 포괄하고 있는지도 보여 줌으로써 그러한 비전을 만들어냈던 것이다. 이 고통스러운 소설을 통해 카뮈는 또한 지옥에 대한 가장 뛰어난 현대적 재현인 『닫힌 방』을 문제 삼고 있다. 카뮈는 실제로 점령기의 마지막 겨울 동안 보부아르의 호텔 방에서 이 작품의 연습에 참여했다. 카뮈는 『전락』에서 『닫힌 방』의 비시간성과 경쟁을 벌인다. 『닫힌 방』은 배신자들과 위선자들, 말을 능숙하게 하는 자들과 정치적 휴머니스트들로 가득한 매우 현대적 감옥을 만들어 내고 있다. 그들은 모두 매순간 스스로 내리고 있는 판단 속에서 길을 잃는 자들이며, 그러한 판단으로부터 벗어나려는 성향을 가진 자들이다. 자신의 고백에도 불구하고 그리고 그 고백 때문에, 클라망스는 구원에 대한 최소한의 희망도 가지고 있지 않으며, 절망적 기분에 휩싸인 악인이 된다. 만약 그의 복잡하고 다중적인 인물이 어떤 성공을 거둔다면, 그것은 바로 그 인물이 생동감 있기 때문이며, 또한 그가 자신의 강렬함, 자신에 대한 통찰력, 거만함, 정직함, 유죄성, 나아가서는 그 자신의 자기기만에 의해 독자의 의식 속으로 울퉁불퉁한 길을 내고 있기 때문이다. 수년간의 고통스러운 침묵이 지난 이후 이 같은 지옥에 대한 구상은 카뮈에게 있어서 일종의 창조적인 승리이자 정신의 승리가 된다. 동시에 그것은 또한 카뮈 자신에 대한 이해이자 천벌에 대한 현대적 시각이 되는 것이다.

*　　*　　*

사르트르의 입장이 1956년 들어 확고해지는 것은 결코 우연의 일치가 아닌 것으로 보인다. 그는 『프라우다*Pravada*』지에 발표한 「소련 동지들에게」라는 우정어린 고백으로 그 해를 시작한다. 그 이후 역사의 정세가 크게 요동치게 된다. 알제리가 그 시발점이었다. 우리는 1월 27일에 봐그람 홀에서 공산당과는 독립된 마르크스 사상가로서의 사르트르가 갖는 점점 더 확고해져 가는 확신을 목격하게 된다. 사르트르를 위시한 많은 사람들은 알제리 전쟁에 반대해서 결집하기 시작했다. 그리고 분노에 찬 피에 누아르들이 던진 토마토 세례를 받았던 2월에 알제리를 방문했던 몰레는, 그 이후 평화를 향해 전진하겠다던 자신의 약속을 어기게 된다. 3월에 그는 국회에서 알제리에 대한 전권을 요구한다. 그리고 그때부터 전쟁으로 치닫게 되고, 9월에 본격적으로 "알제리 전쟁"이 시작되게 된다.

우리는 소련 사회에서도 굉장한 사건을 목격하게 된다. 흐루시초프는 1956년 2월에 했던 "비밀 연설"에서 스탈린의 죄목을 드러냈다. 25년 동안 숭배를 받았던 스탈린은 "개인숭배"를 거절한 소련인들의 손에 의해 배격된 것이다. 대관절 공산주의자들은 알제리 전쟁에 대한 비판을—수많은 기독교인들을 포함하는 독립 성향의 좌파에서도—
관통하는 도덕적 열기에 대해 얼마나 더 무관심한 태도로 일관하게 될
것인가? 스탈린주의를 비판할 수 있는 가능성을 갖게 된 공산주의자
들은 대체 언제, 어느 정도까지 그들 역시 알제리 전쟁으로 인해 충격
을 받았다고 말을 하게 될 것인가? PCF의 한켠에 빈 공간이 만들어진
것이다. 그러니까 프랑스와 공산주의 세계 역시 변화하기 시작한 것이
다. 이런 상황에서 사르트르, PCF가 피억압자들을 위한 유일한 대변
의 목소리를 내고 있다고 생각하는 사르트르, 그리고 아주 오랜 동안
말을 참아왔던 위대한 사르트르는, 과연 무슨 말을 하고, 또 앞으로 무
엇을 할 것인가? 1956년 여름, 카뮈의 새로운 소설『전락』이 폭발 직
전에 있던 사르트르에게 양념을 치게 된다.

　사르트르는 카뮈의『전락』이 출간되었을 때, 이 소설을 읽었고, 또
한 카뮈가 그 자신의 모습을 완전히 드러냄과 동시에 감추고 있는 이
소설이 한 편의 걸작이라는 사실을 직감했다.[116] 후일 카뮈를 위한 추
도사에서 사르트르는, 이 소설이 카뮈의 여러 작품들 가운데 "어쩌면
가장 훌륭한, 그러나 가장 이해가 덜 된" 작품이라는 사실을 지적하고
있다.[117] 만약 사르트르가 이 작품을 잘 이해했더라면, 카뮈가 그를 처
형하고 있다는 사실을 몰랐을 리가 없다. 사르트르는 추도사에서 카뮈
를 묘사하는 가운데 클라망스에게 1952년 8월 그 자신이 직접 썼던
편지에서 했던 약속에 대한—"나는 곧 내 자신에 대해, 거의 같은 어
조로 말을 하게 될 것입니다"[118]—대답을 보았던 것이다. 사르트르는
또한 클라망스가 스스로를 "어쨌든" 비난하고 있는 장면에서, 카뮈가
그의 편지에 대해 암시를 하고 있다는 사실을 알아차렸다. 하지만 사
르트르가 말하고 있는 것처럼, 클라망스가 자신을 "두 주먹으로 탕탕

치면서 무식하게" 비난하고 있는 것은 아니었다. "아닙니다. 나는 오히려 부드럽게 항해하듯 나아갑니다. 숱한 뉘앙스를 가미하고, 여담도 섞으면서 말입니다. 요컨대 이야기를 듣는 사람에 따라 적절하게 맞추어, 그쪽에서 한 술 더 뜨게 하는 겁니다."[119]

피콩은 1956년 7월의 비평에서 사르트르-카뮈 논쟁을 가중시켰던 것이 카뮈였다는 사실을 간파한 거의 유일한 인물이다. 이름을 명시하지 않은 채, 피콩은 사르트르와 장송이 최상의 세상을 건설하기 위해 이 공포스러운 세상에서 발견되는 수단들을, 곧 폭력을 이용하는 것을 아무런 주저 없이 찬양했다고 지적하고 있다. 클라망스는 이 같은 논의를 더 심화시키고자 하는 한편, 악과도 공모할 수 있다는 생각을 가진 자들을 넘어서고자 한다. 그 과정에서 그는 악취 나는 악을 다른 사람들의 탓으로 돌리면서 그것으로부터 벗어나고자 한다. 정확히 이 같은 모순적 태도로 인해 그는 전적으로 악인이 되는 것이다. 그는 자신의 자유를 포기하고, 자신과 비슷한 사람들을 추락하게 만들기 위한 덫을 놓는 데만 몰두한다. 하지만 그의 궁극적인 비관주의가 카뮈의 비관주의와 같다고는 할 수 없을 것이다. 피콩의 설명에 의하면, 그러한 문제를 제기하면서 카뮈는 분명 사르트르의 "더러운 손"은 물론이고—의도적으로 "깨끗하게 간직한"—"자기의 손"에서도 벗어나고자 하는 것이다.

카뮈가 사르트르에게 어떤 영향을 주었을까? 우리는 앞에서 카뮈에 대한 그 자신의 판단에 대해 침묵을 지켰다고 고백하는 사르트르, 또한 수년 동안 모든 도덕적 판단을 제거해 왔다는 것을 고백하는 사르트르의 모습을 살펴보았다. 1956년 내내, 사르트르는 단순히 옛 친구들과 새로운 적들의 신랄한 비판에 대처해야 했던 것만은 아니었다.

그를 둘러싼 세계 자체도 변화하고 있었다. 극좌파의 활동가들은 공산당이 마지못해 알제리로 발걸음을 향하고 있는 동안 계산기를 두드리기 시작한다. 이제 어떤 것이 "현실적"인가? 하지만 가을에 소련이 헝가리를 침공하자 사르트르는 갑자기 여러 사태를 다른 눈으로 보게 된다.

부다페스트에서 여전히 전투가 벌어지고 있는 가운데,[120] 『렉스프레스』지의 질문을 받은 사르트르는 소련에 대한 자신의 새로운 입장을 표명하게 된다. "나는 헝가리에서의 학살을 고발하지 않는 (혹은 고발할 수 없는) 내 친구들인 소련 작가들과의 관계를 어쩔 수 없이, 하지만 전적으로 단절하고자 합니다. 소련 관료주의를 이끄는 파당에 대한 우정을 더 이상 간직할 수는 없는 노릇입니다."[121] 독설로 가득한 이 선언은 기이하게도 프랑스에서 그 침공을 정당화하고 있는 당의 노선을 지지하는 자들의 마음을 상하게 하지는 않았다. "지금 PCF를 이끄는 사람들과의 관계를 재개하는 것은 가능하지 않고, 결코 가능하지 않을 것입니다. 그들이 하는 말 하나하나, 그들의 행동 하나하나는 30년간의 거짓말과 경직화의 귀결점입니다."[122]

헝가리 사태에 대해 더 많은 정보를 얻게 되면 될수록, 사르트르는 당장 정치적이자 개인적인 출구를 더욱 더 완벽하게 보충하게 된다. 『현대』지는 헝가리 사태에 대해 헝가리인들의 해설을 포함해 497쪽에 달하는 3호를 한 권의 합본으로 발행하게 된다. 사르트르가 쓴 「스탈린의 망령」이라는 제목의 120쪽에 달하는 연구가 이 합본의 서문으로 실렸다. 마르크스주의와 공산주의에 대한 4년 동안의 연구 끝에 드디어 사르트르는 독립선언을 한 것이다. 그는 계속해서 "어쨌든 공산주의가 사회주의를 실현할 수 있는 기회를 거지고 있는 유일한 이데올로기로 보인다."[123]고까지 생각했다. 하지만 이 같은 목표는 가장 완벽한 정직성 속에만 달성될 수 있을 뿐이었다. 이처럼 사르트르가 스스로를 검열하고, 또한 현실주의를 따랐던 시대는 이제 막을 내린 것이다.

마치 자기 자신이 진정으로 편안한 상태에 있을 수 있고, 진정 자기 자신이 될 수 있는 정치적이고 정신적인 영역을 제한한 것처럼, 독립을 되찾았다는 사실에 고무된 사르트르는, 목적과 수단 사이의 해묵은 논쟁을 다시 꺼내들게 된다. 그는 또한 카뮈를 포함해 이 논쟁에 대해 이견을 표명했던 모든 사람들에게 날카로운 응수를 하게 된다. "우리는 다음과 같이 주장하는 자들, 즉 목적이 수단을 정당화시킨다고 주장하는 자들의 편이다. 하지만 이 주장에 다음과 같은 수정, 즉 '목적을 규정하는 것은 수단이다'는 조건에서만 그러할 뿐이다."[124]

사르트르는 결국 도덕적 문제로 되돌아왔으며, 그가 그 당시에 보여주었던 정치적이고 지적인 참여에 이 문제를 통합시켰던 것이다. 그는 소련군에 의해 자행된 헝가리 침공을 맹렬히 비난하게 된다. 그 까닭은, 이 침공이 피억압자들에 가해진 공격이었을 뿐 아니라, 그런 행동은 결국 이름에 맞는 사회주의 건설을 해치는 것이었기 때문이었다. 그 이후 헝가리의 역사를 보면 비록 패배했지만, 이 나라의 노동자 세력이 어떤 식으로 결집되어 나갔는가를 잘 볼 수 있다.

봉기가 와해된 이후, 11월 16일에, 사람들은 라디오 부다페스트에서 조건부로 작업을 재개하도록 동료들에게 요구하는 공장 위원회의 한 대표자의 말을 들을 수 있었다. 그는 엄청난 자존심에 도취된 정복자처럼 말했다. 부다페스트 시민들을 돕기 위해서 파업을 중지해야 할 것이며, 만약 파업자들의 주장이 관철되지 않을 경우엔 즉시 파업이 재개될 것이라고 말이다. 그리고 그는 러시아 탱크들이 주둔하고 있는 폐허가 된 도시 한 가운데에서, 경찰들이 둘러싼 한 건물에서, '전 세계가 우리의 힘을 알아차리게 되었다.'라는 말도 했다.[125]

사르트르는 PCF의 옛 동료들의 생각을 반박하는 데 열중했다. 그들은 침공을 정당화시키고, 위험, 우연과 선택의 주요 역할들을 부각시켰다. "그 누구도 헝가리 사태에 대한 개입이 불가피하다고 말할 권리를 가지고 있지 않다."[126] 실제로 이제 필연성과 일시적으로 화해할 수 있는 힘을 빼앗긴 사르트르의 입장에서 보면, 소련의 헝가리 침공에서 얻은 주요 교훈은 소련의 지도자들이 심각한 과오를 저질렀다는 것이었다.

철학적이고 도덕적이었으며, 수사적이고 논쟁을 좋아했던 사르트르의 오랜 천재성은, 이제 피억압자들을 위한 그의 열정적인 지지와 결부된 역사적인 구체성과 병행해 나타나게 되는 새로운 감정 속에서 소생하게 된다. 1952년에는 이 열정으로 인해 그는 PCF를 지지했었다. 하지만 1957년에 와서 그는 그 열정으로 인해, "젊은 당원을 더 이상 끌어들일 수 없게 경직되어 버린 기구"[127]로 전락한 당을 공격하기에 이르렀다. 그럼에도 사르트르는 여전히 소련이 사회주의를 위한 필요한 힘이었으며, 다시 그 힘을 회복할 수 있을 것이라는 사실을 여전히 주장하고 있다. "분열되어 피를 흘리고 있는 이 괴물을 아직도 사회주의라고 불러야 하는가? 솔직히 대답하자면, 그렇다. 왜냐하면 그 사회주의가 첫 단계의 '그' 사회주의와 같은 것이기 때문이다. 다른 형태의 사회주의는 존재하지 않았다. 아마도 이상주의적인 사회주의를 제외하고는 말이다. 따라서 그 사회주의를 끝까지 희망하거나 아니면 그 어떤 사회주의도 희망해서는 안 될 것이다."[128] 이처럼 사르트르는 자신의 목소리를 되찾은 것이다.

*　*　*

「스탈린의 망령」이라는 글은 사르트르의 삶에서 가장 주목할 만한 시기에 쓰어진 것이다. 50세가 넘었으며, 오랫동안 세계에서 가장 위대한 사상가 가운데 한 명으로 여겨져 왔던 사르트르는, 정치 분야와 창작 분야에서의 많은 활동으로 매우 분주했다. 카뮈가 사르트르와의 결별로 인해 발생한 결과를 잘 극복한 결과 노벨 문학상을 타게 된 것이 사실이라면, 사르트르 역시 공산주의와의 결렬 이후 1964년에 노벨 문학상을 타게 될 때까지 놀랄 만한 글들을 집필했다. 그때부터 생을 마칠 때까지 사르트르는, 동시대의 그 어떤 사상가와도 닮지 않은 독특한 모습을 보여 주게 된다. 일단 공산주의의 유혹에서 벗어나게 되자, 그는 1945년이나 1952년보다 더 대단한 스캔들을 야기하고, "합리적"이거나 "현실주의적"인 태도를 거절하고 나아가서는 피억압자들의 대의명분에 동의하면서 그들의 혁명적 분노를 대변代辯하기에 이른다. 그는 유명인사라는 구속을 벗어던지고, 자기 자신에 대해 지나치게 커다란 의미를 부여하지 않게 되고, 기존의 질서에 대해 마지막 숨을 다할 때까지 아주 단호한 자세로 일관하게 된다. 나이를 먹고, 점차 쇠약해졌음에도 불구하고, 그는 젊은이들을 마치 애인처럼 끌어들이는 활기를 간직하고 있었다. 종종 실수를 저지르고, 종종 바보 같은 행동을 하기도 했지만, 그는 여전히 공평성을 보여 줄 수 있었다.

그렇다고 해서 그가 자신의 명성에 오점을 남기거나 안전상의 위협을 받은 것은 아니었다. 그러니까 그는 결코 그가 살았던 시대와의 접촉을 끊지 않으면서도 역사에 자신의 이름을 아로새기는 데 성공한 것이다. 그가 현실 정치에 참여하는 노선을 찾는 과정에서 아주 힘든 길을 밟아온 것은 사실이다. 그러나 시력 상실로 인해 고통을 받는 상황에서도 그는 여전히 현실에 깊이 참여하고 있었다. 예전에 공산주의자들과 가까이 지내면서 자신의 목소리를 상실한 후, 그것을 다시 찾았던 그는 세상을 떠날 때까지 양보할 수 없는 독립성을 유지하게 된다.[129]

공산주의와 결별한 후 약 10여 년 동안 사르트르는, 아주 독특한 방식으로 프랑스 해방 이후 활발히 활동했던 카뮈의 모습을 그만의 방식으로 수행했다고 할 수 있다. 1944년에서 1947년 사이의 카뮈와 마찬가지로, 1957년 이후 사르트르는 인간, 행동, 작품이라는 세 요소를 절묘하게 조화시키게 된다. 사르트르는 영향력 있는 독립 정치 세력이 되었고, 그 어떤 정치 단체에 가담하지 않고서도 여러 정치 단체에 호소를 했고, 매일매일 일상의 문제를 자유롭게 해설할 수 있었으며, 여론에도 상당한 영향을 미치는 정신적 지주로 활동하게 되었다. 요컨대 그는 그 자신의 심오하고도 그 누구도 대신할 수 없는 그런 목소리로 그 자신만의 독특한 철학, 정치, 문학을 구현했던 것이다.

그 시기 동안, 사르트르는 마르크스주의자로서 평소와는 다른 위상을 갖게 된다. 1956년 10월, 폴란드는 당의 제1서기인 고물락Gomulak의 후원 아래 민족주의적 정부의 설립을 협상에 붙임으로써 헝가리가 처했던 운명을 피하게 된다. 고물락은 장차 1957년에 발생하게 될 "프라하의 봄" 사건을 격려하게 된다. 이러한 새로운 개방의 노선 속에서 폴란드의 한 잡지가 사르트르에게 실존주의의 현 상태에 대한 글을 써

426

줄 것을 부탁하게 된다. 그는 그 제안을 받아들였고, 후일 이 글은 『방법의 문제』가 된다. 사르트르는 이 글에서 외관상 모순으로 보이는 두 주제를 전개하고 있다. 마르크스주의는 더 이상 진보하지 못하게 되었지만, 그래도 그것이 "우리 시대의 철학"이라는 두 주제가 그것이다. 따라서 "게으른 마르크스주의자들"이 자신들의 수중에 들어온 강력한 도구들을 다시 이용할 수 있을 때까지, 그리고 특히 마르크스주의가 개인들에게 정당성을 부여할 때까지, 실존주의는 마르크스주의 내부에서, 마르크스주의와 더불어 자율적인 이데올로기로서 지속되어야 한다는 것이다.

이처럼 사르트르는 당에 종속되지 않은 권위를 가져야 할 마르크스주의에 대해 글을 쓴 것이다. 그는 한 명의 구체적 개인이 어떻게 자신의 사회적 결정을 통해 이해될 수 있는지를 증명하기 위해—후일 플로베르에 대한 그의 전기에서 활용하게 될—마르크스적 도구들을 이용하기 시작한 것이다. 사르트르는 사회적 존재에 대해서나 개인의 자기 결정에 대한 정당성을 부여할 하나의 방법론이 갖는 주제들 중의 몇몇 주제들을 열거하면서 자신의 주장을 심지어 더 멀리 진척시키고 있다. 그의 생각들은 정치 영역에서, 특히 1960년대와 1970년대에 공산주의가 아닌 마르크스주의를 내세우는 자들을 위한 중요한 밑거름이 된다. 그는 지체 없이 『변증법적 이성비판』의 집필로 뛰어든다. 『방법의 문제』는 이 책의 서문이 된다. 이 서문에서 그는, 마르크스주의의 진보가 중단된 정치·역사적 원인들을 이해하려고 시도하기 전에 우선적으로 이 마르크스주의의 철학적 토대들을 정립한다. 실제로 그는 스탈린주의를 이해하려고 시도한다. 『변증법적 이성비판』 2권에서 그는 카뮈의 『반항적 인간』에 대해 총체적으로 응수한다. 그러니까 공산주의가 저지른 악행들은 잘못 구상된 기획에서 기인하는 것이 아니라, 오히려 볼셰비키 혁명을 통해 삶 자체가 불가능한 상황 속에서 생존 수단들을 찾으려고 했던 시도에서 기인했다는 것이다.

조국을 지키고 또한 공산주의자들의 수동적 태도를 해방시키고자 노력했던 동안, 사르트르와 같은 유럽 좌파 지식인들은, 피식민화된 민족들의 희망에 관심을 집중시키기 위해 점차 노동자계급의 희망을 뒷전으로 미루는 결과를 가져오게 된다. 마르크스주의와 도덕을 자유로이 결합하곤 했던 사르트르는, 우아하면서도 때로는 격분한 목소리를 통해 점차 유럽을 대표해 주로 제3세계를 대변하는 역할을 담당하게 된다. 이 같은 대의명분은 그의 주요 관심사가 되었으며, 특히 「식민지주의는 하나의 체계이다」라는 글 이후부터 『인종학살에 대하여*Sur le génocide*』이라는 저서의 결론 부분에서 볼 수 있는 것과 같은 전쟁범죄를 다루는 국제재판소(러셀Russel의 주도하에 구성된)에서의 활동에 이르기까지 폭넓게 투영되고 있다.

* * *

그 당시 사르트르의 창조적이고 정치적인 새로운 흐름의 결실은 전후 독일을 배경으로 하고 있는 『알토나의 유폐자들』이라는 극작품이다. 이 작품에서 그는 알제리에서 수행 중이던 프랑스의 식민지 전쟁의 문제를 비극적 방식으로 다루고 있다. 게르라흐Gerllach 가문은 새로운 지옥을 표상한다. 이 집안의 장남이자 러시아 침공대의 옛 지휘관이었던 프란츠Frantz는 동부 국경에서 러시아 빨치산 대원들을 붙잡아 고문했다는 사실로 인해 괴로워한다. 막이 오르면, 프란츠는 고문에 대한 유죄성에서 벗어나기 위해 지금 집에 있는 자기 방에 스스로 유폐되어 있다. 또한 네 명의 다른 인물이 이 지옥에 갇혀 있다. 알토나에 있는 조선소를 운영하는 경영자이자 게를라흐 가문의 나이 많은 가장, 막내 딸 레니Leni, 차남 베르너Werner, 그의 부인 조아나Joanna가 그들이다.『닫힌 방』과 『전락』에서와 마찬가지로 유죄성, 책임, 재판과 도피 등과 같은 주제들이 이 작품에 그대로 용해되어 있다. 심지어 자기 자신에 대한 재판을 하기 위해 타인들을 거울로 이용하기도 하고 또한 그러한 신랄한 재판을 피하기 위해 그들을 이용하는 등과 같은 전략도 그 작품에 들어 있다.

카뮈는 평을 통해 사르트르를 비난한다. 즉 사르트르가 죄를 지은 자에 대한 유죄선고를 피할 목적으로 타인들에 대해 역으로 유죄선고를 내리고 있다는 것이다. 하지만 사르트르는 이 같은 비난을 카뮈에게 되돌리고 있다. 프란츠는 자기가 체험했던 세기世紀를 효과적으로 비난하고 있으며, 그 자신이 손수 녹음했고 또 다시 들려주는 연설에서 이 세기에 대한 검사와 변호사 역할을 동시에 맡고 있는 것이다. 하지만 클라망스와는 정반대로 프란츠는 그의 도피에 종지부를 찍고 있으며, 그 자신이 저지른 죄를 조아나에게 모두 떨어놓고 있다. 프란츠의 고백을 들은 조아나는, 그가 용서받을 수 없는 입장에 있다고 판단하게 된다. 프란츠는 그 이후 아버지와 더불어 죽음을 향해 걸어가면서 자신의 과거를 명석한 태도로 끌어안는 대가를 치르게 된다. 늙은 게를라흐의 죄가 장님인 프란츠의 죄보다 덜한 것은 아니다. 그는 나치와 협력했으며, 자신의 현실적인 냉소주의 속에서 조선소가 나치즘보다 오래 지속될 것이고, 또한 계속해서 번창할 것이라고 확신했었다. 만약 클라망스가 사르트르의 비판을 수용함과 동시에 "더러운 손"

을 갖는 것을 용인하는 카뮈를 보여 주고 있다면, 프란츠는 더 이상 타인들의 공모를 자신의 거울놀이를 통해 조작할 수 없는, 그리고 어쩔 수 없이 자신의 유죄성과의 대면하는 클라망스를 보여 주고 있는 것이다.

『전락』과 비교해서 사르트르는 한 걸음 더 나아간다. 즉 20세기가 너무나 많은 죄를 저질렀다는 것이다. 보다 정확히 말자면, 자본주의 경제 체제는 이 체제를 다스리고 있다고 믿는 개인들에게 이 체제 자체의 요구들을 강요한다는 것이다. 또한 정치적 및 전투적 체제는 이 체제를 부인하는 "죄인들을 기다리고 있는 사전에 준비된 범죄들을"[130] 구상하고 있다는 것이다. 강력한 힘을 가진 가족 때문에 무능해진 장남 프란츠는, "전쟁이 자신의 운명이었다."[131]는 것을 발견하게 된다. 프란츠가 끔찍하고 비인간적인 임무들을 개인들 탓으로 돌리는 것처럼, 사르트르는 개인들로부터 책임의 모든 의미를 앗아가는 정책들과 체제들을 통렬하게 비난한다. 『알토나의 유폐자들』은 프란츠와 무대 뒤에 있는 아버지의 자살로 끝맺는다. 요안나와 베르너는 이후 자유롭게 자신들의 삶을 살아간다. 레니는 죽은 큰 오빠의 방에 스스로 갇힌다. 반면에 녹음기는 30세기에 대한 프란츠의 호소라는 역할을 다시 맡게 된다. 결국 프란츠는 자신이 속한 세기에서 해방되는 것이다.

『알토나의 유폐자들』은 다양한 의미를 가진 작품이다. 이 작품은 20세기에 최악의 성격들을 보여 주는 몇몇 인물들의 초상화인 것이다. 이 작품은 여러 해 전부터 사르트르의 관심을 끌고 있는 주제인 고문에 대한 새로운 성찰이다. 알제리 전쟁에서 프랑스가 보여 준 행동(프란츠는 프랑스를 상징한다)에 대한 신랄한 공격이다. 또한 이 작품은 자본주의에 대한 고발이기도 하다. 게다가 이 작품은 『방법의 문제』에서 기술한 사회와 개인들에 대한 사유의 연극적 소개이기도 하다. 하나의 현대적 지옥을 구축함으로써 사르트르는, 『닫힌 방』과 자신을 가르고 있는 15년이라는 기간 동안 그가 배웠고 행했던 모든 것들과 고려해 이 작품의 의미를 다시 생각하고 있는 것처럼 보인다. 비록 자신의 훌륭한 극작품 가운데 하나인 『알토나의 유폐자들』에서 사르트르가 『전락』의 한 대목을 인용하고 있지 않다고 해도, 그는 카뮈의 작품인 『전락』을 늘 염두에 두고 있었던 것으로 보인다. 자신들 사이의 갈등과 그로 인해 파생된 끔찍한 결과들을 뒤로 하고 사르트르와 카뮈는, 그 다음의 문학 창작 단계에서는 이처럼 서로 밀접하게 연결되어 있는 것으로 여겨진다. 사르트르가 카뮈를 비판하면서 들이댔던 암울한 현실주의로부터 해방된 후에 집필된 가장 풍부한 작품인 『알토나의 유폐자들』이, 『전락』에 대한 그 나름대로의 응수 방식이었다고 생각할 수 있을 것이다. 사르트르가 옹호했던 폭력 사용의 끔찍한 결과에서 카뮈가 해방되었다는 것을 보여 주는 바로 그 소설에 대해서 말이다.

제10장

비공개 재판

카뮈와 사르트르는 각자 절교로 인해 파생된 결과들을 극복하는 데 성공했다. 그리고 그들 각자는 다시 온전하게 자기 자신이 되어 갔다. 두 사람 모두 소련의 헝가리 침공을 비난했으며, 그 과정에서 냉전이 야기한 최악의 긴장은 약화되었다. 보부아르는 자기 소설에서 두 사람의 화해를 상상했었기 때문에, 안의 사위 앙리와 로베르의 화해를 그렸던 것이다. 하지만 그들 각자는 현실주의자가 될 필요가 있었다. 사르트르와 메를로퐁티는 사르트르와 카뮈만큼이나 결코 가까운 사이가 아니었다. 사르트르와 메를로퐁티의 관계는, 1956년 3월에 실로네가 베니스에서 주최한 강연회에 참석한 사르트르의 "극단적 볼셰비키" 시대에 멀어졌다. 사르트르의 설명에 따르면, 그는 여전히 오랜 동료와 많은 공통점들을 가지고 있었고, 또한 그와 신중하게 화해를 모색했다는 것이다. 그리고 그 화해의 과정은 1961년에 메를로퐁티의 사망에서 끝나지 않았다는 것이다.[1] 그렇다면 우리는 다음과 같이 상상해 볼 수는 없는가? 즉 갈리마르 출판사와 좋은 관계를 유지하고 있었고, 둘 모두 파리의 라틴구에 거주했었던 사르트르와 카뮈는 서로 마주칠 수도, 어색한 분위기로 서로 인사를 나눌 수도, 또한 그들 두 명 가운데 누군가가 상대에게 말 한마디 정도 건넸을 수도 있었다는 것을 말이다.

『레 망다랭』에서 앙리를 위해 로베르가 쓴 것은 해결되어야 하는 카뮈와 사르트르 사이의 몇몇 개인적 문제들을 보여 주고 있다. "나는 『레스푸아르』지에 이별을 고하는 당신의 편지를 방금 막 읽었습니다. 정말이지 부조리한 것은, 우리에게는 수많은 공통점이 있음에도, 우리의 태도가 단순히 우리의 불화만을 강조하고 있다는 것입니다. 내 입장은, 내가 항상 당신의 친구라는 것입니다."[2] 로베르가 보여 준 화해의 제스처를 지적하기 위해 사르트르의 편지를 과거형에서("우리들을 가깝게 했다") 현재형으로("우리들을 가깝게 한다") 바꾸면서 인용한 『레 망다랭』의 저자는, 대체 어떤 배짱으로 그렇게 했을까? 이로 인해 카뮈는 분노했음에 틀림없다. 카뮈는 실제로 장송이 그의 철학 지식과 정치를 공격했던 것을 참았고, 또한 사르트르가 개인적으로 그를 공격했던 것 역시 참아냈다. 그런데 1954년 말에 이번에는 보부아르가 카뮈의 과거 정치 참여와 그의 개인적 삶을 공격의 대상으로 삼고 있는 것이다! 백지 앞에서 마비된 채 카뮈는, 사르트르와 그를 에워싼 일군의 사람들이 카뮈 자신을 곤경에 빠뜨리기 위해, 예전에 사르트르가 느꼈던 애정까지를 포함해, 뭐든지 이용할 수 있는 자들이라는 결론을 내리게 되었다.

1956년, 카뮈는 문학 분야로 다시 복귀하면서 사르트르에게 승리를 거두게 된다. 하지만 카뮈는 개인적으로 사르트르가 그에게 했던 것과 같은 사과를 결코 사르트르에게 한 적이 없다. 자기 자신에 대해 조금씩 자신감을 회복해 가던 1955년부터, 카뮈는 사르트르의 성실성 부족을 공개적으로 비난하기 시작한다. 카뮈는 『전락』에서 클라망스에게 투사한 사르트르에 관계된 부분을 통해 그의 자기기만을 잘 보여주고 있다. 더 나쁜 것은 계속해서 클라망스가 덫을 놓고, 또한 다른 사람들을 괴롭히려고 노력한다는 점이다. 그러니까 클라망스는 현대판 악인의 전형으로 그려졌던 것이다. 클라망스라는 인물에서 볼 수 있는 사르트르와 카뮈의 혼재된 모습에도 불구하고, 사르트르가 카뮈의 첫 번째 경쟁자라는 사실은 아주 분명했다. 말하자면 사르트르는 카뮈의 '타자', 즉 카뮈가 그 자신에게 스스로 부여했던 부정적 이미지였던 것이다.

비록 사르트르와 카뮈의 결렬이 한 동안 어느 정도 봉합되었다고 할지라도, 각자는 결렬 이후 서로를 닮고 싶지 않은 사람의 전형으로 삼게 되었다. 카뮈는 사르트르를 반은 비현실적이고 반은 현실적인 인물이라고 비난한다. 즉 사르트르가 친소련적인 사람, 폭력적인 사람, 위선적인 사람, 추상 속에서 지적으로 사는 사람, 죽음에 겁을 먹은 사람, 말과 개념에서만 편안함을 느끼는 사람, 헤겔과 마르크스 그리고 대문자로 쓴 역사Histoire와 사랑에 빠진 사람, 개인적으로 모험을 걸지 못하는 사람, 자신의 유죄성을 감추기 위해 그것을 다른 사람들에게 덧씌우는 사람, 인간관계에서 성실하지 못한 사람, 억압을 용인하면서도 자유를 떠벌이는 사람, 부르주아, 특권을 가진 파리 시민, 등……카뮈는 다음과 같은 특징들, 즉 "좌파 지식인"이나 "실존주의자들"이라는 특징들을 공유하는 자들과 반대되는 입장을 바탕으로 자신의 개인적, 도덕적,·정치적·'자아'를 형성하기에 이른다. 아울러 냉전의

미·소 두 진영은 점차 사르트르와 카뮈가 개인적으로 지향하는 두 진영이 되었다. 그리고 냉전이 점차 가열되면서 첫 번째 국제 갈등이 발생했는데, 그것이 바로 알제리 전쟁이었다.

*　　*　　*

1956에, FLN에 속한 투사들의 수는 6천 명에서 2만 명이 되었고,[3] 알제리에 주둔한 프랑스 병사들의 수는 18만 명에서 40만 명이 되었다. 예비군들로는 더 이상 충분하지 못한 지경에 이르렀기 때문에 신병들의 투입이 필요하게 된다. 같은 해 9월 말, FLN에 속한 여성들이 밀크바와 카페테리아를 습격하자—폰테코르보Pontecorvo는 그의 영화 「알제 전투La Bataille d'Alger」에서 그 습격 장면을 훌륭하게 담아냈다—전쟁은 새로운 국면으로 접어든다. 폭도들은 시민들을 공격하기 시작했다.[4] 그리고 프랑스인들은 고문과 공포로 응수했다. 그것은 정확히 카뮈가 피하고자 시도했었던 것이다. 중기적으로는 프랑스 당국과 군대가 자신들과 FLN 사이에 위치하고 있는 온건파들을 동원하는 것과 그 온건파들을 "받아들일 수 있는" 알제리인들과 연계시키려고 여전히 시도했음에도 불구하고, 그들은 식민화의 일반적 수단, 즉 잔혹한 폭력을 이용함으로써 그 상황을 지배하게 된다. 그로 인해 불가피하게 원주민의 원성을 사게 된다. 10월에 프랑스 군은 튀니지로 향했던 모로코 비행기 한 대를 납치했다. 그 비행기에는 아메드 벤 벨라Ahmed Ben Bella와 FLN의 다른 수뇌들이 탑승해 있었다. 프랑스군은 분쟁이 지속되는 동안 내내 그들을 프랑스에 억류했다. 이 갑작스런 군사 작전은 정치적 차원에서 재앙이 되었다. 왜냐하면 그로 인해 협상을 통한 해결이라는 모든 희망이 중단되었기 때문이다. 게다가 항상 중부지역을 차지하거나 독립적으로 활동하려고 했던 알제리인들은 FLN의 끔찍한 폭력에 대면하게 된다. 가장 잔혹한 예는, 1957년에 멜루자 Melouza에서 경쟁 관계에 있던 반란군(알제리 민족 운동)에 속한 백여 명의 학살이었다. 이처럼 프랑스 국기 아래에서 동등한 입장에 있는 자들끼리 화해를 강구하자는 카뮈의 생각은 한낱 백일몽에 불과했던 것이다. 이 같은 생각은 사르트르가 지적했던 "이것 아니면 저것"이라는 논리, 즉 단지 FLN의 폭력만이 알제리에서 프랑스인들에 의해 자행되는 폭력에 종지부를 찍는 유일한 수단이라는 논리에 빠지는 것과 같은 것이었다.

1956년 9월, 프랑스의 휘하에 있는 식민지 군대가 가진 기술적, 수적 우위, 그리고 식민지 현지에서 목격할 수 있었던 고문과 공포를 통해 프랑스는 "알제리 전쟁"에서 승리를 거둘 수 있었다. 그리고 튀니지 국경을 따라 형성되었던 모리스 방어선ligne Morice으로 인해 알제리는, 점차 그 수가 불어나며, 흥분이 고조될 대로 고조된 반식민지 군대와는 실질적으로 고립되게 된다. 알제리에서 프랑스가 군사적인 면에서 승리를 거둔다고 할지라도 정치적인 면에서는 패할 수도 있었다. 왜냐하면 FLN은 훈련이 잘 되어 있고, 아주 냉정한 입장을 견지하고 있던 알제리 혁명 지도부를 통해 알제리인들 사이에서 헤게모니를 장악하고 있었으며, 또한 국제적으로 인정을 받고 있었기 때문이었다. 또한 이 전쟁에 대한 프랑스 본국에서의 반응 역시 자국에 불리한 쪽으로 흐르고 있었다. 그리고 군사적 승리를 거두더라도 FLN을 완전히 무력화시킬 수는 없다는 것이 분명해졌다. 1957년 2월, PCF의 당수 토레즈는 알제리의 '독립'이라는 결정적 단어를 사용하게 된다.[5]

같은 해 여름, 프랑스 정부를 대변하는 가장 영향력 있던 지식인 가운데 한 명이었던 아롱은, 보수 성향의 『르 피가로』지에 실렸던 기사들을 모아 소책자를 발간하게 된다.[6] 아롱은 이 책자에서 알제리의 독립만이 현 사태에 대한 유일한 현실적인 대안이라는 사실을 주장하고 있다. 백만 명에 달하는 알제리 출신 프랑스인들—그들의 정체성 및 국적은 프랑스화된 알제리라는 신화에 달려 있었다—뿐만 아니라 욕구불만에 빠진 장교들—20세기에 들어와 패배만을 경험했던—은 파리의 좌파, 지식인들, 심약한 정치인들에 의해 도매금으로 알제리인들에게 인도될 것을 우려하고, 따라서 공모를 하게 된다. 그들은 제4공화국을 전복시킬 계획과 드골이 정권을 장악하게 될 계획을 세우게 된다. 드골은 군사력 동원을 제약하는 제동을 풀고 알제리를 프랑스화시킬 것이라는 것이 그들의 판단이었던 것이다.

*　　*　　*

때는 바야흐로 사르트르는 물론 카뮈 역시 각자 서로의 시선 하에서 모종의 중요한 역할을 수행할 운명에 처해 있던 역사적 순간이었던 것으로 보인다. 앞에서 살펴본 것처럼, 사르트르가 알제리에 대해 처음 공개적으로 입장을 표명한 것은 1956년 1월의 일이었다. 그리고 이 같은 입장 표명은 "부드러운 마음을 가진 한 현실주의자"에 대한 정확한 답변이었던 것이다. 같은 달에 카뮈는 수스텔을 겨냥했으며, 또한 전쟁에 반대하는 탄원서에 서명했던 지식인들을 규탄하게 된다. 몹시 화가 난 카뮈는 친구인 장 다니엘에게 이렇게 항의한다. "점령자로부터 해방되려고 노력하며, 따라서 해방을 이루어내기 위한, 다시 말해 또한 비회교도들에게 복수하기 위한, 모든 수단들을 사용할 권리를 가지고 있는 점령된 알제리 민족이 보여 주는 이러한 시각 속에는 실제로 치명적인 경솔함이 있어."[7] 그런데 사르트르는 다른 수백 명의 서명자들 가운데 한 명이었던 것이다.

사르트르는 자신의 영광, 많은 부수를 자랑하는 한 잡지의 수장이라는 그의 지위, 그의 급진주의, 적절한 그의 목소리를 아주 잘 이용할 수 있었다. 『현대』지는 헝가리와 폴란드에 할애된 특집호로 한 해를 시작한 이후 10개월 동안, 또 다시 식민주의와 알제리를 주제로 한 10개의 글을 싣게 된다. 1957년 봄, 『르 몽드』지는 그에게 알제리에서 돌아온 예비군들이 고문, 약식 처형과 시민 살해에 관해 기술하고 있는 한 소책자에 대한 해설을 부탁한다. 그의 글은 너무나 과격했기 때문에 편집국에서 퇴짜를 맞았다. 따라서 그는 그 글을 『현대』지에 발표하고, 6월의 한 모임에서 그것을 소개하게 된다. 그는 군대의 범죄를 고발하지 않는 모든 사람의 "무책임한 책임"에 대해 말하고 있다. "여기에 그 증거가 있다. 여기에 그 공포가 있다. 우리 모두가 주인공인 그 공포가 말이다. 우리에게서 그 공포를 없애지 않는 한, 또한 그것을 분쇄하지 않는 한, 우리는 그 공포가 어떤 것인지를 알 수 없을 것이다."[8]

『전락』의 성공에도 불구하고, 카뮈는 알제리에 대한 그의 침묵을 깨트리지는 못한다. 심지어 고문에 대한 폭로조차도 그의 견해를 변경시키지는 못한다. 알제에서의 회합 이후 21개월 동안 소련의 헝가리 침공을 비난하면서도 고문 문제에 대해서는 침묵을 지킨다고 『인카운터 Encounter』* 지의 비판을 받았을 때, 그는 단지 한 차례 입을 열었을 뿐이었다. 그 비판에 대한 응수에서 그는 자신의 과거를 떠올렸으며, 모든 공동체들에 대해 아주 높은 정도의 자치自治를 보장할 수 있는 스위스식의 연방제를 도입함으로써 식민지주의에 종지부를 찍어야만 한다고 주장했다.[9]

카뮈의 북아프리카 동국인이었고, 『소금 기둥La Statue de Sel』이라는 첫 소설에 그가 서문을 써 주었던 알베르 메미Albert Memmi는, 이 같은 종류의 침묵을 설명하기 위해 적합한 "선량한 의지를 가진 식민지주의자"라는 하나의 용어를 만들어내었다. 카뮈와 사르트르의 논쟁에서 메미는 카뮈의 편을 들었다.[10] 하지만 1957년 4월에 『현대』지는 메미의 다음 저서인 『식민자의 초상화와 피식민자의 초상화Portrait du colonisateur et Portrait du colonisé』의 첫 두 장章을 게재했다. 메미에 따르면, 좌파 식민자들은 피식민자들의 운명을 공감했다. 하지만 자신들의 삶과 자신들의 공동체를 공격하지 않고서는 이 피식민자들의 투쟁을 지지할 수는 없었던 것이다. 메미는 이렇게 말한다. "역사적으로 보아 불가능한 상황들이 존재한다는 것이 내 생각이다. 이 상황이 그 가운데 하나이다."[11] 자기가 속한 민족의 종말을 상상하는 것이 불가능한, 자신을 식민자들과 완전히 동일시하는 것이 불가능한 선량한 식민자는 정치적 차원에서 무기력을 느끼게 된다는 것이다. "식민자는 점차 침묵을 지키는 것 이외의 다른 길이 없다는 것을 알게 될 것이다."[12] 메미의 저서는 같은 해에 사르트르의 서문과 함께 출간된다. 12월에 메미는 「카뮈 혹은 선량한 의지를 가진 식민자」라는 짧은 글을 발표한다. 이 글에서 메미는 커다란 공감을 느끼면서 다음과 같이 분명하게 그들의 관계를 정립하고 있다. "카뮈는 북아프리카 출신이기 때문에

---

* 1953년에 시인 스테판 스펜더와 신보수주의 지식인 어빙 크리스톨이 창간한 영국의 문학잡지.

이 지역에 대해 말을 할 수 있기는커녕, 이 지역에 관계된 모든 것이 그를 마비시키기 때문에, 그는 오히려 침묵을 지키고 있는 것이다."[13] 결국 카뮈는 자신의 소속감을 초월하지 못했으며, 그저 보편적 차원에 머물러 있었다는 것이다. "실제로 카뮈가 처한 상황이 그러했다. 그는 피식민자들의 의혹, 본국 좌파들의 분개, 나아가서는 자기 자신의 분노를 한꺼번에 수확한다고 확신하고 있었던 것이다."[14]

프랑스에서 많은 사람들이 그 글을 읽고 있는 동안, "선량한 의지를 가진 식민지주의자" 카뮈는 '노벨 문학상'을 수상하기 위해 스톡홀름에 있었다. 자신의 선택에 대한 해설을 요구받았을 때, 그는 알제리에 대해 침묵을 깨트리게 된다.[15] 노벨 문학상을 수상한 다음날인 12월 11일, 그는 스톡홀름 대학에서 학생들을 만나게 된다. 그리고 그가 알제리에 대한 주제를 다루자마자 긴장된 침묵이 흘렀다. 한 알제리 출신 학생이 그에게 비난의 폭격을 가하면서 계속 그의 말을 가로 막았다. 화가 난 카뮈는 자기 생각을 말할 수 있도록 해달라고 요구했고, 자기는 항상 "정확히 하나의 알제리를 위해서, 혹은 두 민족이 평화롭고 평등하게 살아야 한다는 목적을 위해"[16] 일했다는 사실을 힘주어 말했다. 그는 자기를 비판하고 있는 그 학생에게 다음과 같이 암시하기도 했다. 즉 지금 현재 자기가 하고 있는 이 같은 개입 덕택으로 알제리에 있는 학생의 친구들이 오늘날에도 여전히 생명을 유지하고 있다고 말이다. 게다가 그는 다음과 같은 말을 함으로써 청중에게 충격을 주었다. "나는 항상 공포를 규탄했습니다. 또한 나는 예를 들면 알제의 거리에서 맹목적으로 행사되는 테러 행위도 규탄합니다. 왜냐하면 언젠가는 그 테러 행위가 내 어머니 혹은 내 가족을 겨냥할 수 있기 때문입니다. 나는 정의를 믿습니다. 하지만 나는 정의보다도 내 어머니를 지킬 것입니다."[17]

이 같은 카뮈의 솔직한 모습으로 프랑스에서는 충격의 물결이 일어났다. 그리고 그는 『르 몽드』지에 보내는 한 공개서한에서 자신의 말을 반복한다.[18] 그러니까 그의 어머니는 정의에 앞선다는 것이다. 그는 자신이 진정한 선택으로 간주하는 것을 제시하는 용기를 보여 주고는 있지만, 사람들이 왜 그를 모든 측면에서 비난하고 있는지를 이해하지는 못한다. 그 선택을 비교해 보지 않았던 자들에게 그의 말이 고취시켰던 것에 대해 성찰해 보는 대신, 그는 그들을 비난한다. 하지만 적어도 자신들의 대의명분을 위해 투쟁한—비록 끔찍한 방식이었기는 하지만—알제리인들을 비난하지는 않았다. 『르 몽드』지에 보낸 공개서한에서 카뮈는, "알지도 못하면서 알제리에 대해 말하는 많은 프랑스인들"보다 까다로운 질문을 던졌던 그 알제리 출신 학생을 더 가깝게 느낀다고 선언하고 있다.[19]

사르트르는 여전히 카뮈가 겨냥하고 있는 주요 인사들 가운데 한 명이었다. 노벨 문학상 수상식이 있은 나흘 후, 카뮈는 웁살라Upsala 대학에서 있었던 한 강연회에서 사르트르를 공격했다. "오늘날의 작가들"이 정치 문제에 대응하지 않았다는 이유로 비난을 받았다는 사실, 그리고 그들이 나름대로의 의사를 표명했을 때에도 여전히 공격을 당했다는 사실을 불평하면서, 카뮈는 사르트르의 참여 개념에 정면으로 도전했다. 카뮈는 예전에 자신이 가했던 오래된 비판을 강력한 태도로 반복해서 강조했다. 게다가 카뮈는 이번에 참여문학론은 작가의 정치적 참여를 요구하면서 이 작가의 자유를 파괴한다는 사실을 전면에 부각시켰다. 그러니까 카뮈는 과연 작가의 입장에서 볼 때 참여문학론은 "참여"를 넘어서서 "신병新兵"이 "근대적 노예로 바뀌는 의무가 되었단 말인가"[20]라고 묻고 있는 것이다.

비록 노벨 문학상 수상작가가 되었지만, 카뮈는 여전히 사르트르가 그의 앞길을 막고 있고, 따라서 그 스스로 사르트르에게 일종의 벌을 내리고 있다고 여기고 있었다. 카뮈에게서 볼 수 있는 사르트르에 대한 암시는 참여 개념에만 적용되는 것은 아니었으며, 과거 코메디 프랑세즈의 의자 위에서 졸고 있었던 천재에 대한 암시와 마찬가지로 카뮈 자신이 구사하는 여러 다른 문장에서도 또한 볼 수 있었다.[21]

카뮈가 웁살라 대학에서 했던 강연의 핵심 주제는 예술가의 사명을 정치적 차원에서의 참여, 그것도 분명한 태도를 취하면서 행하는 참여로 규정하고 있는 한 작가—물론 카뮈는 이 작가의 이름을 거론하지는 않는다. 하지만 그가 사르트르를 겨냥했다는 것은 명약관화하다—를 단호하게 배척하는 것이었다. 예술가의 자유 그 자체는 이 예술가를 동시대 속에서 이루어지는 참여로 이끌고, 나아가서는 그로 하여금 "위험한 태도로 창작하는 일"로 유도하는 데 그 본질이 있다는 것이 카뮈의 주장이었던 것이다.

*　*　*

이어지는 몇 달 동안, 사르트르는 『렉스프레스』지에 보낼 앙리 알레그Henri Alleg의 저서 『질문La Question』에 대한 센세이셔널한 서문을 썼다. 알레그는 그 저서에서 자신이 알제에서 낙하산병들에게 당했던 고문을 이야기하고 있다. 사르트르는 1943년에 게슈타포 사령부에서 프랑스인들을 고문했던 독일인들을 언급하는 것으로 서문을 시작한다. 그때 프랑스인들은 어쨌든 자신들에게는 한 가지 것이 불가능한 것으로 보였던 점을 밝혔다는 것이다. "〔……〕 언젠가 사람들이 우리의 이름으로 인간들을 울부짖게 할 수도 있을 것이다. 프랑스인들이라고 고문을 못하리라는 법은 없다. 그들은 1958년 알제에서 합법적이고 철저하게 고문을 했던 것이다. 전 세계가 이 사실을 알고 있다."²²
어떤 독자들은 그보다 약 12년 전에 『콩바』지에 실린 카뮈의 기사들에서 뭔가 참고할 것을 알아차릴 수도 있을 것이다.

> 경악에 잠긴 프랑스인들은 이러한 끔찍한 증거를 발견하게 된다. 만약 그 무엇도 한 민족을 그 민족 자체로부터 보호하지 못하고, 그 민족의 과거도, 그 민족의 충직함도, 그 민족 고유의 법도 보호하지 못한다면, 만약 15년이면 충분히 희생자들을 가해자들로 변화시킬 수 있다면, 그것은 바로 상황 그 자체로 인해 그렇게 되기 때문이다. 상황 논리에 따르면, 누가, 언제 희생자가 되는지 가해자가 되는지는 별로 중요하지 않다.²³

사르트르는 비앙 부부의 집에서 있었던 파티에서 카뮈와 메를로퐁티 사이에 벌어졌던 격렬한 논쟁에 뒤이어 작성된 카뮈의 글을 결코 잊지 않고 있었다.²⁴ 알제리에서 행해진 고문을 강력하게 규탄하는 사르트르의 글로 인해 『렉스프레스』지는 1958년 3월 6일 당국에 의해 압수 수색을 당한다. 그리고 그 이후 몇 달 동안 사르트르의 글은 별도로 출간되었다가 다시 압수되었고, 또 다시 인쇄되었을 때 그 글은 아주 유명한 글이 되고 만다. 따라서 독자들은 스위스에서 재출간된 알레그의 『질문』에 포함된 서문을 읽을 수 있을 때까지 그 기사를 돋보기를 들이대고 읽을 수밖에 없었다.²⁵ 또한 사르트르는 3월에 있었던

태업에 공모했다는 이유로 한 알제리 부부에게 가해진 사형에 반대하는 한 기사를 쓰기도 했다.[26]

그 동안에도 사르트르와 그의 동료들은 카뮈의 신경을 자극했다. 가령 메미는 그를 세세하게 분석했다. 그리고 침묵을 지킨다는 이유로 많은 사람들부터 공격을 당했던 카뮈는 마지막 응수를 준비하고 있었다. 그는 알제리에 대해 썼던 여러 텍스트에서 몇 편을 골라 『알제리 연대기Chroniques algériennes』라는 제목으로 출간했다. 이 저서의 서론과 결론에서 그는 입장을 전체적으로 정리하면서 자기에게 가해진 비판에 맞서고 있다. 또한 그는 왜 자기가 알제리 사건에 대해 침묵을 지켰는지의 이유를 설명하고, 나아가서는 당시 상황에 대한 그 자신의 입장을 비교적 소상히 밝히고 있다. 아울러 그는 평생 알제리의 아랍인들 곁에서 참여적 태도를 보였다는 사실을 밝히고, "만약 20여 년 전에 내 목소리의 비중이 더 컸더라면 유혈 사태는 지금보다 그 정도가 덜 심했을 수도 있었을 것"[27]이라는 점을 강조하면서, 케케묵은 빚을 갚으려는 태도를 보여 주는 것으로 그 저서의 한 장章을 맺고 있다.

카뮈가 좌파와 우파를 싸잡아 단호하게 비난하고 있는 것은 사실이다. 하지만 그의 우파에 대한 비난은 형식적인 것에 그치고 있는 반면, 좌파에 대한 비판은 날카로움을 넘어서 적나라한 적개심으로 나아가고 있다. 그는 "알제리에서 행해진 고문에 대해서뿐 아니라 멜루자를 평정했거나 유럽 아이들이 당했던 상해에 보복을 가했던 자들에 대해서도 목소리를 높여 저항하는 것"[28]을 거부했다. 실제로 그는 좌파 지식인들을 이렇게 비난했다. 그들의 판단에 따르면 알제리에 거주하는 아랍인들이 "사람들의 목을 조르고 상해를 입히는 권리를 획득한 것"[29]으로 여긴다고 말이다. 하지만 카뮈 자신은 여러 해 전부터 다음과 같이 주장하고 있다. "어쨌든 나는 아직 행동할 시간적 여유가 있을 때, 프랑스의 힘이 강했을 때, 오늘날 외국에서조차 힘이 빠진 고국을 막무가내로 비난하는 자들이 침묵을 지키고 있을 때, 알제리에서 볼 수 있었던 아랍인들의 비참함에 대한 변명의 글을 썼다."[30] 게다가 카뮈는 곧장 사르트르처럼 알제리에서 발생한 사태에 대해 모든 프랑스인들의 책임을 거론하는 자들에게 이렇게 말을 건네고 있다.

> 만약 몇몇 프랑스인들이 자신들의 식민지 기획을 통해 조국 프랑스가 (그리고 성스럽고 순수한 여러 국가들 가운데 유일하게 프랑스만이) 역사적으로 보아 죄악 상태에 있다고 생각한다면, 그들은 결코 알제리에 거주하는 프랑스인들을 속죄의 제물('죽어라, 우리는 당신들에게 이것을 당연히 요구할 수 있다.')로 규정할 수는 없을 것이며, 오히려 그들 스스로가 속죄를 위해 몸을 던져야 할 것이다. 내 생각으로는, 이처럼 재판관이자 속죄자 노릇을 하는 사람들처럼 고통 받는 타인의 가슴에다 대고 사죄를 하는 것도 역겨운 짓이며, 이와 마찬가지로 수 세기에 걸친 유럽의 팽창주의를 비난하는 것도 부질없는 것으로 보인다.[31]

자기 편의 내부에 자리를 잡고서, 그리고 추상적 관념들보다는 자기 가족의 안위를 먼저 선택하겠다는 자신의 주장을 재확인하면서, 카뮈는 메미에게 답변한다. 그 답변에 의하면, 카뮈는 분명 자신이 보편적 정의의 원칙들에 충실함과 동시에 자기가 속한 공동체의 일원으로도 남는 것이 가능하다는 것이다.

자기 가족이 죽음이라는 절박한 위험에 처해 있을 때, 사람들은 이 가족에 대해 남들이 조금 더 관대해질 것을, 그리고 조금 더 공평하게 대해 줄 것을 원할 수 있다. 이 책에서 그 증거를 확인할 수 있듯이, 그들은 심지어 이 같은 소망을 계속 간직해야만 한다. 물론 그렇다고 해서 그들이 자기 가족을 이 치명적인 위험 속에서 지켜 주는 연대성을(하지만 속지 말기를!) 무시해서는 안 될 것이다. 그래야만이 최소한 이 가족이 살아남을 수 있고, 또한 그렇게 살아남으면서 이 가족이 옳았다는 것을 다시 발견할 수 있는 기회를 갖게 될 것이다. 재발견한다. 내가 보기엔, 그것이 바로 명예이자 진정한 정의이다. 나는 이 세상에서 이것들보다 더 유용한 것을 결코 알지 못한다.[32]

『알제리 연대기』의 서론과 결론 부분에서 볼 수 있는 이 같은 주장에는, 알제리에서 대립하고 있는 두 공동체에 정당성을 부여하고자 하는 한 명의 피에 누아르, 즉 카뮈의 강한 집념이 도사리고 있다. 그러니까 그는 정치적 · 지적인 면에서는 이미 사라져 버린 그 두 공동체 사이의 타협 가능성에 여전히 매달리고 있으며, 그 두 공동체가 사용하는 폭력을 같은 잣대로 판단하고 있다. 또한 그는 프랑스인들과 아랍인들 사이의 평등을 추구하는 한편, 한 민족에게는 부당하지만 다른 민족에게는 정당한 것이 되어 버리는 사태를 거부하고 있기도 하다. 이처럼 카뮈의 의도 자체는 고귀한 것이다. 그럼에도 그는 알제리인들의 민족주의를 — "민족의 독립은 완전히 열정적인 문구에 불과할 따름이다." — 배척하게 된다. 이 민족주의는 나세르Nasser의 "아랍 제국주의"에서, 그리고 러시아의 "반서구적 전략"에서 기인한다는 것이 카뮈의 판단이었다. 하지만 이 같은 그의 판단은 "알제리 민족은 결코 존재하지 않았다."[33]는 충격적인 또 하나의 주장으로 이어진다. 하지만 아롱이 자신의 저서(알제리 분쟁에 대한 자신의 두 번째 저서)에서 카뮈에게 답을 하면서 지적한 이 같은 민족적 "비현실성"은, FLN 투사들 사이에서는 비극적이게도 '현실적'인 것으로 보였다. 정치적 현실주의를 표방하면서도 좌파의 대의명분은 지지하지 않았던 아롱은 카뮈의 주장을 계속해서 이렇게 반박하고 있다.

> 과거에 젊은 이슬람교도들이 자신들의 국가를 가지지 못한 것이 사실이라 할지라도, 그들은 식민지 상황과 가난에 그 토대를 두고 있는 감정에서 우러나오는 혁명적 요구를 관철시키기를 바라고 있다.[34]

이 같은 아롱의 분석은 필연적으로 다음과 같은 결론에 이를 수밖에 없었다. 즉 알제리의 민족주의는 카뮈에 의해 지지를 받는 피에 누아르들의 요구보다 더 현실적이라는 결론이 그것이다. 카뮈는 타협을 주장하는 "선량한 의지를 가진 식민지주의자"처럼 보이기는 하지만(이 점에서 아롱은 메미의 주장을 차용하고 있다), 또한 그는 알제리 민족주의의 정당성을 거절하면서 이렇게 강조하고 있기도 하다. "프랑스 정부는 알제리에 있는 프랑스인들의 권리에 대해 일말의 양보도 하지 않을 것이라는 점을 〔……〕 널리 알려야 한다."[35] 이 같은 모든 사실은 결국 모든 종류의 협상을 불가능하게 만드는 것이다.

카뮈가 지지했던 해결책, 즉 '로리올 계획plan Lauriol'은 자기기만의 극치라고 할 수 있다. 프랑스 정부가 공식적으로 "식민지 시대는 끝났다.",[36] "알제리의 아랍 민중에게 정의를 되돌려줄 때이다."[37]라는 선언을 해야 한다는 것이 카뮈의 희망이었다. 그러니까 각각의 공동체에 대해 이 공동체가 속하는 지역을 중심으로 자치권을 부여하는 것, 이

것이 바로 신식민지주의의 계획 가운데 하나였던 것이다. 하지만 알제리의 두 공동체에 관계된 모든 사항은, 아랍인 대표들로 인해 덩치가 커진 프랑스 의회에서 전적으로 결정되게 된다. 예를 들어 프랑스 정부는 군대, 경찰, 경제, 해외정책 등과 관련된 모든 전략지역들을 계속해서 관리하게 된다. 로리올 계획을 지지했던 카뮈는 이처럼 실제로는 정의도 알제리 민족도 섬기지 않으면서도 정의를 자신의 국민으로 섬긴다고 주장했던 것이다. 물론 식민주의를 종결시키는 것은 불가능했고, 또한 프랑스인들을 위한 현행 권리들에 타격을 주지 않는 것도 불가능했다. 카뮈가 직접 부딪치기를 거절한 것이 바로 이것이었다.[38] 그러기커녕 그는 만약 이 같은 해결책이 채택되지 않을 경우 "끔찍한 결과들"이 발생할 것이라고 예견하고 있다. "이 같은 예견은, 20년 전부터 알제리에 봉사했다고 고백하고 있는 한 작가가 또 다시 침묵으로 빠져들기 전에 할 수 있었던 마지막 경고였던 것이다."[39]

하지만 카뮈가 또 다시 침묵해야 했던 이유는 무엇이었을까? 그 진정한 이유는 그의 가족과 "알제리에서 행해졌던 테러행위"로까지 거슬러 올라간다. 그가 진정 두려워했던 것은, "프랑스가 오랫동안 저지른 잘못들을 핑계로 알제리인들이, 내 가족들이 속해 있는 무고한 민중에게 폭탄을 투척하는 범죄적인 광기에 빠질 수 있는 좋은 기회를 줄 수도 있다는 것이었다."[40] 이렇게 말한 후에, 카뮈는 "내 엄마는 정의에 앞선다."라는 자신의 지적을 회상하고 있다. 또한 그 이후 의도적이든 아니든 간에, 『반항적 인간』에 대한 논쟁과 『전락』의 앞쪽 몇 쪽들의 내용을 무의식적으로 가리키는 한 마디 말로 끝을 맺으면서, 카뮈는 자기에 비판을 가했던 자들을 물리치고 있다. "하지만 [……] [그 상황을] 알고 있던 그들은 다음과 같이 계속 영웅적으로 생각한다. 즉 사라져야 할 것은 원칙들이라기보다는 형제들이라고 말이다. 나는 그들에게 멀리서 찬사를 보내는 것으로 그칠 것이다. 나는 결코 원칙을 주장하는 사람들에게 속하지 않는다."[41]

인종적인 면을 제외하면, 카뮈의 지적들은 좀 더 주의 깊은 분석을 요구한다. 그의 지적들은 위험에 처한 자기 가족과의 "천부적 연대성"을 더 중요시한다는 선언, 그리고 정의 이전에 자기 가족의 생존에 대한 그 자신의 책임성에 대한 선언 다음에 오는 것들이다. 하지만 그가 쓴 한 편의 글 때문에 FLN 테러주의자들이 그의 가정을 위협하는 데 충분한 하나의 "알리바이"를 충족시킨다는 것이 대체 어떻게 가능할까? 스톡홀름에서 있었던 대학생들과의 토론에서 카뮈는, 알제리 사태에 대한 자신의 개입이 "테러를 더 악화시킬" 위험이 있다고 말한 바 있다.[42] 만약 카뮈 자신이 그 사태에 대해 공식적인 입장을 표명해야 했다면, 그는 종종 그랬듯이 거기에 다음과 같은 두 가지 입장을 담았을 것이다. 하나는 프랑스 정부의 입장을 비판하는 것이다. 아마도 이것이 그에게는 가장 중요한 쟁점일 것이다. 그리고 또 하나는 지금까지 타협―그는 자기 입으로 타협을 결코 비난한 적이 없다―을 거부하면서 완고한 태도를 견지하고 있는 알제리 정부의 입장을 비판하는 것이다. 이 같은 그의 입장을 알게 된다면, FLN의 광적 지지자들은 거기에서 프랑스 민간인들을 살해하는 정당한 근거를 찾아낼 수도 있을 것이다. 따라서 그는 위험에 빠져 있는 알제리를 보호하기 위해 그 자신의 생각을 공표하는 것을 극구 피했던 것이다.

하지만 이 같은 침묵이 곧 카뮈의 비참여를 의미하는 것은 아니었다. 노벨 문학상을 수상한 그에게 전쟁은 분명 그의 주된 관심사 가운데 하나였다. 그는 이 사실을 여러 친구에게 털어놓았으며, 많은 메모를 했고, 또 많은 생각을 했던 것으로 보인다. 1958년 3월에 그는 드골과의 만남을 주선하기도 했다. 기회가 주어져 알제리 문제가 다루어진다면, 그는 드골에게 타협이 가장 훌륭한 해결책이라는 점을 납득시키려고 준비를 하기도 했다. 그리고 그는 개인적으로 또 막후에서 프랑스 정부에 의해 기소되었거나 또 유죄 선고를 받은 10여 명의 알제리인들을 돕기 위해 가능한 모든 일을 하기도 했다. 그는 또한 알제리를 그의 새로운 소설인 『첫 번째 인간Le Premier Homme』의 주요 주제로 삼고 있기도 하다. 실제로 이 작품은 첫 번째 식민자들의 이주로부터 전쟁에 이르기까지 피에 누아르들의 경험을 담고 있다. 우리는 이 작품에서 가난하지만 뛰어난 능력을 타고난 한 피에 누아르의 어린 시절의 추억, 노동자계급에 대한 프랑스화된 알제리의 신화, 그리고 자신들의 손으로 자신들의 국가를 건설했던 진정한 사회주의적 성향의 식민자들에 대한 신화 역시 읽을 수 있다.

*　　*　　*

카뮈가 『알제리 연대기』를 준비하고 있는 동안, 알제리에서는 바리케이드가 쳐지기 시작했고, 요란한 혁명의 구호와 부패한 식민지주의에 대한 저항의 구호가 울려 퍼지기 시작했다. 드골은 단순히 헌법을 지키면서 권력에 오르고자 원한 것은 아니었다. 알제리를 방문한 이후 드골은 또한 프랑스령 알제리가 더 이상 가능하지 않다는 것을 조금씩 이해하게 된다. 1958년과 1959년에 알제리에 대해 점차 주저하는 입장을 견지하게 되는 그는, FLN에 "용감한 사람들의 평화"와 "자치권" 보장, 그리고 평화에 대한 협상을 제안하게 된다. 하지만 그는 프랑스령 알제리의 극단적 빨치산들, 특히 장교들과 피에 누아르들로 구성된 우파의 방해에 부딪치게 된다. 드골로 하여금 권력을 장악하도록 한 자들이 바로 그들이었다. 하지만 배신감을 느끼게 되자마자 그들은 그의 목숨을 노리는 음모를 꾸미게 된다. 그리고 알제리 전쟁을 반대하는 소규모 단체들로 구성된 좌파와 공산주의자들은—물론 사르트르가 이 반대 운동을 주도하고 있었다—드골의 권력 장악에 반대하는 입장에 있었다.[43]

1959년 중반, 알제리에 대한 카뮈의 불안감은 가라앉는 것으로 보인다.[44] 일 년 전 8월, 알제에서 추방된 동시에 지난 20년 동안 파리에서도 자기 자리가 없다고 느껴 왔던 카뮈는, 노벨 문학상 상금으로 프랑스 남부 루르마랭Lourmarin에 집 한 채를 구입했다. 노벨 문학상을 수상한 후에 되살아난 백지 앞에서의 무력감이 사그러들자, 그는 『최초의 인간』의 집필에 몰두하게 된다. 그는 조국의 상실을 받아들였던 것처럼 보인다. 비록 자신의 소설에서 프랑스령 알제리를 찬양하고 있음에도 불구하고, 카뮈는 프랑스-알제리 사이의 갈등 문제에 대해서는 더 이상 말하지 않겠다는 자신의 약속을 지켰던 것이다.

* * *

1960년 1월 4일 루르마랭에서 파리로 돌아오는 길에, 카뮈는 자동차 사고로 갑자기 세상을 떠나게 된다. 그의 나이 46세였다. 그가 쓰고 있던 원고가 자동차 속 검은 가죽 가방에 들어 있었다. 그의 사망 소식은 파리, 알제 그리고 전 세계에 충격을 주었다. 그 소식을 접한 보부아르는 그 당시의 상황을 이렇게 회고하고 있다. 그를 잃어버린 고통이 너무나 큰 나머지 처음에는 그의 죽음을 인정하지 않으리라고 마음 먹었다는 것이다. 하지만 점차 이 결심도 무너지고 말았다고 말이다. 그리고 그녀는 종국에 가서는 그를 "정의롭지 못한 정의로운 자"로서 가 아니라, 다시금 "희망에 찬 여러 해를 함께한 동지, 쾌활하게 웃고 또 미소를 잘 짓곤 했던 동지, 큰 야망을 지녔던 젊은 작가, 삶, 쾌락, 승리, 동지애, 우정, 사랑, 행복에 미칠 듯이 탐닉했던 작가"[45]로 여기 게 된다.

카뮈를 위한 사르트르의 추도사는 1월 7일자 『프랑스 옵세르바퇴 르』지에 실렸다. 그는 이 추도사에서 처음부터 알제리 문제에 대한 카 뮈의 침묵을 이해했으며, 카뮈가 기꺼이 중심에 섰던 갈등의 발생도 이해한다고 썼다. 하지만 그는 카뮈의 침묵이 그의 마지막 선택은 아 니었다고 지적하고 있다. "카뮈가 침묵을 떨쳐 버렸으며, 행동하기로 결정하고, 또 그렇게 결론을 내렸다는 사실이 중요합니다."[46] 카뮈는 그의 결정을 행동으로 옮기기 전에 세상을 떠난 것이다. 여기에서 사 르트르는 분명 "카뮈를 좋아했던 자들"[47]의 편에 서 있다. 자신들의 이 념적 논쟁은 "정확히 동시대를 함께 살아가는 다른 방식이었으며, 우 리를 에워싸고 있는 이 좁은 세계에서 각자의 관점을 잃지 않고 살아 가는 방식"이었다고 말하는 것이, 카뮈의 이미지에 더 어울렸다는 것 이 사르트르의 생각이었다. 그리고 자기와 이념적 분쟁에 휘말렸다고 해서 그 자신 "카뮈를 염려하지 않은 것은 아니었습니다."라고 말할 때, 사르트르는 거짓말을 하는 것이 아니었다. 왜냐하면 그들의 이념 적 결렬 이후에도 카뮈가 죽을 때까지 약 7년여 동안, 그들 두 사람이 얼마나 자주 만나면서 "함께 지냈는지"를 다른 사람들이 잘 알고 있기 때문이다.[48]

사르트르가 카뮈에 대해 가지고 있는 가장 인상적인 추억은, 카뮈라는 인간 자체가 가지고 있던 도덕적 모습이었다. 그는 이 같은 카뮈의 모습을 피하거나 거기에 대항해야만 했던 것이다. 그러니까 카뮈는 "흔들림 없는 긍정을 구현하고 있었습니다. 우리가 그의 작품을 읽거나 조금만 깊이 생각하게 되더라도, 우리는 곧장 그가 꽉 쥔 주먹 속에 간직하고 있는 인간적인 가치들을 볼 수 있었습니다. 즉 그는 항상 정치 행위를 문제 삼았던 것입니다." 하지만 사르트르가 카뮈에게 표하고 있는 이 같은 경의는 조금은 모호하다. 사르트르는, 카뮈의 침묵이 "종종 너무 신중한 처사였고, 또 때로는 고통스러웠습니다."라고 지적하고 있다. 그리고 카뮈는 "역사에 맞서" 투쟁했다고 사르트르는 지적하고 있다. 즉 카뮈는 "도덕성이라고 하는 확실한 영역을 떠나기를 거절했으며, 따라서 불확실한 실천의 영역에 가담하기를 꺼렸던 것입니다." 하지만 이제 부정적 판단이 긍정적 판단으로 바뀐다. "카뮈는 자신이 내세웠던 고집스럽고, 협소하고, 순수하고, 단호하며, 감각적인 인간성을 통해 이 시대의 혼란스러운 대규모의 사건과 맞섰던 것입니다. 하지만 역으로 현실에의 참여를 단호하게 거부함으로써 그는, 우리 시대의 한복판에서 마키아벨리주의와 현실주의라는 황금 송아지에 맞서 도덕이 존재한다는 사실을 제시했던 것입니다."[49]

사르트르는 다음과 같은 사실을 인정하지 않는다. 즉 "실천"을 추구하면서 그 자신 정치적 현실주의라는 제단祭壇에 4년 이상 머물렀다는 것, 나아가서는—카뮈의 저서들 가운데 사르트르 자신이 "어쩌면 가장 아름답고 가장 이해되지 못한" 작품이라고 여겼던 『전락』 속에 용해된 일련의 사건들 이후, 그리고 그 자신의 정치적 입장의 변화가 있을 때마다 울리곤 했던 변죽도 없이—그 스스로 도덕과 정치를 연결시키는 고유한 수단을 재발견했다는 것을 말이다. 사르트르는 그만의 방식으로, 더 이상 카뮈의 방식과 완전히 대립되는 것이 아닌 방식으로, 그 역시 정치적 현실주의에 맞서 투쟁을 했다는 점을 암시하고 있는 것이다. 그리고 그는 카뮈의 중요성을 "우리의 문화적 장의 주요 힘들 가운데 하나"로서, 그리고 타인들을 위해 질문을 제기했던 한 사상가로서 인정했다. "우리는 그의 사상과 더불어 혹은 이 사상을 거스르면서 살았습니다. (……) 하지만 우리는 살면서 항상 그의 사상을 통과했던 것입니다."[50]

같은 해 1월 하순, 피에 누아르들은 알제리에서 다시 한 번 봉기한다. 하지만 처벌을 천명하는 드골의 강력한 위협이 있자 그들의 봉기는 그대로 끝나고 만다. 이와 병행하여 프랑스 정부는 장송과 그의 조직을 법원에 고소한다. 그들을 구하기 위해 사르트르를 위시한 유명인사들이 "121인 선언"에 서명하게 된다. 이 선언은 신병들의 탈영을 자극하는 효과를 가져왔다. 또한 프랑스 정부는 이 선언의 서명자들에 대해 사법적 행동을 개시하게 된다. 그렇게 해서 이 사건은 "사르트르를 총살시켜라!"라는 구호와 더불어 "유명한 소송"으로 비화되게 되된다. 하지만 드골은 "볼테르를 감옥에 가둘 수는 없다."[51]라고 말하면서 사르트르의 체포를 포기하게 된다. 1961년 봄, 알제에서 발생했던 "장군들의 무장폭동"은 실패로 돌아간다. 알제리 문제에 대해 단호한 입장을 견지하고 있던 식민자들과 군인들의 모임인 OAS(비밀무장조직: Organisation armée secrète)는 모든 협정을 봉쇄할 목적으로 가능한 한 많은 아랍인들을 살해할 계획을 세우게 된다.

프랑스 정부가 평화 협상을 하기 위해 압박을 가하고 있는 반면, OAS는 알제리인들과 이 조직의 지지자들을 중심으로 학살 작전을 수행하게 된다. 그로 인해 일 년 남짓한 기간 동안, FLN에 의해 7년 사이에 살해된 자들의 수만큼의 사람을 살해하게 된다. 이 조직은 드골을 포함해 프랑스에 거주하는 다른 자들, 특히 사르트르를 살해할 음모를 꾸미기도 했다. 알제리에서 FLN이 정권을 장악했을 때, 이 같은 열기로 인해 피에 누아르들이 알제리를 완전히 포기해야 한다는 조건들이 제기되었다. 이처럼 알제리의 독립으로 가는 길은 문자 그대로 피의 늪이었다. 1962년 7월, 알제리의 독립이 마침내 선포되었고, 백여만 명에 이르는 프랑스 국적을 가진 알제리인들은 가져갈 수 없는 모든 것을 파괴한 채 프랑스와 스페인으로 피신했다. 카뮈는 세상을 떠났고, 그가 희망했던 알제리 역시 사라졌다.

*   *   *

1961년 7월, OAS는 사르트르에게 폭탄을 던졌다. 하지만 실수로 그가 살고 있던 곳 바로 위층에 떨어져 불발로 끝나고 만다. 1962년에 OAS가 던진 두 번째 폭탄으로 인해 사르트르의 아파트가 파괴되었다. 그 순간 그와 보부아르는 친구 집에 있었으나, 그의 어머니는 그 아파트에 있었다. 폭탄이 터졌을 때 안 마리Anne Marie는 다행히 욕실에 있어서 부상을 입지는 않았다. 카뮈 역시 FLN이 자기 어머니에게도 테러를 가할 수도 있다는 사실에 전전긍긍했다. 하지만 OAS로부터 테러 공격을 당한 것은 사르트르의 어머니였다. 그 당시 아이러니컬한 상황을 보면, 카뮈와 사르트르가 화해할 수 없는 근본 이유를 알 수 있다. 1934년에 그들이 처음 만났을 때부터 그들의 차이는 확연했다. 다음과 같은 사실을 한 번 더 회상해 보자. 즉 카뮈가 레지스탕스 운동 중에 『한 독일인 친구에게 보내는 편지들』에서 폭력의 사용을 정당화시키고 있는 반면, 사르트르의 『파리떼』에서 오레스테스는 현실적 존재가 되기 위한 개인적 욕망으로 폭력을 사용하고 있다는 사실을 말이다. 이처럼 폭력은 카뮈와 사르트르의 관계가 지속되는 동안 항상 중심이 되는 문제였다. 그리고 이 문제는 실제로 알제리 전쟁과 더불어 폭발했던 것이다. 그 까닭은 카뮈가 비폭력적이고, 사르트르가 폭력적이어서가 아니라, 알제리 전쟁에서 카뮈는 '깨끗한 손'을 유지하는 데 전력을 다 했던 반면, 사르트르는 '손을 더럽혀야 한다'는 필요성을 인식하고 있었기 때문이다.

1939년에 카뮈 스스로 말하고 있는 것처럼, 그리고 1955년에 자신의 말을 부정하고 있는 것처럼, 프랑스령 알제리의 역사는 "식민지 정복"의 역사였던 것이다. 알제리 전쟁이 발발했을 때, 사르트르는 아랍인들에 대한 폭력이 단순히 죄를 짓는 것만이 아니라, 피에 누아르들과 아랍인들 사이에 맺어지는 일상적 관계의 주된 특징이라는 사실을 이해했던 반면, 카뮈는 이 사실을 모른 척하려고 했던 것이다. 식민자들은 토착민들에 대한 자신들의 지배를 재삼 확인했으며, 계속해서 그때까지 그들의 소유가 아니었던 땅에 대한 지배권을 주장했던 것이다. 그리고 메미의 주장에 따르면, 알제리에 거주하는 프랑스인들 가운데 가장 가난한 자도 순간순간마다 그 자신과 원주민들 사이에는 '차이'가 있다는 것을 보여 주는 "사소한 사건들을" 즐겼다는 것이다.[52] 프랑스령 알제리를 무대로 하는 위대한 소설 『이방인』에서, 뫼르소는 태양과 바다, 그 열기와 풍경과 밀접하게 연결된 그 자신의 감각을 만끽하고 있다. 이와는 달리 레이몽이 한 젊은이의 누이를 때렸을 때, 그와 뫼르소의 공모에 이어 발생했던 살인, 그러니까 한 익명의 아랍인에게 가해진 끔찍하고도 설명할 수 없는 살인 행위 역시 그 작품에 포함되어 있다. 이 살인 행위는 알제리에 팽배해 있던 식민지를 통치하는 힘의 본질 그 자체를 최소한의 감상적 태도 없이 그대로 보여 주는 것이다. 또한 『이방인』은 물론 『페스트』에서도 카뮈는, 기이하게도 비유럽인들이 알제리에 존재하지 않는 것처럼 그곳에 거주하는 식민자들의 개인적이고 정치적인 세계를 재창조해내고 있다. 그런데 그는 그곳 원주민들을 우연적이고, 침묵에 익숙하고, 어둡고, 심지어는 위협적이기까지 한 모습으로 그려내고 있다.[53]

언론인으로서의 카뮈는 원주민들에게 빚졌던 것을 그들에게서 되돌려주려고 시도했었다. 하지만 결국 그는 여러 명의 뫼르소와 여러 명의 레이몽, 즉 이성 없는 사람들과 논쟁을 벌였을 뿐이다. 게다가 원주민들의 저항이 있은 이후, 식민주의와 그로 인해 발생했던 불평등의 종식을 희망하면서도, 그는 가장 혹독하고 가장 위급한 진리들을 입에 올리는 것을 회피했다. 원주민들의 단호함과 그들의 도저히 견딜 수 없는 입장을 느끼면서도, 그는 피에 누아르 형제들에게 그들의 특권에 대해서도, 그들의 폭력 사용에 대해서도 감히 말하지 못했다. 결국 그토록 폭력을 비난했고, 그토록 깨끗한 손을 유지하고자 했던 카뮈가, 그 자신의 조국에서의 일상적인 삶을 지배하는 주요 요소였던 잔혹성과의 공모를 피할 수 없었던 것이다.

노벨 문학상 수여식에서 카뮈는 작가로서의 자신의 신념을 발표하게 된다. 그에 따르면, 작가의 기능은 "지키기 어려운 두 가지 약속, 즉 사람들이 알고 있는 것에 대해 거짓말을 하는 것에 대한 거부와 억압에 대한 저항"에 기초하고 있다.[54] 곧 "진리와 자유에 대한 봉사"인 것이다. 하지만 그는 이 같은 목표에 도달하려고 노력하면서도 그 자신

이 무시했던 지식인들과 마찬가지로—사르트르도 그 가운데 한 명이
다—몇몇 사실에 대해서는 침묵으로 일관했다. 카뮈는 다음과 같은
사실을 이해하지 못했다. 즉 위협을 받고 있다고 느끼는 한 민족을 돕
기 위해 '침묵을 지킨다는 것'이, 공산주의자들 가운데서 사르트르가
지켰던 침묵과는 전적으로 다르다는 사실을 말이다. 물론 카뮈도 다른
나라들의 공산당들이 행하는 행동이라든가 새로운 혁명적 인물들에
대한 이야기를 들으면서, 공산주의 계열의 지식인들이 한 입으로 여러
말을 한다는 사실을 잘 알고 있었다. 예컨대, 사르트르 역시 1952년과
1956년에 소련과 PCF와의 관계에 대해 완전히 다른 말을 하고 있기
도 하다. 하지만 카뮈 역시 1955년과 그가 세상을 떠난 해 사이에 알
제리 전쟁에 대해 침묵과 정직성을 번갈아가면서 한 입으로 여러 말을
했던 것은 사실이다. 실제로 그는 1946년 이래로 소련 공산주의와 자
본주의적 프랑스 민주주의에 대해 전혀 다른 규범을 적용하고 있었다.
이것은 마치 사르트르가 1956년부터 자본주의적 민주주의와 반식민
지 운동에 대해 전혀 다른 규범을 적용한 것과 아주 유사한 것이다.

카뮈가 잘못을 저지른 바로 그 지점에서 메미의 설명이 시작된다.
카뮈는 침묵을 지키기 전에 현실적으로 불가능한 일들을 도모했다. 우
선 식민지주의가 끝났다는 선언이 그것이다. 또한 그렇게 선언하면서
그는 식민지주의의 근본적 토대가 되는 정치적 관계들은 보존되어야
한다는 사실을 강조했다. 또한 그는 프랑스인들과 아랍인들 사이의 불
평등에 대해 말하지만, 프랑스인들을 우선시하고, 아랍인들의 근본적
요구를 모른 척하고 있으며, 심지어는 아랍인들을 대표하는 국회의원
들이 있다는 사실조차 지적하지 않았다. 게다가 그는 알제리인들의 존
엄성을 말하기는 하지만, 여전히 프랑스의 알제리에 대한 항구적 지배

를 상상하면서였다. 이 같은 그의 비정직성 혹은 환상은, 알제리 내에서 프랑스인들의 공격당하기 쉬운 위치라는 잠재적 현실에 그 토대를 두고 있었다. 드골의 집권 하에서 프랑스 정부가 알제리 문제를 귀찮은 것으로 여기면서부터 피에 누아르들은 진퇴양난의 상태에 빠지게 된다. 파시스트 살해자들로 구성된 OAS는 듣기에도 끔찍한 변증법적 논리를 내세웠다. 지배 세력으로서 자신들의 정체성을 확보하지 못하고, 폭력을 통해 생겨난 프랑스령 알제리를 원하는 파당들인 OAS는, 알제리에서 정권을 잡지 못한 소수집단으로 전락하기보다는 인종말살적 폭력을 가하고 난 뒤 정치적, 사회적으로 가미카제와 같은 자살을 선택한다는 논리가 그것이다.

카뮈의 타계 이후, OAS가 보여 준 관대한 침묵과 이 조직의 소멸 사이에는 내적인 관계가 존재한다. 그 어떤 것도, 그 누구도 백만 명의 식민자들이 자신들의 특권을 포기하는 것과 그들을 아랍인들이 통치하는 사회의 소수자로 만들게 될 개혁 노선에 동참하는 것을 받아들일 수는 없는 노릇이었다. 세티프 사건 이후, 1945년에 피에 누아르들이 학살에 동참했다. 그들은 1945년에 있었던 여러 선거에서 속임수를 썼다. 알제리 민족주의자들이 그들만큼이나 강경하고 완고해질 때까지, 피에 누아르들은 1954년 11월 이후 주류에 유리한 모든 정책에 강하게 반발했다. 환상을 품고 있었지만 결코 망데스 프랑스와 같은 정의에 사로잡힌 정치인들에게 겁먹지 않았던 피에 누아르들은, 프랑스령 알제리라는 신화를 계속해서 과도하게 신봉했던 것이다. 그들은 식민자들의 경제적, 정치적 그리고 문화적 지배의 결과로서 900만 명에 달하는 사람들이 알제리인들로 변모하게 된 것을 너무 늦게까지 모르고 있었다. 개인적으로 커다란 위험들에 노출되었으며, 공산주의에는 최악의 것이 포함되어 있다는 것을 목격하고 또 그 사실을 공개적으로 표명했던 카뮈는, 간단히 말해 그 자신의 동국인들에게 그 진리를 밝히는 것이 불가능했던 것이다.

1958년, 카뮈의 동국인들이 내세웠던 대의명분은 현저히 약화되었다. 심각한 인종주의적 폭력이 그들의 공동체를 잠식했던 것이다. 1956년 1월, 그는 오르티즈의 지도 하에 있던 군중이 자신의 죽음을 요구하는 것을 들었음에 틀림없다. 또한 그 군중이 1958년 봄에 바리케이드를 설치했다는 것을 그가 알았음에 틀림없다. 이제 프랑스령 알제리를 나타내는 주된 기관이 된 OAS는, 그의 죽음 일 년 전에 화해를 위한 또 다른 관대한 정신의 소유자이자 피에 누아르 변호사인 피에르 포피Pierre Popie의 살해를 통해 최후 계획을 만천하에 공표하게 된다. OAS는 두 진영에 속하는 선의를 가진 몇몇 사람들을 살해하고자 했으며, 그렇게 함으로써 보복과 폭력의 분위기를 조장하고자 했다. 이같은 분위기는 평화를 주장하는 대변인들이 활동할 입지를 사전에 없애는 것이었다. 만약 이 같은 조치가 성공을 거두었다면, 알제리에 인종차별 정책과 같은 제도가 정립되었을 것이다.[55] 카뮈의 친구이며 소설가이자 대학교수였던 알제리인 물루 페라웅Mouloud Feraoun은, OAS에 속한 자들을 경멸적으로 "구석에서 자위행위를 하고 있는 자들"[56]로 묘사하기도 했다. 하지만 역설적으로 OAS에 속하는 자들은 최후의 과다한 폭력 사용으로 인해 1945년 이후 모든 타협의 가능성을 일축하면서, 그 자신들이 절망적으로 피하려고 했던 것을 불가피한 현실로 만들게 되었다.[57] 피비린내 나는 살육이 자행된 여러 날들 가운데 하루 동안 OAS 대원들은, 페라웅이 프랑스와 알제리 교육자들과 함께 참석했던 한 모임을 공격했다. 이 모임에 참여했던 군중들은 페라

웅과 다른 다섯 명의 이름을 연호했다. 하지만 OAS 대원들은 이 여섯 명을 밖으로 끌어내 벽에 세워 총살시켰다.[58] 1962년 3월 15일의 일이었다. 그로부터 4개월 후에 알제리는 독립되었으며, 프랑스령 알제리는 이제 더 이상 이 지구상에 존재하지 않게 되었다.

공산주의자에 대한 카뮈의 증오는 분명 정당했다. 그리고 우리는 이같은 증오가 폭력에 대한 그의 반대에서 자양분을 흡수했다는 것을 잘 알고 있다. 하지만 다른 많은 반공산주의자들과 마찬가지로 카뮈는, 고국 알제리에 대해 직접 말하는 것을 회피하면서 그 자신이 가졌던 도덕과 정치의 일관성을 배반했던 것이다. 소련의 야심에 대해 가차없이 비판을 던졌을 때, 그는 모든 상황에 대한 분석을 다 마친 것처럼 보였다. 다만 식민지주의를 끝장내는 데 필요한 근본적 변화만을 제외하고서 말이다. 그의 동국인들이 단순히 그와 동일한 시민, 그렇다, 식민지 시대 이후 알제리에서 소수집단이 되면서 무엇을 포기해야 하는지를 말할 수 없었던 카뮈는 어쩔 수없이 침묵 속에 갇힐 수밖에 없었던 것이다.

*   *   *

카뮈에게는, 그리고 냉전이 진행되는 동안 그의 편을 들었던 자유주의자들에게는, 『더러운 손』 이후 사르트르가 가지고자 했던 사태를 꿰뚫어보는 다음과 같은 방식이 결여되어 있었던 것으로 보인다. 즉 우리가 살고 있는 이 세계는 폭력에 침윤되어 있고, 정확히 이 같은 폭력이 이 세계를 이루는 여러 중요한 구조 가운데 하나라는 사실이 그것이다. 카뮈와의 단절 바로 이전에 첫 부분을 집필되었던 「공산주의자

462

들과 평화」라는 글에서 그는, 폭력을 자본주의적 민주주의 체제에 정면으로 대립시키고 있다. 1956년에 식민지주의에 대해 관심을 가지면서, 그는 식민지에서 어떻게 폭력이 사회 질서와 공동체의 정립에 기여하는지를 보여 주고 있다. 그러니까 그는 그 당시 카뮈가 정면으로 보기를 거절했던 알제리의 현실을 비난했던 것이다. 카뮈가 교통사고로 세상을 떠난 일 년 후에 사르트르의 입에서 나온 가장 강한 발언은, 파농의 『대지의 저주받은 자들』의 서문에 잘 나타나 있다. 카뮈가 체질적으로 알제리인들의 관점을 이해하는 것이 불가능했던 반면, 사르트르는 자신의 독자들을 그들이 속한 세계 속으로 초대하고 있다. "유럽인들이여, 이 책을 펼쳐 보라. 그리고 그 안으로 들어가 보라. 어둠 속에서 몇 발자국을 떼게 되면 모닥불 주변에 모여 있는 낯선 사람들을 보게 될 것이다. 가까이 가서 그들의 말에 귀를 기울여보라. 그들은 당신들의 상업지역과 그것을 지키는 용병들에게 부여할 운명에 대해 논의하고 있을 것이다."[59] 카뮈가 모든 유죄성을 부인하고 있는 동안, 사르트르는 책임성의 그물을 펼치고 있는 것이다. "그렇다. 사실이다. 여러분들이 식민자들에 속하는 것은 아니지만, 그렇다고 해서 여러분들의 가치가 그들보다 더 큰 것은 아니다. 그들은 여러분들의 개척자들이다. 그들을 해외 영토로 보낸 것은 바로 여러분들이다. 하지만 여러분들을 부유하게 만들어 준 것 역시 그들이었다." 그리고 나서 사르트르는 중심 문제로 방향을 돌리고 있다.

식민지에서의 폭력은 이들 노예들이 서툰 짓을 하지 못하도록 하는 것을 목표로 할 뿐 아니라, 그들의 비인간화 또한 추구하고 있다. 그들의 전통을 일소하고, 그들의 언어를 우리의 언어로 바꾸며, 우리의 문화를 주지 않으면서 그들의 문화를 파괴하기 위한 모든 조치들이 취해질 것이다. 단순한 신체적 피로로 그들을 무감각하게 만들 것이다. 비록 굶주리고 병에 걸려 고통스러워하더라도 그들에게 여전히 저항의 기력이 남아 있다면, 공포 때문에라도 일을 완수할 것이다. 총은 농민들을 겨냥하고 있다. 본국에서 온 민간인들은 농민들의 땅을 인수받아 채찍을 휘두름으로써 농민들로 하여금 그들을 위해 토지를 경작하도록 강요하고 있다. 만약 농민들이 투쟁을 하게 되면, 군대는 발포를 해서 그들을 쓰러뜨릴 것이다. 만약 그들이 항복한다면, 그들은 이제 인간 이하의 존재가 될 것이다. 수치심과 분노로 인해 농민들의 성격은 분열되고 말며, 그들의 내적 자아 역시 파괴될 것이다.[60]

불가피하게도 원주민들은 그들의 방식대로 식민자들의 폭력을 답습하게 될 것이고, 그것을 내재화시키게 되고, 나아가 그들의 주인들에 맞서 봉기하게 될 것이다. 사르트르는 "우리는 분쟁의 시대에 살고 있다.[61]"고 사르트르는 말하고 있다. 좌파까지도 이 같은 사태로 인해 동요되었다.

그들이 파농의 저서를 읽으면 득이 될 것이다. 그는 다음과 같은 사실을 뚜렷이 보여 주고 있다. 이 참기 어려운 폭력은 소란도 격정도, 야만적 본능의 부활도, 나아가서는 원한의 결과도 아니라는 사실을 말이다. 그 폭력은 정확히 인간이 자기 자신을 재창조하는 것이다. 과거 한때 우리도 이 진리를 잘 이해하고 있었다고 생각한다. 하지만 지금 우리는 그것을 이미 잊고 있다. 어떤 온화함도 폭력의 흔적을 지울 수가 없을 것이라는 진리를 말이다. 오로지 폭력만이 폭력의 흔적을 씻어낼 수 있을 뿐이다. 그리고 피식민자는 무장폭력을 통해 식민자를 쫓아내면서 자신의 식민주의적 신경증을 치유할 수 있다. 그의 분노가 끓어오름으로써 그는 그 자신의 잃어버렸던 순수성을 재발견하고, 또 그렇게 자아를 만들어가는 과정에서 자기 자신을 더 잘 알게 된다. 우리는 피식민자들의 전쟁을 야만의 승리로 여긴다. 하지만 이 전쟁은 그들의 자유의사의 발로이며, 이를 통해 그들은 서서히 그러나 확실하게 해방을 쟁취하게 될 것이다. 왜냐하면 그들 자신의 마음과 주위에 있는 식민지적 암운을 그들 스스로가 하나씩 제거해 나갈 것이기 때문이다. 이 전쟁은 시작되자마자 가차 없는 맹렬한 성격을 띠게 될 것이다. 여러분은 공포를 주든지 아니면 공포에 질린 채 지내든지 둘 중의 하나를 선택해야 할 것이다. 그러니까 여러분은 모든 것을 포기한 채 속임수로 인해 지리멸렬하게 된 삶을 영위하든가 아니면 통일을 이루든가 둘 중 하나를 선택해야 할 것이다. 농민들이 총을 들게 되면, 낡은 신화가 빛을 바래게 되며, 금기는 하나하나 전복되게 될 것이다. 한 명의 봉기자가 든 무기는 곧 그의 인간성의 증언이다. 왜냐하면 봉기의 처음 며칠간은 살인을 저질러야 하기 때문이다. 한 명의 유럽인을 죽이는 것은 일석이조의 효과를 낳는다. 한 명의 억압자를 제거함과 동시에 한 명의 파억압자를 없애는 효과가 그것이다. 또한 한 명의 인간이 죽음과 동시에 한 명의 자유로운 인간이 태어나는 효과가 그것이기도 하다. 살아남은 자는 그의 생에서 처음으로 자기 발밑의 풀을 통해 조국의 땅을 느끼게 되는 것이다.[62]

이제 농민들은 자신들의 진짜 상황을 알게 되고, "평화를 위한 기초 제도가 될 새로운 구조들을" 창조하게 된다.[63] 사르트르에 의하면, 농민들은 "죽음과 고통 저 너머에서" 자신들의 인간성을 발견하게 되며, 비싼 대가를 치르고서 사회주의 국가를 창건하게 될 하나의 민족, 곧 "전혀 다른 인간들, 즉 가장 인격적인 인간들"로 구성된 민족이 된다.[64] 그는 정확히 그 같은 말로 파농의 저서에 대한 해석을 마친다. 하지만 그는 이 저서를 읽는 독자들의 마음속에서는 토론이 여전히 계속된다는 것을 잘 알고 있었다. 그의 주장에 따르면, 알제리 전쟁을 통해 유럽인들도 역시 탈식민지화된 것이다. "사람들은 유혈이 낭자한 작전을 통해 우리들 각자에 다름 아닌 식민자를 소탕하는 것이다."[65] 그러고 나서 그는 15년 전에 카뮈가 했던 말을 회상하고 있다.

> 그들 비폭력자들은 아무렇지도 않은 듯한 얼굴을 한다. 자신들은 희생자도 가해자도 아니라는 것이다. 좋다. 하지만 여러분들이 압도적인 다수로 지지했던 정부와, 여러분들의 형제들이 근무하고 군대가 주저나 후회 없이 '인종청소'를 계획한다면, 여러분들은 분명 모두 사형집행인들일 것이다."[66]

사르트르는 자신의 독자들을 "인종차별주의적 인본주의자"라는 죄를 범한 "착취자들" 취급하고 있다. 그리고 그 독자들에게 알제리와 가까운 프랑스의 폭력이 어떻게 다시 프랑스로 되돌아오는지를 말하고 있다. "이미 분노와 공포가 현저하다. 다시 말해 알제리에서의 '흑인 사냥'에 노골적으로 그 모습이 나타나고 있다. 그렇다면 지금 어느 편이 야만인인가? 야만적 행위는 어디에 있는가? 아무것도 소멸되지 않고 있는 실정이다. 유럽인들이 이슬람교도들을 화형에 처하고 있는 동안, 북소리도, 자동차 경적소리까지도 '프랑스령 알제리'를 외쳐대고 있다."[67]

이 믿기 어려운 여정 내내, 우리들은 식민주의에 대한 사르트르의 개념을 따라 그와 동행했다. 실제로 이 개념은 식민지주의로 야기된 심리적 피해에 대한 그의 투사, 그 피해를 치유하는 것이 바로 원주민들의 폭력이라는 그의 확신, 그리고 그 폭력에 대한 그의 동의와 유럽인들에 맞선다는 환희에 찬 그의 자기 처벌적 공격까지를 아우르는 것이었다. 그가 쓴 가장 강력한 글 가운데 하나에서 볼 수 있는 논증과 세계관은, 그 자신의 말만큼이나 충격적이었다. 카뮈가 식민자들의 폭력을 부인했다면, 사르트르는 20세기의 서정적 노래를 해방과 치료로 여겨진 폭력으로 작곡했다. 카뮈가 갈등의 범위 내에서 취해야 하는 행동 규칙들을 정립하려고 시도했다면, 사르트르는 원주민들이 사용하는 "모든 수단을 통해"[68] 식민주의를 떨쳐버려야 한다는 사실을 인정했다. 카뮈가 자신이 속한 공동체의 불관용을 고려하면서 자신의 여러 선언들을 조정했다면, 사르트르는 제3세계에 대한 유럽의 대변인을 자처하면서 그 자신이 속한 공동체의 유죄성을 공격했다. 카뮈가 그 자신의 반공산주의적 태도로 인해 원주민들의 목소리를 듣는 것이 불가능했다면, 혁명주의자 사르트르는 전장에서 멀리 떨어져 있었으면서도 가장 잔인한 반식민지주의자들의 만행까지도 지지하는 입장을 견지했다.[69]

우리는 "더러운 손"이라는 주제를 통해, 이 주제를 극화시켰던 사르트르가 사회의 변혁을 위한 투쟁에서 폭력을 용인하는 방식을 포착할 수 있다. 하지만 그 자신은 이제 목적이 수단을 정당화시킨다는 과거의 신념을 넘어서 이 주제를 투쟁의 윤리 차원으로까지 끌어올리게 된다. 요컨대 그는 폭력에 대해 내재적 가치, 즉 해방적 기능을 부여하기에 이른다. 후일 그는 파농의 저서에 서문을 쓰면서 과장된 입장을 보임으로써 친구인 파농을 기쁘게 해주려고 했다고 털어놓게 된다.[70] 하지만 그가 파농을 옹호했던 대부분의 생각은 일시적인 시행착오가 아니었다. 『더러운 손』이후 사르트르는, 사회 투쟁에서 훌륭한 투쟁 도구가 되는 폭력에 제한을 가하려고 한 적이 없다. 『악마와 선한 신』에서 괴츠의 명령을 거역하는 장교가 맞는 비극적인 죽음이 그 단적인 예이다. 사르트르는 폭력을 옹호하는 두드러진 성향 때문에 공산당과 부분적으로 가까워졌던 것이다. 폭력은 근본적으로 기근을 보여 준다. 왜냐하면 인간의 필요가 생계 수단을 통해 결코 만족되지 않기 때문이다. 기근 상황에서 모든 인간은 잠재적으로 다른 인간들에게 적이자 위협이라는 것은 자명하다.

> 실제로 그 어떤 것도—덩치가 큰 야수도 박테리아도—지적이고, 살육을 도모하고, 잔인한 하나의 종種인 다른 인간보다 더 무섭지 않다. 인간의 지능을 이해하고 또 그것을 좌절로 몰아넣는 인간, 파괴를 추구하는 것을 목표로 하는 바로 그 인간이라는 종이 그 주인공이다. 이 인간이라는 종은 희소성의 환경에서 타자들에게 자기 자신을 인간으로 포착하는 바로 우리 자신들임에 틀림없다.[71]

폭력은 타인들의 눈 속에, 사물들 자체 속에, 우리들의 세계 속에 기입되어 있다. 우리가 살고 있는 세계는 그 자체로 이원론적이다. 그리고 모든 계급 사회는 이 같은 사실에 뿌리내리고 있다. 그 사회의 국민들은 "집렬체화"되어 있다. 즉 억압적 구조들에 의해 서로가 서로를 고립시키고 소외시키고 있는 것이다. 그들에게는 당연히 서로 닮은 구석이 없지만, 그들 모두는 죽음에 대한 집단적 위협 하에 있는 것이다. 그 결과 폭력은 대립을 강조하는 세계 속에서 그 구성원들을 통일시키는 역할을 하게 되고, 그 과정에서 자발적 협력에 이르는 수많은 일상적인 방식들을 무시하게 된다.[72]

요컨대, 우리가 살고 있는 세계를 더 나은 좋은 쪽으로 변화시키는 것이 어떻게 가능한가가 핵심적인 문제이다. 1958년에 장 다니엘과 가졌지만 발간되지 않은 한 인터뷰에서 사르트르는, 반식민주의 운동이—즉 프랑스 혁명과 유사한 혁명적 운동이—비밀과 공포 없이 이루어질 수 있는지를 자문하고 있다. 반식민주의자들의 목표를 지지하고 있는 지식인들이 그들의 행동에 영향을 끼칠 수 없는 것과 같이, 사르트르는 멜루자 학살에 대한 세부 사항들과 마찬가지로 몇몇 끔찍한 사실들을 발표하는 "시의적절함에 동의하지 않습니다."라고 결론을 맺고 있다. 왜냐하면 그런 사실들은 적을 도울 수 있기 때문이라는 것이다. "정치를 하는 경우 그런 사실들은 [……] 감춰야 하기 때문입니다. 정치, 그것은 용인되어야 한다. 이 같은 주장에는 모종의 사태들에 대해서는 침묵을 지켜야 한다는 제약이 함축되어 있습니다. 그렇지 않다면 사람들은 '고매한 영혼'을 가지고 있는 셈이고, 이 경우 정치는 이루어지지 않게 됩니다."[73]

카뮈와 사르트르가 화해를 할 수 없었던 것은, 단지 그들 사이의 불화가 계속되고 또 더 심화되었던 것 때문만은 아니었다. 그들 각자는 자신들의 정치적 사유 체계의 주요 주제가 되었던 폭력에 대해 자기기만적 태도 속에 빠져 있었다. 사르트르가 최선을 다해 했던 것은, 일상생활에 녹아든 폭력에 대해 말해서는 안 된다는 금기를 깨는 것이었다. 그는 자본주의와 식민지주의로부터 기인하는 폭력에 대해 체계적으로 관찰하고 기술했다. 하지만 그는 또한 모든 사회생활을 지배를 위한 가차 없는 투쟁으로 보았다. 그는 대가를 계산해 보지도 않고 인간의 해방과 사회 변화에 필요하다고 생각되는 폭력의 기치를 높이 들었다. 반면, 카뮈가 최선을 다해 했던 것은, 폭력으로 인해 발생될 수 있는 파괴적이고 부패적인 효과, 특히 인간을 해방한다고 주장하는 흐름—물론 카뮈 자신도 장기적 안목으로는 이 같은 목표를 지지하긴 했다—속에서 나타나는 그런 효과를 이해하는 것이었다. 하지만 카뮈는, 이 같은 폭력이 고국이기도 한 알제리에서 영위했던 자신의 삶의 한복판에 떨어졌을 때, 그것을 거부했다. 물론 그렇기 때문에 그는 폭력에 더욱 더 용감하게 맞서기도 했다.

카뮈와 사르트르가 각각 이런 입장에 있었기 때문에, 우리는 그들 각자가 썼던 서문의 내용—1958년에 카뮈가 『알제리 연대기』에 썼던 서문과 그가 세상을 떠난 후 사르트르가 1961년에 썼던 파농의 저서에 대한 서문—을 읽으면서도 놀랄 이유가 전혀 없는 것이다. 카뮈는 "재판관-속죄자" 역할을 동시에 수행하는 자들을 논의에서 제외시킨 반면, 사르트르는 "희생자도 가해자도" 아니라고 주장하는 자들을 제외시켰던 것이다. 여러 해 동안 그들 사이의 불편한 관계는, 각자가 상대방과 맞서 싸워야 하는 전형적인 인물로 여기는 것과 비례해 더욱 더 악화되어 갔다. 그들이 처해 있었던 이 같은 상황은 기묘하게도 비극적인 상황이었다. 사르트르는 그 자신이 봉사하기를 원했던 피억압자들의 이름을 내세워 억압을 용인했다. 반면, 카뮈는 자기 민족에 대한 사랑을 내세워 억압에 대한 비난을 가하지 않은 채 침묵을 지켰던 것이다. 따라서 그들 각자의 행동과 태도는 반은 옳고 반은 그른 것이었다. 카뮈와 사르트르는 각자 뚜렷이 구별되면서도 계속 마음속에서 키워 왔던 자신들만의 자기기만의 체계에 빠져 있었던 것이다. 그 결과 그들 서로가 서로에게서 효과적인 교훈을 끌어내는 것은 불가능했던 것이다.

에필로그

사르트르는 카뮈보다 20년을 더 살았다. 때문에 그에게는 그들의 관계에 대한 최종 발언을—실제로 너무나 많은 말을—할 기회가 주어진다. 카뮈가 세상을 떠난 지 며칠 후에 사르트르는 한 학생에게 다음과 같은 말을 했다. "카뮈는 결코 내게 '나쁜 짓'을 하지 않았네. 내가 기억하는 한, 나 역시 그에게 그런 짓을 하지 않았다네."[1] 사르트르의 건망증은 아마도 다음과 같은 사실에서 기인하는 것으로 보인다. 카뮈와는 반대로 그에게 있어서는 사람들 사이의 우정이 그리 큰 비중을 차지하지 않았다는 사실이 그것이다. 우리는 이 같은 사실을 1940년대와 1950년대에 걸쳐 정치적 문제로 그가 관계를 끊은 친구들의 수를 보면 알 수 있다. 그들 가운데는 아롱, 알트망, 루세, 에티앙블, 르포르, 메를로퐁티 등이 있다.

카뮈가 세상을 떠난 이후, 반식민주의자 사르트르는 그의 옛 친구의 입장들에 대해 비판적인 태도를 견지하고, 희생자도 가해자도 되지 않으려고 하는 알제리 출신 식민자들을 조롱한다. 그는 실제로 인도차이나와 알제리에서 폭력의 사용을 피할 수 있을 것으로 생각한 "가짜 지식인들"을 거부했었다.[2] 1961년, 사르트르는 갑자기 세상을 떠난 친구 메를로퐁티를 위한 추도사를 쓰게 된다. 메를로퐁티는 사르트르와 파리 고등사범학교 동문이었다. 또한 사르트르는 그를 자신의 정치적 조언자로 여기기도 했다. 그럼에도 카뮈를 위한 추도사에서 보여 주었던 충격적인 태도와는 대조적으로, 사르트르는 메를로퐁티를 결코 친한 친구라고 말한 적이 없다. 사르트르는 100쪽에 걸쳐 메를로퐁티에 대한 애정 어린 평가를 내리고 있다. 이 평가에서 사르트르는 옛 동료와의 결렬의 이유를 깊이 다루는 것을 극구 피하고 있다. 하지만 사르트르가 자신이 그에게서 받은 영향에 대해서만큼은 길게 말하고 있다. 무엇보다도 사르트르는 사상가로서의 메를로퐁티에게 진솔한 경의를 보여 주고 있다. 메를로퐁티 또한 한 세대를 풍미한 철학자이자 고등사범학교 출신이 아니던가? 1953년, 사르트르가 메를로퐁티에게 썼던 편지들에는 카뮈와의 관계에서는 볼 수 없었던 측면, 즉 깊은 애정이라는 측면이 나타나 있다. 메를로퐁티와의 관계에 종지부를 찍은 계기가 되었으며, 개인적 성격을 가졌던 이 편지들은 1994년에서야 비로소 공개되었다. 실제로 이 편지들에는 인간적인 따뜻함이 배어 있으며, 편지를 주고받았던 당사자들인 사르트르와 메를로퐁티는 서로 말을 낮추고 있다. 공산주의에 대한 자신들의 과거의 태도를 중심으로 벌어졌던 신랄한 토론 끝에 사르트르는, 여전히 "나는 자네의 친구네, 그리고 계속 친구로 남고 싶네."[3]라고 쓰고 있다. 메를로퐁티가 갑작스럽게 세상을 떠나기 전에 있었던 그들의 두 세 차례의 만남을 통해 그들 사이의 고통스러우면서도 절제된 우정이 잘 드러나고 있다. 메를로퐁티가 사르트르를 "과격 볼셰비키주의"를 내세워 격렬하게 비난했음에도 불구하고,[4] 그들의 관계에는 사르트르와 카뮈의 관계에서 볼 수 있었던 것과 같은 비극적 요소가 전혀 없었으며, 분노의 정도라든가 정치적 측면에서의 과장의 정도라는 면에서도 비교가 안 되었으며, 또한 배반의 외침이라든가 계속적으로 이어지는 토론 등도 볼 수 없었다.

1963년, 보부아르는 카뮈와 사르트르 사이의 관계와 특히 카뮈의 지적 변화 과정에 대한 그녀 자신의 생각의 일단을 소개하고 있다. 보부아르의 생각은 경청할 만한 가치가 충분히 있다. 그 전문을 보자.

실제로 그들의 우정이 갑작스럽게 폭발했던 것은, 오래 전부터 이 우정에는 대단한 그 무엇이 없었기 때문이었다. 1945년에 벌써 사르트르와 카뮈 사이에 있었던 이념적, 정치적 대립은 해를 거듭할수록 눈에 띄게 두드러졌다. 카뮈는 이상주의자, 도덕주의자, 반공산주의자였다. 한 순간 역사의 흐름*에 따를 수밖에 없었던 카뮈는, 가능하면 빨리 그 역사로부터 빠져나왔다고 주장하고 있다. 그는 인간들의 불행에 민감했지만, 이것을 자연의 탓으로 돌리곤 했다. 반면, 1940년 이후 사르트르는 관념론과 결별하고, 타고난 개인주의에서 벗어나고, 역사를 직접 체험하려고 했다. 마르크스주의에 다가간 사르트르는 공산주의자들과의 연합을 바랐다. 카뮈는 도덕의 대원칙을 위해 투쟁했고, 그 결과 게리 데이비스 사건의 분위기 속으로 빠져 들어갔다. 또한 그러면서 카뮈는 사르트르도 참가했던 행진에도 참가하기를 거절하곤 했다. 사르트르가 사회주의가 내세우는 기치를 신봉했던 반면, 카뮈는

---

* 공산주의자들이 주장하는 사적 유물론, 유물론적 변증법 등에 의해 움직인다는 역사관을 가리킨다. 카뮈는 젊은 시절 알제리에서 공산당에 가입했다가 탈퇴한 바 있다.

점차 부르주아적 가치들을 단호하게 옹호했다. 즉 카뮈는 『반항적 인간』에서 부르주아적 가치들을 옹호했던 것이다. 미·소 두 진영 사이에서 중립을 지킨다는 것이 최종적으로 불가능하게 됨에 따라, 사르트르는 소련가 가까워지게 된다. 반면, 카뮈는 소련을 싫어했으며, 물론 미국을 좋아하지도 않았지만, 실천적으로는 그 두 진영에 자리를 잡았던 것이다. 나는 카뮈에게 시농Chinon의 에피소드를 이야기해 주었다. '나는 점령 시대로 되돌아왔다고 믿었습니다.'라고 그에게 말해 주었다. 그는 진솔한 동시에 몹시 놀란 표정으로 나를 바라보았다. '정말로요?' 그는 미소를 지었다. '조금만 기다려 봐요. 당신은 점령군들을 보게 될 거예요. 당신은 또 다른 점령군들을 보게 될 거란 말이에요.'

카뮈와 사르트르를 대립으로 몰고 갔으며, 결국 그들의 우정에 종지부를 찍게 된 주된 쟁점은 정치적 성격의 것이었다. 또한 개인적 이유들도 있었다.

카뮈는 타협을 싫어하는 성격이었다. 카뮈는 자기 입장의 약점을 느끼고 있었다는 것이 내 판단이었다. 따라서 그는 이의제기를 받아들이지 않는 입장이었다. 그에게 모종의 이의제기가 행해지면, 그는 곧장 도피와 유사한 추상적 분노에 사로잡히곤 했다. 『악마와 선한 신』이 공연되었던 때에, 그와 사르트르 사이에는 약간의 화해 기미가 있었다. 그리고 니체에 대한 그의 글이 『현대』지에 실렸다. 하지만 그 글은 우리를 만족시키지 못하는 것이었다. 게다가 그들의 이 같은 미지근한 관계 회복은 오래 지속되지 못했다. 카뮈는 '전체주의적 사회주의'를 지지하는 사르트르를 언제든지 비난할 준비가 되어 있었다. 사르트르에 따르면, 카뮈가 그를 오래 전부터 철저하게 오해하고 있었다는 것이다. 또한 그는 무엇보다도 카뮈가—그가 편지에서 그 사실을 카뮈에게 말했던 것처럼— '완전히 참을 수 없는 사람'이 되었다고 생각했다. 개인적으로 내가 그들의 절교로부터 어떤 영향을 받은 것은 아니었다. 오래 전부터 내게 소중한 사람이었던 그 카뮈는 이제 더 이상 존재하지 않았다.[5]

이처럼 시간이 흘러감에 따라 보부아르와 사르트르는 카뮈와의 절교를 점차 그들 사이에 맺어진 관계의 본질로 여기게 된다. 보부아르의 요약과 마찬가지로, 사르트르의 추억은 변함없이 자기정당화에 초점이 맞추어지고 있다. 사르트르는 카뮈에 대해 부정적 이미지를 간직하고 있으며, 자기 자신을 그와는 반대되는 이미지로 규정하려고 한다. 그는 1971년에 직접 지명했던 자신의 전기 작가 존 제라시와 가진 한 대담에서 1943년의 자기 모습을 회상하고 있다. 그 모습은 1950년대 카뮈의 모습과 아주 흡사하다. 그러니까 사르트르는 실제로 전쟁이 부르주아 사회의 내재적 갈등의 결과라는 사실을 이해하지 못했고, 또한 대중들이 이 사회를 통제하는 자들에 의해 구속되어 있다는 사실역시 이해하지 못했던 것이다. 하지만 카뮈가 독일 침략을 페스트와 비교했던 것을 생각하면서 사르트르는, 자신의 창피함을 감추기 위해 그에게 면박을 주고 싶은 생각을 품었던 것이다.

1945년경에 사르트르가 카뮈를 자신의 모델로 여겼다는 사실과 레지스탕스 운동에 대한 그의 소설을 열광적으로 칭찬해마지 않았다는 사실을 고려해 보면, 사르트르에게서 볼 수 있는 이 같은 변화는 의미심장하다고 할 수 있다.

1975년에 있었던 한 인터뷰에서 사르트르는, 카뮈의 우정에서 충실성이 부족했다는 점에 대한 질문을 받은 적이 있다. 이 질문에 대해 사르트르는 완전히 정당화될 수 있는 공격적인 답을 하고 있다. 예컨대 그는 이렇게 말하고 있다. "나는 결코 카뮈에 대해 반대한 적이 없어요. 나는 단지 그가 나를 '편집장'이라고 부르면서, 그리고 장송이 썼던 글에 대해 엉뚱한 생각을 전개시키면서, 『현대』지에 보내 온 편지에 대해서만 반감을 가졌을 뿐이에요."⁶ 하지만 같은 인터뷰에서 사르트르는 또한 위의 말과는 어울리지 않는 점을 살짝 지적하고 있다. 나는 그것을 이미 인용한 바 있다. "어쩌면 카뮈가 마지막 좋은 친구였지요."⁷라고 한 지적이 그것이다. 카뮈에게 "상당히 거칠게"⁸ 응수를 했다는 것을 인정한 후에 사르트르는 다음과 같은 점을 암시하고 있다. 즉 카뮈에 대한 그의 개인적 애정은 그들 사이의 불화에도 불구하고 꽤 오랜 동안 살아남았다는 점이 그것이다. "정치, 그 가운데에서도 알제리 전쟁에 대한 카뮈의 생각이 완전히 낯설게 느껴졌지만, 그래도 나는 그에 대해 항상 호감을 가졌었어요."⁹ 이 "그 가운데에서도"라는 표현은 아주 오래된 추억이기도 하다. 왜냐하면 그들은 알제리 문제가 아니라 오히려 그보다 5년 전에 불거졌던 공산주의 문제 때문에 갈라졌기 때문이다. 그런데 헝가리 사태와 냉전의 해빙을 겪은 지금에 와서 사르트르는, 과연 카뮈에 대한 자신의 의견이 조금 누그러졌다는 사실, 하지만 반대로 그들의 결별은 그들의 새로운 정치적 이견으로 인해 불가피한 것이 되었다는 사실을 암시하는 것일까?

사르트르가 카뮈에 대해 긍정적 감정들을 간직했다는 것은 분명하다. 1957년 말에 카뮈가 노벨상을 탔다는 것을 알았을 때, 사르트르는 비서에게 이렇게 말한다. "그가 노벨상을 도둑질 하지는 않았지."[10] 사르트르가 썼던 추도사에서 우리는, 그가 작가 카뮈에 대한 것만큼이나 도덕주의자 카뮈에 대해 경의를 표했다는 사실을 잘 알고 있다. 그리고 정치에서 도덕의 중요성에 대한 자신의 의견을 감춘 후에, 사르트르는 이 같은 전망을 새로운 방향 속에서 지속적으로 발전시키게 된다.[11] 미완의 상태로 간행된 『변증법적 이성비판』 제2권에서 사르트르는, 『반항적 인간』에서 카뮈가 제기하고 있는 동일한 문제를 상세하게 다루고 있다. 인간의 해방을 목표로 하는 혁명이 어떻게 지구를 지옥으로 만들었는가의 문제가 그것이다.[12]

사르트르에 대한 카뮈의 입장 정리에 대해 말하자면, 우리는 1955년에 공개적으로 발표된 그의 최종 설명을 알고 있다. 카뮈는 이 설명에서 사르트르가 "성실한 적대자"가 아니었다고 말한 바 있으며, 특히 『전락』에 포함된 것과 같은 카뮈의 다양한 간접적 성찰들 역시 읽어낼 수 있다. 사르트르는 카뮈의 기억에서 특히 알제리 문제와 관련해 끝까지 부정적 이미지로 남아 있다. 1958년, 카뮈는 스승 그르니에의 저서 『섬Les Îles』의 재판을 위한 서문을 쓴 바 있다. 거기에는 카뮈의 사르트르에 대한 마지막 지적이 들어 있다. "의식은 예외 없이 다른 의식의 죽음을 추구한다."는 반#진리에 의해 많은 지식인들이 한때 매혹되었다는 지적이 그것이다. 헤겔의 주인과 노예 사이의 변증법적 갈등이 『존재와 무』에서 사르트르에 의해 '나'와 '타자' 사이의 갈등으로 재정립되고 있는 것이다. 사르트르의 결론은 『닫힌 방』에 등장하는 가르생의 대사에서 최종적으로 표명되고 있다. "지옥, 그것은 타인들이다." 이 같은 결론은 전쟁 동안 카뮈가 보부아르의 호텔 방에서 되풀이해서 했던 대사들 가운데 하나였다. 하지만 카뮈는 종속 혹은 복종의 관계에 대립되는 "존중과 감사의 관계"에 대해 말하면서 스승 그르니에에게 경의를 표하고 있다. 카뮈가 사르트르와의 간접적 논쟁을 거론하고, 그러고 나서 그르니에와의 관계를 빌미삼아 사르트르를 물리치려고 한 것은 조금은 기이해 보인다. 물론 그렇게 하면서 카뮈가 자기보다 15세 연상이었던 그르니에와의 관계와 8세 연상인 사르트르와의 관계와의 차이점에 대해 암시하지는 않았지만 말이다. 그러니까 그르니에와의 관계는 "즐겁게" 존경이라는 감정 위에 정립된 관계였던 반면, 사르트르와의 관계는 "증오 위에" 정립된 관계의 부류에 속한다는 차이점을 말이다.[13]

다만 역사에서의 개인적 측면이라는 문제가 남는다. 알제리 전쟁은 1963년에 막을 내렸다. 카뮈는 벌써 3년 전에 세상을 떠나고 없다. 프랑스령 알제리는 이제 더 이상 존재하지 않게 되었다. 과연 살아 있었더라면 카뮈는 사르트르의 그에 대한 마지막 배반을 알아차릴 수 있었을까? 카뮈를 위한 추도사를 끝마치면서 사르트르는 이렇게 말하고 있다. "당신이 나를 잔인하다고 판단하더라도 불안해하지 마시오. 나는 곧 내 자신에 대해 당신에 대해 말했던 것과 똑같은 언어로 말을 하게 될 것이오. 당신이 나를 공격하려 해보았자 소용없을 것입니다. 오히려 나를 믿어 주길 바라오. 나는 이 모든 것에 대해 대가를 지불할 것이오. 왜냐하면 당신은 완전히 참을 수 없는 사람이기는 하지만, 그래도 돌아가는 작금의 상황으로 보면 당신은 여전히 '나와 가까운 사람'이기 때문입니다."[14] 빈정거리는 사람이었던 사르트르는 이처럼 카뮈에게 아주 잔인한 자기분석을 약속하고 있는 것이다. 요컨대 사르트르의 머릿속에는 이미 집필 중에 있었던 자서전인 『말Les Mots』이 자리 잡고 있었던 것이다.

사르트르는 친구들에게 약속을 제대로 지켰는가? 약속을 지킬 양이었으면 그는, 카뮈가 『전락』의 도입부에서 그랬던 것처럼, 그의 자서전에서 발가벗어야 했고, 그 자신의 전략, 위선, 그리고 이것들을 통해 감추는 데 성공했던 모든 것을 내보여야 했을 것이다. 또한 그는 카뮈를 위한 추도사에서와 똑같은 비판적 어조를 선택하고, 그 자신의 자기기만을 드러내 보이는 데까지 나아가야만 했을 것이다. 물론 사르트르는 『말』에서 아버지의 사망 후 외조부와 어머니의 품에서 자라났던 어린 시절에 속임수가 그를 엄습했던 방식을 탐사하고 있기는 하다. 이어서 사르트르는 펜을 손에 쥐고 이야기를 하는 과정에서 사회적으로 용인된 사기꾼이 되면서, 그 자신이 어떻게 여전히 어린아이의 신분으로 작가가 되었는지를 기술하고 있다. 훨씬 더 후에야 비로소 발견하게 되는 고통과 불평등한 세계라는 틀 속에서, 그 어린아이의 완벽한 이야기를 통해 차츰 사르트르의 고통스러운 유년기가 드러나고 있다. 그는 우리에게 어떻게 자신이 진정한 정체성도 없고 또 소속감도 없는 그런 부자연스러운 어린아이가 되었는지를 고백하고 있다. 정확히 그 면에서 사르트르는 카뮈에 대한 자신의 약속을 지키고 있는 듯이 보인다.

그럼에도 고백을 하고 있는 클라망스처럼, 사르트르는 자신의 이야기의 정직함을 무언가 다른 것으로 바꿔 놓고 있다. 우선, 실제로 진정성을 포함하고 있던 사르트르의 고통은 미학적인 것으로 남게 되었고, 어린아이의 이야기는 소설뿐 아니라 일종의 거울놀이와 닮게 된 것이다. 그는 『말』의 결론 부분에서 속편을 약속한다. 결국 이렇게 해서 다양한 차원에서 이루어진 유희가 사르트르의 개인적 폭로를 물리치게 된다. 어린아이의 고통은, 이 어린아이의 이야기가 모호하고 달콤한 이야기가 되자 그 매력을 잃게 된다.[15] 그는 독자들에게 더 이상 "펜을 칼"로 여기지 않게 되었다고 말하고 있다. 하지만 그는 그 의미를 결코 명확하게 설명하지 않고 있다. 성인이 되어 그는 자기 삶에 대한 깊은 이해의 단계에 도달했다. 하지만 그 이해란 대체 어떤 것이었는가? 그리고 어떻게 그 이해에 도달했는가? 그는 결코 자기에 대한 이야기를 종결시키지 않고 있다.

결국 『말』이 거둔 엄청난 문학적 성공 때문에, 사르트르는 카뮈에 대한 자신의 약속을 지킴과 동시에 지키지 못한 셈이 되어 버렸다. 사르트르는 자신을 드러내 보이는 한편, 또 다른 한편으로는 자기 자신을 정당화시켰던 것이다. 하지만 이 같은 모호성에도 불구하고 혹은 그 덕택에, 『말』은 곧장 걸작으로 인정받게 되었다. 『말』의 출간 1년 뒤, 사르트르는 노벨 문학상을 수상하게 된다. 그리고 그의 설명에 따르면, 그 상이 냉전의 도구가 되어 버렸다는 구실로 노벨 문학상 수상을 거부함으로써, "정의에 앞서는 내 어머니"라는 카뮈의 노벨상 수상 소감보다 훨씬 더 큰 감동을 자아냈던 것이다. 알제리의 가난 속에서 성장한 카뮈에게서 노벨상은 그의 성공의 정점이었으며, 또한 그 상은 그의 인생이라는 작품이 완결되었음을 암시해 주는 것이었다. 그리고 그는 안락한 주거지를 구입하기 위해서 상금을 이용했다. 반면, 파리에서 성장한 유복한 어린이였던 사르트르는 정치적 항의의 목소리를 높이기 위해 노벨 문학상과 그 상금 그리고 거기에 동반되는 모든 것을 거부했던 것이다.

　　　　　　　　*　　*　　*

　카뮈와 사르트르 두 명 가운데 카뮈가 더 호감이 가는 사람으로 남게 될 것이라는 점은 의심의 여지가 없다. 카뮈는 젊은 나이에, 그것도 갑작스럽게 세상을 떠났으며, 따라서 그는 독자들의 눈에는 결코 늙지 않은 모습으로 기억될 것이다. 이에 반해 사르트르는 점차 늙어가면서 건강을 잃었고, 그의 마지막 말들이 진짜 그의 것인지 아니면 그의 측근들의 것인지를 따지는 논란을 일으키게 했다.[16] 하지만 카뮈가 성공에 취하고, 사르트르와의 논쟁 속에서 받았던 타격으로 인해 못마땅한 태도를 가지긴 했어도, 그는 여전히 감성적 인간, 고통을 받고 회의를 하던 인간, 곧 공격받기 쉬운 그런 사람이었다. 그리고 그런 자였기에 카뮈는 문학 분야에서조차도 아주 힘들게 권위를 얻었었다. 따라서 그의 그런 권위는 사르트르에게 주어진 아주 드문 천재적 지적 능력과 비교해서 더 인간적인 것으로 보였던 것이다.

　하지만 카뮈와 사르트르 두 명 가운데 궁극적으로 누가 승자인가라는 물음에 대한 결론을 내리는 작업은, "사르트르일 수도 있고, 카뮈일 수도 있어."라는 양시론兩是論 —정치적 시각에서— 과 아주 흡사할 수 있다. 물론 이 같은 태도가 그들 사이에 맺어진 약 50년 동안의 관계 전체를 포괄하는 작업에 방해적 요소로 작용하는 것은 분명하다. 냉전 이후 그들 각자에 대한 칭찬과 비난이 교차하는 성향이 있기는 하지만, 오늘날에도 여전히 누가 승자인가 하는 문제가 제기된다. 이 문제에 대한 현재의 대답은 이렇다. 비록 사르트르가 1952년 갈리마르 출판사에서 있었던 대화에서 카뮈에게 판정승을 거두었음에도 불구하고, 그로부터 10년 후에 FLN이 알제리에서 승리를 거두었음에도 불구하고, 사르트르의 실수들을 모아 보면 카뮈가 오늘날 승리자라는 사실은 분명해 보인다.[17] 그들에게 적용된 가장 유명한 표현을 다시 한 번 살펴본다면, 정치인 사르트르는 "맹신자", "전체주의적 망상" 때문에 고통을 받던 "자발적 복종을 주장하는 설교자"였던 반면, 정치인 카뮈는 거의 매번 옳았던 것이다.[18]

이 같은 승패의 향방은, 사르트르가 여전히 살아 있을 동안에 결정되기 시작했다. 1979년 6월이 중요한 여러 순간 가운데 하나이다. 당시 일군의 지식인들이 베트남의 '보트 피플boat people' 문제의 적절한 해결을 요청할 목적으로 엘리제 궁으로 지스카르 데스탱Giscard d'Estaing을 방문하기 전에 기자회견을 열었다. 당시 매우 건강 상태가 좋지 않았던 사르트르는, 20년 만에 처음으로 자신의 옛 동료인 아롱을 만나게 된다.[19] 사르트르는 그 사람들에 대한 도움을 요청했다. "사람들이 죽어가고 있습니다. 당연히 구해야 합니다…… 그것은 순수한 도덕적 요구일 뿐입니다…… 인간들을 구해야 합니다."[20] 그곳에 있었던 카뮈의 딸 카트린은 이념적 고려들을 내던지고 인류를 정치보다 앞세우는 사르트르의 모습을 보게 된다. 말하자면 사르트르는 과거에 장송이 카뮈의 모습에서 비웃었던 "적십자의 도덕"에 굴복했던 것이다.

승패의 향방을 가늠했던 또 다른 주요 순간들이 있다. 공산주의가 붕괴된 1989년 11월과 1991년 8월이 그 순간들이다. 실제로 냉전 이후 계속되었던 숙청 작업과 카뮈와 사르트르의 행불행을 따로 분리시킬 수 없어 보인다. 우리는 우선 이 같은 사실을, 프랑수아 퓌레François Furet가 쓴 『환상에 사로잡혔던 과거: 20세기 공산주의의 이념에 대한 시론Le Passé d'une illusion: Essais sur l'idée du communisme au XXᵉ siècle』, 이어서 스테판 쿠르투아Stéphane Courtois와 다른 사람들이 공저한 『공산주의혹서*Le Livre noir du communisme*』등에서 시작된 공산주의에 대한 사후 재판에서 확인할 수 있다.[21] 또한 이 두 저서는 물론 다른 저서들에서도 공산주의 문제를 둘러싼 카뮈의 주장에 대한 동의와 사르트르의 그것에 대한 비난을 읽을 수 있다.[22]

유행이다시피 한 이 같은 절반의 진실은, 카뮈와 사르트르의 결렬 이후, 그들 각자에게 주어졌던 평판과 별로 다를 바가 없다. 즉 그들은 자신들에 대한 더 완벽한 이해를 방해하면서 모든 것을 설명하기보다는 오히려 상대를 비난하고, 또 그렇게 하면서 자신의 입장을 정당화하려 했다는 평판이 그것이다. 하지만 내가 방금 기술한 내용을 통해서 보면, 카뮈와 사르트르 두 사람에 대해서는 보다 더 깊은 이해와 비판이 가능하다. 사실을 말하자면, 그들 두 사람 모두 틀렸다. 카뮈는 '어머니'와 '정의' 사이에서 어느 것을 선택해야 하는가 하는 입장을 분명히 밝혔다. 하지만 타인들의 자유에 대한 그의 관심은 자기 가족들의 생존이라는 범주 속에서 이루어져야 한다고 분명하게 선언하고 나서, 카뮈는 알제리인들이 그 자신들의 정체성에 부여하고 있는 의미 그 자체를 거부했다. 이때 사르트르는 폭력 없는 정의는 없다고 선언했다. 하지만 억압과 불평등의 사회 구조를 전복시키지 않고서는 이 세상에 평화와 이성을 가져다주는 것은 불가능하다는 사실을 역설하면서 자신의 지적 여정을 힘들게 밟아 온 후에 사르트르는, 종국에 가서 폭력은 필요의 악이며, 따라서 긍정적 요소라고 선언하고 있다.

하지만 카뮈와 사르트르가 저지른 실수에도 불구하고, 그들 각자는 볼테르, 위고를 거쳐 졸라에게로 면면히 이어지는 위대한 프랑스 전통을 따르는 데 필요한 분석 능력, 목소리, 그들 각자의 특징적인 정치적이고 도덕적인 무게를 가지고 있는 것은 분명하다. 유명인사가 되자 카뮈는 물론 사르트르 역시 정치에 빠져들었다. 그들 각자 나름대로의 에너지와 확신을 갖고서 현실 인식과 정치적 행동에서 일관성 있는 계획을 추진해 나갔다. 그들은 그 계획을 아마추어적으로 실행하지 않았다. 그들은 전력을 다해 그 계획을 추진시켰던 것이다. 사람들은 그들의 문학적, 철학적 저작들과 그들의 정치적 관점을 구분하지 않았다. 그들의 가장 심오한 사상들은 그들의 정치적 사상들과 섞여 있었으며, 전자는 후자에서 탄생하며 양분을 취하기도 했다. 그들이 결코 화해하지 못했다고 하더라도 그리 놀랄 필요는 없다. 정치적 지식인들로서 그들 각자는 위험을 감수할 준비가 되어 있었고, 변덕스럽게 보일 준비가 되어 있었고, 실수를 범할 준비가 되어 있었고, 따라서 대중성을 확보하지 못할 준비가 되어 있었으며, 나아가서는 사랑받지 못할 준비가 되어 있었던 것이다. 그리고 이 모든 것이 현실로 나타났을 때, 그들 각자는 또한 자신의 개인적 안위를 위해 위험을 무릅썼다. 그것도 그들의 익명의 청춘 시기보다도 유명한 작가로서의 모습으로 자신들을 보호하기 위해 훨씬 더 큰 용기를 보여 주면서 말이다.

카뮈와 사르트르 둘 모두는 자리에서 일어서서 발언을 했다. 사람들은 그들의 발언을 경청했다. 카뮈는 권위주의적 정신에 대해 비타협적인 고발을 했고, 사르트르는 식민주의에 대해 똑같이 비타협적인 고발을 했다. 카뮈는 자유와 자기 통제라는 명분을 내세웠고, 사르트르는 억압에 대한 맹렬한 공격이라는 명분을 내세웠다. 카뮈는 정치적 폭력의 정당화에 반대했으며, 사르트르는 모든 체제적 폭력에 반대했다. 이렇게 해서 1957년에는 카뮈가, 1964년에는 사르트르가 노벨 문학상을 수상하게 되었다. 이 같은 보상은 당연히 집단 속의 한 인간에 대한 인정으로서의 성격을 띠었다. 이 같은 인정은 단순히 그들의 소설

작품, 극작품, 철학적 혹은 정치적 저작, 언론과 정치적 활동에 대한 그들의 외도에 대한 인정일 뿐 아니라, 또한 프랑스와 세계 속에서 그들 각자의 존재에 대한 인정이기도 했다.

카뮈와 사르트르 각자는 상호적 토론 속에서 자신들을 형성해 나갔으며, 바로 그렇기 때문에 세상이 그들에게서 인정하게 될 완벽한 정치적 지식인들로 탄생했던 것이다. 그러니까 그들은 그들 세대의 선택을 규정하는 '맞수'였던 것이다. 그들 각자의 재능은 너무 컸으며, 시대 속으로의 잠수는 너무 깊었으며, 정치적 참여는 너무나 강했고, 그들 각자의 관점을 명확하게 하길 원하는 욕구는 절대적이었기 때문에, 결국 모든 것이 그들에게로 집중되었던 것이다. 그들이 맺은 우정의 종말은 이 같은 과정의 불가피한 부산물이었으며, 따라서 그 종말은 그들을 분열시켰던 문제들 속에 이미 깊이 각인되어 있었던 것이다.

카뮈와 사르트르의 결렬은, 오늘날까지도 꽤 많은 사람들의 주장, 즉 삶에 대한 그들의 완전히 반대되는 접근 방식으로부터 기인한다는 주장에 의해 왜곡되고 있다. 그 가운데 가장 전형적인 예가 바로 혁명과 개혁, 구체적인 것과 추상적인 것, 폭력과 비폭력, 철학자의 태도와 예술가의 태도, 혁명가와 반역자 사이의 대립 등이다. 그들 두 사람이 가졌던 인간적, 역사적, 전략적 차이점들을 존재론적 원칙들로 바꾸는 것은, 그들의 갈등의 이유들과 이 갈등에서 연유한 명령어들을 혼동하는 일일 것이다. 그들 사이에서 볼 수 있는 선택의 차이는, 냉전, 역사와 프랑스 사회에서 볼 수 있었던 수많은 가능성, 그것들을 이해하는 과정에서 그들 각자가 선택했던 출발점과 노선들, 곧 그들의 대립에 그 뿌리를 두고 있다. 요컨대 그들의 결렬은 하나의 역사적 사실이다. 그 이상도 그 이하도 아니다. 그들 각자가 후일 도달하게 된 지점을 고려하고, 냉전 상태에서 "하나의 입장을 어쩔 수 없이 선택해야 했던 필연성"을 인정하게 되면, 그들 두 사람은 분명 그들 각자를 에워싸던 식구들, 보다 더 규모가 큰 세상 사람들에 대해 자신들만의 정치적 입장을 보여 줘야 했으며, 나아가서는 당연히 그들에게 영향을 주려고 노력해야만 했다.

그렇다면 결국 카뮈와 사르트르의 입장을 규정하고, 그들을 갈라 놓게 했던 것을 어쩔 수 없이 역사의 탓이라고 해야 할까? 그렇다. 그렇다면 지금의 상황이 그 당시와 비교해 너무 많이 달라진 이 시점에서 우리는 과연 그들의 갈등이 완전히 끝났다고 선언할 수 있을까? 그렇지는 않다.

카뮈와 사르트르 사이의 갈등을 일으켰고 부추겼던 가장 심층적인 문제는 오늘날에도 그대로 남아 있다. 인류의 상당 부분은 지금도 여전히 자주독립을 위해 투쟁을 계속하고 있거나, 불평등한 권력과 부의 분배로 인해 짓눌려 있거나, 그것도 아니면 남북문제의 불균형 문제로 인해 고통을 당하고 있다. 테러는 경제의 세계화와 보조를 같이 하는 것으로 보인다. 오늘날에도 여전히 폭력과 전쟁은 중요한 시사문제임에 틀림없다. 핵 테러의 위험도 여전히 존재한다. 우리가 살고 있는 이 세계는 여러 가지 문제로 인해 복잡하게 꼬여 있으며, 인류가 서로 멱살을 잡고 드잡이를 하는 동안에도, 카뮈와 사르트르는 계속 지금도 유용한 요소들을 제공해 주고 있다. 그들의 관계, 그들의 논쟁 속에 나타난 주장들, 그들 각자의 맹목과도 같은 지혜 등을 통해서이다. 하지만 공산주의는 자본주의, 민주주의에 의해 패배를 당했으며, 거의 모든 식민지는 사라졌다. 냉전 역시 막을 내렸다. 이처럼 그들 두 사람을 분리시켰던 개별적 문제들이 사라진 것이다. 그리고 우리는 그런 만큼 그들과는 전혀 다른 세상에서 살고 있다. 오늘날 우리는 카뮈나 사르트르 모두를 높이 평가할 수 있으며, 그들을 갈라서게 했던 "둘 다 옳다"라는 양시론을 내던질 수 있다. 같은 맥락에서 우리는 그들 각자가 가진 힘을 한데 모을 수 있고, 또 그들의 약점들을 피할 수 있을 새로운 유형의 정치적 지식인의 도래를 위한 순간이 무르익지 않았는지에 대해 자문해 볼 수 있을 것이다. 우리는 항상 진리를 말하는 지식인을 상상해 볼 수 있다. 그 지식인은 어느 곳에서나 억압에 맞설 수 있을 것이며, 통일된 도덕적 규범들 속에서 그들 두 사람의 능력과 세계관을 통합시킬 수 있을 것이다. 그 지식인은 그 자신의 빛을 통해 오늘날의 체계적 폭력의 문제를 명확하게 지적할 수 있을 것이다. 그 지식인은 그런 폭력에 맞서는 효과적인 투쟁을 위한 새로운 방법들을 찾아낸 자들의 도전을 전적으로 받아들일 것이다. 하지만 그 과정에서 그 지식인은 새로운 악을 만들어내지는 않을 것이다. 한 명의 '카뮈-사르트르'와 같은 사람일까? 사르트르가 다른 상황에서 지적했던 것처럼, 그런 종류의 지식인은 천사를 상정하는 것이 될 것이며, 우리의 상황에서 필요한 것의 추상적 구현이 될 것이다. 천사는 존재하지 않는다. 하지만 천사는 인간들에게 유용한 준거틀로 이용될 수는 있다.

후기

이 책이 인쇄되기 시작했을 때, 나는 카뮈의 두툼한 미간행 저작인
『철학자들의 즉흥극』의 원고를 연구하기 위해 프랑스의 엑상프로방스
로 갔다. 나는 1946년에 집필된 이 흥미롭고도 매혹적인 1막으로 구
성된—게다가 사르트르에 대한 암시로 가득한—극작품을 발견하고
놀라움을 금할 길이 없었다. 올리비에 토드Olivier Todd와 허버트 로트
만Herbert Lottman 두 사람 다* 이 매력적인 소극笑劇을 자신들이 쓰고
있던 카뮈의 평전 속에 요약해 놓고 있다. 하지만 그들 모두 매우 모호
한 결론을 맺고 있었기 때문에, 내가 프랑스를 방문한 것이 잘 한 선택
인지를 의심할 정도였다.[1] 그럼에도 이 작품이 이 책의 주제인 '카뮈-
사르트르의 우정과 투쟁'에 뭔가를 덧붙여 줄 수 있을 것을 기대하면
서 나는, 결국 그 원고를 검토하기로 결정했다. 그 원고는 갈리마르 출

---

* 각각 카뮈의 평전을 썼음.

판사의 플레이아드Pléiade 총서로 간행된 카뮈 전집에만 들어 있었다.

이후 필자는 타자기로 작성된 40쪽과 엑스의 메잔Méjanes d'Aix 도서관에 있던 35쪽 분량의 원고를 연구함에 있어 카트린 카뮈의 호의적 허락을 얻어낼 수 있었다. 카뮈 자료 연구소의 책임자인 마르셀 마에셀라Marcelle Mahesela는, 내가 그 자료들을 참고할 수 있도록 해주었으며, 우리는 둘이서 그 원고를 쓴 카뮈의 의도는 물론이고 카뮈와 사르트르 사이의 관계에 대해서도 열정적인 토론을 나누었다. 마에셀라 부인, 페에르스Peiresc 서고 담당자와 카트린 카뮈는, 카뮈의 필체를 해독함에 있어서, 그리고 카뮈가 1947년에 추가했던 여러 쪽의 주석들을 해독함에 있어서 나에게 많은 도움을 주었다.

내가 『철학자들의 즉흥극』을 늦게 참고하게 된 데에는 이라크 전쟁이라고 하는 또 다른 이유가 있었다. 내 사위가 2003년 1월 초에 둘째 아이의 출산을 보고 난 뒤에 곧바로 전쟁에 동원되었다. 출산 이후 내 딸은 두 아이를 기르는 일에 부모님의 도움을 받고자 몇 개월 동안 우리 집에 와 지내게 되었다. 그로 인해 이 책의 결론을 쓰고 난 뒤에 프랑스를 여행하려던 나의 계획이 조금 뒤로 미루어졌다. 이라크 전쟁이라는 이 역사적 사건으로 인해 나는, 카뮈와 사르트르 사이의 우정에 관련된 복잡하고도 비극적인 이야기와 그 종말에 대한 이야기를 담은 원고 부분을 이 '후기' 부분에 쓰게 된 것이다. 그러니까 시대의 아이러니와 우연으로 인해 독자들은 카뮈와 사르트르 사이의 흥미로운 관계에서 가장 소중한 순간들 가운데 한 순간을 이렇게 나중에라도 음미할 수 있게 된 것이다. 물론 카트린 카뮈가 지적하고 있듯이, 카뮈와 사르트르의 관계가 여전히 "친구" 관계였던 시기에서도 그런 순간을 맛볼 수 있는 기회는 충분히 있었다. 역사의 흐름 때문에 그들의 관계가 깨지고 난 뒤에도 그 미완의 원고 덕택으로 우리는 그들의 관계가 좀 더 차분했고, 좀 더 가벼웠던 순간으로 되돌아갈 수 있을 것이다. 가령 카뮈가 그 자신, 사르트르, 자기와 사르트르와의 관계에 대해 수많은 모욕적인 언사를 내뱉었던 파리의 기자들과 어중이떠중이들을 비웃는 것이 가능했던 그때로 말이다.

*　　*　　*

　지방에서 약국을 운영하는 약사이자 상식보다는 더 많은 허영심을 가진 채 시장직을 수행하고 있던 비뉴는, "새로운 이론의 대표주자"인 네앙의 방문을 받는다. 이런 이야기로 시작되는 극작품이 무대에 올려졌더라면, 등장인물들의 이름과 그들의 직업 때문에, 이 작품은 관객들의 즉각적인 관심을 끌었을 것이다. 사르트르의 저서에서 의도적으로 가져온 "네앙"이라는 이름을 들으면서 파리 시민들은, 사르트르의 모습이 아닌 다른 사람의 모습을 떠올릴 수가 있었겠는가? 몰리에르의 작품 『타르튀프Tartuffe』를 연상시키는 줄거리에서 지적知的 확신에 가득 찬 사람이, 바보 같고, 파리로부터 들려온 "새로운 복음", 그리고 네앙이 항상 들고 다니던 두꺼운 책 속에 물질화되어 있던 그 "새로운 복음"을 들고자 초조해하는 바보 같은 비뉴를 이용하고 있다. 이것은 분명 사르트르의 『존재와 무』라고 하는 두꺼운 책에 대한 암시, 하지만 아주 정치精緻하지는 않은 암시인 것이다.

　카뮈는 자기 자신의 사상은 물론이고 사르트르의 사상으로 인해 야기된 유행을 조롱하고, 자신들의 사상이 언론에서 만나게 된 엄청난 몰이해를 조롱하고 있다. 심지어 『뉴요커New Yoker』지에 "주네Genêt"

라는 서명을 사용하는 재닛 플래너Janet Flanner와 같은 자칭 아주 섬세한 기자도, 파리에서 썼던 초기의 일기에서 "인생은 우스꽝스럽다."고 생각하는 카뮈의 "지혜"를 더 잘 살려낼 수는 없을 것이다.[2] 또한 몇 달 후에 일기에 다음과 같이 쓰고 있는 재닛 플래너와 같은 기자라도 말이다. "머리가 아주 둔한 사람도 새롭고 비중 있는 프랑스 철학의 한 흐름의 사상적 원천이 '인간에 대한 혐오감'보다 더 비옥한 어떤 것 속에 있다고 생각할 수는 있다. 그럼에도 사르트르의 실존주의가 실제로 인간에 대한 혐오감에서 그 자양분을 얻고 있다는 사실을 받아들여야 할 것이다."[3] 이러한 종류의 멍청한 짓거리들을 조롱하는 것 이외에도, 대도시 출신 사기꾼과 시골 출신 바보의 재주넘기는 관습적인 것들을 전복시키는 즐거움, 무의미 속의 황홀경과 역설적 표현들에 대한 성향 등이 카뮈의 극작품에 잘 나타나 있다. 물론 이 같은 성향은 사르트르의 몇몇 생각에 반대하는 풍자적 신랄함을 중요시하는 성향이기도 하다.

실제로 해방을 전후해 파리에서는 사상이 곧 상품이었다. 따라서 비뉴는 네앙에게 새로운 복음을 전해 준 수고의 대가를 지불하고자 한다. 새로운 종교에 열광한 비뉴는 딸 소피Sophie에게 이렇게 말한다. 만약 그녀의 애인 멜뤼쟁Mélusin이 그녀를 사랑한다면, 그에게 침대를 함께 쓰자고 요구해야 한다고 말이다. 심지어는 그가 그녀를 임신시켜야 한다고도 말이다. 소피에게 있어서 사생아를 갖는 것은, 존재한다는 것이 무엇을 의미하는지를 더욱 잘 이해할 기회를 제공해 줄 것이다. 카뮈는 이처럼 사르트르가 극단적 상황들을 강조하는 방식을 패러디하고 있다. 예컨대 카뮈는 직접적으로 사르트르의 『철들 무렵』의 내용을 중심으로 1945년 가을에 맛볼 수 있었던 문학적 감성을 유희한다. 그런데 카뮈가 말하는 그 문학적 감성이란, 『철들 무렵』의 등장인물인 마르셀의 임신과 그로 인해 어쩔 수 없이 닥친 그녀와의 결혼을 극구 피하고자 하는 마티외—그는 낙태에 필요한 돈을 훔치기까지 한다—주변을 감싸던 분위기를 반영하고 있는 것이다. 비뉴는 소피에게 그녀의 젊은 연인이 "참여하지" 않고서는 그녀를 사랑할 수 없을 것이라고 말한다. 또한 그 젊은 연인은 그녀를 끔찍한 상황에 빠뜨리지 않고서는 완전히 참여하지는 못할 것이라고 말이다. 사람은 책임을 지지 않고서는 사랑할 수 없으며—마티외는 이 같은 시도에서 실패했다—또한 임신을 시키지 않고서는 그 사랑의 책임을 질 수가 없는 것이다.

이 같은 생각에 현혹된 비뉴는 부인에게 그들의 집에 묵게 될 네앙을 위해 방을 하나 준비하라고 부탁한다. 네앙은 비뉴의 부인이 구입한 햄을 게걸스럽게 먹는다. 그러면서 네앙은 비뉴를 위해 실존의 고뇌, 즉 실존의 감정을 일깨워 주는 일장 연설을 한다. "세계에서 가장 훌륭한 징표"인 이 실존의 고뇌를 주제로 말이다. 어쨌든 죽은 자들은 이 고뇌를 알지 못하는 법이다. "비뉴 씨, 고뇌, 또 고뇌, 여전히 고뇌가 있습니다. 하지만 우리는 거기에서 벗어나게 될 것입니다." 비뉴의 부인과 네앙이 다투게 되자, 사기꾼 네앙은 비뉴에게 그녀와 이혼하라고 충고한다. 이 말에 젊은 청년처럼 가슴을 조이면서 비뉴는 모든 의무에서 해방되었다고 선언하게 된다. 자신의 딸의 애인과 얘기를 나누면서 이 약사-시장은, 젊은 남자는 현재 있는 그대로의 그가 아니라는 사실을 강조한다. 이것은 분명 인간이란 항상 '생성' 상태에 있고, 인간은 결정적으로 현재의 자기가 되며, 죽어서야 비로소 불변의 존재가 된다고 주장하는 사르트르의 사상에 대한 일종의 말장난이다. 젊은 멜뤼쟁은 비뉴에게 장광설을 퍼부으면서 응수를 한다. 멜뤼쟁은 이처럼 말을 많이 하면서, 아버지를 설득하기 위해 소피가 사용했던 네앙의 사유들—이것들은 분명 사르트르가 유행시킨 사유들이다—예컨대 "책임" "참여" "자유" 등에 대한 간략한 설명을 하고 있다. 비뉴는 젊은 멜뤼쟁에게 자기 딸과 결혼하기 위해서는 무엇인가를 훔치든가 아니면 범죄인이 되면서 후한 점수를 따야 한다고 응수한다. 게다가 멜뤼쟁은 자기 어머니와 누이에 대한 그 자신의 성적 욕망도 인정해야 할 것이다. 한 술 더 떠서는 다른 남자들에 대한 성적 욕망도 인정해야 할 것이다. 이처럼 카뮈는 자신의 저서들과 사르트르의 저서들이 수용되면서 발생한 스캔들, 두 작가가 사람들을 규범 밖이나 극단적 상황으로 끌고 갔던 이해관계, 그리고 동성애자들에 대한 사르트르의 매혹 등과 관련된 생각들과 더불어 유희를 하고 있는 것이다. 사르트르식의 언어로 비뉴는 이 젊은 남자에게 자기 딸과의 결혼에 대한 승낙 여부는, 사생아의 출생에 달려 있다고 선언하게 된다. "아이가 없다면, 자네는 책임이 없네. 책임이 없다면, 자네는 결코 참여한 것이 아니네. 또한 참여하지 않았다면, 자네는 내 딸을 사랑한 것이 아니네. 이 모든 것은 분명하네." 만약 1946년에 이 작품이 공연되었다면, 공연된 이 작품을 본 관객들에게는 다음과 같은 사실은 아주 분명했을 것이다. 즉 카뮈가 그 작품을 쓰면서 『콩바』지에 실렸던 '참여' 개념—사르트르가 그해 10월에 출범한 『현대』지에 참여하게 된 이후로 뭇사람들의 입에 회자되기 시작했던 개념—을 사용했던 유명한 작가들에 대한 일련의 성찰들을 참고했을 것이라는 사실이 그것이다.

가족 중심의 소극 차원을 벗어난 유일한 대사 교환에서, 카뮈는 사르트르의 유명한 말을 기억해낸다. 사르트르에 따르면, 프랑스인들은 결코 독일 점령기만큼 자유로웠던 적은 없다는 말이 그것이다. 그런데 그 순간 네앙은, "자유롭다는 것"이 사람들이 당하는 억압에 종속되어 있다고 선언한다. 『타르튀프』에서처럼 그 사기꾼은 가족 전체를 불행하게 만든다. 젊은 연인 멜뤼쟁은 소피와 잠자리를 같이 할 수 없었고, 비뉴는 그 젊은이에게 최후의 충고를 함으로써 그를 압박한다. 즉 그 젊은이는 닫힌 문 뒤에서 (비공개로) 인간에 대한 그의 사랑을 실행해야 하는 것이다. 사르트르의 가장 유명한 희곡*에 대한 이 같은 뚜렷한 암시는 또한 '지옥은 타인들'이라는 주제와 더불어 유희되고 있다. 비뉴는 자기 부인과 이혼하겠다고 밝히고, 또한 그 자신은 네앙과 소피가 사생아를 낳을 것을 희망한다고 말하기도 한다. 그러니까 그들은 네앙의 다음과 같은 선언을 받아들일 수 있을 정도로 그의 사상에 충분히 익숙해진 것이다. 그러한 고통은 그들 모두가 인간 조건에 대한 아주 훌륭한 경험을 했다는 것을 의미한다는 선언이 그것이다. 이것 역시 사르트르의 「침묵의 공화국」에 대한 반향인 것이다.

네앙이 정신병원에서 도망쳤다는 것이 밝혀진다. 이 사건을 통해 카뮈는, 그 자신과 사르트르를 그들에 의해 창조된 몇몇 인물들과 마찬가지로 정신병자들로 취급한 바 있는 대중적 의견의 일부를 반영하고 있다. 우리는 카뮈의 극작품에서 비뉴가 첫 번째로 함정에 빠질 사람은 아니라는 사실을 알게 된다. 물론 파리에는 네앙을 추종하는 자들이 많이 있다. 하지만 만약 그가 미친다면, 그의 책은 어떻게 되겠는가? 비뉴는 그 책을 읽지 않았다. 이것은 분명 사르트르의 『존재와 무』에 대한 조롱이다. 아마 이 장면에서 관객들은 박장대소를 했을 것이

---

* 사르트르의 극작품 「닫힌 방」을 가리킴.

다. 왜냐하면 그들은 이 장면에서 많은 사람들이 가지고는 있지만 대부분 읽지 않았을 그 유명한 책에 대해 한 번 이상 생각해 보았을 대중들을 떠올렸을 것이기 때문이다. 네앙은 이 책을 쓰기 전에는 문학 비평으로 생활을 영위했다. 그런데 비평가들이란 자신들이 말하고 있는 책들을 결코 읽지 않는다는 것은 널리 알려진 사실이며, 또한 파리 사람들은 그 책들을 읽고 그 속에 담긴 생각들을 토론하기에는 너무 바쁘다는 사실 역시 다 알고 있는 사실이다.

*　*　*

카뮈는 『철학자들의 즉흥극』을 "앙투안 발리Antoine Bally"라는 가명으로 출간했다. 그는 1947년에 이 작품을 고쳤으며, 그 해 여름에는 이 작품에 마지막으로 주註를 덧붙였다.[4] 하지만 그는 이 작품을 결코 무대에 올릴 생각을 하지 않았으며, 심지어는 자신이 직접 극단을 이끌고 있었을 때조차도 그 생각에는 변함이 없었다. 하지만 1950년대에 들어 그는 이 작품에 대해 다시 생각하게 되었으며, 코메디아 델라르테 형식으로 무대에 올릴 생각을 하기까지 했다.[5]

카뮈가 이 작품을 사르트르에게 보여 주지 않았는지와 왜 그가 이 작품을 무대에 올리지 않았는지를 사람들은 궁금해 한다. 또한 왜 카뮈가 사르트르와의 결별 이후에도 계속해서 이 작품에 대해 그토록 관심을 가졌는지도 궁금해 한다. 하지만 『철학자들의 즉흥극』과 관련해서 가장 흥미로운 사실은, 한 특정 시기에 대한 범상치 않은 증거인 이 작품이 단지 카뮈의 삶 속에서, 그와 사르트르의 관계 속에서 그리고 프랑스 역사 속에서 계속 존재해 왔다는 사실이다.

카뮈가 이 작품에서 시도한 사르트르의 철학에 대한 패러디는 그 나름대로 잘 된 것이기는 하다. 그리고 비록 그가 이 작품에서 사르트르의 의미 없는 주장들에 대해 많은 암시를 하고 있다고 해도, 이 작품의 주된 내용은 친구들 사이의 호탕한 웃음과 아이러니 사이의 중간에 해당하는 것으로 보인다. 카뮈가 그 당시에 실존주의와 입장을 달리했다고 말할 수는 있다. 그럼에도 그는 여전히 일군의 사람들이 그의 사상과 사르트르의 사상을 부조리와 영웅주의라는 같은 것으로 취급하는 방식을 패러디하면서 이 작품을 시작하고 있다.[6] 사르트르라는 우주에 속한 하나의 행성이 되지 않기로 단단히 결심한 카뮈는, 1945에서 1946년까지의 일 년 동안 발생했던 '사르트르 현상'을 조장함과 동시에 비방했던 것을 주요 내용으로 하는 그런 극작품을 쓰려고 했다고도 할 수 있다.

1946년에 출간된 보리스 비앙의 『나날의 거품 L'Écume des jours』는 『토사물 Vomi』의 저자인 철학자 장 솔 파르트르 Jean-Sol Partre라는 인물이 등장한다. 파르트르라는 인물은, 일주일에 다섯 편 이상의 글을 쓰고, 스무 권으로 된 "구토나는 백과사전"을 읽고 있으며, 폭동으로 변하는 대중 강연회의 연단에 자리 잡고 있다. 카뮈도 또한 파리와 세상 사람들을 경악시킨 한 사람*에 대한—그 사람을 정신병원에 보내 버릴 정도로—괴상하면서도 정신 나간 듯한 캐리커처를 그리고 있다.

만약 카뮈의 작품이 무대에 올려졌더라면, 정신병원 원장의 다음과 같은 마지막 대사가 세인의 관심을 끌었을 것이다. "여러분들의 자녀들을 철학자로부터 보호하시오." 『시시포스의 신화』의 철학자는 철학

---

* 사르트르를 가리킴.

을 공공연하게 포기했다! 그 진지한 사상가는, 그 자신 극작가로 변신
하면서 진지한 사상을 조롱하게 된다. 그렇다면 이 같은 변신의 의미
는 일상적 사건들을 진지하게 생각하는 것의 불가능성을 보여 주는 데
있었던 것일까? 그 동안에도 사르트르는 그 진지한 사상에 전념했는
데도 말이다. 어쨌든 그 작품을 쓰면서 카뮈는 현실을 깊이 천착하지
못한 것으로 보이며, 잦은 말장난에 만족해하고 있는 것으로 보인다.
그렇기 때문에 그가 그 작품에서 친구였던 사르트르의 사상을 진지하
게 비판하고 있다고 결론을 내리는 것은 쉽지 않아 보인다. 사실, 그런
어리석은 짓은 그 작품의 여기저기에서 나타나고 있는 것처럼 보인다.
그리고 그러한 빈정거림은 전혀 지적인 깊이를 갖추고 있지 못하다.[7]
정신병원 원장이, 그 나이 먹은 현명한 사람이, 사유들이란 그 어떤 것
이든 간에 좋은 것이며, 철학은 일상생활에 무용한 것이며, 따라서 사
람들은 철학자들을 피해야 할 것이라고 결론 맺고 있는 것은 대체 어
찌된 일인가?

　카뮈가 농담을 하고 있는 것인가? 아니면 이 작품은 후일 사르트르
와 그 사이의 심각한 시각 차이로 나타나게 되는 내용, 그것도 그들의
결렬의 씨가 이미 뿌려졌다는 것을 암시하면서 그런 내용을 다루고 있
는 것인가? 애시당초 빛을 볼 것으로 구상되지 않았지만, 어쨌든 60년
이 지난 지금 『철학자들의 즉흥극』이란 작품의 공식적 여정은 아직 시
작되지 않았다고 할 수 있다. 많은 독자들이 이 작품을 읽고 또 읽고,
그리고 특히 이 작품을 무대에 올리고, 또 그렇게 함으로써 이 작품에
대해 많은 논의를 한다면, 위의 문제들에 대해 늦게나마 답을 할 수 있
을 것이다. 우리는 그런 시기가 오기를 기쁜 마음으로 기다리고 있는
중이다.

이 책의 집필 과정에서 협조를 아끼지 않은
미셸 리발카에게 심심한 감사의 말을 전한다.

서문

1 J.-P. Sartre, "Réponse à Albert Camus," *Situations IV*, Gallimard, 1964, p.90.

2 *Samedi Soir*, 1952년 9월 6일.

3 Jean Caillot, *France Illustration*, 1952년 9월 21일, p.280.

4 Francis Jeanson, "Albert Camus ou l'âme révoltée," *Les Temps modernes*, 1952년 4월, p.2070.

5 Raymond Aron, *L'Opium des intellectuels*, Gallimard, 1968(재판).

6 그들의 관계에 대한 가장 훌륭한 글들은 Ian Birchall, "Actes du colloque de Keele, 1993년 3월 25일~27일"(éd. H. Walker)을 참고할 것. 그리고 좀 더 자세한 연구로는 Germaine Brée, *Camus and Sartre: Crisis and Communisme*(New York, 1972), Leo Pollamann, *Sartre and Camus*(New York, 1970), Peter Royel, *The Sartre-Camus Controversy*(Ottawa, 1982)를 참고할 것.

7 S. de Beauvoir, *La Force des choses*, Gallimard, Folio, 1977.

8 J.-P. Sartre, "Autopotrait à soixante-dix ans," *Situations X*, Gallimard, p.196.

9 J.-P. Sartre, "Albert Camus," *Situations IV*, Gallimard, 1964, p.127.

10 J.-P. Sartre, *Critique de la raison dialectique, II*, Gallimard, 1985를 볼 것.

11 Dorris Lessing, *Le Carnet d'or*, Albin Michel, 1976.

12 J.-P. Sartre, "Albert Camus," *Situations IV*, p.109.

1장 첫 만남

1 S. de Beauvoir, *La Force de l'âge*, p.642.

2 *Ibid.*, p.642.

3 J.-P. Sartre, *Lettres au Castor et à quelques autres*(Paris 1983).

4 S. de Beauvoir, *Op. cit.*

5 Albert Camus, *Essais*, Pléiade, p.1417, Ed., Roger Quillot, Luois Faucon, Gallimard, 1984.

6 Albert Camus, *Ibid.*, p.1417.

7 Albert Camus, *Ibid.*, p.1419.

8 Albert Camus, *Ibid.*, p.1420.

9 Albert Camus, *Ibid.*, p.1421.

10 Albert Camus, *Ibid.*, p.1422.

11 J.-P. Sartre, "Explication de *L'Étranger*," *Critiques Littéraires*, *Situations I*, Gallimard, Folio, 1993, p.95.

12 Albert Camus, *Le Mythe de Sisyphe*, Gallimard, Idées, 1979, p.25.

13 Albert Camus, *Ibid.*, p.27.

14 J.-P. Sartre, *Ibid.*, p.95.

15 J.-P. Sartre, *Ibid.*, p.94.

16 A. Camus., *Essais*, Pléiade, p.99.

17 *Ibid.*, p.100.

18 J.-P. Sartre, "Explications de *L'Etranger*," *Situations, I*, p.94.

19 Lettre à Jean Grenier, Olivier Todd가 인용, *Albert Camus, une vie*, Gallimard, Folio, 1999, p.427.

20 토드는 카뮈의 모욕에 대해서가 아니라 사르트르의 악의적인 언행을 부각시키고 있다.(토드의 책에 인용된 구절(427쪽)을 볼 것) 그는 서평에서 볼 수 있는 불가피한 거만함을 사르트르의 인격 탓으로 돌리고 있다. 게다가 토드가 보기에 「「이방인」에 대한 해설」은 거만한 제목인 것이다. 마치 사르트르가 카뮈에 대한 적의를 품고 살아가고 있다는 듯 말이다. 마치 "해설"이 완전히 도덕적인 문학적 활동이 아니었다는 것처럼 말이다.

21 토드의 *Albert Camus, une vie*에서 알제리의 하늘과 르 아브르의 하늘 사이의 차이에 대한 부분을 참고 할 것.

22 Anna Boschetti, *Sartre et les Temps modernes*, Editions de Minuit, 1985, 1장.

23 S. de Beauvoir, *La Cérémonie des adieux*, Gallimard, 1981, p.341.

24 *Ibid.*

25 대부분의 사르트르와 카뮈의 전기 작가들은, 그들의 관계가 갖는 중요성을 최소화하기 위해 두 사람에 대한 회고적인 성향을 따르고 있다. 예를 들면 1970년과 1973년

사이에 J. 제라시J. Gerassi가 사르트르와 보부아르와 가진 대담들은, 카뮈의 도덕주의와 그의 정치로부터의 후퇴에 대한 자신들의 공통된 결론들의 여과를 통해, 그리고 또한 사르트르의 좀 더 뒤늦은 급진주의라는 프리즘을 통해 그들 커플의 추억들을 소개하고 있다. "사르트르는 카뮈를 좋아했다."로 시작되고, "그들은 상당한 시간 동안 서로 존중했다.", 아주 간단하게 말하자면 그런 식이다.(J. Gerassi, *Satrte: conscience haïe de son siècle*, Rocher, 1992를 볼 것) 게다가 제라시는 카뮈를 사르트르가 후일 주도하게 될 정치적 참여를 돋보이게 해주는 사람처럼 소개하고 있다. 하이만Roland Hayman은 종종 사르트르에 대한 평전의 여러 장章에서 카뮈를 등장시키고 있다. 그의 평전은 점령 시기, 레지스탕스 운동, 해방과 전후의 몇 해, 그리고 다시 한 번 단절의 시기를 다루고 있다. 하지만 하이만은 두 인물들 사이의 중요한 관계나 강한 끌림에 개인적인 감정을 부여하고 있지는 않다.(R. Hayman, *Sartre: A Biography*, New York, 1987) 그리고 카뮈에 대한 평전에서 P. 매카시P. McCarthy는 이러한 논쟁에 종지부를 찍는 데 기여하고 있다. "카뮈는 사르트르가 그렇게까지 홀딱 빠져든 인물은 아니었다…… 사르트르가 더 강한 매력을 느끼고 있었다."(P. McCarthy, *Camus*, New York, 1982, pp.183-184) 아주 길게 전개된 그의 논증은 다음과 같다. "설사 1943년에 사르트르가 카뮈에게서 자신의 것과 유사한 사유를 보았다고 하더라도", 그들 둘은 정말로 가까워지지는 않았다는 것이다. 그들은 공통점을 거의 가지고 있지 않았으며, 아주 잠시라 할지라도 그러하다는 것이 그의 논조이다. "우리가 그들의 격앙된 단절 이전에 오랜 동안의 우정을 쌓았다고 생각하거나, 그들 둘이 서로 닮은 점을 많이 가지고 있다고 생각한다면, 사르트르-카뮈의 관계는 제대로 이해되지 못한 것이다." 반대로 A. 코엔 솔랄A. Cohen-Solal은 그들 서로의 문학적 평가를 강조하면서, 그들의 만남에 앞선 몇 해에 대해 주목하고 있다. 카뮈에 대한 첫 번째 비평에서 코엔 솔랄은, 사르트르가 그와 카뮈 사이의 유사성에 의해 도취되어 있다는 점을 강조하고 있다.

26 사르트르와 카뮈가 만났을 때 그들은 "(……) 가슴이 찡했다."(O. Todd, *Albert Camus*, p.336)

27 토드가 하고 있는 카뮈에 대한 묘사를 보라. 토드는 그를 매력적인 면이 있음에도 말을 씹지 않는 하층민 출신의 명상적이고 무뚝뚝한 사람으로 소개하고 있다.

28 A. Cohen-Solal, *Sartre*, Gallimard, 1985, p.400.

29 S. de Beauvoir, *La Force de l'âge*, Gallimard, Folio, p.651.

30 *Ibid.*, p.643.

31 S. de Beauvoir, *Ibid.*, p.657.

32 S. de Beauvoir, *Ibid.*, p.642.

33 이 문제에 대해서는 Ronald Aronson의 "Sartre's last words"를 볼 것. 1996년에 시카고 프레스에서 출판된 Sartre & Benny Lévy의 *L'Espoir, maintenant*의 미국판 서문.

34 토드가 *Camus, une vie*에서 언급하고 있는 것으로, 카뮈가 케슬러에게 털어놓은 말이다.

35 *La Force des choses, I*(Folio, p.79)에서 우리는 그들의 관계에 대한 공식적인 해석을 볼 수 있으며, 보부아르가 사르트르에게 1945년 12월에 보냈던 한 편지에서 또한 좀 더 자세히 볼 수 있다. 이 편지에서 그녀는 카뮈와 자신과의 관계가 사랑의 색채를 띠기를 바란다는 설명하고 있다.(*Lettres à Sartre*)

36 이 결론은 Deirdre Bair의 *Simone de Beauvoir*(Fayard, 1991)를 읽고 내린 것이다.

37 베어가 보부아르와 가진 대담에서 이 사실을 확인할 수 있다.

38 S. de Beauvoir, *Lettres à Satre*. 또한 D. Bair의 *S. de Beauvoir*를 보라.

39 D. Bair, *Simone de Beauvoir*.

40 *Ibid.*

41 S. de Beauvoir, *La Cérémonie des adieux*, Gallimard, 1981, p.343.

42 D. Bair, *Simone de Beauvoir*.

43 John Gerassi, *Sartre: conscience haïe de son siècle*, Rocher, 1992.

44 J.-P. Sartre, *Quiet Moments in a War*, p.263.

2장 점령, 레지스탕스, 해방

1 S. de Beauvoir, *La Force de l'âge*.

2 S. de Beauvoir, *Lettres à Nelson Algren, Un amour transatlantique, 1947-1964*, Gallimard, 1997.

3 Michel Rybalka, 2002년 3월 26일자 인터뷰.

4 D. Bair, *Simone de Beauvoir*.

5 O. Todd의 인용, *Albert Camus, une vie*, p.355.

6 Albert Camus, "Misère en Kabylie," *Essais*, p.938.

7 Albert Camus, *Carnets I, 1935-1942*(Paris, 1962), p.170.

8 Albert Camus, "Notre Position," 1939년 11월 6일, *Essais*, p.1380.

9 S. de Beauvoir, *La Force de l'âge*, p.157.

10 "Théâtre de circonstance," *Action*, 1944년 11월 24일, p.13.

11 Albert Camus, *Lettres à un ami allemand, Essais*, p.223.

12 Albert Camus, *Ibid.*, p.229.

13 Albert Camus, *Ibid.*, p.224.

14 S. de Beauvoir, *La Cérémonie des adieux*(Paris, 1981), p.342, p.267.

15 Albert Camus, "Le combat continue……," *Essais*, p.1520.

16 "1944년 8월 21일", *Camus à Combat*(Paris, 2002), p.140.

17 Claude Bourdet, *L'Aventure incertaine*, Stock, 1975, p.310.

18 Albert Camus, "Introduction aux Poésies posthumes de René Leynaud," *Essais*, p.1474.

19 *Ibid.*, p.1464.

20 J.-P. Sartre, "Réponse à Albert Camus," *Situations IV*, p.71.

21 *Ibid.*

22 J.-P. Sartre, "New Writing in France," *Vogue*, 1945년 6월. "Nouvelle littérature en France," in *Œuvres romanseques*(Paris, 1981), p.84.

23 Jean Daniel, *Le Temps qui reste: essai d'autobiographie professionnelle*, Gallimard, 1984, p.34.

24 *Ibid.*, p.72.

25 J.-P. Sartre, "La République du silence," in *Situations III*(Paris, 1949).

26 *Les Lettres françaises*, 1944년 9월 7일.

27 "La République du silence," p.31.

28 J.-P. Sartre, "Paris sous l'Occupation," in *La France libre*(London), n° 49, 1944년 11월 15일, pp.9-18. *Situations III*에 재수록(Paris, 1949).

3장 전후의 참여

1 Albert Camus, "Le combat continue……," *Op. cit.*

2 1944년 9월 1일자 사설에서 카뮈는 "새로운 질서"의 시작을 알리고 있다. "정치는 이제 더 이상 개인들과 동떨어져 있지 않다. 정치란, 인간이 다른 인간들에 직접 건네는 호소와 같은 것이다.", "La Résistance et la Politique," *Combat. Actuelles*, vol. I에서 재인용. p.1522.

3 S. de Beauvoir, *La Force de l'âge*, p.27.

4 *Ibid.*, p.50.

5 "사르트르의 강연회가 열렸던 강연장에는 더 이상 들어갈 수 없을 정도로 많은 사람들이 몰렸다. 강연회는 대단히 혼잡했으며, 실신한 여자들도 있었다."라고 보부아르는 *La Force des choses*(p.51)에서 적고 있다.

6 Maurice Nadeau, *Combat*, 1945년 10월 30일.

7 S. de Beauvoir, *La Force des choses*, Folio, 1977, vol. I, p.61.

8 "도처에서 우리의 책들과 우리들에 대한 메아리들이 울려 퍼졌다. 거리에서는 사진사들이 우리들을 찍어댔으며, 우리는 사람들에게 둘러싸였다. (중략) 외국에서는 이러한 소란을 호의적으로 받아들였으며, 또한 소란을 증폭시키기도 했다." S. de Beauvoir, *La Force de l'âge*, p.51.

9 Albert Camus, *Carnets II, 1942-1951*(Paris, 1964), p.151.

10 *Ibid.*, p.152.

11 Alexandre Astruc & Michel Contat, *Sartre*(Paris, 1977), p.62.

12 S. de Beauvoir, *La Cérémonie des adieux*, p.341.

13 S. de Beauvoir, *La Force des choses*(Paris, 1963), p.65.

14 S. de Beauvoir, *Ibid.*, 1, p.151.

15 S. de Beauvoir, *La Cérémonie des adieux*, p.341.

16 "À guerre totale, résistance totale," *Camus* à Combat, p.123.

17 Albert Camus, *La Peste*(Paris, 1947), p.148.

18 *Ibid.*, p.149.

19 *Ibid.*, pp.277-278.

20 J.-P. Sartre, "New Writing in France," *Op. cit.*, p.1918.

21 *Ibid.*, p.1919.

22 J.-P. Sartre, *Ibid.*, p.1920.

23 J.-P. Sartre, *Ibid.*

24 J.-P. Sartre, *Ibid.*, p.1921.

25 J. Gerrasi, *Jean-Paul Sartre*.

26 J.-P. Sartre, *La responsabilité de l'écrivain*, Verdier, 1999.

27 J.-P. Sartre, "Présentation des *Temps modernes*," in *Situations II*(Paris, 1948), p.13.

28 Albert Camus, "*La Conspiration* de Paul Nizan," in *Essais*, p.1396.

29 Camus, *Carnets II, 1942-1951*, p.180.

30 *Ibid.*, p.141. 『문학이란 무엇인가?』에서 사르트르는, 참여 문학에 대한 그의 호소는 시를 포함하고 있지 않은 것으로 여기고 있다는 점을 명시하고 있다.

31 Albert Camus, "Interview à Servir," in *Essais*, p.1427.

32 *Ibid.*, p.1428.

33 Albert Camus, *Le Soir républicain*, 1939년 9월 17일, *Essais*, p.1377.

34 "Alger républicain," 1939년 5월 23일자, *Essais*, p.1400.

35 J.-P. Sartre, "Albert Camus," *Situations IV*.

36 Albert Camus, "Non, je ne suis pas existentialiste…," in *Essais*, p.1424.

37 Albert Camus, *Le Mythe de Sisyphe*(Paris, 1989), p.42.

38 S. de Beauvoir, *La Cérémonie des adieux*, p.341.

39 Alexandre Astruc, "Le malentendu dissipé," *Action*, 1944년 10월 20일, p.9.

40 Albert Camus, *Actuelles I*, in *Essais*, p.274. *Camus* à Combat, p.240.

41 Albert Camus, "Justice et liberté," in *Camus* à Combat, p.176. in *Essais*, p.271.

42 *Camus* à Combat, p.110. 1945년 8월 8일, in *Essais*, p.291. *Camus* à Combat, p.569.

43 Albert Camus, "Crise en Algérie," *Actuelles III*, in *Essais*, p.943.

44 카뮈는 알제리에 3주간 체류했다. 1954년 4월 18일에서 5월 7일 혹은 8일까지였다. 그렇기 때문에 그는 파리로 돌아오고 나서야 세티프에서 프랑스 식민주의자들이 살해(5월 8일)되었다는 것과 그 이후 프랑스군의 폭격이 있었다는 소식을 들었을 것으로 보인다. 어쨌든 그 사건들로 인해 충격으로 카뮈는 『콩바』지에 5월 13일부터 8편의 기사를 썼으며, 6월 15일자에는 그 사건들과 관련된 사설을 쓴다. *Camus* à Combat, pp.497-534, pp.549-552 참조.

45 *Essais*, p.957. *Camus* à Combat, p.527.

46 또 다른 추정치에 의하면, 6천 명에서 4만 5천 명의 아랍인들이 희생되었을 것으로 보인다.

47 "Pour mettre fin aux troubles d'Algérie," *L'Humanité*, 1945년 5월 15일, p.1.

48 그보다 몇 달 전, 『뤼마니테』 지는 이슬람 알제리인들에게 적용된 제2지대 지위에 대해 비판을 가했었다. 그리고 "식민체제와 그 체제의 부패한 행위 주체들"을 제거 해야 할 필요성을 애매하게 언급했었다.("알덱 로셰Waldeck Rochet는 설명한다. 알 제리의 이슬람인들이 왜 민주주의의 친구들을 만들었는가", *L'Humanité*, 1944년 10월 10일자, pp.1-2) 세티프 폭동 이후에 그 일간지는 "이슬람 민중들과 프랑스 민중 이 연합해 그들의 공동의 적들에 맞서야 한다."고 주장하고 있다.("공식 성명은 아무 것도 제시하지 않는다"에서 발췌, *L'Humanité*, 1945년 5월 16일, p.2)

49 *Camus* à Combat, 1944년 10월 29일, p.296.

50 J.-P. Sartre, *Réflexions sur la question juive*(Paris, 1946), pp.149-150.

4장 카뮈의 급선회

1 S. de Beauvoir, *La Force des choses*, p.157.

2 *Ibid.*, p.157.

3 그럼에도 보부아르는 1947년에 이 두 사람이 같은 모임, 즉 공산주의와는 거리를 둔 좌파 그룹의 결성을 위한 모임에 같이 참석했다는 사실을 지적하고 있다. 하지만 카 뮈와 앙드레 브르통 등이 사형제도에 대한 반대가 투쟁의 목표에 포함되어야 한다고 요구함에 따라, 이 모임의 결성은 실패로 끝나고 말았다.

4 André Gide, *Retour d'URSS*, Gallimard, 1978, p.55.

5 프랑수아 퓌레François Furet는 *Le Passé d'une illusion*(Paris, 1944)에서 그 당시 공산 당에 가입한 모든 자들은 어쩌면 소련의 가장 나쁜 측면에 대해서 자문을 해보았을 것이라고 주장하고 있다. 그러나 그는 대담하게도 자본주의와 부르주아 사회에 대한 좌파 세력의 투쟁은 거론하지 않고 있다. 하지만 지혜와 신념을 가지고 이 투쟁에 가 담했던 자들은 그 유명한 "환상"의 희생자들로 여겨졌다.

6 Edgar Morin, *Autocritique*, Le Seuil, 1970.

7 J.-P. Sartre, *Questions de méthode*, Gallimard, Tel, 1986.

8 이 사실(최근에 간행된 대차대조표에서도 볼 수 없는 공산주의의 결함이다)을 고려함 으로써 우리는 이 두 진영을 죽음을 투쟁 속에서 다시 살펴볼 수 있으며, 모든 회고적 인 도덕적 분석 속에 이 두 용어를 반드시 포함시키도록 한다. 1917년부터 1991년까 지의 20세기 대역사는 공산주의와 자본주의의 투쟁으로 요약된다. 격렬한 상호적 적 개심 속에서 이 두 진영은 자신들의 진영에서 장밋빛 청사진을 보았으며, 적의 진영 에서는 비관적인 청사진을 보았을 따름이다. 좌파는 노예제도, 식민지제도, 인종차별 주의, 토착민족의 학살, 한 줌의 소수에 국한된 풍요로움과 대조되는 대다수의 빈곤, 현대전의 모습, 대규모 학살 등에 대해 목소리를 높였다. 우파 쪽에서는 공산주의가

과거에 저지른 과오들을 계속해서 되새김질했다. 전면적 이념 전쟁의 분위기 속에서, 여전히 "상상조차 불가능했던 평화 공존" 이전에는, 이 두 진영 가운데 그 어느 쪽도 자신의 결함을 인정하려 들지 않았다. 설사 결함이 있다고 해도 그것은 과거의 유산이든가, 적개 세력에 그 책임이 있던가, "사회주의적" 혹은 "민주주의적" 사회의 건설로 인해 없어지게 될 그런 단순한 "결점"에 불과하다는 주장이었다(각 진영은 상대 진영이 스스로를 정의하기 위해 사용하곤 했던 기본 구호를 거절한 것은 말할 나위가 없다). 따라서 여기에서 문제가 되는 것은, 사소한 심리적 문제, 즉 모든 갈등은 자연스럽게 자기정당화로 흐른다는 사실에 연결된 그런 문제 단순한 것이 아니다.

9 영국 노동당의 하원의원 리처드 크로스먼Richard Crossman이 주도한 것으로, 그 책에는 앙드레 지드, 리처드 라이트, 이그나지오 실로네Ignazio Silone, 루이 피셔Louis Fischer, 스테판 스펜더Stephen Spender 그리고 아서 케슬러의 글이 실려 있다. *The God that Failed*를 볼 것(New York, 1950, 프랑스어 번역본, *Le Dieu des ténèbres*, Calmann-Lévy, 1950).

10 Albert Camus, *Le Mythe de Sisyphe, Op. cit.*, p.95.

11 J.-P. Sartre, David Rousset, Gérard Rosenthal, *Entretiens sur la politique*, Gallimard, 1949, pp.72-78.

12 해방 이후인 1944년 9월 창간호에 실린 『리베라시옹』 지의 창간에 얽힌 여러 일화에서, 클로드 모르강Claude Morgan은 지금까지 전혀 언급이 되지 않고 있는 한 가지 일화를 자세히 전하고 있다. 그에 따르면, 사르트르와 카뮈는 1943년 1월에 에디트 토마스Edith Thomas의 파리 아파트에서 열렸던 『레 레트르 프랑세즈』의 창간위원회에 다 같이 출석했다는 것이다. 그때는 카뮈와 사르트르가 서로 직접 만나기 5개월 전이었다. 카뮈는 그 신문에 단 한 번 기사를 썼을 뿐이다(이것은 그 당시 그가 취하고 있던 독립적이고 비판적 입장을 그대로 반영해 준다). 반면, 이 신문은 그 당시 비밀리에 간행되고 있었다. 1944년 4월과 5월, 카뮈는 모르강과 폴 엘뤼아르Paul Eluard와 격심한 논쟁에 휩싸이게 된다. 둘 모두 공산주의자였던 모르강과 엘뤼아르는, 비시 정부의 고위 관료였던 마르셀 퓌쇠Marcel Pucheu를 단호하게 처벌해야 할 것인가의 문제로 카뮈와 의견을 달리했다. 사르트르의 글도 포함될 『레 레트르 프랑세즈』 4월호에 실리기로 예정된 한 편의 글에서, 카뮈는 레지스탕스 운동에 참여한 자들에 대한 처형을 명령했던 퓌쇠가 "상상력의 부족"이라는 죄를 지었다고 평가했다. 편집위원장 이었던 모르강은. 이 문제에 대한 지도부의 단호한 입장을 우선적으로 표명하기 위해, 인쇄 중에 있었던 카뮈의 글을 다음 호에 싣기로 했다. 카뮈의 그 글은 실제로 5월호에 실렸다. 물론 그때도 강하게 반대했던 엘뤼아르의 반대를 극복해야 했다.

13 Albert Camus, *Camus à* Combat(Paris, 2002), 1944년 10월 1일, p.223.

14 *Ibid.*, 1944년 10월 21일, p.274.

15 *Ibid.*, 1944년 11월 23일, p.347.

16 "1944년 3월 26일에 알제에서 있었던 『콩바』 지의 회합에서, 이 신문이 '반공산주의는 독재의 시작이다.' 라는 구호를 표방했다는 점을 분명히 했다. [……] 빛이 없는

곳에서는 그 어떤 좋은 일도 행해질 수 없다는 것이 우리의 확신이다." *Camus à Combat*, 1944년 10월 7일, pp.237-241.(*Morale et Politique*에 재수록, *Actuelles*.)

17 9월부터 한 사설에서 카뮈는, 1917년 10월 러시아 혁명을 모델로 삼는 자들의 "지적 게으름"을 극복하기 위해, '혁명'이라는 용어를 더 애매모호하게 사용할 것을 요구한다. *Camus à* Combat, 1944년 9월 19일, p.199. 카뮈의 이런 주장에 대한 응답이 즉각적으로 공산당 주간지 *Action*(1944년 9월 23일, p.3)의 '다른 곳에서 읽었다'라는 난欄에 "그는 모두가 원하는 혁명을 하지 않는다"라는 제목으로 실렸다.

18 Pierre Hervé, "Ils vont au peuple," *Action*, 1944년 11월 24일, p.3.

19 Alexandre Astruc, "Le roman américain," *Aciton*, 1944년 10월 7일, p.8.

20 Alexandre Astruc, "De l'absurde à l'espoir," *Aciton*, 1944년 10월 13일, p.5.

21 Claude-Edmonde Magny, "*Huis Clos* par Jean-Paul Sartre," *Les Lettres françaises*, 1944년 9월 23일, p.7.

22 "Lectures de prisonniers," *Les Lettres françaises*, 1944년 12월 2일, 3일. 다음과 같은 사실을 지적하는 것은 흥미롭다. 즉 기독민주계 신문인 *L'Aube*(Gaston Rabeau, "Nazisme pas mort?", 1944년 10월 21일, p.1)의 한 기사에서, 사르트르는 친나치적 태도를 취했던 한 명의 철학자—하이데거를 말한다—의 사상을 장려했다는 이유로 비난을 받았다. 반면, 사르트르 자신은 포로수용소에서 신학자들과 더불어 『존재와 시간』에 대한 세미나를 열었다는 사실을 매우 조심스럽게 회고하고 있다.

23 George Adam, "Hors de saison," *Les Lettres françaises*, 1944년 10월 7일, p.7.

24 Albert Camus, "Le pessimisme et le courage," *Camus à* Combat, 1944년 11월 3일, p.309.

25 *Ibid.*, p.310.

26 이 잡지에서 실존주의는 "반계몽주의의 현재적 형태"로, "과학적 사유와 분명하고 명료한 사유에 반하는 공격을 위한 발판"으로 기술되고 있다. 저자에 따르면, "존재"에 부여된, 그리고 "구체적 상황"이라는 일반적 주제에 부여된 중요성은, 그 당시의 특수한 역사적·사회적 상황 속의 구현과 모순된다는 것이다. Roland Caillois, "Georges Politzer et la critique des mythes," *Action*, 1944년 10월 20일, p.5.

27 *Ibid.*, p.156.

28 사르트르는 D. Rousset와 G. Rosenthal의 *Entretiens sur la politique*에서 모든 것을 했다고 주장한다.

29 *Ibid.*, pp.71-73.

30 『악시옹』지에서 행해진 보부아르의 『피루스와 키네아스*Pyrrhus et Cinéas*』에 대한 비판에서는, 그녀를 사르트르와 동시에 카뮈와 연결짓기도 했다. Gaëtan Picon, "Pyrrhus et Cinéas," *Action*, 1945년 2월 2일, p.6.

31 뒤이은 몇 달 동안, 『악시옹』지와 『레 레트르 프랑세즈』지는 보부아르의 초기 철학 작업들에 대한 호의적인 비판을 실었다. 반면, 비슷한 시기에 있었던 카뮈의 강연회에 대해, 『악시옹』지는 아무런 설명 없이 단지 강연회에 대한 간략한 요약만을 게재

했을 뿐이다. 1945년 4월, 퐁주는 『콩플뤼앙스*Confluences*』라는 잡지에 실린 사르트르의 서명이 담긴 "탁월한" 글을, "그의 비평은 마르크스적 분석과 더불어 전개된다."라고 소개함으로써, 『악시옹』 지 독자들의 주의를 끈다. Francis Ponge, "Chronique des chroniques et revue des revues," *Action*, 1945년 4월 27일, p.8.

32 Henri Lefebvre, "Existentialisme et Marxisme," *Action*, 1945년 6월 7일, p.8.

33 Pierre Hervé, "Où amène le résistantialisme?," *Action*, 1945년 6월 29일, p.3.

34 *Ibid.*

35 Albert Camus, *Camus à Combat*, 1945년 8월 30일, pp.594-597.

36 S. de Beauvoir, *La Force des choses*, p.141.

37 Dominique Audry, "Qu'est-ce que l'existentialisme? Bilan d'une offensive," *Les Lettres françaises*, 1945년 11월 24일.

38 첫 번째 글은 사르트르, 피에르 엠마누엘 그리고 앙리 르페브르(그가 논쟁에서 이긴다) 사이의 화해를 유도할 목적을 가진 대담으로 결실을 맺었다. 대화와 의견 교환의 기회를 만들어 볼 생각은, 사르트르의 친구이자 공산주의자였던 퐁주에 의해 시작되었고, 이어서 보부아르와 가브리엘 마르셀이 이어받았다. *Ibid.*

39 J.-P. Sartre, *Entretiens sur la politique*, avec D. Rousset et G. Rosenthal, Gallimard, 1494, p.73.

40 René Schérer, "La Querelle de l'existentialisme: ou bien... ou bien…," *Les Lettres françaises*, 1945년 12월 21일, p.12.

41 Roger Garaudy, "Jean-Paul Sartre: un faux prophète," *Les Lettres françaises*, 1945년 12월 28일, p.1.

42 J.-P. Satre, *Entretiens sur la politique*, avec D.Rousset et G. Rosenthal, Gallimard, 1949, p.74.

43 J.-P. Sartre, "Matérialisme et révolution," in *Situations philosophiques*, Gallimard, Paris, 1990.

44 1945년 9월 1일, *Camus à Combat*, p.598.

45 Albert Camus, *Carnets II, 1942-1951*, p.128.

46 *Ibid.*, p.104.

47 *Ibid.*, p.105.

48 1945년 11월과 1946년 3월 사이의 대담. *Ibid.*, p.124.

49 *Ibid.*, p.110.

50 *Ibid.*

51 *Ibid.*

52 *Ibid.*, p.120.

53 *Ibid.*, p.121.

54 *Ibid.*, p.113.

55 *Ibid.*, p.122.

56 *Ibid.*, p.124.

57 *Ibid.*, p.122.

58 특히 사르트르의 『변증법적 이성비판』의 경우이다.

59 Albert Camus, *Carnets II, 1942-1951*, p.129.

60 S. de Beauvoir, *La Force des choses*.

61 *Ibid.*

62 *Ibid.*

63 Albert Camus, *Carnets II, 1942-1951*, pp.145-146.

64 *Ibid.*, p.146.

65 Albert Camus, *Carnets II, 1942-1951*, pp.147-148.

66 *Ibid.*, p.143.

67 Albert Camus, "Ni victimes ni bourreau," *Actuelles II*, Gallimard, 1953, pp.139-178.

68 *Ibid.*

69 *Ibid.*

70 S. de Beauvoir, "Conversations avec Jean-Paul Sartre," *La Cérémonie des adieux*, p.267.

71 J.-P. Sartre, "Merleau-Ponty," in *Situations IV*, p.175.

72 그날 밤 있었던 격렬한 언쟁으로 인해 카뮈와 메를로퐁티 사이의 관계가 완전히 끝난 것은 아니었다. 그로부터 2년 후에도 카뮈는 메를로퐁티에 대해 강한 유감을 가지고 있었다. 그 무렵 카뮈, 사르트르, 루세, 로젠탈 등이 주동이 되어 RDR(민주혁명연합; Rassemblement démocratique et révolutionnaire)이 결성되었다. 프랑스에서 비공산주의적 좌파 운동을 창설하기 위한 대대적인 모임이 1948년 12월 13일에 개최되었다. 이 모임에는 사르트르를 위시해 카뮈, 브르통, 라이트, 카를로 레비Carlo Lévi 등이 참석했다. 모임을 기획했던 자의 증언에 따르면, 메를로퐁티 역시 그 모임에 초대되었으나, 카뮈는 만약 그가 모임에 참석하게 되면 자기는 참석하지 않을 것이라고 단언했다는 것이다. 그 당시 카뮈는 아주 인기가 많았던 인물이었기 때문에, "우리로서는 메를로퐁티 대신 카뮈를 선택할 수밖에 없었다"는 것이다.(A. Cohen-Solal, *Sartre*, p.305)

73 Albert Camus, "Ni victimes ni bourreaux."

74 O. Todd, *Albert Camus*, p.248.

5장 사르트르의 급선회

1 J.-P. Sartre, "A More Precise Characterization of Existentialism," p.160.

2 J.-P. Sartre, "Mon cher Camus…," *Situations IV*(Paris, 1964), p.115.

3 *Ibid.*, p.118.

4 *Ibid.*, p.111.

5 J.-P. Sartre, *Qu'est-ce que la littérature?* in *Situations II*(Paris, 1985), Folio, pp.286-287.

6 *Ibid.*, p.217.

7 *Ibid.*, pp.246-247.

8 *Ibid.*, p.247.

9 *Ibid.*

10 카뮈는 어쩌면 사르트르가 해놓은 시와 산문 사이에 구분을 떠올렸을 것이다. Camus, *Carnets II, 1942-1951*, p.218.

11 J.-P. Sartre, *Qu'est-ce que la littérature?*, p.251.

12 *Ibid.*, p.248.

13 *Ibid.*, p.254.

14 *Ibid.*, pp.254-255.

15 S. de Beauvoir, *La Force des choses*.

16 *Ibid.*, p.195.

17 J.-P. Sartre, "Premier appel à l'opinion internationale." 1947년 11월에 사르트르, 카뮈, 루세 등에 의해 서명되고, 『에스프리』 지와 『현대』 지에 실린 선언문. Albert Camus, *Essais*, p.1577.

18 M. Contat & M. Rybalka, *Les Ecrits de Jean-Paul Sartre*, Paris, 1970. Albert Camus, *Essais*, p.1577.

19 J.-P. Sartre, "La guerre *peut* être évitée," M. Contat & M. Rybalka; Camus, "La guerre n'est pas inévitable," *Essais*, p.1578.

20 Albert Camus, "Nous disons," *Essais*, pp.1578-1579.

21 J.-P. Sartre, "Premier appel à l'opinion internationale."

22 S. de Beauvoir, *Un amour transatlantique*, p.75.

23 S. de Beauvoir, *La Force des choses*, Gallimard, p.156.

24 *Ibid.*

25 S. de Beauvoir, *Un amour transatlantique*, p.149.

26 S. de Beauvoir, *La Force des choses*, p.156

27 *Caliban*, n° 20, 1948년 10월.

28 Albert Camus, "Démocratie exercice sur la modestie," *Caliban*, n° 21, 1948년 11월.

29 J.-P. Sartre, Pierre Victor, Philippe Gavi, *On a raison de se révolter*(Paris, 1974).

30 예컨대 『레 레트르 프랑세즈』(1948년 4월 8일, p.1)에 실린 "손을 더럽힌 자는 바로 사르트르이다"라는 제목의 글을 볼 것.

31 사르트르는 공연의 원만한 전개를 확신하는 데 있어서 큰 어려움을 겪었다. S. de Beauvoir, *La Force des choses*를 볼 것.

32 M. Contat & M. Rybalka, p.184.

33 S. de Beauvoir, *La Force des choses*.

34 *Ibid.* 이 시기에 사르트르는 「유물론과 혁명」을 집필하고 있었다. 이 논문은 후일 RDR와는 별개로 출판된다. 한 가지 흥미로운 사실은, 그 당시 사르트르가 마르크스의 저작들을 읽고 있었다는 점이다.

35 *Ibid.*

36 Albert Camus, "Première réponse," in *Essais*, p.357.(이 편지에 이미 『반항적 인간』에서 다루어지게 될 몇몇 주제들이 나타난다. 카뮈는 스스로 자신이 폭력이지 않다는 것이 아니라(왜냐하면 폭력은 불가피하기 때문에), 폭력에 대한 모든 합법화에 반대한다고 선언하고 있다.(*Ibid.*, p.355) 동구나 서구 진영을 선택하는 것을 거절하는 가운데 카뮈는 핵전쟁 발발의 위험을 경고하는 역사적으로 확실한 문제들을 다시 한번 강조하고 있다. 또한 그는 이 같은 위협이 상존하는 한, 사회 해방은 불가능하다는 점을 거듭 반복하고 있다.(*Ibid.*, p.1577을 참고할 것) 카뮈는 전쟁을 제거하는 것이 자본주의의 폐지를 전제한다는 점을 인정하긴 했다.(*Ibid.*, p.360) 하지만 그는 자본주의가 전쟁이나 공산주의의 도래를 통해 폐지된다는 사실을 받아들이는 것을 극구 거부한다. 마르크스주의에 대해 보자면, 카뮈는 이 주의가 내세우는 "어떤 비판적 측면"은 "정당하다"고 평가하며, 나아가 마르크스는 "12세대 후의 후손들이 아니라 지금, 여기에 있는 진짜 인간들, 살아있는 인간들"을 사랑했다고도 평가하고 있다.(*Ibid.*, p.361) "교조주의에 갇혀 있거나 박제가 되어 버린" 오늘날의 마르크스주의자들은 현실에 대한 이론의 우위를 설파하는 "합리주의적 약점"에 대한 죄책감을 가지고 있다는 것이다. 이 "20세기의 마르크스주의자들은 [……] 유럽의 자긍심의 역사 기술을 통해서만 요약될 수 있을 뿐인 근대 지성의 오랜 비극의 끝 지점에 서 있다."는 것이다. 요컨대 "인간의 신성화", "총체성의 정복", "신이 배제된 복음주의", 이 모든 것은 지배에서 불가분의 관계에 있다는 것이다.

37 *Ibid.*, p.362.

38 *Ibid.*, p.363.

39 S. de Beauvoir, *La Force des choses*, vol. I, Folio, p.239.

40 A. Cohen-Solal, *Sartre*, p.309.

41 이와 관련된 여러 의견들을 볼 것. 특히 H. Lottman, *Albert Camus*, p.451과 O. Todd, *Albert Camus*, pp.453-454를 볼 것.

42 예술가, 작가로서의 카뮈와 철학자 사르트르 사이의 단호한 대립에 대해서는 O. Todd의 *Albert Camus*, p.493을 볼 것.

43 S. de Beauvoir, *La Cérémonie des adieux*, p.243.

44 S. Beauvoir, *Entretiens avec Jean-Paul Sartre*, Gallimard, p.343.

45 *Ibid.*

46 O. Todd, *Albert Camus*, p.492.

47 *Ibid.*, 또한 그 뒷부분을 참조. "나는 사르트르에게서 가장 위대하고 가장 설득적인 재능을 발견한다. 하지만 우리의 분위기가 양립불가능하다는 아주 단순하고도 강력한 이유로 인해, 그의 책들은 결코 나에게 최소한의 영향력도 행사하지 못했다."

48 S. de Beauvoir, *La Cérémonie des adieux*, p.268.

49 Albert Camus, *The Just Assassins, Caligula, and Three Other Plays*(New York, 1958), p.296.

50 S. de Beauvoir, *La Force des choses*, vol. I, p.214.

51 *Ibid.*, p.215.

52 Maurice Merleau-Ponty, "L'URSS et les camps," in *Signes*(Paris, 1964), p.337.

53 *Ibid.*, p.338.

54 S. de Beauvoir, *La Force des choses*.

55 J.-P. Sartre, "Faux savants ou faux lièvres," in *Situations IV*(Paris, 1964), p.66.

56 J.-P. Sartre, "Merleau-Ponty," in *Situations IV*, 특히, p.174.

57 J.-P. Sartre, *Le Diable et le Bon Dieu*(Paris, 1951), p.241.

58 S. de Beauvoir, *La Force des choses*(Paris, 1963), p.261.

59 *Ibid.*, p.243.

60 보부아르에 따르면, 평론가들은 작품의 내용을 잘 이해하지 못했다. "그들은 괴츠가 마지막 장 끝부분에서 저지른 살인으로 인해 악으로 돌아섰다고 믿는 엄청난 오류를 저질렀다. 사실, 사르트르는 다시 한 번 도덕의 허영을 '실천'의 효율성과 대립시켰던 것이다." 하지만 보부아르는 그 당시 사르트르의 문제제기에 완전히 빠져 있어 무대에서 벌어졌던 살인의 파장이 어떤 것이었는지를 제대로 간파하지 못했던 것으로 보인다. *Ibid.*

61 *Ibid.*, p.280.

62 *Ibid.*, p.260.

6장 폭력과 공산주의

1 S. de Beauvoir, *La Force des choses*(Paris, 1963), p.281.

2 O. Todd, *Albert Camus*, p.543.

3 Donald Lazere, *The Unique Creation of Albert Camus*(New Haven, 1973), p.139. 특히 바우어의 번역본이 갖는 단점에 대한 부분을 볼 것.

4 Albert Camus, *Essais*, p.1747.

5 Albert Camus, "Remarque sur la révolte," *Essais*, p.1689.

6 예컨대 베르나르 앙리 레비Bernard-Henri Lévy의 『인간의 얼굴을 한 야만*La Barbarie à visage humain*』(Grasset, 1985)과 그가 감수한 총서에서 간행된 클로디와 자크 브루와 이엘Claudie & Jacques Broyelle의 『되찾은 환영들. 카뮈에 맞섰던 사르트르는 항상 옳았다*Les Illusions retrouvées: Sartre a toujours raison contre Camus*』(Grasset, 1982) 등을 참고할 것.

7 퓌레F. Furet는 『환영의 사유*La Pensée d'une illusion*』(p.448)에서 카뮈를 다루고 있으며, 그의 정치사상에 동의하고 있다.

8 카뮈의 영어판 『최초의 인간*The First Man*』(New York, 1996)에 카트린 카뮈의 서론을 참고할 것. 『카뮈』 평전을 쓴 토드의 다소 공격적인 어투도 참고할 것. 그리고 다른 많은 학자들도 그들의 뒤를 잇고 있다. 예컨대 토니 주트의 「이방인*The Stranger*」, *New Republic*, 1996년 2월 16일자, p.25를 참고할 것.

9 J. Gerassi, *Jean-Paul Sartre*, pp.33-35, pp.180-183을 볼 것.

10 이 문제는 모호하다. 전쟁은 끝났다. 하지만 한 진영은 승리했고, 다른 진영은 패했다. 우리가 냉전의 압력으로부터 벗어났다면, 그것은 한 쪽이 옳고 다른 쪽이 틀렸기 때문이 아닌가? "냉전의 정당함을 증명하는 사람들"에게 있어서—알렌 헌터Allen Hunter, 『냉전을 다시 생각하자*Rethinking the Cold War*』(Philadelphia, 1998)의 서론을 볼 것—카뮈는 옳았다. 그리고 회고적으로 보면, 『반항적 인간』은 지혜와 통찰로 가득하다. 이것은 정확히 토니 주트가 『책임의 무게*The Burden of Responsibility*』에서 설명한 것이다. 하지만 이러한 접근은 분명하지 못하고, 증명되어야 할 여러 가치들을 사실로 만들기 위해서는, 두 가지 태도 표명이 요구된다. 첫째, 서구가 승리했는데, 그것은 서구가 우월했기 때문이라는 것이다. 둘째, 카뮈의 논증과 그가 옹호한 입장이 지적이고 도덕적인 차원에서도 옳다는 것이다. 토니 주트가 『불완전한 과거*Past Imperfect*』와 『책임의 무게』에서 보여 주고 있는 것처럼, 서구의 승리자들은 이러한 결론을 증명하기 위해 필수적인 세심한 분석에 전념하지 않았다. 따라서 우리는 이 승리자들을 카뮈-사르트르 결별이라는 해묵은 논쟁을, 누가 옳았고, 누가 틀렸었다는 이른바 선악이원론적 세계관에 입각해서 해결하고 돌아온 자들로 여길 수 있었다. Ronald Aronson, *Communism's Posthumous Trail*을 볼 것.

11 1945년에 간행된 짧은 글인 「반항에 대한 설명Remarque sur la révolte」(*Essais*, pp.1682-1697)에서, 카뮈는 두 번에 걸쳐 『존재와 무』를 지적하고 있다. 그러면서 그는 지적으로 개방되었으면서도 탐구적 과정에 대한 인상을 적고 있다. 하지만 이 같은 인상은, 『반항적 인간』의 첫 장章이 된 텍스트의 수정 과정에서 완전히 빠지게 된다. 1945년에 간행된 위의 글은 도전적이며 생생한 그런 느낌을 주는 글이다. 그도 그럴 것이 카뮈는 이 글에서 『반항적 인간』을 내리누르고 있는 무거운 추론에서 벗어나 현실을 이해하기 위해, 정치적으로는 풍부하고 지적으로는 혁신적인 수단들을 제시하고 또 탐구하고 있기 때문이다. 또한 카뮈는 그 글에서 뛰어난 역량으로 반항과 혁명 사이의 차이를 검토하고 있기도 하다. 물론 그 차이가 완전히 규명된 것은 아니었다. 또한 현실적인 문제 전체가 후일 이 두 개념 사이에 개입될 정치적, 도덕적, 철학적 대립을 중심으로 완전히 재정립된 것은 아니었다. 하지만 그 글을 통해서 우리는, 그 당시 카뮈에게 그 자신의 초창기 사유에 변화를 주어야 한다는 필요성을 부과한 관심사가 무엇인지를 이해할 수 있다. 그것은 가령 우리가 이 글보다 훨씬 더 일찍 씌어진 부분, 즉 역사적 반항에 대한 장章의 도입부에 포함되어 있는 다음과 같은 한 문장을 볼 때 특히 그러하다. "반항 운동에 대한 심지어 집단적인 역사는 실제로 출구가 없는 참여의 역사, 그 어떤 체계나 이성도 구속시키지 않는 막연한 저항의 역사이다. 이에 반해 혁명은 행동을 하나의 사유에 맞추려는 시도, 세계를 하나의 이

론적 틀에 맞추려는 기도이다."(*Essais*, p.1689) 하지만 이 같은 카뮈의 판단은 아직 결정적인 것이 못되었으며, 반항과 혁명 사이의 의미 대립은 완전히 고정되지 않은 상태로 있었다. 1940년대 중반, 카뮈는 이 같은 자신의 생각에다 『반항적 인간』에 내재되어 있지만, 아직 증명되지 않고 있던 하나의 견해를 덧붙이고 있다. 반역은 사람들을 죽이는 반면, 혁명은 사람들과 원칙들을 동시에 파괴한다는 견해가 그것이다.(*L'Homme révolté* 참고)

12 *Ibid.*, p.22.

13 Albert Camus, *Carnets 1942-1951*, pp.91-94.

14 Albert Camus, *L'Homme révolté*(Paris, 1951), p.102.

15 *Ibid.*, p.21.

16 *Ibid.*, p.299.

17 Éric Werner, *De la violence au totalitarisme*(Paris, 1972), p.109.

18 이안 버샬Ian Birchall은 카뮈가 마르크스주의를 공산주의와 구분하고 있다고 설명한다. 하지만 다른 관점에서 보자면, 사르트르와 카뮈 사이의 갈등에 대한 완벽한 요약은 위험들에 대한 카뮈의 오래된 지적을 받아들이고 있으며, 이러한 구분을 밝히기 위해 공산주의를 향한 카뮈의 차후의 철저한 적대감을 무시하고 있다. 하지만 카뮈는 공산주의와 마르크스주의를 구분하지도 않았다. 나는 이 책의 4장에서 그 반대의 상황을 정확하게 보여 주었다고 생각한다. 버샬의 「사르트르에 반대하는 카뮈Camus contre Sartre」를 볼 것.

19 S. de Beauvoir, *La Force des Choses*, p.250.

20 「스탈린의 지침」은 공산당을 지지했던 수많은 지식인들에게 동기를 제공했다. 그것은 여러 사실들, 추론들, 신념, 감정 등이 한데 어우러진 결정체였다. 에드가 모랭의 『자아비판』, pp.53-60을 볼 것.

21 Albert Camus, *L'Homme révolté*, p.270.

22 *Ibid.*, p.76.

23 *Ibid.*, p.60.

24 *Ibid.*, p.13.

25 *The 20 Century Bool of the Dead*의 저자인 질 엘리엇에 따르면 이 숫자는 천만 명까지 늘어난다. 『공산주의 흑서』의 서문을 쓴 스테판 쿠르투아에 따르면, 이 숫자는 공산주의에 의해서만 살해된 숫자이다. 이 숫자 문제에 대해서는 Ronald Aronson, *Communism's Posthulous Trial*을 볼 것.

26 Albert Camus, *L'Homme révolté*, p.13.

27 *Ibid.*, p.14.

28 *Ibid.*, p.130.

29 *Ibid.*, p.99.

30 *Ibid.*, p.168.

31 *Ibid.*, p.232.

32 우리는 또한 이 같은 형상을 『반항적 인간』의 한 장을 우연히 펼치면서도 발견할 수 있다. 예컨대 「허무주의와 역사」에서 약 4쪽에 걸쳐 발췌된 문장들에서도 그런 특징들이 잘 드러나 있다. "인간적인 봉기는 그 고양되고 비극적인 형태들 속에서 볼 때, 죽음에 대한 하나의 긴 저항에 다름 아니고, 또한 그것일 수밖에 없는 것이다. 즉 일반화된 죽음의 고통에 의해 지배되는 조건에 열광하는 규탄 말이다."(p.127) "따라서 본질적으로는 통일에 대한 끝없는 요구가 문제되는 것이다."(*Ibid.*) "만약 반항이 그때 신성모독을 한다면, 그것은 새로운 신에 대한 희망에서이다."(p.128) "오늘날 세상을 비추고 있는 것은 반항이나 고귀함이 아니라 허무주의이다."(*Ibid.*) "사드로부터 오늘날에 이르기까지 진보는, 그 고유한 규칙에 따라 신 없는 인간을 맹렬하게 지배했던 닫힌 장소를 점점 더 확대하는 것으로 이루어졌다."(p.129) "신을 죽이는 것 그리고 교회를 세우는 것, 그것은 반항의 항구적이고 모순적인 운동이다."(*Ibid.*) "반항의 세기인 20세기는 이렇게 해서 정의와 도덕의 20세기로 흘러든다. 그곳에서 각자 자신의 가슴을 치고 있다."(*Ibid.*) "이때 반항의 한 가운데에서 창조의 힘을 침수시키는 허무주의는, 단지 우리가 모든 수단들을 통해서 그 힘을 세울 수 있다는 것만을 첨가한다."(p.130)

33 이러한 여러 가지 약점으로 인해 많은 카뮈 전문가들은 후일 『반항적 인간』을 그의 저작들 가운데 가장 안 좋은 저서로 간주하게 된다. 매카시, 『카뮈』, p.248을 참고할 것, 토드 또한 매우 기분 나빠 한다. 그의 연구서 『알베르 카뮈』, pp.300-306을 볼 것.

34 예컨대, 폴 베르만은 서구 문명에 대한 카뮈의 진단을 현대 테러리즘에의 불길한 호소에 대한 그 자신의 연구에서 출발점으로 삼고 있다. 베르만은 그 자신이 직접 전체주의의 최후의 형태들이라고 기술한 것에 맞서는 "자유주의적 미국의 개입"을 부추기고 있다. 그의 『테러와 자유주의*Terror and Liberalism*』(New York, 2003)를 볼 것.

35 마르크스주의 내부에서 이루어진 이 같은 노선들에 대한 분석에 대해서는, Ronald Aronson, 『마르크스주의 이후*After Marxism*』(New York, 1995)를 참고할 것.

36 포스트모더니스트들이 카뮈를 전적으로 자신들의 선구자로 여기지 않는 것은, 분명 부조리와 반항에 대한 그 자신의 주된 형이상학적 관심 때문인 것으로 보인다. 또한 그것은 카뮈 자신이 지니고 있었던 전체적이고 환원주의적인 판단으로 기우는 성향 때문인 것으로도 보인다. 정확히 이런 이유로 『반항적 인간』은, 호르크하이머와 아도르노와 함께 집필한 『이성의 변증법*La Dialectique de la raison*』 등과 같은 더 야심적이고, 더 많은 설명이 행해지고 있으며, 지금도 유행하고 있는 저서들과 확연히 구분된다. 하지만 여러 가지 점에서 볼 때, 『반항적 인간』은 근대적 정신에 내재한 수많은 모순들의 출현을 기술하고 있는 이른바 "계보학적"인 면에서 하나의 모델이었다. 또한 카뮈가 이 저서에서 제시하고 있는 반항에 내재되어 있는 여러 한계들에 대한 제시는, 포스트마르크스주의적이고 포스트모던적인 급진적 정치 형태 전조이기도 하다.

37 Ronald Aronson, 『마르크스주의 이후』(New York, 1995)를 볼 것. 아울러 브루와이

옐과 베르너의 『되찾은 환상들Les Illusions retrouvées』을 참조. 또한 제프리 C. 이삭, 『아렌트, 카뮈, 그리고 현대 혁명Arendt, Camus, and Modern Rebellion』(New Haven, 1992)을 참조. 다비드 스프린첸의 『카뮈, 비판적 검증Camus, a Critical Examination』(Philadelphia, 1988)은 카뮈의 정치사상을 잘 소개하고 있다.

38 Albert Camus, *L'Homme révolté*, p.341.

39 E. Werner, *De la violence au totalitarisme*, p.51.

40 Albert Camus, *L'Homme révolté*, p.347.

41 *Ibid.*, p.343.

42 *Ibid.*, p.350.

43 *Ibid.*, p.349.

44 Albert Camus, *L'Homme révolté*, p.49.

45 J.-P. Sartre, *L'Affaire Henri Martin*(Paris, 1953년 10월). 2005년에 *Les Temps des Cerises*에서 재간행됨.

46 J.-P. Sartre, "Merleau-Ponty," in *Situations IV*, pp.248-249.

47 J.-P. Sartre, "Les Communistes et la Paix", in *Situations VI*(Paris, 1964), p.135.

48 *Ibid.*

49 *Ibid.*, p.137.

50 *Ibid.*, p.143.

51 *Ibid.*, p.146.(강조는 원저자의 것)

52 *Ibid.*, p.149.(강조는 원저자의 것)

53 *Ibid.*

54 *Ibid.*, p.150.

55 *Ibid.*, pp.150-151.

56 *Ibid.*, pp.151-152.

7장 폭발

1 Albert Camus, *L'Homme révolté*, p.112.

2 J.-P. Sartre, *Qu'est-ce que la littérature?*, Gallimard, pp.175-192.

3 A. Breton, *Second manifeste du surréalisme*(Paris, 1930).

4 A. Berton, "Sucre jaune," *Arts*, 1951년 10월 12일, p.1.

5 Albert Camus, "Révolte et comformisme," in *Essais*, p.731.

6 *Ibid.*, p.732.

7 Albert Camus, "Révolte et servitude," in *Essais*, p.754.

8 A. Breton, "Dialogue entre André Breton et Aimé Parti à propos de *L'Homme révolté* d'Albert Camus," *Arts*, 1952년 11월 16일, p.3. Polizzotti, *The Revolution of th Mind: The Life of André Breton*(New York, 1995), p.573에서 인용됨.

9 O. Todd, *Albert Camus*, p.306.

10 François Di Dio, "Voilà le temps de l'innocence," *Le Soleil Noir: Positions*, n° 1(1952 년 2월).

11 H. Lottman, *Albert Camus*, p.525.

12 *Ibid.*, p.526.

13 Pierre Lebar, "Revue des revues," *L'Observateur*, 1952년 4월 24일.

14 Albert Camus, "Révolte et Police," in *Essais*, p.49. 「라 누벨 크리티크」 지가 「반항 적 인간」에 대한 서평을 "7개월 동안 장고를 한 끝에서야" 비로소 실은 것이 자신을 얼마나 화나게 했는가를 보여 준 후에, 카뮈는 르바르의 이름을 전혀 언급하지 않은 채, 에르베가 쓴 글을 조목조목 반박할 목적으로 자기에게 주어진 기회를 공개적으로 이용하고 있다. 하지만 이처럼 별로 기분이 좋지 않다는 태도를 취했던 카뮈는, 그 자신에 대한 로제르 스테판Reger Sthéphane의 신랄한 응수로 인해 더욱 더 곤경에 처하게 된다. *L'Observateur*, 1952년 6월 5일, p.18.

15 Albert Camus, "Entretien sur la révolte," in *Essais*, p.738.

16 S. de Beauvoir, *La Force des choses*, p.271.

17 H. Lottman, *Albert Camus*, p.500.

18 S. de Beauvoir, *La Force des choses*, p.260.

19 프랑시스 장송과의 인터뷰, Claouey, *France*, 2001년 7월 23-25일.

20 Claude Mauriac, *La Table Ronde*, n° 48 (1951년 12월), pp.98-109.

21 S. de Beauvoir, *La Cérémonie des adieux*(Paris, 1981), p.343.

22 S. de Beauvoir, *La Force des choses*, p.279.

23 J.-P. Sartre, "Merleau-Ponty," *Situations IV*, p.249.

24 이 점에 대해서는, 로널드 애런슨을 볼 것. 「사르트르의 마지막 말들Sartre's Last Words」, 사르트르와 베니 레비에 대한 소개, *L'Espoir maintenant*.

25 S. de Beauvoir, *La Cérémonie des adieux*, p.344.

26 장송의 인터뷰.

27 Francis Jeanson, "Albert Camus ou le mensonge de l'absurde," *Revue Dominicaine*, n° 53(1947년 2월), p.107. 다른 글들은 1~2월에 「라 프랑스 엥테리에르La France intérieure」 지에 실렸다.

28 *Ibid.*

29 F. Jeanson, "Un quidam nommé Sartre," in *Le Problème moral et la pensée de Sartre*(Paris, 1980), p.235. 마리 피에르 윌로아Marie-Pierre Ulloa는 자신의 저서 *Francis Jeanson: un intellectuel en dissidence de la Résistance à la Guerre d'Algérie*(Paris, 2001)에서 장송의 지적 여정을 잘 보여 주고 있다.

30 F. Jeanson, "Définition du prolétariat?," in *Esprit*, 1951년 7-8월, p.20.

31 S. de Beauvoir, *La Cérémonie des adieux*, p.344.

32 Wiliam L. McBride, "The Polemic in the Pages of *Les Temps Modernes*(1952) à propos de Francis Jeanson's Review of Camus dans *The Rebel*," in *Sartre and Existentislism*, vol. 8: *Sartre's French Contemporaries and Enduring Influences* (Hamden, CT, 1997)

33 Albert Camus, *L'Homme révolté*, p.167.

34 F. Jeanson, "Albert Camus ou l'âme révoltée," *Les Temps modernes*, 1952년 5월, p.2071.

35 *Ibid.*, p.2072.

36 *Ibid.*, p.2074.

37 아드리안 반 덴 호벤Adrian van den Honven에 의한 원고 번역, p.5.(저작권 소유)

38 F. Jeanson, "Albert Camus ou l'âme révoltée," p.2077.

39 Albert Camus, "Révolte et servitude," *Essais*, p.754.

40 F. Jeanson, "Albert Camus ou l'âme révoltée," pp.2078-2079.

41 *Ibid.*, pp.2084-2085(반 덴 호벤의 번역, p.11)

42 *Ibid.*, p.2085.(반 덴 호벤의 번역, p.11)

43 *Ibid.*, p.2086.(반 덴 호벤의 번역, p.12)

44 Albert Camus, "Révolte et servitude," in *Actuelles II*(Pairs, 1953).

45 Roger Quilliot의 주해, *Essais*, p.1719.

46 Albert Camus, "Révolte et servitude," p.758.

47 *Ibid.*, p.762.

48 *Ibid.*, pp.760-761.

49 *Ibid.*, p.756.

50 *Ibid.*, pp.761-762.

51 *Ibid.*, p.772.

52 *Ibid.*, pp.764-765.

53 *Ibid.*, p.765.

54 *Ibid.*, p.767.

55 *Ibid.*, p.768.

56 *Ibid.*

57 *Ibid.*, p.770.

58 *Ibid.*, p.771.

59 J.-P. Sartre, "Répose à Albert Camus," in *Situations IV*, p.90.

60 *Ibid.*, p.91.

61 *Ibid.*, p.98.

62 *Ibid.*, p.90.

63 *Ibid.*, p.91.

64 *Ibid.*, p.92.

65 *Ibid.*, p.93.

66 *Ibid.*, p.97.
67 *Ibid.*, p.100.
68 *Ibid.*, p.106.
69 *Ibid.*, p.107.
70 *Ibid.*, p.110.
71 *Ibid.*, p.111.
72 *Ibid.*, p.118.
73 *Ibid.*, pp.95-116.
74 *Ibid.*, p.111.
75 *Ibid.*, p.115.
76 *Ibid.*, p.118.
77 *Ibid.*
78 *Ibid.*, p.120.
79 *Ibid.*, p.122.
80 *Ibid.*, p.121.
81 *Ibid.*
82 *Ibid.*
83 *Ibid.*, p.125.

8장 사태를 잘 정리하기, 참다운 행동을 하기

1 O. Todd, *Albert Camus*, p.573.
2 R[oger] S[téphane], "Le Débat Sartre-Camus," *L'Observateur*, 1954년 9월 4일, p.19.
3 H. Lottman, *Albert Camus*, p.532.
4 "Une polémique entre MM. Albert Camus et Jean-Paul Sartre," *Le Monde*, 1952년 9월 13일.
5 "Le différend Camus-Sartre," *Combat*, 1952년 9월 18일, A 섹션.
6 *Ibid.*
7 Pierre de Boisdeffre, *Le Monde*, 1952년 9월 24일. Bernard Frank, "Un redressement littéraire," *L'Observateur*, 1952년 9월 25일, p.18.
8 O. Todd, *Albert Camus*, p.574쪽에서 인용.
9 *Ibid.*
10 *Ibid.*
11 Dionys Mascolo와 Renée Gallimard. Lottman의 *Albert Camus*, p.533에서 인용.
12 O. Todd, *Albert Camus*, p.573.
13 O. Todd, *Albert Camus*, pp.573-574 전체 인용.
14 Albert Camus, *Carnets III: 1951. 3.-1959. 12*(Paris, 1989), p.63.

15 J.-P. Sartre, "Autoportrait à soixante-dix ans," *Situations X*(Paris, 1976), p.196.

16 Albert Camus, *Cahiers III*, p.30.

17 『반항적 인간』에서 사르트르에게 감행한 도전에도 불구하고, 이 충실성으로 인해 『현대』 지 진영에서 그의 저서에 대해 좋은 서평을 써줄 것이라고 카뮈가 상상했던 것은 사실이었던가? 이 같은 태도는 전적으로 자기 자신들의 의무는 도외시하고 다른 사람들의 충실성을 소리 높여 요구하는 사람들에게 고유한 태도인가? 카뮈와 사르트르 사이의 우정에서 볼 수 있는 이 같은 측면은, 특히 알제리 전쟁 동안, 즉 카뮈의 알제리 친구들이 점차 프랑스가 알제리에서 완전히 철수해야만 한다는 결론을 주장하게 되었을 때, 심각하게 문제를 노정하게 된다. 이 문제에 대한 논의에 대해서는 특히 Jean Daniel, *Le Temps qui reste*, p.75와 p.95를 참고할 것.

18 『콩바』 지에서의 카뮈의 친구, 장 블로흐 미셸 Jean Bloch-Michel과의 인터뷰. 로트만이 *Albert Camus*, p.534에서 인용함.

19 O. Todd, *Albert Camus*, p.577.

20 *Ibid.*, p.578.

21 Albert Camus, *Carnets III*, p.62.

22 *Ibid.*, p.63.

23 *Ibid.*

24 *Ibid.*, p.64.

25 H. Lottman, *Albert Camus*, p.538.

26 로트만에 따르면, 카뮈는 그 편지들을 큰 바구니에 소중하게 담아두고 있었다. *Ibid.*

27 이 편지는 1952년 11월의 것이다. O. Todd, *Albert Camus*, p.579를 볼 것.

28 Albert Camus, "Défense de la liberté," in *Essais*, p.777.

29 알베르 카뮈에게 보낸 장 그르니에의 편지, 1952년 12월 26일, "Correspondance Albert Camus-Jean Grenier," in *Œuvres complètes d'Albert Camus*, vol., 9(Paris, 1983), pp.354-357.

30 Albert Camus, "Défense de *L'Homme révolté*," in *Essais*, pp.1708-1709.

31 *Ibid.*, p.1708.

32 *Ibid.*

33 *Ibid.*, p.1705.

34 *Ibid.*, p.1709.

35 *Ibid.*, p.1710.

36 *Ibid.*

37 *Ibid.*, p.1711.

38 *Ibid.*, p.1714.

39 *Ibid.*

40 장송이 카뮈의 「『반항적 인간』의 옹호」를 처음 읽은 것은 거의 50년 후의 일이다. 그는 이 글이 『반항적 인간』보다 훨씬 더 분명하고 직접적이라고 판단했다. 하지만 장

송은 세계 위에 있으려는 카뮈의 같은 성향 때문에 괴로워한다. 프랑시스 장송의 인터뷰.

41 Albert Camus, *Carnets III*, p.102.

42 J.-P. Sartre, "Albert Camus," *Situations IV*, p.110.

43 *Ibid.*, p.109.

44 O. Todd, *Albert Camus*, p.415.

45 J.-P. Sartre, "Autopotrait à soixante-dix ans," p.195.

46 O. Todd, *Albert Camus*.

47 Ronald Aronson, *Jean-Paul Sartre*, pp.218-225. 잊지 않고 언급해야 할 점은, 사르트르의 공산주의 가입이 클로드 르포르와 에른스트 만델과 같이 PCF 당원이 마르크스주의자들에 의해 비판받았다는 점이다.

48 사르트르의 기고문이 "앙리 마르탱의 교훈적인 경우"라는 제목으로 실렸다.(1952년 1월 17일자, *Les Lettres françaises*, p.2)

49 Elsa Triolet, "Le Grand jeu," *Les Lettres françaises*, 1951년 6월 14일, p.7.

50 Claude Morgan, "Les intellectuels devant leurs responsabilités," *Les Lettres françaises*, 1952년 9월 18일, p.4.

51 Georges Sadoul, "Respectueuse?··· Ou irrespectueuse?", *Les Lettres françaises*, 1952년 10월 8일, p.9.

52 비엔나에서의 화해가 있었을 때, 도미니크 드장티Dominique Desanti는, 『더러운 손』으로 인해 그 자신 상처를 입었다고 말하지 않을 수 없었다. 그의 *Les Staliniens*(Paris, 1975), p.250을 참조 할 것.

53 M. Contat & M. Ryblaka, *Les Ecrits de Jean-Paul Sartre*, p.266.

54 *Ibid.*, p.252에서 발췌.

55 "Intervention de M. Jean-Paul Sartre," 1952년 12월 12일, *Ibid.*, p.253에서 발췌.

56 *Ibid.*

57 *Ibid.*, p.254.

58 *Ibid.*, pp.251-258.

59 Albert Camus, *Carnets III*, p.70.

60 O. Todd, *Albert Camus*, p.580.

61 J.-P. Sartre, "Les Animaux malades de la rage," *Libération*, 1953년 6월 22일. Contat와 Rybalka가 재인용, p.705.

62 *Ibid.*, p.707.

63 Albert Camus, "Berlin-Est, 17 juin 1953," in *Essais*, p.1772.

64 *Ibid.*, pp.1771-1772.

65 M. Contat & M. Rybalka, *Les Ecrits de Jean-Paul Sartre*, p.266.

66 J.-P. Sartre, "Merleau-Ponty," *Situations IV*, p.255.

67 메를로퐁티의 사망 이후 1961년에 작성된 공산주의의자들 쪽으로의 그 자신의 정치

적 기울어짐에 대한 분석에서, 사르트르는 자기 사상이 어떻게 동료들의 사상들과 갈라지게 되었는지를 잘 보여 주고 있다. 문제가 되는 주제는, 『현대』 지의 편집인 자격으로 메를로퐁티가 1950년에 자기의 이름과 사르트르의 이름으로 작성한 소련의 굴락에 대한 사설에서 개진했던 것이다. J.-P. Sartre, "Merleau-Ponty," *Situations IV* 참조.

68 J.-P. Sartre, "Les Communistes et la paix," p.259.

69 J.-P. Sartre, "Merleau-Ponty," *Situations IV*, p.230.

70 *Ibid.*

71 J.-P. Sartre, *Kean*, 2막, 2장.

72 *Ibid.*

73 Albert Camus, *Carnets III*, p.85.

74 *Ibid.*, p.90.

75 *Ibid.*, p.95.

76 *Ibid.*, pp.101-102.

77 *Ibid.*, p.102.

78 Albert Camus, "L'Artiste et son temps," in *Essais*, p.804.

79 Albert Camus, *Carnets III*, p.103.

9장 각자의 목소리를 되찾다

1 O. Todd, *Albert Camus, une vie*.

2 O. Todd, *Albert Camus*, pp.584-594.

3 Albert Camus, 1954년 8월 7일 편지, *Essais*에서 재인용, p.1491.

4 O. Todd, *Albert Camus*, p.592.

5 "Lettre à Gillibert," in Albert Camus, *Théâtre, Récits, Nouvelles*(Paris, 1974) XXXVI.

6 Jeanne Polge에게, O. Todd, *Albert Camus*, p.593.

7 M. Contat & M. Rybalka, *Les écrits de Jean-Paul Sartre*.

8 J.-P. Sartre, "Les Communistes et la paix," p.170.

9 이 표현은 헤겔의 "고매한 영혼"을 가리키는 것으로, 장송이 「알베르 카뮈 혹은 반항하는 영혼」이라는 제목에서 행한 말장난으로 처음 기술되었던 그대로의 표현이다.

10 Albert Camus, *L'Homme révolté*, pp.298-299.

11 Albert Camus, *Carnets III*, p.109.

12 *Ibid.*, p.113.

13 Albert Camus, *Carnets III*, pp.146-147. O. Todd, *Albert Camus*, p.323.

14 Albert Camus, *Carnets III*, p.147.

15 S. de Beauvoir, *La Force de l'âge*, p.267.

16 S. de Beauvoir, *Les Mandarins*(Paris, 1954), p.556.

17 S. de Beauvoir, *La Force des choses*, p.288.

18 *Ibid.*

19 카뮈의 평전을 쓴 토드는 "카뮈에 대한 중상모략의 잔인한 연습"에 대해 기술하고 있다.(*Albert Camus*, p.323) "많은 비용이 든 해결"(p.601).

20 Terry Keefe, *Simone de Beauvoir: A Study of Her Fiction*(New York, 1982), pp.181-199.

21 D. Bair, *Simonde de Beauvoir*, p.428.

22 S. de Beauvoir, *Les Mandarins*, p.402.

23 앙리의 책이 출판되었을 때, 그가 후일 결혼하게 되는 젊은 여성인 나딘은 장송의 언어로 앙리를 비판한다. "모든 우파가 당신을 꽃으로 뒤덮는다. 거북한 일이다." (*Ibid.*) 파울라는 "극단적으로 고전적인" 그의 문체를 비난한다.(*Ibid.*) 그리고 카뮈를 비판하는 사르트르라고 생각할 수 있는 앙리는, 보수주의자들이 소련의 굴락 존재를 알고 얼마나 기뻐했는가를 말하고 있다. "우파는 공산주의에 대한 잘못된 인식을 만들어 내기 위해 굴락을 이용했다. 마치 우파가 그런 인식에 의해 정당화될 수 있다는 듯이 말이다! 착취, 실업, 기아 등을 입에 올리기만 하면, 보수주의자들은 굴락을 입에 올리곤 했다. 만약 굴락이 존재하지 않았다면, 그들은 그것을 만들어낼 수도 있었을 것이다."(*Ibid.*, p.467) 적어도 장송, 사르트르, 카뮈 등의 선언들에서 직접 인용된 다른 세 문장에 대해서는 416, 428, 490쪽을 참조할 것.

24 O. Todd, *Albert Camus*, p.601.

25 *Ibid.*, p.604.

26 Alexandre Astruc과 Michel Contat가 연출한 영화의 완본판, *Sartre*(Paris, 1977), p.99.

27 *Ibid.*, p.101.

28 H. Lottman, *Albert Camus*, p.571.

29 Albert Camus, *Carnets III*, p.150.

30 *Ibid.*

31 모든 사태는, 인도차이나 전쟁의 결과에 도움이 안 되는 것으로 여겨진 텍스트를 발간했다는 이유로 투옥된 수석 편집자 로제 스테판을 지지할 목적으로, 카뮈가 보냈던 편지 한 통을 그 잡지가 부정확하게 사용했다는 판단과 더불어 시작되었다. 게다가 『롭세르바퇴르』 지는 『콩바』 지의 편집장이던 카뮈를 비난했다. 그가 『렉스프레스』 지와 이 잡지의 인기 있는 노선이 보여 주는 상업적 저널리즘의 새로운 스타일에 압도되었다는 것이 그 비난의 주된 내용이었다. 그 노선은 세르반 슈라이버 Servan-Schreiber가 주간지 『엘*Elle*』에 도입했던 것이다.

32 Albert Camus, "Le Vrai débat," in *Essais*, p.1760.

33 *Ibid.*

34 *Ibid.*, pp.1760-1761.

35 *Ibid.*, p.1760.

36 J.-M. Domenache, "Camus-Sartre Debat: Rebellion vs. Revolution," *The Nation*, 1953년 3월 7일, pp.202-203.

37 Albert Camus, *Essais*, p.1750.

38 Albert Camus, "Réponse à Domenach," in *Essais*, p.1753.

39 *Ibid.*, p.1752.

40 *Ibid.*, p.1740.

41 Alistair Horne, *A Savage War of Peace*(New York, 1977), p.95.

42 Albert Camus, "Terrorisme et répression," *L'Express*, 1955년 7월 9일자, p.4.

43 *Ibid.*

44 *Ibid.*

45 Albert Camus, "L'Avenir algérien," in *Essais*, p.1873.

46 Albert Camus, "Misère de la Kabylie," in *Essais*, p.1873.

47 Albert Camus, "L'Absente," in *Essais*, p.970.

48 Albert Camus, "La Table ronde," in *Essais*, p.972.

49 Albert Camus, "Premier novembre," in *Essais*, pp.981-982.

50 Albert Camus, "Pour une trêve civile en Algérie," in *Chroniques algériennes*, p.172.

51 *Ibid.*, p.173.

52 *Ibid.*, p.180.

53 *Ibid.*, pp.174-175.

54 *Ibid.*, p.141.

55 *Ibid.*, p.183.

56 "M. Albert Camus lance un appel pour un trêve en Algérie," *Le Monde*, 1954년 1월 24일, p.4.

57 "Le meeting du Comité des intellectuels contre la poursuite de la guerre," *Le Monde*, 1956년 1월 29일, p.4.

58 이 회합에 대해서는 다음을 볼 것. James D. Le Sueur, *Uncivil War: Intellectuals and Identity Politics during the Decolonization of Algeria*(Philadelphia, 2001), pp.36-44.

59 S. de Beauvoir, *La Force des choses*, p.341.

60 J.-P. Sartre, "Le colonialisme est un système," in *Situations V*(Paris, 1964), p.27.

61 *Ibid.*, pp.43-44.

62 *Ibid.*, p.44.

63 A. Cohen-Solal, *Sartre*, p.478.

64 J.-P. Sartre, "Le colonialisme est un système," p.47.

65 *Ibid.*, p.40.

66 *Ibid.*, p.48.

67 *Ibid.*, p.47.

68 *Ibid.*, p.46.

69 *Ibid.*, p.40, p.47.

70 *Ibid.*, p.47.

71 *Ibid.*, p.48.

72 Albert Camus, *La Chute*.

73 J.-P. Sartre, "Réponse à Albert Camus," p.98.

74 Albert Camus, *La Chute*, p.8.

75 *Ibid.*, pp.5-6. 이 분석과 다른 많은 정확한 참고자료를 위해, 나는 앙드레 아부André Abbou의 「『전락』에 나타난 담론의 표층구조Les Structures siperficielles du discours dans *La Chute*」(*La Revue des lettres modernes*, 1970, n° 4)와 워렌 터커Warren Tucker 의 「『전락』-지상에서의 구원에의 길*La Chute:* voie du salut terrestre」(*French Review* 43, n° 5, 1970년 4월) 등에 많은 빚을 지고 있다.

76 Albert Camus, *La Chute*, p.24.

77 J.-P. Sartre, "Réponse à Albert Camus," p.100.

78 Albert Camus, *La Chute*, p.102.

79 J.-P. Sartre, "Réponse à Albert Camus," p.100.

80 Albert Camus, *La Chute*, p.13.

81 J.-P. Sartre, "Réponse à Albert Camus," p.111.

82 Albert Camus, *La Chute*, p.169.

83 *Ibid.*, p.149.

84 *Ibid.*, pp.34-36.

85 *Ibid.*, p.37.

86 *Ibid.*, p.39.

87 *Ibid.*, p.63.

88 *Ibid.*

89 *Ibid.*, p.82.

90 O. Todd, *Albert Camus*, p.637.

91 J.-P. Sartre, "Réponse à Albert Camus," p.111.

92 Albert Camus, *La Chute*, p.65.

93 *Ibid.*

94 *Ibid.*, p.65.

95 *Ibid.*, p.66.

96 *Ibid.*, p.56.

97 *Ibid.*, p.92.

98 *Ibid.*, p.155.

99 *Ibid.*, p.159.

100 O. Todd, *Albert Camus*, p.637. Camus, *Théâtre, Récits, Nouvelles*, p.2035.

101 Albert Camus, *La Chute*, p.140.

102 G. Picon, *Mercure de France*, 1956년 7월, pp.688-693.

103 S. de Beauvoir, *La Force des choses*, p.372.

105 Albert Camus, *La Chute*, p.13.

105 Albert Camus, 도미니크 오리Dominique Aury와의 인터뷰, *New York Times Book Review*, 1957년 2월 24일, p.36. Lazere의 *The Unique Creation of Albert Camus*, p.189.

106 Albert Camus, *La Chute*, p.141.

107 *Ibid.*, p.142.

108 *Ibid.*, p.146.

109 *Ibid.*, pp.152-153.

110 *Ibid.*, p.153.

111 *Ibid.*, p.154.

112 *Ibid.*, p.156.

113 *Ibid.*, p.158.

114 *Ibid.*, pp.19-20.

115 그 당시 카뮈의 행동은 알제리의 시민 평화에 관계된 것이었다. 『전락』에는 과연 식민지주의에 대한 한 명의 피에 누아르의 죄의식이 표현되고 있을까? 아니면 식민지주의를 끝장낼 수 없는 것에 대한 고통이 표현되고 있을까? 오브리언O'Brien은 『유럽과 아프리카의 알베르 카뮈*Albert Camus of Europe and Africa*』에서 텍스트를 분석하지 않은 채, 카뮈의 죄책감에 대해 질문을 던지고 있다. 그리고 이 사실은 E. 사이드의 『문화와 제국주의*Culture and Imperialism*』(New York, 1993)에서 확실한 사실로 받아들여지고 있다. 한편, 토니 주트도 『전락』을 분석하지 않은 채 다음과 같이 단언하고 있다. 『전락』을 보면, 카뮈가 보다 더 일찍 식민지주의에 대해 반기를 들지 못한 점에 얼마나 큰 죄의식을 가지고 있는지, "그 자신 말하고자 하는 뭔가를 가지고 있었지만 실제로 말을 하지 못하고 날려 버렸던 기회들, 개인적 감수성에 맞추고 또한 자신의 개인적이며 정치적인 충실도를 지키기 위해 사회적으로는 받아들여질 수 있었지만, 그래도 어느 정도는 약화된 형태로 자신의 의견을 표명했던 기회들"(주트, 『책임의 무게』, Chicago, 1998, p.114)에 대해서도 역시 얼마나 큰 죄의식을 느끼고 있는가 하고 말이다.

116 O. Todd, *Albert Camus*, p.638, p.818.

117 J.-P. Sartre, "Albert Camus," *Situations IV*, p.127.

118 J.-P. Sartre, "Réponse à Albert Camus," *Situations IV*, p.122.

119 Albert Camus, *La Chute*, p.161.

120 그는 나빌에 대한 공격을 발표했던 『프랑스 옵세르바테르*France Observateur*』 지에 대해 분노를 느끼고 있었다. M. Conat & M. Rybalka의 *Les Ecrits de Sartre*를 볼 것.

121 *Ibid.*

122 *Ibid.*

123 J.-P. Sartre, "Le Fantôme de Staline," in *Situations VII*(Paris, 1965), p.150.

124 *Ibid.*, p.277.

125 *Ibid.*, p.213.

126 *Ibid.*, p.215.

127 *Ibid.*, p.184.

128 *Ibid.*, p.236

129 J. 제라시는 *Jean-Paul Sartre*(pp.30-37)라는 제목의 평전에서 이와 같은 내용을 잘 표현하고 있다.

130 J.-P. Sartre, *Les Séquestrés d'Altona*(Paris, 1960), p.178.

131 *Ibid.*, p.182.

10장 비공개 재판

1 J.-P. Sartre, "Merleau-Ponty," *Situations IV*.

2 S. de Beauvoir, *Les Mandarins*, p.484.

3 John Talbott, *The War without a Name: France in Algeria, 1954-1962*(New York, 1980), p.48.

4 John Talbott, *The War without a Name*, pp.81-87. 그리고 Horne, *A Savage War of Peace*, pp.183-187.

5 Danièle Joly, *The French Communist Party and the Algerian War*(London, 1991), p.48.

6 Raymond Aron, *La Traédie algérienne*(Paris, 1957).

7 Albert Camus, "Entretien," Jean Daniel, *Le Temps qui reste: essai d'autobiographie professionnelle*(Paris, 1973), p.257. 앞에서 인용했듯이, 이 책은 말로, 사르트르, 카뮈에 대한 세 개의 인터뷰를 제외하고 1984년에 다시 간행되었다.

8 J.-P. Sartre, "Vous êtes formidables," in *Situations V*(Paris, 1964), pp.66-67.

9 Albert Camus, "Lettre à *Encounter*," in *Essais*, pp.1878-1879.

10 Albert Memmi, "Intervention," *Camus et la politique*(Paris, Jean-Yves Guérin, 1986), pp.194-195.

11 Albert Memmi, *Portrait du colonisé, Portrait du colonisateur*(Paris, 1966), p.77.

12 *Ibid.*, p.81.

13 Albert Memmi, "Camus ou le colonisateur de bonne volonté," *La Nef*, 1957년 11월, p.95.

14 *Ibid.*

15 H. Lottman, *Albert Camus*, p.639.

16 Albert Camus, *Essais*, p.1882. 이 사건과 관련해서는 H. Lottman, *Albert Camus*, pp.647-649를 참고할 것.

17 Albert Camus, *Essais*, p.1882.

18 Albert Camus, "Lettre au *Monde*," in *Essais*, pp.1882-1883. 토드의 『알베르 카뮈』와 로트만의 『알베르 카뮈』, pp.648-649를 참조할 것.

19 *Ibid.*

20 Albert Camus, "Créer dangereusement," in *Résistance, Rébellion et mort*, p.242.

21 *Ibid.*, p.251.

22 J.-P. Sartre, "Une victoire," in *Situations V*(Paris 1958), p.72.

23 *Ibid.*, p.73.

24 이는 파농의 저서에 대해 그가 쓴 1961년의 서문에 의해서 확인되고 있다. 아래를 참조할 것.

25 M. Contat & M. Rybalka, *Les Ecrits de Jean-Paul Sartre*.

26 J.-P. Satre, "Nous sommes tous des assassins," in *Situations V*, pp.68-71.

27 Albert Camus, *Chroniques algériennes*, (Préface), in *Actuelles III*(Paris, 1958), p.21.

28 *Ibid.*, p.17.

29 *Ibid.*, p.18.

30 *Ibid.*, p.21.

31 *Ibid.*, p.22.

32 *Ibid.*, p.14.

33 Albert Camus, "Algérie 1958," in *Actuelles III*, p.202.

34 R. Aron, *La Tragédie algérienne*, p.109.

35 Albert Camus, "Algérie 1958," p.205.

36 *Ibid.*, p.206.

37 *Ibid.*, p.205.

38 *The Company of Critics*(New York, 1988)에서 Michael Walzer는, 카뮈가 피에 누아르들의 공동체에 속한 것의 긍정적 측면들을 강조하고 있으며, 사르트르와 보부아르의 좀 더 추상적인 주지주의 "무관심"에는 반대한다고 강조하고 있다. 하지만 카뮈가 자신이 속한 공동체의 장기적 필요들과 관련해서 스스로를 현실주의자로 드러내는 데 도움을 줄 수도 있는 더 추상적이고 더 보편적인 하나의 논리의— "비판적 연결"이라기보다는 "비판적 거리"라고 할 수 있는 논리의—여러 계기들이 존재했다는 것은 사실이다. 이러한 의미에서 카뮈의 자기기만의 위험성 이 두 측면과 무관하지 않다.

39 Albert Camus, "Algérie 1958," p.211.

40 Albert Camus, *Chroniques alériennes*, (Préface), p.14.

41 *Ibid.*,

42 Albert Camus, "Les déclarations de Stockholm," in *Essais*, p.1882.

43 J.-P. Satre, *Situations V*, pp.89-144.

44 O. Todd, *Albert Camus*.

45 S. de Beauvoir, *La Force des choses*, p.484.

46 J.-P. Sartre, "Albert Camus," *Situations IV*, p.128.

47 Albert Camus, *Ibid.*, p.127.

48 *Ibid.*

49 *Ibid.*

50 *Ibid.*

51 A. Cohen-Solal, *Sartre*, p.535.

52 A. Memmi, *Portrait du colonisateur, Portrait du colonisé.*

53 O'Brien, *Albert Camus of Europe and Africa.*

54 「1957년 12월 10일의 연설Discours du 10 décembre 1957」, in *Essais*, p.1071. 다비드 샹크의 『전쟁과 상아탑: 알제리와 베트남War and the Ivory Tower: Algeria and Vietnam』(New York, 1991), pp.61-61에서 인용.

55 Horne, *A Savage War of Peace*, pp.485-486.

56 Mouloud Feraoun. Horne가 *A Savage War of Peace*에서 인용. p.430.

57 Horne, *A Savage War of Peace*, p.486.

58 르 쉬에르Le Sueur가 *Uncivil War*(pp.55-56, 83-84)에서 이 이야기를 하고 있다.

59 J.-P. Sartre, 파농의 *Les Damnés de la terre*(Paris, 1991)의 서문, p.43.

60 *Ibid.*, p.45.

61 *Ibid.*, p.50.

62 *Ibid.*, pp.51-52.

63 *Ibid.*, p.52.

64 *Ibid.*, p.53.

65 *Ibid.*, p.54.

66 *Ibid.*, p.55.

67 *Ibid.*, p.58.

68 *Ibid.*, p.51.

69 베니 레비의 끈질긴 권유에 따라 사르트르는 말년에 가진 대담에서 이런 시도에 대해 설명을 하고 있다. Sartre & Lévy, *L'Espoir, maintenant*, pp.91-94를 볼 것. 이 부분에 포함된 내용이 위의 몇 줄에 요약되어 있음.

70 Sartre & Lévy, *L'Espoir, maintenant*, pp.91-94.

71 J.-P. Sartre, *Critique de la raison dialectique*, p.132.

72 R. Aronson, *Jean-Paul Sartre*와 *Sartre's Second Critique.*

73 사르트르, 1958년 1월 13일 미발표 대담, J. 다니엘, 『남은 시간』, p.251. 그렇지만 사르트르는 모든 대가를 치러야하는 해방을 계속 찬양하지는 않았다. 1960년대 초반, 그는 혁명적 폭력의 사용을 위한 일련의 지도 노선을 설정했다. 그 노선은 무엇보다도 사람들이 혁명적인 폭력을 다만 최후의 수단으로 삼아야 한다는 것, 절대적으로 필요한 경우에만 한정해야 한다는 것, 그것이 피억압자들 자신들에게서 유래한다는 것을 다른 사람들이 확신해야 한다는 것을 명기하고 있다. Thomas C. Anderson,

Satre's Two Ethics: From Authenticity to Integral Humanity (Chicago, 1993), pp.125-128. 분명한 것은, 이처럼 제한된 폭력의 목표들—한편에는 비전투원들과 시민들이 있고, 다른 한편에는 체제 혹은 군대 혹은 경찰에 속한 사람들이 있다—사이에 구분이 결여되어 있다는 점이다. 비록 사르트르가 그 이후에 대중을 해방시키는 폭력을 인정하고 있는 소위 혁명적 전위부대에 의해 제시된 정치적 암살에 대한 의존을 배제했다고 하더라도, 그는 1972년 뮌헨 올림픽에서 이스라엘 선수들에 가해진 테러를 인정했다. 그럼에도 역설적인 것은, 사람들이 말년에 사르트르가 68사태 이후 프랑스 극좌파에게 영향을 끼칠 수 있는 역량을 가지고 있었다는 것을 인정했다는 것이다. 또한 프랑스 극좌파로 하여금 독일, 이탈리아 그리고 미국에 있는 그들의 동료들이 죄를 저지르게 되는 진정한 테러 행위들을 저지르는 것을 피할 수 있었다는 것을 인정했다는 것이다. 순수 언어적 폭력에 대한 그의 개인적인 예증, 극좌파의 젊은 투사들의 멘토로서의 그의 현존과 투쟁적인 출판에 대한 그의 지지는, 그로 하여금 그 자신의 군대를 유지하도록 해주는 주요한 요소들을 이루고 있었다. Michael Scriven, *Jean-Paul Satre: Politics and Culture in Postwar France*(London, 1999), pp.63-79.

에필로그

1 O. Todd, *Albert Camus*, p.755.

2 *Ibid.*, p.416.

3 Maurice Merleau-Ponty, *Parcours II*(Paris, 2000), p.169.

4 Maurice Merleau-Ponty, *Les aventures de la dialecfique*(Paris, 1977).

5 S. de Beauvoir, *La Force des choses*, pp.280-281.

6 J.-P. Sartre, "Autoportrait à soixante-dix ans," p.196.

7 *Ibid.*

8 S. de Beauvoir, *La Cérémonie des adieux*, p.345.

9 *Ibid.*

10 Jean Cau, *Croquis de mémoire*(Paris, 1985), p.96.

11 예를 들면 Robert V. Stone과 Elizabeth A. Bowman을 참조할 것. *Sartre's Morality and Histotry: A First Look at the Notes for the Unpublished 1965 Cornell Lectures*, Ronald Aronson과 Adrian van den Hoven, eds., *Sartre Alive*(Detroit, 1991).

12 R. Aronson, *Sartre's Second Critique*.

13 Albert Camus, 「장 그르니에의 『섬』에 대하여Sur les *Îles* de Jean Grenier」, in *Essais*, p.1160. 하지만 매카시는 카뮈에 대한 자신의 평전에서, 질투심에 사로잡힌 선생과 유명해진 제자 사이의 긴장을 상세히 기술하고 있으며, 카뮈가 쓴 이 서문이 그르니에게는 절망을 안겨주는 것이었다는 사실을 암시하고 있다.

14 J.-P. Sartre, "Réponse à Albert Camus," p.122.

15 R. Aronson, *Jean-Paul Satre*, pp.295-302.

16 R. Aronson, "Sartre's Last Words?," Sartre & Lévy, 『지금이 희망이다』의 영역본에 덧붙인 애런슨의 서문.

17 사르트르의 작품들에 대한 전체적인 정리를 보여 주는 있는 한 예는, 바로 베르나르 앙리 레비의 『사르트르의 세기-철학적 탐구*Le Siècle de Sartre: enquête philosophique*』 (Paris, 2000, pp.469-502)이다. 이 문제에 대한 자세한 논의는 미셸 리발카가 편찬한 『사르트르연구회 안내*Bulletin d'imformation du Groupe d'études sartriennes*』, nº 14(2000), pp.79-128을 볼 것.

18 다니엘 싱거Daniel Singer는 「사르트르의 자유를 향한 길」(*Nation*, 2000년 6월 5일자)에서 베르나르 앙리 레비가 사용한 이 같은 표현들을 인용하고 있다. 사르트르에 대한 심층 연구서 가운데 하나인 레비의 『사르트르의 세기』는, 사르트르의 강점과 약점을 동시에 분석하고 있으며, 여러 논의 가운데서도 특히 카뮈와 사르트르 사이의 논쟁에 대해 가장 훌륭한 연구 내용을 담고 있다. 사르트르를 "복원하고자" 하는 레비의 시도는, 특히 말년의 좋지 않은 사르트르의 모습에서 초기의 좋은 사르트르의 모습을 구해내는 것을 목표로 삼고 있다.

19 사르트르의 첫 번째 정치적 단교는 1940년대로까지 거슬러 올라간다. 친구 아롱과의 단교가 그것이다. 아롱은 한동안 『콩바』 지에 논설위원으로 참여하기 전에 잠깐 『현대』 지의 편집위원으로 있었다. 카뮈의 역할과 영향력이 과거와 같지 않았을 때였다. 그 이후 아롱은 『르 피가로』 지를 위해 친서구적이고 반공산주의적 기자로 변모하게 된다. 동시에 그는 두 권의 책을 사르트르에게 헌정하면서, 옛 친구의 철학적 사상에 대한 관심을 평생 간직하게 된다. 하지만 그는 그 두 권의 책에 대한 사르트르의 대답을 받지 못하게 된다. 1979년 6월, 오랜만에 만나게 된 그들은 서로 악수를 하면서 간단하게 '인사를 나눈다. 아롱은 "안녕, 친구."라고 인사했다. 사르트르는 그로부터 몇 달 후에 세상을 떠나게 된다. 그리고 아롱은 옛 친구에 대해, 그 자신이 그를 얼마나 깊이 알았는지, 그리고 그에게 했던 비판들에도 불구하고 그 자신 그를 얼마나 높이 평가했는지를 전했다. 하지만 그 뒤로 아롱이 1979년 6월을 회고하게 될 때, 그는 그들 사이에 화해가 없었다는 것, 자기는 항상 사르트르의 정치적 입장을 비정상적인 것으로 생각했다는 것, 자신들의 재회가 아무런 특별한 의미도 갖지 않았다는 것, 그때의 인사는 자기들 세대의 고등사범학교 졸업생들이 항상 인사를 나누는 방식에 불과했었다는 것, 그리고 자신은 항상 사르트르의 사상에 동의하지 않았다는 점, 등을 분명하게 말하게 된다. 하지만 아롱은 사르트르의 지적인 능력에 대한 찬사를 감추지 않았다. 그리고 또한 분명한 것은, 아롱의 말을 들어보고 또 그의 글을 읽어보면, 사르트르가 비록 지속적으로 적의에 찬 지적들을 아롱에게 했음에도 불구하고, 사르트르는 아롱 자신의 삶과 정신 속에서 중요한 자리를 차지했음을 알 수 있다. R. Aron, *Mémoires*, Robert Laffont, Paris, 2003을 참고할 것.

20 Michel-Antoine Burnier, *L'Adieu à Sartre*(Paris, 2000), p.111.

21 R. Aronson, *Communism's Posthumous Trial*.

22 『공산주의 흑서』의 영역본에 들어 있는 서문을 쓴 저자의 말을 인용하자면, 이 책을 쓴 공동 저자들의 목표는 "유토피아에 이르는 문을 효과적으로 걸어 잠그는 데" 있다. 마르틴 말리아Martin Malia, 『공산주의 백서』의 영역(Cambridge, MA, 1999)의 서문, 말리아는 이 서문에서 카뮈를 찬양하고 있으며, 사르트르를 비판하고 있다. 토니 주트의 『불완전했던 과거―프랑스 지식인들, 1944~1956*Past Imperfect: French Intellectuels, 1944-1956*』과 『책임의 무게』를 참고할 것.

후기

1 로트만에 따르면, 카뮈의 목적은 "생 제르멩 데 프레의 친구들에 대한 당시의 자신의 태도를 요약하는 것이었으며, 사람들이 그 그룹에 대해서 만들어낸 대중적인 생각에 연극적인 이미지를 주는 것"이었다. 토드는, 이 작품이 "자기비판의 노력이자 자신의 욕구를 발산하는 방식"이라고 여긴다. 또한 토드는 이 작품을 카뮈 자신에 대한 만큼이나 사르트르에 대한 패러디이며, "사르트르 주변을 맴도는 무거운 정신을 소유한 인물들"에 대한 패러디라고 생각한다. 하지만 그 두 해설 가운데 어떤 것도 사르트르에 대한 카뮈의 직접적인 암시의 빈도에는 관심을 두고 있지 않다.

2 Janet Flanner, *Paris Journal, 1944-1965*(New York, 1965).

3 *Ibid.*

4 물론 이 작업으로 해서 카뮈의 작품의 의미가 더 심오하게 되었거나 분명해진 것은 아니다. 어떤 주들은 연계에 관계된 것으로 보이고, 다른 주들은 라퐁Lapon을 입양하고 그를 정당화시키면서 비뉴에 대해 말하고 있으며, 또 다른 주들은 다른 주제에 관계된다.

5 Albert Camus, *Carnets III*, pp.95. 110, 152.

6 카뮈에 대한 평전을 썼던 로트만과 토드가 잘 지적하고 있듯이, 부조리를 주제로 한 이 작품은 카뮈는 물론이고 사르트르의 관심을 끌었다. 네앙이 사르트르와 아주 유사한 억양을 가졌다고 해도, 부조리에 대한 그의 첫 일성―聲을 통해 우리는, 카뮈가 그 자신을 조롱하는 것인지 아니면 친구인 사르트르를 조롱하는 것인지를 분명하게 알 수 없다. 우리의 조사에 의하면, 우리가 이 같은 느낌을 처음 갖는 것이 아니다. 『전락』에서 클라망스는 사르트르처럼 보이기도 하고 또 카뮈처럼 보이기도 한다. 단편 「배신자Le Renégat」에서 우리는, 정확히 카뮈가 아프리카인들에 의해 혀가 잘린 "진보주의적" 성향의 유럽인이라는 인물을 위해 누구를 염두에 두었는지, 그러니까 자기와 같은 사람인지 아니면 사르트와 같은 사람인지를 구분해내는 것은 아주 힘들기는 하다. 하지만 정확히 적어도 한 순간이나마 카뮈와 사르트르가, 이처럼 한 인물 속에 함께 처음으로 용해된 것은 『철학자들의 즉흥극』에서이다. 그렇다면 이 전략의 의미는 무엇인가? 우리는 「『반항적 인간』에 대한 옹호」에서 카뮈가 다음과 같은 답을 제시하고 있음을 보았다. 즉 "진보주의적 좌파"에 비판을 가하면서, 카뮈 자신이 신봉하고 있었던 바에 대해 비판을 가하고 있다는 답이 그것이다. 달리 말하자면, 가장 논란

의 대상이 되었던 카뮈의 이 저서는, 타인들의 태도에 대한 비판적 탐사만이 아니라, 자기 자신의 태도에 대한 비판적 탐사이기도 했던 것이다. 따라서 우리는 카뮈-사르트르 논쟁에 대한 긴 여행 끝에 다음과 같은 결론을 내릴 수 있을 것이다. 그러니까 카뮈가 사르트르에 대해 가했던 수차례의 비판과 그를 대상으로 그렸던 다양한 초상화들은, 결국 자기 자신을 이해함과 동시에 그 자신을 비판하는 수단이었다는 결론이 그것이다. 물론 이 문제는 더 광범위한 연구를 요구한다는 것은 의심의 여지가 없다.

7 1946년 1월 출간된 『라 네프La Nef』에 실린 한 공개서한에서 밝혔듯이, 카뮈는 분명 철학적 비판을 받아들일 수 있었다. 그 잡지에 실린 『칼리굴라』에 대한 앙리 트로야 Henri Troyat의 글은, 그 작품 전체가 단지 "사르트르의 실존주의적 원칙을 위한 하나의 예증일 뿐"이라고 주장했다. 이에 대해 카뮈는 "[그 자신을] 실존주의와 뒤섞는 지속적인 혼동에 약간 (아주 약간) 화가 나기 시작한다."고 답변했다. 그리고 그는 다음과 같이 계속 말했다. "사람들은 실존주의 철학을 받아들이지 않는다. 그 이유는 사람들이 세상은 부조리한 것이라고 말하기 때문이다. 그렇기 때문에, 만약 지하철에서 내가 듣는 대화들을 믿는다면, 승객의 80퍼센트는 실존주의자들이다. 정말로, 나는 그것을 믿을 수는 없다. 실존주의는 완벽한 철학이자 세계관이다. 또한 그것은 형이상학과 도덕을 전제로 하고 있다. 비록 내가 이 철학 사조의 중요성을 간파한다고 하더라도, 나는 아직도 그 철학 체계로 들어가기에 충분한 신뢰감을 갖지 못하고 있다. 『현대』지 첫호에서의 사르트르의 선언이 아무리 진실에 가깝다고 하더라도, 나는 그것을 받아들일 수 없는 것으로 보인다."(「La Nef의 편집장님께 드리는 편지Lettre à Monsieur le Directeur de La Nef」(1946년 1월), Albert Camus, *Théâtre, Récits, Nouvelles*(Paris, 1962), pp.1745-1746)

옮긴이

변광배

한국외국어대학교 불어과와 같은 대학원 불어불문학과를 졸업하고 프랑스 몽펠리에 3대학(폴
발레리 대학)에서 사르트르 연구로 문학박사학위를 받았다. 『존재와 무-자유를 향한 실존적
탐색』『사르트르-시선과 타자』『제2의 성-여성학 백과사전』 등 다수의 저서가 있고, 『사르트
르 평전』『레비나스 평전』『마르셀 뒤샹』『변증법적 이성비판』 등 다수의 역서가 있다. 한국외
국어대학교 불어과 대우교수를 역임하고 현재 같은 대학에서 가르치면서 프랑스인문학연구모
임 '시지프'를 이끌고 있다.

김용석

한국외국어대학교 불어과와 같은 대학원 불어불문학과를 졸업하고, 알베르 카뮈의 『이방인』
번역 연구로 문학박사학위를 받았다. 현재 한국외국어대학교에서 가르치며, 프랑스인문학연
구모임 '시지프'의 일원으로 활동하고 있다. 『새로운 강대국, 중국』『캉디드 혹은 낙관주의』
『현자에게는 고정관념이 없다-철학의 타자』『잘난 척하는 철학자를 구워삶는 29가지 방법』
『값싼 석유의 종말, 그리고 우리의 미래』『그리스도 철학자』『수사학 3: 아리스토텔레스』『알
파벳의 신비』 등의 역서가 있다.

사르트르와 카뮈: 우정과 투쟁

2011년 7월 10일 초판 1쇄 인쇄
2011년 7월 25일 초판 1쇄 발행

지은이 | 로널드 애런슨
옮긴이 | 변광배 · 김용석
펴낸이 | 권오상
펴낸곳 | 연암서가
등 록 | 2007년 10월 8일(제396-2007-00107호)
주 소 | 경기도 고양시 일산서구 대화동 2232번지 장성마을 402-1101
전 화 | 031-907-3010
팩 스 | 031-912-3012
이메일 | yeonamseoga@naver.com

ISBN 978-89-94054-17-9 03990

값 25,000원